U0142927

研究&方法

結構方程模式 （第二版）
AMOS 的操作與應用

吳明隆 著

Structural Equation Modeling- Amos Operation and Application

五南圖書出版公司 印行

自序

　　結構方程模式（Structural Equation Modeling；簡稱 SEM）是當代行為與社會領域中量化研究的重要的統計方法，它融合了傳統多變量統計分析中的「因素分析」與「線性模式之迴歸分析」的統計技術，對於各種因果模式可以進行模型辨識、估計與驗證。在量化研究取向之多變量統計方法中，有愈來愈多的研究者使用 SEM 進行各式測量模式或假設模型圖的驗證，SEM 漸成為資料分析的一門顯學。

　　對於適用於 SEM 的統計軟體最常為研究者使用者為 LISREL 與 AMOS，二大統計套裝軟體各有其優劣與特色，本書內容介紹主要以 AMOS 軟體的操作與應用為主，之所選擇 AMOS 統計軟體，主要有以下幾個原因：AMOS 軟體為 SPSS 家族系列之一，二者資料檔完全可以互通；二為 AMOS 軟體中的 Graphics 繪圖區完全以圖像鈕為工具，各式 SEM 理論模式圖的繪製均以圖形物件表示，基本參數值的設定，AMOS 均有預設值，使用者只要熟悉工具箱圖像鈕的使用，即可快速繪製各式假設模型圖；三為 AMOS 輸出的報表數據對使用者而言，解讀較為簡易。

　　AMOS 是「Analysis of MOment Structures」（動差結構分析）的簡稱，能驗證各式測量模式、不同路徑分析模型；此外也可進行多群組分析、結構平均數的考驗，單群組或多群組多個競爭模式或選替模式。本書的系統結構主要分為三大部分：一為 SEM 理念與模式適配度的介紹、二為 AMOS 視窗界面的操作介紹與各式模型圖的繪製、三為實例應用與報表詮釋，包括初階驗證因素分析、高階驗證因素分析、觀察變項的路徑分析、潛在變項的路徑分析、混合模型的路徑分析、多群組分析與結構平均數分析等，這些實例與模式均是研究者在使用結構方程模式分析時最常使用到的假設模型。

　　由於本書是以實務取向及使用者界面為導向，對於初次接觸結構方程模式的研究生或使用者，實質上相信有不少助益，綜括本書

內容有三大特色：一為系統而有條理，前後相互連貫；二為實務應用取向，詳細的範例模式介紹與報表解析；三為配合各種輸出模式圖，使讀者對輸出結果有更深入認識。本書不僅可作為結構方程模式的參考用書，更可作為論文寫作量化研究從事 SEM 分析工具書。

本書得以順利出版，首先要感謝五南圖書公司的鼎力支持與協助，尤其是張毓芬副總編輯的聯繫與行政支援，其次是感謝恩師高雄師範大學教育學系傅粹馨教授、長榮大學師資培育中心謝季宏副教授在統計方法的啓迪與教誨。由於筆者所學有限，拙作歷經半年多的琢磨，著述雖經校對再三，謬誤或疏漏之處在所難免，尚祈各方先進及學者專家不吝指正。

吳明隆

謹誌於　國立高雄師範大學師培中心

民國 96 年 8 月

目錄

CHAPTER

1

結構方程模式的基本概念

　　結構方程模式一詞與「LISREL」統計應用軟體密不可分,「LISREL」是線性結構關係(LInear Structural RELationships)的縮寫,就技術層面而言,「LISREL」是由統計學者 Karl G. Joreskog 與 Dag Sorbom 二人結合矩陣模式的分析技巧,用以處理共變數結構分析的一套電腦程式。由於這個程式與共變數結構模型(covariance structure models)十分近似,所以之後學者便將共變數結構模型稱之為 LISREL 模型。共變數結構模型使用非常廣泛,包括經濟、行銷、心理及社會學,它們被應用於在探討問卷調查或實驗性的資料,包括橫向式的研究及縱貫式的研究設計。共變數結構分析是一種多變量統計技巧,在許多多變量統計的書籍中,均納入結構方程模型的理論與實務於其書中。此種共變數結構分析結合了(驗證性)因素分析與經濟計量模式的技巧,用於分析潛在變項(latent variables)(無法觀察變項或理論變項)間的假設關係,上述潛在變項可被顯性指標(manifest indicators)(觀察指標或實證指標)所測量。一個完整的共變數結構模型包含二個次模型:測量模型(measurement model)與結構模型(structural model),測量模型描述的是潛在變項如何被相對應的顯性指標所測量或概念化(operationalized);而結構模型指的是潛在變項之間的關係,及模型中其他變項無法解釋的變異量部分。共變數結構分析本質上是一種驗證式的模型分析,它試圖利用研究者所蒐集的實證資料來確認假設的潛在變項間的關係,與潛在變項與顯性指標的一致性程度,此種驗證或考驗就是在比較研究者所提的假設模型隱含的共變數矩陣與實際蒐集資料導出的共變數矩陣之間的差異。此種分析的型態是利用到共變數矩陣來進行模型的統合分析,而非使用輸入之個別的觀察值進行獨立式的分析,共變數結構模型是一種漸進式的方法學,與其他推論統計有很大的差別(*Diamantopoulos & Siguaw, 2000*)。由於 LISREL 能夠同時處理顯性指標(觀察變項)與潛在變項的問題,進行個別參數的估計、顯著性檢定與整體假設模型契合度的考驗,加上其視窗版人性化操作界面,使得其應用普及率愈來愈高,早期 LISREL 一詞逐漸與結構方程模式劃上等號(但現在已有多數研究者將 SEM 與 AMOS 連結在一起,此趨勢可能受到 SPSS 統計套裝軟體的普及應用及 SEM 圖形式界面操作有關)。

　　結構方程模式(structural equation modeling;簡稱 SEM),有學者也把它稱為「潛在變項模式」(latent variable models;簡稱 LVM)(*Moustaki et* al., 2004）。結構方程模式早期稱爲「線性結構關係模式」（linear structural relationship model）、「共變數結構分析」（covariance structure analysis）、「潛在變數分析」（latent variable analysis）、「驗證性因素分析」（confirmatory factor analysis）、「簡單的 LISREL 分析」（*Hair et al., 1998*）。通常結構方程模式被歸類於高等統計學範疇中，屬於「多變量統計」（multivariate statistics）的一環，它整合了「因素分析」（factor analysis）與「路徑分析」（path analysis）二種統計方法，同時檢定模式中包含了顯性變項、潛在變項、干擾或誤差變項（disturbance variables/error variables）間的關係，進而獲得自變項對依變項影響的直接效果（direct effects）、間接效果（indirect effects）或總效果（total effects）。SEM 模式分析的基本假定與多變量母數統計法相同，樣本資料要符合多變項常態性（multivariate normality）假定，資料必須爲常態分配資料；測量指標變項呈現線性關係。

SEM 基本上是一種驗證性的方法，通常必須有理論或經驗法則支持，由理論來引導，在理論導引的前提下才能建構假設模式圖。即使是模型的修正，也必須依據相關理論而來，它特別強調理論的合理性；此外，SEM 模式估計方法中最常用的方法爲「最大概似法」（maximum likelihood），使用最大概似法來估計參數時，樣本資料必須符合多變量常態性假定（multivariate normality），此外樣本資料的樣本數也不能太少，但樣本數太大，使用最大概似法來估計參數時，適配度的卡方值會變爲過度敏感，因而進行 SEM 模式估計與決定模式是否被接受時應參考多向度的指標值加以綜合判斷（黃俊英，民 93）。

在 SEM 的分析軟體中，常爲研究者及機關體使用者除 LISREL 外，EQS 與 AMOS 也是甚爲普及的軟體，尤其是 SPSS 家族系列的 AMOS 軟體，因爲 SPSS 統計套裝軟體使用的普及率甚高，加以 AMOS 的圖形繪製模式功能及使用者界面導向模組，使得以 AMOS 來進行 SEM 分析的使用者愈來愈多，AMOS 不僅可以進行各種 SEM 模型的分析，也可以進行多群組分析、多群組平均數檢定、潛在平均結構分析、因素結構不變性考驗、因果結構型態不變性檢定、共變異數分析等。雖然 AMOS 的操作界面與 LISREL 不同，但二者對於 SEM 模型分析的假定、SEM 分析程序及結果是相同的，二者最大的差別在於 AMOS 的輸出結果，及假設模型變項的界定均無法使用

SEM 理論中所提的希臘字母，也無法使用下標字於繪製的理論模型中。

AMOS 是「Analysis of MOment Strucutres」（動差結構分析）的簡寫，動差結構與共變異數矩陣內涵類似，實務應用於結構方程模式（SEM）的分析，此種分析又稱為「共變異數結構分析」（analysis of covariance structures）或「因果模式分析」（analysis of causal modeling），此種分析歷程結合了傳統之一般線性模式與共同因素分析的技術。AMOS 是一種容易使用的視覺化模組，只要使用其提供的描繪工具箱中的圖像鈕可以快速繪製 SEM 圖形、檢視估計模型圖與進行模型圖的修改，評估模型的適配與參考修正指標，輸出最佳模型（*Amos7.0 使用手冊*）。對於 SEM 的分析與操作，本書主要 AMOS7.0 的界面說明，其圖像鈕的應用與各式模型的檢定分析，也適用於先前的各版本。

1-1 結構方程模式的特性

SEM 或 LVM 是一個結構方程式的體系，其方程式中包含隨機變項（random variables）、結構參數（structural parameters）、以及有時亦包含非隨機變項（nonrandom variables）。隨機變項包含三種類型：觀察變項（observed variables）、潛在變項（latent variables）、以及干擾／誤差變項（disturbance/error variables），因而學者 Bollen 與 Long（*1993*）明確指出：「SEM 是經濟計量、社會計量與心理計量被發展過程的合成物」，其二者認為：SEM 大受吸引的關鍵來自於它們本身的普及性，就像在經濟計量中，SEM 可允許同時考量到許多內因變項（endogenous variables）的方程式，不像大多數的經濟計量方法，SEM 也允許外因變項（exogenous variables）與內因變項之測量誤差或殘差項的存在。就如在心理計量以及相關性的社會計量中被發展出來的因素分析（factor analysis），SEM 允許多數潛在變項指標存在，並且可評估其信度與效度。除此之外，SEM 比傳統的因素分析結構給予更多普遍性的測量模式，並且能夠使研究者專一的規劃出潛在變項之間的關係（此關係在 SEM 分析中，稱為結構模式）（周子敬，民 95）。

傳統上，使用探索性因素分析可以求得測驗量表所包含的共同特質或抽象構念，但此種建立建構效度的因素分析有以下的限制：(1)測驗的個別

項目只能被分配至一個共同因素，並只有一個因素負荷量因，如果一個測驗題項與二個或二個以上的因素構念間有關，因素分析就無法處理；(2)共同因素與共同因素之間的關係必須是全有（多因素斜交）或全無（多因素直交），即共同因素間不是完全沒有關係就是完全相關；(3)因素分析假定測驗題項與測驗題項之間的誤差是沒有相關的，但事實上，在行為及社會科學領域中，許多測驗的題項與題項之間的誤差來源是相似的，也就是測驗題項間的誤差間具有共變關係。相對於以上因素分析的這些問題，採用結構方程模式就具有以下優點（黃芳銘，民 93）：

1. 可檢定個別測驗題項的測量誤差，並且將測量誤差從題項的變異量中抽離出來，使得因素負荷量具有較高的精確度。
2. 研究者可根據相關理論文獻或經驗法則，預先決定個別測驗題項是屬於哪個共同因素，或置於哪幾個共同因素中，亦即，在測驗量表中的每個題項可以同時分屬於不同的共同因素，並可設定一個固定的因素負荷量，或將數個題項的因素負荷量設定為相等。
3. 可根據相關理論文獻或經驗法則，設定某些共同因素之間是具有相關，還是不具有相關存在，甚至於將這些共同因素間的相關設定相等的關係。
4. 可對整體共同因素的模式進行統計上的評估，以了解理論所建構的共同因素模式與研究者實際取樣蒐集的資料間是否契合，即可以進行整個假設模式適配度的考驗。故結構方程模式可說是一種「理論模式檢定」（theory-testing）的統計方法。

結構方程模式有時也以「共變結構分析」（covariance structure analysis）或「共變結構模式」（covariance structure modeling）等名詞出現，不論是使用何種名詞，結構方程模式具有以下幾個特性（邱皓政，民 94）：

○(一) SEM 具有理論先驗性

SEM 分析的一個特性，是其假設因果模式必須建立在一定的理論上，因而 SEM 是一種用以檢證某一理論模式或假設模式適切性與否的統計技術，所以SEM被視為一種「驗證性」（confirmatory）而非「探索性」（exploratory）的統計方法。

（二） SEM 可同時處理測量與分析問題

相對於傳統的統計方法，SEM 是種可以將「測量」（measurement）與「分析」（analysis）整合爲一的計量研究技術，它可以同時估計模式中的測量指標、潛在變項，不僅可以估計測量過程中指標變項的測量誤差，也可以評估測量的信度與效度。SEM 模型的分析又稱潛在變項模式，在社會科學領域中主要在分析觀察變項（observed variables）間彼此的複雜關係，潛在變項是個無法直接測量的構念，如智力、動機、信念、滿足與壓力等，這些無法觀察到的構念可以藉由一組觀察變項（或稱指標）來加以測量，方法學中的測量指標包括間斷、連續及類別指標，因素分析模型就是一種具連續量尺指標之潛在變項模式的特殊案例（*Moustaki et al., 2004*）。

（三） SEM 關注於共變數的運用

SEM 分析的核心概念是變項的「共變數」（covariance）。在 SEM 分析中，共變數二種功能：一是利用變項間的共變數矩陣，觀察出多個連續變項間的關聯情形，此爲 SEM 的描述性功能；二是可以反應出理論模式所導出的共變數與實際蒐集資料的共變數間的差異，此爲驗證性功能。

所謂共變數（covariance）就是二個變項間的線性關係，如果變項間有正向的線性關聯，則其共變數爲正數；相反的，若是變項間的線性關聯爲反向關係，則其共變數爲負數。如果二個變項間不具線性關係（linear relationship），則二者間的共變數爲 0，共變數的數值介於 $-\infty$ 至 $+\infty$ 之間。共變數的定義如下：

> 母群體資料：$COV(X, Y) = \Sigma (X_i - \mu_X)(Y_i - \mu_Y) \div N$
> 樣本資料：$COV(X, Y) = \Sigma (X_i - \overline{X})(Y_i - \overline{Y}) \div (N-1)$

在 SEM 模型分析中，樣本的變異數共變數矩陣（variance-covariance matrix）簡稱爲共變數矩陣（covariance matrix）。共變數矩陣中對角線爲變異數，此數值即變項與它自己間的共變數，對角線外的數值爲共變數矩陣，

如觀察資料獲得的 S 矩陣中，有二個變項 X 與 Y，則其樣本共變數矩陣如下：

$$S = \begin{pmatrix} COV(X,X) & COV(Y,X) \\ COV(X,Y) & COV(Y,Y) \end{pmatrix}$$

由於 $COV(X,X) = VAR(X)$；$COV(Y,Y) = VAR(Y)$；$COV(X,Y) = COV(Y, X)$，所以上述樣本共變數矩陣也可以以下列表示：

$$S = \begin{pmatrix} VAR(X) & \\ COV(X,Y) & VAR(Y) \end{pmatrix}$$

而二個變項的共變數是二個變項之交叉乘積除以樣本數減一，其定義公式改為變項間交叉乘積（CP），其公式如下：

$$COV(X,Y) = \Sigma\,(X-\overline{X})(Y-\overline{Y}) \div (N-1) = CP_{xy} \div (N-1)$$

在 LISREL 模式估計中，會用到母群體或樣本的共變數矩陣，所以變項間的共變數矩陣，在 SEM 模型的分析中是非常重要的資料。共變數與積差相關係數有以下關係存在：二個變項的共變數等於二個變項間的相關係數乘以二個變項的標準差，因而從變項的標準差與相關係數，可以求出二個變項間的共變數。在 SEM 模型的分析中，研究者可以直接鍵入觀察變項間的共變數矩陣，也可以輸入觀察變項間的相關係數矩陣，並陳列變項的標準差，此外，也可以以原始資料作為分析的資料檔，若是鍵入原始資料檔或相關係數矩陣，LISREL 會求出變項間的共變數矩陣，再加以估計。

$$r_{xy} = \Sigma\,(X-\overline{X})(Y-\overline{Y}) \diagup (N-1)S_x S_y$$
$$\quad = CP_{xy} \diagup (N-1)S_x S_y = [CP_{xy} \div (N-1)] \diagup S_x S_y = COV(X,Y) \diagup S_x S_y$$
$$COV(X,Y) = r_{xy} S_x S_y$$

正由於二個變項間的共變數與相關係數呈現正向關係，因而 SEM 模型分析中，若是設定二個測量指標變項誤差間有共變關係，即是將這二個測量誤差值設定為有相關。如果二個變項均為標準化（如 z 分數，平均數為 0、標準差等於 1），此時 X 變項與 Y 變項的共變數就等於二者的積差相關係數，其為二個變項的標準差均為 1：

COV（標準化 X，標準化 Y）= COV(X,Y)／$S_x S_y = r_{xy}$，r_{xy}類似二個變項
間的相關係數，其值介於-1 至+1 之間。

㈣ SEM 適用於大樣本的統計分析

共變數分析與相關分析類似，若是樣本數較少，則估計的結果會欠缺
穩定性。SEM 分析乃根據共變數矩陣而來，因而參數估計與適配度的卡方
檢定對樣本數的大小非常敏感。與其他統計技術一樣（如因素分析），SEM
必適用於大樣本的分析，取樣樣本數愈多，則 SEM 統計分析的穩定性與各
種指標的適用性也較佳。學者 Velicer 與 Fava（*1998*）發現在探索性因素分
析中，因素負荷量的大小、變項的數目、樣本數的多寡等是決定一個良好
因素模式的重要變因，此種結果可類推至 SEM 分析程序中，一般而言，大
於 200 以上的樣本，才可以稱得上是一個中型的樣本，若要追求穩定的 SEM
分析結果，受試樣本數最好在 200 以上。雖然 SEM 的分析以大樣本數較佳，
但較新統計考驗方法允許 SEM 模式的估計可少於 60 位觀察值（*Tabachnick &
Fidell, 2007*）。

在 SEM 分析中，到底要取樣多少位樣本最為適當？對於此一論點，有
些學者採用相關統計的「首要規則」（rules of thumb），亦即，每一個觀察
變項至少要 10 個樣本，或 20 個樣本，對 SEM 分析而言，樣本數愈大愈好，
這與一般推論統計的原理相同，但是在 SEM 適配度考驗中的絕對適配度指
數 χ^2 值受到樣本數的影響很大，當研究者使用愈多的受試樣本時，χ^2 容易
達到顯著水準（p<.05），表示模式被拒絕的機會也擴增，假設模式與實際
資料愈不契合的機會愈大。因而，要在樣本數與整體模式適配度上取得平
衡是相當不容易的，學者 Schumacker 與 Lomax（*1996*）的觀點或許可作為
研究者參考，其二人研究發現，大部分的 SEM 研究，其樣本數多介於 200
至 500 之間，在行為及社會科學研究領域中，當然某些研究取樣的樣本數
會少於 200 或多於 500，此時採用學者 Bentler 與 Chou（*1987*）的建議也是
研究者可採納的，其二人認為研究的變項符合常態或橢圓的分配情形，每
個觀察變項 5 個樣本就足夠了，如果是其他的分配，則每個變項最好有 10
個樣本以上（*黃芳銘，民 93*）。在完整的結構方程模式分析中，若是有 15 個

觀察變項或測量指標，則研究樣本數應有 75 位，較佳的研究樣本數應有 150 位以上。Kling（*1998*）研究發現，在 SEM 模型分析中，若是樣本數低於 100，則參數估計結果是不可靠的。Rigdon（*2005*）認為 SEM 模型分析，樣本數至少應在 150 位以上，若是樣本數在 150 位以下，模型估計是不穩定，除非變項間變異共變數矩陣係數非常理想，其認為觀察變項數若是超過 10 個以上，而樣本大小低於 200 時，代表模型參數估計是不穩定的，且模式的統計考驗力（power）會很低。

學者 Baldwin（*1989*）研究指出在下列四種情境下，從事 SEM 模型分析，需要大樣本：模型中使用較多的測量或觀察變項時、模型複雜有更多的參數需要被估計時、估計方法需符合更多參數估計理論時（如採用非對稱自由分配法──ADF 法）、研究者想要進一步執行模式敘列搜索時，此時的樣本數最好在 200 以上。Lomax（*1989, p.189*）與 Loehlin（*1992*）認為在 SEM 模型分析中，樣本數如未達 200 以上，最少也應有 100 位。Mueller（*1997*）認為單純的 SEM 分析，其樣本大小標準至少在 100 以上，200 以上更佳，如果從模型觀察變項數來分析樣本人數，則樣本數與觀察變項數的比例至少為 10:1 至 15:1 間（*Thompson, 2000*）。

● (五) SEM 包含了許多不同的統計技術

在 SEM 分析中，雖然是以變項的共變關係為主要核心內容，但由於 SEM 模式往往牽涉到大量變項的分析，因此常借用一般線性模式分析技術來整合模式中的變項，許多學者常將 SEM 也納入多變量分析之中。SEM 是一種呈現客觀狀態的數學模式，主要用來檢定有關觀察變項與潛在變項之間的假設關係，它融合了因素分析（factor analysis）與路徑分析（path analysis）兩種統計技術。Bollen 與 Long（*1993*）指出：SEM 可允許同時考慮許多內因變項、外因變項與內因變項的測量誤差，及潛在變項的指標變項，可評估變項的信度、效度與誤差值，整體模型的干擾因素等（周子敬，民 95）。

⃝ ㈥ SEM 重視多重統計指標的運用

SEM 所處理的是整體模式契合度的程度，關注的整體模式的比較，因而模式參考的指標是多元的，研究者必須參考多種不同指標，才能對模式的適配度作一整體的判別，對於個別估計參數顯著性與否並不是 SEM 分析的重點。在整體模式適配度的考驗上，就是要檢定母群體的共變數矩陣（Σ矩陣），與假設模型代表的函數，即假設模型隱含的變項間的共變數矩陣（Σ(θ)矩陣），二者間的差異程度，其虛無假設為：Σ矩陣＝Σ(θ)矩陣。然而在實際情境中，我們無法得知母群體的變異數與共變數，或根據母群導出的參數（θ），因而只能依據樣本資料導出的參數估計值（$\hat{\theta}$）代替母群導出的參數（θ），根據樣本適配假設模式導出的變異數與共變數矩陣為$\hat{\Sigma}＝\Sigma(\hat{\theta})$，$\hat{\Sigma}$矩陣為假設模型隱含的共變數矩陣，而實際樣本資料導出的共變數矩陣為 S 矩陣（代替母群體的Σ矩陣）。LISREL 模式適配度的檢定即在考驗樣本資料的S矩陣與假設模型隱含的共變數矩陣$\hat{\Sigma}$矩陣之間的差異，完美的適配狀態是 S 矩陣－$\hat{\Sigma}$矩陣的差異值為 0，二者差異的數值愈小，模式適配情形愈佳，二個矩陣元素的差異值即為「殘差矩陣」（residual matrix），殘差矩陣元素均為 0，表示假設模型與觀察資料間達到完美的契合，此種情境，在行為及社會科學領域中達成的機率值很低（*Diamantopoulos & Siguaw, 2000*）。

近年來 SEM 所以受到許多研究者的青睞，主要有三個原因（*Kelloway, 1996；Kelloway, 1998*；周子敬，民 95）：

1. 行為及社會科學領域感興趣的是測量及測量方法，並以測量所得數據來代替構面（construct）。SEM 模式之中的一種型態是直接反應研究者所選擇構面的測量指標的有效性如何。SEM 採用的驗證性因素分析（confirmatory factor analysis；CFA 法），比起較為傳統分析之探索性因素分析（exploratory factor analysis；EFA 法）來顯得更有意義、周詳。EFA 法多數由直覺及非正式法則所引導，SEM 模式中的因素分析則奠基於傳統的假設檢定上，其中也考量因素分析模式的整體品質，以及構成模式的特別參數（如因素負荷量）。SEM 方法中最

常用到的是一種方式是執行驗證性因素分析來評估因素構念與其指標變項間的密切關係程度。

2. 除了測量問題之外，行為及社會科學領域學者主要關注的是「預測」的問題。隨著時代進步，行為及社會科學領域中所發生的事物愈來愈複雜，相對地預測模式也會愈演變為更複雜些。使得傳統的複迴歸統計無法周延解釋這複雜的實體世界，而 SEM 允許精緻確認及檢測複雜的路徑模式，可以同時進行多個變項的關係探討、預測及進行變項間因果模式的路徑分析。

3. SEM 可同時考量測量及預測獨特的分析，特別稱為「潛在變項模式」（latent variable models），這種 SEM 分析型態提供一種彈性及有效度的方法，可以同時評估測量品質及檢測構念（潛在變項）間的預測關係，亦即 SEM 可同時處理傳統 CFA 及路徑分析的問題，這種 SEM 的分析型態允許研究者對於他們所探討的主題中，能比較可信地將理論架構反映其真實世界，因而 SEM 可以說是一種「統計的改革」（statistical revolution）（*Cliff, 1983*）。

　　SEM 一般統計分析程序或最初模型檢定程序在於決定假設模型（hypo-thesized model）與樣本資料（sample data）間適配度情形，評估研究者所提的假設模型結構能否適用於樣本資料，此即為考驗觀察資料適配於嚴格結構的分析。因為在觀察資料與假設模型中很少會有完美適配（perfect fit）的狀況存在，因而二者之間是存有某種程度的差異，此差異項稱為「殘差項」（residual terms），模型適配程序可以摘要表示為：「資料＝模型＋殘差」，資料項是依據樣本於觀察變項中的分數測量值作為代表，而假設結構則是連結觀察變項與其潛在變項、或加上潛在變項間的關係，殘差項代表的是假設模型與觀察資料間的差異值（discrepancy）（*Byrne, 2001*）。

　　目前考驗結構方程模式的一般策略架構，大致分為三種模式策略（*Byrne, 2001*；*Joreskog, 1993*）：

●(一)嚴格驗證策略

　　嚴格驗證策略（strictly confirmatory strategy；簡稱SC）就是單一假設模

型圖的驗證。研究者根據相關理論或經驗法則提出單一的假設模式，根據模式的屬性蒐集適當的樣本資料，進而考驗假設模型與樣本資料是否適配，模式檢定結果不是拒絕假設模型就是接受假設模型，研究者不會因假設模型與樣本資料不契合，再根據修正指標值來修正模型，此種檢定是嚴格的，因而是一種嚴格驗證策略。進行此種模式策略時，先前的假定是研究者所提的假設模型能與理論模式十分接近，且模型的界定正確。

◉ (二)替代或競爭策略

模式替代或競爭策略（alternative models strategy；簡稱 AM）是研究者根據理論，提出數個假設模式，進而蒐集實徵資料來考驗哪個假設模型的適配度最佳，數個適配度均達合適的模式比較模型稱為替代模式（alternative models）或競爭模式（competing models）。在 SEM 模型考驗中，一個與樣本資料契合的假設模式並不一定是個最適當或最佳的模式，採用替代或競爭模式策略可以從數個與實徵資料契合的模式中，選擇一個最好的模式，比較數個模式時，可從複核效度（cross-validation）指標值進行模式選取的判斷，複核效度指標值如 ECVI、AIC、CAIC、BIC 等，複核效度指標值愈小者表示模式愈佳與愈精簡。在 AMOS 輸出結果之適配度統計量中，均會呈現上述檢定模型的複核效度指標值。

◉ (三)模式發展策略

模式發展策略（model generating strategy；簡稱 MG）的目的在建構一個與實徵資料可契合的假設模型。研究者根據相關理論先提出一個初始假定模式，若是此假定模式與實徵資料無法契合，模型的適配情形不理想，則研究者會根據相關數據指標進行模式的修正，模式修正完後再重新估計模式，以建構一個與樣本資料能適配的理論模式。模式發展策略的步驟為：初始理論模式建構→模式估計→理論模式修正→重新估計→模式理論模式再修正→再重新估計模式……，此種不斷進行模式修正與模式估計，以發展一個可以接受的模式。模式發展策略其實已變成一種探索性的型態而非是驗證性的型態，研究者雖然建構一個可接受的模式，但此理論模式可能無法推論至其他樣本，其策略的最終目標在於發展一個有實質意義且達統

計上良好適配的理論模型，策略運用並非是模式檢定（model testing），而是模式產出（model generating）。

1-2 測量模式

　　結構方程模型中有二個基本的模式：一為測量模式（measured model）與結構模式（structural model）。測量模式由潛在變項（latent variable）與觀察變項（observed variable；又稱測量變項）組成，就數學定義而言，測量模式是一組觀察變項的線性函數，觀察變項有時又稱為潛在變項的外顯變項（manifest variables 或稱顯性變項）或測量指標（measured indicators）或指標變項。所謂觀察變項是量表或問卷等測量工具所得的數據、潛在變數是觀察變數間所形成的特質或抽象概念，此特質或抽象概念無法直接測量，而要由觀察變項測得的數據資料反應而得，在 SEM 模式中，觀察變項通常以長方形或方形符號表示，而潛在變項（latent variables）又稱「無法觀察變項」（unobserved variables），或稱「構念」（construct），通常以橢圓形或圓形符號表示。

　　在行為社會科學領域中，有許多假設構念（hypothetical construct）是無法直接被測量或觀察得到的，這些假設構念如焦慮、態度、動機、工作壓力、滿意度、投入感、角色衝突等，此種假設構念只是一種特質或抽象的概念，無法直接得知，要得知當事者在這些構念上的實際情況，只能間接以量表或觀察等實際的指標變來反應該構念特質，這就好像一個人的個性與外表行為一樣，一個人的個性如何，我們無法得知，因為它是一個抽象的構念，但我們可以藉由此人的外表行為表現，作為其個性判斷的指標，外表行為的特徵很多，綜合這些外表行為的特徵，可以了解一個人的個性如何。上述個性就是一個假設構念，也就是「潛在變項」，而外表具體行為表現就是個性潛在變項的指標變項（或稱顯著變項、或稱觀察變項）。若是外表行為表現的指標愈多，則對一個人的個性判斷的正確性會愈高，可信度會愈佳。

　　潛在變項模式隱含的主要概念是潛在變項可以解釋指標變項依變項間多少的變異量，潛在變項的個數需要少於指標變項的數目，在應用上，需

要增列共變的變項或解釋變項，以將潛在變項與其指標變項連結在一起，一個關注的焦點是從模型中確認潛在變項，並探討解釋變項的測量效果，指標變項被潛在變項解釋的變異程度，可以反應出指標變項的有效性。一個潛在變項模式包含二個部分，一為潛在變項與一組觀察指標之共變效果，這種直接效果稱為「測量模式」（measurement model）、二為潛在變項間或一組觀察變項與潛在變項間的連結關係，稱為「結構模式」，結構模式中變項間的影響效果可以為直接或間接，在結構模式中，研究者可能會關注一組潛在變項之共變效果或不同指標的共變效果（*Moustaki, et al., 2004*）。

在 SEM 分析的模式中，一個潛在變項必須以兩個以上的觀察變項來估計，稱為多元指標原則，不同觀察變項間的共變數，反應了潛在變項的共同影響。觀察變項由於受到特定潛在變項的影響，使得觀察變項分數呈現高低的變化，通常每個觀察變項多少會有不同程度的測量誤差或殘差（觀察變項的變異量中，無法被共同潛在變項解釋的部分），或是反應某種抽象的概念意涵。一個 SEM 分析模式中，觀察變項一定存在，但潛在變項不可能單獨存在，因為在研究過程中，潛在變項並不是真實存在的變項，而是由觀察變項所測量估計出來的（*邱皓政，民 94*）。

在一份學校效能量表中，各題項所測量的數據為觀察變項，各題項所抽取的共同因素或概念，可稱為潛在變項，如學校氣氛、工作滿足、行政績效等構念均無法直接觀察或測量得到，只有經由受試者在學校效能知覺感受問卷所測得的數據代替，若是題項加總後的得分愈高，表示學校氣氛愈佳，或工作滿足感愈高，或行政績效愈好。因而潛在變項必須透過其外顯的測量指標測得，由於測量會有誤差，所以每個潛在變項解釋觀察變項的變異量不是百分之百，因為其中有測量誤差存在，但若是潛在變項只有一個觀察變項，則潛在變項正好可以全部解釋其測量指標，此時的誤差項值為 0。一觀察變項與潛在變項的基本模式圖如圖 1-1：

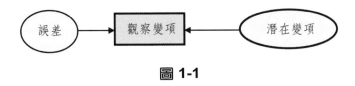

圖 1-1

多個觀察變項與潛在變項的測量模式圖如圖 1-2：

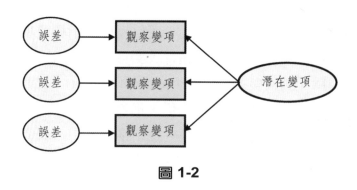

圖 1-2

有三個外顯變項的測量模式如圖 1-3：

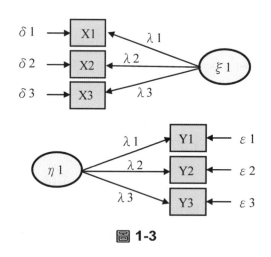

圖 1-3

上述測量模式的迴歸方程式如下：

$X1=\lambda1\xi1+\delta1$

$X2=\lambda2\xi1+\delta2$

$X3=\lambda3\xi1+\delta3$

$Y1=\lambda1\eta1+\epsilon1$

$Y2=\lambda2\eta1+\epsilon2$

$Y3=\lambda3\eta1+\epsilon3$

上述的迴歸方程式可以以矩陣方程式表示如下：

$X = \Lambda_x\xi + \delta$

$$Y = \Lambda_Y \eta + \varepsilon$$

其中ε與η、ξ及δ無相關，而δ與ξ、η及ε也無相關。Λ_x與Λ_y為指標變數（X、Y）的因素負荷量（loading），而δ、ε為外顯變項的測量誤差，ξ與η為外因潛在變項（exogenous latent variables）與內因潛在變項（endogenous latent variables），SEM 測量模型中的假定：潛在變項（共同因素）與測量誤差間不能有共變關係或因果關係路徑存在。

以觀察變項作為潛在變項的指標變項，根據指標變項性質的不同，可以區分為「反應性指標」（reflective indicators）與「形成性指標」（formative indicators）二種，反應性指標又稱為「果指標」（effect indicators），所謂反應性指標指的是一個以上的潛在變項構念是引起（cause）觀察變項或顯性變項的因，觀察變項是潛在變項基底下（underlying）成因的指標，此種指標能反應至其相對應的潛在變項，此時，指標變項為「果」，而潛在變項為「因」；相對的，形成性指標又稱為「因」指標或「成因」指標（cause or causal indicators），這些指標變項是成因，潛在變項被定義為指標變項線性組合（加上誤差項），因此潛在變項變成內衍變項（被其指標變項決定），而其指標變項變為沒有誤差項（error terms）的外衍變項，在 AMOS 與 LISREL 模式假定的測量模式估計中，顯性變項（manifest variable）通常是潛在變項的「反應性指標」，如果將其設定為形成性指標，則模式程序與估計會較為複雜（*Diamantopoulos & Siguaw, 2000*）。

反應性指標與形成性指標所構成的迴歸方程式並不相同，如一個潛在變項η，二個指標變項 X1、X2，若二個顯性變項是一種反應性指標，其迴歸方程式如下：

$$X1 = \beta_1 \eta + \varepsilon_1$$
$$X2 = \beta_2 \eta + \varepsilon_2$$

其中β_1與β_2為估計的參數，ε_1與ε_2為測量的誤差。

若二個顯性變項是一種形成性指標，則潛在變項是二個觀察變項的線性組合，其迴歸方程式如下：

$$\eta = \gamma_1 X1 + \gamma_2 X2 + \delta$$

其中γ_1與γ_2為估計的參數，而δ為殘差。

反應性指標測量模式圖如圖 1-4：

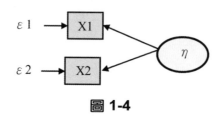

圖 1-4

形成性指標的模式圖如圖 1-5：

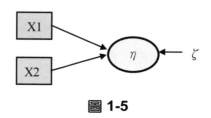

圖 1-5

以高職生「生活壓力」構念所建構的三個觀察變項的形成性指標之測量模式如圖 1-6：

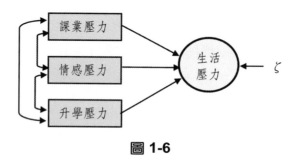

圖 1-6

形成性指標的特性與估計之測量品質（measurement quality）的程序與反應性指標的特性與估計程序有很大的不同，研究在界定指標變項時不可混淆，否則會產生錯誤的結果。如果顯性變項要作為形成性指標，在結構模式中要詳細說明清楚，以免讓他人誤以為理論模式界定錯誤。AMOS 工

Structural Equation Modeling- Amos Operation and Application

具圖像鈕所繪製的測量模式均為反應性指標之測量模式，不能界定形成性指標的測量模式圖，因而無法就形成性指標進行模式估計。

如在學校組織效能調查中，組織效能中的層面「行政績效」為一個潛在變項，此變項為一個抽象的概念，無法直接觀察或測量得到，也無法以數據量化來呈現，為了測得學校「行政績效」的程度，可以以下列五個觀察變項或指標變項（indicator variables）來測得：

✱本校行政人員能專心投入學校的行政工作。（專心投入）
✱本校各處室能充分溝通協調，業務上能相互支援配合。（溝通協調）
✱本校在行政上充分授權同仁，在工作上有專業自主的空間。（充分授權）
✱本校各處室訂有詳細明確的工作職掌且運作順暢。（職掌明確）
✱本校行政程序力求簡化有效率。（程序簡化）

「行政績效」潛在變項與測量變項間所形成的測量模式圖如圖 1-7：

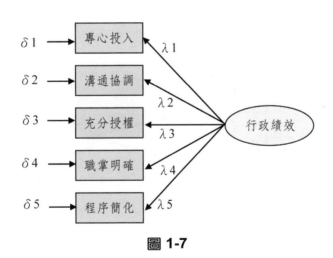

圖 1-7

上述測量模式中，「行政績效」為專心投入、溝通協調、充分授權、職掌明確、程序簡化五個觀察變項所共同建構的因素（factor）或潛在變項，$\lambda 1$ 至 $\lambda 5$ 為因素負荷量（factor loading）、$\delta 1$ 至 $\delta 5$ 表示各觀察變項的殘差，可視為是每個觀察變項去估計潛在變項的測量誤差（measurement errors）。每個觀察變項的因素負荷量愈高，表示受到潛在變項影響的強度愈大；因素負荷量愈低，表示受到潛在變項影響的強度愈小。在 SEM 模式中，測量誤差可以被估計出來，可以被視為是一個潛在變項。行政績效測

量模型繪製於 Amos Graphics 中如圖 1-8，e1 至 e5（δ1 至 δ5）表示各觀察變項的測量殘差，w1、w2、w3、w4 為路徑係數參數（因素負荷量λ2 至λ5）標籤名稱，在 AMOS 測量模型中，要有一個測量指標的路徑係數λ固定為 1，否則測量模型無法估計。

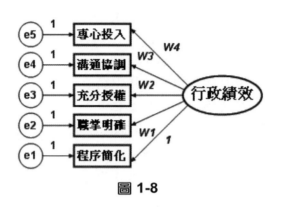

圖 1-8

測量模式的測量誤差、觀察變項、因素負荷量、潛在變項（潛在因素）、二個潛在因素間關係如圖 1-9 所列：

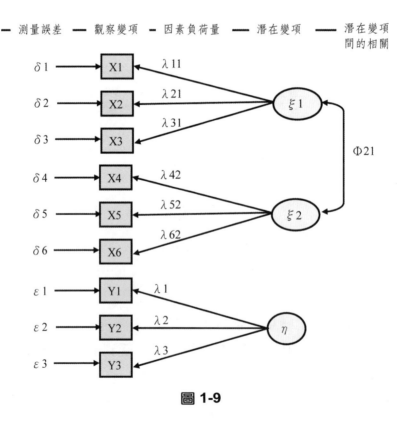

圖 1-9

測量模式在 SEM 的模型中就是一般所謂的「驗證式因素分析」（con-firmatory factor analysis；CFA），驗證式因素分析的技術是用於檢核數個測量變項可以構成潛在變項（潛在因素）的程度，驗證式因素分析即在考驗包括測量模式中的觀察變項X與其潛在變項ξ間的因果模式圖是否與觀察資料契合。在 SEM 模式分析中的變項又可以區分為「外因變項」（或稱外衍變項）（exogenous variables）與「內因變項」（或稱內衍變項）（endogenous variables）。外因變項是指在模式當中未受任何其他變項的影響，但它卻直接影響別的變項，外因變項在路徑分析圖中相當於自變項（independent variables）；內因變項是指在模式當中會受到任一變項的影響，在路徑分析圖中內因變項相當於依變項（dependent variables），也就是路徑分析中箭頭所指的地方，內因變項與外因變項的區分如圖 1-10

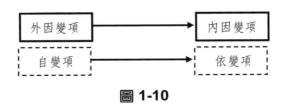

圖 1-10

就潛在變項間關係而言，某一個內因變項對別的變項而言，可能又形成另一個外因變項，這個潛在變項不僅受到外因變項的影響（此時變項屬性為依變項），同時也可能對其他變項產生影響作用（此時變項屬性為自變項），此種同時具外因變項與內因變項屬性的變項，可稱為是一個「中介變項」（mediator）。

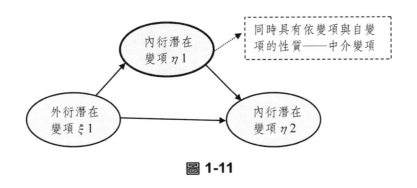

圖 1-11

潛在變項中被假定為因者之外因變項，以ξ（xi/ksi）符號表示，被假定為果的內因變項以η（eta）符號表示。外因變項（潛在自變項）ξ的觀察指

標或測量指標稱爲X變項、內因變項η（潛在依變項）的觀察指標或測量指標稱爲Y變項。上述潛在自變項與潛在依變項及其觀察指標形成下列關係：

1. 潛在自變項ξ與測量指標 Y 變項間沒有直接關係；而潛在依變項η與測量指標 X 變項間也沒有直接關係。

2. 潛在自變項ξ與潛在自變項ξ間共變數矩陣（二者的關係），以Φ（phi）表示。

3. 潛在自變項ξ與潛在依變項η間的關係，以γ（gamma）表示，二者的關係即內因潛在變項被外因潛在變項在變項解釋之迴歸矩陣。

4. 外因潛在變項ξ與其測量指標 X 變項間的關係，以Λ_x（lambda x）表示，外因觀察變項 X 的測量誤差以δ（delta）表示，測量誤差δ之間的共變數矩陣以Θ_δ（theta-delta）表示。

5. 內因潛在變項η與其測量指標 Y 變項間的關係，以Λ_y（lambda y）表示，內因觀察變項Y的測量誤差以ε（epsilon）表示，測量誤差ε之間的共變數矩陣以Θ_ε（theta-epsilon）表示。

6. 內因潛在變項η與內因潛在變項η間的關係，以β（beta）表示。

由於 Amos Graphics 繪圖區無法呈現希臘字母及註標（下標字），因而其變項名稱及各參數標籤名稱通常以英文字母表示（變項名稱爲中文字也可以）。在輸出結果報表中會區分觀察變項爲外因觀察變項或內因觀察變項、潛在變項區分爲外因潛在變項或內因潛在變項，而指標變項的誤差項被視爲外因潛在變項（外因無法觀察變項）。AMOS 測量模式圖繪製的範例如下：

範例一：共同因素（ξ或η）的變項名稱爲「F1」，六個測量指標（觀察變項）分別爲 X1 至 X6，六個測量指標的測量誤差項（δ或ε）之變項名稱分別 e1 至 e6。

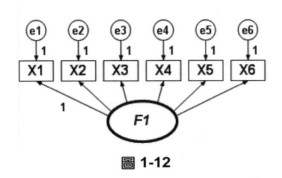

圖 1-12

範例二：為二個共同因子的測量模型，二個共同因素（潛在變項）（ξ 或η）的變項名稱為「F1」、「F2」，因素構念一有六個測量指標變項，因素構念二有四個測量指標變項，十分測量指標的測量誤差項（δ或ε）的變項名稱分別 e1 至 e10。

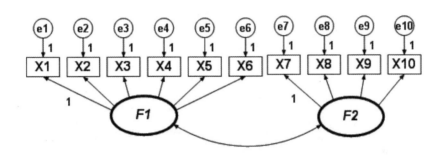

圖 1-13

範例三：為三個共同因子的測量模型，三個共同因素（潛在變項）（ξ 或η）的變項名稱為「F1」、「F2」、「F3」，因素構念一有三個測量指標變項，因素構念二有四個測量指標變項，因素構念三有三個測量指標變項，十個測量指標的測量誤差項（δ或ε）的變項名稱分別 e1 至 e10。在 AMOS 的分析中，由於測量誤差項（δ或ε）的原文為「error」、「residual」，因而常以 e1、e2……，或 err1、err2……，或 r1、r2……，或 res1、res2……表示 SEM 的測量誤差：「δ」或「ε」。

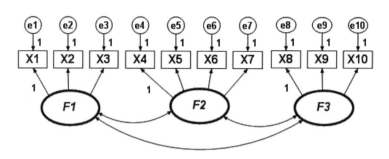

圖 1-14

　　範例四：與範例三比較之下，二個假設測量模型圖的主要差別，在於範例四測量模型中多增列了測量誤差間的共變關係（ε與ε，或δ與δ）間的共變關係，X3 測量指標的測量誤差 e3 與 X5 測量指標的測量誤差 e5 間有共變關係，有共變關係表示二者之間有相關（δ3 與δ5 間有相關），X6 測量指標的測量誤差 e6 與 X9 測量指標的測量誤差 e9 間有共變關係（δ6 與δ9 間有相關），界定測量誤差項有相關並沒有違反 SEM 的假定。

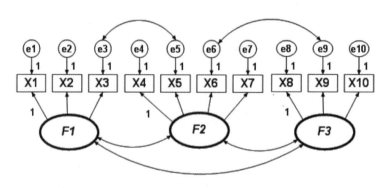

圖 1-15

　　在初始測量模型分析中通常假定測量誤差間是彼此是獨立無關的，此論點相當於項目反應理論（item response theory；IRT）中的局部獨立（local independence）之基本假設的問題，在 CFA 分析中提供的修正指標值會呈現測量指標的測量誤差間有共變關係（ error covariance 或 correlated error）的修正。所謂測量誤差相關係指理論建構無法詮釋到的變異量，在不同測量指標上發生共變現象，誤差相關的問題可能發生於測量工具題項系統內容偏差，或題項內容與其他題項內容有高程度的相關或重疊，也有可能來自於受試者的系統性的反應偏差，如填答符合社會期許效應，偏向於兩極端

選項等；若是成就測驗可能來自受試者的練習效應、量尺粗略等干擾因素等（李茂能，民 95；*Aish & Joreskog, 1990*）。

測量模式分析所驗證的是屬於假設模型內在模式適配度（fitness of internal structure of model）的考驗，主要在評估測量指標變項與潛在變項的信度、效度、估計參數的顯著水準等，此即為模式內在品質的考驗，因而測量模式可以考驗模式中各因素構面的「收斂效度」或「聚合效度」（convergent validity）與「區別效度」（discriminant validity）。所謂收斂效度是指測量相同潛在特質（構念）的測驗指標會落在同一個共同因素上，而區別效度則是指測量不同潛在特質（構念）的測驗指標會落在不同共同因素上。雖然有其他方法也可以用來考驗模式的信度與效度，如一般常用的多特質多方法（Multi-Trait Multi-Method；簡稱 MTMM），但採用 SEM 的方法卻比 MTMM 估計方法多了二個特點（張紹勳，民 94）：

1. SEM 在實務運用上比 MTMM 方便很多，由於 MTMM 必須以不同的量表對樣本觀察值進行多次的施測，往往造成實際執行上的限制與困難，在時間考量與經濟效益上較差；若研究者改用 SEM 方法則可以快速的對測量模式進行收斂效度與區別效度的考驗。
2. 採用 SEM 估計法通常會較 MTMM 法得到更精確的結果，由於 SEM 採用驗證性因素分析法（CFA），不同於 MTMM 採用探索性因素分析法，二者主要的差別在於探索性因素分析法是主觀決定轉軸（rotation）方法，而驗證性因素分析法則是依據理論前提下，假定因素構念間存在某種關聯程度，進而進行因素間收斂效度的考驗，因而 SEM 通常會比 MTMM 法得到更正確估計結果。

1-3 結構模式

結構模式即是潛在變項間因果關係模式的說明，作為因的潛在變項即稱為外因潛在變項（或稱潛在自變項、外衍潛在變項），以符號ξ表示，作為果的潛在變項即稱為內因潛在變項（或稱潛在依變項、內衍潛在變項），以符號η表示，外因潛在變項對內因潛在變項的解釋變異會受到其他變因的影響，此影響變因稱為干擾潛在變項，以符號ζ（zeta）表示，ζ即是結構模

式中的干擾因素或殘差值。結構模式又可稱爲因果模式、潛在變項模式（latent variable models）、線性結構關係（linear structural relationships）。在 SEM 分析模式中，只有測量模式而無結構模式的迴歸關係，即爲驗證性因素分析；相反的，只有結構模式而無測量模式，則潛在變項間因果關係的探討，相當於傳統的「徑路分析」（或稱路徑分析）（path analysis），其中的差別在於結構模式是探討潛在變項間的因果關係，而徑路分析是直接探討觀察變項間的因果關係。結構模式所導出的每條方程式稱爲結構方程式，此方程式很像多元迴歸中的迴歸係數。

$$Y_i = B_0 + B_1 X_{i1} + B_2 X_{i2} + \cdots\cdots + B_p X_{ip} + \varepsilon_i$$

ε_i爲殘差值，表示依變項無法被自變項解釋的部分，在測量模式即爲測量誤差，在結構模式中爲干擾變因或殘差項，表示內衍潛在變項無法被外衍潛在變項及其他內衍潛在變項可解釋的部分。

SEM 模式與傳統的複迴歸分析並非一樣，SEM 除了同時處理多組迴歸方程式的估計外，更重要的是變項間的處理更具有彈性。在迴歸分析模式中，變項僅區分爲自變項（預測變項）與依變項（效標變項），這些變項均是無誤差的觀察變項（測量變項），但在 SEM 模式中，變項間的關係除了具有測量模式關係外，還可以利用潛在變項來進行觀察值的殘差估計，因此，於 SEM 模式中，殘差的概念遠較傳統迴歸分析複雜。其次，在迴歸分析中，依變項被自變項解釋後的殘差是被假設與自變項間的關係是相互獨立的，但在 SEM 模式分析中，殘差項是允許與變項之間帶有關聯的（邱皓政，民 94）。一個外衍潛在變項預測一個內衍潛在變項的結構模式圖如圖 1-16，其中外衍潛在變項與內衍潛在變項間的迴歸係數以 γ（GAMMA）表示，其結構係數矩陣以 Γ表示。內衍潛在變項與內衍潛在變項間的迴歸係數則以符號β（BETA）表示，其結構係數矩陣 B 表示。外衍潛在變項對內因潛在變項無法解釋的部分稱爲「殘差項」（residuals term）或「干擾變因」（disturbance），殘差值爲結構方程模式的「方程式誤差」（equation errors），以 ζ（ZETA）符號表示，殘差項ζ與殘差項ζ之間的共變數矩陣以Ψ（PSI）符號表示。

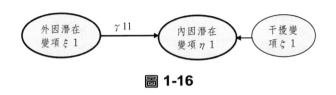

圖 **1-16**

上述潛在變項間的迴歸方程式如下：

$$\eta_1 = \gamma_{11}\xi_1 + \varsigma_1$$

二個外因潛在變項預測一個內因潛在變項基本的結構模式圖如圖 1-17：

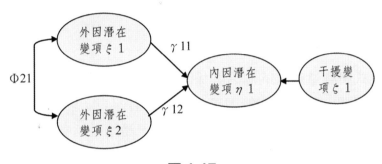

圖 **1-17**

上述潛在變項間的迴歸方程式如下：

$$\eta_1 = \gamma_{11}\xi_1 + \gamma_{12}\xi_2 + \zeta_1$$

二個內因潛在變項間的關係模式圖如圖 1-18：

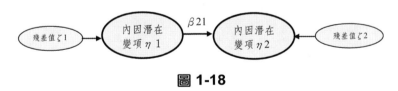

圖 **1-18**

上述潛在變項間的迴歸方程式如下：

$$\eta_2 = \beta_{21}\eta_1 + \zeta_2$$

一個外因潛在變項與二個內因潛在變項間的飽和模式圖如圖 1-19：

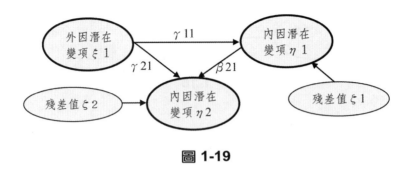

圖 1-19

上述潛在變項間的迴歸方程式如下：

$$\eta_2 = \beta_{21}\eta_1 + \gamma_{21}\xi_1 + \zeta_2$$
$$\eta_1 = \gamma_{11}\xi_1 + \zeta_1$$

　　結構模式與測量模式的簡易關係圖如圖 1-20，其中雙箭頭表示二個潛在變項間的相關，二者之間無因果關係，單箭頭表示變項間的因果關係，箭頭來源處（from）表示外因變項（為因）、箭頭所指處（to）表示內因變項（為果）。潛在變項間因果關係係數註標寫法，先寫箭頭所指的變數註標，之後再寫箭頭來源的變數註標，如外因潛在變項ξ_2 對內因潛在變項η_1的影響，以符號註標γ_{12} 或$\gamma_{1,2}$ 表示；外因潛在變項ξ_3 對內因潛在變項η_2 的影響，以符號註標γ_{23} 或$\gamma_{2,3}$ 表示。此外 X 變項的測量誤差（measurement errors）與 Y 變項的測量誤差之間的共變數，在 AMOS 與 LISREL 分析的內定設定，皆預設為零相關，研究者也可以設定其有相關（如 X3 與 X4 之測量誤差）。結構模式的方程式可以以下列矩陣方程形式表示：

$$\eta = \Gamma\xi + \zeta$$

或

$$\eta = B\eta + \Gamma\xi + \zeta$$

其中ξ與ζ無相關存在。

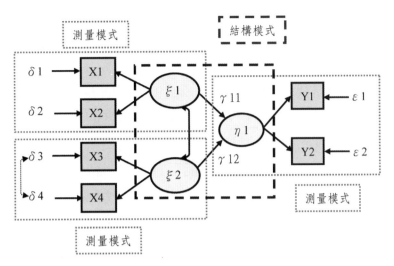

圖 1-20

　　在結構模式中，外因潛在變項之間可以是無關聯的或是彼此間有相關聯的，而外因潛在變項對內因潛在變項之間的關係必須是單方向的箭號，前者必須為「因」變項，後者為「果」變項（ξ→η），此單向箭號不能顛倒。而二個內因潛在變項間，可以是單向預測或是形成一種互惠關係，互惠關係即相互預測關係，其關係如：η1→η2，或η2→η1，或η1⇌η2，而內因潛在變項（η）無法被外因潛在變項（ξ）解釋或預測的部分，即方程模式中所無法預測到或解釋到的誤差值（ζ），稱為「殘差」（residuals）或「干擾」（disturbance）變因。

　　一個廣義的結構方程模式，包括數個測量模式及一個結構模式，以上述模式圖而言，其結構方程模式包含了三個測量模式及一個結構模式。在 SEM 模式中，研究者依據理論文獻或經驗法則建立潛在變項與潛在變項間的迴歸關係，亦即確立潛在變項間的結構模式；此外，也要建構潛在變項與其測量指標間的反應關係，即建立各潛在變項與其觀察指標間的測量模式（黃芳銘，民 94）。在 SEM 分析中，由於涉及了數個測量模式及一個結構模式，變項間的關係較為複雜，因而 SEM 的分析，即在探究一組複雜變項間的關係，變項間關係的建立要有堅強的理論為根據，模式界定時必須依循「簡約原則」（或稱精簡原則）（principle of parsimony），在 SEM 分析中，同樣一組變數的組合有許多種的可能，不同的關係模式可能代表了特定的理論意義，若是研究者可以用一個比較單純簡單的模型來解釋較多

的實際觀察資料的變化，如此，以這個模型來反應變項間的真實關係，比較不會得到錯誤的結論，避免犯下第一類型的錯誤（邱皓政，民 94）。

簡約原則本身是模式理論建構的一個重要原則。在社會及行為科學領域中，一個好的理論必須具備下列條件：一為對客觀現象解釋的情況要強而有力，即此理論能否正確地且廣泛地解釋不同現象；二為理論必須是可檢證的（testable），可檢證性是理論能否具有科學特性的條件之一，能夠被檢驗的理論，才具有科學的特性，也才能對其所犯之錯誤做修正，使此理論更能正確地預測現象；三為理論必須具備簡單性，在既有的解釋程度之下，能夠以愈少的概念和關係來呈現現象的理論愈佳。簡約原則期待研究者能夠以一個比較簡單的模式來解釋複雜的關係，當一個簡約模式被接受時，表示它比其他較不簡約的模式具有較低的被拒絕率。從簡約原則的內涵中，研究者在界定模式的參數時，每一個參數皆必須有相當的理論基礎，一個沒有理論支持或理論薄弱的關係，最好將之排除於模式之外（黃芳銘，民 94）。

一個完整的結構方程模式如圖 1-21 所列：

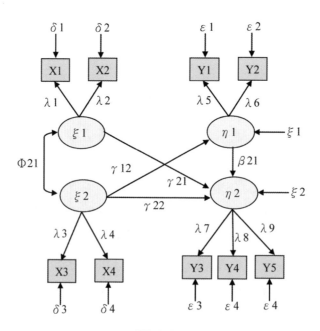

圖 1-21

　　上述 SEM 理論模式圖以 AMOS 繪製圖示如圖 1-22：AMOS 繪製 SEM
理論模式圖有幾個基本假定：測量模型中的測量指標之測量誤差項的路徑
係數內定為 1（也可將其改為界定誤差項的變異數等於 1）；測量模式中必
須有一個指標變項的路徑係數內定為 1，以上二個固定參數在繪製測量模式
時 AMOS 會自動增列，所有觀察變項、潛在變項、誤差變項的名稱為唯一，
不能重複出現；作為內因潛在變項或內因觀察變項（路徑分析模式）者要
增列一個殘差項，所有外因潛在變項間要以雙箭頭圖像鈕建立共變關係。
模式中的外因潛在變項為 F1、F2，內因潛在變項為 F3、F4，內因潛在變項
F3、F4 各要增列一個殘差項。

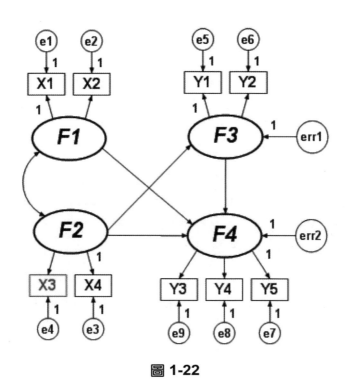

圖 1-22

　　若是增列 SEM 假設模型圖的參數，於 AMOS 繪圖區中的結構方程模式
圖如圖 1-23：範例中的參數中，C1 表示共變關係；V1 至 V13 為變項的變異
數，SEM 分析程序中作為內因潛在變數者無法估計其變異數，所以內因潛
在變數 F3、F4 無法增列變異數參數；W1 至 W9 為路徑係數，在測量模式
中為因素負荷量，在結構模式中為γ係數與β係數。

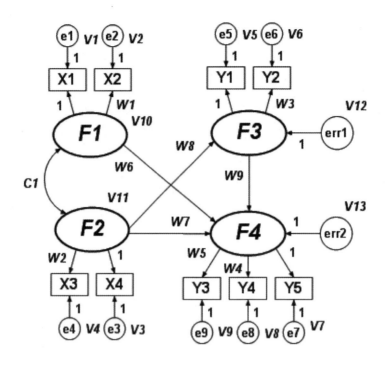

圖 1-23

上述結構方程模式以 AMOS 估計結果，其參數估計摘要表如表 1-1。SEM 的模式中的參數主要包括「固定參數」（fixed parameters）與「自由參數」（free parameters），固定參數為模式中不被估計的參數，其參數值通常設定為 0，有時將其設定為常數 1；自由參數為模式中需要被估計的參數，自由參數的多寡會影響模式是否可以辨識（identified），若模式無法辨識則無法估計各個參數。AMOS 的「檢視文字」（View Text）圖像鈕可開啟輸出結果視窗，在視窗中會呈現模式的參數狀態。

表 1-1　Variable counts (Group number 1)

Number of variables in your model:	24
Number of observed variables:	9
Number of unobserved variables:	15
Number of exogenous variables:	13
Number of endogenous variables:	11

在範例 SEM 模式圖中，模式中的變項共有 24 個、觀察變項有 9 個（SEM 模式中有 9 個測量指標變項）、無法觀察的變項有 15 個：包括四個潛在變

項 F1、F2、F3、F4（ξ1、ξ1、η1、η2）、九個測量誤差項、二個內因觀察變項的殘差項（err1、err2），外因變項有 13 個（九個測量誤差項、二個殘差項、二個潛在變項F1、F2）、內因變項有 11 個（九個觀察變項、F3、F4二個潛在變項）。

表 1-2　**Parameter summary (Group number 1)**

	Weights	Covariances	Variances	Means	Intercepts	Total
Fixed	15	0	0	0	0	15
Labeled	9	1	13	0	0	23
Unlabeled	0	0	0	0	0	0
Total	24	1	13	0	0	38

　　SEM 模式中路徑係數被設定為 1 者表示為固定參數，此種參數共有 15個、自由參數均有加註標記，23 個自由參數中迴歸係數有 9 個（W1 至W9）、共變數有 1 個（C1）、變異數有 13 個（V1 至 V13）、平均數與截距項均為 0 個，因而模式中待估計的自由參數共有 9+1+13=23 個，模式中全部的參數共有 38 個。

表 1-3　**Computation of degrees of freedom (Default model)**

Number of distinct sample moments:	45
Number of distinct parameters to be estimated:	23
Degrees of freedom (45 - 23):	22

　　模式中外因潛在變項的觀察變項有 4 個、內因潛在變項的觀察變項有 5個，樣本共變數矩陣獨特元素或資料點 $=\frac{1}{2}(4+5)(4+5+1)=45$ 個、模式中被估計的參數（自由參數）有 23 個，模式的自由度 $=45-23=22$。

1-4　結構方程模式圖中的符號與意義

　　SEM 分析模式中常用的符號與定義如表 1-4：

表 1-4

符號	讀法	維度	意義說明
X		$q \times 1$	ξ 的觀察變項或測量指標
Y		$p \times 1$	η 的觀察變項或測量指標
ξ	xi	$n \times 1$	外因潛在變項（因變項）
η	eta	$m \times 1$	內因潛在變項（果變項）
δ	delta	$q \times 1$	X 變項的測量誤差
ε	epsilon	$p \times 1$	Y 變項的測量誤差
ζ	zeta	$m \times 1$	內因潛在變項的誤差
β	beta	$m \times m$	內因潛在變項間（η）關聯的係數矩陣
γ	gamma	$m \times n$	外因潛在變項（ξ）與內因潛在變項（η）間關聯的係數矩陣
Φ	phi	$n \times n$	外因潛在變項（ξ）的變異共變數矩陣
Ψ	psi	$m \times m$	內因潛在變項（η）殘差項的變異共變數矩陣
λx	lambda x	$q \times n$	X 與外因潛在變項（ξ）間之關聯係數矩陣
λy	lambda y	$p \times m$	Y 與內因潛在變項（η）間之關聯係數矩陣
Θ_δ	theta-delta	$q \times q$	δ 變項間的變異共變數矩陣
Θ_ε	theta-epsilon	$p \times p$	ε 變項間的變異共變數矩陣
S 矩陣			樣本資料推演出的共變數矩陣
$\hat{\Sigma}$ 矩陣			基於樣本之假設模式的共變數矩陣

一個完整的 SEM 模式的參數矩陣如表 1-5：

表 1-5

矩陣名稱	數學符號	LISREL 縮寫	矩陣描述
LAMBDA-Y	Λ_y	LY	為（p×m）階矩陣，表示連結 Y 變項對 η 變項的係數
LAMBDA-X	Λ_x	LX	為（q×n）階矩陣，表示連結 X 變項對 ξ 變項的係數
BETA	B	BE	為（m×m）階矩陣，表示 η 變項間有方向性的連結係數（迴歸係數）
GAMMA	Γ	GA	為（m×n）階矩陣，代表 ξ 變項對 η 變項影響的迴歸係數
PHI	Φ	PH	為（n×n）階矩陣，代表 ξ 變項間的共變數
PSI	Ψ	PS	為（m×m）階矩陣，代表內衍潛在變項殘差項（ζ）間的共變數。

表 1-5（續）

矩陣名稱	數學符號	LISREL 縮寫	矩陣描述
THETA-EPSILON	Θ_ε	TE	為（p×p）階矩陣，代表指標變項 Y 測量誤差（ε 變項）間的共變數。
THETA-DELTA	Θ_δ	TD	為（q×q）階矩陣，代表指標變項 X 測量誤差（δ 變項）間的共變數。

註：p、q、m、n 各為變項 Y、X、η、ξ 的個數

在 SEM 路徑關係圖中，常用的符號說明如下：

1. 潛在變項

潛在變項（latent variables）又稱「無法觀察的變項」（unobserved variables）、「建構變項」（construct variables）。所謂潛在變項即是構念因素，是不可直接測量或無法直接觀察得到的，只能以間接的方式推論出來，通常稱為構念、層面或因素。其圖形以圓形（circle）或橢圓形（ellipse）表示，作為「因」（causes）的潛在變項又稱為自變項或外因潛在變項或外衍潛在變項（exogenous），變項名稱以符號 ξ 表示；作為「果」（effects）的潛在變項又稱為依變項或內因潛在變項或內衍潛在變項（endogenous），變項名稱以符號 η 表示。

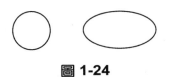

圖 1-24

在 AMOS 的操作中，結構模式之潛在變項名稱不能與原始資料檔的變項名稱相同，結構模式之內因潛在變項的殘差項也是潛在變項。所有測量模式之測量誤差項（errors of measurement）均為潛在變項，其物件也要以橢圓形表示，所有測量誤差項及殘差項的變項名稱也不能與原始資料檔的變項名稱相同。

2.觀察變項

觀察變項又稱為「顯性變項」（manifest variables）或「指標變項」（indicator variables）或「可測量變項」（measured variables），研究者可以直接觀察得到或直接測量獲得，獲得的數據可以轉化為量化資料，外因潛在變項的指標變項以符號「X」表示；而內因潛在變項的指標變項以符號「Y」表示。其圖形通常以正方形或長方形表示。若以量表問卷來作為指標變項，則觀察變項可能是量表在個別題項上的得分，或是數個題項加總後的分數；若是以觀察法來獲得數據，觀察變項為觀察內容，其數據為觀察所得轉化為量化的分數。

圖 1-25

AMOS 的操作中，方形物件中的變項名稱一定是原始資料中的變項之一，若其變項名稱不是原始資料檔中的變項，則執行計算估計值時會出現錯誤訊息，如方形物件中界定一個原始 SPSS 資料檔中沒有的變項 Y10，執行計算估計值時會出現下列的錯誤訊息：「The variable, Y10, is represented by a rectangle in the path diagram, but it is not an observed variable」，訊息告知使用者變項 Y10 出現於徑路圖中的長方形內，但它並不是一個觀察變項，表示在原始 SPSS 資料檔中沒有觀察變項「Y10」的變項名稱。

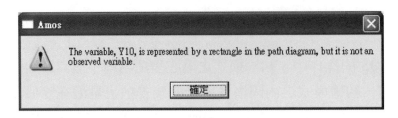

圖 1-26

3.誤差變異項（error term）

內因潛在變項無法被模式中外因潛在變項解釋的變異量，即結構方程模式中的隨機變異部分，以希臘字母ζ表示；內因潛在變項（η變項）的測

量誤差（errors in measurement），即觀察變項無法被其潛在變項解釋的變異，以希臘字母ε表示；外因潛在變項（ξ變項）的測量誤差，以希臘字母δ表示。

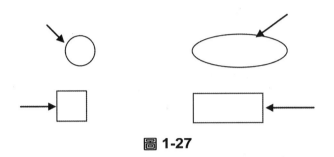

圖 1-27

在 AMOS 操作中不會區分測量誤差ε與δ，但在描繪潛在變項的測量指標時會自動把測量誤差的小橢圓形物件加上，因而研究者不用特別加以界定。在結構模式中作為內因潛在變項及內因觀察變項者則要另外界定殘差項。

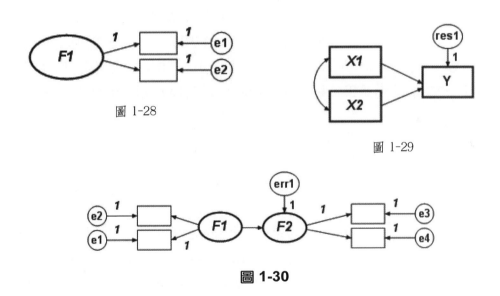

圖 1-28

圖 1-29

圖 1-30

4.變項間的關係

單一方向的箭號（one-way straight arrow）：表示直接效果或單方向的路徑關係，單向因果關係影響的關係又稱為「不可逆模式」（recursive models），以單箭號表示，箭號的起始點為因變項，箭號所指的地方為果變項，係數註標表示時，先呈現「果」的變項編號，再呈現「因」的變項編號。在SEM模式中，外因潛在變項（ξ）間沒有單箭號的關係存在，即外因潛在

變項間沒有因果關係,但它們可能有共變關係存在。

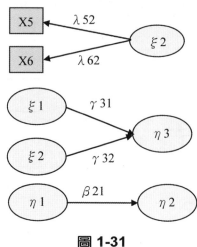

圖 1-31

上述符號註標「β21」與符號註標「β12」所表示的變項間的關係是不同,後者的圖示如圖 1-32。註標「β21」表示潛在變項η1 直接影響到潛在變項η2,其中潛在變項η1 為「因」變項,潛在變項η2 為「果」變項;而註標「β12」表示潛在變項η2 直接影響到潛在變項η1,其中潛在變項η2 為「因」變項,潛在變項η1 為「果」變項,二者的影響路徑及關係剛好相反。

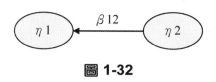

圖 1-32

雙向箭號(two-way arrow):表示二個變項間為相關或共變的關係,即二個變項間不具方向性的影響,互為因果的關聯路徑,在 SEM 模式中,外因潛在變項間不具單向因果關係,但可能具有相關或共變關係,以希臘符號Φ表示;此外內因潛在變項的殘差間,也可能具有相關或共變關係,以希臘符號Ψ表示。由於雙向箭號表示變項互為因果關係,因而符號註標「Φ12」與符號註標「Φ21」是相同的。

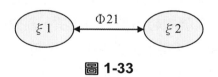

圖 1-33

可逆模式（non-recursive modes）：又稱互惠關係（reciprocal relation-ship）效果模式，表示二個變項間具有雙向因果關係的影響路徑，第一個變項直接影響到第二個變項，而第二個變項也直接影響到第一個變項，在SEM分析中，若是遇到模式無法聚合，參數無法進行估計時，將二個變項改設為可逆模式，也是一種解決策略。

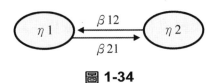

圖 1-34

在 AMOS 的操作中參數的界定無法使用希臘字母或上下標文字，因而參數界定均以英文字母作為起始文字串，在單箭頭符號參數表示變項間有因果關係，內定的英文字母為W、雙箭頭符號參數表示變項間有共變關係，內定的英文字母為C，研究者可直接於模式圖中增列描繪箭頭符號或直接用「刪除物件」圖像鈕刪除原先描繪的箭頭符號，以進行模式的修正。全部以圖示來描繪假設模式圖並進行參數估計是 AMOS 的一大特點，對於初學SEM 的使用者而言，更為便利與實用。

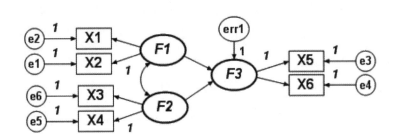

圖 1-35

1-5 參數估計方法

在SEM分析中，提供七種模式估計的方法：工具性變項法（instrumental variables；IV法）、兩階段最小平方法（two-stage least squares；TSLS法）、未加權最小平方法（unweighted least squares；ULS法）、一般化最小平方法（generalized least squares；GLS 法）、一般加權最小平方法（generally weighted least squares；GWLS 法或 WLS 法）、最大概似法（Maximum Like-lihood；ML 法）、對角線加權平方法（diagonally weighted least squares；DWLS法）。研究者如要檢驗樣本資料所得的共變數矩陣（S矩陣）與理論模式推導出的共變數矩陣（$\hat{\Sigma}$矩陣）間的契合程度，即是模式適配度的考驗，測量$\hat{\Sigma}$矩陣如何近似S矩陣的函數稱為「適配函數」（fitting function），不同的適配函數有不同的估計方法。在上述七種方法中，假定研究者所提的理論模式是正確的（模式沒有敘列誤差或界定錯誤），而且取樣樣本夠大，則以上方法所產生的估計值會接近真正的參數數值（*Bollen, 1989; Joreskog & Sorbom, 1996*）。

最廣泛使用的估計模式方法為ML法，其次是GLS法（*Kelloway, 1998*）。ML使用會這麼普遍，主要是許多研究者似乎將 LISREL 與 ML 畫上等號，且 LISREL 將 ML 法作為預設的模式估計方法。即使 LISREL 允許不同型態的估計方法，ML法估計值可用在持續及非對稱的大樣本上（*Bollen, 1989*）。如果是大樣本及假設觀察資料符合多變量常態性，卡方檢定才可以合理使用，此時，使用 ML 估計法最為合適；如果資料為大樣本，但觀察資料不符合多變量常態性假定，最好採用 GLS 估計法（周子敬，民 95）。

IV法與TSLS法是一種使用快速、非遞迴式（non-iterative）、有限訊息技術（limited-information technique）的估計方法。它們沒有使用模式中其他方程式訊息，單獨地估計每個參數，因而對於敘列誤差較有強韌性，但與同時估計整個模式方程系統之「完全訊息技術」（full-information techniques）相較之下，顯得較無效率，因為採用完全訊息技術可同時考量到模式之中的所有方程式，進行綜合判斷以獲得最佳的估計數。因而 IV 法與 TSLS 法多使用其他估計方法來計算「計始值」（starting values）之用。但它們也可以用於模式是暫時性的、且模式的敘列誤差不明確的狀態下之初步估計法。至ULS法、GLS法、ML法、WLS法、DWLS法等均使用「遞迴式的程序」（或疊代估計程序）（iterative procedure），均屬於一種「完全訊息技術」的估計方法，比起採用有限訊息技術的 IV 法與 TSLS 法，較有統計上的效率，然而這些估計方法也容易受到敘列誤差（specification errors）的影響，因為每個參數的估計完全根據模式中的其他參數，每個參數的估計會受到模式中每個方程式的敘列誤差值所影響（*Diamantopoulos & Siguaw, 2000; Long,*

1983）。

　　採用完全訊息技術的估計法會經由疊代估計程序，而使模式達到聚合（或收斂）程度（convergence），模式收斂表示經由疊代估計程序可以儘可能使假設模式隱含的共變數矩陣（∑矩陣）接近樣本資料的共變數矩陣（S矩陣）。一般而言，若是假設模式與實徵資料的相容性高，LISREL 及 AMOS程式會有效的提供適當的起始值，經過一定疊代程序後，使模式達到收斂程度，此種情形稱為「可接受解值」（admissible solution）。若是研究者所提的理論模式不適切，起始值與最終解值的差異太大，假設模式與實徵資料的相容性低，則模式可能無達到收斂程度，或是達到收斂，但許多參數無法合理的解釋，此種情形稱為「不可接受解值」（non-admissible solution）或「不適當解值」（improper solution），不可接受解值會導致參數不合理，如參數超出合理的範圍，如變項間相關係數的絕對值超過 1、出現負的誤差變異量、共變數矩陣或相關矩陣出現非正定（positive-definite）的情形等（*Diamantopoulos & Siguaw, 2000*）。

　　在上述七種估計方法中，模式主要常用的參數估計方法為未加權或一般最小平方法（unweighted or ordinary least squares；ULS法）、一般化最小平方法（generalized least squares；GLS 法）、最大概似估計法（maximum likelihood estimation；ML法）、漸進分配自由法（asymptotic distribution free；ADF法）。最大概似估計法是目前最廣應用的 SEM 適配函數估計法，也是 SIMPLIS 內定參數估計方法。最大概似法的基本假設，是觀察數據都是從母群體中抽取得到的資料，且所抽出的樣本必須是所有可能樣本中被選擇的機率之最大者，若符合此一假設，估計的參數即能反應母群體的參數（邱皓政，民 94）。所謂最大概似法是可能性為最大的一種優良估計量，其目的是替母群參數尋求「最可能」解釋觀察資料的值，使用 ML 法時必須滿足以下基本條件：樣本是多變項常態母群體且是以簡單隨機抽樣來獲得的（黃芳銘，民 93）。在常態分配且大樣本之下，ML 估計值、標準誤和卡方值檢定結果，都是適當、可信且正確的；但是，當觀察變項是次序性變項，且嚴重地呈現偏態或高峽峰之非常態分配情形時，ML的估計值、標準誤和卡方值檢定的結果，都是不適當的、不可信且令人質疑的，因而，在違反常態分配的假設時，最好使用含有加權式估計程序的方法，如 WLS 法較為適宜

（余民寧，民 95）。

　　當資料符合多變項常態性假定時，GLS 法非接近 ML 估計法，若是資料違反多變項常態性假定時，GLS 法在使用上也有其強韌性。至於 ULS 方法通常不需符合某種統計分配的假定，它在資料不符合統計分配的假定時也能獲得穩定的估計結果（*Bentler & Weeks, 1979*），在所有估計方法中，ULS 法是唯一運用「量尺單位依賴法」（scale-dependent methos）之估計方法，所謂「量尺單位依賴法」表示改變一個以上觀察變項的量尺單位，會造成參數估計值的改變，因而無法簡單反應量尺轉換的效果；與「量尺單位依賴法」相對的即是「量尺單位自由法」（scale-free methods），這種方法如 ML 估計法與 GLS 估計法，此種方法的特性是參數估計的改變，只有反應到被分析之觀察變項量尺單位的改變（*Long, 1983，p.58*）。當所有觀察變項以相同的單位測量時，採用 ULS 法可以獲得最適當的估計結果。而 WLS 法與 DWLS 法不像 GLS 法與 ML 法一樣，受到資料須符合多變量常態性的假定限制，將其歸類為一種 ADF（asymptotic distribution free）估計值（*Browne, 1984*），但為了使估計結果可以收斂，WLS 法與 DWLS 法的運算通常需要非常大的樣本，一般要在 1,000 位以上。一般而言，當資料呈現「非常態」（non-normality）的情境下，致使無法採用 ML 法與 GLS 法來估計參數，才考慮使用替代估計方法──WLS 法與 DWLS 法（*Diamantopoulos & Siguaw, 2000*）。

　　一般最小平方法（GLS）的基本原理是使用差異平方和的概念，只是在計算每一個差值時，以特定權數來加權個別的比較值（邱皓政，民 94）。GLS 與 ML 法的基本假定是相同的，包括樣本要夠大、觀察變項是連續變項、測量指標必須是多變項常態分配，以及必須有效界定模式等。GLS 產生的估計結果與 ML 法類似，二者具有相同的統計特質（黃芳銘，民 93）。當資料無法符合多變量常態性的假設時，最好使用不受常態分配假設限制（asymptotic distribution free；ADF）的估計方法，如加權最小平方法（generally weighted least squares；WLS），使用 WLS 法與 DWS 法時，必須為大樣本（通常樣本數在 1,000 以上，若要能在任何分配下估計順利，則樣本數更要提高至 5,000 以上），如果是小樣本時，屬於 ADF 的 WLS 法就沒有實務應用的價值，並且也比較會耗費電腦運算的時間，而在實務操作上，使

用這二種方法，必須提供資料的漸近共變數矩陣（asymptotic covariance matrix）（余民寧，民 95）。

在 Amos 分析中，模式估計方法有有五種：「⊙Maximum likelihood」（最大概似法；簡稱 ML 法）、「○Generalized least squares」（一般化最小平方法；簡稱 GLS 法）、「○Unweighted least squares」（未加權最小平方法；簡稱 ULS 法）、「○Acale-free least squares」（尺度自由最小平方法；簡稱 AFLS 法）、「○Asymptotically distribution-free」（漸近分配自由法；簡稱 ADF 法），其中 ML 法為 Amos 內定之模式估計法。在「物件性質」對話視窗之「Estimation」（估計）標籤頁中可以勾選其他的估計法，此視窗中也內定「⊙Fit the saturated and independent models」（適配飽和與獨立模式），因而在各模式適配度統計量中同時會呈現分析模型之飽和模式與獨立模式的統計量。

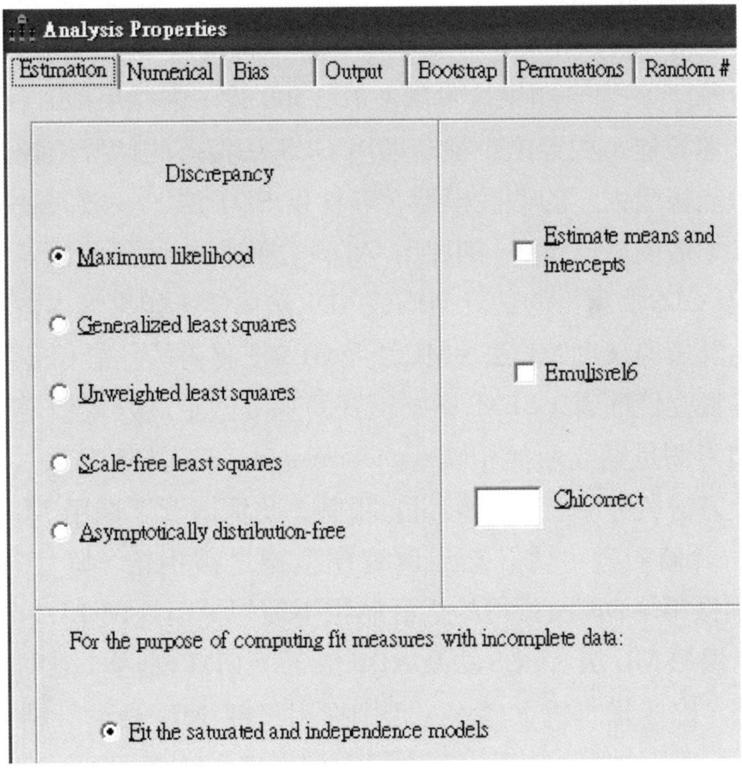

圖 1-36

在估計方法與樣本大小的關係方面，Hu（1992）與其同事發現，若是樣本資料符合常態性假定，則使用 ML 法與尺度化 ML 法（Scaled ML）的樣本數最好大於 500，如果樣本數少於 500，則使用 GLS 法來估計會獲得較佳的結果；在小樣本時，使用「橢圓分配理論」（Elliptical distribution theory；EDT）法進行統計檢定的結果較佳（此種方法 Amos 統計中沒有提供），使用 EDT 法時要考量到變項的峰度，此方法雖不假定變項須符合常態分配，但假定所有變項要有相同的峰度；如果樣本數少於 2,500，使用 ADF 法所獲得的估計值較不理想。Bentler 與 Yuan（1999）發現：SEM 統計考驗類似多變量 Hotelling's T 檢定法，模式如為小樣本（N 介於 60 到 120）、受試者人數樣本比資料變項之共變異數矩陣提供的變異數與共變數多，採用 ADF 法所獲得的估計值較佳。如果 N 為樣本數、p 是測量變項的數目、q 為模式中待估計的參數，$p^* = \frac{1}{2}p(p+q)$，採用 ADF 法獲得之 T 估計值（調整卡方值）如下：$T = \frac{[N-(P^*-q)]T_{ADF}}{(N-1)(p^*-q)}$，公式中的 T_{ADF} 為採用 ADF 法估計所得的估計值。在模式估計與常態性假定方面，如果分析樣本資料無法符合常態性假定時，Hu 等人（1992）發現：如果樣本數多於 2,500 時，則採用 ML 法與 GLS 法獲得的估計值較佳；如果是小樣時採用 GLS 法獲得的估計值較佳，但模式估計結果可能接受太多的假設模型，若採用 EDT 法，多數假設模型會被拒絕；如果樣本數少於 2,500，則採用 ADF 法獲得的估計值較差；尺度 ML 法、ML 法及 GLS 法獲得的估計值均較 ADF 法為佳，如果樣本數很大，ADF 法獲得的估計值與尺度 ML 法、ML 法及 GLS 法獲得的估計值差不多。在模式估計法與獨立性而言，SEM 初始模式的基本假定為誤差項是獨立的，當誤差項與因素間是獨立而無相關（uncorrelated）時，Hu 等人（1992）進一步探究估計方法與考驗統計結果間的關係，此種情況下採用 ML 法與 GLS 法獲得的估計值較差，估計結果真實模型總是被拒絕，除了樣本數多於 2,500，否則採用 ADF 法獲得的估計值也不理想，但採用 EDT 法所獲得的估計值反而優於 ML 法、GLS 法及 ADF 法，但 EDT 法估計結果會拒絕過多的真實模型，除了樣本為大樣本，否則採用尺度 ML 法估計結果總是優於採用 ADF 法獲得的估計結果。在中樣本到大樣本的情況下，採用尺度 ML 法獲得的估計值最佳（*Tabachnick & Fidell, 2007*）。

對於 SEM 模式估計法的選擇，學者 Tabachnick 及 Fidell（*2007*）提供以

下論點供研究者選取參考：選擇適當估計技巧與考驗統計時應同時考量到樣本大小、常態性與獨立性假定等因素，若是樣本為中等數目至大樣本，而有明確的證據顯示資料符合常態性與獨立性假定，則研究者最好選取ML法、尺度ML法及GLS法，由於尺度ML法估計較為複雜，若是再考量到時間與經濟因素，則研究者最好採用ML法及GLS法二種模式估計法，尤其是ML法是目前在SEM模式考驗中使用最多也最為廣泛的方法。如果資料無法符合常態性假定，不確定因素與誤差項之獨立性，且樣本數為中至大樣本時，最好選取尺度ML法作來作估計模式，因為尺度ML χ^2 值的電腦計算較為繁複，需要使用較多的模式估計值，因而最後的結果會呈現ML χ^2 值及尺度ML χ^2 值；如果是小樣本時，最好採用 Yuan-Bentler 考驗統計法。

　　Amos內設的參數估計法為ML法，但ML法較不適用於小樣本的估計，對於小樣本的 SEM 分析，Amos 另外提供了貝氏估計法（Bayesian estimation），採用貝氏估計法估計模式前，會同時對平均數與截距項進行估計，因而研究者要於「分析性質」（Analysis properties）對話視窗中先選取「估計平均數與截距項」選項（☑Estimate means and intercepts），再執行功能列【Analyze】（分析）／【Bayesian Estimation】（貝氏估計法）程序，可開啟「Bayesian SEM」對話視窗，進行小樣本的 SEM 模式估計考驗。

	Mean	S.E.	S.D.	C.S.	Skewness	Kurtosis	Min	Max	Name
Regression weights									
cubes<--spatial	0.635	0.016	0.186	1.004	0.769	0.923	0.076	1.394	
lozenges<--spatial	1.278	0.033	0.412	1.003	1.112	2.303	0.136	3.117	
sentence<--verbal	1.332	0.010	0.179	1.002	0.531	0.903	0.703	2.261	
wordmean<--verbal	2.222	0.011	0.287	1.001	0.251	0.200	1.231	3.351	
Intercepts									
visperc	29.332	0.053	0.837	1.002	-0.085	-0.013	26.136	32.273	
cubes	24.683	0.025	0.542	1.001	-0.027	0.051	22.791	26.594	

圖 **1-37**

1-6　模式的概念化

　　一個完整 SEM 模式化程序的成功與模式完整概念化（sound conceptualization）界定有密切關係，一個欠佳概念化的模式不可能利用 LISREL 方法學而產出有用的結果。LISREL 能夠也曾經使用過於探索性的目的，但結構方程模式要更進一步讓其於驗證性脈絡情境中更有效率。模式概念化（model conceptualization）的內涵包括二部分：一為結構模式概念化（structural model conceptualization）、一為測量模式概念化（measurement model conceptualization）（*Diamantopoulos & Siguaw, 2000*）。

　　結構模式的概念化主要在界定潛在變項間的假設關係，模式發展的階段關注於結構模式的關係界定，以形成可以作為統計檢定的「理論架構」（theoretical framework）。在結構模式的界定中，研究者必須明確區分模式中哪些變項為「外衍變項」（exogenous variables）、哪些變項為「內衍變項」（endogenous variables）。外衍變項在模式中一直扮演自變項（independent variables）角色，不能直接被模式中其他變項所影響，但它可直接影響到其他的內衍變項；內衍變項在模式內通常可被其他變項直接影響，因而常扮演依變項（dependent variables）的角色，這種內衍變項常可被外衍變項解釋或受到外衍變項直接的影響。此外，這些內衍變項有些有時會直接影響到其他的內衍變項，因而又扮演起自變項的角色，對於解釋模式中其他內衍變項的內衍變項，在結構模式中可能具有「中介變項」的性質，對外衍變項而言，它是一個依變項，對於其他內衍變項而言，它是一個自變項。當內衍變項無法完全或完整地被假設的變項（外衍變項及其他內衍變項）解釋或影響時，「誤差」（error term）或「殘差」（residual）就會於模式估計中產生，所謂誤差或殘差即是被假設可影響內衍變項的部分。

　　在模式概念化的階段，研究者要注意確保模式中沒有遺漏重要的外衍變項與內衍變項，若是某些重要或關鍵的變項被遺漏掉，會嚴重導致參數估計的偏差，造成「敘列誤差」的出現，所謂敘列誤差是指研究者所提的理論模式，無法反應出母群體及變項的真正特質（true characterization），研究中的待答問題無法獲得解決。結構模式概念化中，除確認適當的潛在

變項、區隔外衍變項與內衍變項外，還要注意以下二種情況：(1)內衍變項的順序有無界定錯誤；(2)外衍變項與內衍變項，及內衍變項間的連結關係數目與期望方向有無界定錯誤，其中變項間期望出現路徑係數的正負號的解釋是不相同的。模式估計中若是忽略上述二種情況，很容出現「敘列誤差」的情形。因而於結構模式概念化階段，結構模式要考量的是：根據之前的理論文獻、過去實徵證據資料或某些探索性研究的資訊等，依據這些內容來建構假設模式。

模式概念化的第二個主要階段為測量模式的概念化，測量模式概念化主要是關於潛在變項如何被操作型定義和如何被測量的，這些潛在變項通常藉由顯性變項（manifest variables）或觀察變項（observable variables）來反應其潛在特質。此階段所關注即學者 Blalock（*1968*）所提出的「附屬理論」（auxiliary theory），此理論的功能在於確認理論架構與實徵世界的連結關係，更具體而言是界定抽象概念與其指標變項間的關係（*Sullivan & Feldman, 1979, p.11*）。在 SEM 分析中，顯性變項通常皆是反應性指標（reflective indicators），即作為「效果指標」（effect indicators）。測量模式概念化階段要考量的是每個潛在變項的顯性變項，最好採用多個指標變項，此外，要考量的是在單一模式中，潛在變項與顯性變項的數目要多少才是最適當的？這個問題要視研究主題、研究者界定模式的目的與可用的測量數量而定。一般而言，一個愈複雜的模式（包含較多的潛在變項與顯性變項），愈有可能遭遇到模式適配度不佳的問題，假設所有的條件都一樣，模式所包含的變項愈多，則模式所需要的樣本數愈大。因為模式愈複雜，愈有可能遺漏重要的潛在變項，在模式的結構部分要達到模式精簡程度，會出現敘列誤差；而由於遺漏潛在變項關鍵的指標變項，使得測量品質不佳。為兼顧樣本的多少、敘列誤差的程度，學者 Bentler 與 Chou（*1987, p.97*）提出以下建議：使用小規模式的資料組時，至多 20 個變項即可，其中潛在變項大約 5-6 個，而每個潛在變項的指標變項大約為 3-4 個即可。對於樣本數的需求，學者 Ding 等人（*1995*）建議：在使用共變數結構模式（covariance structure modeling）時，最少的受試樣本數是 100 至 150 位；另一方面，Boomsma（*1987, p.4*）則建議：「使用最大概似法估計結構方程模式時，最少的樣本數為 200，研究的樣本數若少於 100，會導致錯誤的推論結果。」

而最近的研究者如Marsh等人（*1998*）從模式收斂程度、參數的穩定性與理論建構信度的觀點來看，其認為每個潛在變項的指標變項數愈多，對於模式的估計愈能得到不錯的效果。但另一個要考量的是，變項數愈多，所需的樣本數愈多，此時模式適配度的卡方值很容易達到顯著水準，而易於拒絕虛無假設；此外，愈複雜的模式，愈有可能使模式無法收斂，因而研究者在模式界定上要格外慎重。

　　完整測量模式概念化的架構圖如圖 1-38：

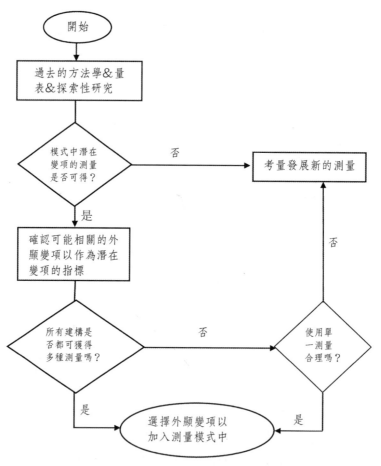

圖 1-38　測量模式概念化流程圖

資料來源：*Diamantopoulos & Siguaw, 2000, p.17*

　　在 SEM 模型的分析步驟上，Bollen 與 Long（*1993*）從驗證性因素分析的觀點來看，有下列五個程序：模型的確認（model specification）→模型辨

識（identification）→參數估計（estimation）→檢定適配度（testing fit）→模型的再確認（respecification），若是假設模式與觀察資料適配良好，則分析程序可以停止；如果假設模型與觀察資料沒有適配，則藉由再確認的程序改善假設模型，直到可以獲得一個較佳的解值，在分析歷程中，可以檢定偏態與峰度的自由度，以確認觀察資料符合多變量常態性的假定。Hair 等人（*1998*）對於 SEM 模型的分析程序，根據測量模式、結構模式的建構與模式產生的有效性，認為應有下列七個步驟：(1)理論模式架構的建立；(2)建立因素變項間因果關係的路徑圖；(3)轉換因果路徑圖為結構方程式與測量方程式；(4)選擇分析模式（是以相關係數矩陣或以共變數矩陣為資料檔）；(5)評估模式的鑑定；(6)模型適配標準的評估；(7)模型的解釋與修改。

　　Diamantopoulos 與 Siguaw（*2000, p.7*）認為 SEM 模型的分析程序有八個步驟：(1)模型的概念化（model conceptualization）；(2)路徑圖的建構（path diagram construction）；(3)模型的確認（model specification）；(4)模型的辨識（model identification）；(5)參數的估計（parameter estimation）；(6)模型適配度的評估（assessment of model fit）；(7)模型的修改（如確認要修改，則回到步驟 1 模型的概念化）；(8)模型的複核效化（model cross-validation）。模型的概念化就是依據理論假設或實徵證據來發展模型中的潛在變項與其指標變項。模型的確認在於描述估計參數的本質與數目。模型的辨識利用觀察資料分析結果資訊，來決定參數估計是否足夠，可否根據蒐集的觀察資料來確認參數的單一值與唯一值。參數的估計在於根據 AMOS 及 LISREL 程式執行結果，來判別假設模型隱含的共變數矩陣是否相等於觀察或實際的共變數矩陣，所估計的參數是否顯著的不等於 0。模型適配度的評估要參考不同的適配度指標來進行綜合判斷，適配度指標允許研究者評估測量與結構模式的品質及完整性，進而指標值支持所提的概念化模型及理論假設。模型的修改最好配合理論基礎，不能純以資料為導向（data-driven），進行暫時性的修飾，重複修改模型，以獲得模型能適配觀察資料，可能會誤用 AMOS 及 LISREL 提供修正指標的原意，研究者在進行模型的修飾時要格外謹慎。

　　綜合上述學者的看法，一個完整結構方程模式的分析歷程可以以圖 1-39 表示：

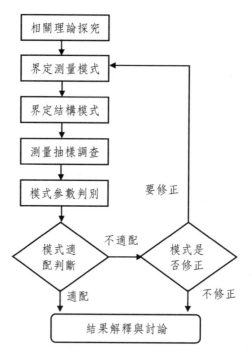

圖 1-39　結構方程模式分析的基本程序

1-7 模式的修正

　　當模式進行參數估計後，發現假設理論模式與觀察資料的適配度不佳，研究者可能會對模式進行適當的改變，改變的目的在於模式適配度的改善。模式適配度不佳可能是違反基本分配的假定、有遺漏值或敘列誤差的存在、或具非直線關係（*Kaplan, 1988; 1989*）。模式改變意謂「模式界定」（model specification），模式界定就是增列或刪除某些參數；而模式的改善指的是模式朝向更佳的適配或成為更簡約的模式，可以得到實質的合理的解釋。針對初始理論模式進行局部的修改或調整的程序，以提高假設模式的適配度，稱為「模式修正」（model modification），修正完的模式應是合理的、明確的與可完整解釋的。模式修正如果沒有理論基礎，完全是一種受資料驅使（data-driven）的模式修正法，易犯「機遇坐大」（capitalization on chance）的迷思，新的修正模式可能與某些樣本特質接近，因而可能需要重新選取樣本來檢定修正的模式（*MacCallum, 1995*）。因而已修正過的模式在一個特殊樣本中可能適配度很好（甚至完美），但應用於同母群體中的另一組

樣本時，可能出現適配度不足的情形。

在模式參數估計中，有時理論模式與觀察資料已經適配，但研究者爲了改善適配情形，使模式的適配度更佳而達到簡化模式的目標，如偵測某些參數來修改模式而達到精簡模式的目的。但學者研究證實，一個適配良好的模式通常是不穩定的，這些適配良好的模式無法再製於其他樣本，也就是原始模式與觀察資料契合度良好，但與其他觀察資料適配度可能不佳。對此，學者 MacCallum 等人（*1992, p.501*）就建議：「當一個初始模式適配良好時，去修正模式使它獲得更好的適配度可能是相當不明智的作法，因爲修正只是適配了樣本微小的獨特之特質而已。」

第二種常見模式修正的重要原因是初始模式適配度不佳，造成模式適配度差的可能原因有以下幾種：違反資料分配的假定、變項間非直線性關係、遺漏值太多、敘列誤差等（*Bentler & Chou, 1987*）。模式的修正就是偵測與改正敘列誤差，改善模式適配的情形。所謂敘列誤差如從模式中遺漏適當的的外衍變項、遺漏模式所包含的變項間的重要連結路徑，或模式中包含不適當的連結關係等。模式修正的程序通常處理的「內在敘列誤差」（internal specification errors），如遺漏模式變項中重要的參數或包含不重要的參數，至於「外在敘列誤差」（external specification errors），表示研究者的理論或方法上出了問題，單靠模式修正程序也很難使模式適配度變得較好（*Gerbing & Anderson, 1984*）。爲了避免「內在敘列誤差」的產生，在模式概念化的階段中，重要的是避免遺漏關鍵的變項。

辨識與更正內部敘列誤差的程序，就是一種「界定敘列搜尋」（specification search）的程序，界定敘列搜尋的最後目的，在於找尋母群體中可以明確表示顯性變項與潛在變項之間結構關係的模式（*MacCallum, 1986*）。此種界定敘列搜尋的程序有三點需要加以注意（*Diamantopoulos & Siguaw, 2000, p.103*）：

1. 資料分析的本質已不再是「驗證性的」（confirmatory），而是變成「探索性」（exploratory）的，所謂驗證性的程序乃是檢定先前已決定好的假設初始模式，而探索性的程序是指經由界定敘列搜尋過程所衍出的最後模式都只是暫時性的而已，而此修正模式必須獨立確

認，亦即以其他不同樣本來重新檢定並做效度考驗，若是使用相同的資料組來產生模式並進行模式考驗，是不符合驗證性的本質，驗證性分析的邏輯是不能以相同的資料來發展一個模式，同時又以此資料來評估模式的適配度（*Biddle & Marlin, 1987; Breckler, 1990*）。

2. 經由界定敘列搜尋程序所發展的新模式未必與原先所提的初始模式類似或相同，模式的差異度與修正的數目與本質有關，因而理所當然的將新模式視為是可辨識的模式是錯誤的，使用者必須經由界定敘列搜尋程序來確認模式是否可被辨識，才能進一步對模式進行有意義的參數估計（*Long, 1983*）。

3. 經由界定敘列搜尋程序，研究者應知道何時開始？更要知悉何時停止，以避免產生一個「過度適配的模式」（overfitting model）。如研究者額外增加估計參數，使得：(1)增加的參數可能會相當脆弱，表示參數所代表的效果很微弱，進而無法進行驗證；(2)導致標準誤顯著地膨脹；(3)影響模式中原始的參數估計值，使其變得沒有意義或無使用的價值（*Byrne, 1998*）。事實上，估計參數的過度增列，界定敘列搜尋程序的結果，可能會現一個自由度為 0、適配非常完美的飽和模式，但此種完全適配完美的飽和模式是不可能的，且沒有實質意義存在，也違反了可否證性的原則（principle of disconfirmable）。

　　模式違反了可否證性的原則，表示模式是不合理的。一個理論是否符合科學的本質，主要的關鍵在於此理論是否可以接受否證的驗證，如果一個理論無法否證，只有二種可能，一為它是一種意識型態並非是理論，二為此理論根本不存在於這個現實世界情境中。對於 SEM 而言，一個模式是否可以被否證，在統計的觀點上，從模式自由度的有無就可以判別，一個沒有自由度的模式，雖然它不是唯一的，因為研究者可以再改變理論模式的方向，讓模式成為對等模式，但就統計而言，它的假設是無法檢定或考驗的，因此，無法檢定的假設模式就不具有可否證性（黃芳銘，民 93）。自由度為 0、完美適配的路徑分析模式在後面的章節中會有範例說明。

　　參數的調整會影響模式的自由度（複雜度），進行影響卡方值的計算，使得參數的調整除了參數背後理論適合性的問題之外，另外參雜了技術上的不確定性。一般而言，若是研究者移除一個參數的估計，將增加整個模

式的自由度，如此將會擴增卡方值，卡方值擴大會造成模式適配度的降低，由於假設模式中使用較少的參數進行估計，較符合模式「精簡原則」（愈簡單的模式愈佳）；相對的，如果研究者減少參數的限制，增加參數的估計，將使模式的自由度變小，造成卡方值也減少的自然傾向，可有效改善模式的適配度，但是，由於模式中有較多的參數估計，違反了精簡原則。由此可知，參數的增列或移除，會使得模式精簡度（parsimony）與適配度（goodness-of-fit）間呈現互為消長的關係。但是，由於模式修正的主要目的在於改善模式的適配度，因此，一般建議使用者先增加參數的估計，提高模式的適配度之後，再進行參數的刪減，以簡化模式的複雜度（邱皓政，民 94）。

AMOS 及 LISREL 模式中可能的模式修正內容如下表 1-7（*Diamantopoulos & Siguaw, 2000, p.104*）：

表 1-7

	放寬（減少）限制	增加限制
測量模式	放寬測量參數	固定測量參數
結構模式	放寬結構參數	固定結構參數

表 1-7 中典型的放寬（減少）限制是指將原先模式中設定為固定參數（fixed parameters）改為自由參數，或是取消原先設定為相等的參數，使這些參數以自由參數（free parameters）的方法各自進行估計。而典型的增加限制的設定剛好與上述相反，將原先的自由參數改為固定參數，不進行參數估計（將參數設定為 0）；將原先各自進行自由估計的二個參數，將其二個參數值設成相等，以進行參數相等化的估計。所謂自由參數是研究者根據理論而想要去估計的參數，至於所謂的固定參數，是把參數設定成某個固定值（一般皆設定成 0 或 1），而不會去估計的參數。界定敘列搜尋程序時要注意以下幾點（*Diamantopoulos & Siguaw, 2000, p.106*）：

1. 與有限制的理論指引（theory-drivern）之有限度的搜尋相較之下，模式以資料導向式（data-driven）的無限制搜尋較不易成功，因而研究者不能只根據輸出報表中的診斷訊息來作為模式修正的策略，而應適當的納入相關的理論。

2. 在小至中規模的樣本中，界定敘列搜尋程序往往會造成模式檢定的不穩定，易造成統計結果較大的波動，在相同樣本大小的情況下，會出現多種不同的修正方式，如果樣本數小於 100，則不宜進行界定搜尋。模式修正時最好採用大樣本，但要注意統計考驗力過高時的模式可能不佳情況。

3. 在小至中規模大小的重複樣本中，初始模式與修正模式的適配度測量結果可能都會不太穩定，即模式修正會造成模式適配度指標不理性的波動。在此種情況下，如果研究樣本夠大的話，最好把樣本數隨機分割為二部分，每一部分均進行模式界定敘列搜尋程序，並進行交叉檢驗。

4. 模式敘列錯誤處愈多，則模式界定敘列搜尋結果愈不容易成功，因而研究者在確認初始模式時，必須參閱相關的文獻理論，以建構一個完整的假設模式圖，同時兼顧測量模式與結構模式的合理性。

5. 在模式界定搜尋過程中，常出現第二類型的錯誤，即無法拒絕一個有敘列錯誤的模式，此時研究者應確保樣本數足夠，足以支持檢驗模式的統計考驗力，不要把一個未達顯著的卡方值檢定結果作為停止界定搜尋的信號，研究者要避免過度依賴卡方統計量作為模式適配度的唯一檢驗指標，因為卡方值考驗易受樣本數大小的影響。

1-8 模式的複核效化

當假設模式經過修正後達成一個較佳的模式（better model）之後，研究者可以進一步以此較佳模式與初始模式進行比較，以獲得實質的意義。這個問題就是要關注最後模式的可信度如何？一個模式若是有用的，這個模式不僅適用於已知的樣本，同樣也能適用於其他的樣本（*Yi & Nassen, 1992*）。一種可能的結果是最後發展的模式只適配於一組樣本，對於其他樣本並不適配；如果模式建構得很理想，應該可以一次又一次的適配相同的資料樣本組（*Saris & Stronkhorst, 1984*）。此種模式可交叉驗證的過程稱為模式的「複核效化分析」（cross-validation analysis），複核效化的分析就是修改的較佳模式是否也可適配於來自相同母群體的不同樣本；進一步若是不同母群體的樣本是否也可獲致理想的適配結果。

如果研究者想要在一對立模式中選取最佳模式（best model），就需要採用複核效化的分析程序，當樣本數不大時，研究者所要選取的不是適配最佳的模式，而是最具複核效化的模式（*MacCallum et al., 1994*）。如果先前建立的對立或競爭模式代表不同的理論，研究者的目的應當選擇一個對未來樣本具有預測效度的模式，而不是挑選一個最能再製此特定樣本結構的模式，因為後面的模式對於來自相同母群體的觀察資料可能是不適當的（*Diamantopoulos & Siguaw, 2000*）。

依據學者 Bagozzi 和 Yi（*1988, p.85*）的看法，至少有四種情境，須用到複核效化的程序：

1. 為了確定模式的適配不是特異樣本特徵（idiosyncratic sample characteristics）所導致的結果，研究者必須將一個模式的評鑑分開來估計以便建立效度時。

2. 當界定搜尋程序或模式探究時，是使用一個適配資料的假設修正模式時。

3. 根據現有資料從數個模式中選擇一個最適配的模式，且需要檢驗結果是因「機遇坐大」（capitalization on chance）造成的結果時。

4. 當研究目標在於辨識可以很好預測未來資料的模式時。

根據效度樣本（樣本是否來自相同的母群體或來自不同母群體）及模式數目（單一模式或數個模式的比較）來劃分複核效化的型態，通常可劃分為以下四種類型，這四種類型也是在共變數結構模式中常見的複核效化的型態（*Diamantopoulos & Siguaw, 2000, p.130*）。

模式複核效化的四種類型如下：

表 1-8

		效度樣本	
		相同母群體	不同母群體
模式數目	單一模式	模式穩定	效度延展
	模式比較	模式選擇	效度概化

四種類型的模式複核效化說明如下（*Diamantopoulos & Siguaw, 2000*）：

1. 模式穩定（model stability）

　　模式穩定的目的主要在評估一個已經適配良好的單一模式，是否被應用在相同母群體中的其他樣本時也可以適配得很好。模式穩定類型是最基本的複核效化分析的形式，通常它不是從獨立樣本中選擇一組資料，就是將原先總樣本數採隨機分割或使用分割樣本的作法，將既有的樣本數一分為二（其樣本數比例為 50：50）。採用第二種方法時，原先的樣本要夠大才可以。分為二群的樣本分別稱為「校正樣本」（calibration sample）與「效度樣本」（validation sample），前者是用來建立發展假想的理論模式，而後者則是用來檢定前者發展之模式的適當性。這種分割樣本的作法前提是需要一個夠大的樣本，才足以將樣本一分割為二，一般建議的最小樣本數為 300，但如果考量到模式的複雜性，被估計的參數愈多，則需要的樣本數可能要愈大（*Homburg, 1991*），如 Homburg（*1991*）研究發現，模式較複雜時，樣本人數介於 300 至 500 之間時，進行複核效化的效果最佳。另一方面，學者 MacCallum 等人（*1992*）則認為樣本人數若沒有超過 800 位，則進行複核效化的結果會呈現不穩定的狀態，此論點與 Homburg（*1991*）的觀點相同，其認為正式的樣本分割，所需的樣本數愈多，則複核效化會呈現更大的一致性。此外 Bentler（*1995, p.6*）對模式複核效化的觀點提出以下建議：在資料符合常態分配基本理論時，被估計的自由參數個數與樣本數的比例至少為 1：5，即樣本大小至少為自由參數個數的 5 倍，如果資料不是常態分配而是呈現其他次數分配的情況下，樣本數與自由參數的比例至少要在 10：1 以上才較適當，上述比例值愈大，在參數顯著性方面才能獲得可信賴的 z 檢定值，並提高正確模式評估的卡方分配機率值。

2. 效度延展（validity extension）

　　效度延展非常類似於模式穩定的評估，其中的差異是效度驗證的第二組樣本來自不同的母群體，也就是一個適配較佳的模式發展在第一個母群體觀察樣本裡，然後再隨機抽取第二個母群體中樣本來檢定上述的模式是否在此樣本中也會得到適配，效度延展的目的在決定理論模式的效度是否可以擴展到不同的母群體，如果可以，表示模式效度延展情形良好。要進

行效度延展的程序之前，要先建立模式的穩定性，因為若理論模式在同一母群體中的樣本都無法適配，如何複製擴展到其他不同的母群體呢？

3.模式選擇（model selection）

模式選擇的主要目的在於從數個競爭或對立的模式中，選擇一個最佳的模式，而前述數個競爭或對立的模式在同一母群體的不同樣本間可以再製，均具有模式穩定的特性。模式選擇背後的意涵，即是從一組競爭模式中，比較出哪一個假設模式具有較佳而相對的解釋力，而不會考量只選擇原先建構的一個模式。在此上述情況下，如果樣本數夠大的話，分割樣本作法是可行的，因為競爭模式在相同的樣本中已被評估過，模式的適當性不會受到樣本大小的影響（*Yi & Nassen, 1992*）。對研究者而言，發展不同的競爭模式，其目的在於選擇一個模式，但此模式卻不一定是所有模式中最佳的，但它卻是可以接受且最能夠應用到其他觀察資料裡。當然，若是最適配模式也是最穩定的模式是最好的。不過，若是最佳適配模式無法推論到其他的樣本，就表示此一最佳模式是一種特殊樣本所界定的，因而其擁有的效度只是一種內在效度，而缺乏外在效度。其實，最好的模式應當同時具備內在有效性與外在有效性，模式選擇就是要同時考量這二個條件的一種複核效化（黃芳銘，民 93）。

4.效度概化（validity generalization）

效度概化是從不同母群體中，具有模式延展的一組競爭模式中，辨識出一個較佳的模式。效度概化是在不同母群體中從事模式選擇的工作，這和「模式選擇」最大的不同是模式選擇是在同一母群中產生模式。效度概化的邏輯可以以下列例子說明：假設有三個競爭模式，A、B、C，經由模式選擇程序的過程，在第一個母群體中，模式從最好到最差的排序為 B、A、C；在第二個母體中模式複核效化的排列順序為 C、A、B。雖然模式 A 在母群體一和母群體二中均不是最佳的模式，但是在母群體一中卻比模式 C 佳，在母群體二中卻比模式 B 佳，因而如同時考量二個母群體，模式 A 不見得會比模式 B、模式 C 表現還差。因而效度概化包含於不同母群體中模式選擇程序的應用。

複核效化的概念也可以從它使用的「複核效化的策略」（cross-validation strategy）來考量。MacCallum等人（1994, p.13）將「複核效化的策略」分為三種：

1. 寬鬆複製策略（loose replication strategy）

寬鬆複製策略指在校正樣本下獲得的適配模式，用於效度樣本中進行複核效化時，模式界定是相同的，但模式中所有的參數均讓其自由估計，允許模式中所有參數在校正樣本與效度樣本間獲得不同的估計，也就是在效度樣本中，將模式的參數放寬讓其自由估計。

2. 嚴格複製策略（tight replication strategy）

嚴格複製策略就是在校正樣本下獲得的適配模式，用於效度樣本中進行複核效化時，不僅模式界定是相同的，且模式中所有的固定的參數也必須完全一樣，不允許模式中所有參數在校正樣本與效度樣本間獲得不同的估計，也就是在效度樣本中模式的參數限制與估計與先前之校正樣本下是相同的。

3. 適中複製策略（moderate replication strategy）

適中複製策略指的是已經獲得適配的模式，在校正樣本中限制某些關鍵性的參數，如反應測量或結構路徑的參數，而允許某些參數如誤差變異數可以自由估計，模式中限制與放寬的參數在效度樣本中部分是相同的，部分是有差異的，因而適中複製策略乃是寬鬆複製策略與嚴格複製策略的一個折衷，又稱部分複核效化（partial cross-validation）。

為了進行複核效化的工作，AMOS及LISREL均可執行「多群組樣本分析」（multi-sample analysis）的程序，此程序功能可以同時適配多組樣本，並且可對參數界定「恒等限制」（invariance constraints），此項又稱「等化限制」（equality constraints）或「群組限制」（group restrictions），即允許多組樣本間的全部或某些參數值設定為相等。LISREL應用軟體在進行多群組樣本分析時，其預設的功能是採用「嚴格複製策略」，先將多組樣本上

的所有參數值設定為相同，之後，研究者再根據自己的需求或相關理論、模式修正數據等，改採「寬鬆複製策略」或「適中複製策略」，來逐步放寬某些參數值的估計，以達多組樣本都能適配於同一模式下的目的（余民寧，民 95；*Diamantopoulos & Siguaw, 2000*）。

複核效化的評鑑指標，常用者為 AIC（Akaike information criterion）與 ECVI（expected cross-validation）二個。在數學基礎上，AIC 指標是從代表模式適配度的卡方值轉換而來的一種基於概率原理的統計數，其公式如下：

$$AIC = \chi^2 - 2df$$

從模式複雜度來看，當模式的自由度愈小，表示估計的參數愈多，模式愈複雜，模式能從χ^2值中扣減的數值愈少，使得 AIC 數值增大，因此，兩個 SEM 假設模式的比較，AIC 指標值較低者，表示模式的變動性愈低，模型愈精簡、該模型在預測分配（predictive distribution）上的表現較佳，複核效化愈理想。在做模式比較時，AIC 值愈小表示模式愈簡約，所以 AIC 指標值可以作為模式的選擇之用，所有競爭模式中 AIC 值最小者，此模式最具有複核效化。而 ECVI 指標（期望複核效度指標）是由 Cudeck 和 Browne（*1983*）所發展可以評鑑複核效化適當問題的指標。此指標是基於非中央性參數的估計，所得到的一個用以反應模式估計的波動性之指標。在實際應用上，ECVI 指數反應了在相同的母群體之下，不同樣本所重複獲得同一個理論模式的適配度之期望值，ECVI 值愈小，表示模式適配度的波動性愈小，該理論模式愈好。在 ECVI 指數的判別上，要注意樣本的分配，因為 ECVI 值受到樣本分配假定的影響相當大，如果樣本分配相當偏離常態，這個值的可信度就會減低（黃芳銘，民 93；邱皓政，民 94）。

CHAPTER

2

模式適配度統計量的介紹

適配度指標（goodness-of-fit indices）是評鑑假設的徑路分析模式圖與蒐集的資料是否相互適配，而不是在說明徑路分析模式圖的好壞，一個適配度完全符合評鑑標準的模式圖不一定保證是個有用的模式，只能說研究者假設的模式圖比較符合實際資料的現況。當我們討論到模式的適配（fit），指的是假設的理論模式與實際資料一致性的程度，在模式估計的過程中，假設模式隱含的共變數矩陣 $\hat{\Sigma}$，儘可能的接近樣本共變數矩陣 S，$\hat{\Sigma}$ 矩陣與 S 矩陣愈接近，表示模式的適配度愈佳。嚴格上來講，共變數結構的假設是：$\Sigma = \Sigma(\theta)$，其中 Σ 矩陣為母群體共變數矩陣、$\Sigma(\theta)$ 矩陣為母群體假設模式隱含之共變數矩陣，整體適配度的測量在於幫忙評估這個假設是否成立，如果沒有成立，也可以協助測量其二者之間的差異。但因為母群體的參數 Σ 矩陣與 $\Sigma(\theta)$ 均無法獲得，因而研究便以其相對應的樣本資料 S 矩陣與 $\Sigma(\hat{\theta})$ 矩陣（也就是 $\hat{\Sigma}$ 矩陣）來檢驗估計（*Bollen, 1989, p.256*）。適配度的指標（fit indices）就是在估量 $\hat{\Sigma}$ 矩陣與 S 矩陣間的緊密性（closeness），緊密性的測量有許多種不同方法。

在推論統計中，會根據變項的屬性與其間的關係，選用適當的統計方法，並選定顯著水準（一般是使用 $\alpha = .05$ 或 $\alpha = .01$），並決定單側檢定或雙側檢定，之後會得到統計量及顯著性機率值 p，若是顯著性考驗機率值 p 小於.05，就可拒絕虛無假設，而接受對立假設，形成變項間相關顯著，或自變項在依變項上有顯著差異，或自變項對依變項有顯著的解釋力等，拒絕虛無假設往往是研究者所期盼的結果。但在結構方程模式檢驗中，研究者所期望獲致的結果是「接受虛無假設」（不要拒絕虛無假設），因為一個不顯著的檢定結果，表示虛無假設不應被拒絕，此時樣本共變數矩陣 S，假設理論模式隱含的 $\hat{\Sigma}$ 矩陣就愈接近，表示理論模式愈能契合實徵資料的結構，模式的適配度愈佳。

SEM 模式評鑑的一個重要概念，是 SEM 分析只能用來評估研究者所提的假設理論模式是否適切，但是究竟何者才是真正能夠反應真實世界的變項之間關係的模式，這一個結論並不能夠從模式評鑑過程中得到答案，因

為除了研究者所提出的理論模式之外，同樣的一組顯性變項可能有許多不同模式的組合，這些基於同樣觀察資料的基礎假設模式可能都有理想的適配度，SEM 分析並無法區辨這些計量特徵類似理論模式何者為眞，使用結構方程模式的研究者不但必須謹記統計方法學本身的限制，更必須避免自己陷入過度統計推論的迷思之中（邱皓政，民 94）。假設模型與樣本資料可以適配，並不表示假設模型是最佳的模型，也不表示假設模型有很高的實用性，只能是假設模型與調查樣本母群體的契合度高。

在模式適配度的評鑑時，要注意以下幾個問題：

1. 適配度指標的優劣並無法保證一個模式是有用的。適配指標所提供的訊息只是告知研究者模式適配度的不足，適配度的指標值絕對不是反應模式是否可靠的程度（*Byrne, 1998, p.119*）。

2. 一個模式適配良好並無法證明什麼。研究者應該相信還有許多理論模式也可以適配得很好，甚至在某些案例中可能會適配得更好。事實上，一個適配不佳的指標值可能會提供研究者更多的訊息，它反而是一個比較好得出結論的證據，它的訊息明確的告知研究者理論模式無法被觀察資料所支持（*Darden, 1983, p.28*）。

3. 模式適配度的評估應該來自不同的資料源，從不同的觀點採用多種準則指標來評估模式的適配度（*Byrne, 1998, p.103*）。

4. 帶有潛在變項的結構方程模式應用於實際的世界中時，會表現出某種程度的模糊性存在，這意謂著某些指標準則會指向接受模式，而其他指標準則會出現模稜兩可的情形，甚至呈現拒絕模式的相反結果（*Bagozzi & Yi, 1988, p.90*）。

5. 最重要的一點是研究者無法對檢驗結果加以評估和解釋，因為此結果好像與研究者建構的理論相分離，或是無法根據研究發現相關聯的其他概念或哲學議題來評鑑或解釋模式（*Bagozzi & Yi, 1988, p.90*）。研究者應根據相關的理論，來建構假設模式，之後再參酌適配度係數來進行模式的判斷，而不要依據適配係數指標來調整模式，這樣才符合科學進步本意。

在進行整體模式適配度估計之前，研究者須先檢驗模式是否違反估計，

查核參數估計值的合理性（feasibility）。模式違反估計常見者有以下幾種情形（*Byrne, 2001*；*Hair et al., 1998*）：

1. 出現負的誤差變異數（negative error variances），此種情形特稱為「Heywood」案例（黑屋案例）。實際情境的誤差變異數愈小愈好，其最小值為 0，表示沒有測誤差，如果其值為負數，表示違反估計。

2. 共變項間標準化估計值的相關係數大於 1，此時 R^2 值也會大於 1，當 R^2 值大於 1 時，是不合理的參數。

3. 共變數矩陣或相關矩陣並不是正定矩陣（positive definite matrices）。在 AMOS 的報表中共變數矩陣是非正定矩陣，會出現警告訊息，如「The following covariance matrix is not positive definite」，當共變數是非正定矩陣時，所估計而得的參數會超出合理界限的範圍，其解不是一個「可接受解」（admissible solution）。

4. 標準化係數超過或非常接近 1（standardized coefficient exceeding or very close to 1.0）（通常可接受的最高門檻值為 0.95）。

5. 出現非常大的標準誤（very large standard errors），或標準誤為極端小的數值，如標準誤接近 0，造成相關參數的考驗統計無法被定義（*Bentler, 1995*）；相對的，非常大的標準誤表示指標參數無法被決定。因為標準誤受到觀察變項或潛在變項測量單位的影響，也受到參數本身數值大小影響，在 SEM 分析中通常不會界定標準誤「大」或「小」的定義標準。

上述幾種情況的補救方案，相關學者均提出一些規則及方案，如均不是十分明確。如對於「Heywood」案例的問題，學者 Dillon 等人（*1987*）提供一種「脊常數」（ridge constant）的解決方法，就是將負的誤差變異數加上一個非常小的正數，如.001，此種方法也稱為平滑程序法。雖然此種方法相當能夠符合實際估計程序的要求，但是這樣的做法卻也混淆了基本的問題。因此，在解釋此種結果時，必須對此一方法所造成的影響加以考量。

太大的標準誤通常意涵著參數無法估計，主要是因為標準誤是受到觀察變項、潛在變項，或是二者的測量單位以及參數估計的統計量所影響。解決不適當解值的方法，如嘗試找出可能影響此種結果的有問題變項，之

後刪除此變項；若是因為樣本數不夠，可以再增加樣本人數；如果理論允許的話，可以增加每一個潛在變項的測量指標數（黃芳銘，民 93）。當標準化係數超過 1 或太接近 1 時，研究者必須考量刪除其中一個建構（因素），或者是能確認在所有建構中，真正的區別效度（discriminant validity）（鑑別效度）已被建立（*Hair et al., 198*）。此觀點就是模式的建立必須有相關的理論或經驗法則為基礎，完全沒有理論基礎的假設模式是脆弱的、不完整的。

有關模式適配度的評鑑有許多不同主張，但以學者 Bogozzi 和 Yi（*1988*）二者的論點較為周延，其二者認為假設模式與實際資料是否契合，須同時考慮到下列三個方面：基本適配度指標（preliminary fit criteria）、整體模式適配度指標（overall model fit）、模式內在結構適配度指標（fit of internal structural model），上述整體模式適配度指標，Bogozzi 與 Yi（*1988*）又將其細分為「絕對適配指標」（absolute fit indices）、「相對適配指標」（relative fit indices）、「簡約適配指標」（parsimonious fit indices），整體模式適配度的檢核可說是模式外在品質的考驗，模式內在結構適配度的程度乃代表各測量模式的信度及效度，可說是模式內在品質的檢核。此外學者 Hair 等人（*1998*）也將整體模式適配度評估分為三類：絕對適配度測量（absolute fit measurement）、增值適配度測量（incremental fit measurement）及簡約適配度測量（parsimonious fit measurement）。Hair 等人也認為在進行模式適配度評估時，最好能同時考量到以上三種指標，因為當研究者同時考量到三類指標時，對模式的可接受性或拒絕比較能夠產生共識的結果。而學者 Diamantopoulos 與 Siguaw（*2000*）二人認為模式適配度的評估方面要從四個方面考量：整體適配度評估（overall fit assessment）、測量模式的評估（assessment of measurement model）、結構模式的評估（assessment of structural model）、統計考驗力的評估（power assessment），其中整體適配度評估包括絕對適配指標值、相對適配指標值、簡約適配指標值的檢核，是模式外在品質的檢核；而測量模式評估及結構模式的評估代替的是模式基本適配度指標與模式內在適配度指標的評估。

一、模式基本適配指標

在模式基本適配指標檢證方面，Bogozzi 與 Yi（*1988*）提出以下幾個項目：

1. 估計參數中不能有負的誤差變異數，即 Θ_ε 與 Θ_δ 矩陣元素中沒有出現負數，且達到顯著水準。
2. 所有誤差變異必須達到顯著水準（t 值>1.96）。
3. 估計參數統計量彼此間相關的絕對值不能太接近 1。
4. 潛在變項與其測量指標間之因素負荷量（Λ_X、Λ_Y）值，最好介於.50 至.95 之間。
5. 不能有很大的標準誤。

當違反這幾項標準時，表示模式可能有敘列誤差、辨認問題或資料建檔輸入有誤，此時研究者最好重檢核模式參數的敘列是否有意義，同時檢查語法程式是否與假設模式徑路圖一致（*Bogozzi & Yi, 1988*）。

二、整體模式適配度指標（模式外在品質的評估）

SIMPLIS 格式報表或 LISREL 的輸出報表中，均會呈現「Goodness of Fit Statistics」的數據，此數據中包含各種模式整體適配度的指標值，這些指標值皆是根據實際資料得的相關係數矩陣或變異數共變數矩陣（簡稱 S 矩陣）與假設理論模式推導出之相關係數矩陣或變異數共變數矩陣（簡稱 $\hat{\Sigma}$ 矩陣）的差異，所估算出來的統計值。在「Amos Output」文字輸出結果視窗中，左邊的選單中有「Model Fit」（模式適配）選項，此選項為模式估計結果之模式適配度摘要表，摘要表的內容會呈現十個模式適配統計量的摘要表：「CMIN」、「RMR&GFI」、「Baseline Comparison」（基準線比較估計量）、「Parsimony-Adjusted Measures」（簡約調整後測量值）、「NCP」、「FMIN」、「RMSEA」、「AIC」、「ECVI」、「HOELTER」。

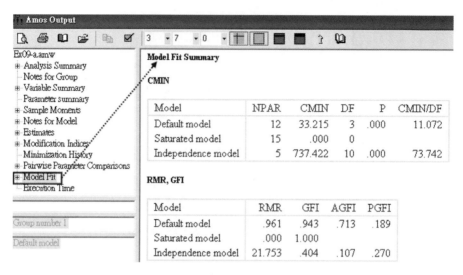

圖 2-1

一般而言，整體模式適配度指標是否達到適配標準可從以下幾個指標來檢視，而在考驗整體模式適配度指標時，學者 Hair 等人（*1998*）建議，應先檢核模式參數是否有違規估計現象，此方面可從下列三方面著手：(1) 有無負的誤差變異數存在；(2)標準化參數係數是否≥1；(3)是否有太大的標準誤存在。如果模式檢核結果沒有違規估計現象，則可以進行整體模式適配度的檢定。

◉ (一)絕對適配統計量

1. 卡方值

卡方值（χ^2）愈小表示整體模式之因果徑路圖與實際資料愈適配，一個不顯著（p>.05）的卡方值表示模式之因果徑路圖模式與實際資料相適配，二者不一致（discrepancy）的情形愈小，當χ^2值為 0 時，表示假設模式與觀察數據十分適配；而一個顯著的χ^2值，表示理論模式估計矩陣與觀察資料矩陣間是不適配的，「飽和模式」（Saturated model）是假定模式完全適配樣本數據的模式，因而其χ^2值為 0。但卡方值對受試樣本的大小非常敏感，如果樣本數愈大，則卡方值愈容易達到顯著，導致理論模式遭到拒絕的機率愈大，χ^2值檢定最適用的樣本數為受試者在 100 至 200 位之間，如果是問卷調查法，通常樣本數均在 200 位以上，因而整體模式是否適配須再參考的

適配度指標。學者 Rigdon（*1995*）認為，使用真實世界的數據資料來評鑑理論模式時，χ^2 統計通常實質的助益不大，因為 χ^2 值受到估計參數及樣本數影響很大。當估計的參數愈多（自由度愈大），影響假設模式的變因愈多，假設模式適配度不佳的情形就愈明顯；而當樣本數愈大，往往造成卡方值變大，此時很容易拒絕虛無假設，接受對立假設，表示假設模式的共變異數矩陣與觀察資料間是不適配的。如果模式參數愈多，所需的樣本數就愈多，若是在一個模式大而小樣本的狀態下，χ^2 檢定的問題就會更嚴重。

在 AMOS 的文字輸出報表中，「CMIN」表格會呈現五個估計量數：「NPAR」欄為模式中待估計的獨特參數數目（自由參數數目）、「CMIN」欄為模式的卡方值，數值即為最小樣本差異函數值 $\hat{C}$、「DF」欄為檢定模式自由度的數目，自由度等於樣本動差提供的資料點數目與模式內待估計自由參數數目的差異值、「P」欄是卡方值考驗之顯著性機率值、「CMIN/DF」為卡方值與自由度的比值。

表 2-1　CMIN

Model	NPAR	CMIN	DF	P	CMIN/DF
Default model	14	1.714	1	.190	1.714
Saturated model	15	.000	0		
Independence model	5	1212.512	10	.000	121.251

在 LISREL 報表中，第一行會呈現模式的自由度（degrees of freedom），第二行為「最小適配函數卡方值」（minimum fit function Chi-Square），它的值等於 $(N-1)F_{min}$，其中 N 為樣本人數，而 F_{min} 是使用 ML 法或 GLS 法等估計模式後聚合的適配函數值。卡方統計量以傳統的共變數結構之測量方法來評估整體模式的適配度，以提供完美適配的檢定——虛無假設模式完美地適配母群資料。一個統計顯著的卡方值應該拒絕虛無假設，表示不完善的模式適配，進而拒絕假設的理論模式。卡方統計量的虛無假設如下：$H_0 : S = \hat{\Sigma}$ 或 $H_0 : \Sigma = \Sigma(\theta)$，其相對的自由度等於 $\frac{k(k+1)}{2} - t$；其中 k 是觀察變項的數目，而 t 是估計參數的數目。

卡方值統計值對於樣本母群多變項常態性（特別出現極端峰度時）、樣本大小特別敏感。而卡方值的基本假定中，假設模式完美適配母群體的

分布，因而卡方值可作爲模式是「適配」（goodness-of — fit）或「不適配」（badness-of — fit）的檢定統計量，一個很大的卡方值反應出模式適配不佳、一個小的卡方值反應出模式適配度良好。對於卡方值的大小，模式的自由度則提供了一個重要的「標準」（standard）。在實際上，研究者使用的樣本資料，而非母群體資料，因此卡方值很容易偏離常態分配的基本假設（大部分的量化研究均採用樣本資料），尤其是在小樣本時，卡方值對模式與資料間缺乏適配的程度便非常敏感，假設理論模式與實際資料差異愈大，$\Sigma \neq \Sigma(\theta)$。在此種情境下，檢定統計的卡方值不再是$\chi^2$ 分配，而是呈現一種非集中化的χ^2 分配，此分配具有非集中化的參數（non-centrality parameter；NCP 值）λ，λ值反應的是Σ與$\Sigma(\theta)$間的差異值，當此差異值愈大，表示虛無假設愈偏離眞正的對立假設，模式的卡方值愈大，顯示理論模式與資料間愈不適配。NCP 值等於「常態化最小平方加權卡方值」（Normal Theory Weighted Least Squares Chi-Square） 與模式自由度的差值，NCP 值90%的信賴區間（90 percent confidence interval）如包括 0 在內，表示檢定結果未達顯著水準，應該接受虛無假設，表示理論模式與實際資料可以適配（*Diamantopoulos & Siguaw, 2000*；余民寧，民 95）。

如採用最大概似法（ML 法）與GLS 來估計參數，其 F 值與χ^2 值計算公式如下：

$$ML\ 的\chi^2 = (n-1)F(S;\hat{\Sigma})$$
$$GLS\ 的\chi^2 = (n-1)F_{GLS}$$
$$F(S;\hat{\Sigma}) = tr(S\hat{\Sigma}^{-1}) + \log|\hat{\Sigma}| - \log|S| - p$$

上式中，p爲測量變項的數目，$\hat{\Sigma}$爲估計樣本的共變數矩陣，當假設模型隱含的共變數矩陣與觀察資料矩陣完全契合時，$\hat{\Sigma}$矩陣的對數值與S矩陣的對數相減爲 0，而 $tr(S\hat{\Sigma}^{-1})$則爲 tr(I)，解開後的數值等於 p，因此 $tr(S\hat{\Sigma}^{-1})$ $-p$ 的值也等於 0，使得 $F(S;\hat{\Sigma})$的值爲 0。由於 是基於機率原理的非線性函數，不容易獲得參數解，因此需仰賴疊代的程序來獲得參數最後估計值（邱皓政，民 94）。

$$F_{GLS} = \frac{1}{2}tr[(S-\hat{\Sigma})\ S^{-1}]^2，tr[.]是矩陣內對角線元素之和。$$

在 AMOS 中最大概似比卡方值（Likelihood-Ratio χ^2；簡稱為 $LR\chi^2$）簡稱為「CMIN」，報表中會出現三個模式的卡方值，此三個模式為「預設模式」（default model），預設模式即為理論模式、「飽和模式」（saturated model）、「獨立模式」（independent model），要檢核理論模式與實際資料是否適配或契合，應查看預設模式之 CMIN 值。一個假設模型若是達到適配，最好能再進行模式簡約的估計，此即為「簡約的測量」（measurement of parsimony），一個適配度佳的假設模型有較少的自參數（較多的自由度），表示此假設模型是簡約與精簡模式；相對的，一個適配度理想的假設模型有較多的自參數（較少的自由度），則表示模型是複雜的、欠缺簡約的，一個精簡或簡約模式較複雜模型比較符合實際情況。

2.卡方自由度比

當假設模式的估計參數愈多，自由度會變得愈小；而當樣本數愈多，卡方值也會隨之擴大，若同時考量到卡方值與自由度大小，則二者的比值也可以作為模式適配度是否契合的指標。卡方自由度比值（＝$\chi^2 \div df$）愈小，表示假設模式的共變異數矩陣與觀察資料間愈適配，相對的，卡方自由度比值愈大，表示模式的適配度愈差，一般而言，卡方自由度比值小於 2 時，表示假設模式的適配度較佳（*Carmines & McIver, 1981*）。卡方自由度比也稱為「規範卡方」（Normed chi-square；NC），此指標提供二種模式來評鑑不適當的模式：(1)當其值小於 1.00 時，表示模式過度的適配，即該模式具有樣本獨異性；(2)當模式值大於 2.0 或 3.0，較寬鬆的規定值是 5.0，則表示假設模式尚無法反應真實觀察資料，即模式契合度不佳，模式必須改進。很明顯地，卡方自由度比由於使用卡方值作為分子，因此此一指標仍然受到樣本大小的影響，其次，卡方自由度也無法更正過多的統計考驗力的問題（*黃芳銘，民 93*）。NC 指標值適用於辨認下列二種不適當的模式：一為某種靠機運產生的過度辨識模式；二為某種無法契合實徵資料而需要修改的模式。事實上，NC指標值也像卡方值一樣，容易受到樣本大小的影響，在大樣本使用時較不可靠，因而在判別模式是否可以接受時，最好還是參考其適配度指標值，進行綜合的判斷才可信（*Hayduk, 1987; Wheaton, 1987*）。

在 AMOS 報表中卡方自由度比值的數據欄標題為「CMIN/DF」，其中

分子項「CMIN」為卡方值，分母項「DF」為自由度，此值小於 1 表示模式過度適配，若是大於 3（較寬鬆值為 5）表示模式適配度不佳，其值若介於 1 至 3 之間表示模式的適配良好，較嚴格的適配度準則是卡方自由度比值介於 1 至 2 間，此數值介於 1 至 2 或 1 至 3 間，表示假設模型（hypothetical model）與樣本資料（sample data）的契合度可以接受。

3. RMR & SRMR & RMSEA

在評估 SEM 模式中，基本上有四種殘差值的差異型態（*Cudeck & Henly, 1991*）：

(1)如果模式接近於實體社會，一個假設模式無法完美地適配母群體，母群體適配的不足是由於母群體共變數矩陣（Σ矩陣）與基於母群體假設模式隱含之共變數矩陣（Σ(θ)矩陣）之間的差異值（=Σ矩陣－Σ(θ)矩陣），此種差異值稱為「近似差異值」或「近似誤」（discrepancy of approximation），事實上由於Σ與θ無法得知，因而此種「近似差異值」無法正確決定，它只存於理論概念中，事實上無法得知。

(2)由於母群體的性質無法得知，因而只能以樣本資料來代替，即以樣本共變數矩陣（S矩陣）與樣本模式隱含的共變數矩陣（$\hat{\Sigma}$矩陣）來取替上述母群體的資料，其中$\hat{\Sigma}$矩陣=Σ($\hat{\theta}$)矩陣，樣本模式適配度的不足是由於樣本共變數矩陣（S矩陣）與基於樣本假設模式隱含之共變數矩陣（$\hat{\Sigma}$矩陣）之間的差異值（=S 矩陣－$\hat{\Sigma}$矩陣），此種差異值稱為「樣本差異值」（sample discrepancy）。在 LISREL 輸出的適配殘差共變數矩陣中的殘差差異值，即為「樣本差異值」，若是樣本資料所得之S矩陣與樣本模式隱含之$\hat{\Sigma}$矩陣的差異值很小，表示假設模式與實際資料的適配度較佳。

(3)基於母群體假設模式隱含之共變數矩陣（Σ(θ)矩陣）與基於樣本假設模式隱含之共變數矩陣（$\hat{\Sigma}$矩陣）之間的差異值（=Σ(θ)矩陣－$\hat{\Sigma}$矩陣），此種差異值代表實際參數的數值與從某一樣本獲得之參數估計值間的適配不足程度，此種差異值稱為「估計差異值」（discrepancy of estimation）。

(4)為「近似差異值」（=Σ矩陣－Σ(θ)矩陣）與「估計差異值」（=Σ(θ)

矩陣 $-\hat{\Sigma}$ 矩陣）的和 $=\Sigma$ 矩陣 $-\Sigma(\theta)$ 矩陣 $+\Sigma(\theta)$ 矩陣 $-\hat{\Sigma}$ 矩陣 $=\Sigma$ 矩陣 $-$ $\hat{\Sigma}$ 矩陣，表示母群體共變數矩陣（Σ 矩陣）與基於樣本適配模式隱含之共變數矩陣（$\hat{\Sigma}$ 矩陣）之間的差異值，此差異值稱爲「整體差異值」（overall discrepancy）。

RMR 爲「殘差均方和平方根」（root mean square residual），即從適配殘差的概念而來，所謂適配殘差矩陣是指資料樣本所得之變異數共變數矩陣（S 矩陣）與理論模式隱含之變異數共變數矩陣（$\hat{\Sigma}$ 矩陣）的差異值，矩陣中的參數即是適配殘差（fitted residual）。當 S 矩陣與 $\hat{\Sigma}$ 矩陣的差異值很小時，表示實際樣本資料與假設模式愈契合，此時的適配殘差值會很小。把殘差值轉換成平均數等於 0、標準差等於 1 的數值，稱爲標準化殘差值（standardized residuals），若單獨以標準化殘差值來解釋模型的適配度，則當標準化殘差值的絕對值大於 2 以上時，表示模型缺乏適配（*Stevens, 1996*）。

RMR 值就等於適配殘差（fitted residual）變異數共變數的平均值之平方根。由於 RMR 值是一個平均殘差的共變數，指標值很容易受到變項量尺單位的影響，常呈現數據大小不一的情形，因而沒有一個絕對的門檻來決定其數值多少爲可以接受的指標值。但就適配殘差值的觀點來看，模式要能被接受，RMR 值要愈小愈好，愈小的 RMR 值表示模式的適配度愈佳，一般而言，其值在.05 以下是可接受的適配模式。

爲了克服以上殘差值未標準化，造成 RMR 指標值數據大小不一的現象，將殘差標準化，以使殘差值不受測量單位尺度的影響，即成爲「標準化殘差均方和平方根」（standardized root mean square residual；SRMR），SRMR 值爲平均殘差共變異數標準化的總和，其值的範圍介於 0 至 1 間，數值愈大表示模式的契合度愈差，其值爲 0 時，表示模式有完美的契合度，一般而言，模式契合度可以接受的範圍爲其值在.05 以下。

RMSEA 爲「漸進殘差均方和平方根」（root mean square error of approximation），其概念與 NCP 值類似（NCP 值爲 noncentrality parameters，即非集中化參數，其數值等於 χ^2-df，NCP 值等於 0 時，表示理論模式與實際資料最適配），都是根據上述「近似差異值」（$=\Sigma$ 矩陣 $-\Sigma(\theta)$ 矩陣）的概念而

估算出來的。其意義是每個自由度之平均Σ與$\Sigma(\theta)$間差異值（discrepancy），由於考慮到自由度，因此可將模式的複雜度也列入考量。RMSEA值通常被視為是最重要適配指標訊息，其公式如下：

$$母群體\ RMSEA = \sqrt{\frac{F_0}{df}} = \sqrt{\max(\frac{F_{ML}}{df} - \frac{1}{N-1}, 0)}\ ;\ 估計之\ RMSEA = \sqrt{\frac{\hat{F}_0}{df}}$$

上述公式中的 F_0 為母群體差異函數值（population discrepancy function value），表示一個模式被用來適配母群共變數矩陣Σ時之適配函數的估計值。當模式完全適配時，母群差異函數值 F_0 等於 0，此時 RMSEA 值等於 0。RMSEA 為一種不需要基準線模式的絕對性指標，其值愈小，表示模式的適配度愈佳，一般而言，當 RMSEA 的數值高於.10 以上時，則模式的適配度欠佳（poor fit），其數值.08 至.10 之間則是模式尚可，具有普通適配（mediocre fit）、在.05 至.08 之間表示模式良好，即有合理適配（reasonable fit），而如果其數值小於.05 表示模式適配度非常良好（good fit）（*Browne & Cudeck, 1993*）。此外，Sugawara 與 MacCallum（*1993*）二人認為 RMSEA 值在.01 以下時，代表模型有相當理想的適配（outstanding fit）、Steiger（*1989*）認為RMSEA值小於.05時，表示模型有良好的適配、Byrne（*1998*）指出 RMSEA 值若高於.08 表示在母群體中有一合理的近似誤差存在，Mac-Callum 等人（*1996*）則進一步提出 RMSEA 的分割點（cut-points），其認為 RMSEA 值介於.08 至.10 之間，模型還是普通適配，但 RMSEA 值超過.10 時，模型則呈現不良的適配（poor fit）。上述學者個別論點就是 Browne 與 Cudeck（*1993*）的論點。

學者 Hu 與 Bentler（*1999*）建議模式適配度可以接受的範圍為 RMSEA 數值低於.06；McDonald 與 Ho（*2002*）以RMSEA數值等於.08，認為是模式契合度可以接受的門檻，其數值若小於.05，表示模式的適配度良好。與卡方值相較之下，RMSEA 值較為穩定，其數值的改變較不受樣本數多寡的影響，因而在模式契合度的評鑑時，RMSEA 值均比其他指標值為佳（*Marsh & Balla, 1994*）。最近研究指出，RMSEA 值如使用於小樣本數時，其指數反而有高估現象，使得假設模式的適配度呈現為不佳的模式（*Bentler & Yuan, 1999*）。

在 AMOS 模式適配度摘要表中會單獨呈現 RMSEA 值，並提供 RMSEA 值虛無假設（$H_0 : RMSEA \leq .05$）檢定的顯著性 p 值，以標題欄關鍵字「PCLOSE」表示，此爲 AMOS 指標數值中少數可對適配度指標加以考驗的指標，RMSEA 值小於.05，表示模式適配度佳，RMSEA 值在.05 至.08 間，表示模式適配度尚可。此外，在 AMOS 模式適配度摘要表中也會呈現 RMR 值，至於標準化之 RMR 值（即 SRMR）則沒有呈現。

4. GFI&AGFI

GFI 爲「適配度指數或譯爲良適性適配指標」（goodness-of-fit index），GFI 指標用來顯示：觀察矩陣（S 矩陣）中的變異數與共變數可被複製矩陣（$\hat{\Sigma}$ 矩陣）預測得到的量，其數值是指根據「樣本資料之觀察矩陣（S 矩陣）與理論建構複製矩陣（$\hat{\Sigma}$ 矩陣）之差的平方和」與「觀察之變異數」的比值（余民寧，民 95）。GFI 類似於迴歸分析中的 R 平方，表示被模式解釋的變異數及共變數的量，代表模式緊密完美適配觀察資料再製之共變數矩陣。如果 GFI 值愈大，表示理論建構複製矩陣（$\hat{\Sigma}$ 矩陣）能解釋樣本資料之觀察矩陣（S 矩陣）的變異量愈大，二者的契合度愈高。GFI 數值介於 0 至 1 間，其數值愈接近 1，表示模式的適配度愈佳；GFI 值愈小，表示模式的契合度愈差，一般的判別標準爲 GFI 值如大於.90，表示模式徑路圖與實際資料有良好的適配度。GFI 值相當於複迴歸分析中的決定係數（R^2），R^2 值愈大，表示可解釋變異量愈大；在 SEM 分析中，GFI 值可認爲是假設模式共變異數可以解釋觀察資料共變異數的程度。

GFI 指標的定義公式如下：

$$GFI = 1 - \frac{F(S; \hat{\Sigma})}{F(S; \hat{\Sigma}(0))} \text{，公式類似於} = 1 - \frac{ERROR_{VAR}}{TOTAL_{VAR}}$$

GFI 的計算公式如下：

$$GFI = 1 - \frac{tr[\Sigma^{-1}(S-\Sigma)]^2}{tr(\Sigma^{-1}S)^2}$$（公式表示爲 GFI 值爲測量 S 之加權訊息適配於 Σ 加權資訊的比率，公式中的比率部分類似於殘差變異量對總異量的比例，當 S 與 Σ 聚合時，計算公式中的分子爲 0，GFI 值等於 1）

定義中的 GFI 值相當於 Specht（*1975*）所提出的一般化複相關係數（generalized multiple correlation coefficient），此係數類似複迴歸中決定係數（coefficient of determination）的概念，表示全部 S 的變異量與共變數能夠被 Σ 解釋的部分，因而相當於複迴歸分析中的 R^2。其中 $F(S;\hat{\Sigma}(0))$ 是所有參數皆為 0 時之虛無模式（null model）的適配函數值。

AGFI 為「調整後適配度指數或譯為調整後良適性適配指標」（adjusted goodness-of-fit index）。調整後的 GFI 值不會受單位影響，其估計公式中，同時考量到估計的參數數目與觀察變項數，它利用假設模式的自由度與模式變項個數之比率來修正 GFI 指標。其公式如下：

$$AGFI = 1 - (1-GFI)[\frac{(p+q)(p+q+1)}{df}]，也可以表示如下：$$
$$AGFI = 1 - (1-GFI)[\frac{k(k+1)}{2df}]$$

k 表示模型中變項的數，表示模型的自由度，AGFI 值調整了 GFI 值中的自由度，導致模型中有較多的參數但有較低的指標值。這個調整數值的背後，合理的呈現可以再製 S 矩陣，並藉由增加較多估計參數至模型中。當 S 矩陣正確完整地被再製，所呈現的最終模式是「剛好辨識模型」（*Stevens, 1996*）。

當 GFI 值愈大時，則 AGFI 值也會愈大，AGFI 數值介於 0 至 1 間，數值愈接近 1，表示模式的適配度愈佳；GFI 值愈小，表示模式的契合度愈差。一般的判別標準為 AGFI 值如大於.90，表示模式徑路圖與實際資料有良好的適配度（*Hu & Bentler, 1999*）。學者 Bollen 與 Long（*1993*）更認為模式的契合度良好的評鑑指標值應提高到.92 以上。在模式估計中，AGFI 估計值通常會小於 GFI 估計值。AGFI 值相當於複迴歸分析中的調整後的決定係數（adjusted R^2），因而 AGFI 值會同時考量估計參數的多少，當估計參數數目愈多，AGFI 值相對的就會變得較大，得到假設模式的適配度更佳的結論。至目前為止，並沒有 GFI 與 AGFI 二個指標值的統計機率分配，因而無法對這二個指標值進行顯著性的考驗。

5. ECVI

　　ECVI為「期望跨效度指數」（expected cross-validation index）。在NCP與RMSEA指標值中，皆是以「近似誤差值」的理念來推導其公式的，此近似誤差值為母群體的共變數矩陣（Σ）與母群體假設模式導出之共變數矩陣Σ(θ)的差異值。但 ECVI 值關注的是「整體誤差值」（overall error），整體誤差值表示母群體共變數矩陣（Σ）與模式適配樣本隱含之共變數矩陣 $\hat{\Sigma}$ 的差異。ECVI值主要功能在於探究從同一母群體中，抽取同樣大小的樣本數，考驗同一個假設模式是否具有跨效度的效益（理論模式可以適配），它所測量分析的是從分析樣本的適配共變數矩陣與從其他大小相同之樣本所獲得的期望共變數矩陣（expected covariance matrix）的差異值（*Byrne, 1998*）。因而ECVI值在模式整體適配度指標的評鑑上是一個有用的指標值。

　　ECVI 的公式如下：

$$\text{ECVI} = \frac{\chi^2}{N-1} + \frac{2t}{N-1}，其中 t 為模式中自由參數的個數。$$

　　在實務應用上，ECVI 值不像其他指標值一樣，在模式的適配方面有一個固定的數值可供判別模式是否被接受，ECVI 值主要作為診斷模式之複核效度用，常用於假設模式與「獨立模式」（independence model）及「飽和模式」（saturated model）模式間的比較。所謂獨立模式是指假設所有變項間完全獨立，所有觀察變項間彼此間完全沒有相關，此種模式是限制最多的模式，又稱為「虛無模式」（null model），表示此種模式在行為及社會科學領域中實際上是不存在的，是研究者所構擬的一個假設理論模式。獨立模式有 k 個參數，$\frac{k(k-1)}{2}$ 個自由度，其中 k 為觀察變項的數目；所謂飽和模式是指待估計的參數完全等於觀察變項間變異數及共變數的數目，它有 $\frac{k(k+1)}{2}$ 個參數，模式的自由度等於 0，在路徑分析中，卡方值會等於 0，因而模式是一種「剛好辨識」（just-identified）的模式，此模式即為飽和模式（*Medsker ed al., 1994*）。一個待檢定的假設理論模式之 ECVI 值會落於獨立模式的 ECVI 值與飽和模式的 ECVI 值之間，因而假設理論模式之 ECVI 值可與獨立模式的 ECVI 值及飽和模式的 ECVI 相互比較，以作為模式選替之用。

　　構成模式的結構方程式數目如果正好等於未知數，則模式只有唯一解值，此模式會提供獨特一組解答（如一套路徑係數），以能夠完全地重製相關係數矩陣，所以模式是「剛好辨識」的模型。SEM 鑑定中一個必要但非充分條件（necessary but not sufficient），是研究者在共變數矩陣中，不可能估計超過獨特元素的參數個數，若是 p 為觀察變項的數目、t 值為模型中自由估計參數的數目，若 $t < \dfrac{p(p+1)}{2}$，就可能獲得唯一解值，但會造成「過度辨識」（overidentified）的情形，過度辨識的數學運算類似方程式數目多於未知數的數目；若是 $t = \dfrac{p(p+1)}{2}$，則模式一定可以獲得唯一解值，且模型與觀察資料間會呈現最完美的適配（perfect fit），此種完美適配的飽和模式，由於卡方統計量為 0，因而無法進行模式適配度的考驗；若是，$t > \dfrac{p(p+1)}{2}$，則會造成模式「無法辨識」或「辨識不足」（underidentified or un-identified），辨識不足的數學運算類似方程式數目少於未知數的數目，在模式「辨識不足」的情況下，模式中的參數無法進行估計。上述模式辨識法則，就是學者 Bollen（1989）所提的模式鑑定「t 規則」（t-rule）。

　　ECVI 值愈小，表示不同組樣本間之一致性愈高，由於 ECVI 值無法檢定其顯著性，因而常使用於不同模式間適配度之比較。ECVI 通常用於不同模式的選替，一般而言其值愈小愈好，但如果ECVI值不是用在選替模式之中，一般以下列方法來判斷接受或拒絕模式，即理論模式的ECVI值小於飽和模式的 ECVI 值，且理論模式的 ECVI 值也小於獨立模式的 ECVI 值時，就可接受理論模式，否則就應拒絕理論模式；另外一個輔助的判別是查閱 ECVI 值 90%的信賴區間，如果理論模式之 ECVI 值落入信賴區間時，表示模式可以被接受。當一個假設模式具有良好的ECVI值，表示理論模式具有預測效度，即此假設模式能應用到不同的樣本（黃芳銘，民 93；民 94）。

6. NCP & SNCP

　　NCP為「非集中性參數」（non-centrality parameter），是一種替代性指標（alternative index），就替代指標值性質而言，對於模式契合度的檢驗並非針對假設模式導出之矩陣與資料所得矩陣是否相同的這一個虛無假設進行檢驗，因為觀察資料本身是否能夠反應真實變項的關係並無法確定，替

代指標不再關注於虛無假設是否成立，而是去直接估計理論模式與由抽樣資料導出的卡方值的差異程度（邱皓政，民 94）。NCP 值的目的在於減低樣本數對 χ^2 統計的影響，其數值估算公式如下：$NCP = \chi^2 - df$。統計理論認為此種非集中性參數指標能夠減低樣本大小對卡方值的影響，但是，這種指標值依然根據原始的樣本數來計算。所以統計學者再度發展「量尺非集中性參數」（scaled non-centrality parameter；SNCP），SNCP 值的估算公式如下：$SNCP = (\chi^2 - df) \div N$（黃芳銘，民 94）。NCP 與 SNCP 值的目標均在於使參數值最小化，其值愈大，表示模式的適配度愈差，當 NCP（／SNCP）的值為 0 時，表示模式有完美的契合度，在 AMOS 報表中，也呈現 NCP 值 90% 的信賴區間，若是此信賴區間包含 0 值，表示模式有不錯的適配度。由於 NCP（／SNCP）二種指標值無統計檢定準則作為判別依據，一般皆用於模式選替的狀態下，在許多模式選擇下，NCP（／SNCP）值較小者，表示該理論模式較優。

◉ ㈡增值適配度統計量

增值適配指標、比較適配指標、相對適配指標與規準指標等多是一種衍生指標，也是一種比較性適配指標，一般典型上使用此種指標的基準線模式（baseline model）是假設所有觀察變項間彼此相互獨立，完全沒有相關（變項間的共變數假設為 0），此種基準線模式就是「獨立模式」，又稱「虛無模式」。增值適配度統計量通常是將待檢驗的假設理論模式與基準線模式的適配度相互比較，以判別模式的契合度如何。在 AMOS 輸出之模式適配度摘要中有一項為「基準線比較」（baseline comparisons）指標參數，內包含五種適配度考驗統計量：

表 2-2　Baseline Comparisons

Model	NFI Delta1	RFI rho1	IFI Delta2	TLI rho2	CFI
Default model	.999	.986	.999	.994	.999
Saturated model	1.000		1.000		1.000
Independence model	.000	.000	.000	.000	.000

1. NFI 為「規準適配指數」（normal fit index），又稱「Delta1」（Δ1）指標。
2. RFI 為「相對適配指數」（relative fit index），又稱「rho1」（ρ1）指標。

3. IFI 爲「增值適配指數」（incremental fit index），又稱「Delta2」（Δ2）指標。
4. TLI 爲「非規準適配指數」Tacker-Lewis index=non-normal fir index；簡稱 NNFI），又稱「rho2」（ρ2）指標。
5. CFI 爲「比較適配指數」（comparative fit index）。

　　TLI 指標用來比較二個對立模式之間的適配程度，或者用來比較所提模式對虛無模式之間的適配程度，TLI 指標經過量化後的數值，介於 0（模式完全不適配）到 1（模式完全適配）之間，此指標又稱爲「非規準適配指標」（NNFI），它是修正 NFI 的計算公式（亦即把自由度或模式複雜度考量在內，亦即，自由度也作爲模式複雜度的測量指標之一），而 NFI 值則是用來比較某個所提模式與虛無模式之間的卡方值差距，相對於該虛無模式卡方值的一種比值。至於 CFI 指標值則是一種改良式的 NFI 指標值，它代表的意義是在測量從最限制模式到最飽和模式時，非集中參數（non-centrality parameter）的改善情形，並且以非集中參數的卡方分配（自由度爲 k 時）及其非集中參數來定義（余民寧，民 95；Bentler & Bonett, 1980）。在 LIS-REL 的報表中，輸出的適配表數據，呈現的是 NNFI 值（Non-Normed Fit Index），以取代 TLI 指標值。在 AMOS 輸出的適配度報表中，則直接呈現 TLI 值，在基準線比較（baseline comparisons）指標數值中，包括 NFI 值、RFI 值、IFI 值、TLI 值、CFI 值。

　　NFI 值的估算公式如下：

$$NFI = \frac{\chi^2_{null} - \chi^2_{test}}{\chi^2_{null}}$$

　　NNFI 值（TLI 值－ Tucker-Lewis 指標）的估算公式如下：

$$NNFI = \frac{\left[\dfrac{\chi^2_{null}}{df_{null}} - \dfrac{\chi^2_{test}}{df_{test}}\right]}{\dfrac{\chi^2_{null}}{df_{null}} - 1}$$

　　IFI 值的估算公式如下：

$$IFI = \frac{\chi^2_{null} - \chi^2_{test}}{\chi^2_{null} - df_{test}}$$

上述中 df_{null}、df_{test} 分別表示虛無模式與假設模型的自由度；而 χ^2_{null}、χ^2_{test} 分別代表虛無模式與假設模式的卡方值。

比較適配指數（CFI）由 Bentler（*Bentler, 1990*；*Hu & Bentler, 1995*）所發展而得，此指標調整 Bentler 原先之適配指標（BFI，此指標又稱為 RNI 指標），BFI 指標的估計公式如下：

$$BFI = \frac{(\chi^2_{null} - df_{null}) - (\chi^2_{test} - df_{test})}{\chi^2_{null} - df_{null}}$$

由於 BFI 指標數值不在 0 與 1 之間，在使用上較為不易，調整後的 BFI 即為 CFI，CFI 數值介於 0 與 1 之間。

NFI 與 NNFI 二種指標是一種相對性指標值，反應了假設模式與一個觀察變項間沒有任何共變假設的獨立模式的差異程度。根據研究發現，在小樣本與大自由度時，對於一個契合度理想的假設模式，以 NFI 值來檢核模式契合度情形會有低估的現象。因此，學者另外提出了 NNFI 指數，此指標考量了自由度的影響，二者的關係，類似 GFI 與其調整指標值 AGFI。由於 NNFI 值中對自由度加以調整，使得其值的範圍可能超出 0 與 1 之間，顯示 NNFI 值的波動性較大；同時，NNFI 值係數值可能會較其他指標值來得低，使得其他指標值顯示假設模式是契合的狀態下，顯示了理論模式適配度反而不理想的矛盾現象（邱皓政，民 94）。

其中 NFI 值、RFI 值、IFI 值、CFI 值、TLI 值大多介於 0 與 1 之間，愈接近 1 表示模式適配度愈佳，指標值愈小表示模式契合度愈差，其中 TLI 值（NNFI 值）、CFI 值、IFI 值可能大於 1。學者 Bentler（*1995*）研究發現：即使在小樣本情況下，CFI 值對假設模式契合度的估計仍然十分穩定，CFI 指標值愈近 1，表示能夠有效改善非集中性的程度（noncentrality），CFI 值實際值可能大於 1 或小於 0，但在數據呈現上只會呈現 0 至 1 之間。一般而言，上述五個指標值用於判別模式徑路圖與實際資料是否適配的判別標準均為 0.90 以上。學者 Hu 與 Bentler（*1999*）指出，如果 RFI 值大於或等於

.95，則模式的適配度相當完美。

◉ (三)簡約適配統計量

1. AIC& CAIC

AIC 為「Akaike 訊息效標」（Akaike information criteria），它試圖把待估計參數個數考量進評估模式適配程度的概念中，以用來比較兩個具有不同潛在變項數量模式之精簡程度（余民寧，民 95）。其估算公式有二種：

$$AIC = \chi^2 + 2 \times 模式中自由參數的個數$$
$$AIC = \chi^2 - 2 \times 模式中的自由度$$

AIC 值的概念與 PNFI 值的概念類似，在進行模式適配度的考驗時，期望其數值愈小愈好，如果接近 0，表示模式的契合度愈高且模式愈簡約。AIC 值的數值愈小表示模式的適配度愈佳，它主要的功能是用於數個模式的比較。與 AIC 指標相同性質的評鑑指標，還包括 BCC、BIC、CAIC 指標（consistent Akaike information criterion；CAIC），CAIC 指標是 AIC 指標的調整值，CAIC 指標的計算公式如下：

$$CAIC = \chi^2 + (1 + LnN) \times （估計參數數目）$$

CAIC 指標是將樣本大小的效果（sample size effect）也考量到估算公式中。在判斷假設模式是否可以接受時，通常採用理論模式的 AIC 值必須比飽和模式以及獨立模式的 AIC 值還小；假設模式的 CAIC 值必須比飽和模式以及獨立模式的CAIC值還小；若作為模式選替功能時，則應當選取 AIC 值／ CAIC 值中最小者。其中有一點需要注意的是，使用 AIC 指標與 CAIC 指標時，樣本的大小至少要在 200 位以上，且分析資料要符合多變量常態性，否則指標探究的結果缺乏可靠性（*Diamantopoulos & Siguaw, 2000*）。在最近的研究顯示（*Bandalos, 1993*）：ECVI 與 AIC 值皆可作為 CFA 雙樣本複核效化的有效指標值，但雖然二者對於實際雙樣本複核效化皆能提供正確的指標值，但以ECVI值的正確性較高。在實務應用上，當研究者要選擇一組

之前已假設的競爭模型時，AIC 與 ECVI 均是有用的判別指標值，假設模型的 ECVI 值或 AIC 值愈小，則模型愈佳（*Stevens, 1996*）。

BIC 指標為 Bayes Information Criterion 的簡稱，其計算公式如下：

BIC＝χ2＋Ln(N×q)×(估計參數數目)

BIC 指標值愈接近 0，表示模式適配度愈佳且愈精簡，若要挑選出更精簡的模式，BIC 指標比 AIC 指標值更適合。

在 AMOS 模式適配度摘要表中的 AIC 表格，會呈現模式的 AIC 值、BCC 值、BIC 值、CAIC 值等四個，這些指標若用於檢核單一模式適配度的好壞，一般判斷的準則是理論模式（預設模式）的指標值必須比飽和模式以及獨立模式的指標值還小。若是進行模式的選替或競爭模式之用，則其數值愈小表示模式愈精簡。

表 2-3　AIC

Model	AIC	BCC	BIC	CAIC
Default model	29.714	30.115	86.476	100.476
Saturated model	30.000	30.430	90.817	105.817
Independence model	1222.512	1222.655	1242.784	1247.784

2. PNFI

PNFI 為「簡約調整後之規準適配指數」（parsimony－adjusted NFI）。PNFI 指標把自由度的數量納入預期獲得適配程度的考量中，因此它比 NFI 指標更適合作為判斷模式精簡程度的一種指標，當研究者欲估計某個模式參數時，他只使用較少的自由度，即能獲得一個較高程度的適配時，此時即表示已經達到「模式的精簡程度」（余民寧，民 95）。PNFI 的功能主要使用在不同自由度的模式之比較，其值愈高愈好，一般而言，當比較不同的模式時，PNFI 值的差異在.06 至.09 間，被視為是模式間具有真實的差異存在（黃芳銘，民 94）。如不做模式比較，只關注於假設模式契合度判別時，一般以 PNFI 值>.50 作為模式適配度通過與否的標準，亦即在整體模式契合度的判別上，若是 PNFI 值在.50 以上，表示假設理論模式是可以接受的。

PNFI 的定義公式如下：

$$\text{PNFI}=(\frac{\text{df}_{\text{proposed}}}{\text{df}_{\text{null}}})(1-\frac{\chi^2_{\text{proposed}}}{\chi^2_{\text{null}}})=(\frac{\text{df}_{\text{proposed}}}{\text{df}_{\text{null}}})\,\text{NFI}=(\frac{\text{df}_1}{\text{df}_0})(1-\frac{F_1}{F_0})$$

上述中的 χ^2_{proposed}、χ^2_{null} 代表的是假設與虛無模式的適配函數。

3. PGFI

PGFI 為「簡約適配度指數」（parsimony goodness-of-fit index），其性質與 PNFI 指標值雷同，PGFI 的值介於 0 與 1 之間，其值愈大，表示模式的適配度愈佳（模式愈簡約）。判別模式適配的標準，一般皆採 PGFI 值大於 .50 為模式可接受的範圍。PGFI 值是將 GFI 值乘以一個簡約比值，其計算公式如下：

$$\text{PGFI}=\frac{\text{df}_h}{\frac{1}{2}p(p+1)}\times\text{GFI}$$

其中 df_h 為假設模式的自由度，而 p 為觀察變項的數目，而 $\frac{\text{df}_h}{\frac{1}{2}p(p+1)}$ 為簡約比值。在 AMOS 輸出之模式適配度摘要中有一項為「簡約調整後的測量值」（Parsimony-Adjusted Measures），表格中有三個估計參數：

「PRATIO」、「PNFI」、「PCFI」、「PRATIO」。「PRATIO」為簡約比值 $=\frac{\text{d}_{\text{檢定模式}}}{\text{d}_{\text{獨立模式}}}$，其中分子為假設模型中待估計參數的自由度，分母為獨立模式的自由度，根據 PRATIO 值可求出 PNFI 值及 PCFI 值。

$$\text{PNFI}=(\text{NFI})\times(\text{PRATIO})=\text{NFI}\times\frac{\text{d}_{\text{檢定模式}}}{\text{d}_{\text{獨立模式}}}$$
$$\text{PCFI}=(\text{CFI})\times(\text{PRATIO})=\text{CFI}\times\frac{\text{d}_{\text{檢定模式}}}{\text{d}_{\text{獨立模式}}}$$

表 2-4　Parsimony-Adjusted Measures

Model	PRATIO	PNFI	PCFI
Default model	.100	.100	.100
Saturated model	.000	.000	.000
Independence model	1.000	.000	.000

4. CN 值

　　CN 值為「臨界樣本數」（Critical N），此一判別指標值由學者 Hoelter（1983）提出，所謂「臨界樣本數」是指：「在統計檢定的基礎上，要得到一個理論模式適配的程度，所需要的最低樣本的大小值」。CN 值的作用在估計需要多少樣本數才足夠用來估計模式的參數與達到模式的適配度，亦即，根據模式的參數數目，估計要產生一個適配度符合的假設模式時，其所需的樣本數需要多少？一般用來的判別標準或建議值是 CN 值≧200，當 CN 指標值在 200 以上時，表示該理論模式可以適當的反應實際樣本的資料。Hu 與 Bentler（1995）主張模式可以接受範圍的最小值是 CN 值在大於250，Hu 與 Bentler（1995）的此種觀點是較為嚴格的。

　　CN 值的計算公式如下：

$$CN = \frac{\chi^2}{F_{min}} + 1$$

　　其中 F_{min} 為適配函數的最小值。在 AMOS 輸出之模式適配度統計量中，CN 值的數據為「HOELTER」表格，「HOELTER」欄的數據包括顯著水準α＝.05及顯著水準α＝.01 時的數值，表示分別在顯著水準α＝.05 及α＝.01 時接受虛無假設模型是正確的最大樣本數，HOELTER 數據中並沒有提供考驗顯著水準 p。

表 2-5　HOELTER

Model	HOELTER.05	HOELTER.01
Default model	953	1646
Independence model	7	9

●㈣殘差分析指標

在一個 SEM 模式當中，可能有某一個測量模式的結構非常不理想，觀察變項的測量誤差非常大，使得整個理論模式的適配度不佳，此時可以透過殘差分析來檢視 SEM 模式中特定參數的設定是否理想。一般而言，在 SEM 分析中提供二種殘差的數據，一爲「非標準化殘差值」，一爲「標準化殘差值」（standardized residuals）。SEM 的標準化殘差分析，與複迴歸分析的作法類似，當標準化殘差值大於+3 時，表示該估計變異量或共變量不足；當標準化殘差值小於-3 時，表示該估計變異量或共變量對於二個觀察變項的共變有過度解釋的現象（邱皓政，民 94）。因而當標準化殘差值的絕對值高於 3 時，會造成理論模式適配度不良的狀況，學者 Stevens（1996）則採用較爲嚴格的標準，其認爲標準化殘差的絕對值大於 2，表示模型的適配情形就欠佳。此外模式較佳的修正指標值應小於 3.84。

Maruyama（1997）將整體模式適配度指標（fit indexes）區分爲「絕對指標」（absolute indexes）、「相對指標」（relative indexes、「調整指標」（adjusted indexes）。絕對指標陳述的問題內涵爲：「在模式適配後留下的是殘差或未解釋的變異量是否還可察覺得到？」，因此，它們是絕對的，對任何特定資料組並無底線的設限。相對指標陳述的問題內涵爲：「當解釋一組觀察資料，一特定模式與其他可能模式相比較時，能有多好的表現？」這些指標大部分建立在「最差適配」（worst fitting）模式的底線之上，常見的最差適配模式就是指對變異數／共變數矩陣的模式，又稱虛無模式（null model）。調整指標陳述的問題內涵爲「模式如何結合適配性與簡效性。」（黃玉樹等，民 95）。絕對指標值如卡方檢定值、卡方與自由度比率值（$\chi^2 \div df$）、均方根殘差（RMR）值、良適性適配指標值（GFI）、調整良適性適配指標值（AGFI）；相對性指標如 NFI 值、TLI 值、IFI 值、相對非中心性指標（relative noncentrality index）RNI 值或 BFI 值、CFI 值。調整指標值如：PGFI 值、PNFI 值、PNFI2 值。

綜合上面所述，茲將整體模式適配度的評鑑指標及其評鑑標準整理如表 2-6：

表 2-6　**SEM** 整體模式適配度的評鑑指標及其評鑑標準

統計檢定量	適配的標準或臨界值
絕對適配度指數	
χ^2 值	顯著性機率值 p>.05（未達顯著水準）
GFI 值	>.90 以上
AGFI 值	>.90 以上
RMR 值	<.05
SRMR 值（AMOS 要另外計算）	<.05
RMSEA 值	<.05（適配良好）　　<.08（適配合理）
NCP 值	愈小愈好，90%的信賴區間包含 0
ECVI 值	理論模式的 ECVI 值小於獨立模式的 ECVI 值，且小於飽和模式的 ECVI 值
增值適配度指數	
NFI 值	>.90 以上
RFI 值	>.90 以上
IFI 值	>.90 以上
TLI 值（NNFI 值）	>.90 以上
CFI 值	>.90 以上
簡約適配度指數	
PGFI 值	>.50 以上
PNFI 值	>.50 以上
CN 值	>200
NC 值（χ^2 自由度比值）	1<NC<3，表示模式有簡約適配程度 NC>5，表示模式需要修正
AIC	理論模式的 AIC 值小於獨立模式的 AIC 值，且小於飽和模式的 AIC 值
CAIC	理論模式的 CAIC 值小於獨立模式的 CAIC 值，且小於飽和模式的 CAIC 值

　　模式適配度評估的指標值很多，供研究者選擇評估的組合也有多種，在進行模式適配度的判斷時要格外慎重，學者McDonald與Ho（2002）明確指出研究者在使用以上不同評鑑指標時應注意以下四點（邱皓政，民 94）：

1. 適配度的指標雖然都有很明確的意義存在，但是從實證的角度或數學觀點來看，並沒有一個強而有力的理論基礎來支持數字背後的意義與其使用原則，指標值的背後仍存有未知或未被察覺的隱憂。

2. 不同的指標值的優劣比較仍具有相當大的爭議，尤其是某些指標以獨立模式（假設所有觀察變項間不具有共變關係的模型），作為比較基礎點的作法，其合理性仍有待商榷。

3. SEM 模式的檢驗應以理論為依歸，進行統計決策時，應該兼顧理論的合理性準則，然而，多數模式適配度指標往往只是反應一種分析技術上的程度，而非理論上的證據，當研究者提出無數種可能的模式時，指標的完美適配只是反應在其中一個可能模式之中，這是一種技術的最佳化，而非理論上的最佳化。

4. 不佳的模式適配度多數是因為錯誤的模式界定所造成的。由於模式適配度指標是一種概括性指標，模式中不適當的參數界定無法被模式這些適配度指標偵測出來，造成模式適配度不佳，此方法可以從模式適配殘差值了解模式大致的估計情況。

三、模式內在結構適配度的評估（模式內在品質的考驗）

Bollen（1989）將模式內在結構指標稱為「成份適配測量」（component fit measures），他認為有時整體模式的適度得到契合，但是個別參數的解釋可能是無意義的，因而深入探究每一個參數，對理論的驗證更能獲得保障。內在結構適配的評鑑包括以下二個方面：一為測量模式的評鑑；二為結構模式的評鑑。前者關注於測量變項是否足夠來反應其相對應的潛在變項，其目標在於了解潛在建構的效度與信度；後者是評鑑理論建構階段所界定的因果關係是否成立。

在測量模式適配度的評量方面，研究者所關注的是潛在變項與其指標變項（如外顯變項）間的關係，此種關係即是代表構念之測量的效度（validity）與信度（reliability）的問題。效度所反應的是指標變項對於其想要測量的潛在特質，實際測量多少的程度，信度指的是測量的一致性。除非我們相信測量的品質無誤，進一步探究潛在變項間的關係才有實質的意義。SEM的適配度評估中，模式測量部分的評估應該先於模式結構部分的評估，因而應先進行指標變項的效度檢驗，效度分析即是潛在變項與其指標變項間路徑（因素負荷量）的顯著性檢驗，如果指標變項X被假定是潛在變項ξ

的有效測量值，變項 X 和潛在變項 ξ 間的直接關係應該是非 0 值的顯著性，此種關係以測量方程式表示如下：

$$X = \lambda \xi + \delta$$

λ為因素負荷量（factor loadings）、δ為測量誤差。

如果測量模式中的因素負荷量均達顯著（p<.05，t 的絕對值大於 1.96），此種情形表示測量的指標變項有效反應出它所要測量的構念（潛在變項），該測量具有良好的效度證據（validity evidence）。相反的，若是因素負荷量未達顯著，表示該指標變項無法有效反應出它所要測量的構念或特質，此指標變項的效度欠佳，因它無法真正反應出它所代表的潛在變項。

此外，在上述測量方程式中，測量誤差是指標變項的誤差變異量，測量誤差要愈小愈好，但也要是非 0 值的顯著性，測量誤差達到顯著，表示測量指標變項反應出它的潛在變項時，有誤差值存在，但此種關係是有實質意義的。一個無效的指標變項顯示出指標沒有測量誤差的存在（測量誤差不顯著），在行為與社會科學領域中，一個好的指標變項應有最小的測量誤差，而此測量誤差也要達顯著水準（p<.05，t 的絕對值大於 1.96），但若測量誤差為 0，表示該測量指標完全沒有測量誤差存在，這在研究脈絡情境中是一種「不合理」或「不可能」的事情。一個不顯著的誤差變異量表示模式中可能有「敘列誤差」（specification error）存在（*Diamantopoulos & Siguaw, 2000*）。

參數估計值統計顯著性的檢定，在 AMOS 輸出的文字報表中，以臨界比值（critical ratio; C.R.）代表 t 值，臨界比是參數估計值除以其標準誤，其功能能在統計檢定上很像 Z 統計量，可以考驗參數估計值是否顯著不等於 0，在顯著水準 α 為.05 時，C.R.的絕對值如果大於 1.96，可以拒絕虛無假設（參數估計值等於 0），接受對立假設，表示參數估計值顯著的不等於 0；在 SEM 模式考驗中，除誤差變異數外，沒有達到顯著的參數對理論模型而言並不是重要的路徑，即使實徵資料樣本達到合理的標準，從科學簡效（scientific parsimony）原則的觀點而言，這些未達到.05 顯著水準的路徑應從理論

模式中移除；另一方面，參數未達顯著可能與樣本數太少有關，此時應從增加實徵資料的樣本觀察值人數著手，而不是直接將未達.05 顯著水準的參數從理論模式中刪除（Byrne, 2001）。

　　至於指標變項的信度檢核，可從指標變項多元相關係數的平方（R^2）值來衡量，指標變項的 R^2 表示指標變項的變異數部分能被其基底潛在變項（underlying latent variable）解釋的多少，無法解釋的部分即為測量誤差。若 R^2 值達到顯著，而其值愈高，表示指標變項能被其潛在變項解釋的變異量愈多，代表指標變項有良好的信度，相反的，若 R^2 值很低又未達到顯著水準，表示指標變項與潛在變項的關係不密切，指標變項的信度值不佳。

　　在模式內在結構適配度準則方面，Bogozzi 與 Yi（1988）建議以下面六個標準來判斷：

1. 個別觀察變項的項目信度（individual item reliability）在 .50以上

　　觀察變項的 R^2 反應出其在潛在變項的信度值，Bogozzi 與 Yi 二者認為個別潛在變項之信度值（標準化係數值的平方）應大於.50，亦即標準化係數必須在等於或大於.71 以上。個別觀察變項的 R^2 等於其標準化λ值（因素負荷量）的平方。

2. 潛在變項的組合信度（composite reliability）在 0.6 以上

　　除了個別觀察變項之係數外，尚須檢定因素的信度，因素的信度即潛在變項的「建構信度」（construct reliability），或稱「組合信度」（composite reliability）。組合信度主要在評鑑一組潛在構念指標（latent construct indicators）之一致性的程度，亦即所有測量指標分享（share）該因素構念的程度，此信度指標也屬於內部一致性指標值，組合信度愈高，表示測量指標間有高度的內在關聯（intercorrelated）存在；相對的，組合信度低，測量指標間的內在關聯程度也較低，表示測量指標間的一致性不高，其要測得之共同因素構念特質間的歧異較大（黃芳銘，民 93）。

　　建構信度在檢定每一個潛在變項之觀察變項間內部一致性高低的程度，Bogozzi 與 Yi（*1988*）採較低標準準則，認為組合信度在.60 以上，就表示潛在變項的組合信度良好，此觀點與學者 Diamantopoulos 與 Siguaw（*2000*）所提的論點相同。但 Hair 等人（*1998*）則認為 Cronbach α 係數最好在.70 以上，才是較佳的組合信度。而學者 Raine-Eudy（*2000*）採用更低標準，其認為組合效度只要在.50 以上即可。雖然並沒有一個明確的規準來決定組合信度要多高才能夠宣稱內在適配指標的信度是好的，但多數學者採用以下的分類觀點（*Kline, 1998*）作為判別的依據：信度係數值在.90 以上是「最佳的」（excellent）、.80 附近是「非常好的」（very good）、.70 附近則是「適中」，.50 以上是最小可以接受的範圍，若是信度低於.50，表示有一半以上的觀察變異是來自隨機誤差，此時的信度略顯不足，最好不應接受。從以上的觀點來看，個別顯性變項的信度接受值可以採用.50（測量指標的因素負荷量大於.71），但潛在變項的信度相對上的需求就要高一些，其組合信度最好在.60 以上，這個論點也是學者 Diamantopoulos 與 Siguaw（*2000*）及 Bogozzi 與 Yi（*1988*）所主張的。

　　在 AMOS 的報表中並沒有直接呈現組合信度值，研究者要根據「標準化估計值」中的因素負荷量求出誤差變異量，再配合下列公式求出：

　　上述潛在變項的組合信度計算公式如下：

$$組合信度 = \rho_c = \frac{(\Sigma\lambda)^2}{[(\Sigma\lambda)^2 + \Sigma\theta]} = \frac{(\Sigma 因素負荷量)^2}{[(\Sigma 因素負荷量)^2 + \Sigma 測量誤差變異量]}$$

其中 ρ_c = 組合信度

λ = 為觀察變項在潛在變項上的標準化參數（因素負荷量），即指標因素負荷量

θ = 為指標變項的誤差變異量，即 ε 或 δ 的變異量。

Σ = 把潛在變項的指標變項值加總

3.潛在變項的平均變異數抽取量（average variance extracted）

　　潛在變項的平均變異量抽取值表示相較於測量誤差變異量的大小，潛在變項構念所能解釋指標變項變異量的程度，此指標以 ρ_v 符號表示，若是

ρ$_v$ 值小於.50，表示測量誤差解釋指標變項的變異量反而高於基底潛在變項所能解釋的變異量，此種情形表示潛在變項平均變異量抽取值不佳。潛在變項平均變異數抽取值的大小若是在.50 以上，表示指標變項可以有效反映其潛在變項，該潛在變項便具有良好的信度與效度。

潛在變項的變異抽取量表示每個測量模式中，全部觀察變項的變異量可以被潛在變項因素解釋的百分比，其計算公式如下：

$$\rho_v = \frac{(\Sigma\lambda)^2}{[(\Sigma\lambda)^2 + \Sigma\theta]} = \frac{(\Sigma\text{因素負荷量})^2}{[(\Sigma\text{因素負荷量})^2 + \Sigma\text{測量誤差變異量}]}$$

其中 ρ$_v$ =平均變異數抽取量

λ=為觀察變項在潛在變項上的標準化參數（因素負荷量），即指標因素負荷量

θ=為指標變項的誤差變異量，即ε或δ的變異量。

Σ=把潛在變項的指標變項值加總

當觀察變項能確實有效反應其代表的潛在變項時，則其潛在變項應該有較高的變異抽取量，多數學者建議其判別的臨界值為.50 以上，當潛在變項的變異抽取在.50 以上時，表示觀察變項（或指標變項）被其潛在變項（或構念特質）解釋的變異數的量，遠高於其被測量誤差（measurement error）所解釋的變異量，潛在變項具有良好的操作化測量定義（operationalization）；相反的，若是潛在變項的變異抽取量太低，表示其測量變項無法代表或反映其潛在變項，觀察變項（或指標變項）被其潛在變項（或構念特質）解釋的變異數的量，遠低於其被測量誤差所解釋的變異量。

為便於研究者求出組合信度與平均變異數抽取量，筆者設計一個計算程式，使用者只要輸入各測量模式中指標變項的因素負荷量即可求出此二個數值。

4. 所有參數統計量的估計值均達到顯著水準（ t 值絕對值>1. 96；或 p<. 05）

5.標準化殘差（standardized residuals）的絕對值必須小於 2.58（或 3）

標準化殘差是適配殘差除以其漸近標準誤（asymptotic standard error），標準化殘差也可以解釋為標準化常態變異，其值應介於-2.58 至+2.58 之間（α=.01 時 z 值的臨界值）。對於標準化殘差的判別標準，有些學者主張採用其絕對值應小於 1.96（α=.05 時 z 值的臨界值），LISREL 的輸出報表中還是以絕對值大於 2.58 為超出接受的指標值。在 AMOS 的輸出報表中會呈現「殘差共變數」（Residual Covariances）矩陣，對稱矩陣內的數值是由樣本資料求得的共變數矩陣（ssample covariances）與理論模式導出的隱含共變數矩陣（implied covariances）的差異值，若是理論模型界定正確，則樣本共變數矩陣與隱含共變數矩陣的差異值會很小。此外，在報表中也同時會呈現「標準化殘差共變數」（Standardized Residual Covariances），把殘差矩陣中的每個數值除以其估計標準誤可求出標準化殘差共變數矩陣中的數值。在一個夠大樣本觀察值中，若是理論模型界定正確，標準化殘差共變數會呈現「標準常態化分配」（standard normal distribution），因而如果理論模式是合適的，則標準化殘差共變數中的數值的絕對值會小於 2。

6.修正指標（modification indices）小於 3.84，在 AMOS 操作中內定的修正指標值界限為 4.00

修正指標若大於 3.84，表示模式的參數有必要加以修正，如將限制或固定的參數，將之改為自由參數。修正指標是針對限制的參數而來，數值表示若將某一限制參數改成自由參數（即估計該參數），模式的 χ^2 值將減少多少。在統計上，一個修正指標可以被有一個自由度的 χ^2 分配所解釋，因而將一個限制參數改成自由參數時，模式的自由度將減少一個，而 $\chi^2_{95(1)}$ 的臨界值是 3.84（在.05 的顯著水準），所以當修正指標大於 3.84 時，即表示將原先一個限制或固定參數（fixed parameter）改成自由參數（free parameter）後將顯著改善模式的適配度，此種情形也同時表示模式有敘列誤差存在（*Bagozzi & Yi, 1988*；程炳林，民 94）。學者 Joreskog 與 Sorbom（*1993*）認為修正指標值大於 7.882（$\chi^2_{0.995(1)}$）才有修正的必要。模式中如自由地估計

參數會使得修正指標值等於 0。如果研究者根據修正指標值來重新評估模式，則最大的修正指標值的參數應該將其設為自由參數，以對模式的適配度作最大的改善。

模式中所估計的參數是否達到顯著水準，可以直接查看輸出報表中的t值，若 t 值大於 1.96，表示達到.05 的顯著水準，此時表示模式的內在品質良好；相反的，若模式中所估計的參數有部分未達顯著，則顯示模式的內在品質不理想。

在結構模式適配度的評估方面，關注的焦點在於不同外衍潛在變項與內衍潛在變項間的路徑關係，這些關係包括外衍潛在變項對內衍潛在變項的影響，或內衍潛在變項間的影響是否可以獲得支持，即概念性階段所提的因果模式關係是否可以被實徵資料所支持。結構模式適配度的評估包括三個方面：一為潛在變項間路徑係數所代表的參數符號（不論是正數或負數），是否與原先研究者所提的理論模式中，所假設的期望之影響的方向相同，路徑係數為正表示自變項對依變項有正向的影響，路徑係數為負表示自變項對依變項有負向的影響，理論假設概念模式圖中認為參數具有正向的影響時，則路徑係數之參數估計值必須是正數，若是原先期望的參數符號與實際資料剛好相反，則此條路徑係數最好刪除，模式再重新評估；二為對於假設模式提供重要訊息的所有的路徑係數之參數估計值，均必須達到統計上的顯著水準，即該參數估計值顯著性考驗的t值之絕對值的數值必須大於 1.96（|t 值 | > 1.96），路徑係數達到顯著（p<.05），表示變項間的影響存有實質的意義；三為每一條結構方程式中的多元相關的平方值（R^2），要愈大愈好，並且達到顯著水準，但不能出現負的誤差變異量，若出現負的誤差變異量表示 R^2 值超過 1，解釋上不合理。R^2 值愈大時，表示內衍潛在變項被獨立潛在變項（外衍潛在變項或其餘內衍潛在變項）解釋的變異量愈高，多元相關平方值愈高，表示先前假設理論變項間的解釋力也愈高，此時結構方程式具有較佳的信度與效度值（*Diamantopoulos & Siguaw, 2000*）。

從上述測量模式與結構模式的評估，可以歸納模式評估時之基本適配度檢定及內在適配度指標檢定（內在模式檢定）的摘要表。

基本適配度檢定的建議判斷值如表 2-7：

表 2-7　SEM 基本適配度檢定項目與標準

評鑑項目	適配的標準
是否沒有負的誤差變異量	沒有出現負的誤差變異量
因素負荷量是否介於.5 至.95 之間	Λ_x、Λ_Y 介於.50 至.95 間
是否沒有很大的標準誤	標準誤值很小

內在適配度指標檢定的建議判斷值如表 2-8：

表 2-8　SEM 內在適配度檢定項目與標準

評鑑項目	適配的標準
所估計的參數均達到顯著水準	t 絕對值>1.96，符號與期望者相符
指標變項個別項目的信度高於.50	R^2>.50
潛在變項的平均抽取變異量大於.50	ρ_v>.50
潛在變項的組合信度大於.60	ρ_c>.60
標準化殘差的絕對值小於 2.58	標準化殘差值的絕對值<2.58
修正指標小於 3.84 或 4.00	MI<3.84 或 MI<4.00

　　由於假設模型與觀察資料是否適配的判斷指標值很多，不同的適配指標值的評估可能對模型支持與否未盡一致，但研究者應依據多元準則：「在假設模式的檢定上，沒有單一指標值可以作為唯一明確的規準，一個理想化的適配指標值是不存在的」（*Schumacker & Lomax, 1996, p.135*），從實務應用的目的而言，研究者主要應從卡方值大小、顯著性及 RMSEA 值、ECVI 值、SRMR 值、GFI 值和 CFI 值等適配指標，來作為判別模式是否達成整體適配程度的決策之用，因為這幾個指標值有較多充足性（*Diamantopoulos & Siguaw, 2000, p.88*）。此外學者 Hoyle 與 Panter（*1995*）二人則建議，在模式適配度指度的檢驗中，研究者最好提供卡方值、量尺法卡方值、GFI 值、NNFI 值、IFI 值、CFI 值、RNI 值等適配指標值，才能對模式是否接受做出決策，而多數學者則認為假設模式與觀察資料的契合度檢驗，應參酌上表中整體模式適配度指標值標準做出整體的判斷決策，此種決策有「多數指標值符合標準」的意涵，即當多數適配度指標值均達到接受標準，才能對模式做出適配佳的判斷（*Hair et al., 1998*）

在表 2-6 所列的各種指標，其實都是用來表示模式整體適配程度的指標值之一，沒有單獨一種指標即可涵蓋或完全取代其他指標值，因此研究者最好不要以「多數決」方式來做成「假設模型是否與觀察資料契合」的結論，因爲有時這些指標值會出現互有衝突、不一致結論的現象，因而「多數決」判斷並不能保證結論一定能夠符合理論所期望者。研究者最好從表 2-6 中的三類指標值中，根據理論架構與假設模型挑選幾項最有關聯的指標值，並輔以測量模式與結構模式適配度的評估，來詮釋考驗假設模型與觀察資料是否契合，如此 SEM 的分析才會以理論建構爲基礎，而不會陷入以資料爲導引的技術分析的迷思中（余民寧，民 95）。

學者 Huberty 與 Morris（1988, p.573）觀察提出：「就如在所有統計推論中，主觀判斷是沒有辦法避免的，更遑論合理性。」這是所有推論統計時的一般情境，但就科學的本質而言，在 SEM 分析中更需要判斷及理性的融入，因爲 SEM 分析是一個統合的複雜過程，正因爲如此，所以模型的建構更需要有理論建構爲導引，尤其是在模式修正時，不能完全依據 LISREL 提供的修正指標來修改模式，以使得假設模型可以適配觀察資料，這是一種資料導向的分析，而不是理論建構的驗證。對於 SEM 的分析應用，Thompson（2000）提出以下十點的原則，供使用者參考：

1. 在應用 SEM 分析時，應使用大樣本，不可使用小樣本。
2. 在選擇相關聯的矩陣作爲分析資料時，要注意測量指標變項尺度的屬性。
3. 一個可以獲得的假設模式是適配好而又簡約的模式，但此結果應儘量減少人爲操控。
4. 模式使用的估計方法需配合資料是否符合多變量常態性假定，不同的假定需使用不同的估計方法。
5. 使用多元判斷準則，不同適配指標反應不同的模式的計量特徵，參考不同的指標值進行模型適配度的綜合判斷。
6. 模式評估及界定搜尋程序時，除了考量統計量數外，更要兼顧理論建構與實務層面。
7. 進行整體模式適配度評估之前，應進行個別測量模式與結構模式的檢驗，查驗模式是否有違反模式辨識規則。

8. 界定模式搜尋程序，最好採用較大的樣本，或不同的受試群體，這樣模式的複核效化才會可靠。

9. 一個適配良好的模式並不一定是有用的，因為許多不同的假設模型也許與觀察資料均能適配。

10. 假設模型必須有其基底的理論基礎，有理論基礎的假定模型才能經得起檢驗。

綜合相關學者的論點，使用者對於 SEM 的分析與模式適配度的判別應有以下幾點認識：

1. 使用者所提的 SEM 假設模型應以理論為基礎，或有一般的經驗法則來支持，而非根據使用者編製量表或觀察資料來架構假設模型。

2. 對於測量模式最好採用多測量指標變項原則，每個測量指標最好是數個題項的總和，這樣測量指標變項才能有效反應其對應的潛在變項。

3. 當一個 SEM 模型當中兼含測量模式與結構模式時，研究者宜先進行測量模式的檢驗，待測量模式具有相當的合理性之後，再進行結構模式的參數估計，使 SEM 模式評估程序具有測量的「漸進合理性」（邱皓政）。

4. 對於模式適配度的評估，應同時包含模式內在品質與模式外在品質的評估，模式內在品質評估最重要的是不能違反模式辨認原則。模式適配度的評估應使用多元適配指標值進行綜合判斷，因為每一個適配指標值反應不同模式的計量特徵，未達模式接受標準的指標值也有其統計意義存在，研究者不應忽略。

5. Amos 提供的自動修正指標數據，只是模型修飾或模型剪裁的一個參考指標而已，研究者不應完全依據自動修正指標數據不斷修飾模型，以使假設模型能適配觀察資料，此種修正是一種資料導引與人為的操弄，研究者應同時根據理論與判別修正指標建議值的合理性來進行模型修飾，最終結果若是假設模型無法適配觀察資料，此假設模型也有探討分析的價值。

6. 受試樣本可以取得的話，SEM 的分析應儘量使樣本數愈大愈好，如果樣本數愈大，模式檢定的適配度又佳，則表示假設模型的十分穩定。在大樣本的狀況下，若是卡方值數值很小，顯著性考驗未達顯

著水準，則表示假設模型與觀察資料可以適配，此時，其他適配指標值也會呈現相同的結果。

7. 當假設模式達到適配時，研究者可進一步就假設模型進行複核效化的分析，以不同的母群樣本進行多群組的比較分析，以確定假設模型的的複核效化及模式的推估合理性如何。

8. 若是整體假定模式檢定結果，其適配情形不甚理想，研究者應進一步就假設模式加以探究，SEM 分析的最終結果並非是一定要提出一個適配觀察資料的假設模式，而是要探究依據理論建構的假設模式之合理性與適當性。

9. 模式適配度的評估中，除探究假設模式與觀察資料是否適配外，對於模式統計考驗力的評估也應留意。

10. 一個有用的模式適配度策略包括：(1)如果可能的話，應使用數個估計方法（如最小平方法、最大概似法）來進行參數估計，並比較這些估計值：估計值的符號與期望假設相一致嗎？所有的變異數估計數都是正數嗎？殘差矩陣差異很小嗎？S矩陣與$\hat{\Sigma}$矩陣相似嗎？(2)變項間影響的標準化效果值是否達到顯著？(3)將一個大樣本一分割為二時，二個樣本群體是否皆可以與假設模型適配？模型的穩定性是否有加以比較？（*Johnson & Wichern, 1998*）。

四、模式統計考驗力的評估

在推論統計中，由於未知母體參數的真正性質，而是根據樣本統計量來做推論或下決策，因而可能會發生錯誤。用來表示推論錯誤的機率值有以下二種：

1. 第一類型錯誤（type I），以符號α表示。
2. 第二類型錯誤（type II），以符號β表示。

它們與研究者作決定之關係如表 2-9：

表 2-9

母群真正的性質

	H₀為真	H₀為假
拒絕 H₀	α （第一類型錯誤）	$1-\beta$（power） （統計考驗力） （裁決正確率）
接受 H₀	$1-\alpha$ （正確決定）	β （第二類型錯誤）

研究者決定

所謂第一類型錯誤，為研究者拒絕虛無假設，但實際上虛無假設為真的情況下，所犯的錯誤率，第一類型錯誤的機率以α表示：$\alpha = P(I) = P$（拒絕 H₀ | H₀為真），α又稱為「顯著水準」（significance level）；而第二類型錯誤，是指當研究者接受虛無假設，但事實上虛無假設為假的情況下所犯的錯誤率。第二類型錯誤的機率以β表示：$\beta = P(II) = P$（接受 H₀ | H₀為假）或 P（接受 H₀ | H₁為真）。事實上，第一類型錯誤與第二類型錯誤並不是完全獨立的（*Kirk, 1995*）。如將顯著水準α值定得較小，則統計決策時犯第一類型錯誤比較小；但相對的，犯第二類型之錯誤率反而變得比較大。如果虛無假設為假，而研究者又正確拒絕它，此種裁決正確率以 $1-\beta$ 表示，這就是所謂的「統計考驗力」（power）。研究假設驗證方面，除避免犯第一類型錯誤外，也應該有較高的統計考驗力（吳明隆、涂金堂，民 95）。

一個約定俗成的用法是將第二類型錯誤率β設定在小於或等於.20，如果β值設為.20，則考驗的統計考驗力為 $1-\beta$，就等於.80。統計考驗力在.80以上，是許多學者認為可接受的最小值，如果一個研究的統計考驗力低於.80，則最好重新設計實驗程序，以提高統計考驗力。當採納α值等於.05，而β值等於.20 的準則時，研究程序可接受的錯誤率關係是犯第一類型錯誤率為第二類型錯誤率的 $\frac{1}{4}$ 倍，亦即，普通在研究結果推論中，犯第一類型的錯誤率如為第二類型錯誤率的四倍以上，是較為嚴重之事（吳明隆、涂金堂，民 95）。

模式假設考驗錯誤的的型態如下：

表 2-10

母群真正的性質

		模式正確	模式不正確
決策型態	拒絕模式	α （第一類型錯誤）	$1-\beta$（power） （統計考驗力） （裁決正確率）
	接受模式	$1-\alpha$ （正確決定）	β （第二類型錯誤）

　　在線性結構模式之模式評估中，模式的考驗也應關注「統計考驗力」（statistical power）的問題。統計考驗力即是正確拒絕一個不正確模式的機率，當我們以卡方值考驗一個模式的適配度時，強調的是「第一類型的錯誤」（Type I error），第一類型的錯誤即是拒絕一個正確模式的機率，此機率值的標準為顯著水準 α（significance level α），α 值通常定為.05，一個達到顯著的卡方值代表：如果虛無假設是真（如模式在母群中是正確的），不正確拒絕虛無假設的機率很低（若是 α 設定.05，100 次中會小於 5 次）。另外一個檢定的錯誤是沒有拒絕一個不正確的模式，當母群的模式不正確，而研究者接受了此模式，所犯下的錯誤即為「第二類型的錯誤」（Type II error）。第二類型的錯誤以符號 β 表示。避免第二類型錯誤的發生，就是拒絕一個不正確模式（假的虛無假設）的機率，此機率值為 $1-\beta$，「$1-\beta$」代表的模式檢定時的統計考驗力。因而所謂模式估計的統計考驗力，即是模式真的不正確，而模式被拒絕的機率，此機率也代表著對模式的判斷正確。

　　統計考驗力的分析之所以重要，因為樣本大小在模式考驗中扮演著重要角色。如果樣本數很大，一個統計顯著的卡方估計值意謂著會有嚴重的「敘列誤差」（specification error）存在，若是內在的敘列誤差可能為遺漏值或結構模式的路徑界定錯誤，或檢定時發生過高的統計考驗力；另一方面，在小樣本的情境下，遭遇到實質的敘列誤差時，一個不顯著的 χ^2 值會發生，而此時的統計考驗力會相當的低（*Bollen, 1989*）。當一個模式包含小的敘列誤差、而樣本很大時，模式效果會被膨脹，導致拒絕虛無假設；相反的，當一個模式包含大的敘列誤差、而樣本很小時，模式效果無法彰顯，導致接受虛無假設（*Kaplan, 1995*）。因而在評估模式的適配度時，根據檢定的顯著性與統計考驗力，會呈現以下四種情形（*Diamantopoulos & Siguaw, 2000, p.95*）：

表 2-11 模式考驗的四種情境

檢定的統計考驗力

	低	高
顯著	拒絕模式[1]	?[2]
不顯著	?[3]	接受模式[4]

檢定結果

如果檢定統計（如χ^2值考驗）是顯著的（p<.05），且統計考驗力很低，可以安心的拒絕模式，因爲在此種情形下，很小的界定誤差值（敘列誤差）無法被統計的考驗偵測出來，在此種情況下，實質的界定誤差值（模式必須是錯誤的）也可能是顯著的[情境 1]。相反的，如果檢定統計是顯著的，但其統計考驗力很高，則無法對模式的拒絕或接受作出決策，因爲我們無法得知檢定統計的高值是由於模式界定錯誤（嚴重的敘列誤差）所造成，或是因爲統計檢定對不適切的界定錯誤的偵測不夠敏感所導致的[情境 2]。若是統計考驗不顯著，且其統計考驗力很低，也無法對模式的拒絕或接受作出決策，因爲我們無法得知低的檢定統計量反應的是模式的正確性或是對模式的敘列誤差的敏感度不足[情境 3]。若是統計考驗不顯著，且其統計考驗力很高，模式可以被接受，因爲高的統計考驗力表示嚴重的敘列誤差（或錯誤界定）可以被模式偵測出來[情境 4]。從上述情境的探究中，可以發現模式評估中如果忽略統計考驗力，則模式的檢定是不完整的。

有關計算統計考驗力的型態有三種適配假設：「完全適配」（exact fit）、「近似適配」（close fit）與「非近似適配」（not-close fit）（*MacCallum, Browne & Sugawara, 1996*），在探討絕對適配度時，以前二者檢定的概念較爲普遍。完全適配檢定（test of exact fit）用於檢定模式完美地適配母群資料的虛無假設，通常使用卡方值來考驗虛無假設；此種檢定是有所限制的，因爲模式只是實體的近似值，模式不會完全剛好與母群資料適配。完全適配的方式大略反應了模式適配的卡方值，檢定方式要求統計量ε信賴區間在下限時爲 0；而近似適配檢定（test of close fit）是一種接近於母群的不完美適配的虛無假設，此種假設所考量到的誤差是一種近似誤的概念，比較接近實際的情境。近似適配的檢定方式要求統計量ε信賴區間在.05 上下。以上二種統計考驗力皆使用 RMSEA 統計量作爲檢定指標值，在母群中若以ε符號表示 RMSEA 值，若模式完美地適配，則近似誤差大約是 0，因而完全

適配的虛無假設可以用ε值來表示：

$$H_0 : \varepsilon_0 = 0$$

在絕對適配度指標的判別中，RMSEA值若小於.05，表示模式與資料間有良好的適配度，模式真實適配接近ε_a＝.05，ε_a＝.05 的假定即為「對立假設」（alternative hypothesis）。相似的觀點應用於近似適配的假設，此種假設符合更多的實際脈絡情境，其虛無與對立假設如下：

$$H_0 : \varepsilon_0 \leq 0.05$$
$$H_a : \varepsilon_a = 0.08$$

若是RMESA值在.05 至.08 間，模式與資料間的契合度則屬於不錯的適配。如果有ε_0、ε_a 的資訊，也給予顯著水準α（一般為.05）和樣本人數 N，則模式檢定的統計考驗力是模式中自由度（v）的函數，在其他條件皆相等的情況下，自由度較高，則統計考驗力也會較大（*Diamantopoulos & Siguaw, 2000*）。至於非近似適配的檢定方式要求統計量ε信賴區間要超過.05 上下。根據樣本數及自由度推導出的RMSEA值比卡方檢定對於模式適配給予更寬廣的解釋空間，因為這些相關學者都意識到有關影響模式適配估計的重要角色就是樣本大小，臨界值.05 被挑選的原因，是因為低於此數值時假設模式與觀察資料間會呈現幾近完美的適配（*Browne & Cudeck, 1993;MacCallum, Browne & Sugawara, 1996*）。

學者McQuitty（*2004*）對於模式統計考驗力提出以下論點，其指出SEM研究者對於統計考驗力與模式大小（自由度）及樣本多寡間有密切關係存在，當使用大樣本來檢定複雜模式時（自由度大的情況），統計考驗力可能都會超出研究者所預測的，結果產生的是「過度拒絕」（overrejection）正確的模式；情形相反時亦然，所以模式估計結果時常會產生接受統計考驗力很小的錯誤模式。為避免上述情形發生，SEM 參數估計時，根據模式大小與樣本數的現況，適時進行統計考驗力的評估顯得十分重要。

AMOS & SEM

2-2 模型的識別或辨識的範例

對於 AMOS 理論模型的檢定，有時會出現模型無法識別或辨識（uniden-tified）的情形，模型能夠被識別才能順利估計各個參數。在計算估計值時若出現模型無法辨識的情形，使用者要先檢查繪製的理論模型有無合乎 AMOS 的法則或模型界定有無錯誤，如：

1. 各測量模型中將潛在變項對指標變項的路徑係數λ均設定為文字參數，但卻沒有將潛在變項的變異數設定為 1、潛在變項的平均數設定為 0。
2. 未將所有測量誤差項及殘差項的路徑係數設定為 1 或將其變異數設定為 1。
3. 測量模式中未界定一個測量指標變項的路徑係數λ為 1。
4. 待估計的自由參數多於資料點的數目（number of data points），造成自由度負值。
5. 方形物件內的變項有些不是 SPSS 資料檔中的觀察變項，橢圓形物件內的變項與 SPSS 資料檔中的觀察變項相同，模型中有些物件變項重複出現。
6. 內因觀察變項或內因潛在變項沒有增列一個殘差項或干擾項（distur-nance），外因觀察變項間或外因潛在變項間沒有繪製雙箭頭共變關係的符號。

在 AMOS 模式估計中也有可能出現「The solution is not admissible.」，表示模式估計的解不是一個「可接受解」（admissible solution）或解是「不可接受解」（inadmissible solution），「不可接受解」表示模式經過疊代運算過程雖可順利收斂估計，但模式估計出來的參數是不合理的或不適當的，如出現負的誤差變異數、相關係數絕對值大於 1、出現非正定矩陣、路徑係數的符號與理論正好相反，路徑係數無法解釋等。造成「不可接受解」的原因通常是樣本共變數矩陣與隱含共變數矩陣差距太大所造成的，此時研究者最好進行模式的修正，以較簡約的模式來進行模式檢定。

　　若是在 SEM 分析中，估計結果呈現模式無法辨識的情形，表示參數無法被順利估計，此時研究者可以減少自由參數的數目，將部分自由參數改為固定參數；將部分自由參數限制或刪除，當研究者把某些自由參數設定為特別的數值或將參數限制為相等（等同限制），均是將原先待估計的參數變為固定參數的作法（*Tabachnick & Fidell, 2007*）。一個可以辨識的模式並不一定是適配度佳的模型，而一個無法辨識的模型因參數無法估計，所以整體適配情形無法考驗。

　　依據資料點的數目與參數數目的關係，模式識別（model identification）的形態有三種：正好識別（just-identified）、過度識別（overidentified）、低度識別或識別不足（underidentified）。模式識別的第一步是資料點數目（the numbers of data points）與模式中參數數目。SEM 的資料是樣本共變數矩陣中的變異數與共變數，資料點的數目是樣本變異數與共變數的數目，參數的數目是模式中待估計的迴歸係數、變異數、共變數、平均數與截距項的總數目（*Tabachnick & Fidell, 2007*）。一般 SEM 的模式中多數自由參數只包括迴歸係數、變異數與共變數三種，除了使用者選取平均數與截距項估計選項，否則 AMOS 內定參數估計中，不會進行平均數與截距項的估計。

　　SEM 估計程序中，資料點的數目與所提供的方程式有關，假設 SEM 模式中共有 p 個外因測量指標（外衍觀察變項）、q 個內因測量指標（內衍觀察變項），則形成的資料點數目 $=\frac{1}{2}(p+q)(p+q+1)$ 個，資料點數目與模式中提供方程式個數，包含所有觀察變項的共變數與變異數。若待估計的自由參數個數有 t 個，則模式的自由度 $df=\frac{1}{2}(p+q)(p+q+1)-t$，根據自由度 df 的正負號，可進行整體模式識別，此種模式識別的方法稱為 t 法則（t-rule）。t 法則數學表達條件如下：

$$t \leq \frac{1}{2}(p+q)(p+q+1)$$

　　依據 t 法則的方法，若是 df>0 或 $t<\frac{1}{2}(p+q)(p+q+1)$，表示資料點數目多於估計參數總數，此時自由度為正數，估計結果允許拒絕虛無假設（假設模式無法與樣本資料契合），或接受拒絕虛無假設（模式無法與樣本資

料適配），此種模式識別稱為「過度識別」，SEM 模式的檢定，希望研究者提供的模型是「過度識別」模型，如此才能進行模型適配度的考驗，以判別模式是否合適，若是模式不合適，可以進行模式的修正；相對的，如果模式合適也可以再進行簡約模式的檢定。

與「過度識別」模式相對立的模型為「低度識別」模式，「低度識別」模式中，資料點數目少於估計參數總數，此時自由度為負數，即df<0 或t> $\frac{1}{2}(p+q)(p+q+1)$，模式中所提供的訊息（方程式個數）少於自由參數個數，模式估計無法獲得唯一解，因為參數估計結果可有無限多個解，造成自由參數無法正確的被估計出來。「低度識別」模式如二元一次方程式 X－Y ＝20，方程式中符合答案的可能性無限多，因而未知數（待估計的參數）有二個，但方程式只有一個，造成未知數組合的不確定，無法獲到唯一解。

所謂「正好識別」模式表示的資料點數目與模式中待估計參數數目相同，此時 t＝$\frac{1}{2}(p+q)(p+q+1)$，模式的自由度等於 0，「正好識別」模式又稱「飽和模式」（saturated model）。在「正好識別」模式中待估計的參數完美地再製樣本共變數矩陣，在資料共變數矩陣與假設模型的共變數矩陣形成一對一配對，資料變異數及共變數總數目與模式中自由參數數目相等，模式中所有參數只能有唯一解，模式的自由度為 0，卡方值也等於 0。由於卡方值為 0，「正好識別」模式永遠不會被拒絕，形成資料與模型間「完美適配」的情形，「正好識別」模式由於自由度等於 0，SEM模式合適性的假設無法被檢定，因而此種模式並不是科學統計上令研究者感興趣的模式，理論模式與資料間「完美適配」並沒有實務應用上的價值（*Byrne, 2001*；*Tabachnick & Fidell, 2007*）。

在下面的範例中以變項間的路徑分析模式圖為例，說明模式識別的三種形態。在路徑分析模式圖中有三個外因觀察變項、二個內因觀察變項，樣本數據提供資料點數目 ＝$\frac{1}{2}(p+q)(p+q+1)$＝$\frac{1}{2}(3+2)(3+2+1)$＝15 個，15 個樣本共變數矩陣獨特元素如下：資料點包括 5 個變異數、10 個共變數。

表 2-12

	X1	X2	X3	Y1	Y2
X1	VAR(X1)				
X2	COV(X1，X2)	VAR(X2)			
X3	COV(X1，X3)	COV(X2，X3)	VAR(X3)		
Y1	COV(X1，Y1)	COV(X2，Y1)	COV(X3，Y1)	VAR(X4)	
Y2	COV(X1，Y2)	COV(X2，Y2)	COV(X3，Y2)	COV(Y1，Y2)	VAR(X5)

一、正好識別模式

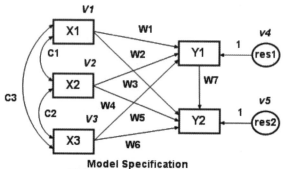

Model Specification
卡方值=\CMIN(p=\P)；自由度=\DF
RMSEA=\RMSEA；AGFI=\AGFI

圖 2-2

在上述理論模式圖中，待估計的參數（自由參數）包括 3 個共變數
（C1、C2、C3）、5 個變異數（V1、V2、V3、V4、V5）、7 個迴歸係數
（W1、W2、W3、W4、W5、W6、W7），自由參數的數目=3+5+7=15=t。
根據t法則：$t = \frac{1}{2}(p+q)(p+q+1) = \frac{1}{2}(3+2)(3+2+1) = 15$，自由度等於 0，表
示模式為「正好識別」模式。

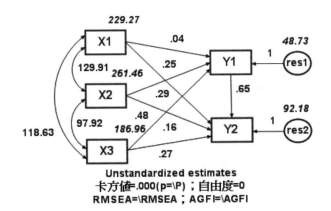

圖 2-3

「正好識別」模式估計值計算結果只有唯一解，在非標準化估計值模式圖中可順利估計出 15 自由參數的數值，整體模式適配度統計量的卡方值=0，其他適配度統計量如 RMSEA 值、AGFI 值等均無法估計。在「Amos Output」文字輸出結果視窗中，「模式註解」內會呈現估計參數與樣本資料點數目訊息，並呈現卡方統計量、模式自由度與顯著性機率值 p。

Notes for Model （Default model)

Computation of degrees of freedom (Default model)

umber of distinct sample moments:	15
Number of distinct parameters to be estimated:	15
Degrees of freedom (15 - 15):	0

Result (Default model)

Minimum was achieved

Chi-square = .000

Degrees of freedom = 0

Probability level cannot be computed

在模式註解中可知：樣本動差獨特元素的數目等於 15，此列即樣本資料共變數矩陣能提供的資料點，模式中個別待估計的參數數目等於 15，模式的自由度值=15－15=0、卡方值=0、卡方值顯著性檢定的機率值 p 無法計算。「Minimum was achieved」，表示模式最小化歷程可以完成，Amos能達到部分最小化程序。

二、過度識別模式

㊀過度識別模式一

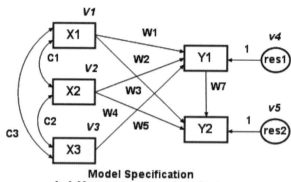

Model Specification
卡方值=\CMIN(p=\P)；自由度=\DF
RMSEA=\RMSEA；AGFI=\AGFI

圖 2-4

在上述理論模式圖中，待估計的參數（自由參數）包括 3 個共變數（C1、C2、C3）、5 個變異數（V1、V2、V3、V4、V5）、6 個迴歸係數（W1、W2、W3、W4、W5、W7），自由參數的數目=3+5+6=14=t。根據 t 法則：$(t = 14) < [\frac{1}{2}(p+q)(p+q+1) = 15]$，自由度為正數，表示模式為「過度識別」模式。

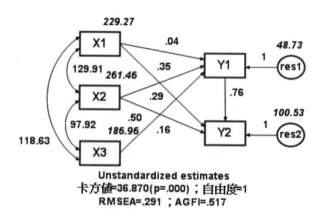

Unstandardized estimates
卡方值=36.870(p=.000)；自由度=1
RMSEA=.291；AGFI=.517

圖 2-5

　　第一個「過度識別」模式估計值計算結果可以求得一個唯一解，在非標準化估計值模式圖中可順利估計出 14 個自由參數的數值，整體模式適配度統計量的卡方值=36.870，顯著性機率值 p=.000<.05，達到顯著水準，拒絕虛無假設，表示樣本資料的共變數矩陣與模式隱含的共變數矩陣無法契合，RMSEA 值=.291>.080、AGFI 值=.517<.900，顯示假設模式的適配度不理想，模式的自由度=資料點數目減自由參數數目=15－14=1。

Notes for Model (Default model)

Computation of degrees of freedom (Default model)

umber of distinct sample moments:	15
Number of distinct parameters to be estimated:	14
Degrees of freedom (15 - 14):	1

Result (Default model)

Minimum was achieved

Chi-square = 36.870

Degrees of freedom = 1

Probability level = .000

　　在「Amos Output」文字輸出結果視窗之「模式註解」選項中可知：樣本動差獨特元素的數目等於 15，此列即樣本資料共變數矩陣能提供的資料點，模式中個別待估計的參數數目等於 14，模式的自由度值=15－14=1、卡方值=36.870、卡方值顯著性檢定的機率值 p=.000<.05，Amos 能達到最小化程序。

●(二)過度識別模式二

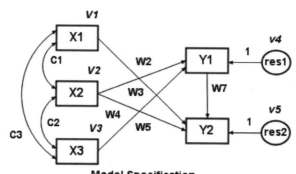

圖 2-6

在上述理論模式圖中，待估計的參數（自由參數）包括 3 個共變數（C1、C2、C3）、5 個變異數（V1、V2、V3、V4、V5）、5 個迴歸係數（W2、W3、W4、W5、W7），自由參數的數目=3+5+5=13=t。根據t法則：$(t=13)<[\frac{1}{2}(p+q)(p+q+1)=15]$，自由度為正數，表示模式為「過度識別」模式。

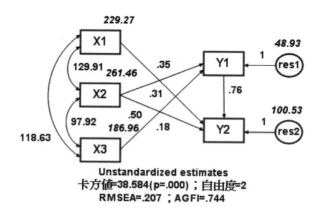

圖 2-7

第二個「過度識別」模式估計值計算結果可以求得一個唯一解，在非標準化估計值模式圖中可順利估計出 13 自由參數的數值，整體模式適配度

統計量的卡方值=38.584，顯著性機率值 p=.000<.05，達到顯著水準，拒絕
虛無假設，表示樣本資料的共變數矩陣與模式隱含的共變數矩陣無法契合，
RMSEA 值=.207>.080、AGFI 值=.744<.900，顯示假設模式的適配度不理想，
模式的自由度=資料點數目減自由參數數目=15－13=2。

◉ ㈢**過度識別模式三**

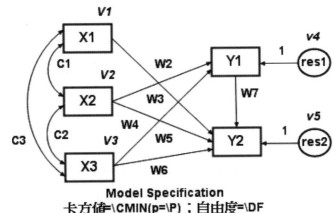

圖 2-8

　　過度識別模式範例三和過度識別模式範例一的主要差別在於路徑係數
界定不同，範例一假定外因觀察變項X3 對內因觀察變項Y2 沒有直接影響，
而範例三假定外因觀察變項X1 對內因觀察變項Y1 沒有直接影響，模式中，
待估計的參數（自由參數）包括 3 個共變數（C1、C2、C3）、5 個變異數
（V1、V2、V3、V4、V5）、6 個迴歸係數（W2、W3、W4、W5、W6、
W7），自由參數的數目=3+5+6=14=t。根據 t 法則：$(t = 14) < [\frac{1}{2}(p + q)(p + q + 1) = 15]$，自由度為正數，表示模式為「過度識別」模式。

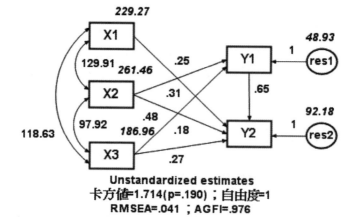

圖 2-9

範例三之「過度識別」模式估計值計算結果可以求得一個唯一解，在非標準化估計值模式圖中可順利估計出 14 自由參數的數值，整體模式適配度統計量的卡方值=1.714，顯著性機率值 p=.190>.05，達到顯著水準，接受虛無假設，表示樣本資料的共變數矩陣與模式隱含的共變數矩陣能契合；RMSEA 值=.041<.080、AGFI 值=.976>.900，顯示假設模式的適配度佳，模式的自由度=資料點數目減自由參數數目=15－14=1。

從上述三個過度識別模式中可以發現，一個模式若是為過度識別模式，表示方程式能提供的較多的訊息可以來進行自由參數估計，採用統計方法找到與觀察資料最接近而誤差值最小的唯一解。在 SEM 的分析就是在對一個過度識別模式進行模式的考驗，以檢定假設模式與實徵資料是否能適配，一個過度識別模式雖然是一個可辨識的模型，但不定是個適度佳的模式，經 AMOS 分析結果，模式可能被接受也可能被拒絕。

三、低度識別模式

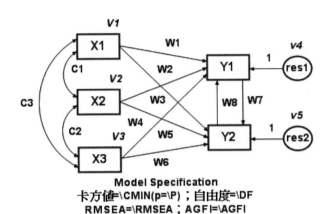

圖 2-10

在上述理論模式圖中，待估計的參數（自由參數）包括 3 個共變數（C1、C2、C3）、5 個變異數（V1、V2、V3、V4、V5）、8 個迴歸係數（W1、W2、W3、W4、W5、W6、W7、W8），自由參數的數目=3+5+8=16=t。根據 t 法則：$(t=16) > [\frac{1}{2}(p+q)(p+q+1)=15]$，自由度=15−16=-1，自由度為負數，表示模式為「低度識別」模式。

Notes for Model (Default model)

Computation of degrees of freedom (Default model)

umber of distinct sample moments:	15
Number of distinct parameters to be estimated:	16
Degrees of freedom (15 - 16):	−1

Result (Default model)

The model is probably unidentified. In order to achieve identifiability, it will probably be necessary to impose 1 additional constraint.

「低度識別」模式估計值計算結果無法求得參數的唯一解，因而模式是個無法辨識模式。在「Amos Output」文字輸出結果視窗之「模式註解」選項中提供以下訊息內容：樣本動差獨特元素的數目等於 15（樣本資料共

變數矩陣能提供的資料點），模式中個別待估計的參數數目等於 16，模式的自由度值=15－16=-1，模式可能是個無法辨識模式（unidentified model），為了讓模式能成為可辨識的模式，必須再增列一個限制條件。模式中可增列的限制條件如移除部分迴歸係數，將某些迴歸係數參數界定為相等值，界定共變數相等或限制為無相關等。

在測量模式的識別方面，必須考量到潛在變項的量尺度的界定問題。由於潛在變項並不是觀察變項沒有特定的矩陣尺度，因而必須給序潛在變項一個特定的單位尺度，其界定的方式有二種：一為將潛在變項的變異數設定為 1，將潛在變項限制為以標準化變異數來作為共同單位；二為潛在變項的測量指標中限定一個觀察變項的路徑係數是一個不等於 0 的數值（一般均界定等於 1），將測量變項的單位設定為潛在變項的參考量尺，使得潛在變項的變異數得以自由估計，表示觀察變項因素負荷量參數均在測量相同的因素構念，被限定為固定參數的測量指標稱為「參照變項」（reference variable）（邱皓政，民 94；Byrne, 2001）。在 Amos Graphics 測量模式圖的描繪中內定採用的作法為第二種，當在潛在變項上增列指標變項（indicator variable）與誤差項（error term）上，增列的第一組指標變項的路徑係數λ值會固定為 1，第二組以後增列的指標變項與誤差項中的指標變項之路徑係數λ值則成為自由參數。研究者也可以更改測量模式參數的界定方法，將測量模式中的指標變項之路徑係數（因素負荷量）均為參數標籤名稱，而將潛在變項（因素構念）的變異數設定 1。

在 AMOS 測量模式的界定，上述二種界定方法的範例如下：二個潛在變項的因素構念名稱分別為 F1、F2，潛在變項 F1 的指標變項名稱為 X1、X2、X3 三個；潛在變項 F2 的指標變項名稱為 X7、X8、X9 三個。

每個潛在變項中界定一個測量指標的路徑係數λ值=1（AMOS 內定之模式圖設定）	界定每個潛在變項的變異數等於1

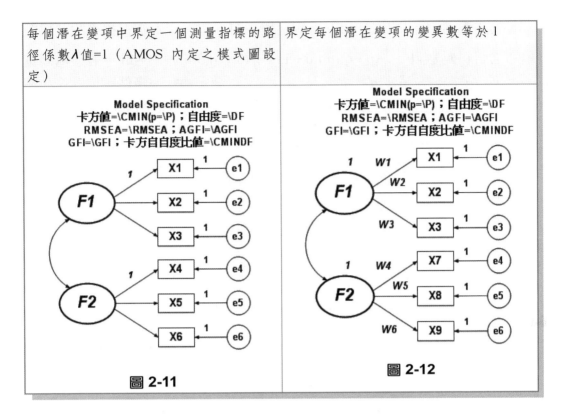

圖 2-11

圖 2-12

二個測量模式執行計算估計值後，標準化估計值的模式圖如下：在標準化估計值之測量模式圖中二個模式圖輸出之參數估計值結果均相同，測量模式適配度檢定之卡方值為17.035、自由度等於8、顯著性機率值p=.030；RMSEA 值=.075、AGFI 值=.930、GFI 值=.973、卡方自由度比值=2.129。

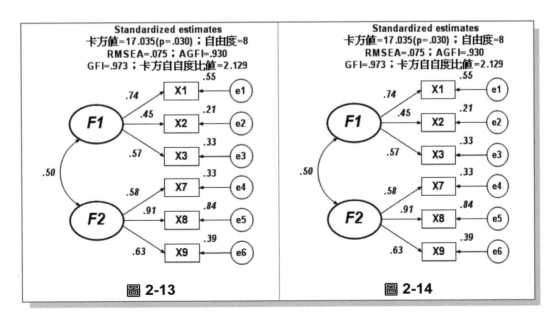

圖 2-13

圖 2-14

模式識別的t法則估計如下：觀察變項有 6 個，樣本資料提供的共變數矩陣之資料點數目 $= \frac{1}{2}(p+q)(p+q+1) = \frac{1}{2}(3+3)(3+3+1) = 21$。第一種測量模式中的自由參數共有 13 個（=1+4+8），包括 1 個共變數（C1）、4 個迴歸係數（因素負荷量）（W1、W2、W3、W4）、8 個變異數（V1、V2、V3、V4、V5、V6、V7、V8），由於$(t=13) < [\frac{1}{2}(p+q)(p+q+1) = 21]$，模式自由度為正數表示測量模式為「過度辨識」模式。第二種測量模式中的自由參數共有 13 個（=1+6+6），包括 1 個共變數（C1）、6 個迴歸係數（因素負荷量）（W1、W2、W3、W4、W5、W6）、6 個變異數（V1、V2、V3、V4、V5、V6），由於 ，模式自由度為正數表示測量模式為「過度辨識」模式。二種測量模式的界定雖然不同，但模式中待估計的自由參數的數目相同，皆為 13 個，因而模式中的自由度均為 21－13=8。

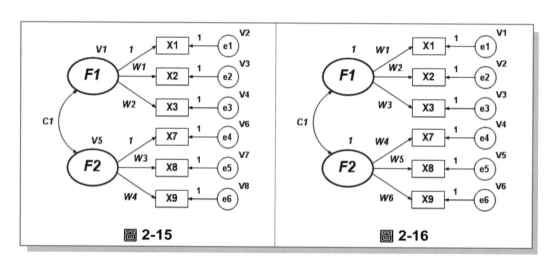

圖 2-15　　　　　　　　**圖 2-16**

　　一個較佳的測量模式，應是反應到潛在變項的每個測量指標變項之因素負荷量接近 1，且因素負荷量參數必須達到統計上的顯著水準，測量指標的因素負荷量愈大，表示測量指標的信度愈佳（因素負荷量愈大，其平方值也會愈大）。同時每一個測量模式各自形成一個獨立的叢集（cluster），彼此間沒有假設性的因素負荷假定，亦即每個測量指標變項僅受到單一因素構念（潛在變項）的影響，不會受到模式中其他潛在變項的影響，單一測量指標變項只反應到其相對應單一潛在變項的測量模式稱為「純化測量模式」，模式中的測量指標變項稱為「純化指標變項」（pure indicator variables）。純化測量模式是一種極嚴格的模定設定策略，此種極嚴格的模定

設定策略若是單因素的測量模式，其測量指標變項至少要有 3 個以上，且因素負荷量必須顯著不等於 0，測量殘差間沒有任何相關；若是測量模式為多因素的測量模式，每個潛在變項只用二個觀察變項來估計，假定測量殘差間無相關，沒有任何一個潛在變項的共變數或變異數為 0，則此測量模式通常是可識別的（*邱皓政，民 94*；*Byrne, 2001*）。

　　在 SEM 之驗證性因素分析中，純化指標測量模式通常很難達到合適，此時研究者可改為較為寬鬆策略，如增列測量殘差間有相關，或增列其他潛在變項對指標變項影響的路徑。因為測量模式可以識別並不表示此測量模式與樣本資料可以有效契合，純化指標變項測量模式可能較難達到模式合適的標準。

CHAPTER

3

Amos Graphics界面介紹

結構方程模式（structural equation modeling；SEM）通常包括「測量模式」（measurement）與「結構模式」（structural model），測量模式是觀察變數（量表或問卷等測量工具所得的數據）與潛在變數（latent variable）（觀察變數間所形成的特質或抽象概念）之間的相互關係；而結構模式則是潛在變數與潛在變數間所形成的關係。一般結構方程模式中的測量模式與結構模式的圖示如圖 3-1：中間的圓形圖表示潛在變數（無法具體觀察到的變數），長方形圖示為觀察變數，觀察變數旁的小圓形為測量誤差（誤差變數）。

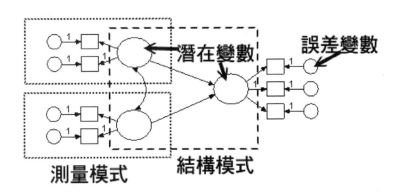

圖 3-1

結構方程模式可以進行共變異數間的估計，用來檢定變數間因果關係模式的適切性，可進行徑路分析（path analysis）、迴歸分析、驗證性因素分析、理論因果關係模式圖的考驗等。目前用來分析結構方程模式的應用軟體中，使用最多且最廣者為LISREL、AMOS。LISREL的輸出報表雖提供非常豐富的指標參數，但由於要撰寫語法命令及熟悉矩陣參數，一般使用者較難學習。反觀 AMOS 完全是圖形式界面，只要熟知理論因果模式圖的繪製及基本參數值的設定，即可直接繪出徑路圖及呈現各統計參數，因而在結構方程模式中愈來愈多人以 AMOS 統計軟體作為分析研究工具。

3－1 Amos Graphics 視窗的介紹

Amos 是「動差結構分析」（Analysis of Moment Structure）的簡稱，Amos 的資料分析主要用於處理如結構方程式模式（structural equation modeling；SEM）、共變異數結構分析（analysis of covariance structures）、或因果模式分析（causal modeling）等。Amos可說是容易使用的語法界面或視窗化的SEM，使用者只要熟悉工具列圖像功能即可快速而有效的繪製模式圖，進而將模式圖結果統計量求出。

安裝 Amos 7.0 版之前要安裝「.NET Framework」，這個檔案在「SPSS 15.0 for Windows」系列光碟內可找到。把光碟片放入光碟機中，光碟自動播放（AutoPlay）功能會顯示功能表，功能表包括11個選項，要安裝Amos 7.0 版時選取選項三「Install Amos 7.0」。

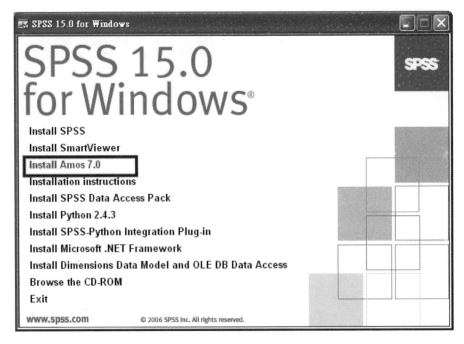

圖 3-2

選取安裝 Amos7.0 選項後，會出現「Amos7.0 — InstallShield Wizard」（安裝精靈）對話視窗，個人版之使用者選取「⊙Single user license（I purchased a single copy of the product）選項，按『Next』（下一步）鈕。

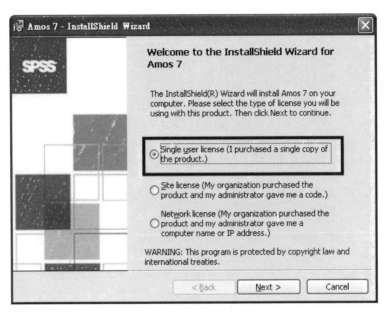

圖 3-3

之後，會進行安裝程序，使用者只要依據「Amos7.0—InstallShield Wizard」（安裝精靈）對話視窗及單機版安裝手冊的說明，相互對照操作即可順利完成安裝工作。

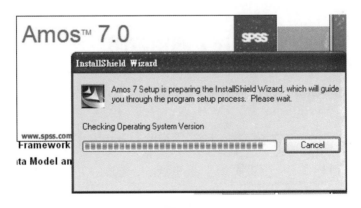

圖 3-4

安裝完成後開啟「Amos Graphics」的畫面如圖 3-5：

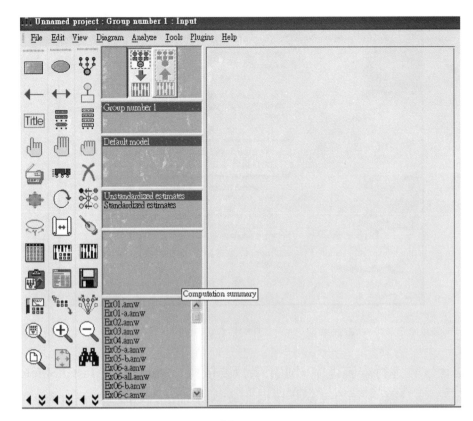

圖 3-5

一、開啟「Amos Graphic」應用軟體

起動「Amos Graphics」應用軟體視窗的方法，最常使用者有以下三種：

1. 直接在 Windows 視窗桌面上按「Amos Graphics」 的圖示二下。

2. 執行【開始】→【程式集】→【AmosX】→【Amos Graphics】的程序。

3. 如果安裝 SPSS 軟體，可以開啟 SPSS 統計軟體，執行【分析】（Analyze）／【統計】（Statistics）→【Amos】程序。

開啟「Amos Graphics」應用軟體後，其主用視窗包含以下三大視窗界面：左上為浮動繪圖工具箱區、中間為多功能視窗、右邊空格為因果徑路圖假設模型圖繪製區。

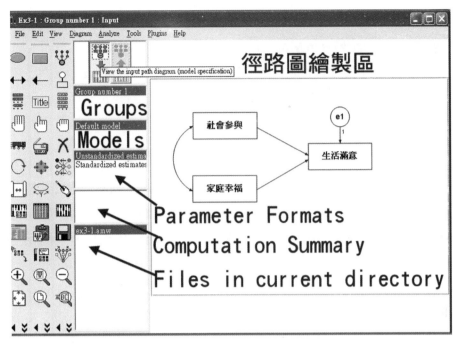

圖 **3-6**

● (一)浮動繪圖工具區

工具列視窗爲「Amos Graphics」應用軟體的核心，如果能熟知各種工具圖示的功能與操作，則能快速完成各式模式圖的繪製與統計量的估計。執行「Amos Graphics」軟體上面【功能列】選單內的程序，多數功能均與點選工具列圖像後執行的程序相同，如下：

1.「檔案」（File）功能列

檔案功能列常用的如建立新檔案（New）、開啓舊檔（Open），Amos檔案的副檔名爲「*.amw」、儲存檔案（Save）、另存新檔（Save As）、資料檔的連結設定（Data Files）、印出資料（Print）、檔案管理（File Manager）與結束（Exit）等。

2.「檢視」（View）功能列

「檢視／設定」功能列包括「界面性質」（Interface Properties）、「分

析性質」（Analysis Properties）、「物件性質」（Object Properties）、「模式中的變數」（Variables in Model）、「資料檔中的變數」（Variables in Dataset）、「參數」（Parameters）、「文字輸出」（Text Output）、「全螢幕」（Full Screen）等，大部分執行程序在工具列圖像中均有。

3.「圖示」（Diagram）功能列

以「圖示」（Diagram）功能列內容而言，主要功能在模式圖的繪製，包含的選項如「描繪觀察變數」（Draw Observed）、「描繪潛在變數」（Draw Unobserved）、「描繪單向徑路圖」（Draw Path）、「描繪雙向共變異數圖」（Draw Covariance）、「圖示標題」（Figure Caption）、「描繪指標變數」（Draw Indicator Variable）、「描繪誤差變數」（Draw Unique Variable）、放大圖示（Zoom In）、縮示圖示（Zoom Out）、放大成整頁（Zoom Page）、「捲軸移動」（Scroll）、「放大鏡檢視」（Loupe）、「重新繪製圖形」（Redraw diagram）等，這些功能在工具列圖像中均有相對應的按鈕圖像。

「檔案」（File）功能列

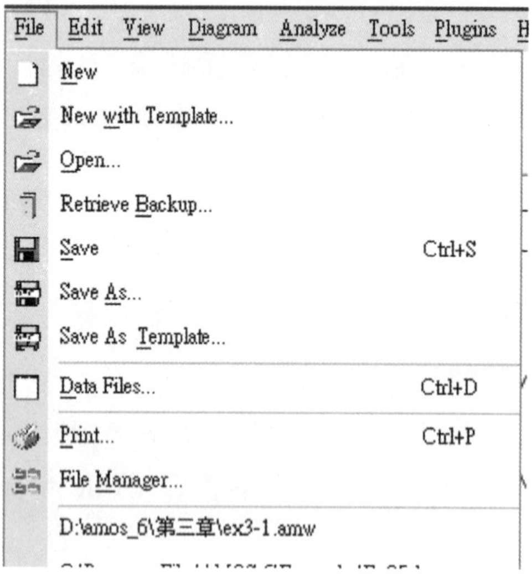

圖 3-7

「檢視」（View）功能列

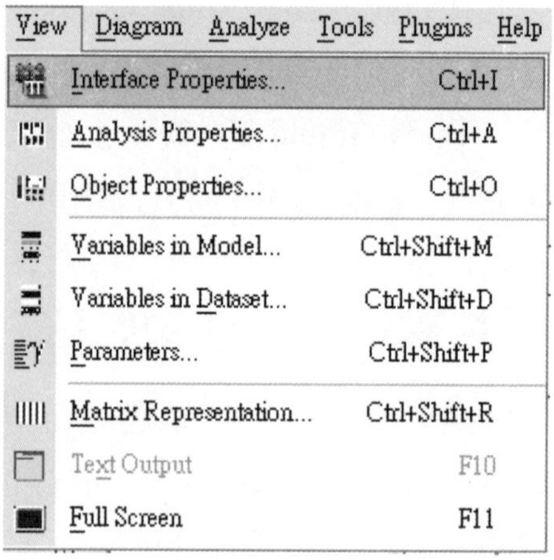

圖 3-8

4.「編輯」（Edit）功能列

以「編輯」（Edit）功能列的內容而言，其功能在於物件的處理，包括「還原」（Undo）、「重做」（Redo）、「拷貝到剪貼簿」（Copy to clipboard）、「選擇單一物件」（Select）、「選取全部物件」（Select All）、「解除選取全部物件」（Deselect all）、「移動物件」（Move）、「複製物件」（Duplicate）、「刪除物件」（Erase）、「移動參數位置」（Move Parameter）、「鏡射指標變數」（Reflect）、「旋轉指標變數」（Rotate）、「改變物件形狀」（Shape of Object）、「調整選取物件的水平距離」（Space Horizontally）、「調整選取物件的垂直距離」（Space Vertically）、「拉曳物件性質」（Drag Properties）、「適合頁面」（Fit to Page）、「模式圖最適接觸」（Touch Up）等。

「編輯」（Edit）功能列	「繪圖」（Diagram）功能列

Edit	View	Diagram	Analyze	Tools

↶	Undo	Ctrl+Z
↷	Redo	Ctrl+Y
	Copy (to clipboard)	Ctrl+C
	Select	F2
	Select All	
	Deselect All	
	Link	
	Move	Ctrl+M
	Duplicate	
✕	Erase	Delete
	Move Parameter	
	Reflect	
◯	Rotate	
	Shape of Object	
	Space Horizontally	
	Space Vertically	
	Drag Properties...	Ctrl+G
	Fit to Page	Ctrl+F
	Touch Up	Ctrl+H

圖 3-9

Diagram	Analyze	Tools	Plugin:

	Draw Observed	F3
	Draw Unobserved	F4
←	Draw Path	F5
↔	Draw Covariance	F6
	Figure Caption	
	Draw Indicator Variable	
	Draw Unique Variable	
	Zoom	
	Zoom In	F7
	Zoom Out	F8
	Zoom Page	F9
	Scroll	
	Loupe	F12
	Redraw diagram	

圖 3-10

5.「分析」（Analyze）功能列

Amos 7.0 版本將之前版本功能列【Model-Fit】（模式適配度）功能列改為【Analyze】（分析）功能列。

分析功能列／模式適配度（Model-Fit）功能列功能，主要在估計的計算與模式相關資料的管理，如「計算估計值」（Calculate Estimates）、「中斷計算估計值」程序（Stop Calculate Estimates）、「管理群組／多群組設定」（Manage Groups）、「管理模式／多重模式設定」（Manage Models）、「模式實驗室」（Modeling Lab）、「改變觀察變數/潛在變數」（Toggle Observed/Unobserved）、「自由度的資訊」（Degree of Freedom）、「模式細項的搜尋」（Specification Search）、「多群組分析」（Multiple-Group Analysis）、適用於小樣本的貝氏估計法（Bayesian estimation）、遺漏值資料替代法（Data imputation）等。

6.「工具」（Tools）功能列

工具功能列可以設定呈現的字型（List Font）、對稱性（Smart）、呈現徑路圖的線條（Outline）、以方型比例繪圖（Square）、以黃金分割比例繪圖（Golden）、自訂功能列（Customize）、種子管理（Seed Manager）等。

「分析」（Analyze）功能列	「工具」（Tools）功能列
Analyze Tools Plugins Help	Tools Plugins Help
Calculate Estimates Ctrl+F9	List Font...
Stop Calculating Estimates	Smart Ctrl+E
Manage Groups...	Outline
Manage Models...	Square
Modeling Lab...	Golden
Toggle Observed/Unobserved	Seed Manager...
Degrees of freedom...	Customize...
Specification Search...	圖 3-12
Multiple-Group Analysis...	
Bayesian Estimation Ctrl+B	
Data Imputation	
圖 3-11	

7.「增列」（Plugins）功能列

增列功能列可以進行各項參數標籤名稱與模型的設定，如描繪共變項雙箭號圖（Draw Covariances）、「擴增曲線模式」（Growth Curve Model）、「增列參數名稱」（Name Parameters）、「增列潛在變項名稱」（Name Unobserved Variables）、「重新設定觀察變項大小」（Resize Observed Variables）、增列「標準化 RMR 值」（Standardized RMR）等。

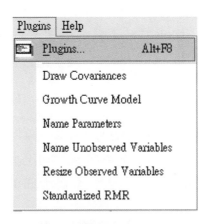

圖 3-13

以下列二個共同因子六個指標變項的測量模型為例，二個共同因子與測量指標誤差項均為潛在變項，若是研究者要快速增列八個潛在變項的變數名稱，執行功能列【Plugins】／【Name Unobserved Variables】（增列潛在變項名稱）程序，則可快速界定六個誤差項（變數名稱內定為e1、e2……）及二個共同因素（變數名稱內定為 F1、F2）的變項名稱。

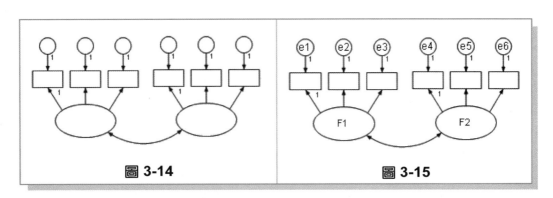

圖 3-14　　　　　　　　　圖 3-15

增刪功能列表單及工具列的操作步驟如下：

執行功能列【Tools】（工具）→【Customize】（自訂）程序，可以增刪功能列表單及工具列，如研究者要在浮動視窗中新增 ▢ （Golden）工具，其操作程序如下：

1. 執行功能列【Tools】（工具）→【Customize】（自訂）程序，開啟「Customize」對話視窗。

2. 切換到『Commands』（命令）標籤頁，在左邊「Categories」（分類）選項中選取「Tools」（工具）選項，右邊的「Commands」（命令）選單中選取 ▢ （Golden），按下滑鼠左鍵至浮動工具列視窗放開

相反的，若是使用者要將浮動工具列內某些圖像工具刪除，則於『Commands』（命令）次對話視窗中，點選要刪除的工具列圖像，按下滑鼠左鍵直接拉曳至右邊「Commands」（命令）方盒中即可。

圖 3-16

◎ ㈡多功能視窗區（模型訊息區）

多功能視窗區包含「模式顯示視窗」，包含徑路圖的模式切換、組別

（Groups）、模式（Models）、參數格式（Parameter Formats）、計算摘要
（Computation Summary）、目前目錄中的檔案（Files in current directory）。
參數格式又包含「未標準化的估計值」（Unstandardized estimates）與「標
準化的估計值」（Standardized estimates），徑路圖的模式顯示切換有二種，
一為「顯示輸入之徑路圖」（View the input path diagram-Model specification）
，「顯示輸入之徑路圖」即為開始描繪之徑路圖、沒有徑路係數；二為「顯
示輸出結果之徑路圖」（View the output path diagram），「顯示輸出結果之
徑路圖」會包含估計之統計量的估計值。

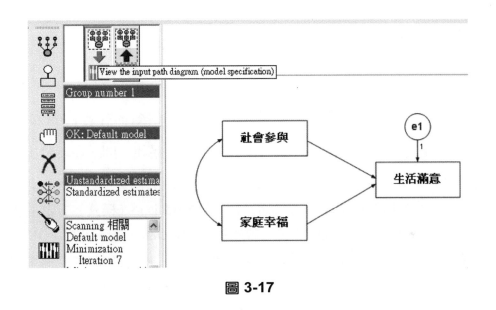

圖 3-17

圖 3-17 為顯示輸入之原始徑路圖性質的模式圖，沒有統計量數或參數。

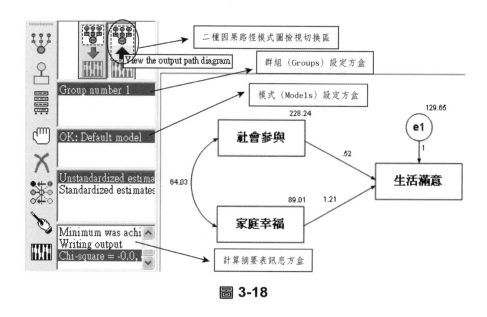

圖 3-18

圖 3-18 為顯示徑路圖之結果模式圖，按下「計算估計值」（Calculate estimates）的工具圖示後，如果模式設定沒有錯誤，則「顯示輸出結果之徑路圖」（View the output path diagram）的圖示會呈現，按一下此圖示，會出現模式的各項參數或統計量的估計值。「Models」（模式）方盒的提示語由「Default model」（預設模式）轉變為「OK: Default model」（OK：預設模式）；「Computation summary」（計算摘要）方盒會出現卡方值、自由度及完成提示語：「Writing output」、「Chi-square=xxx, df=xx」（視模式圖不同而不同）、「Finished」（在 Amos7.0 的版本中，若模式可以識別估計不會再出現 Finished，只會呈現卡方值與自由度）。若是模型無法順利識別或估計，則會於計算摘要表方盒中呈現以下的訊息：「模式名稱　Minimization Iteration 1 Writing output」，此時無法估計模型的卡方值，模型的自由度也不會呈現。

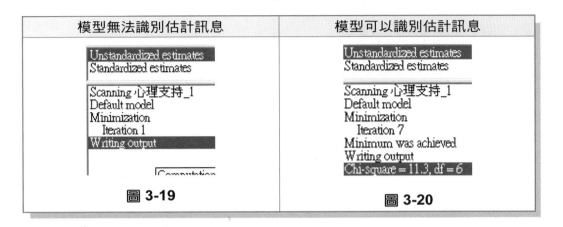

模型無法識別估計訊息	模型可以識別估計訊息
Unstandardized estimates Standardized estimates Scanning 心理支持_1 Default model Minimization 　Iteration 1 Writing output Computation	Unstandardized estimates Standardized estimates Scanning 心理支持_1 Default model Minimization 　Iteration 7 Minimum was achieved Writing output Chi-square = 11.3, df = 6
圖 3-19	圖 3-20

　　如果模式中有變數未加以設定，則按下「計算估計值」（Calculate estimates）工具圖像鈕後，會出現警告提示訊息視窗，如「1 variable is unnamed」（一個變數沒有名稱），表示模式中有一個變數沒有命名，操作者須將此變數名稱鍵入或由資料檔中將觀察變數拉曳至模式，當變數有名稱後，模式才能執行【計算估計值】的程序。如果假設模式與樣本資料數據差距太大，造成導出之二個共變異數矩陣相差很大或是模式為低度辨識模式，則模型可能無法順利被識別（identified），此時模式方盒中的訊息「XX：模式名稱」不會轉變為「OK：模式名稱」；另外，當 1 共變異數矩陣為非正定矩陣（nonpositive definite matrices），模式也無法順利估計，或是估計所得的參數會出現不合理的現象，如相關係數絕對值大於 1，結構模式之路徑係數的正負號與理論假定或經驗法則相反，或出現負的誤差變異數等。

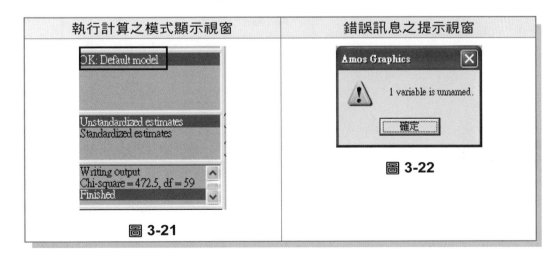

執行計算之模式顯示視窗	錯誤訊息之提示視窗
OK: Default model Unstandardized estimates Standardized estimates Writing output Chi-square = 472.5, df = 59 Finished	Amos Graphics　☒ ⚠　1 variable is unnamed. 確定
圖 3-21	圖 3-22

◉ ㈢模式圖的繪製區域

　　模式圖的繪製區域為一長方形，內定為「肖像照片格式」（Portrait）（縱向式的長方形──高比寬的長度還長），模式圖超出編輯區域部分，統計量也會被計算，但無法列印。如果要改變模式圖的繪製區域為「風景照格式」（Landscape）（橫向式長方形──寬比高的長度還長），可以執行以下程序：

　　執行功能列【View/Set】（檢視／設定）→【Interface Properties】（界面性質），出現「Interface Properties」（界面性質）的對話視窗，切換到『Page Layout』（頁面配置）標籤頁，在「Orientation」（方向）方盒中勾選『◉Landscape』（風景照）選項（內定值為『◉Portrait』－肖像照選項）→按『Apply』（應用）鈕。

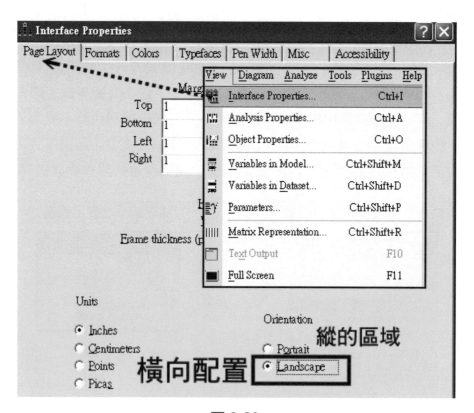

圖 3-23

縱向配置的區域，寬比較短而高比較長。橫向配置區域的寬比高還長，在徑路圖的繪製中，研究者要選用那種面版（配置區域），視模式的結構與排列而定。只要在編輯區域內位置的模式圖均可將模式圖複製到剪貼簿中，而超過編輯區域位置的模式也可計算其估計值，但無法列印及複製到剪貼簿上。

二、工具箱視窗的圖像鈕操作介紹

「工具箱視窗圖像鈕」是「Amos Graphics」編輯視窗的主要操作核心，多數「Amos Graphics」功能列的操作程序，均在工具箱視窗中。工具列視窗操作時，只要點選工具圖像，即可執行它的功能。被點選的工具圖像，會呈反白而圖像周圍會出現一個「方框」，當圖像反白並出現方框時再點選一次，則圖像即恢復成原來的狀態，此時即解除其操作狀態，當滑鼠移往工具圖像上，會出現工具圖像功能的簡要說明及其快速鍵的操作，如「Draw observed variables（F3）」。以下就工具列視窗中的圖像操作說明作一簡要介紹。

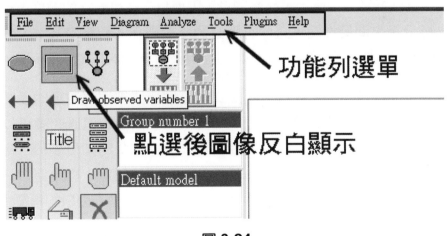

圖 3-24

○ (一) ▢ 「描繪觀察變數」（Draw observed variables）

在 SPSS 資料檔或試算表中的量表變數均為觀察變數，觀察變數即以量表、問卷、測驗等工具獲得的數據，觀察變項也稱為顯性變項（manifest variables）點選此圖像後，可在模式編輯視窗中繪製長方形的觀察變數，操作時在模式編輯區域中按住滑鼠左鍵不放及拉曳即可描畫出一個長方形。拉曳時往右下、右上、左下、左上方向移動均可。

　　每個工具列圖像均有一個快速鍵，將滑鼠移往工具列圖像上方時，會出現工具列圖像的操作說明介紹及其快速鍵，如「描繪被觀察的變數」工具列圖像的快速鍵為功能鍵【F3】，當按下功能鍵【F3】時，即可在直接在模式編輯視窗中繪製長方形的觀察變數，其功能即是點選「描繪被觀察的變數」的工具圖像。

●（二）◯ 「描繪未被觀測的變數」（潛在變數）（Draw unobserved variables）

　　未被觀察的變數又稱「潛在變數」（latent variables），以線性結構模式而言，潛在變項有二種：被假定為因者稱為「潛在自變數」（latent independent）或稱「外因變數」（exogenous variables）；被假定為果者稱為「潛在依變數」（latent dependent variables）或稱「內因變數」（endogenous variables）。潛在變數無法直接被觀察測量，因而以外在可觀察的態度、行為、知覺、感受等來間接推論，這些可觀察的變項即為「觀察變數」，外在可測量的行為即為潛在變數的指標變數，也就是潛在構念的指標（indicators）。

　　以企業「組織文化」而言，組織文化是個無法被觀察測量的變數，亦即組織文化是個抽象的概念（構念），無法直接測量，但研究者可以以企業員工在組織文化量表上的知覺感受作為其組織文化的指標變數，組織文化量表假設有四個面向（構念）：信任和諧、開放創新、穩定運作、目標成就，則四個層面所測得的數據資料即可作為組織文化潛在變數的指標變數。

　　點選此圖像後，可在模式編輯視窗中繪製橢圓形的潛在變數，操作時在模式編輯區域中按住滑鼠左鍵不放及拉曳即可描畫出一個橢圓形。拉曳時往右下、右上、左下、左上方向移動均可，其快速鍵為功能鍵【F4】。

　　在繪製觀察變項或潛在變項時，使用者也可以配合以下二個功能列的 ◯（畫正圓形或正方形）、◯（使用黃金分割比來畫長方形或橢圓形）

來繪製，在繪製觀察變項或潛在變項前，先執行功能列【Tools】→【Square】
程序或【Tools】→【Golden】程序，再選取繪製觀察變項或潛在變項的工具
列即可。假設模型繪製之因果模式圖中，潛在變項的名稱不能與原資料檔
中的變項名稱相同，否則Amos會將潛在變項視為觀察變項，出現警告使用
者視窗訊息，此時模型當然無法順利估計。

⚬ ㈢ ⚙ 「描繪潛在變數或增畫潛在變數的指標變數」（Draw a latent variable or add an indicator to a latent variable）

點選此圖像也可描繪潛在變數，其操作與上述「描繪未被觀測的變數」
工具列圖像相同；此外，其圖像也可以在潛在變數上增列指標變數（觀察
變項）及誤差變項，操作時將此圖像指標移往潛在變數（橢圓形物件）上，
按一下滑鼠左鍵即增列一組指標變數及誤差變項，再按一下可再增列一組。
指標變數（觀察變數及誤差變數）的形狀大小會隨潛在變數大小而自行調整。

在潛在變數上所繪製的指標變數位置均位於潛在變數的上方，如要調
整指標變數的位置，要點選【旋轉潛在變數之指標變數】（Rotate the indi-
cators of a latent variable）工具圖像，點選此工具圖像後，在潛在變數上按一
下，指標變數會依順時針方向旋轉，每次旋轉的角度為 90 度。

可直接描繪潛在變數	在潛在變數上按一次會增列一組指標	在潛在變數上按二次會增列二組指標變數	在潛在變數上按三次會增列三組指標
圖 3-25	圖 3-26	圖 3-27	圖 3-28

在 Amos 結構方程模式中，所有測量誤差變項數值的起始值均設為 1，而潛在變數的指標變項中須有一個觀察變數之指標變項的參數值也設為 1。上圖中下方的圓形圖為潛在變數，長方形的圖示為潛在變數的指標變數（觀察變數），最上面的小圓形為誤差變數。潛在變數的每個指標變數均有測量誤差，此測量誤差即為誤差變數，其參數路徑係數設定起始值為 1，每個測量指標的誤差變項（error variable）的參數也可改為將其變異數設定為 1。

● ㈣ ← 「描繪單向箭頭的路徑」（Draw paths-single headed arrows）

點選此圖像可描繪具因果關係變項的單箭號，從變項性質為「因」的變數（自變數）圖示開始拉曳至「果的」變數（依變數）。單箭號的起始點為自變項（外因變項）（exogenous）、方向所指向的變數為依變項（內因變項）（endogenous），在模式表示時，外因變數通常以英文字母「X」表示，內因變數則以英文字母「Y」稱之。「描繪單向箭頭路徑」的快速鍵，為功能鍵「F5」。在 SEM 結構模式中，潛在變項有二種：一為外因潛在變數（exogenous latent variables），一為內因潛在變數（endogenous latent variables），外因潛在變項即為因變項（預測變項），內因潛在變項為果變項（效標變項），結構模式中的內因變項直間接受到外因變項的影響，因而二者之間須以單箭頭符號表示，而受到模式中其他變項影響的中介變項，也要以單箭頭符號，單箭頭通常用於結構模式中外因潛在變項與內因潛在變項的關係。

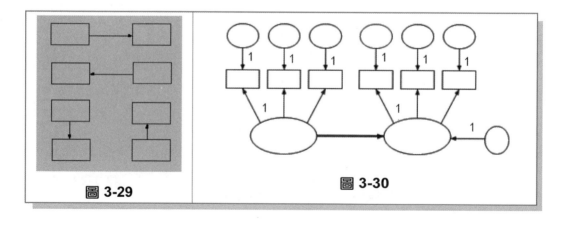

圖 3-29　　　　　　圖 3-30

⊙ ㈤ ↔ 「描繪共變異數（雙向箭頭）的路徑」（Draw covari-ances -double headed arrows）

點選此圖像後，從第一個變數拉曳至第二個變數；或從第二個變數拉曳至第一個變數，完成後可在二個變數間描繪具雙向曲線箭號。從第一個變數拉曳至第二個變數所描繪的雙箭號曲線位置與從第二個變數拉曳至第一個變數之圖形的位置形成水平或垂直鏡射關係（上←→下、左←→右）。二個變數以雙箭號連結，表示二個變數有共變異數（Covariance）的關係，在標準化的模式中呈現的數據即為二個變數的相關係數，表示二個變數間沒有因果關係。「描繪共變異數（雙向箭頭）路徑」的快速鍵為功能鍵「F6」。在測量模型中，所有潛在變項（共同因素）間均要繪製雙向箭頭符號，否則模型界定是不完整的；在結構模式中所有外因潛在變項也要增列雙向箭頭符號，否則模式無法估計。二個變項間增列雙向箭頭符號，表示二個變項間有相關，其相關係數或參數若界定為 0，則表示變項間沒有相關。

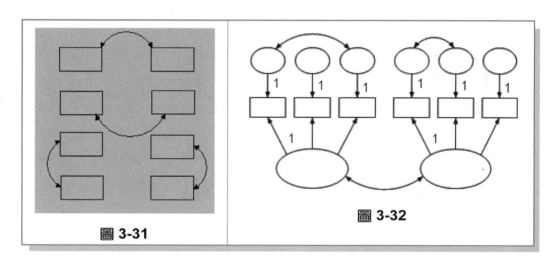

圖 3-31

圖 3-32

雙向箭頭的繪製會依據起始變項的不同，其彎曲方向與弧度形狀會不相同，但只要是相同的變項建立共變關係，則模型的估計結構相同，下列二個共同因素的共變關係雙向箭頭之彎曲方向雖然相同，但整個假設模型是相同的。

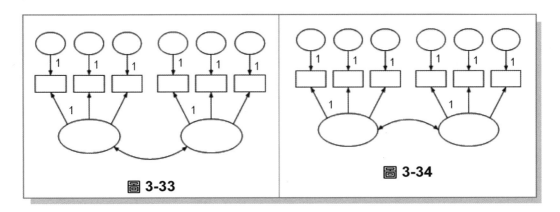

圖 3-33　　　　　　　　　　　　　　圖 3-34

Amos 模式輸出結果，箭號圖示與變項屬性所呈現的估計值性質有以下關係存在：

表 3-1

圖示／變數	未標準化估計值 （Unstandardized estimates）	標準化估計值 （Standardized estimates）
單箭號	迴歸加權值 （Regression weights）	標準化的迴歸加權值 （Beta 值）
雙箭號	共變異數（Covariances）	相關（Correlations）
內因變數（endogen-ous variables）	截矩（Intercepts）	複相關的平方（Squared mul-tiple correlations）
外因變數（exogen-ous variables）	平均數與變異數	────────

（六）「增列誤差變數到已有的變數中」（Add a unique variable to an existing variable）

此工具圖像可在觀察變數或潛在變數上增列誤差變項。操作時，在作為內因變數之觀察變數或潛在變數上按一下滑鼠左鍵，可在觀察變數或潛在變數的上方增列一個誤差變項，如重複按滑鼠左鍵，則誤差變項會依「順時針」的方向旋轉，旋轉的角度為 45 度。在 Amos 結構方程模式中，作為內因變數的變項（依變項）均要設定誤差變數，測量誤差變項數值的起始值設為 1，在模式計算估計時，如果有內因變數沒有增列誤差變數，則會出現警告提示視窗，告知操作者哪些內因變數沒有設定誤差變數。在檢驗性

因素分析中，所有潛在變項均為外因變項，因而沒有因果關係，不用界定誤差變項，但在徑路分析與結構模式中，作為效標變項（依變數）者受到其他自變項的影響，因而會有殘差項，此誤差變數又稱為殘差變項（residual variables），殘差項通常以符號「err?」或「e?」表示。

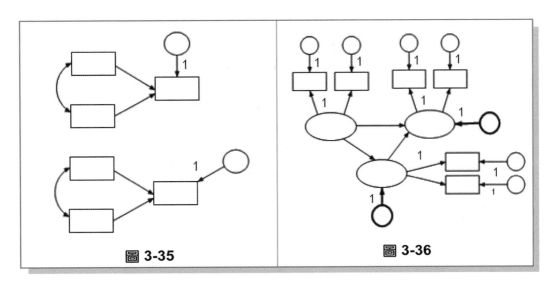

圖 3-35　　　　　　圖 3-36

◉ ㈦ |Title| 「設定徑路圖標題內容」（Figure captions）

此圖像可讓模式名稱或適合度指標呈現於徑路圖中。點選此標題工具圖像後，在模式編輯視窗中按一下會出現「Figure Captions」（圖形標題）的對話視窗，於『Caption』（標題）下的空格中輸入徑路圖標題或相關適合度統計量。如要呈現卡方值（CMIN）與 p 值，須於空格內輸入：

```
CHI_SQUARE=\CMIN
P_VALUE=\P
```

「\CMIN」為呈現 值、「=」前面為要呈現的文字，「=」後面為要呈現的統計量數，其語法為「\統計量關鍵詞」，如要呈現 GFI 與 AGFI 值，則鍵入如下語法：

```
GFI=\GFI
AGFI=\AGFI
```

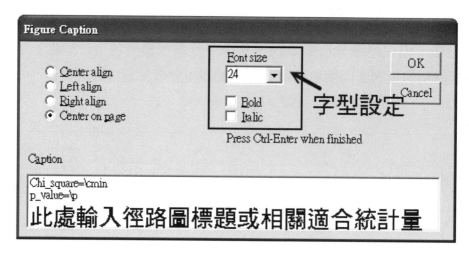

圖 3-37

等號「=\」後面為統計量關鍵詞，這些關鍵詞在 Amos 使用者操作手冊中的附錄可以查閱到，以下列出相關的統計量關鍵詞，其中統計量關鍵詞中的英文字母大小寫均可。

表 3-2

適配度 測量量數	統計量 關鍵詞	適配度 測量量數	統計量 關鍵詞	適配度 測量量數	統計量 關鍵詞
NPAR	=\NPAR	DF	=\DF	PARTIO	=\PARTIO
CMIN	=\CMIN	P 值	=\P	CMIN/DF	=\CMINDF
FMIN	=\FMIN	NCP	=\NCP	NCP LO90	=\NCPLO
NCP HI90	=\NCPHI	F0	=\F0	F0 LO90	=\F0LO
F0 HI90	=\F0HI	RMSEA	=\RMSEA	PCLOSE	=\PCLOSE
RMSEA LO 90	=\RMSEALO	RMSEA HO 90	=\RMSEAHI	AIC	=\AIC
BCC	=\BCC	BIC	=\BIC	CAIC	=\CAIC
ECVI	=\ECVI	ECVI LO 90	=\ECVILO	ECVI HI 90	=\ECVIHI
MECVI	=\MECVI	NFI	=\NFI	RFI	=\RFI
IFI	=\IFI	TLI	=\TLI	CFI	=\CFI
PNFI	=\PNFI	PCFI	=\PCFI	GFI	=\GFI
AGFI	=\AGFI	PGFI	=\PGFI	RMR	=\RMR
HOELTER （A=.05）	=\HFIVE	HOELTER （A=.01）	=\HONE		

若是要呈現模式估計值結果的參數格式（標準化估計值或非標準化估

計值），其關鍵字爲「\FORMAT」，呈現群組名稱的關鍵字爲「\GRO-UP」、呈現模式名稱的關鍵字爲「\MODEL」。在『Caption』（標題）下的空格中輸入下列說明與關鍵字。

模型關鍵字與說明	出現在模型中的畫面
\FORMAT 群組=\GROUP 模式=\MODEL 卡方值=\CMIN（p=\p）；自由度=\DF RMSEA=\RMSEA；AGFI=\AGFI	**Model Specification** **群組=Group number 1** **模式=Most General Model** **卡方值=\CMIN(p=\p)；自由度=\DF** **RMSEA=\RMSEA；AGFI=\AGFI** 圖 3-38

未標準化估計值的註解	標準化估計值的註解
Unstandardized estimates **群組=Group number 1** **模式=Default model** **卡方值=11.280(p=.080)；自由度=6** **RMSEA=.066；AGFI=.935** 圖 3-39	**Standardized estimates** **群組=Group number 1** **模式=Default model** **卡方值=11.280(p=.080)；自由度=6** **RMSEA=.066；AGFI=.935** 圖 3-40

執行計算估計值後，若是模型可以收斂識別，則會出現相關適配度統計量，原先群組名稱爲內定的名稱項「Group number 1」，模式名稱爲內定預設模式項「Default model」。

（八） ▦ 「列出模式內的變數」（List variables in model）圖像鈕

點選此工具圖像後，會出現「Variables in Model」（模式中的變數）的對話視窗，可查看模式圖使用到的所有變數名稱，包含資料檔內的觀察變數、模式中的誤差變數及潛在變數。其中誤差變數與潛在變數由研究者自行界定命名，而觀察變項或顯性變項需由資料檔中直接讀入。

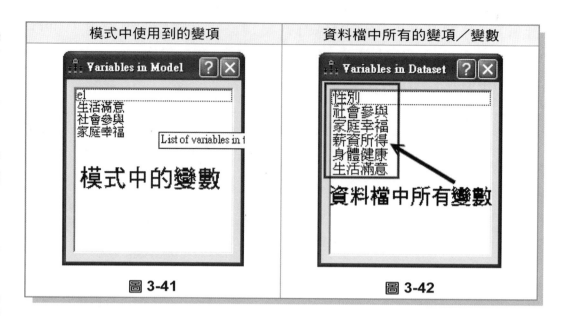

模式中使用到的變項	資料檔中所有的變項／變數
圖 3-41	圖 3-42

㈨ 「列出資料組內的變數名稱」（List variables in data set）

點選此工具圖像後，會出現「Variables in Dataset」（資料組中的變數）的對話視窗，可查看資料檔中的所有變數名稱。資料檔中所呈現的變數，均為觀察變數或潛在變項的指標變數，這些觀察變數不一定於模式圖中均會使用到，資料檔中的變數全部為「觀察變數」，而「模式中的變數」（Variables in Model），除包括資料檔中部分的觀察變數外，也可能為增列誤差變數及潛在變數。操作時，於開啓「Variables in Dataset」（資料組中的變數）的對話視窗狀態下，按住資料檔的觀察變數直接拖曳至模式中的觀察變數長方形的物件內即可。

㈩ 「選擇所有物件」（Select all objects）

點選此工具圖像，模式編輯區域中所有的物件均會變成藍色，表示所有的變數與路徑均被選取，選取物件後可進行物件的移動與複製。

◎ (土) 🖐 「一次只選擇一個物件」（Select one object at a time）

　　被選取的變數或路徑（箭頭）顏色會改變，內定值（default）為藍色，如果物件的顏色改變表示已被選取，選取後再按一下所選擇的變數或路徑，顏色會還原成原內定之黑色，表示解除物件選取的狀態。按下此圖像鈕將滑鼠移往物件上，物件（方框、橢圓形、線條、雙箭頭）會變成紅色，按一下左鍵表示選取物件，選取物件後再按一下左鍵表示取消選取，【一次只選擇一個物件】可以選取多個連續或不連續物件。

◎ (圭) 🖐 「刪除所有選取的物件」（Delete all objects）

　　點選此圖像後，所有被選取的變數、路徑或物件均會還原，所有圖示會變成內定的黑色。

◎ (圭) 📠 「複製物件」（Duplicate objects）

　　點選此圖像，將滑鼠移向物件上，按住滑鼠左鍵不放，拉曳至新位置的地方再放開滑鼠，即可於新位置上複製一個與原先相同的物件。

◎ (圭) 🚚 「移動物件」（Move objects）

　　點選此圖像，將滑鼠移至物件上，按住滑鼠左鍵不放，拉曳至新位置的地方再放開滑鼠，即可將物件拖移至別的位置。

◎ (圭) ✖ 「移除物件」（Erase objects）

　　點選此圖像，將滑鼠移至物件上按一下左鍵，即可將變數或路徑物件移除。「移除物件」工具圖像即是一般繪圖軟體中的橡皮擦或【刪除】（Delete）鍵。

(六) 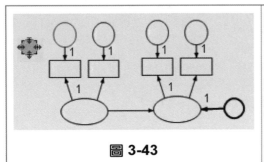 「變更物件的形狀大小」（Change the shape of objects）

點選此圖像，將滑鼠移至變數物件上按住左鍵不放，即可重新調整觀察變數（長方形）、潛在變數（橢圓形）或誤差變數（圓形）物件的形狀大小，如果同時選取全部物件，則相同幾何圖形的物件：方形物件（觀察變數）／圓形物件（潛在變數及誤差變數）會一起改變大小，因而操作者如要改變誤差變數的大小，可按【一次只選擇一個物件】（Select one object at a time）工具圖像，分開選取要改變形狀的誤差變數物件；如要同時改變潛在變數形狀大小，則只要分開選取潛在變數物件即可，選取時分開選取物件，可同時一起更改其形狀大小。

  圖 3-43	在左邊範例中，使用者要更改四個測量指標誤差變項橢圓形的大小，其操作程序：按【一次只選擇一個物件】圖像鈕分別選取四個誤差項物件（此時四個誤差項橢圓形會變為藍色）→按「變更物件的形狀大小」圖像鈕移往四個橢圓形物件中的任何一個，按住滑鼠左鍵不放直接拉曳，可同時改變物件大小。
同時選取四個誤差變項物件，改變其形狀與大小（拉曳物件時物件框線由藍色變為綠色，放開滑鼠後變回藍色）	同時選取四個測量指標物件，改變其形狀與大小（拉曳物件時物件框線由藍色變為綠色，放開滑鼠後變回藍色）
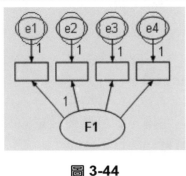 圖 3-44	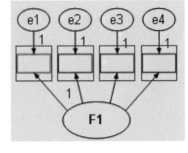 圖 3-45

◉ ㈦ 「旋轉潛在變數之指標變數」（Rotate the indicators of a latent variable）

點選此圖像，將滑鼠移至潛在變數上，按一下滑鼠左鍵潛在變數之指標變數（觀察變數及誤差變數）會按順時針方向每次旋轉90度（潛在變數之指標變數開始位置均位於潛在變數的上方）。

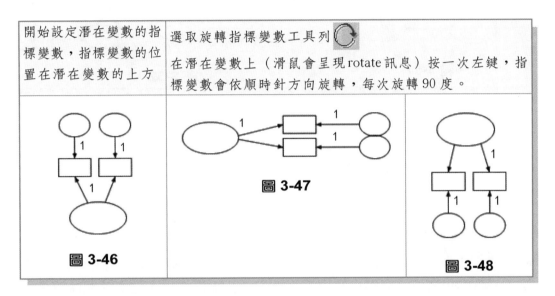

| 開始設定潛在變數的指標變數，指標變數的位置在潛在變數的上方 | 選取旋轉指標變數工具列
在潛在變數上（滑鼠會呈現rotate訊息）按一次左鍵，指標變數會依順時針方向旋轉，每次旋轉90度。 |

圖 3-47

圖 3-46

圖 3-48

若要繪製左邊的因果模式圖，在加入內因潛在變項的殘差項之前，先以「旋轉潛在變數之指標變數」鈕將其指標變數旋轉至左邊，然後再加入殘差項，由於殘差項均會出現於潛在變項的正上方，之後再按一次「旋轉潛在變數之指標變數」鈕，將指標變數向右旋轉90度，此時殘差項也會一起向右旋轉90度，位於潛在變項的右側。

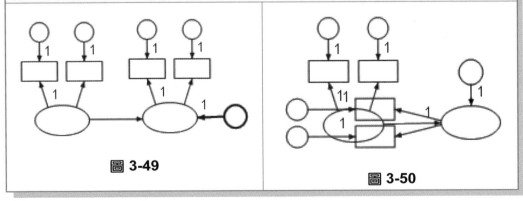

圖 3-49

圖 3-50

研究者沒有將內因潛在變數的指標變項旋轉至左側，直接增列殘差變項，此時按下「旋轉潛在變數之指標變數」鈕，則原先二個指標變項與增列的誤差變項會一起向右旋轉。此種狀況，殘差項與指標變項會重疊而無法分離，模型估計之參數會混淆不清。

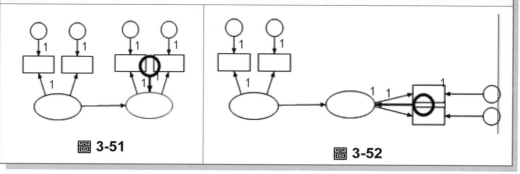

圖 3-51　　　　　　　　　　圖 3-52

○ (大) 「映射潛在變數之指標變數」（Reflect the indi-cators of a latent variable）

此圖像可設定潛在變數之指標變數的位置及潛在變數之指標參數 1 的設定。「映射潛在變數之指標變數」工具圖像，指標變項參數設定為 1 之觀察變項，左右對調，進行水平映射；右邊的模式圖再按一次滑鼠左鍵，指標變數的位置會移向潛在變數的下方，進行垂直映射。選取此圖像鈕後，滑鼠移往潛在變項名稱的上面，會出現「reflect」（映射）的提示語。

初始測量模型	第一次映射指標變項（指標變項名稱左右對調）

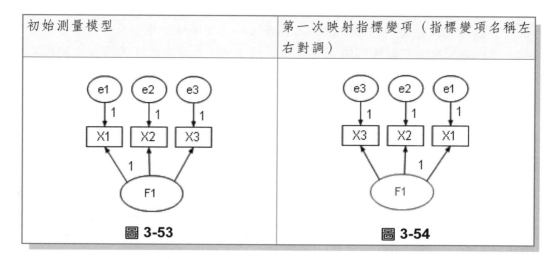

圖 3-53　　　　　　　　　　圖 3-54

第二次映射指標變項（指標變項名稱上下對調）	第三次映射指標變項（指標變項名稱左右對調）
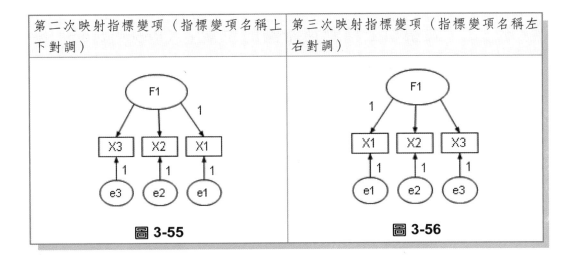 圖 3-55	圖 3-56

(九) 「移動徑路圖之參數值的位置」（Move parameter values）

　　點選此工具圖像可移動徑路圖或模式圖中估計參數的位置，點選路徑或變數時，移動正方形□形狀或長方形方框（表示參數的符號）的位置即可。若是徑路模型圖執行計算估計後，模型可順利識別，則模式圖會出現各種參數數值，直接移動參數數值也可以。移動參數時會出現一個綠色的方框，此方框為物件參數的位置，在Amos中物件的參數包括共變異數（Covariances）、截距項（Intercepts）、迴歸係數（路徑係數）（Regression weights）、平均數（Means）、變異數（Variances）等，如測量指標誤差項的參數包括平均數、變異數，潛在變項對其指標變項影響的路徑係數即為各指標變項的因素負荷量。

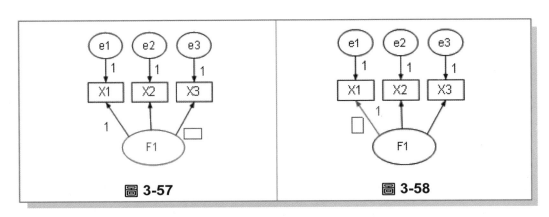

圖 3-57　　　　　　　　　　　　圖 3-58

(六) 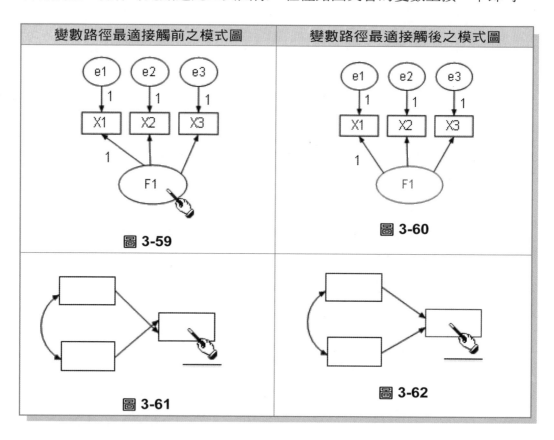「在螢幕上移動徑路圖的位置」（Reposition the path diagram on the screen）

點選此圖像後，滑鼠會出現「scroll」（捲軸）的提示字，在徑路圖的視窗內按一下左鍵直接拖曳即可。

(二) 「變數路徑最適接觸」（touch up a variable）

當繪製之徑路圖接觸位置不對稱時，可利用最適接觸工具圖像讓電腦自行調整。操作時先點選此工具圖像，在徑路圖交會的變數上按一下即可。

變數路徑最適接觸前之模式圖	變數路徑最適接觸後之模式圖
圖 3-59	圖 3-60
圖 3-61	圖 3-62

(三) 「選擇資料檔」（Select data files）

資料檔的內容包括試算表檔案「Excel（*.xls）」、資料庫檔案「MS Access（*.mds）」、社會科學統計套裝軟體檔案「SPSS（*.sav）」、文書檔

「Text（*.txt）（*.csv）、dBase（*.dbf）、Foxpro（*.dbf）等。同屬一個資料檔而言可以直接讀取其原始資料檔，或是變項間的相關矩陣、或是變項間的共變異數矩陣，若是以相關矩陣或共變異數矩陣方式呈現，要再增列變項的標準差及平均數。由於在多變量分析或探索性因素分析中，均使用到 SPSS 統計軟體，因而研究者的資料多數是以 SPSS 軟體建檔，Amos 是 SPSS 統計套裝軟體家族系列成員，因而直接讀取「SPSS（*.sav）」資料檔最為方便。進行各式 SEM 分析，均使用原先於 SPSS 統計套裝軟體分析中的原始資料檔即可。

　　點選此工具圖像，會出現「Data Files」（資料檔案）對話視窗，按『File Name』（檔案名稱）鈕，出現「開啟」對話視窗，選取資料檔→按『開啟』鈕，選取的資料檔名稱會出現「Data Files」（資料檔案）對話視窗中間的方盒中。按『View Data』（查看資料檔）可啟動資料檔的應用軟體並開啟資料檔。資料檔開啟後按『OK』（確定）鈕。

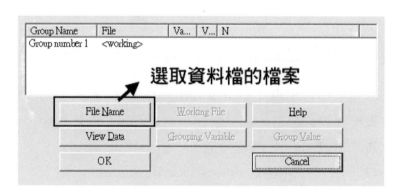

圖 3-63

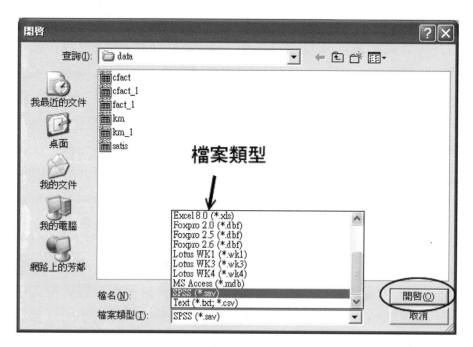

圖 3-64

◉ (三) 🎛 「分析的性質」（Analysis properties）

按此工具圖示鈕會出現「Analysis Properties」的對話視窗，可以勾選要呈現的統計量或計算的參數。在「輸出」（Output）標籤頁中，可以勾選報表文字要呈現的統計量，其內容包括：「極小化過程的統計量」（Minimization history）、「標準化估計值」（Standardized estimates）、「多元相關平方／複相關係數平方」（Squared multiple correlations）、「間接效果、直接效果與總效果」（Indirect, direct & Total effects）、「樣本共變數矩陣」或稱樣本動差（Sample moments）、「隱含共變數矩陣」（Implied moments）或稱隱含動差、「殘差矩陣」（Residual moments）或稱殘差動差、「修正指標」（Modification indices）、「因素分數加權值」（Factor score weights）、「共變數估計值」（Covariance estimates）、「差異值的臨界比值／差異值的Z考驗」（Critical ratios for difference）、「常態性與極端值的檢定」（Test for normality and outliers）、「觀察的資訊矩陣」（Observed information matrix）「修正指標臨界值的界定」（Threshold for modification indices）等。其中修正指標值的內定值定為4，表示修正指標值大於4的路徑

或共變關係會呈現出來，此部分使用者可自行修改，通常模型（model）無法與資料（data）適配時，可參考修正指標值進行假設模型的修正。

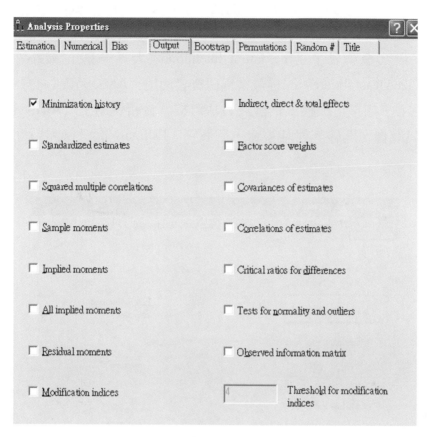

圖 3-65

如要估計變數的「平均數與截距」（means and intercepts），於「Analysis Properties」（分析性質）的對話視窗按「估計」（Estimation）標籤頁，勾選「☑Estimate means and intercepts」（估計平均數與截距）選項即可。

適配度指標是評鑑假設的徑路分析模式圖與蒐集的資料是否相互適配，而不是在說明徑路分析模式圖的好壞，一個適配度完全符合評鑑標準的模式圖不一定保證是個有用的模式，只能說研究者假設的模式圖比較符合實際資料的現況。

對於模式估計（model estimation）之程序，AMOS 提供五種不同的選項估計法：「→Maximum likelihood」（最大概似法，簡稱ML法）、「Generalized least squares」（一般化最小平方法，簡稱 GLS 法）、「Unweighted least squares」（未加權最小平方法，簡稱 ULS 法）、「Scale-free least squares」（尺度自由最小平方法，簡稱SFLS法）、「Asymptotically distribution free」（漸近分配自由法，簡稱 ADF 法）。上述五種主要參數估計法中，以「最大概似法」（maximum likelihood）及「一般化最小平方法」（generalized least square）二種最常為研究者使用，AMOS 預設之方法為「最大概似法」，如果更改模式估計之方法可按「分析性質」（Analysis Properties）工具圖像，開啟其對話視窗，切換到「Estimation」（估計）標籤頁中更改。

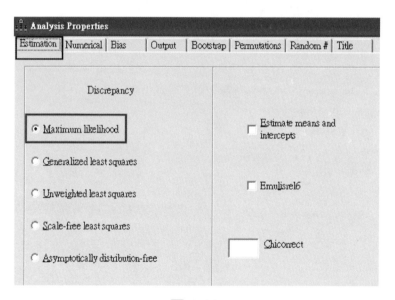

圖 3-66

◎ ㈥ 「計算估計值」（Calculate estimates）

點選此圖像可執行模式路徑圖統計量的計算。如果模式變數及參數設定沒有問題，則模式視窗中的模式方格的提示字由「XX:Default model」變成「OK: Default model」或「XX：模式名稱」變為「OK：模式名稱」。「計算估計值」工具圖像的功能列操作程序：【Model-Fit】（模式適配度）→【Calculate Estimates】（計算估計值）或【Analyze】（分析）→【Calculate Estimates】（計算估計值），快速功能鍵為「Ctrl+F9」。按下「計算估計

值」工具列後，若是徑路圖模式界定有問題，則會出現錯誤的訊息視窗告知使用者。如果假設模型過於複雜，資料檔樣本數很大，模式經疊代過程一直在執行估計過程，此時可中止模式估計動作：執行功能列【Analyze】（分析）→【Stop Calculate Estimates】（停止計算估計值）程序。

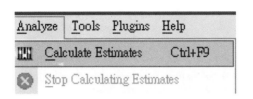

圖 **3-67**

若是資料界定有問題，在按下【Calculate estimates】（計算估計值）圖像鈕後，會出現如下的錯誤提示語：「沒有提供足夠的訊息，因而無法計算樣本的變異數與共變數，使用者必須正確提供：⑴樣本變異數——共變數矩陣；⑵樣本相關矩陣與樣本的標準差；⑶原始資料。」

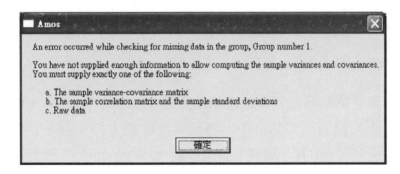

圖 **3-68**

若是樣本共變數矩陣無法正定（positive definite），則會出現以下警告提示語。在警告視窗中會告知使用者模式無法正定的可能原因：⑴樣本共變數矩陣或樣本相關矩陣包含的資料有誤；⑵觀察變項因為樣本數太少產生線性相依的情形；⑶使用成對刪除法時，從不完全的資料估計出樣本共變數矩陣或樣本相關矩陣；⑷與產生動差相關相較之下，樣本相關矩陣包含其他無關相關係數。模式估計時，建議使用者使用非正定的方法。此外在 SEM 分析中如進行共變異數結構分析時，遇到非正定矩陣（nonpositive definite matrices），也會出現以下的警告訊息：「The following covariance matrix is not positive definite」，非正定矩陣即使估計，估計結果所得的參數也會呈現不合理的現象。

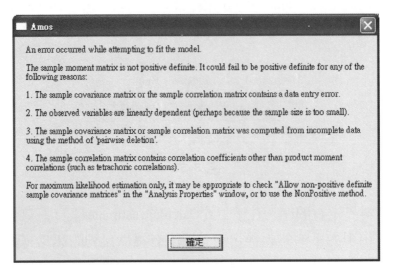

圖 3-69

⬤ (三) 📋「複製徑路圖到剪貼簿中」（Copy the path diagram to the clipboard）

如果想將徑路圖複製到其他應用軟體時，如 MS Word 中，要先按此圖示，將徑路圖先複製到剪貼簿中，再至應用軟體中按「貼上」鈕。此圖像鈕與執行功能列【Edit】（編輯）／【Copy to clipboard】（複製徑路圖到剪貼簿中）程序相同。

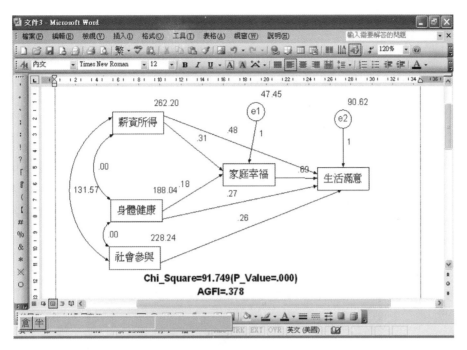

圖 3-70

⑹ 📖 「瀏覽文字」（View Text）

按此圖示可開啓路徑圖中各項參數的統計量與線性結構模式中各項評鑑指標值。點選此圖像後，會出現「Amos Output」對話視窗，其上面的工具列說明如下：

圖 3-71

1. 📄 預覽列印文件（Print Preview）

2. 🖨 印出文件資料（Print）

3. 📖 設定列印格式（Page Setpage）

4. 📂 開啓 Amos 的輸出結果檔，其文件副檔名爲「Amos Output（*. AmosOutput）」

5. 📋 將文件複製到剪貼簿（Copy to Clipboard），再開啓相關應用軟體，如 Word 文書處理軟體，按「貼上」鈕，可將 Amos Output 之輸出文字統計量結果轉貼到 Word 軟體中。

6. ☑ 檢視呈現結果的選項（Options），點選此工具列，會出現「選項」（Options）對話視窗，按『檢視』（View）標籤頁，可勾選「檢視全部輸出結果」（→View entire output file）或「只呈現被選取的部分結果」（View selected output only），選取前者選項，右邊輸出結果畫面會呈現所有估計的統計量數；如勾選後者只呈現選取的部分結果。

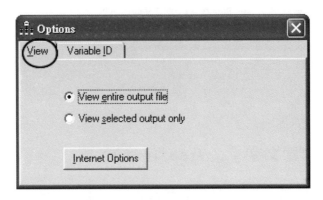

圖 3-72

7. [2 ▼] 第一個下拉式選單數字代表「小數點的位數」（Decimails），「2」表示輸出的文件以小數二位呈現。

8. [10 ▼] 第二個下拉式選單數字表示表格「欄的寬度」（Column spacing），數字愈大表示欄的寬度愈大。

9. [9 ▼] 第三個下拉式選單數字表示「表格欄位的最大值」（Maximum number of table columns），範例中的 9 表示表格最多可呈現到九個欄位。

10. ✛ 表格範例（Table Rules），點選此工具列圖像可於表格標題與內容中增列一組直線與橫線。

11. ▢ 表格邊框線（Table Border）。點選此工具列圖像可呈現表格的

邊框線，如出現表格邊框線，再按一次此工具列圖像，則表格邊框線消失。

12. 表格顏色（Table Color），點選此工具列圖像後會出現「色彩」對話視窗，可選擇表格要呈現的顏色。

13. 表格標題顏色（Table Heading Color），點選此工具列圖像後會出現「色彩」對話視窗，可選擇表格標題要呈現的顏色。

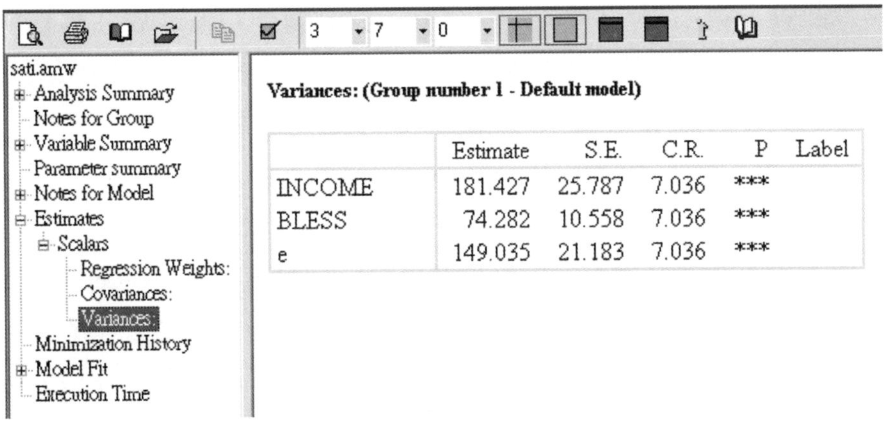

	Estimate	S.E.	C.R.	P	Label
INCOME	181.427	25.787	7.036	***	
BLESS	74.282	10.558	7.036	***	
e	149.035	21.183	7.036	***	

圖 3-73

在「Amos Output」對話視窗的左邊目錄包括：「資料檔的名稱」、「分析摘要表」（Analysis Summary）、「組別註解」（Notes for Group）、「變數摘要表」（Variable Summary）、「參數摘要」（Parameter Summary）、「模式註解」（Notes for Model）、「估計值」（Estimates）、『最小化記錄』（Minimization History）、「模式適配度」（Model Fit）等。

(七) 「儲存目前的徑路圖」（Save the current path diagram）

按此圖示與執行功能列【File】（檔案）→【Save】（儲存）的程序相同，存檔類型為「Input file（*.amw）」，副檔名為「*.amw」。模式圖在計算估計值之前，要先將模式圖存檔，如果模式圖沒有存檔，點選【計算估計值】後，會出現「另存新檔」對話視窗，要操作者先將模式圖完成「儲存檔案」的步驟。Amos繪製的因果模式圖存檔時會同時存三個檔案，原始

路徑圖檔案的副檔名爲「*.amw」，二個備份檔案（back-up files）的副檔名分別爲「*.bk1」、「*.bk2」。開啓備份檔案的操作：執行功能列【File】（檔案）／【Retrieve Backup...】（開啓備份檔案）程序，在「開啓」對話視窗中，檔案類型爲「Backup file（*.bk?）」，表示只能開啓副檔名爲「*.bk1」、「*.bk2」的檔案。

◎ ㈤ 「物件的性質」（Objects properties）

點選此圖示會出現「Objects Properties」的對話視窗（要在觀察變數、潛在變數或誤差變數物件上連按二下），可設定物件、參數及變數的顏色、變數文字的大小與變數名稱、物件邊框的粗細、參數值的內容與格式設定等，其對話盒包括五個標籤頁：「Color」（顏色）、「Text」（文字）、「Parameters」（參數）、「Format」（格式）、「Visibility」（可見性—是否顯示設定）。在『文字』（Text）標籤頁，包括字型大小（Font size）、字型樣式（Font style）、變數名稱（Variable name）、變數註解（Variable label），『文字』（Text）標籤頁主要在設定觀察變項或潛在變項內變項的文字格式，至於觀察變項或潛在變項之「參數」文字格式要切換到『Parameters』（參數）標籤頁次視窗。

圖 3-74

在『顏色』（Color）標籤頁，包括文字顏色（Text color）、估計之參數的顏色（Parameter color）、變數形狀邊框的顏色（Border color）、形狀

背景的顏色（Fill color）、邊框線條的厚度（Line width），有內四種選項：非常細（Very Thin）、細（Thin）、厚（Thick）、非常厚（Very Thick）、背景顏色填充樣式（Fill style），包括完全填滿（Solid）、顏色透明（Transparent）二種。

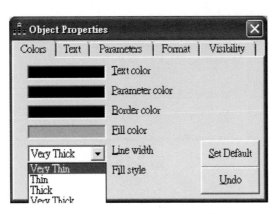

圖 3-75

觀察變項或潛在變項之「參數」文字格式要切換到『Parameters』（參數）標籤頁次對話視窗，視窗中包括字型大小與字型樣式，字型樣式包括正常字型（Regular）、斜體字型（Italic）、粗體字型（Bold）、粗斜體字型（Bold Italic）等四種，參數的方向（內定方向爲水平——Horizontal），及設定參數變異量的數值等。「參數」標籤頁之參數會依據變項的性質而有所不同，如增列估計平均數與截距項，就測量模型而言，誤差項與潛在變項的參數會呈現平均數（Mean）及變異數（Variance），而測量指標的參數會呈現截距項（Intercept）。

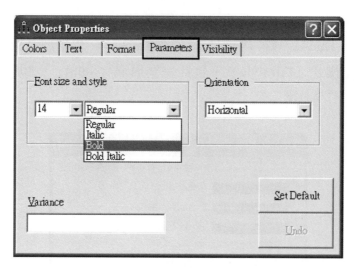

圖 3-76

　　在「Object Properties」（物件性質）對話視窗中，五個標籤頁次對話視窗內容的設定也可以將之界定為預設模式，如設定一個潛在變項的文字大小、樣式後，按『Set Default』（設為預設值）鈕，則會開啟「Set Default Object Properties」（設定預設物件性質）次對話視窗，視窗內的設定包括「顏色」（☑Colors）、「物件框線」（☑pen width）、「物件內樣式」（☑Fill style）、「變項名稱字型」（☑Variable name font）、「參數字型」（☑Parameter font）、「參數呈現方向」（☑Parameter orientation）、「是否出現於模式圖中」（☑Visibility）。設定預設值的選項適用下列二個地方：「於繪製的路徑圖中」（☑The path diagram）、「Amos內定的一般樣版格式中」（☑Normal template），研究者可視需要勾選，勾選完後可按『OK』（確定）鈕，或按『Cancel』（取消）鈕取消設定。

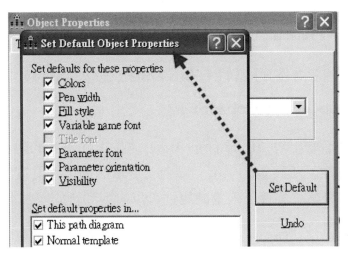

圖 3-77

　　在「Visibility」（可見度——呈現在徑路圖上）標籤頁，有四個內定選項：「☑Use visibility setting」（使用可見設度）、「☑Show picture」（顯示圖形物件）、「☑Show parameters」（顯示參數）、「☑Show name」（顯示變項名稱），這四個選項其前面的勾選最好不要取消，若是選項沒有勾選，則相對應的選項項目不會於因果模式圖中呈現。

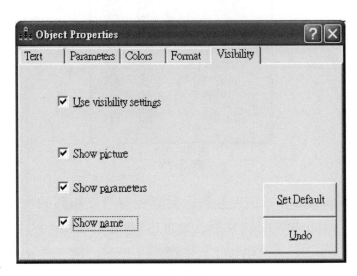

圖 3-78

【備註】：Amos 7.0 版與之前版本在「Object Properties」（物件性質）對話視窗中五
　　　　　個標籤頁的呈現順序不同，但其內容大同小異，Amos 7.0 版中五個標籤頁

視窗的排列為「Text」（文字）、「Parameters」（參數）、「Colors」（顏色）、「Format」（格式）、「Visibility」（可見度）。

◯ ㈤ 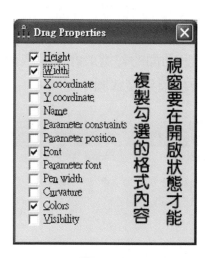「將物件的屬性在物件間拉曳」（Drag properties from object to object）

點選此圖示會出現「Drag properties」（拉曳性質）的對話視窗，可以勾選變數或路徑上所設定的字型、顏色；變數的高度、寬度；參數的位置與參數的字型等格式屬性，勾選的屬性可以複製到新的變數上。

操作時在出現「Drag properties」的對話視窗時，勾選要複製的格式屬性類別，在路徑圖示視窗上，直接拉曳至要複製的變數形狀上。複製格式屬性時，「Drag Properties」（拖曳性質）的對話視窗「不能關閉」，要在「開啟狀態」，否則即使拉曳滑鼠也無法進行屬性的複製。

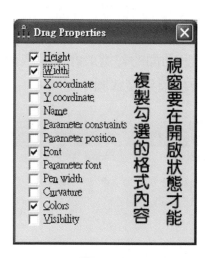

圖 3-79

「Drag Properties」（拖曳性質）對話視窗可以複製的物件性質包括：物件形狀高度（Height）、物件形狀寬度（Width）、物件的 X 座標──水平位置（X coordinate）、物件的 Y 座標──垂直位置（Y coordinate）、物件變項名稱（Name）、參數標籤名稱（Parameter constraints）、物件參數出現位置（Parameter position）、物件變項字型格式（Font）、參數字型格式（Parameter font）、物件框線粗細（Pen width）、物件內顏色（Colors）、物件可見度（Visibility）。

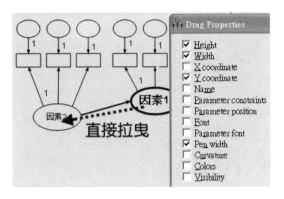

圖 3-80

　　在上述範例中，使用者想將右邊橢圓形內物件屬性（因素 1）複製到因素 2 橢圓形內物中，開啟「Drag Properties」（拖曳性質）對話視窗，勾選物件形狀高度（☑Height）、物件形狀寬度（☑Width）、物件的 Y 座標──垂直位置（☑Y coordinate）、物件變項字型格式（☑Font）、物件框線粗細（☑Pen width）等選項，滑鼠移往因素 1 橢圓形物件上直接拉曳（按住左鍵不放）至因素 2 橢圓形物件上再放開。

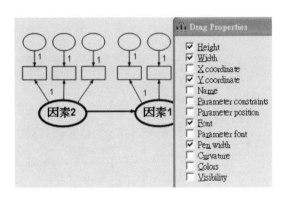

圖 3-81

　　當完成物件屬性的複製後，二個橢圓形物件的大小一樣、框線粗細一樣、垂直位置座標相同、字型的大小與字形樣式（同為粗體字）相同。

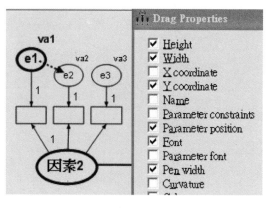

圖 3-82

　　在上述範例中，使用者想將誤差項 e1 物件屬性複製到誤差項 e2、誤差項 e3 小橢圓形物件，開啟「Drag Properties」（拖曳性質）對話視窗，勾選物件形狀高度（☑Height）、物件形狀寬度（☑Width）、物件的 Y 座標——垂直位置（☑Y coordinate）、物件變項字型格式（☑Font）、物件框線粗細（☑Pen width）、參數位置（☑Parameter position）等選項，滑鼠移往誤差項 e1 橢圓形物件上直接拉曳（按住左鍵不放）至誤差項 e2 橢圓形物件上再放開。

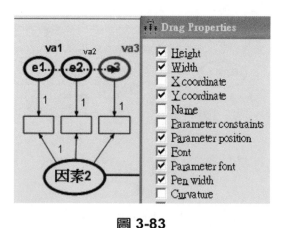

圖 3-83

　　上述物件屬性複製中因為沒有勾選「☑Parameter font」（參數字形），所以誤差項 e2 的變異數參數的字型大小與樣式並沒有改變，而誤差項 e3 變異數參數的字型大小與樣式與誤差項 e1 變異數參數的字型大小與樣式相同，三個誤差項變異數參數的位置相同均位於橢圓形物件的右上角。

㈠ 「保留對稱性」（Preserve symmetries）

點選此圖像，可以將潛在變數及其指標變數（包含觀察變數與誤差變數）結合成一群組一起移動（Move）或複製（Copy）。如果沒有點選「保留對稱性」工具圖像，進行移動或複製程序時，潛在變數與指標變數是分開的物件（觀察變數與誤差變數也是獨立分離的物件），選取「保留對稱性」工具圖像，則潛在變數與指標變數在進行移動或複製程序時，變成一個合併的物件。在測量模型中包括潛在變項、測量指標變項、誤差項等變數，若是要進行測量模型的複製或移動，最好利用「保留對稱性」圖像鈕，這樣在操作上會比較方便。

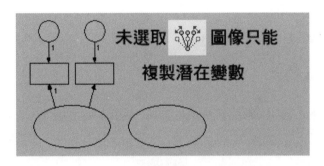

圖 **3-84**

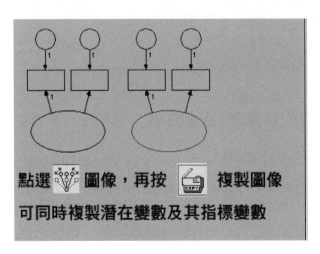

圖 **3-85**

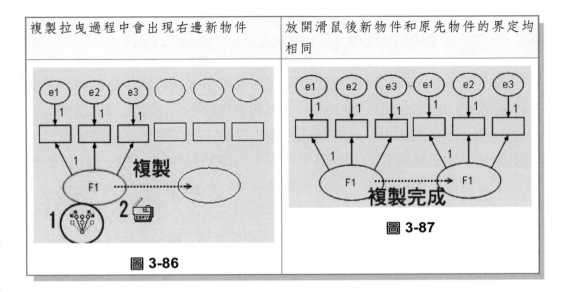

複製拉曳過程中會出現右邊新物件　　放開滑鼠後新物件和原先物件的界定均相同

圖 3-86　　　　圖 3-87

（三）🔍「擴大選取的區域」（Zoom in on an area that you select）

　　點選此圖像，按左鍵及拉曳可選取一個區域，並放大選取區域範圍。如果想將徑路圖上某個區域放大來觀看可以利用此一工具圖像。

（三）🔍「將徑路圖的區域放大」（View a smaller area of the path diagram）

　　點選此工具圖像，徑路圖會以倍率放大。

（三）🔍「將徑路圖的區域縮小」（View a larger area of the path diagram）

　　點選此工具圖像，徑路圖會以倍率縮小。

　　放大或縮小模式圖只是一種檢視瀏覽狀態，實際的徑路模式圖大小並未改變。

◉ ㈣ 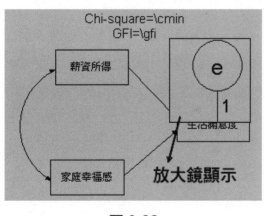「將徑路圖整頁顯示在螢幕上」（Show the entire page on the screen）

　　點選此工具圖像，徑路圖會以整頁方式呈現於圖形編輯視窗中。

◉ ㈤ 「重新調整徑路圖的大小以符合編輯畫面」（徑路圖呈現於編輯視窗頁面內）（Resize the path diagram to fit on a page）

　　點選此工具圖像，徑路圖會自動調整並重新排列於圖形編輯視窗中。

◉ ㈥ 「以放大鏡檢核徑路圖」（Examine the path diagram with the loupe）

　　點選此工具圖像，可以使用放大鏡（loupe）的功能，放大觀看徑路圖某個區域內容。

Chi-square=\cmin
GFI=\gfi

新資所得

e

1

生活滿意度

家庭幸福感

放大鏡顯示

圖 3-88

◉ ㈦ DF 「顯示自由度參數」（Display degree of freedom）

　　按此工具圖像會出現「Degree of freedom」（自由度）對話視窗，顯示徑路圖上的自由度、參數個數、自由參數（free parameters）的個數等數據。

● (元) 「多群體的分析」（Multiple-Group Analysis）

點像此工具圖像鈕，可進行多群體的分析，此圖像鈕即執行功能列
【Analyze】（分析）／【Multiple-Group Analysis】（多群組分析）程序，
多群組分析的內涵與詳細操作在後面的章節中有詳細說明。

● (元) 「列印所選擇的徑路圖」（Print the selected path
diagrams）

按此圖示後會出現【列印】（Print）的對話視窗，可設定列印的屬性及
選取要列印的統計量。

● (罕) 「還原先前的改變」（Undo the previous change）

此工具圖像即「還原」鈕。

● (罕) 「重做先前的程序」（Undo the previous undo）

此工具圖像即「重做」鈕。

● (罕) 「模式細項的搜尋」（Specification Search）

點選此工具圖像，會出現「Specification Search」（細項搜尋）的視窗
工具列，選取每個工具列可進行相關搜尋的程序。

圖 3-89

模式界定搜尋通常用於巢狀模式的比較，若是有數個假設模型均與資
料適配，為了找出最佳與最簡約的模式可以利用模式界定搜尋的功能，進

Structural Equation Modeling-Amos Operation and Application

行模型各種參數的比較,當然研究者也可以將各模型的適配統計量加以整理比較,也可以找出與資料最為適配的模型。

在模式圖繪製區域中,滑鼠移到變數或路徑上面按右鍵,會出現快速選單,快速選單包括「刪除物件」(Erase)、「移動物件」(Move)、「複製物件」(Duplicate)、「移動參數位置」(Move Parameter)、「改變變數物件形狀大小」(Shape of Object)、「路徑圖最適接觸」(Touch Up)、「改變觀察變數與潛在變數」(Toggle Observed/Unobserved)、「物件性質」(Object Properties)等。

其中「Toggle Observed/Unobserved」的功能,在於「改變觀察變數與潛在變數」,如果原先是一個長方形的觀察變數,選取此快顯功能鍵在長方形觀察變數上按一下,方形形狀之變數會變成橢圓形的潛在變數;如果是一個橢圓形的潛在變數,選取此快顯功能鍵在橢圓形的潛在變數上按一下,變數會變成長方形的觀察變數形狀。

在單箭頭物件上按右鍵,快顯功能表只出現四個選項	在誤差項物件上按右鍵,快顯功能表出現九個選項

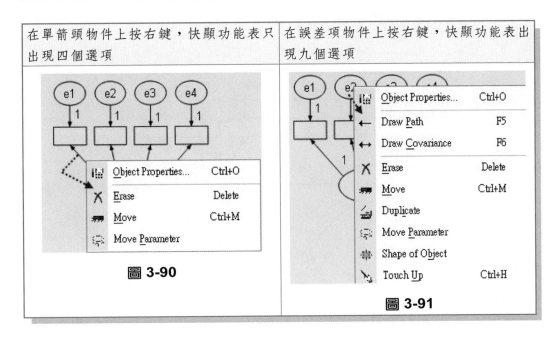

圖 3-90   圖 3-91

在潛在變項 F1 上按右鍵,出現的快顯功能表選項較多,包括物件性質、描繪單箭頭路徑圖、描繪雙箭頭共變異數關係圖、刪除物件、移動物件、複製物件、移動參數、改變物件形狀、路徑圖最適接觸、觀察變項物件與潛在變項物件切換、旋轉物件、映射物件等。

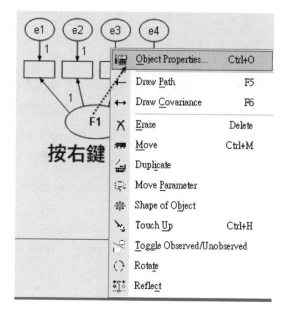

圖 3-92

3 - 2 圖像鈕綜合應用

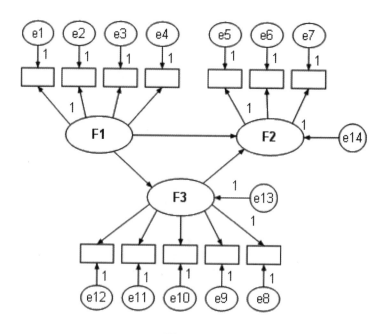

圖 3-93

以下說明如何繪製圖 3-93 因果模式圖。

一、繪製第一個測量模型

選取【描繪潛在變項或增列潛在變項的指標變數】圖像鈕，在繪圖區按一下會先呈現一個橢圓形，次在橢圓形物件上連按四下，會於橢圓形的上方出現四組測量指標與誤差項，第一組測量指標的路徑係數預設值值為 1。繪製完第一個測量模型後，各誤差項（小橢圓形物件）與測量指標（方框物件）的形狀若是太大或過小，可利用圖像鈕【一次選取單一物件】（Select one object at a time）選取相同變數形狀的物件，再用【改變物件形狀】（Change the shape of objects）圖像鈕，進行物件大小與形狀的修改。被選取的物件框線會變為藍色，拉曳放大縮小時會變為綠色，取消物件選取時要按【取消所有選取物件】（Deselect all objects）圖像鈕，此時原先被選取的物件框線會變回內定黑色。

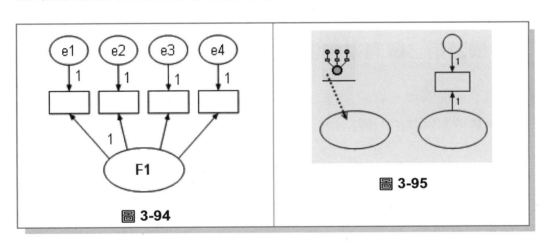

圖 3-94

圖 3-95

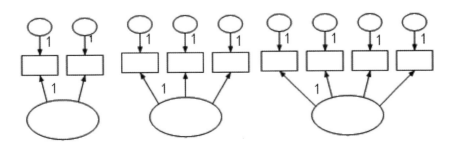

圖 3-96

　　為便於第二個測量模型圖與第三個測量模型圖的說明，增列潛在變項及四個測量誤差項的變項名稱：執行功能列【Plugins】（增列）／【Name Unobserved Variables】（潛在變項命名）程序，由於 Amos 模式圖的文字變項無法呈現希臘字母及註標（上下標文字），因而內定誤差項名稱依序為 e1、e2、e3……，而潛在變項名稱依序為 F1、F2、F3，完成後的第一個測量模型如下。

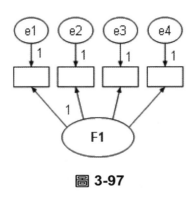

圖 3-97

二、繪製第二個測量模型

　　第二個測量模型有三個測量指標，快速的操作方法為複製第一個測量模型，然後刪除其中一個指標變項與相對應的誤差項。

　　按【保留對稱性】（Preserve symmetries） 圖像鈕→按【複製物件】（Duplicate objects） 圖像鈕，直接拉曳潛在變項物件──大橢圓形（按住滑鼠左鍵不要放開並移動位置），則可複製出第二個測量模型，按【移動物件】（Move objects） 圖像鈕，把第二個測量模型暫時移到繪圖區右邊。

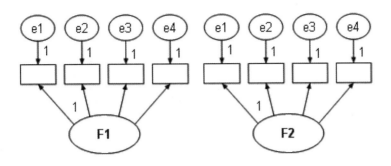

圖 3-98

　　為便於與第一個測量模型區隔，先將第二個測量模型的因素構念變項名稱命名為「F2」：滑鼠移到第二個測量模型之潛在變項F1上面，按右鍵選取快顯功能表之【Object Properties...】（物件性質）選項，開啟「Object Properties...」（物件性質）對話視窗，切換到「Text」標籤頁，在「Variable name」（變項名稱）下的方格中將原先的「F1」改為「F2」→按右上角關閉鈕。此時第二個測量模型潛在變項的名稱為「F2」。

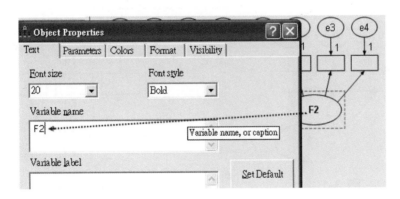

圖 3-99

　　按【刪除物件】（Erase objects） ✗ 圖像鈕在誤差變項 e4 物件上按一下，可刪除誤差項 e4 及其路徑係數圖→接著在第四個測量指標上按一下，可刪除第四個測量指標物件與路徑係數圖。

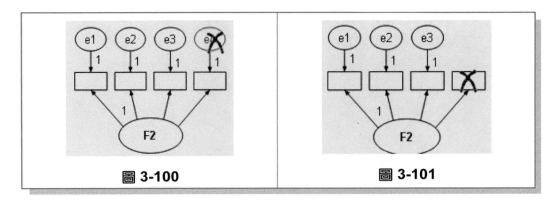

圖 3-100　　　　　　　　　　圖 3-101

取消【保留對稱性】（Preserve symmetries）圖像鈕的選取及取消【刪除物件】（Erase objects）圖像鈕的選取，按【移動物件】（Move objects）圖像鈕將潛在變項F2向左移動，按【變項最適接觸】（Touch up a variable）圖像鈕，在潛在變項物件上按一下，則三個測量指標會做最佳的排列。

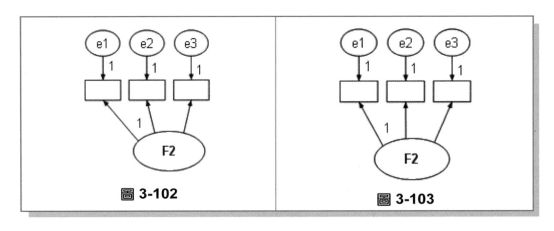

圖 3-102　　　　　　　　　　圖 3-103

由於潛在變項要增列殘差項（residual terms），因而須將其指標變項旋轉至不同方向，否則測量指標與潛在變項殘差項物件會重疊：選取【旋轉潛在變項的指標變項】（Rotate the indicators of a latent variable）圖像鈕，在潛在變項F2橢圓形物件上連按三次（每按一次會順時針旋轉90度），將三個指標變項及誤差項旋轉至潛在變項物件的左方→按【增加殘差項到變項中】（Add a unique variable to an existing variable）圖像鈕，在潛在變項F2橢圓形物件上按一下，增列一個殘差項。

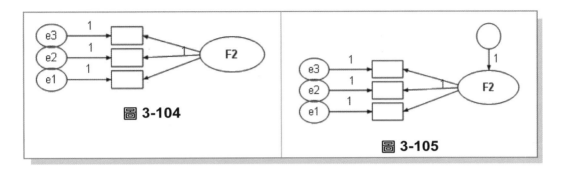

圖 3-104

圖 3-105

　　選取【旋轉潛在變項的指標變項】（Rotate the indicators of a latent variable） 圖像鈕，在潛在變項 F2 橢圓形物件按一下，再讓指標變項及殘差項順時針旋轉 90 度。

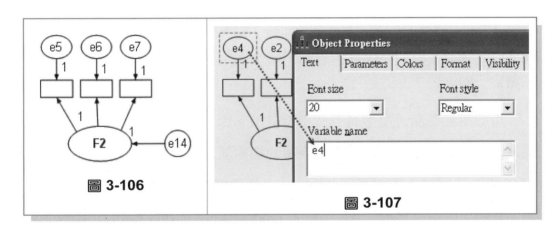

圖 3-106

圖 3-107

三、繪製第三個測量模型

　　第三個測量模型有五個測量指標，可複製第一個測量模型，然後再增列一個指標變項即可。

　　按【保留對稱性】（Preserve symmetries） 圖像鈕→按【複製物件】（Duplicate objects） 圖像鈕，直接拉曳潛在變項物件——大橢圓形（按住滑鼠左鍵不要放開並移動位置），則可複製出第三個測量模型，按【移動物件】（Move objects） 圖像鈕，把第三個測量模型暫時移到前二個測量模型繪圖的下方。

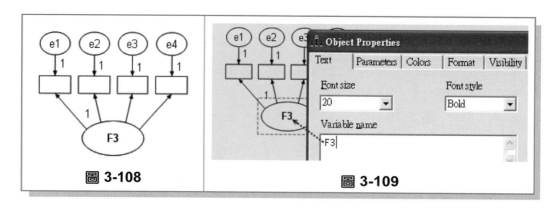

圖 3-108　　　　　　　　　　　　　圖 3-109

將第三個測量模型之潛在變項的名稱改為「F3」：滑鼠移到第三個測量模型之潛在變項F1 上面，按右鍵選取快顯功能表之【Object Properties...】（物件性質）選項，開啟「Object Properties...」（物件性質）對話視窗，切換到「Text」標籤頁，在「Variable name」（變項名稱）下的方格中將原先的「F1」改為「F3」→按右上角關閉鈕。此時第三個測量模型潛在變項的名稱為「F3」。

由於第三個測量模型有五個指標變項，因而須再增列一個指標變項：選取【描繪潛在變項或增列潛在變項的指標變數】圖像鈕 🔱，在潛在變項F3 橢圓形物件上按一下，會新增一組測量指標變項與誤差項→選取【旋轉潛在變項的指標變項】（Rotate the indicators of a latent variable）🔄 圖像鈕，在潛在變項 F3 橢圓形物件上按一下，讓指標變項順時針旋轉 90 度，所有測量指標變項及誤差便移到潛在變項的右方。

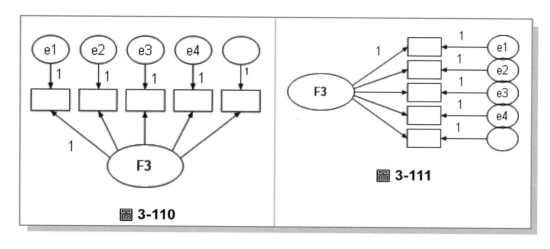

圖 3-110　　　　　　　　　　　　　圖 3-111

　　按【增加殘差項到變項中】（Add a unique variable to an existing variable）

圖像鈕，在潛在變項 F3 橢圓形物件上按一下，在其正上方增列一個殘

差項→選取【旋轉潛在變項的指標變項】（Rotate the indicators of a latent vari-

able）圖像鈕，在潛在變項 F3 橢圓形物件上按一下，讓指標變項及殘

差項順時針旋轉 90 度，此時所有測量指標變項及誤差便移到潛在變項的正

下方，而殘差項移到潛在變項的正右方。

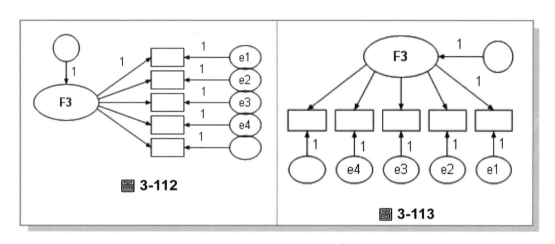

圖 3-112

圖 3-113

　　按【保留對稱性】（Preserve symmetries）圖像鈕，按【移動物件】

（Move objects）圖像鈕移動三個潛在變項至繪圖區中間適當位置，由

於選取【保留對稱性】圖像鈕，因而移動潛在變項橢圓形物件即會移

動整個測量模型→按【描繪路徑圖（單箭頭）】將三個測量模型的潛在變

項進行單向連結。在範例中由於潛在變項 F2 與潛在變項 F3 均為內因潛在

變項（作為果變項），因而均要增列一個殘差項，而潛在變項 F1 為外因潛

在變項（作為因變項），不用增列殘差項。測量指標的誤差項名稱更改步

驟：開啟「Object Properties...」（物件性質）對話視窗，切換到「Text」（文

字）標籤頁，在「Variable name」（變項名稱）下的方格中鍵入各誤差項的

變項名稱。若是研究者要區分測量指標的誤差項與內因潛在變項的殘差項，

二者可界定不同的變項名稱，通常測量指標誤差項的變項名稱以 e1、e2、

e3、……等表示，而內因潛在變項的殘差項以 res1、res2、res3、……等表

示。

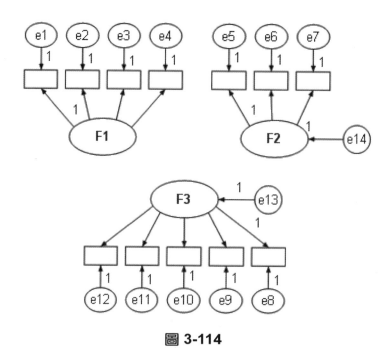

圖 3-114

在假設因果模式圖的繪製中，所有變項名稱（包括觀察變項、誤差變項與潛在變項）最好於路徑模式圖繪製完成後再一併設定，各變項的路徑係數值與參數若是位置與物件重疊，研究者可使用【移動參數值】（Move parameters values） 圖像鈕加以移動。由於誤差變項、殘差項變數均屬潛在變項，因而其名稱不能與資料檔中的變項相同。Amos路徑模式圖中凡是橢圓形物件均屬潛在變項，必須於「Object Properties...」（物件性質）對話視窗中界定，而方框物件均為觀察變項，其變項必須是資料檔中的變項，觀察變項必須是資料中的變項之一，否則計算估計值程序時會出現錯誤訊息。快速界定路徑模式圖中所有潛在變項名稱的操作步驟：執行功能列【Plugins】（增列）／【Name Unobserved Variables】（命名潛在變項名稱）程序，則所有潛在變項會依內定值界定，誤差變項及殘差項的變項名稱依序為e1、e2、e3、……等，潛在變項的變項名稱依序為F1、F2、F3、……等。

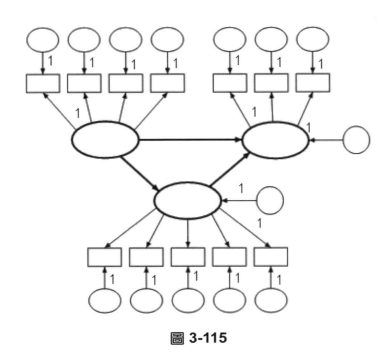

圖 **3-115**

　　圖 3-115 路徑模式圖執行功能列【Plugins】（增列）／【Name Unob-
served Variables】（命名潛在變項名稱）程序後，誤差項、殘差項及潛在變
項的自動設定名稱如下，之後研究者再針對個別要修改的變項名稱逐一修
改。所有方框物件之觀察變項必須是資料檔之中包含的變項，其操作步驟：
按【選擇資料檔】（Select data files）圖像鈕，開啓原始資料檔→按【列
出資料集中的變項】（List variables in data set）圖像鈕，直接將觀察變
項拉曳至相對應的方框中。

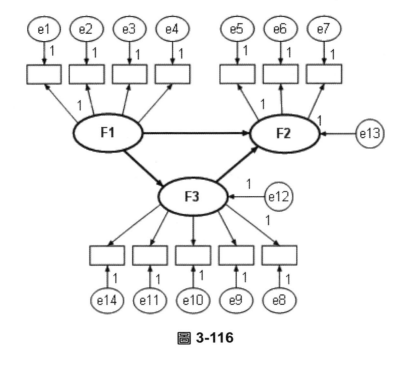

圖 3-116

在下列四個測量模型中，潛在變項F2、潛在變項F4 均為內因潛在變數（endogenous latent variables）（果變項），因而二個潛在變項均要增列殘差項；而潛在變項 F1、潛在變項 F3 均為外因潛在變項（exogenous latent variables）（因變項），不用設定殘差項，但要界定二者間的共變關係，增列描繪雙箭頭（double headed arrows）相關關係。

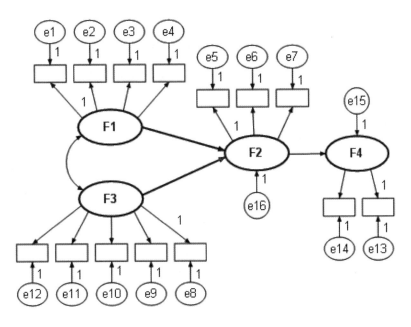

圖 3-117

　　繪製的因果模式圖如圖 3-118（沒有界定觀察變項、誤差變項及潛在變項的模式圖）：

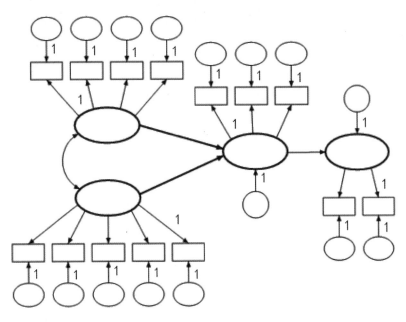

圖 3-118

　　繪製內因潛在變項F2的測量模型，其操作步驟如下：先複製修改或重新繪製測量模式圖A→取【旋轉潛在變項的指標變項】（Rotate the indicators of a latent variable）圖像鈕，在潛在變項F2橢圓形物件上按二下，讓指標變項及其誤差項順時針旋轉 180 度，此時所有測量指標變項及誤差便移到潛在變項的正下方（測量模式圖B）→按【增加殘差項到變項中】（Add a unique variable to an existing variable）圖像鈕，在潛在變項 F2 橢圓形物件上按一下，在其正上方增列一個殘差項（測量模式圖 C）→取【旋轉潛在變項的指標變項】（Rotate the indicators of a latent variable）圖像鈕，在潛在變項F2橢圓形物件上按二下，讓指標變項及其誤差項順時針旋轉 180 度，此時所有測量指標變項及誤差變回到潛在變項的正上方，而殘差項則因旋轉180 度而移到潛在變項 F2 橢圓形物件的下方。

測量模式圖 A

圖 3-119

測量模式圖 B

圖 3-120

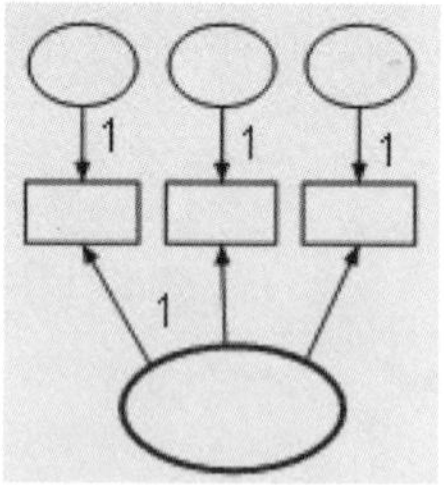

測量模式圖 C

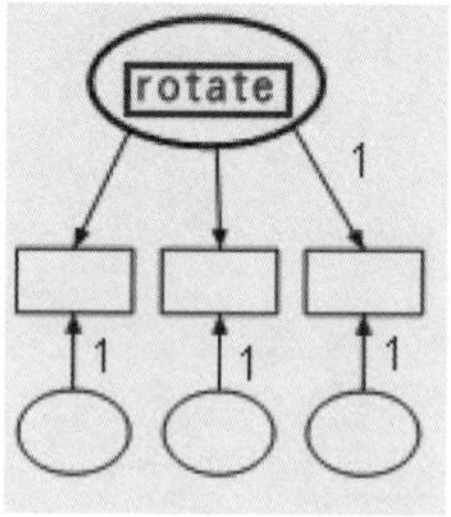

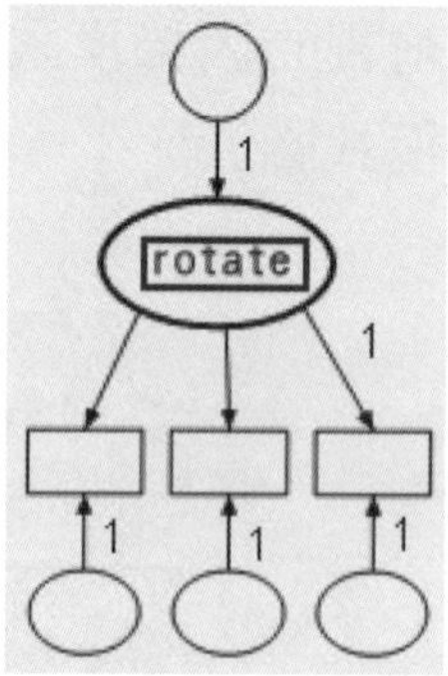

圖 3-121

CHAPTER

4

Amos執行步驟與程序

Amos 因果模式圖執行程序簡要分為以下步驟：

1. 繪製因果模式圖

根據理論文獻或經驗法則繪製假設的因果模式圖，因果模式圖的繪製即模型建構（model construction）。

2. 界定各變項名稱

開啟資料檔讀入觀察變項（測量指標變項），開啟「物件性質」對話視窗界定潛在變項、誤差變項或殘差項的變項名稱，測量指標變項包括工具建構（instrument construction）與資料蒐集（data collection）。

3. 勾選相關統計量

開啟分析性質勾選要呈現的統計量。

4. 執行模式的估計

按計算估計值圖像鈕執行模式的估計，若是模式沒有界定錯誤或模型可以識別，則會呈現卡方值、自由度與相關統計量。

5. 假設模型的考驗

根據各項適配度統計量、參數估計值判別假設模型與資料是否適配，若是假設模型（model）與樣本資料（data）無法契合，進行模型的修正。

6. 進行模型的修正

模型修正後再進行模型的檢定（model testing），若是模型修正後仍無法適配，則考慮模型的重新建構。

7. 模型考驗的詮釋

不論假設模型與資料是否適配，研究者要針對輸出結果報表加以解釋

（interpretation），模型考驗的結果應包括整模型適配度統計量（fit statistics）與參數估計值（parameter estimates）。

4-1 徑路分析的程序與執行

以下列成年人生活滿意的徑路分析之模式圖為例。研究者根據理論文獻與經驗法則認為成年人的「薪資所得」與「身體健康」二個變項會直接影響到「家庭幸福」與「生活滿意」二個變項，而「家庭幸福」與「社會參與」二個變項也會直接影響到成年人的生活滿意。

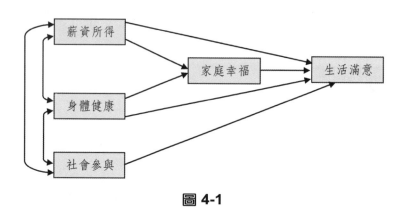

圖 4-1

一、建立徑路模式圖

根據研究假設模式圖，利用浮動工具列圖像繪製下列徑路模式圖。點選 ⛾「增列誤差變數到已有的變數中」（Add a unique variable to an existing variable）工具圖像鈕在內因變項（作為其他變項的依變項）之觀察變項增列誤差變項。在 Amos 的模式分析中，作為內因變項或內衍變項（endogenous variables）（依變項）的變數均要增列一個誤差變數，此誤差變數的參數設定起始值內定為 1。而其預設的相關結構中誤差潛在變數間彼此沒有相關，而與其他的外因變項（exogenous variables）間也沒有相關。所有觀察之外因變數（observed exogenous variables）與非誤差潛在之外因變數（non-unique latent exogenous variables）間有相關，即作為外因變項的觀察變項或外因之潛在變項間要以雙箭頭繪製二者間的共變關係。

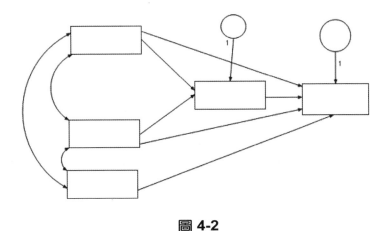

圖 4-2

二、開啟資料檔

點選 ![] 「選擇資料檔」（Select data files）工具圖像鈕，出現「資料檔案」（Data Files）對話視窗，按『File Name』（檔案名稱）鈕選取資料檔，範例中為「ex3_1.sav」→按『OK』（確定）鈕。在尚未選取資料檔前，「資料檔案」對話視窗中第二欄「File」（檔案）下的地方會呈現「<working>」的訊息，第一欄「Group Name」（群體名稱）為之前設定的群體，若進行多群體分析，則每個群體均要選取資料檔。

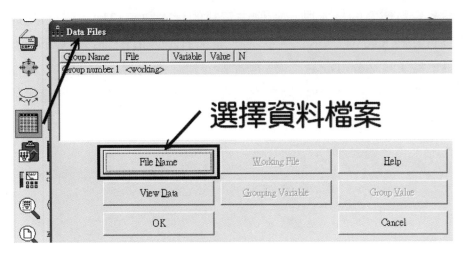

圖 4-3

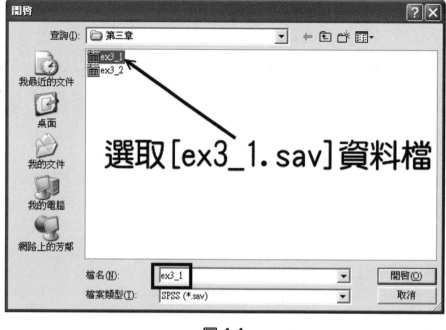

圖 4-4

資料檔「ex3_1.sav」的變項建檔如下，共有五個變項，五個變項名稱分別為「社會參與」、「家庭幸福」、「薪資所得」、「身體健康」、「生活滿意」。

選取資料檔後，在「資料檔案」（Data Files）的對話視窗中會出現檔案名稱及資料檔案的樣本數，範例中資料的樣本數有 210 位。若是選取資料檔沒有錯誤，按下『OK』（確定）鈕，若是要取消則按『Cancel』（取消）鈕；按下『View Data』（檢視資料）鈕，則可以直接開啟資料檔，由於資料檔為SPSS統計套裝軟體建立的檔案，因而會先開啟SPSS應用軟體，再開啟資料檔案。

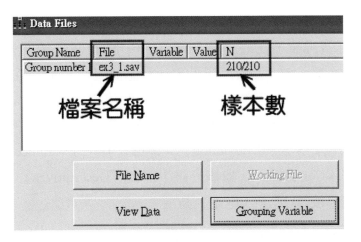

圖 4-5

原始資料檔於SPSS資料檢視工作視窗中前五筆觀察值資料建檔格式如圖 4-6。

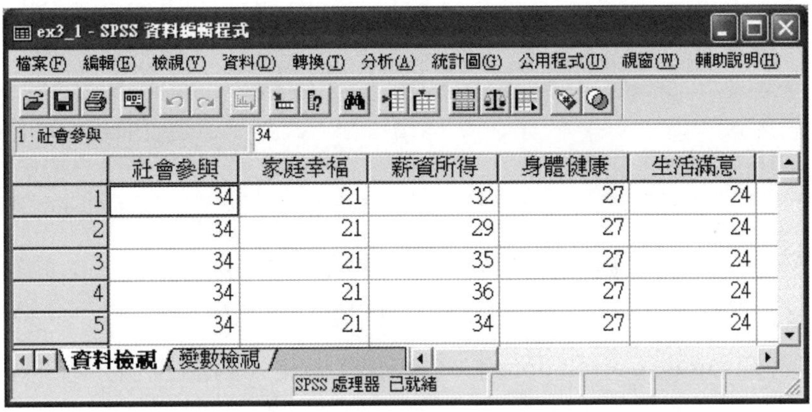

圖 4-6

在資料檔的讀取方面，Amos 可以讀取 SPSS 資料編輯視窗所建立的原始資料檔，或利用原始資料檔所建立的相關矩陣或共變數矩陣，利用原始資料檔分析時，Amos 會先求出變項間的標準差（standard deviation）與相關係數，再進行變異數共變數分析。

上面原始資料利用SPSS統計套裝軟體求得之描述性統計量的操作程序如下：

執行功能列【Analyze】（分析）→【Descriptive Statistics】（敘述統

計）→【Descriptives】（描述性統計量）程序，出現「Descriptives」（描述性統計量）對話視窗，在左邊變數清單中，將五個目標變數：「社會參與」、「家庭幸福」、「薪資所得」、「身體健康」、「生活滿意」選入右邊「Variables」（變數）下的方格中，按右下角『Options...』（選項）鈕，出現「Descriptives: Options」（描述性統計量：選項）次對話視窗，勾選「☑ Mean」（平均數）、「Std. deviation」（標準差）、「Variance」（變異數）三個選項→按『Continue』（繼續）鈕，回到「Descriptives」（描述性統計量）對話視窗，按『OK』（確定）鈕。

【SPSS 輸出敘述統計量矩陣報表】

表 4-1　敘述統計

	個數	平均數	標準差	變異數
社會參與	210	45.24	15.144	229.331
家庭幸福	210	24.26	9.457	89.436
薪資所得	210	36.61	16.231	263.454
身體健康	210	38.02	13.745	188.937
生活滿意	210	33.23	20.154	406.168
有效的 N（完全排除）	210			

求得變項間的相關係數矩陣與共變數矩陣的程序如下：執行功能列【Analyze】（分析）→【Correlate】（相關）→【Bivariate】（雙變數）程序，出現「Bivariate Correlations」（雙變數相關）對話視窗，在左邊變數清單中，將五個目標變數：「社會參與」、「家庭幸福」、「薪資所得」、「身體健康」、「生活滿意」選入右邊「Variables」（變數）下的方格中，在「Correlation Coefficients」（相關係數）方盒中勾選『☑Pearson』選項，按右下角『Options...』（選項）鈕，出現「Bivariate Correlations：Options」（雙變數相關：選項）次對話視窗，勾選「☑Cross-product deviations and co-variances」（交叉積與共變數）選項→按『Continue』（繼續）鈕，回到「Descriptives」（描述性統計量）對話視窗，按『OK』（確定）鈕。五個變項間的相關矩陣分析結果如表 4-2。

【SPSS 輸出相關矩陣報表】

表 4-2　相關

		社會參與	家庭幸福	薪資所得	身體健康	生活滿意
社會參與	Pearson 相關	1	.449	.538	.576	.649
	顯著性（雙尾）		.000	.000	.000	.000
	叉積平方和	47930.095	13447.143	27629.524	25045.048	41382.571
	共變異數	229.331	64.340	132.199	119.833	198.003
	個數	210	210	210	210	210
家庭幸福	Pearson 相關	.449	1	.643	.489	.746
	顯著性（雙尾）	.000		.000	.000	.000
	叉積平方和	13447.143	18692.114	20637.086	13290.971	29699.657
	共變異數	64.340	89.436	98.742	63.593	142.104
	個數	210	210	210	210	210
薪資所得	Pearson 相關	.538	.643	1	.438	.774
	顯著性（雙尾）	.000	.000		.000	.000
	叉積平方和	27629.524	20637.086	55061.981	20443.562	52944.743
	共變異數	132.199	98.742	263.454	97.816	253.324
	個數	210	210	210	210	210
身體健康	Pearson 相關	.576	.489	.438	1	.620
	顯著性（雙尾）	.000	.000	.000		.000
	叉積平方和	25045.048	13290.971	20443.562	39487.924	35901.086
	共變異數	119.833	63.593	97.816	188.937	171.776
	個數	210	210	210	210	210
生活滿意	Pearson 相關	.649	.746	.774	.620	1
	顯著性（雙尾）	.000	.000	.000	.000	
	叉積平方和	41382.571	29699.657	52944.743	35901.086	84889.029
	共變異數	198.003	142.104	253.324	171.776	406.168
	個數	210	210	210	210	210

　　在求觀察變項間的相關矩陣時也可以藉用因素分析操作程序完成：執行功能列【分析（A）】／【資料縮減（D）】／【因子（F）】程序，開啟「因子分析」對話視窗，將模型中的測量指標變項選入右邊「變數（V）」下的方格中→按『描述性統計量（D）』鈕，開啟「因子分析：描述性統計量」次對話視窗，在相關矩陣方盒中勾選「☑係數（C）」選項→按『繼續』鈕，回到「因子分析」對話視窗，按『確定』鈕。

表 4-3　相關矩陣

		社會參與	家庭幸福	薪資所得	身體健康	生活滿意
相關	社會參與	1.000	.449	.538	.576	.649
	家庭幸福	.449	1.000	.643	.489	.746
	薪資所得	.538	.643	1.000	.438	.774
	身體健康	.576	.489	.438	1.000	.620
	生活滿意	.649	.746	.774	.620	1.000

　　利用上面的變項間的描述性統計量與相關係數矩陣，整理如表 4-4：

　　第一列第一欄中的「rowtype_」爲關鍵字，第一列第二欄中的「var-name_」爲關鍵字。第二列第一欄中的統計量數「n」爲樣本數變數、第三列第一欄至第七列第一欄的統計量數「corr」爲相關係數關鍵字，第八列第一欄統計量數「stddev」爲變項的標準差關鍵字、第九列第一欄統計量數「mean」爲變項的平均數關鍵字。中間爲五個變項的相關係數矩陣。

表 4-4

rowtype_	varname_	社會參與	家庭幸福	薪資所得	身體健康	生活滿意
n		210.000	210.000	210.000	210.000	210.000
corr	社會參與	1.000	.	.	.	.
corr	家庭幸福	.449	1.000	.	.	.
corr	薪資所得	.538	.643	1.000	.	.
corr	身體健康	.576	.489	.438	1.000	.
corr	生活滿意	.649	.746	.774	.620	1.000
stddev		15.144	9.457	16.231	13.745	20.154
mean		45.240	24.260	36.610	38.020	33.230

　　相關矩陣格式於 SPSS「資料檢視」工作視窗中的範例如圖 4-7。

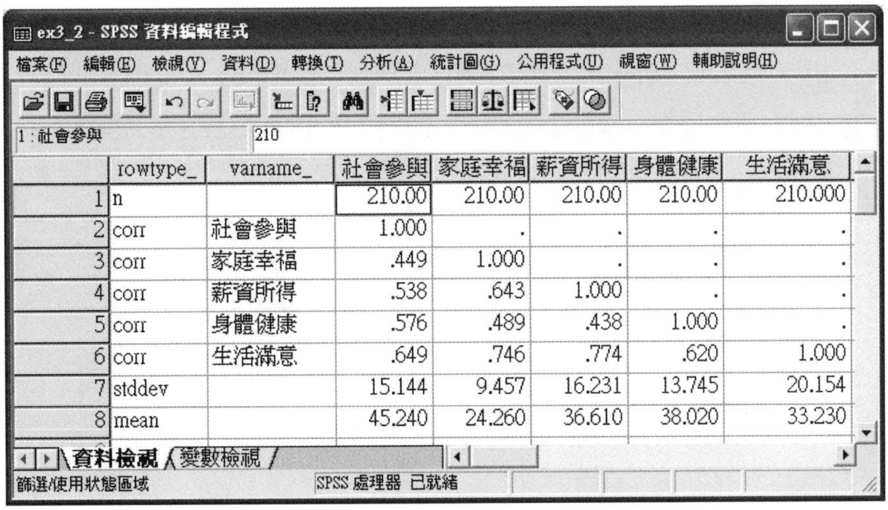

圖 4-7

在相關矩陣中，對角線矩陣數字爲 1.000，此相關係數爲變項與變項間的相關，因而相關係數爲 1.000。上述相關係數矩陣於 SPSS 資料編輯視窗之「變數檢視」工作視窗中，其範例如下，其中關鍵變數「rowtype_」、「varname_」的變數型態（type）要設定爲「String」（字串），其餘要設定爲「Numeric」（數字），數字變項小數點的位置可根據實際鍵入的數據更改。

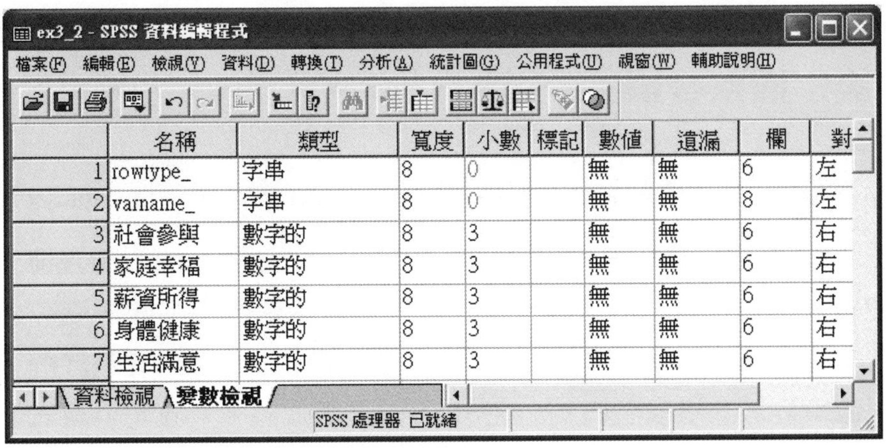

圖 4-8

若是研究者直接鍵入變數間的共變數矩陣，則需要把第一欄變數關鍵句「rowtype_」中的「corr」改爲「cov」。變項「stddev」（標準差）、

「mean」（平均數）列的數據在進行平均數結構分析時才會用到，但爲便於日後分析，筆者建議研究者在以矩陣型態作爲Amos的資料檔時能一併鍵入。上述資料以共變數矩陣輸入時，其資料檔型態如表 4-5：

表 4-5

rowtype_	varname_	社會參與	家庭幸福	薪資所得	身體健康	生活滿意
n		210.000	210.000	210.000	210.000	210.000
corr	社會參與	229.331				
corr	家庭幸福	64.340	89.436			
corr	薪資所得	132.199	98.742	263.454		
corr	身體健康	119.833	63.593	97.816	188.937	
corr	生活滿意	198.003	142.104	253.324	171.776	406.168
stddev		15.144	9.457	16.231	13.745	20.154
mean		45.240	24.260	36.610	38.020	33.230

共變異數矩陣中，對角線的數字爲變項本身的變異數（variance），社會參與、家庭幸福、薪資所得、身體健康、生活滿意五個變項的變異數分別爲 229.331、89.436、263.454、188.937、406.168，此部分的數據可與之前描述性統計量結果相互對照，共變異數矩陣對角線外的數字爲二個變項的共變數（covariance）。若共變異數矩陣對角線上變項之變異數爲負值，可能是資料輸入錯誤。

三、設定觀察變項

點選 ▦ 「列出資料組內的變數名稱」（List variables in data set）工具圖像鈕，出現「Variables in Dataset」（資料組中的變數）的對話視窗，選取每個變數，按住滑鼠左鍵不放，直接拉曳至觀察變數中（觀察變數會出現變數註解的名稱，如果 SPSS 之『*sav』資料檔中沒有增列變數註解，則直接呈現觀察變數的變項名稱）。在SPSS中文版軟體中，界定各量表之測量變項（層面或構念）爲中文變項名稱在操作上比較方便，若是以題項作爲測量指標變項，則以英文名稱較爲便利，至於變數註解或變數標記最好省略。

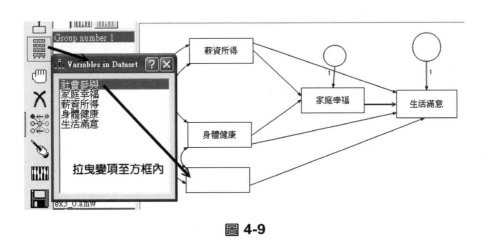

圖 4-9

四、設定誤差變數的變項名稱

在誤差變數圓形的圖示上按右鍵，選取「物件性質」（Object Properties…）快速選單，出現「Object Properties」（物件屬性）對話視窗，在「Variable name」（變數名稱）方盒鍵入誤差變項的名稱，如「e1」、「e2」。在「變數名稱」下的「變數註解」「Variable label」方格中如輸入變數的註解，如「zeta」，如果有輸入變數的註解，則模式圖會呈現變數的註解，若是沒有鍵入變數註解則會直接呈現變數的名稱，由於誤差變量是「error」，故通常以簡寫為 e1、e2、e3、……等符號表示。

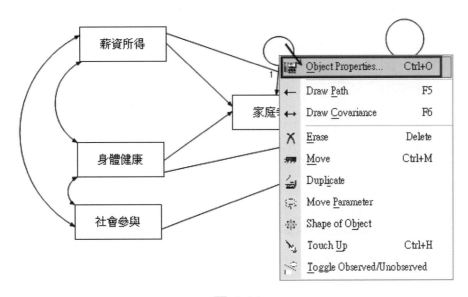

圖 4-10

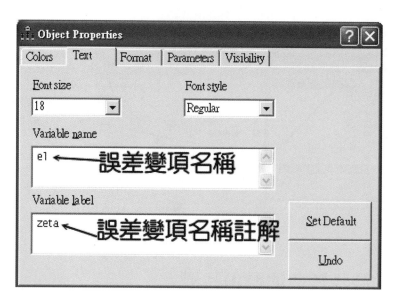

圖 4-11

　　在實務操作上，於「Object Properties」（物件性質）之「Text」（文字）標籤頁視窗，不用設定變數標記較為方便，由於 Amos 的變項名稱無法鍵入希臘字母或註標（下標字）因而誤差變項通常以 e1、e2、……或 err1、err2、……，或 res1、res2、……等表示。

圖 4-12

　　加入觀察變數名稱與誤稱變項名稱的路徑模式圖如圖 4-13：

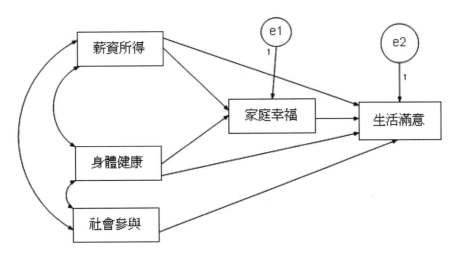

圖 4-13

五、設定文字報表要呈現的統計量

　　點選 ▦ 「分析的性質」（Analysis Properties）工具圖像鈕，出現「Analysis Properties」（分析屬性）對話視窗，按『Output』（輸出結果）標籤鈕，勾選要呈現的統計量，此部分研究者可根據模式圖所需加以選取，如「☑最小化過程」（Minimization history）、「☑Standardized estimates」（標準化的估計值）、「☑Squared multiple estimates」（多元相關的平方）、「☑Indirect, direct & total effects」（間接效果、直接效果與總效果）選項、「☑觀察樣本共變數矩陣」（Sample moments）、「☑隱含共變數矩陣」（Implied moments）、「☑殘差矩陣」（Residual moments）、「☑修正指標」（Modification indices）、「☑考驗常態性與極端值」（Tests for normality and outlies）→按「Analysis Properties」對話視窗右上角的視窗關閉鈕「×」。

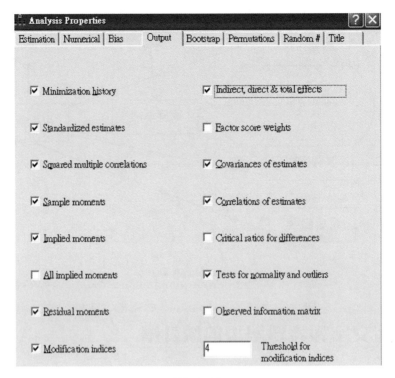

圖 4-14

六、將徑路模式圖存檔與計算估計值

點選 ![disk icon]「儲存目前的徑路圖」（Save the current path diagram）工具圖像鈕，將模式徑路圖存檔，其存檔類型為「Input file（*.amw）」，存檔後的副檔名為「*.amw」→點選 ![calculate icon]「計算估計值」（Calculate estimates）工具圖像鈕估計路徑圖的各統計量。如果模式徑路圖沒有存檔，則在按「計算估計值」工具圖像後，會先出現「另存新檔」對話視窗，要先輸入檔名，再按『儲存』鈕，關閉另存新檔對話視窗後，才會執行「計算估計值」的程序。

在模式（Model）方盒中，如果出現「OK: Default model」（OK：預設模式──表示模式估計值計算完成），則可顯示參數估計值，表示理論模式的界定沒有問題。若是模式無法識別，或假設模型共變異數矩陣與樣本共變異數矩陣差異太大，則模型無法收斂，此時在「Models」方盒中會出現

「XX：模式名稱」。若模式可以收斂，在模式訊息視窗的第五個方盒中之「計算摘要」（Computation Summary）中，會出現最小化完成的程序，模式適配度卡方檢定值與自由度，範例中的訊息為：

> Default model（預設模式）
> Minimization（最小化歷程）
> Iteration 8（疊代次數為 8）
> Minimum was achieved（最小化程序已經完成）
> Writing output（結果寫入到輸出文件檔中）
> Chi-Square=0.2,df=1（卡方值等於 0.2，自由度為 1）

此時「檢視輸出結果徑路圖」（View the output path diagram）的圖像會出現，按一下此圖像會於右邊視窗中出現模式圖之「未標準化估計值」參數。下圖為點選參數格式中「未標準化估計值」（Unstandardized estimates）輸出結果之模式圖。圖中雙箭號上的數字為二個變數的共變異數（covariance）、觀察變項右上方的數字為每個自變項（外衍變數）的變異數（variance）。外因變項右上角的數字為其變異數，誤差項右上角的數字為其變異數。若是變異數出現負值表示模型估計有不合理的參數存在。

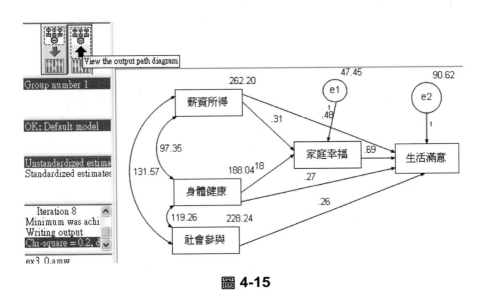

圖 4-15

點選「標準化估計值」（Standardized estimates）輸出結果之模式圖，外因變項間的數字，為二個變項間的積差相關係數，而單箭頭符號上的數

字，為外因變項對內因變項的徑路係數（標準化迴歸係數），若是相關係數絕對值大於 1 表示模型中有不合理的參數存在。參數出現的位置如果有相互重疊，可按 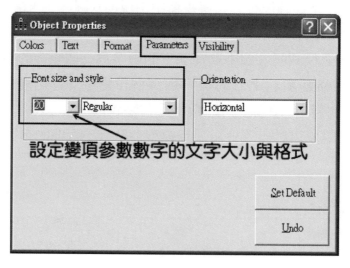【Move parameter values】（移動參數）工具圖像鈕把參數移動適當的位置。

如果使用者要更改各參數的數字的大小與字型，在每個物件上（觀察變項、潛在變項或誤差變項圖框上）按下右鍵，選取快顯功能表之「物件屬性」（Object Properties），開啟「物件屬性」（Object Properties）對話視窗，切換到『參數』（Parameters）標籤頁，在『字型大小與樣式』（Font size and style）中設定參數的大小與樣式，在『顏色』標籤頁的對話視窗，除可設定物件屬性圖框的顏色與文字顏色，也可設定參數文字的顏色。

圖 4-16

七、檢視模式之結果

點選 ![icon]「瀏覽文字」（View Text）工具圖像鈕，可以查看模式統計之各項數據。點選「瀏覽文字」（View Text）工具圖像或執行功能表【View】（檢視）→【Text Output】（文件輸出結果）程序後，可開啟「Amos Output」（Amos 結果輸出）對話視窗，點選左邊的樹狀目錄，右邊會出現其詳細內容。

在「Amos Output」對話視窗中，上面的第一列為其功能列，包括預覽列印文件（Print Preview）、印出文件資料（Print）、設定列印格式（Page Setup）、開啟 Amos 的輸出結果檔（副檔名為*.AmosOutput）、將文件複製到剪貼簿（Copy to Clipboard）、檢視呈現結果選項（Options）、小數點位數（Decimals）及表格的設定等。「Amos Output」對話視窗是一種樹狀結構，與檔案總管及 SPSS 的輸出結果類似，左邊為結果類別，右邊為類別的內容。左邊分類包括徑路圖存檔的名稱，範例中為「ex3_1.amw」、分析摘要表（Analysis Summary）、群組的註解（Notes for Group）、模式變項摘要表（Variable Summary）、模式中參數摘要表（Parameter summary）、樣本共變數與相關矩陣（Sample Moments）、模式的註解（Notes for Model）、估計值（Estimates）、修正指標（Modification Indices）、最小化歷程（Minimization History）、成對參數比較（Pairwise Parameter Comparisons），包括估計值間變異數——共變數矩陣（Variance-Covariance Matrix of Estimates）、估計值間相關（Correlations of Estimates）、模式適配度（Model Fit）、在模式適配度統計量方面包括 CMIN、RMR&GFI、基準線比較統計量、簡約調整測量值、NCP、FMIN、RMSEA、AIC、ECVI、HOELTER 等、執行時間（Execution Time）。

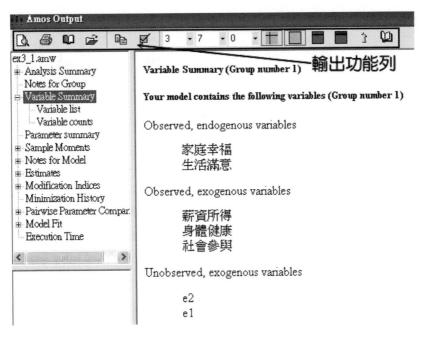

圖 4-17

　　圖 4-17 呈現的為假設模式圖中的變項設定摘要表，二個內因變項（endogenous variables）為家庭幸福、生活滿意，這二個變項在徑路分析模式圖中作為依變項，三個外因變項（exogenous variables）為薪資所得、身體健康、社會參與，這三個變項在徑路分析模式圖中作為自變項，而二個誤差變項 e1、e2 也為外因變項（誤差變項也歸類為潛在變項）。

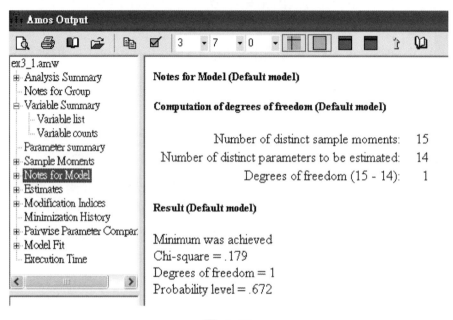

圖 4-18

　　圖 4-18 呈現的為模式註解，模式的自由度為 1（=15-14）、適配度卡方值為.179、顯著性機率值為.672，未達.05 的顯著水準，接受虛無假設，表示觀察資料的 S 矩陣與假設模式隱含的 Σ 矩陣相契合。

　　如果研究者要一次呈現所有的輸出文字結果，按輸出功能列之 ☑「選項」（Options）鈕，開啟「Options」（選項）對話視窗，切換到『檢視』（View）標籤頁，內有二個選項：「View entire output file」（呈現全部的輸出結果）、「View selected output only」（只呈現選取類別的輸出結果），研究者可以選取第一個選項「→View entire output file」（呈現全部的輸出結果，則呈現所有的輸出結果。

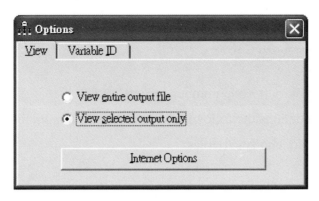

圖 4-19

下面為執行結果的輸出文件。

● ㈠檔案名稱

D:\amos_6\第三章\ex3_1.amw【檔案名稱】

● ㈡分析摘要內容

Analysis Summary【分析摘要】

Date and Time

Date: 2007 年 1 月 25 日

Time: 上午 08:25:01

Title

ex3_1: 2007 年 1 月 25 日 上午 08:25

Groups

Group number 1 (Group number 1)

● ㈢群組註解

Notes for Group (Group number 1)

The model is recursive.【模式是遞迴的－單向的】

Sample size = 210

【說明】：在「Groups」方盒中由於未設定群組名稱，其單一群組名稱為內定值：

「Group number 1」，分析群組的樣本資料有 210 位。

㈣變項摘要內容

Variable Summary (Group number 1)【變項摘要】

Your model contains the following variables (Group number 1)

Observed, endogenous variables

家庭幸福

生活滿意

Observed, exogenous variables

薪資所得

身體健康

社會參與

Unobserved, exogenous variables

e2

e1

Variable counts (Group number 1)

Number of variables in your model:	7
Number of observed variables:	5
Number of unobserved variables:	2
Number of exogenous variables:	5
Number of endogenous variables:	2

【說明】：假設模式圖中的變項共有七個、觀察變項有五個、非觀察變項有二個（e1、e2），外因變項有五個（薪資所得、身體健康、社會參與、e1、e2）、內因變項有二個（家庭幸福、生活滿意）。誤差變項 e1 與 e2 均為潛在變項（非觀察變項），在假設模型圖中也屬外因變項，因而又稱潛在外因變項或外因潛在變項。

◎ (五)模式參數摘要內容

表 4-6　Parameter summary (Group number 1)【參數摘要】

	Weights	Covariances	Variances	Means	Intercepts	Total
Fixed	2	0	0	0	0	2
Labeled	0	0	0	0	0	0
Unlabeled	6	3	5	0	0	14
Total	8	3	5	0	0	16

【說明】：在參數摘要表中固定參數有 2 個（其參數值路徑係數固定為 1），有八個迴歸係數參數，二個是固定參數，六個是待估計的參數，待估計的共變數有三個、待估計的變異數有五個，因而全部參數有十六個。

◎ (六)樣本共變數矩陣內容

Sample Moments (Group number 1)【樣本共變數】

表 4-7　Sample Covariances (Group number 1)

	社會參與	身體健康	薪資所得	家庭幸福	生活滿意
社會參與	228.239				
身體健康	119.262	188.038			
薪資所得	131.569	97.350	262.200		
家庭幸福	64.034	63.290	98.272	89.010	
生活滿意	197.060	170.958	252.118	141.427	404.233

Condition number = 25.222

Eigenvalues

845.953 139.104 92.197 60.926 33.540

Determinant of sample covariance matrix = 22169879668.667

【說明】：表 4-7 為樣本之共變數矩陣，若是研究者不以原始資料為資料檔，也可以鍵入變項間的共變異數矩陣。

表 4-8　Sample Correlations (Group number 1)

	社會參與	身體健康	薪資所得	家庭幸福	生活滿意
社會參與	1.000				
身體健康	.576	1.000			
薪資所得	.538	.438	1.000		
家庭幸福	.449	.489	.643	1.000	
生活滿意	.649	.620	.774	.746	1.000

Condition number = 20.426

Eigenvalues

3.386 .668 .467 .312 .166

Models

Default model (Default model)

【說明】：表 4-8 爲樣本之相關係數矩陣，若是研究者不以原始資料爲資料檔，也可以鍵入變項間的相關係數矩陣，由表中可以發現五個變項間均呈中度正相關。雙箭頭連結的二個外因變項在非標準化估計值模式圖中呈現的是二者的共變異數，在標準化估計值模式圖中呈現的是二者的積差相關係數。

⬤ ㈦模式註解內容

Notes for Model (Default model)【模式註解】

Computation of degrees of freedom (Default model)

Number of distinct sample moments:　15

Number of distinct parameters to be estimated:　14

Degrees of freedom (15 - 14):　1

Result (Default model)

Minimum was achieved

Chi-square = .179

Degrees of freedom = 1

Probability level = .672

Group number 1 (Group number 1 - Default model)

【說明】：上面呈現的爲模式註解，模式的自由度爲 1、適配度卡方值爲.179、顯著性機率值爲.672，未達.05 的顯著水準，接受虛無假設，表示觀察資料的 S 矩陣與假設模式隱含的 $\hat{\Sigma}$ 矩陣相契合，即觀察資料（data）與假設模式（model）間可以適配。

◎ ㈧**估計值內容**

Estimates (Group number 1 - Default model)【估計值】

Scalar Estimates (Group number 1 - Default model)

Maximum Likelihood Estimates

表 4-9　Regression Weights: (Group number 1 - Default model)

	Estimate	S.E.	C.R.	P	Label
家庭幸福←薪資所得	.309	.033	9.447	***	par_1
家庭幸福←身體健康	.176	.039	4.564	***	par_2
生活滿意←身體健康	.269	.062	4.334	***	par_3
生活滿意←社會參與	.256	.058	4.417	***	par_4
生活滿意←家庭幸福	.689	.096	7.209	***	par_8
生活滿意←薪資所得	.475	.057	8.290	***	par_9

【說明】：表 4-9 為非準化的迴歸係數及其顯著性檢定摘要表，右邊第一欄估計值為
　　　　　非標準化的迴歸係數，第二欄為估計參數的標準誤（standard error），第三
　　　　　欄 C.R.為檢定統計量（臨界比──critical ratio），臨界比值為 t 檢定之 t 值，
　　　　　此值如果大於 1.96 表示達到.05 顯著水準，第四欄 p 值為顯著性，如果 p<
　　　　　.001，會以符號「***」表示，若是 p 值>.001，會直接呈現 p 值的大小。表
　　　　　中顯示的六條直接效果的迴歸係數均達顯著水準。

**表 4-10　Standardized Regression Weights: (Group number 1 - Default
model)**

	Estimate
家庭幸福←薪資所得	.531
家庭幸福←身體健康	.256
生活滿意←身體健康	.184
生活滿意←社會參與	.192
生活滿意←家庭幸福	.324
生活滿意←薪資所得	.383

【說明】：表 4-10 為標準化的迴歸係數值（Beta 值），亦即徑路分析中的徑路係數。
　　　　　參數格式方盒中如選擇「標準化估計值」（Standardized estimates），呈現
　　　　　之徑路模式圖中的徑路係數即為標準化的迴歸係數（β值）。

表 4-11 Covariances: (Group number 1 - Default model)

	Estimate	S.E.	C.R.	P	Label
薪資所得 ←→ 社會參與	131.569	19.214	6.848	***	par_5
身體健康 ←→ 社會參與	119.262	16.535	7.213	***	par_6
薪資所得 ←→ 身體健康	97.350	16.770	5.805	***	par_7

【說明】：表 4-11 爲三個外因觀察變項間的共變異數及共變異數顯著性考驗，三個外因變項（預測變項）間的共變異數均達到 .05 顯著水準。

表 4-12 Correlations: (Group number 1 - Default model)

	Estimate
薪資所得 ←→ 社會參與	.538
身體健康 ←→ 社會參與	.576
薪資所得 ←→ 身體健康	.438

【說明】：表 4-12 爲三個外因觀察變項間的相關係數，當共變異數達到顯著水準，則其相對應的積差相關係數也會達到 .05 顯著水準。

表 4-13 Variances: (Group number 1 - Default model)

	Estimate	S.E.	C.R.	P	Label
薪資所得	262.200	25.649	10.223	***	par_10
身體健康	188.038	18.394	10.223	***	par_11
社會參與	228.239	22.327	10.223	***	par_12
e1	47.448	4.642	10.223	***	par_13
e2	90.618	8.865	10.223	***	par_14

【說明】：表 4-13 爲五個外因變項間的變異數及其顯著性檢定，在 Amos 模型的估計值中，若出現變異數爲負數，或相關係數絕對值大於 1，會得到不合理解（inadmissible）的情形，即假設模型雖然可以順利識別或估計，但所得到的參數無法作合理的解釋。

表 4-14 Squared Multiple Correlations: (Group number 1 - Default model)

	Estimate
家庭幸福	.467
生活滿意	.775

【說明】：表 4-14 爲二個依變項之多元相關係數的平方（R^2），以「薪資所得」、「身體健康」二個自變項對「家庭幸福」變項所進行的複迴歸分析之多元相關係數平方爲 .467；以「薪資所得」、「身體健康」、「家庭幸福」、「社

會參與」四個自變項對「生活滿意度」變項所進行的複迴歸分析之多元相關係數平方為 .775。

Matrices (Group number 1 - Default model)

表 4-15　Implied Covariances (Group number 1 - Default model)

	社會參與	身體健康	薪資所得	家庭幸福	生活滿意
社會參與	228.239				
身體健康	119.262	188.038			
薪資所得	131.569	97.350	262.200		
家庭幸福	61.737	63.290	98.272	89.010	
生活滿意	195.477	170.958	252.118	140.840	403.425

表 4-16　Implied Correlations (Group number 1 - Default model)

	社會參與	身體健康	薪資所得	家庭幸福	生活滿意
社會參與	1.000				
身體健康	.576	1.000			
薪資所得	.538	.438	1.000		
家庭幸福	.433	.489	.643	1.000	
生活滿意	.644	.621	.775	.743	1.000

【說明】：上面數據為假設模式所導出的共變異數矩陣（隱含共變數矩陣）與相關矩陣（隱含相關係數矩陣）。

表 4-17　Residual Covariances (Group number 1 - Default model)

	社會參與	身體健康	薪資所得	家庭幸福	生活滿意
社會參與	.000				
身體健康	.000	.000			
薪資所得	.000	.000	.000		
家庭幸福	2.297	.000	.000	.000	
生活滿意	1.583	.000	.000	.587	.809

表 4-18　Standardized Residual Covariances (Group number 1 - Default model)

	社會參與	身體健康	薪資所得	家庭幸福	生活滿意
社會參與	.000				
身體健康	.000	.000			
薪資所得	.000	.000	.000		
家庭幸福	.214	.000	.000	.000	
生活滿意	.063	.000	.000	.036	.020

【說明】：上面數據為殘差共變異數矩陣與標準化殘差共變異數矩陣，殘差矩陣為樣本共變異數矩陣（S 矩陣）與假設模式導出之隱含共變異數矩陣（$\hat{\Sigma}$）間差異值，差異值愈小表示觀察資料所得的共變異數矩陣（S 矩陣）與假設模式導出之隱含矩陣（$\hat{\Sigma}$矩陣）間愈接近，即假設之理論模式與實際資料會愈適配；相對的，若是殘差矩陣的數值愈大，表示觀察資料所得的共變異數矩陣（S 矩陣）與假設模式導出之隱含矩陣（$\hat{\Sigma}$矩陣）間差異愈大，假設之理論模式與實際資料愈不會契合。

表 4-19　Total Effects (Group number 1 - Default model)

	社會參與	身體健康	薪資所得	家庭幸福
家庭幸福	.000	.176	.309	.000
生活滿意	.256	.391	.688	.689

表 4-20　Standardized Total Effects (Group number 1 - Default model)

	社會參與	身體健康	薪資所得	家庭幸福
家庭幸福	.000	.256	.531	.000
生活滿意	.192	.267	.555	.324

【說明】：上表標準化總效果值等於標準化直接效果值與標準化間接效果值的和。

表 4-21　Direct Effects (Group number 1 - Default model)

	社會參與	身體健康	薪資所得	家庭幸福
家庭幸福	.000	.176	.309	.000
生活滿意	.256	.269	.475	.689

表 4-22　**Standardized Direct Effects (Group number 1 - Default model)**

	社會參與	身體健康	薪資所得	家庭幸福
家庭幸福	.000	.256	.531	.000
生活滿意	.192	.184	.383	.324

【說明】：標準化直接效果值為外因變項直接對內因變項影響的大小，其數值等於標準化迴歸係數值（β值）。

表 4-23　**Indirect Effects (Group number 1 - Default model)**

	社會參與	身體健康	薪資所得	家庭幸福
家庭幸福	.000	.000	.000	.000
生活滿意	.000	.122	.213	.000

表 4-24　**Standardized Indirect Effects (Group number 1 - Default model)**

	社會參與	身體健康	薪資所得	家庭幸福
家庭幸福	.000	.000	.000	.000
生活滿意	.000	.083	.172	.000

【說明】：上面的數據為總效果值、直接效果值、間接效果值、標準化總效果值、標準化直接效果值與標準化間接效果值。

㈨修正指標內容

Modification Indices (Group number 1 - Default model)【修正指標】

表 4-25　**Covariances: (Group number 1 - Default model)**

	M.I.	Par Change

表 4-26　**Variances: (Group number 1 - Default model)**

	M.I.	Par Change

表 4-27　**Regression Weights: (Group number 1 - Default model)**

	M.I.	Par Change

【說明】：根據修正指標及期望參數改變值可以對設理論模式做適度修正，上表中並未呈現修正指標值，表示假設模型與樣本資料可以契合。

Structural Equation Modeling-Amos Operation and Application

⊝最小化歷程內容

表 4-28　Minimization History (Default model)【最小化歷程】

Iteration		Negative eigenvalues	Condition #	Smallest eigenvalue	Diameter	F	NTries	Ratio
0	e	3		-.245	9999.000	470.681	0	9999.000
1	e	0	53.234		.952	93.602	18	.922
2	e	0	216.076		.317	92.369	5	.000
3	e	0	93.615		.304	38.416	2	.000
4	e	0	80.033		.256	7.179	1	1.219
5	e	0	65.921		.154	.714	1	1.156
6	e	0	63.684		.039	.186	1	1.068
7	e	0	62.778		.002	.179	1	1.010
8	e	0	64.067		.000	.179	1	1.000

⊜模式適配度內容

Model Fit Summary【模式適配度摘要】

表 4-29　CMIN

Model	NPAR	CMIN	DF	P	CMIN/DF
Default model	14	.179	1	.672	.179
Saturated model	15	.000	0		
Independence model	5	607.121	10	.000	60.712

表 4-30　RMR, GFI

Model	RMR	GFI	AGFI	PGFI
Default model	.765	1.000	.995	.067
Saturated model	.000	1.000		
Independence model	118.434	.408	.112	.272

表 4-31　Baseline Comparisons

Model	NFI Delta1	RFI rho1	IFI Delta2	TLI rho2	CFI
Default model	1.000	.997	1.001	1.014	1.000
Saturated model	1.000		1.000		1.000
Independence model	.000	.000	.000	.000	.000

表 4-32　Parsimony-Adjusted Measures

Model	PRATIO	PNFI	PCFI
Default model	.100	.100	.100
Saturated model	.000	.000	.000
Independence model	1.000	.000	.000

表 4-33　NCP

Model	NCP	LO 90	HI 90
Default model	.000	.000	3.991
Saturated model	.000	.000	.000
Independence model	597.121	520.060	681.586

表 4-34　FMIN

Model	FMIN	F0	LO 90	HI 90
Default model	.001	.000	.000	.019
Saturated model	.000	.000	.000	.000
Independence model	2.905	2.857	2.488	3.261

表 4-35　RMSEA

Model	RMSEA	LO 90	HI 90	PCLOSE
Default model	.000	.000	.138	.743
Independence model	.535	.499	.571	.000

表 4-36　AIC

Model	AIC	BCC	BIC	CAIC
Default model	28.179	29.007	75.039	89.039
Saturated model	30.000	30.887	80.207	95.207
Independence model	617.121	617.416	633.856	638.856

表 4-37　ECVI

Model	ECVI	LO 90	HI 90	MECVI
Default model	.135	.139	.158	.139
Saturated model	.144	.144	.144	.148
Independence model	2.953	2.584	3.357	2.954

表 4-38　HOELTER

Model	HOELTER .05	HOELTER .01
Default model	4475	7729
Independence model	7	8

在上述模式適配度統計量方面會呈現預設模式（Default model）、飽和模式（Saturated model）與獨立模式（Independence model）三種不同模式的適配統計量，在模式適配度統計量判別方面需以預設模式（Default model）適配統計量爲主。CMIN 值爲卡方統計量、HOELTER 值爲「臨界樣本數」CN 適配統計量。

㈤執行時間

Execution time summary【執行時間摘要】

Minimization:	.016
Miscellaneous:	.187
Bootstrap:	.000
Total:	.203

㈤常態性檢定與極端值評估

表 4-39　Assessment of normality (Group number 1)

Variable	min	max	skew	c.r.	kurtosis	c.r.
社會參與	24.000	82.000	.953	5.638	-.023	-.067
身體健康	12.000	66.000	.001	.007	-.677	-2.002
薪資所得	10.000	68.000	.295	1.746	-1.071	-3.167
家庭幸福	11.000	42.000	.279	1.652	-1.314	-3.888
生活滿意	6.000	72.000	.420	2.487	-1.228	-3.633
Multivariate					4.083	3.536

　　常態性評估選項可以就觀察變項的分配情形進行判斷，第一欄為觀察變項名稱、第二欄為最小值、第三欄為最大值、第四欄為偏態係數、第五欄為偏態係數的顯著性檢定、第六欄為峰度係數、第七欄為峰度係數的顯著性檢定。以「社會參與」變項而言，其資料數據中最小值為 24.000、最大值為 82.000，偏態係數值為.953，偏態係數臨界比值為 5.368>1.96，峰度係數值為-.023，峰度係數臨界比值為-.067，其絕對值小於 1.96。在常態分配下，偏態係數值與峰度係數值應接近 0，其係數顯著性檢定未達顯著，若是達到.05 顯著水準，表示其偏態係數值或峰度係數值顯著不等於 0。Kline（1998）認為若是變項的偏態係數值大於 3、峰度係數值大於 8，表示樣本在變項的分配不為常態，如果峰度係數值大於 20，則偏離常態的情形可能較為嚴重。表中最後一行為多變量峰度係數檢定，表中數據為 4.083、臨界比值為 3.536>1.96，達到.05 顯著水準，表示在單變項的峰度係數值檢定中至少有一個變項的峰度係數值顯著不等於 0。

4－2 徑路因果模式圖的設定

一、外因變項間沒有相關的設定

　　在 Amos 結構方程模式的徑路圖中，作為外因變項／外衍變項之觀察變數或潛在變項，內定的模式為彼此間有相關，以上述徑路分析（傳統線性

迴歸）模式而言，三個外因變項：薪資所得、身體健康、社會參與間必須設定有雙箭頭的關係，若是模式中沒有以雙箭頭（double headed arrows）繪製外因變項間共變數（Draw covariances）的關係，在執行【計算估計值】程序時，會出現警告的訊息，告知研究者未對三個外因變項間的關係設定為沒有關係（外因變項間沒有關係也要繪製雙箭頭符號再進行參數界定）：「Amos will require the following pairs of variables to be uncorrelated:」，並出現未設定共變數關係的外因變數，如「*薪資所得<>身體健康」、「*薪資所得<>社會參與」、「*身體健康<>社會參與」，此時研究者應重新繪製外因變項間共變數的關係。沒有設定三個外因變項的關係假設模式圖（模型界定錯誤）如圖 4-20。

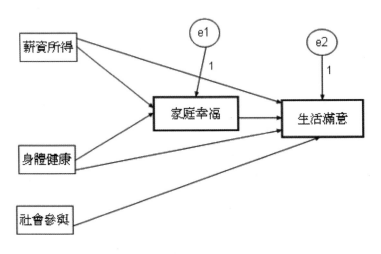

圖 4-20

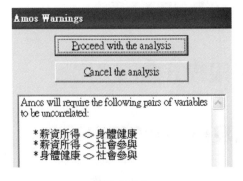

圖 4-21

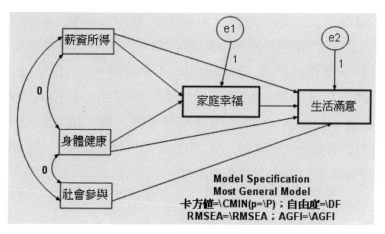

圖 4-22

　　以圖 4-22 之徑路分析模式圖為例，研究者已重新繪製外因變項間的共
變關係，但要將「薪資所得」與「身體健康」二個外因變項間的相關設為
0，「身體健康」與「社會參與」二個外因變項間的相關也設為 0，二個變
項的相關為 0，表示二個變項間的共變數為 0，其設定如下：在雙箭頭物件
上按右鍵，選取快顯功能表中的「Object Properties」（物件屬性）選項，開
啟「Object Properties」（物件屬性）對話視窗，切換到『Parameters』（物
件參數）標籤頁，在「Covariance」（共變數）下的方格中輸入「0」，按右
上角關閉鈕×，在徑路分析模式圖中雙箭頭物件的旁邊會出現共變數的參數
值 0，表示二個外因變項間的相關為 0。

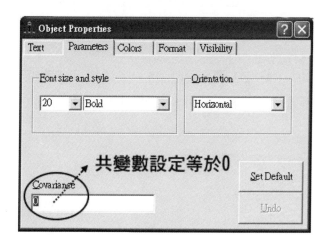

圖 4-23

　　下面二個徑路模式圖的差異，在於外因變項間關係的設定，第一個徑路模式圖中三個外因變項設定彼此間的有關係，變項的共變數不為 0，圖中的數值為選取標準化估計值（Standardized estimates）的模式圖之結果，分別表示變項間的相關係數與徑路係數。第一個徑路分析模式圖的卡方值為 .179，顯著性機率值為.672>.05，未達顯著水準，接受虛無假設。AGFI 值= .995>.900、RMSEA 值=.000<.05，達到模式可以適配標準，表示假設模式隱含的 $\hat{\Sigma}$ 矩陣與觀察資料所得的 S 矩陣間可以適配。

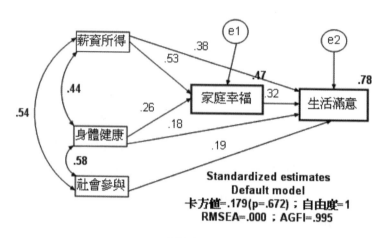

圖 **4-24**

　　第二個徑路分析模式圖中，除設定外因變項薪資所得與身體健康的相關為 0（共變數設為 0）、也設定外因變項身體健康與社會參與的相關為 0（共變數設為 0），徑路分析模式圖的自由度為 3，整體模型適配度的卡方值為 91.749，顯著性機率值 p 為.000<.05，達到顯著水準，拒絕虛無假設。AGFI 值=.378<.900、RMSEA 值=.376>.05，未達模式適配標準，表示假設模式隱含的 $\hat{\Sigma}$ 矩陣與觀察資料所得的 S 矩陣間無法適配。

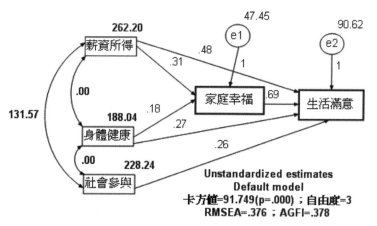

圖 4-25

　　若是將薪資所得、身體健康、社會參與三個外因變項（預測變項）間的相關全部設為0，表示預測變項間沒有共變關係，其假設因果徑路分析模型圖如圖 4-26：

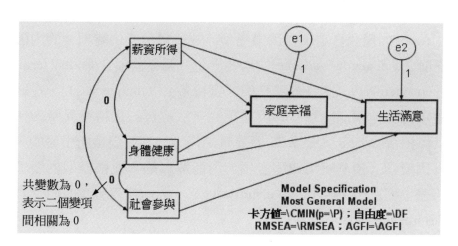

圖 4-26

　　第三個徑路分析模式圖中，設定外因變項「薪資所得」與「身體健康」的相關為0（共變數設為0）、設定外因變項「身體健康」與「社會參與」的相關為0（共變數設為0），設定外因變項「薪資所得」與「社會參與」的相關為0（共變數設為0）。徑路分析模式圖的自由度為4，整體模型適配度的卡方值為163.111，顯著性機率值p為.000<.05，達到顯著水準，拒絕虛無假設；AGFI值=.079<.900、RMSEA值=.436>.05，未達模式適配標準，

表示假設模式隱含的 $\hat{\Sigma}$ 矩陣與觀察資料所得的 S 矩陣間無法適配。

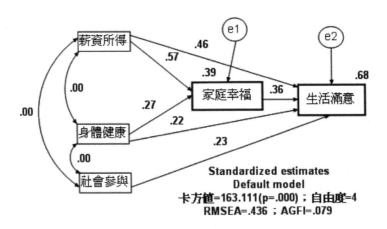

圖 4-27

二、內因變項沒有界定殘差項

在 Amos 的模式界定，作為果變項（效標變項或依變項）的內因變項或內衍變項（endogenous variables）均要界定一個殘差項（residual terms）或誤差項（error terms），此殘差項又稱「獨特量」（uniqueness），在結構模式中殘差項是其他預測變項（外因變項）無法解釋的獨特變異量，在迴歸分析中其值相當於 $1-R^2$，$1-R^2$ 的變異量是模型外其他變項所引發的，非模型內的外因變項（預測變項或因變項）所能解釋的，此種模型內變項無法解釋的殘差也稱為「干擾項」（disturbance），因而殘差變項有時又以干擾變項（disturbance variables）稱之。

殘差項的界定按【Add a unique variable to an existing variable】（在變項中增列一個獨特變項）工具圖像鈕 即可。若是假設模型中作為果變項的內因變項沒有界定殘差項，則點選 「計算估計值」（Calculate estimates）工具圖像鈕後會出現警告訊息。

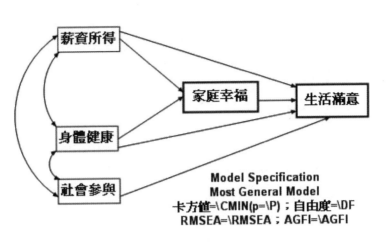

**Model Specification
Most General Model**
卡方值=\CMIN(p=\P)；自由度=\DF
RMSEA=\RMSEA；AGFI=\AGFI

圖 4-28

　　在「Amos Warnings」（Amos 警告）對話視窗內，出現下列文字提示語：「The following variables are endogenous, but have no residual（error）variables」，提示語告知使用者下列變項（家庭幸福、生活滿意）為內因變項，但是模型中卻沒有界定殘差或誤差變項。此時使用者若強迫程序繼續執行，按『Proceed with the analysis』，進一步會出現錯誤訊息的對話視窗。

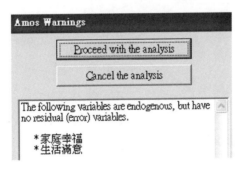

圖 4-29

　　在錯誤訊息的對話視窗中，告知使用者適配模型時發生錯誤，這個錯誤的發生可能是原始參數值欠佳或參數限制不合理，確定每個內因變項均界定有一個殘差變項或誤差變項。按下『確定』鈕後，在「Computation summary」（計算摘要表）方盒中出現「Minimization Error」的錯誤提示語。

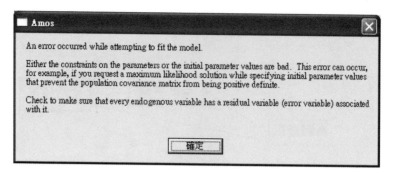

圖 4-30

　　相對的，作為外因變項（exogenous variables）或因變項（cause）（預測變項或自變項）者不能界定殘差項或誤差項，在結構模式中此外因變項又稱外因潛在變項（exogenous latent variables），若是外因觀察變項或外因潛在變項增列了誤差項，表示模型界定有問題，無法執行計算估計值程序。

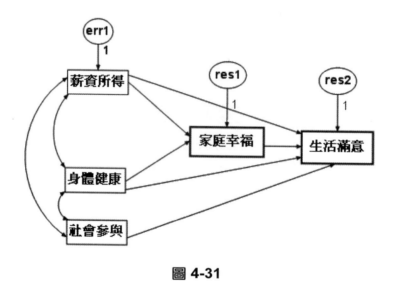

圖 4-31

　　圖 4-31 由於模型界定有問題，點選 ▦ 「計算估計值」（Calculate estimates）工具圖像鈕後會出現警告訊息：您把「薪資所得」界定為內因變項，把此變項視為依變項，但您又把「薪資所得」界定為外因變項，和其他變項間有共變關係，此種變項的界定是不符合 Amos 模型的假定。

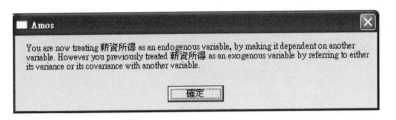

圖 4-32

4-3 飽和模式與獨立模式

在 Amos 整體適配度統計量中除呈現假設模型與資料是否契合的適配度統計量外，同時也會呈現二個基本模式以作為模式間的比較，這二個模式一為飽和模式（Saturated model）、二為獨立模式（Independent model）。

一、飽和模式

所謂飽和模式是指假設模型中所有待估計的參數正好等於共變異數矩陣中的元素，假設建構模型中有 p 個外因觀察變項、q 個內因觀察變項、則所形成的共變異數中獨特元素的總數 $= \frac{1}{2}(p+q)(p+q+1)$ 個，若是模型界定中所估計的參數個數 k 剛好 $= \frac{1}{2}(p+q)(p+q+1)$ 個，則形成唯一解，此種情形會造成模型的自由度為 0，卡方值也等於 0，變成「剛好識別」（just identified model）的模式，假設模型與資料間形成完美的適配（perfect fit）。以路徑分析圖為例，假設有四個觀察變數，路徑因果模式圖中四個變數間均有以單箭頭或雙箭頭加以連結，則形成的假設模型即為飽和模式。

●(一)範例一──變項間均以雙箭頭建立共變關係

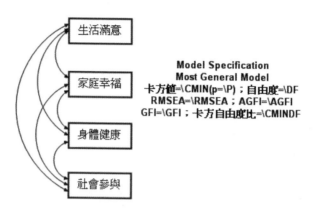

圖 4-33

在上述四個變數間的共變關係分析中，待估計的共變數參數有 6 個、待估計的變異數參數有 4 個，因而待估計的參數共有 10 個。假設模型中有四個外因觀察變項、0 個內因觀察變項，共變異數矩陣中獨特的元素個數 = $\frac{1}{2}(p+q)(p+q+1) = \frac{1}{2}(4+0)(4+0+1) = 10$，模式中待估計的參數個數等於共變異數矩陣中的獨特元素，因而模式是一種飽和模式。

點選【計算估計值】工具圖像鈕後，在輸出結果文件檢視中的「Notes for Model」（模式註解）會出現下列訊息。樣本動差獨特元素的數目為 10、待估計的參數數目為 10，自由度等於 0（=10−10），最小化歷程已經完成，表示模型可以辨識，模型的卡方值等於 0，因為卡方值等於 0，表示模型與資料形成完美適配，卡方顯著性機率值 p 無法計算。

Notes for Model （Default model）

Computation of degrees of freedom （Default model）

Number of distinct sample moments:	10
Number of distinct parameters to be estimated:	10
Degrees of freedom (10 - 10):	0

Result (Default model)

Minimum was achieved

Chi-square = .000

Degrees of freedom = 0

Probability level cannot be computed

　　非標準化估計值模式圖與標準化估計值模式圖呈現如下，當模型爲飽和模式時，卡方值=0，RMSEA值、AGFI值、GFI值、卡方自由度比值等適配度統計量均無法計算。

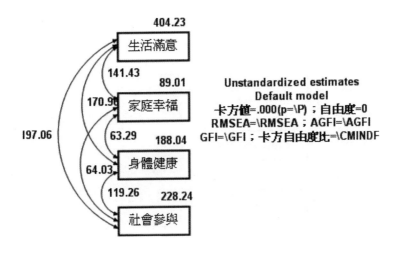

圖 4-34

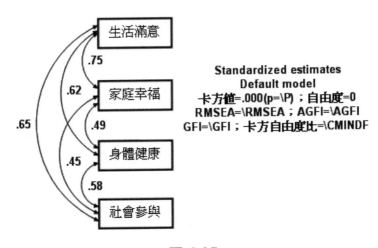

圖 4-35

在上述飽和模式中若將其中一個共變數界定為 0，表示此共變數不用估計，以範例而言，將「家庭幸福」與「身體健康」二個變項的共變關係界定為 0，表示二者間沒有相關，此時待估計的參數包括五個共變數、四個變異數，待估計的參數總數為 9、而樣本資料共變數矩陣提供的獨特元素總數為 10，待估計的參數總數少於樣本資料共變數矩陣提供的獨特元素總數，形成一種「過度識別」模型（over-identified model），「過度識別」模式的自由度為正數，因而可以拒絕或接受假設模型，此種模型估計結果可以計算其卡方值與其他整體適配統計量。

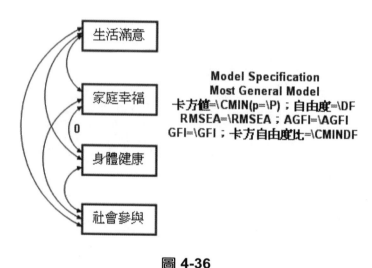

圖 4-36

過度識別模型的自由度為 1（=10-9），整體適配的卡方值為 57.172，顯著性機率值 p=.000<.05，拒絕虛無假設，表示假設模型與樣本資料間無法契合；而 RMSEA 值=.518>.050、AGFI 值=.069<.900、GFI 值=.893<.900、卡方自由度比值=57.172>2.000，表示假設模型的適配度不理想。

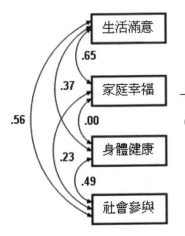

圖 **4-37**

◉ (二)範例二──所有變項間以雙箭頭及單箭頭建立關係

在第二個範例中，二個外因變項間以雙箭頭建立共變關係，而外因變項對內因變項均以單箭頭建立因果關係，二個內因變項中作為中介變項者也與另一內因變項建立因果關係。假設路徑分析因果模式中參數摘要表如表 4-40：其中待估計的迴歸係數有 5 個、待估計的共變數有 1 個、待估計的變異數有 4 個，因而模型待估計的參數共有 10 個。

表 **4-40　Parameter summary (Group number 1)**

	Weights	Covariances	Variances	Means	Intercepts	Total
Fixed	2	0	0	0	0	2
Labeled	0	0	0	0	0	0
Unlabeled	5	1	4	0	0	10
Total	7	1	4	0	0	12

假設模型中有二個外因觀察變項、二個內因觀察變項，共變異數矩陣中獨特的元素個數 $= \frac{1}{2}(p+q)(p+q+1) = \frac{1}{2}(2+2)(2+2+1) = 10$，模式中待估計的參數個數（=10）等於共變異數矩陣中的獨特元素，因而模式是一種飽和模式。

Structural Equation Modeling-Amos Operation and Application

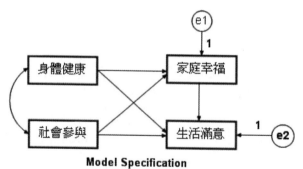

Model Specification
Most General Model
卡方值=\CMIN(p=\P)；自由度=\DF
RMSEA=\RMSEA；AGFI=\AGFI
GFI=\GFI；卡方自由度比=\CMINDF

圖 4-38

　　點選 ⌗⌗⌗⌗「計算估計值」（Calculate estimates）工具圖像鈕估計路徑圖的各統計量及參數，模型可以辨識估計。由於假設模型爲飽和模式，其整體適配度卡方值等於 0。非標準化估計值模式圖與標準化估計值模式圖如圖 4-39。

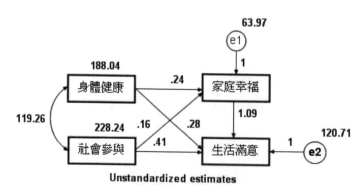

Unstandardized estimates
Default model
卡方值=.000(p=\P)；自由度=0
RMSEA=\RMSEA；AGFI=\AGFI
GFI=\GFI；卡方自由度比=\CMINDF

圖 4-39

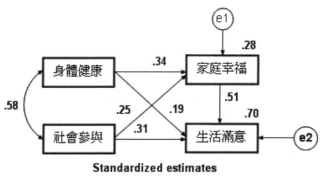

Standardized estimates
Default model
卡方值=.000(p=\P)；自由度=0
RMSEA=\RMSEA；AGFI=\AGFI
GFI=\GFI；卡方自由度比=\CMINDF

圖 4-40

在上述飽和模式中，將「身體健康」外因變項對「生活滿意」內因變項的路徑移除，則模式形成一種「過度識別」模式，此時可以估計各項整體適配度統計量。

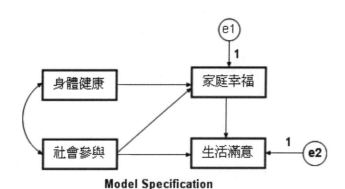

Model Specification
Most General Model
卡方值=\CMIN(p=\P)；自由度=\DF
RMSEA=\RMSEA；AGFI=\AGFI
GFI=\GFI；卡方自由度比=\CMINDF

圖 4-41

在參數摘要表中，模式全部的參數有 11 個、待估計的迴歸係數有 4 個（全部迴歸係數參數有 6 個，其中 2 個為固定參數不用估計）、待估計的共變數有 1 個、待估計的變異數有 4 個，全部待估計的參數有 9 個。共變異數矩陣中獨特的元素個數 $= \frac{1}{2}(p+q)(p+q+1) = \frac{1}{2}(2+2)(2+2+1) = 10$，模式中

待估計的參數個數小於共變異數矩陣中的獨特元素，因而模式是一種過度辨識模式，自由度為正數 = 10 − 9 = 1。

表 4-41　Parameter summary (Group number 1)

	Weights	Covariances	Variances	Means	Intercepts	Total
Fixed	2	0	0	0	0	2
Labeled	0	0	0	0	0	0
Unlabeled	4	1	4	0	0	9
Total	6	1	4	0	0	11

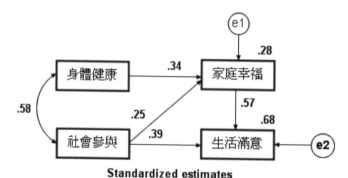

圖 4-42

過度識別模型的自由度為 1（=10−9），整體適配的卡方值為 14.940，顯著性機率值 p=.000<.05，拒絕虛無假設，表示假設模型與樣本資料間無法契合；而 RMSEA 值=.258>.050、AGFI 值=.667<.900、GFI 值=.967>.900、卡方自由度比值=14.940>2.000，表示假設模型的適配度欠佳。

◉ (三)範例三──變項間均以單箭頭建立因果關係

在第三個範例中，有一個外因變項，二個中介變項（屬內因變項）、一個內因變項，所有變項均以單箭頭建立因果關係。假設模型圖中的變項共有七個，包括四個觀察變項、三個潛在變項（殘差變項），七個變項中有四個外因變項、三個內因變項。假設路徑分析因果模式中參數摘要表如

表 4-42：其中待估計的迴歸係數有 6 個、待估計的變異數有 4 個、固定參數有 3 個，整個假設模型圖中待估計的參數共有 10 個、參數總數為 13。樣本資料共變異數矩陣中獨特的元素個數為 10，資料樣本點數目等於假設模型中待估計的自由參數（=10），所以模式是一個飽和模式。

表 4-42　Parameter summary (Group number 1)

	Weights	Covariances	Variances	Means	Intercepts	Total
Fixed	3	0	0	0	0	3
Labeled	0	0	0	0	0	0
Unlabeled	6	0	4	0	0	10
Total	9	0	4	0	0	13

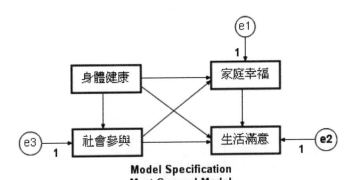

圖 4-43

　　點選 ▦▦ 「計算估計值」（Calculate estimates）工具圖像鈕估計路徑圖的各統計量及參數，模型可以辨識估計。由於假設模型為飽和模式，其整體適配度卡方值與模式自由度均等於 0，卡方值的顯著性機率值則無法計算。非標準化估計值模式圖與標準化估計值模式圖如圖 4-44、圖 4-45。

表 4-43　Notes for Model (Default model)

Computation of degrees of freedom (Default model)

Number of distinct sample moments:10

Number of distinct parameters to be estimated:10

Degrees of freedom (10 - 10):0

Result (Default model)

Minimum was achieved

Chi-square = .000

Degrees of freedom = 0

Probability level cannot be computed

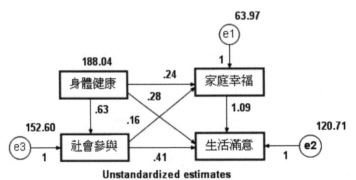

圖 4-44

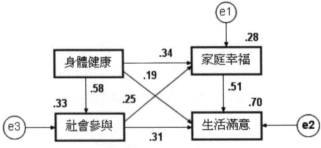

圖 4-45

若將「社會參與」對「家庭幸福」的因果路徑移除,則模式中待估計的自由度參數總數等於 9,包括 5 個迴歸係數參數(五條路徑係數)、4 個變異數參數,模式中全部的參數有 12 個(固定參數有 3 個)。樣本共變異數的獨特元素有 10 個,模式的自由度為 10−9 = 1,此時假設模型為一過度識別模式。

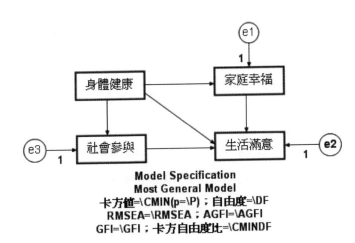

Model Specification
Most General Model
卡方值=\CMIN(p=\P);自由度=\DF
RMSEA=\RMSEA;AGFI=\AGFI
GFI=\GFI;卡方自由度比=\CMINDF

圖 4-46

模式估計結果可以收斂辨識,在模式註解中呈現:模式待估計的自由參數為 9、樣本動差獨特元素的數目為 10,模式的自由度為 1,模式適配度檢定的卡方值為 11.879,顯著性機率值 p=.001<.05,拒絕虛無假設,假設模型與樣本資料無法適配。

表 4-44 Notes for Model (Default model)

Computation of degrees of freedom (Default model)

Number of distinct sample moments:	10
Number of distinct parameters to be estimated:	9
Degrees of freedom (10 - 9):	1

Result (Default model)

Minimum was achieved

Chi-square = 11.879

Degrees of freedom = 1

Probability level = .001

標準化估計值的模式圖如圖 4-47，過度識別模式若可以估計卡方值，也可以求出其他的適配統計量，圖 4-47 之假設模型的 RMSEA 值等於.228、AGFI 值等於.731、GFI 值等於.973、卡方自由度比值等於 11.879。

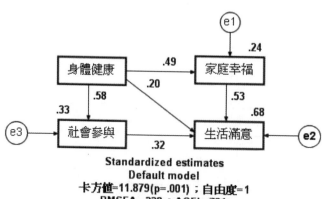

圖 4-47

二、獨立模式

在飽和模式中所有變項兩兩間均以雙箭號建立共變關係或以單箭號建立因果關係，相反的，在獨立模式中所有變項兩兩間均是相互獨立而沒有關係的，即兩兩變項間既沒有以雙箭號建立共變關係，也沒有以單箭號建立因果關係。以圖 4-48 之假設模型圖為例，身體健康、社會參與、家庭幸福、生活滿意四個變項均沒有以箭號建立彼此間的關係，其假設模型圖為獨立模式的一種。

身體健康　　　　家庭幸福

社會參與　　　　生活滿意

Model Specification
Most General Model
卡方值=\CMIN(p=\P)；自由度=\DF
RMSEA=\RMSEA；AGFI=\AGFI
GFI=\GFI；卡方自由度比=\CMINDF

圖 4-48

在圖 4-48 中沒有固定參數，待估計的自由參數有 4 個（四個變項的變異數參數），因而全部的參數數目為 4。獨立模式估計結果，模式可以收斂辨識，在模式註解中，呈現模式待估計的自由參數為 4、樣本動差獨特元素的數目為 10，模式的自由度為 6，模式適配度檢定的卡方值為 405.797，顯著性機率值 p=.000<.05，拒絕虛無假設，假設模型與樣本資料無法適配。

表 4-45　獨立模式估計之模式註解 (Default model)

Computation of degrees of freedom (Default model)

Number of distinct sample moments:	10
Number of distinct parameters to be estimated:	4
Degrees of freedom (10 - 4):	6

Result (Default model)

Minimum was achieved

Chi-square = 405.797

Degrees of freedom = 6

Probability level = .000

　　獨立模式估計結果之非標準化估計值之模式圖如圖 4-49。假設模型的 RMSEA 值等於.565、AGFI 值等於.140、GFI 值等於.484、卡方自由度比值等於 67.633。

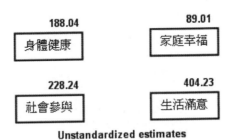

Unstandardized estimates
Default model
卡方值=405.797(p=.000)；自由度=6
RMSEA=.565；AGFI=.140
GFI=.484；卡方自由度比=67.633

圖 4-49

　　獨立模式估計結果之標準化估計值之模式圖如圖 4-50。

身體健康　　　　　家庭幸福

社會參與　　　　　生活滿意

Standardized estimates
Default model
卡方值=405.797(p=.000)；自由度=6
RMSEA=.565；AGFI=.140
GFI=.484；卡方自由度比=67.633

圖 4-50

4－4　結構方程模式圖的繪製程序

　　在範例 SEM 的模式圖中包括四個測量模型、四個潛在變項中「教學信念」、「教學策略」為外因潛在變項，「班級氣氛」與「教學效能」為內因潛在變項，二個內因潛在變項要增列殘差項或誤差項，殘差項的路徑係數固定為 1，以便估計其誤差變異量。

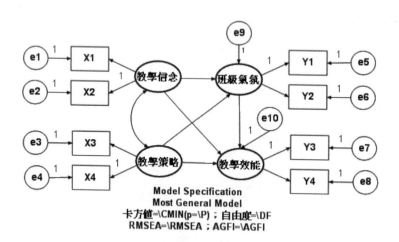

Model Specification
Most General Model
卡方值=\CMIN(p=\P)；自由度=\DF
RMSEA=\RMSEA；AGFI=\AGFI

圖 4-51

　　在範例之 SEM 中，共有四個測量模式（measurement model），每個測量模式各有二個觀察指標變項（observed indicator variables），每個觀察指標變項均會有測量誤差（measurement errors），因而各有一個誤差變項。

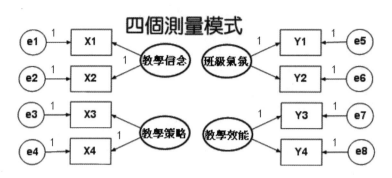

圖 4-52

在結構模式（structural model）中共有四個潛在變項（unobserved variables 或 latent variables），結構模式是潛在變項間的關係，潛在變項在量表中可能為一種構念（層面名稱或稱向度）或整個量表所欲測得的心理特質的總稱。外因潛在變項為教學信念、教學策略二個，內因潛在變項為班級氣氛、教學效能二個。

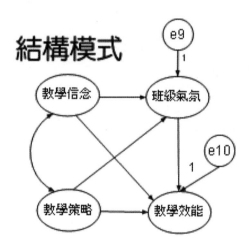

圖 4-53

◯ (一)步驟 1

點選 ◯ 【Draw unobserved variables】（描繪潛在變項）的圖像鈕，繪製一個橢圓形的潛在變項。

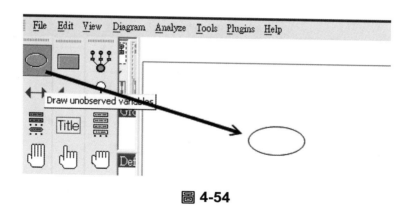

圖 4-54

◉ (二)步驟 2

點選 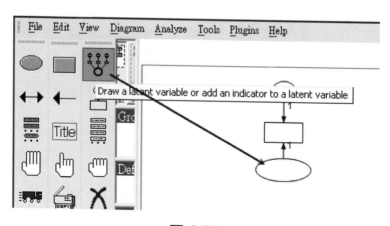 【Draw a latent variable or add an indicator to a latent variable】
（描繪潛在變項或增列潛在變項的指標）圖像鈕，在橢圓形的潛在變項上
按二次，每按一次，會增列一組觀察變項與誤差變項，按二次，會增列二
組觀察變項與誤差變項。

圖 4-55

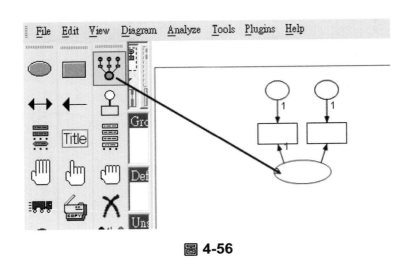

圖 4-56

○ (三)步驟 3

點選 ⟲ 【Rotate the indicators of a latent variable】（旋轉潛在變項的指標變項）圖像鈕，在橢圓形的潛在變項上按三次（按一次向順時針方向旋轉 90 度，按三次會旋轉 270 度），讓指標變項旋轉至潛在變項的左邊。

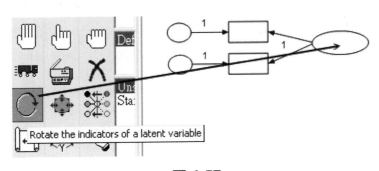

圖 4-57

○ (四)步驟 4

點選 【Preserve symmetries】（保留對稱性）圖像鈕，點選 【Duplicate objects】（複製物件）圖像鈕，按住橢圓形潛在變項拉曳至下方適當位置放開，可以複製一組潛在變項與其指標變項。

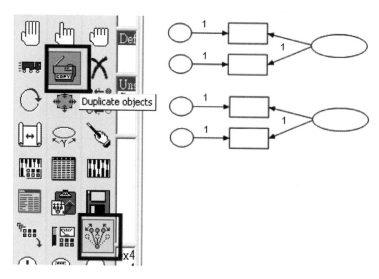

圖 4-58

● (五)**步驟 5**

點選 【Duplicate objects】（複製物件）圖像鈕，按住橢圓形潛在變項拉曳至下方適當位置放開，複製第三組潛在變項與其指標變項。點選 【Rotate the indicators of a latent variable】（旋轉潛在變項的指標變項）圖像鈕，在第三組橢圓形的潛在變項上按二次，旋轉其指標變項使其位置位於橢圓形物件的右邊。

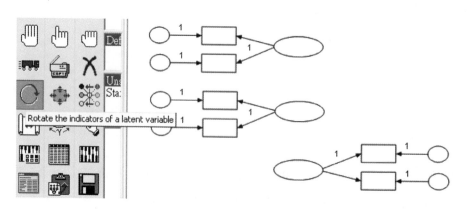

圖 4-59

◉ ㈥**步驟** 6

點選 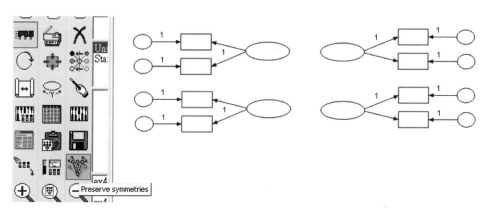【Move objects】（移動物件）圖像鈕，將第三組潛在變項與其指標變項移動右邊適當位置，點選 【Duplicate objects】（複製物件）圖像鈕，按住第三組橢圓形潛在變項拉曳至下方適當位置放開，複製第四組潛在變項與其指標變項。

圖 4-60

◉ ㈦**步驟** 7

利用 ↔【Draw covariances-double headed arrows】（描繪共變數——雙向箭頭）圖像鈕與 ←【Draw paths-single headed arrows】（描繪單向箭頭的路徑）二個圖像鈕，繪製潛在變項間的關係（結構模式的設定），外因變項間以雙箭頭建立連結關係，外因變項與內因變項間以單箭頭繪製因果關係路徑。

◉ ㈧**步驟** 8

點選 【Add a unique variable to an existing variable】（增列獨特變數到已有的變項）圖像鈕，在二個內因潛在變項（依變項）上各按一下，增列誤差變數，誤差變項的路徑係數內定為 1，界定為固定參數。

(九)步驟 9

設定潛在變項與誤差變項的變數名稱，滑鼠移到潛在變項上，按右鍵出現快顯功能表，選取「Object Properties」（物件屬性）選項，開啟「Object Properties」（物件屬性）對話視窗，切換到『Text』（文字）標籤頁，在「Variable name」（變數名稱）下的方格鍵入潛在變項名稱，如「教學信念」，在「Font size」（字型大小）下的方格中鍵入字型的大小數值，切換到『Parameters』（參數）標籤頁可設定物件參數數值（非標準化徑路係數與標準化徑路係數）的大小與字型。

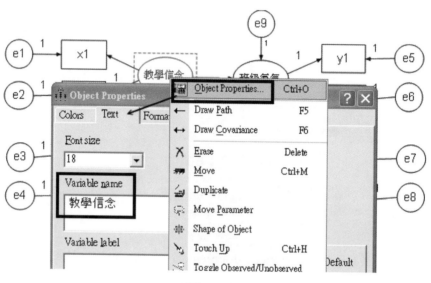

圖 4-61

在 Amos 的模式分析中，各觀察變項的誤差變項或內因潛在變項的誤差變項，其誤差變數參數設定的起始值內定為 1，若要更改測量誤差的徑路係數的起始值，在誤差變項單箭頭上按右鍵，選取「Object Properties」（物件屬性）選項，開啟「Object Properties」（物件屬性）對話視窗，切換到『Parameters』（參數）標籤頁，在「Regression weight」（迴歸係數）下的方格可設定物件參數數值（非標準化徑路係數與標準化徑路係數）的大小與字型，內定參數數值為 1。

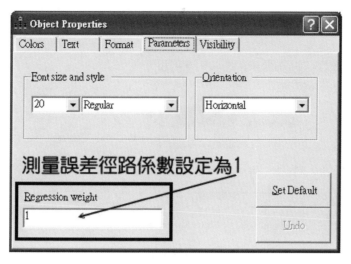

圖 4-62

在測量模式中無法觀察的變項通常稱之爲「因素」（factor）或「潛在構念」（latent construct），其指標變項稱之爲「觀察變項」（observed variables），每個觀察變項均會有一個唯一的誤差變項（specific error or unique variable），每個誤差變項的徑路係數起始值內定爲 1，此數值研究者也可以根據模式特性加以修改。測量模式中的潛在變項，其測量的指標變項（觀察變項）中要有一個指標變項的徑路係數起始值設爲 1，當點選 ![icon]【Draw a latent variable or add an indicator to a latent variable】（描繪潛在變項或增列潛在變項的指標）圖像鈕，繪製潛在變項的指標變項時，第一個指標變項的徑路係數參數值會設爲 1，研究者也可以改設其他的指標變項。

一、執行結果之標準化參數估計值的徑路圖

Amos 結構方程模式圖中，每個誤差變數均要設定變項名稱、每個觀察變項均要有相對應的資料檔變數名稱，每個潛在變項（內因潛在變項／外因潛在變項）均要設定變數名稱，結構模式中潛在變項的變項名稱不能與 SPSS 原始資料檔中的變項名稱相同，SPSS 原始資料檔中的變項在 Amos 模型只能拉曳至方框物件中（觀察變項物件）。若各變項名稱的設定有遺漏，則點選 ![icon]【Calculate estimates】（計算估計值）圖像按鈕後，會開啓「Amos Graphics」對話視窗的提示語，如「2 variables are unnamed」（2 個

變項沒有變項名稱）。

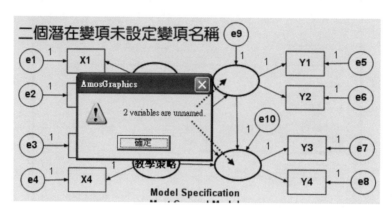

圖 **4-63**

若模型界定沒有問題，假設模式也可識別，則點選 ▦▦▦【Calculate estimates】（計算估計值）圖像按鈕後，會於「計算摘要表」（Computation summary）方盒中呈現模型的卡方值與自由度，此方盒中呈現的訊息如下（預設模式最小化歷程經 10 次疊代程序完成，結果寫至輸出文件檔，模式卡方值等於 8.5，自由度為 14）。

| Default model |
| Minimization |
| Iteration 10 |
| Minimum was achieved |
| Writing output |
| Chi-square=18.5, df=14 |

非標準化估計值模式圖如圖 4-64：沒有出現負的誤差變異數，徑路係數均為正數與原先理論建構之符號相同。

Structural Equation Modeling-Amos Operation and Application

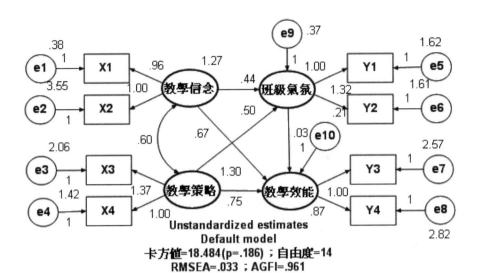

圖 4-64

標準化估計值模式圖如圖 4-65，整體模式適配度的卡方值為 18.484，自由度等於 14，顯著性機率值p=.186>.05，接受虛無假設，表示假設模型與觀察資料可以契合；RMSEA 值=.033<.05；AGFI 值=.961>.900，均達到模式與資料可以適配的標準。

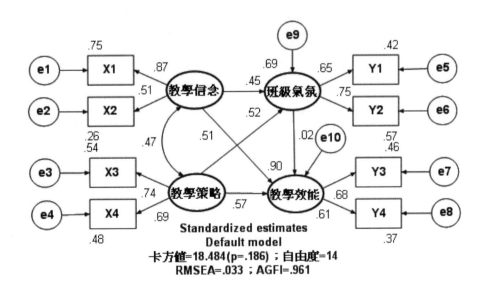

圖 4-65

二、模式的平行檢定

由於第一個假設徑路模式獲得支持，研究者可以進一步增列徑路模式的假定：

1. 教學信念潛在變項的二個指標變項「X1」、「X2」有相同大小的變異量成分與相同大小的誤差變異量。在此種平行檢定假設（parallel test hypothesis）下，潛在變項的指標變項 X1 與指標變項 X2 的徑路迴歸係數相同，二個指標的「誤差」（error）變項有相同的變異量。

2. 班級氣氛潛在變項的二個指標變項「Y1」、「Y2」有相同大小的變異量成分與相同大小的誤差變異量。在此種平行檢定假設下，潛在變項的指標變項 Y1 與指標變項 Y2 的徑路迴歸係數相同，二個指標的「誤差」（error）變項有相同的變異量。

3. 教學效能潛在變項的二個指標變項「Y3」、「Y4」有相同大小的變異量成分與相同大小的誤差變異量。在此種平行檢定假設下，潛在變項的指標變項 Y3 與指標變項 Y4 的徑路迴歸係數相同，二個指標的「誤差」（error）變項有相同的變異量。

4. 教學策略潛在變項的二個指標變項「X3」、「X4」，由於二者包含的題項數不相同，指標變項 X3 為教學策略分量表㈠十個題項的總和、指標變項 X4 為教學策略分量表㈡十二個題項的總和。在此種非平行檢定假設下，潛在變項的指標變項 X3 與指標變項 X4 的徑路迴歸係數可能不相同，指標變項 X4 之迴歸係數可能是指標變項 X3 之迴歸係數的 1.2 倍（$12 \div 10 = 1.2$），若假定二個指標的「誤差」（error）變項有相同的變異量，將誤差變項 e3 固定的迴歸係數設為 1，則誤差變項 e4 固定的迴歸係數為 $\sqrt{1.2} = 1.095$。

平行檢定的結構模式圖如圖 4-66：

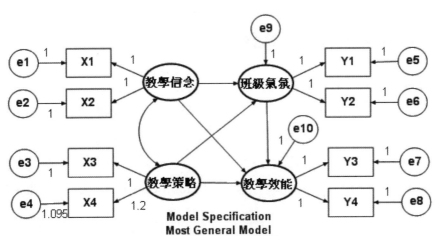

圖 4-66

　　上述平行檢定假設執行的結果輸出如下，整體適配度卡方考驗值為 43.383、顯著性機率值 p=.001，達到顯著水準，拒絕虛無假設，表示假設平行模式圖與觀察資料並未適配。從其他適配度指標值來看，AGFI 值=.931> .900的標準、GFI 值=.966>.900、RMSEA 值=.069<.080，達到模式適配的標準，如果樣本數較大，模式平行假定圖是否與觀察資料契合，還須要參照其他的適配度指標進行綜合判斷。

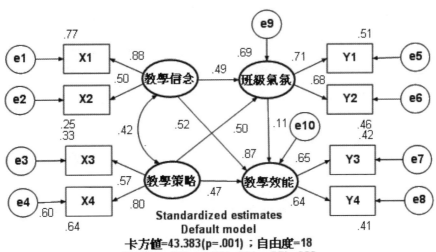

圖 4-67

4-5 結構模式與修正指標

當研究者根據理論文獻或經驗法則提出一個假設模式圖,經適配度考驗結果,若無法與觀察資料適配,表示假設模式還必須加以修正,假設理論模式的修正也必須有其理論根據,或依據經驗法則加以修正,如將沒有達到顯著水準的徑路係數影響路徑刪除,或將不合理的影響路徑刪除,此外,也可以參考Amos提供的修正指標(Modification indices)數據來判別。

從統計學的觀點而言,修正指標即是自由度為 1 時(即該固定參數被重新設定自由估計時的量數),前後兩個估計模式卡方值之間的差異值,因此,最大的修正指標值,即表示當某一固定參數被改設為自由參數而重新估計時,該參數可以降低整個模式卡方值的最大數值(余民寧,民 95)。修正指標主要在探測限制參數及固定參數,對於每一個限制或固定的參數而言,將之改成自由參數(即加以估計),則模式χ²值將減少的量即為修正指標。修正指標是探究模式是否有敘列誤差的重要線索,修正指標必須要多大才有修正之必要,似乎無一定定論。學者 Bagozzi 與 Yi(1988)認為修正指標高於 3.84 時就有必要加以修正(程炳林,民 92)。但也有學者認為修正指標值高於 5 時,殘差值才具有修正必要(邱皓政,民 94)。若是所有估計參數中,有參數的修正指標小於 3.84,表示模式的內在品質中有敘列誤差存在,若修正指標的數值太大,表示該參數的適配情形不佳。修正指標是判別參數是否界定錯誤的一重要指標值,如果某一個參數的修正指標太大,就應將參數由固定參數改為自由參數,因為如設為固定參數,對模式的契合度並不理想。

較大的修正指標搭配較大的期望參數改變值表示該參數有需要加以釋放,因為釋放的結果可以使整體契合度的卡方值指標降低許多,且獲得較大的參數改變;若是較大的修正指標,而期望參數改變值很小,則雖能降低許多卡方值,但對參數估計的實質意義不大。而一個小的修正指標伴隨一個較大的期望參數改變值,有兩個可能的原因:一為受到樣本變異的影響;二為是該參數對卡方檢定的敏感性較低。當測量變項使用不同量尺時,要比較參數改變值的大小,就必須採用標準化期望參數改變值(黃芳銘,民 93)。

　　儘管修正指標是探測模式是否有敘列誤差的重要指標，且LISREL程式中也有自動修正的指令，但在使用時應注意以下二點：一為不要輕易使用自動修正的指令，因為有時候將一個固定參數改成自由參數，即修改了原先的假設模式，在理論上無法自圓其說；二為若發現真有必要進行模式的修正，而且理論上也可以解釋，則修正時必須以不同的觀察資料來檢驗，同時一次只能修正一個指標（*Long, 1983*）。

　　在 CFA 模式適配中，研究者如根據修正指標來修正原先假設模式，雖然可以有效改善模式的適配度，降低χ^2數值，使假設模式愈能契合實際資料，但如此不斷修正假設模式，更改參數設定及變項間的關係，修正後的新模式已遠離 CFA 的本質，研究的模式反而是一種「探索性因素分析」（exploratory factor analysis; EFA），EFA 乃是研究者根據統計數據結果來判別因素結構與模式，經不斷嘗試以找出量表最佳的因素結構。因而在 CFA 分析中，要應用修正指標更改參數性質時需格外謹慎。

　　在包含結構模式與測量模式的完整結構方程式中，研究者在採用修正指標時要注意以下幾點：一為放寬最大修正指標的參數，並不一定能保證讓模式得到一個實質的解釋意義，此時，研究者可考慮放寬具有第二大修正指標值的參數，依此類推，以讓模式能獲得實質的解釋意義，例如，自由參數的符號是錯誤的，它與原先理論建構的期望方向相反，或參數所代表的路徑在理論概念上有瑕疵，如測量誤差量間出現共變問題，因而一個修正指標的檢驗及放寬最大指標適配值的參數應可獲得實質的解釋才可以，若不能得到實質的解釋意義時，研究者應考量放寬次大的修正指標參數（*Joreskog, 1993, p.312*）；二為若同時有數個修正指標值很大時，研究者應一次放寬一個參數（one at a time），將其為固定參數改為自由參數，重新估計模式，而不要一次同時放寬數個參數，再對模式加以估計，因為同時放寬數個參數再行估計，並不是一個適切的模式修正策略（*Long, 1983, p.69*）；三為修正指標必須配合「期望參數改變量」（expected parameter change；EPC 值），所謂期望參數改變量即當固定參數被放寬修正而重新估計時，所期望獲得該參數估計值預測改變量，如果修正指標值（MI 值）較大，且相對應的期望參數改變量也較大，表示修正該參數會帶來期望參數改變量的數值也較大，且此種修正，可以明顯低卡方值，此種修正才有顯著的實

質意義（*Diamantopoulos & Siguaw, 2000*；余民寧，民 95）。

根據修正指標與期望參數改變的大小，模式的修正有四種情境（*Diamantopoulos & Siguaw, 2000, p.109*）：

表 4-46

		期望參數改變量	
		大	小
修正指標	大	情境一	情境二
	小	情境三	情境四

在上述四種情境中，以〔情境一〕一個大的修正指標連結一個大的期望參數改變值較有實質的意義，因為放寬一個參數會獲得一個大的期望參數改變量，並且會使卡方值減少很多。〔情境二〕一個大的修正指標連結一個小的期望參數改變值，在檢定統計上雖然可以大大降低卡方值的數值，但期望參數改變的量則是微不足道，其原因可能是原先設為固定參數的敘列誤差值就很小的緣故，造成參數的放寬後參數值變化不大。〔情境三〕一個小的修正指標連結一個大的期望參數改變值，在此種情況下，造成修正指標的不明確，因為大的期望參數改變值是由於樣本的變異性造成，還是參數對卡方的敏感度不夠，無從得知。此種情形最好是以相同樣本於模式中不同的地方，檢定敘列誤差值的統計考驗力，因為修正指標對某些固定參數的敘列誤差值較為敏感。〔情境四〕一個小的修正指標連結一個小的期望參數改變值，很明顯的，此種修正對於模式是沒有實質助益的。

SEM 分析結果，若是整體適配度卡方值很大，或模式綜合評估結果，假設模型的適配度欠佳，研究者可以試圖對原始模型加以修正或進行模式剪裁（model trimming），進行模式修正時，最好一次只對一個參數進行修正，修正完再重新執行模式估計。模型參數的修正包括刪除路徑、限制路徑或釋放原先限制的路徑。唯模式修正時，增列的參數關係不能違反 SEM 的假定，如外因潛在變項與內因潛在變項的指標變項間沒有直接關係，內因潛在變項與外因潛在變項的指標變項間沒有直接關係，外因潛在變項的指標變項與內因潛在變項的指標變項間沒有直接關係，各測量模式中指標變項的殘差項與因素構念（潛在變項）間無關（不能建立共變關係），指

標變項的殘差項間可以有共變關係存在，但指標變項的殘差項間不能建立路徑因果關係。

在 Amos 輸出結果報表中，「Modification Indices」（修正指標）的類別內容包括五項：共變數（Covariances）、變異數（Variances）、迴歸係數（Regression Weights）、平均數（Means）、截距項（Intercepts），模型中若沒有估計變項之平均數與截距項，則修正指標只呈現前三者。Amos 內定修正指標值的數值為 4，表示增列此參數後，修正指標值大於 4 者才會呈現，修正指標值的界限值使用者可以自訂。在釋放模式假定時，研究者要特別注意的是「不要讓一個可以識別的模式（identified model）變成一個無法辨識的模式（unidentified model）。」

模式是否加以修正，跟已經出版動差結構分析的應用研究有關，多數刊物希望此方面研究結果模式可以被接受，一個不適配模式（misfitting model）是否值得刊出是值得討論的（Amos 手冊）。筆者以為 SEM 的檢定是否被接受，皆有其意義與價值性存在，因為一個假設模型經修正後還是無法適配，表示模型的界定可能有問題，之後從事類似研究的研究者可參考先前的研究結果重新界定假設模型，進行更嚴謹的統計檢定，也許會有不同的結果發現。

【研究問題】

某研究者想探究國中學生數學焦慮、數學態度與數學自我效能間影響關係，採分層叢集取樣方式，抽取 900 位國中學生，讓其填寫「數學學習自我知覺問卷」，問卷包含數學焦慮量表、數學態度量表、數學自我效能量表。其中數學焦慮量表包含二個層面：「考試焦慮」、「課堂焦慮」，樣本在量表上的得分愈高，表示受試者所知覺的數學焦慮愈高；數學態度量表包含二個層面：「學習動機」、「學習信心」，樣本在量表上的得分愈高，表示受試者所感受的數學態度愈積極、正向；數學自我效能量表包含二個層面：「自我肯定」、「持續努力」，樣本在量表上的得分愈高，表示受試者所覺知的數學自我效能感愈高。六個層面間的相關矩陣資料檔如表 4-47：

表 4-47

rowtype	varname_	學習動機	學習信心	自我肯定	持續努力	考試焦慮	課堂焦慮
n		900.00	900.00	900.00	900.00	900.00	300.00
corr	學習動機	1.00	.	.	.	.	.
corr	學習信心	0.66	1.00	.	.	.	.
corr	自我肯定	0.56	0.47	1.00	.	.	.
corr	持續努力	0.44	0.52	0.67	1.00	.	.
corr	考試焦慮	-0.36	-0.41	-0.35	-0.37	1.00	.
corr	課堂焦慮	-0.30	-0.29	-0.29	-0.28	0.54	1.00
stddev		3.44	3.06	3.54	3.15	3.10	21.22
mean		13.61	14.76	14.13	14.90	10.90	37.49

（數據來源：修改自《Amos 使用者手冊 4》，p.144）

一、模式 A：初始模式

對於數學焦慮、數學態度、數學自我效能間的因果關係模式圖如圖
4-68：其中數學焦慮會直接影響數學態度、數學自我效能；而數學態度變因
也會直接影響到數學自我效能。數學焦慮潛在變項的二個指標變項為考試
焦慮、課堂焦慮，數學態度潛在變項的二個指標變項為學習動機、學習信
心，數學自我效能潛在變項的二個指標變項為自我肯定、持續努力。

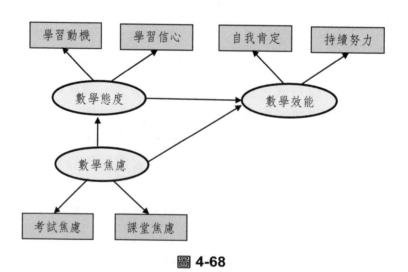

圖 4-68

上述假設之變項影響路徑圖，繪製於 Amos Graphics 視窗中如圖 4-69，

其中外因潛在變項為「數學焦慮」、內因潛在變項為「數學態度」、「數學效能」，作為內因潛在變項者須增列誤差變項或殘差變項，而六個觀察變項也要增列其誤差變項。

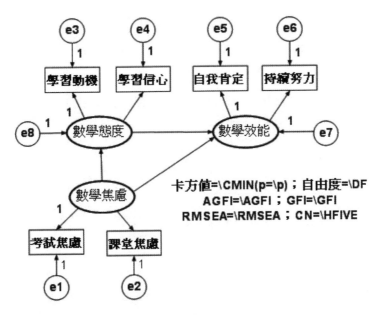

圖 4-69

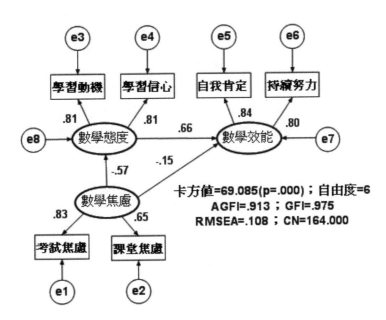

圖 4-70

在原始假設徑路分析模式中，各標準化估計值如上圖 4-70 所列。在模式適配度的檢核方面，卡方值為 69.085，顯著性機率值 p=.000<.05，達到顯著水準，拒絕虛無假設，表示觀察資料所導出變異數共變數 S 矩陣與假設模式導出之變異數共變數 矩陣相等的假設無法獲得支持，即假設模式圖與觀察資料無法契合。而 CN 值=164<200，RMSEA 值=.108>.08，表示假設模式與觀察資料無法適配。在初始模式中，由於假設模式之變異數共變數 矩陣無法適配觀察資料之變異數共變數 S 矩陣，模式有待進一步修正。假設模式圖要能獲得較佳的適配度，其模式修正較佳的做法就是釋放某些假定，此部分可參考報表中提供的修正指標值。

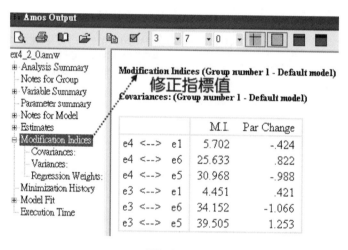

圖 4-71

在「Amos Output」結果輸出視窗中，左邊的類別有一個「Modification Indices」（修正指標）選項，此選項包括三個子選項：共變數、變異數、迴歸係數。按右邊文件內容標題「Modification Indices」（修正指標）會出現修正指標內涵的對話視窗，視窗內容會對修正指標參數加以解釋，包括修正指標值、估計參數改變值、沒有出現修正指標的意涵（如果沒有呈現修正指標，表示沒有修正指標值超過設定的界限值──內定的門檻數值為 4）等。

Modification Indices

Each parameter that has a modification index greater than a specified threshold (see To obtain modification indices to find out how to specify the threshold.) appears here, together with two numbers in columns labeled:

M.I.: modification index

Par Change: estimated parameter change

If no modification indices are displayed, this means that none exceed the specified threshold.

For more information about modification indices, and an example, see the Mods method of the **AmosEngine** class.

圖 4-72

Modification Indices (Group number 1 - Default model)

表 4-48　Covariances: (Group number 1 - Default model)

	M.I.	Par Change
e4↔e1	5.702	-.424
e4↔e6	25.633	.822
e4↔e5	30.968	-.988
e3↔e1	4.451	.421
e3↔e6	34.152	-1.066
e3↔e5	39.505	1.253

在「M.I.」指標值欄中的數字按一下會出現相對應數字的說明，如在最後一列 39.505 的數字按一下，會出現「共變數的修正指標」（Modification index for covariance）的訊息：若是將誤差項 e3、e5 由固定參數（fixed parameter）改爲自由參數（free parameter），則至少可以降低卡方值 39.505。在 SEM 的模型考驗中，不被估計的參數稱爲固定參數，固定參數值通常固定爲 0 或是某個常數，而必須估計的參數稱爲自由參數，自由參數的界定與數目會決定假設模型是否可以識別，自由參數是 SEM 模型分析中的核心，自由參數愈少，自由度愈大，表示模型愈簡約。

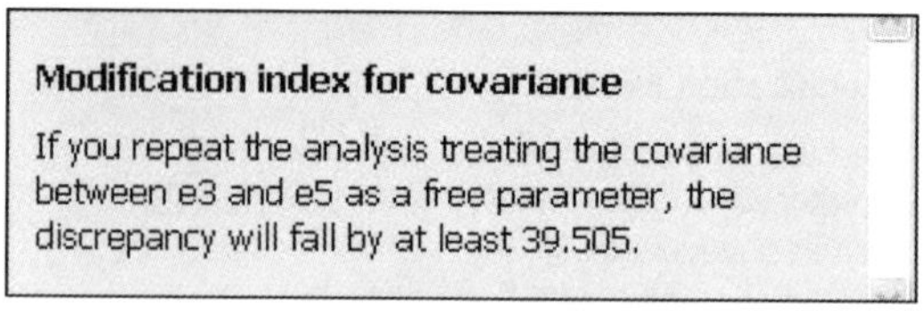

Modification index for covariance

If you repeat the analysis treating the covariance between e3 and e5 as a free parameter, the discrepancy will fall by at least 39.505.

圖 4-73

在最後一欄「Par Change」（參數改變量）中的數字按一下，會出現該列變項由固定參數改為自由參數之參數改變量的預估情形，如在最後一列 1.253 數字按一下會出現「估計共變數參數改變」（Estimated parameter change for covariance）對話視窗，視窗訊息顯示若是將誤差項 e3、e5 改為自由參數，參數改變量會比原先界定模型增大約 1.253。

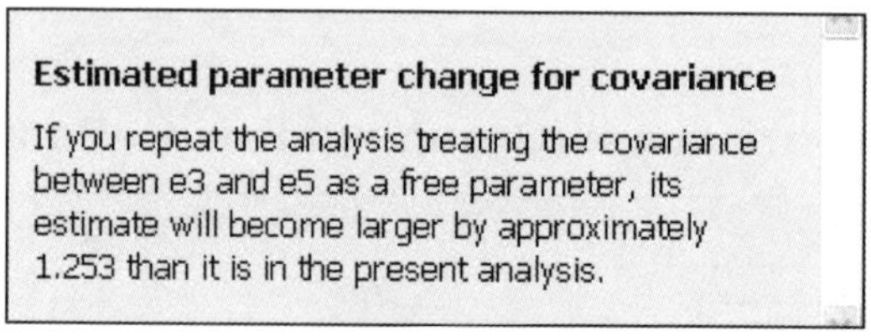

Estimated parameter change for covariance

If you repeat the analysis treating the covariance between e3 and e5 as a free parameter, its estimate will become larger by approximately 1.253 than it is in the present analysis.

圖 4-74

表 4-49　Variances: (Group number 1 - Default model)

	M.I.	Par Change

表 4-50　Regression Weights (Group number 1 - Default model)

	M.I.	Par Change
持續努力←學習信心	5.270	.056
持續努力←學習動機	8.696	-.064
自我肯定←學習信心	6.542	-.069
自我肯定←學習動機	9.996	.076
學習信心←持續努力	5.419	.054
學習信心←自我肯定	7.028	-.054
學習動機←持續努力	7.441	-.071
學習動機←自我肯定	8.753	.068

　　迴歸係數的修正指標會增列新的路徑係數供研究者參考，其中有些路徑係數不符合 SEM 的假定，研究者在增列路徑係數時要小心，不符合 SEM 假定的路徑如：測量指標的誤差項對潛在變項的影響路徑，測量指標變項對其他測量指標變項的影響路徑，測量指標的誤差項對其他測量指標的影響路徑，測量指標的誤差項對其他測量指標的誤差項影響路徑等。

　　上述資料為模式修正指標值，標題列「Modification Indices」為修正指標提示語，在此提示語按一下，會開啟修正指標說明的視窗，在修正指標的對話視窗，會對「M.I.」與「Par Change」二個符號所代表的意義加以說明，「M.I.」為修正指標值，「Par Change」為估計參數改變量，以誤差變項 e3、e5 二個變項而言，原先的初始模式假定二者沒有相關，若是初始模式圖重新設定二者有共變關係，至少可以減少卡方值 39.505，其估計參數改變值為正數，e3 為指標變項「學習動機」的誤差變項、e5 為指標變項「自我肯定」的誤差變項，這二個觀察變項的誤差變項可能有某種程度的共變關係。誤差變項 e4、e6 二個變項而言，原先的初始模式假定二者沒有相關，若是初始模式圖重新設定二者有共變關係，至少可以減少卡方值 25.633，其估計參數改變值為正數，e4 為指標變項「學習信心」的誤差變項、e6 為指標變項「持續努力」的誤差變項，這二個觀察變項的誤差變項可能有某種程度的共變關係。在修正指標與期望參數改變值方面，希望二個變項間的關係為正，而其期望參數改變值也為正。在模式修正方面，研究者最好逐次釋放假定，而不要一次釋放多個假定。

　　在參數釋放設定上，研究者最好一次釋放一個參數，即一次只要修正模型中的一個參數，每修正一個參數即進行模式檢定，而不要將數個固定參數同時改為自由參數，因為同時釋放多個參數，其下降的卡方值並不等於原先個別釋放參數之修正指標值（M.I.）的總和。研究者應先根據最大的修正指標值來修正模式，有時，M.I. 值雖不是很大，但參數改變欄數值的絕對值很大，表示修正的模型中模式改變後新參數值的變化很明顯，在此情形下也可以考慮將之納入修正模型的自由參數。

二、模式 B：修正模式 1

　　上述假設模式圖重新修正如圖 4-75，在第一次修正模式圖，增列誤差變項 e3 與誤差變項 e5 間有共變關係。

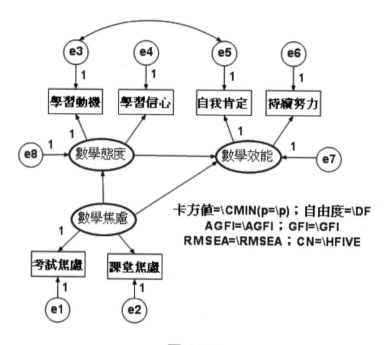

圖 4-75

　　修正後模式圖的卡方值為 6.164，顯著性機率值 p=.291>.05，未達顯著水準，接受虛無假設，表示觀察資料所導出變異數共變數 S 矩陣與假設模式導出之變異數共變數 $\hat{\Sigma}$ 矩陣相等的假設獲得支持，即假設模式圖與觀察資料契合。AGFI 值=.990>.900、GFI 值=.998>.900、CN 值=1615>200、RMSEA 值=.016<.05，均達到模式可以適配的標準，表示修正後的假設模式與觀察資料能適配。初始模型的自由度為 6，修正模型增列一個自由參數，因而自由度減少 1 個變為 5。

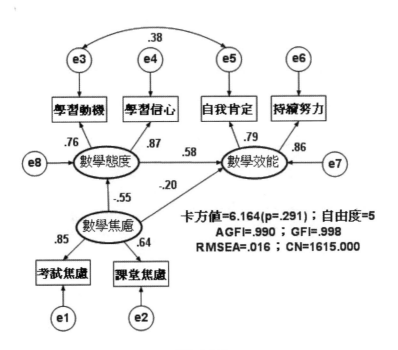

圖 4-76

Modification Indices (Group number 1 - Default model)

表 4-51 **Covariances: (Group number 1 - Default model)**

	M.I.	Par Change

表 4-52 **Variances: (Group number 1 - Default model)**

	M.I.	Par Change

表 4-53 **Regression Weights: (Group number 1 - Default model)**

	M.I.	Par Change

三、模式C：修正模式2

　　在修正指標數值中，沒有提供需要修正的數據（增加變項間的路徑或設定變項誤差間的共變關係），表示假設模式圖是個可以接受的徑路圖，模式不需要再修正。

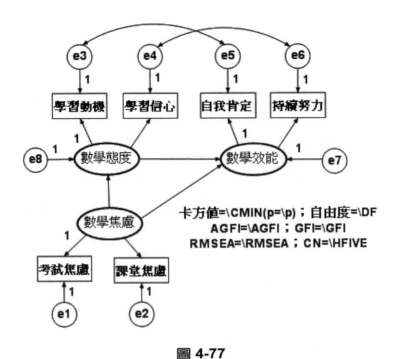

圖 4-77

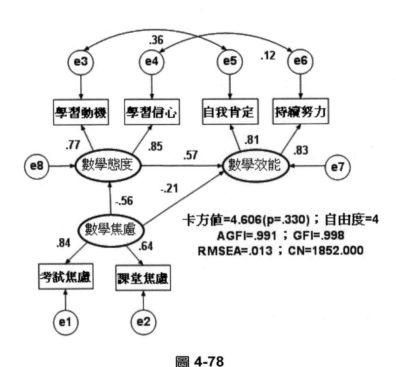

圖 4-78

　　若是研究者再增列誤差變項e4 與誤差變項e6 間的共變關係，則卡方值降爲 4.606，顯著性機率值p=.330>.05，接受虛無假設，AGFI值提高至.991、

CN值提高至 1852.000、RMSEA 值降為.013，表示假設模式圖與觀察資料的適配情形更好。

　在輸出結果報表中要呈現修正指標的數據，在浮動圖像鈕中點選  【Analysis properties】（分析屬性）圖像鈕，會出現「Analysis properties」（分析屬性）對話視窗，切換到『Output』（結果輸出）標籤頁，勾選「☑ Modification indices」（修正指標）、並在「Threshold for modification indices」（修正指標臨界值）前的方格輸入最大修正指標值，內定的修正指標臨界值為 4，表示修正指標值大於 4 者會出現於輸出報表中，範例中鍵入「20」，表示修正指標值超過 20 者才會出現於輸出報表中。

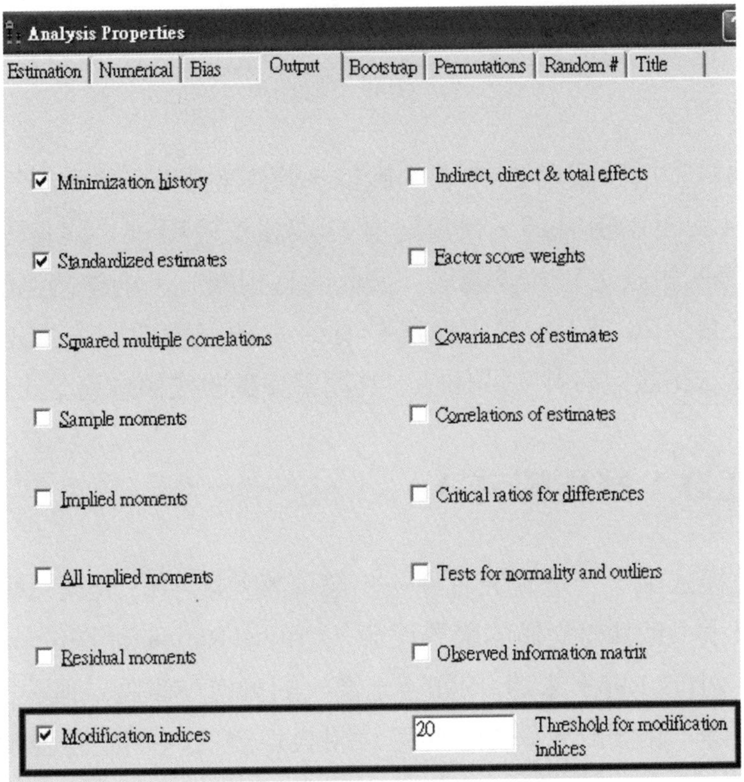

圖 4-79

Modification Indices (Group number 1 - Default model)

表 4-54　Covariances: (Group number 1 - Default model)

	M.I.	Par Change
e4 ↔ e6	25.633	.822
e4 ↔ e5	30.968	-.988
e3 ↔ e6	34.152	-1.066
e3 ↔ e5	39.505	1.253

表 4-55　Variances: (Group number 1 - Default model)

	M.I.	Par Change

表 4-56　Regression Weights: (Group number 1 - Default model)

	M.I.	Par Change

　　上表為修正指標值大於 20 者的數據，將誤差變項 e4 與誤差變項 e6、誤差變項 e4 與誤差變項 e5、誤差變項 e3 與誤差變項 e6、誤差變項 e3 與誤差變項 e5 等四組設定有共變關係（彼此間有相關），則整體適配度的卡方值至少均可減少 20 以上，其中誤差變項 e4 與誤差變項 e6、誤差變項 e3 與誤差變項 e5 二組設定有共變關係時，其期望參數改變值會產生正向的改變。

四、模式 D：修正模式 3

　　在修正模式中，若是研究者進一步發現誤差變項 e3 與誤差變項 e5 的變異數差距很小，且其差異值的臨界比值（Critical Ratios for Difference between Parameters）小於 1.96，未達 .05 顯著水準，則可進一步將二個誤差變項的變異數設為相等；相同的，研究者也可以將誤差變項 e4 與誤差變項 e6 的變異數設為相等。

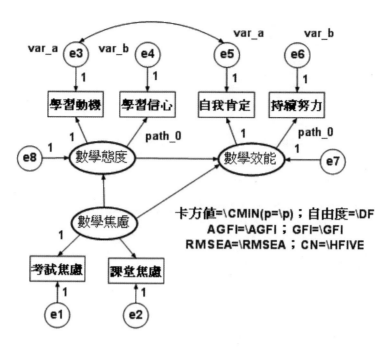

圖 4-80

　　要將二個變項的變異數設為相等，只要將其二個物件屬性的參數變異數名稱標籤設為相同的變項名稱即可，如假定要將誤差變項 e3 與誤差變項 e5 的變異數均設為「var_a」，則在這二個物件上按滑鼠右鍵，選取快顯功能表【Object Properties】（物件屬性）選項，開啟「Object Properties」（物件屬性）對話視窗，切換到「Parameters」（參數）標籤頁，在下面「Variance」（變異數）下的方格中鍵入變異數的變項名稱「var_a」，按右上角的關閉鈕。

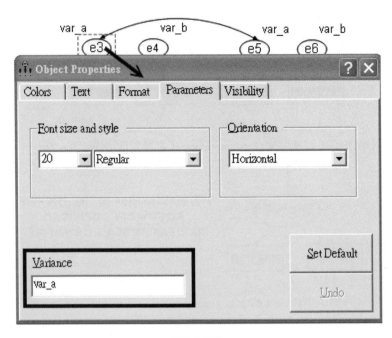

圖 4-81

　　研究者進一步發現：潛在變項數學態度對學習信心指標變項的徑路係數大約等同於潛在變項數學效能對持續努力指標變項的徑路係數，二者的徑路係數值可假定為相同。假定二條徑路係數的變項均為「path_0」。其操作設定如下：在二個單箭頭物件上按滑鼠右鍵，選取快顯功能表【Object Properties】（物件屬性）選項，開啟「Object Properties」（物件屬性）對話視窗，切換到「Parameters」（參數）標籤頁，在下面「Regression weight」（徑路係數）下的方格中鍵入徑路係數的變項名稱「path_0」，按右上角的關閉鈕。

Structural Equation Modeling- Amos Operation and Application

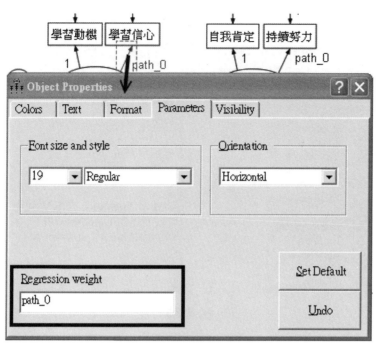

圖 4-82

在 SEM 模型圖，要設定變項參數名稱標籤為相同，另外一個操作方法為開啟「拉曳屬性」對話視窗，研究者先界定誤差項e3 與誤差項e4 變異數參數名稱標籤，之後相同誤差項的變異數名稱標籤的界定操作：點選【從物件到物件間複製屬性】（Drag properties from object to object）圖像鈕，開啟「Drag Properties」對話視窗，視窗內容勾選「☑Parameter constraints」（參數限制）、「☑Parameter position」（參數位置），滑鼠移到誤差項e3 橢圓形物件上，按住左鍵不放直接拉曳至誤差項e5，則誤差項e5 會出現變異數參數名稱標籤「var_a」；滑鼠移到誤差項e4 橢圓形物件上，按住左鍵不放直接拉曳至誤差項 e6，則誤差項 e6 會出現變異數參數名稱標籤「var_b」。如果勾選「☑Parameter position」（參數位置）選項，則新參數名稱標籤出現的位置會於原先誤差項界定的位置相同，如均在誤差項的左方等。

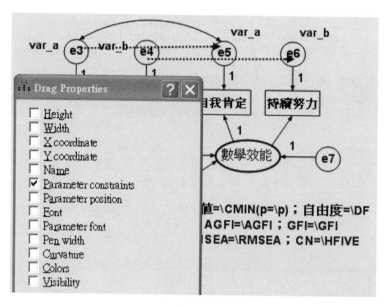

圖 4-83

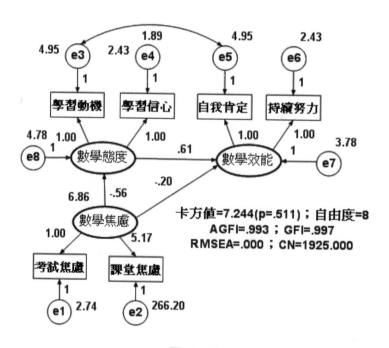

圖 4-84

　　圖 4-84 為非準化的估計值數據，誤差變項 e3 與誤差變項 e5 的變異數均為 4.95，誤差變項 e4 與誤差變項 e6 的變異數均為 2.43。

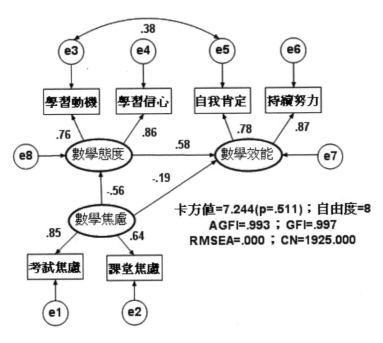

圖 4-85

在標準化估計值的模式中，「數學態度」潛在變項對測量指標「學習信心」的徑路係數為.86、「數學效能」潛在變項對測量指標「持續努力」的徑路係數為.87。整體適配度的卡方值為 7.244、顯著性機率值 $p=.511>.05$，未達顯著水準，接受虛無假設，表示觀察資料所導出變異數共變數 S 矩陣與假設模式導出之變異數共變數 矩陣相等的假設獲得支持，即假設模式圖與觀察資料契合。AGFI 值=.993>.900、GFI 值=.997>.900、CN 值=1925>200、RMSEA 值=.000<.05，均達到模式可以適配的標準，表示假設模式與觀察資料能適配。

4-6 單一檔案多重模式的設定

上述四種結構方程模式圖，分別存於四個不同檔案，由於四個結構方程模式圖的差異，主要在於部分參數的設定不同，因而四個結構方程模式可以採取多重模式（multiple models）的處理方式，只要繪製一個模式圖並設定不同模式參數，即可以一個檔案存檔，此種特性即為 Amos 中的「單一檔案多重模式」（Multiple models in a single file）的設定。上述四種假設模

式圖可以以圖 4-86 的徑路圖表示，其中的共變數變項有二個：cov_1（誤差變項 e3 與誤差變項 e5 的相關）、cov_2（誤差變項 e4 與誤差變項 e6 的相關）、四個變異數變項：e3_var（誤差變項e3 的變異數）、e4_var（誤差變項 e4 的變異數）、e5_var（誤差變項 e5 的變異數）、e6_var（誤差變項 e6 的變異數）、二個迴歸係數變項：path_1（數學態度→學習信心）、path_2（數學效能→持續努力）。

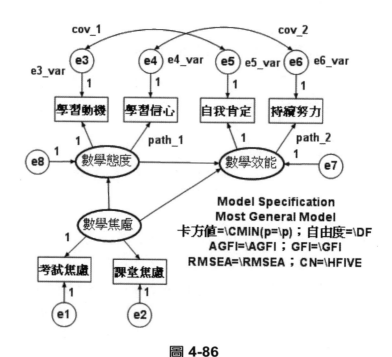

圖 4-86

　　SEM 分析中便於模型估計結果的查看，研究者可增列圖形標題說明文字，在【Figure Caption】（圖形標題）對話視窗中，選取「　Center align」選項，在「Caption」（標題）下的方格中輸入下列文字，其中關鍵字「\MODEL」可以於估計值模式圖中呈現各模式的名稱。

```
\FORMAT
\MODEL
卡方值=\CMIN（p=\p）；自由度=\DF
AGFI=\AGFI；GFI=\GFI
RMSEA=\RMSEA；CN=\HFIVE
```

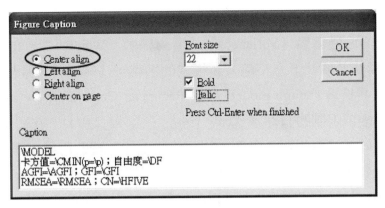

圖 4-87

●(一)步驟 1

　　在中間多功能視窗區「模式」方盒中的「Default model」（預設模式）上連按二下滑鼠或執行功能列【Analyze】（分析）→【Manage Models】（管理模式）程序，開啓「Manage Models」（管理模式）的對話視窗。

模式設定前只有一個模式名稱，預設值為「Default model」	多個模式設定後的模式名稱，範例中有四個模式
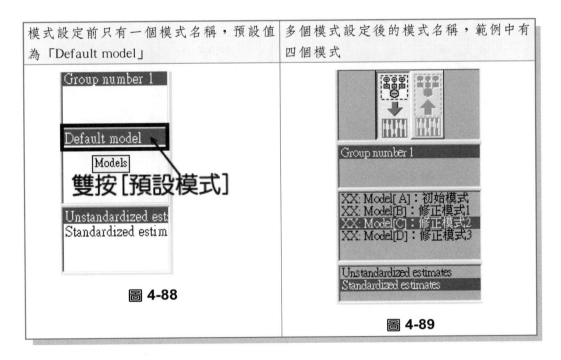	

圖 4-88

圖 4-89

●(二)步驟 2

　　左邊參數類別中會出現徑路模式圖中設定的參數變項，參數類別包括：

共變數（Covariances）、截距（Intercepts）、平均數（Mean）、未知變項（Unknown）、變異數（Variances）、迴歸係數（Weights），右邊「Model Name」（模式名稱）下方格輸入新模式的名稱：「Model[A]：初始模式」（原先模式名稱為 Default model），「Parameter Constraints」（參數限制）下輸入參數變項限制的條件：「cov_1=0」、「cov_2=0」。在初始模式中假定誤差變項間均沒有相關，因而二組誤差變項的共變數均設定等於 0。由於將二個共變數數值均設定為等同值，其數值均為 0，在「Parameter Constraints」（參數限制）下方格中也可以改為輸入以下參數限制條件：「cov_1=cov_2=0」。

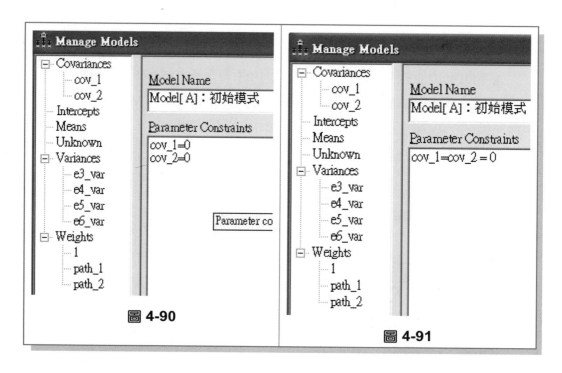

圖 4-90　　圖 4-91

●(三)步驟 3

按下方『New』（新增模式）鈕，新增模式B的模式名稱與參數設定：右邊「Model Name」（模式名稱）下方格輸入新模式的名稱：「Model[B]：修正模式 1」，「Parameter Constraints」（參數限制）下方格輸入參數變項限制的條件：「cov_2=0」。在第一個修正模式中假定誤差變項e3 與誤差變項 e5 間有相關，而假定誤差變項 e4 與誤差變項 e6 間沒有相關，因而後面一組誤差變項的共變數要設定等於 0。按下方『New』（新增模式）鈕，以

新增模式 C 的變項名稱與參數設定：右邊「Model Name」（模式名稱）下方格輸入新模式的名稱：「Model[C]：修正模式 2」，「Parameter Constraints」（參數限制）下方格中不用作任何設定。模式 C：修正模式 2，假定誤差變項 e3 與誤差變項 e5 間有相關，誤差變項 e4 與誤差變項 e6 間有相關，即設定二組誤差變項間有共變關係，因而不用進行參數設定。

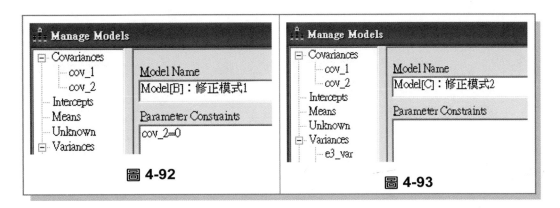

圖 4-92　　　　　　　　　　圖 4-93

⟨四⟩步驟 4

按下方『New』（新增模式）鈕，以新增模式 D 的變項名稱與參數設定，模式 D 假定誤差變項 e3 與誤差變項 e5 間有相關，二個誤差變異數相等，誤差變項 e4 與誤差變項 e6 間沒有相關（cov_2=0），二個誤差變異數相等，迴歸係數 path_1=path_2。右邊「Model Name」（模式名稱）下方格輸入新模式的名稱：「Model[D]：修正模式 3」，「Parameter Constraints」（參數限制）下方格輸入參數變項限制的條件：「cov_2=0」、「e3_var=e5_var」、「e4_var=e6_var」、「path_1=path_2」。

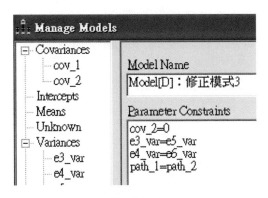

圖 4-94

進行多重模式的設定後，只要執行一次 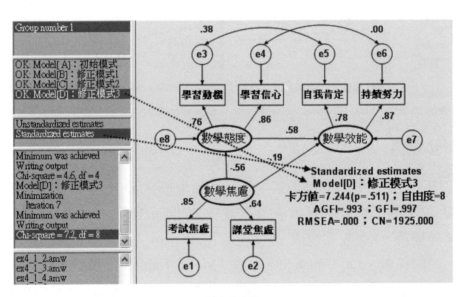【Calculate estimates】（計算估計值）程序，點選各模式即可查看各模式的數據。若是模式可以收斂識別，則各模式前的「XX」符號會變為「OK」，範例中四個模型均可辨識，選取每個模式可呈現相對應模式參數估計值的模式圖。

```
OK: Model[A]：初始模式
OK: Model[B]：修正模式 1
OK: Model[C]：修正模式 2
OK: Model[D]：修正模式 3
```

圖 4-95

未執行計算估計前在「Models」（模式）方盒中會出現研究者界定的模式名稱，若要再更改各模式名稱及參數限制，選取各模式連按二下，即可開啟「Manage Models」（管理模式）對話視窗。

```
XX: Model[A]：初始模式
XX: Model[B]：修正模式 1
XX: Model[C]：修正模式 2
XX: Model[D]：修正模式 3
```

Structural Equation Modeling-Amos Operation and Application

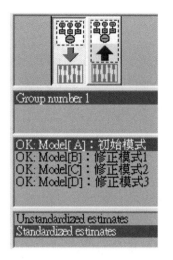

圖 4-96

　　在「Amos Output」文字輸出結果視窗中，左邊下方模式方盒會出現各模式的名稱，選取各模式名稱可分別呈現其相對應的參數估計值與適配度統計量。模式名稱界定中若有中文字，在文字輸出結果模式方盒中會出現亂碼。

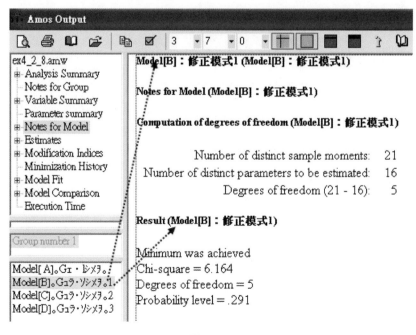

圖 4-97

CHAPTER

5

參數標籤與測量模型

SEM 的因果模式（causal model）中，結果模式即各測量模式的潛在變項建立因果關係（causal correlation）或共變關係，一個結構方程模式可能包括數個測量模式。不論是驗證性因素分析、路徑分析或因果結構的檢定，其模式中若加入參數標籤名稱，則在文字輸出結果的解讀上較為清楚。

5-1 參數標籤的設定與特定樣本的分析

在一個退休教師生涯規劃與生活適應的因果關係研究中，研究者提出以下的因果模式圖，生涯規劃外因潛在變項（exogenous latent variable）的二個測量指標變項為「經濟計畫」、「休閒娛樂」，內在潛在變項（endogenous latent variable）生活適應三個測量指標為「社會適應」、「心理適應」、「生理適應」。

「生涯規劃_1.sav」資料檔中的原始變項與部分資料檔如下：其中性別與經濟狀況為名義變項，性別變項中水準數值 1 為「男生」、水準數值 2 為「女生」；經濟狀況為二分類別變項，水準數值 1 為「小康」、水準數值 2 為「略有困難」。三份測驗量表分別為「生涯規劃量表」、「生活適應量表」、「生活滿意量表」，各量表中層面題項的加總為各層面的測量值，各層面為顯性變項（manifest variables）或指標變項。

表 5-1

性別	經濟狀況	經濟計畫	休閒娛樂	整體生涯規劃	生理適應	心理適應	社會適應	整體生活適應	日常生活	自我實現	整體生活滿意
1	1	16	14	30	13	9	25	47	26	29	55
1	1	12	15	27	17	11	30	58	30	26	56
1	2	14	15	29	13	11	26	50	25	32	57
1	1	15	15	30	15	12	28	55	29	33	62
2	1	16	15	31	18	15	34	67	33	39	72
2	1	17	15	34	17	14	30	61	32	40	72
1	1	12	9	21	13	11	25	49	17	20	37
1	1	16	11	27	15	10	26	51	26	31	57
2	1	13	12	25	15	12	28	55	28	35	63
2	1	17	12	29	12	12	25	49	26	33	59
2	1	16	13	29	16	13	32	61	28	29	57

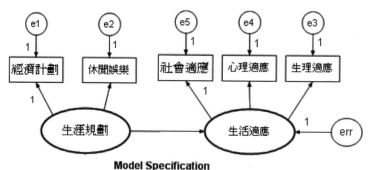

圖 5-1

　　爲便於因果模式圖的辨別，因果模式圖可加上標題註解，按工具箱【Figure captions】（圖像標題）圖像鈕，開啓「Figure captions」（圖像標題）對話視窗，在下方「Caption」（標題）註解下的方格中鍵入以下資料。關鍵字「\FORMAT」會依研究者選取「Parameters Formats」（參數格式）中的選項，呈現非標準化估計值（Unstandardized estimates）或標準化估計值（Standardized estimates）的參數顯示格式。關鍵字「\MODEL」會呈現「Models」（模式）方盒中設定的模式名稱。

\FORMAT

\MODEL

卡方值=\CMIN（p =\p）；GFI=\GFI

RMSEA=\RMSEA；AGFI=\AGFI

　　爲便於標題字註解的移動，在位置選項中最好選取「⊙Center align」選項。範例中的字體大小爲 20，型式爲粗體字（☑Bold）。

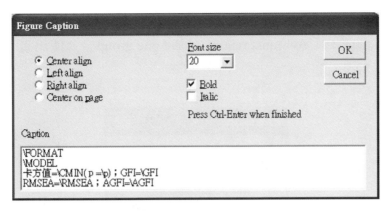

圖 5-2

一、更改特定群體名稱與模式名稱

在「Groups」（群組）方盒中內定的模式群組名稱為「Group number 1」，此群組方盒可以設定多個群組，若是單一群組可以更改群組名稱，以便於研究者辨識。操作時於「Groups」（群組）方盒中選取預設名稱「Group number 1」選項，連按滑鼠二下，開啟「Manage Groups」（管理群組）對話視窗；或執行功能列【Analyze】（分析）／【Manage Groups...】（管理群組）程序也可以開啟「Manage Groups」（管理群組）對話視窗，在「Group Name」（群組名稱）下的方格中將預設名稱「Group number 1」改為「全部群體」→按『Close』（關閉）鈕。

【備註】：在「Manage Groups」（管理群組）對話視窗中，按『New』（新增）鈕可以增列新的群組、按『Delete』鈕可以刪除原先設定的群組，在 Amos Graphics 之「Groups」（群組）方盒中至少要保留一個群組。

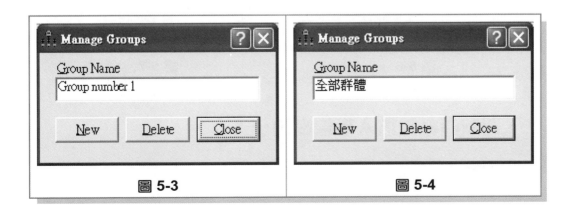

若是使用者要刪除最後一個群組名稱或把預設之單一群組刪除，Amos會出現警告訊息：「You must retain at least one group」（使用者至少要保留一個群組）的提示語。

圖 5-5

在「Models」（模式）方盒中內定的模式名稱為「Default model」（預設模式），使用者可根據因果路徑模式圖的性質更改模式名稱，其操作程序如下：於「Models」（模式）方盒中在「Default model」（預設模式）上連按滑鼠左鍵二下，開啟「Manage Models」（管理模式）對話視窗，或執行功能列【Analyze】（分析）／【Manage Models...】（管理模式）程序也可以開啟「Manage Models」（管理模式）對話視窗，在「Model Name」（模式名稱）下的方格中將內定值「Default model」改為「生涯規劃模式」→按『Close』（關閉）鈕，對話視窗中之「Parameter Constraints」（參數限制）下的方格可以進行單一群組多重模式的參數限制或多群組分析時之參數限制。

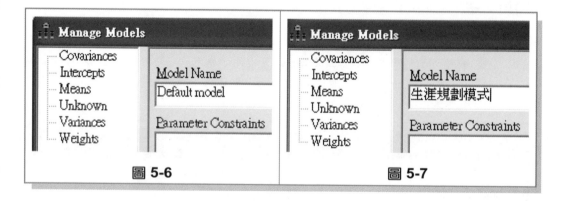

圖 5-6　　　　　　　　　**圖 5-7**

二、開啟資料檔選入指標變項

按 【Select data files】（選擇資料檔）圖像鈕，開啟「Data Files」

（資料檔案）對話視窗，按『File Name』（檔案名稱）鈕開啟原始資料檔「生涯規劃_1.sav」→按▤【List variables in data set】（列出資料集中的變項）圖像鈕，開啟「Variables in Dataset」（資料檔中的變項）對話視窗，將測量指標變項直接拉曳至模式圖中觀察變項的方格中，接著設定測量指標的誤差項及二個潛在變項的名稱。

Group Name	File	Variable	Value	N
全部群體	生涯規劃_1.sav			468/468

圖 5-8

在「Data Files」（資料檔案）對話視窗中，分析的對象為資料中的全部樣本觀察值，全部的觀察值有 468 位，模式中分析的樣本數也為 468 位。

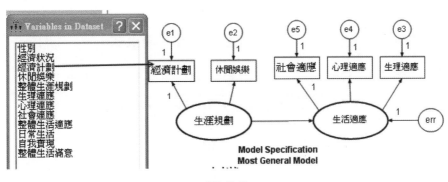

圖 5-9

三、設定分析性質與計算估計值

按【Analysis properties】（分析性質）▦圖像鈕，開啟「Analysis properties」（分析性質）對話視窗，切換到「Output」（輸出結果）標籤頁，勾選要輸出的相關統計量→按【Calculate estimates】（計算估計值）▦圖像鈕，若是模式可以辨識，則可以順利估計出各項統計量，模式（Models）方盒中的訊息由「XX：生涯規劃模式」變為「OK：生涯規劃模式」表示模式可以順利辨識。

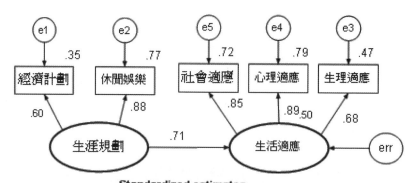

圖 5-10

　　模式估計結果之卡方值為 20.587，顯著性機率值p=.000<.05，拒絕虛無假設，表示理論模式與觀察資料無法適配，RMSEA 值等於.094 大於.080，表示模式的適配度不理想。

Modification Indices （全部群體－生涯規劃模式）

表 5-2　**Covariances:** （全部群體－生涯規劃模式）

	M.I.	Par Change
e3←→e5	8.488	-.511
e2←→e5	5.312	.377
e2←→e4	7.602	-.207

表 5-3　**Variances:** （全部群體－生涯規劃模式）

M.I.	Par Change

表 5-4　**Regression Weights:** （全部群體－生涯規劃模式）

	M.I.	Par Change
社會適應←生理適應	4.271	-.090
心理適應←休閒娛樂	5.524	-.050

　　經由輸出結果提供之修正指標發現，若是測量指標「生理適應」與「社會適應」測量誤差變項界定有共變關係（e3 與 e5 間設定有相關），則大約可以減低模式卡方值8.488。迴歸係數的修正指標中提供增列測量指標間的

因果關係，此部分與 SEM 理論假定不符合，故不予採用。

四、增列模式變項或物件的參數標籤名稱

上述模式的界定中，因果模型的變項與變項間關係均沒有增列參數標籤名稱，此時輸出報表的可讀性較差，若能增列模式各變項及變項間關係的參數標籤名稱，則輸出結果之可讀性較高。一個模型中之參數標籤名稱若是為文字串，表示此參數為「自由參數」（free parameters），自由參數值依樣本資料與假設模型來決定數值，若是二個自由參數的參數標籤名稱相同，則表示限制這二個參數有相同的估計值，相對的，某一個參數之參數標籤名稱不是給予文字變數，而是直接指定為某個數值（一個已知數字）（fixed value），則此參數為「固定參數」（fixed parameters）。在假設模型中自由參數可以不用加以界定，但作為固定參數者須加以界定，SEM 程式再根據自由參數與方程式的數目來判別模式或每個方程式是否可以識別或辨識，此即為模式識別（model identification）或可辨識的方程式（identified equations），識別指的是在 SEM 模型中每個參數估計至少有一個唯一解，如此各個參數才能被估計出來。

● (一)步驟 1

執行功能列【Plugins】（增列）／【Name Parameters】（名稱參數）程序，開啟「Amos Graphics」對話視窗。

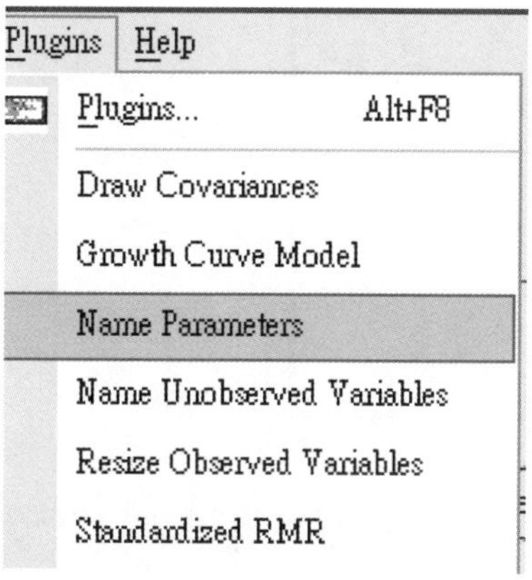

Plugins	Help	
🔲 Plugins...	Alt+F8	
Draw Covariances		
Growth Curve Model		
Name Parameters		
Name Unobserved Variables		
Resize Observed Variables		
Standardized RMR		

圖 5-11

●(二)步驟 2

在「Amos Graphics」對話視窗中有二大欄，左方為參數的設定起始字母（Prefix）、右邊「Parameters」（參數）為參數類別，參數類別選項共有五種：「Covariances」（共變數）、「Regression weights」（迴歸係數）、「Variances」（變異數）、「Means」（平均數）、「Intercepts」（截距），若使用者要增列模式中的迴歸係數與變異數參數標籤，勾選「☑Regression weights」（迴歸係數）、「☑Variances」（變異數）二個選項，內定迴歸係數參數的起始字母為 W，因而模型中的迴歸係數參數名稱會依序編碼為 W1、W2、W3、……，變異數參數的起始字母為 V，因而模型中的變異數參數名稱會依序編碼為 V1、V2、V3、……。內定之參數起始字母共變數為 C、迴歸係數為 W、變異數為 V、平均數為 M、截距項為「I」，各參數的起始字母可以更改。在「Amos Graphics」對話視窗中按下『OK』（確定）鈕，會出現「Name Param...」（名稱參數）對話視窗，視窗中會呈現「Starting」提示語→按『確定』鈕。

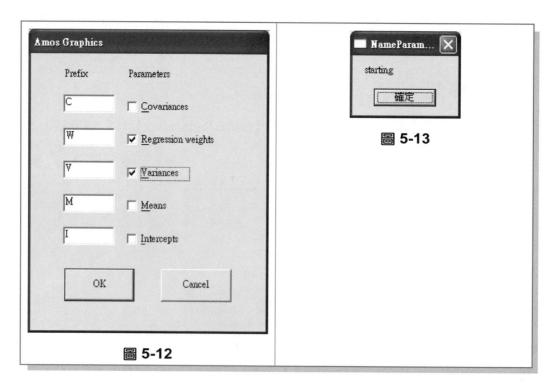

圖 5-13

圖 5-12

增列迴歸係數與變異數參數標籤名稱後的理論模式圖如圖 5-14，V1、

V2、……、V6、V7 為變異數，而 W1 至 W4 為迴歸係數，作為內因潛在變數者無法估計其變異數，因而內因潛在變項「生活適應」不會呈現變異數參數標籤名稱。由 AMOS 來增列參數標籤名稱，可以得知模型有多少個待估計的自由參數，範例中要估計的迴歸係數共有 4 個、要估計的變異數有 7 個、要估計的共變數 0 個，因而自由參數的數目共有 11 個，樣本資料共變異數矩陣提供的資料點數目 $=\frac{1}{2}(2+3)(2+3+1)=15$，模式的自由度 $=15-11=4$。

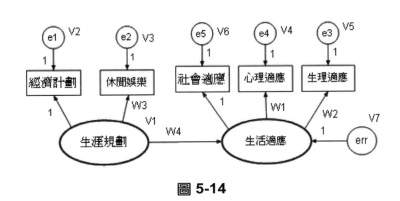

圖 5-14

在增列參數標籤名稱的假設模式圖中，有時參數標籤名稱的位置會重疊，或偏向於某個位置，此時使用者可按【Move parameter values】（移動參數數值）圖像鈕來移動參數標籤名稱。如果要增列假設模式圖中的平均數及截距項，要先勾選估計「☑估計平均數與截距項」選項才可以，按【Analysis properties】（分析性質）圖像鈕，開啟「Analysis properties」（分析性質）對話視窗，切換到「Estimation」（估計）標籤頁，勾選「☑ Estimate means and intercepts」（估計平均數與截距項）選項。

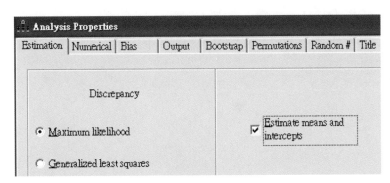

圖 5-15

開啟「Amos Graphics」對話視窗，右邊「Parameters」（參數）參數欄之參數類別選項勾選：「☑Covariances」（共變數）、「☑Regression weights」（迴歸係數）、「☑Variances」（變異數）、「☑Means」（平均數）、「☑Intercepts」（截距）五個參數項。

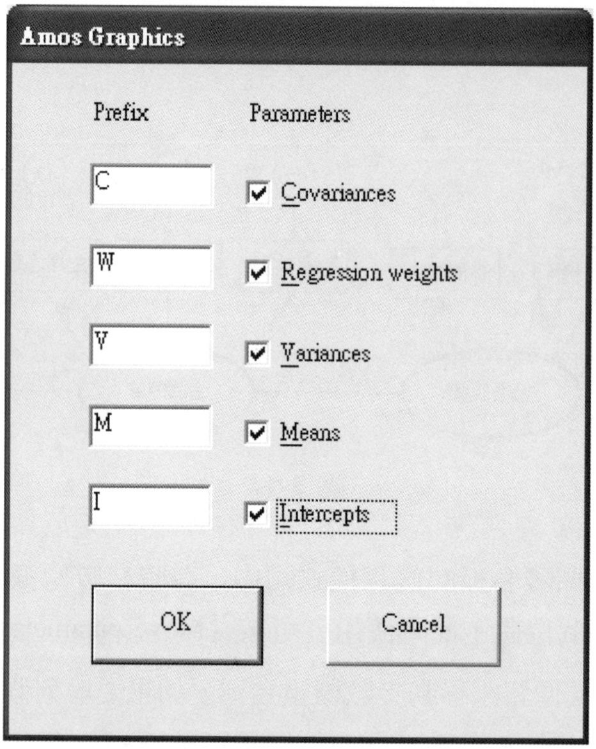

圖 5-16

　　增列共變數、迴歸係數、變異數、平均數與截距項參數標籤名稱之假設模式圖如圖 5-17：五個指標變項右上方之參數標籤 I1、I2、I3、I4、I5 為截距項，而符號「0,V1」，第一個數值為平均數、第二個符號參數標籤名稱為變異數，在平均數參數的界定中，Amos 內定值為將平均數固定為一數值，此數值通常為 0。

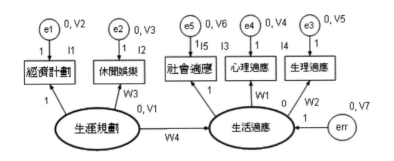

圖 5-17

　　若使用者不要將平均數固定為 0，在各物件或變項上按右鍵選取快顯功能表【Object Properties】（物件性質），開啟「Object Properties」（物件性質）對話視窗，切換到「Parameters」（參數）標籤頁，在「Mean」（平均數）下的方格中將內定數值 0 更改為使用者要增列的參數符號，如「M1」、「M2」……等。

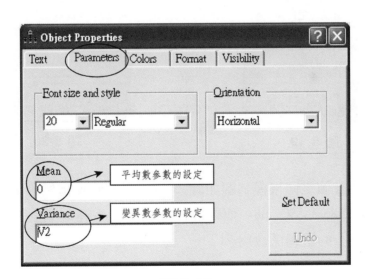

圖 5-18

五、增列參數標籤名稱之模式估計結果

　　按【Analysis properties】（分析性質）▦圖像鈕，開啟「Analysis properties」（分析性質）對話視窗，切換到「Output」（輸出結果）標籤頁，勾選要輸出的相關統計量→按【Calculate estimates】（計算估計值）▦圖

像鈕，若是模式可以辨識，則可以順利估計出各項統計量，模式（Models）方盒中的訊息由「XX：生涯規劃模式」變為「OK：生涯規劃模式」表示模式可以順利辨識。一個可辨識模式表示模式經由疊代運算程序可以找到一個最理想的解（solution），根據樣本資料之共變異數矩陣，自由參數可以順利被估計出來。

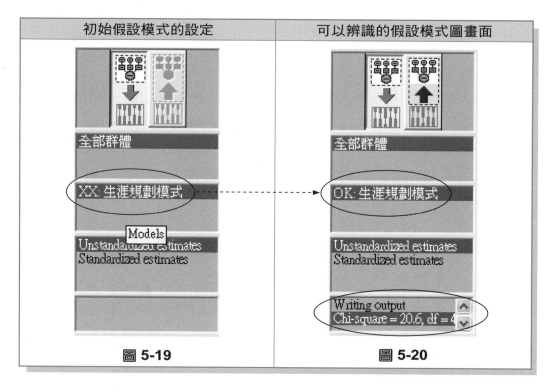

初始假設模式的設定	可以辨識的假設模式圖畫面
圖 5-19	圖 5-20

標準化估計值之因果模式圖如圖 5-21：五個測量指標的因素負荷量分別為.60、.88、.85、.89、.68，而外因潛在變項「生涯規劃」對內因潛在變項「生活適應」的迴歸係數為.71。

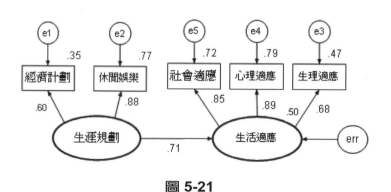

圖 5-21

非標準化估計值模式圖如圖 5-22（沒有估計平均數與截距項）：

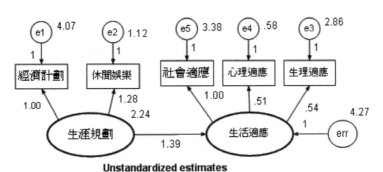

圖 5-22

增列估計平均數與截距項的非標準化估計模式圖如圖 5-23，經濟計畫、休閒娛樂、社會適應、心理適應、生理適應五個指標變項的截距項分別為 18.77、16.51、29.83、12.53、15.89。外因潛在變數「生涯規劃」之平均數固定為 0、變異數為 2.24。

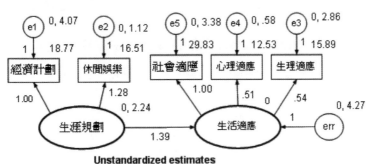

圖 5-23

增列參數標籤名稱（沒有估計平均數與截距項）之模式估計結果的卡方值為 20.587，顯著性機率值p=.000<.05，拒絕虛無假設，表示理論模式與觀察資料無法適配，RMSEA 值等於.094 大於.080，表示模式的適配度不理想，此結果與未增列參數標籤名稱之模式估計結果相同。而模式估計時增

列平均數與截距項參數，其卡方值、顯著性 p 值、RMSEA 值也與未增列參數標籤名稱之結果相同。一個假設模式增列參數標籤名稱，若是沒有增列界定參數限制條件，則其估計的所有統計量與未增列參數標籤名稱之模式完全相同，只是增列參數標籤名稱之模式，於估計值的輸出文件，在「Label」（標記或註解）欄會呈現相對應的參數標籤。

Estimates （全部群體－生涯規劃模式）

Scalar Estimates （全部群體－生涯規劃模式）

Maximum Likelihood Estimates

Regression Weights: （全部群體－生涯規劃模式）

表 5-6

	Estimate	S.E.	C.R.	P	Label
生活適應←生涯規劃	1.392	.135	10.283	***	W4
經濟計畫←生涯規劃	1.000				
心理適應←生活適應	.508	.024	20.819	***	W1
生理適應←生活適應	.538	.034	15.823	***	W2
社會適應←生活適應	1.000				
休閒娛樂←生涯規劃	1.284	.130	9.866	***	W3

表 5-7　Intercepts: （全部群體－生涯規劃模式）

	Estimate	S.E.	C.R.	P	Label
經濟計畫	18.769	.116	161.524	***	I1
休閒娛樂	16.515	.101	162.735	***	I2
心理適應	12.526	.077	161.869	***	I3
生理適應	15.889	.107	148.376	***	I4
社會適應	29.829	.160	186.244	***	I5

表 5-8　Variances: （全部群體－生涯規劃模式）

	Estimate	S.E.	C.R.	P	Label
生涯規劃	2.236	.366	6.111	***	V1
err	4.266	.562	7.591	***	V7
e1	4.069	.325	12.529	***	V2
e2	1.124	.315	3.567	***	V3
e4	.580	.083	7.017	***	V4
e3	2.863	.212	13.505	***	V5
e5	3.378	.364	9.275	***	V6

　　在輸出文件報表中於各統計量表格內，各變項或變項間的關係會加註原先假設模式中使用者界定的參數標籤名稱，於迴歸係數摘要表之「Lable」（註解）欄呈現 W1、W2、W3、W4 四個迴歸係數的參數標籤名稱；於截距項摘要表之「Lable」（註解）欄呈現 I1、I2、I3、I4、I5 五個測量指標截距項的參數標籤名稱；於變異數摘要表之「Lable」（註解）欄呈現 V1、V2、V3、V4、V5、V6、V7 七個變異數的參數標籤名稱。

六、全體群體假設模式的修正

　　根據修正指標增列誤差變項e3 與誤差變項e5 間的共變關係，可以降低整體模式適配度的卡方值，而二者界定相關並沒有違背 SEM 的假定，因而修正模式中增列誤差變項e3 與誤差變項e5 間的共變關係。

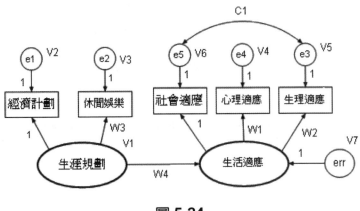

圖 5-24

在假設模型參數標籤的界定中，勾選：「☑Covariances」（共變數）、「☑Regression weights」（迴歸係數）、「☑Variances」（變異數）三個選項，其中模型的共變關係只有一組，因而模型中以C1 表示（誤差變項e3 與誤差變項 e5 間的共變關係），二個測量誤差項間有共變關係，表示二個測量誤差項間並非獨立沒有相關，此種情形表示內因潛在變項「生活適應」二個測量指標「社會適應」與「生理適應」除受到模式中因素構念的影響外，也受到其他潛在特質變項的影響，或是「社會適應」與「生理適應」二個指標變項反應到其對應的潛在特質有某種程度的關聯，此時其測量誤差項間也會有某種程度的關係存在，SEM 分析中允許指標變項的誤差項或獨特變異（unique variance）間有共變的假定，此種假定也稱為「相關性的測量誤差」（correlated measurement error），或相關性的獨特變異。

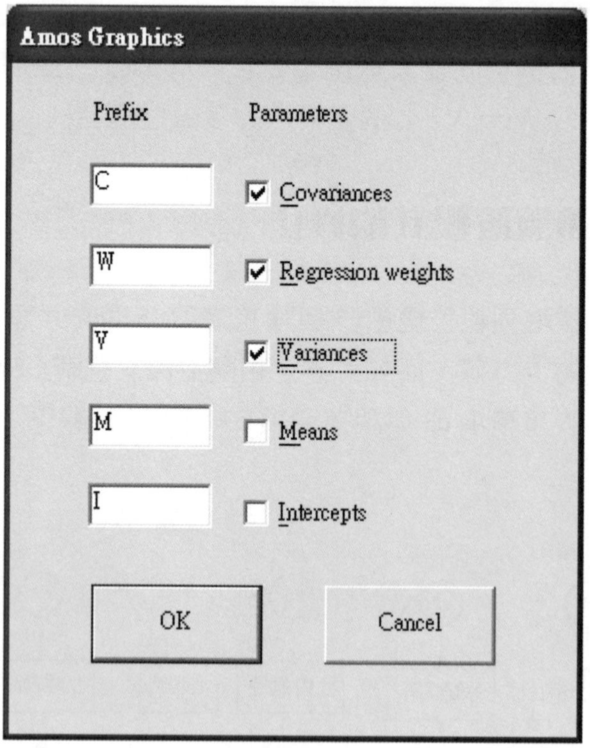

圖 5-25

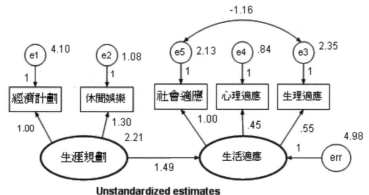

圖 5-26

　　修正後模式估計結果的適配度卡方值變為.639，顯著性機率值 p=.887>.05，接受虛無假設，表示假設模型導出的共變異數矩陣與由樣本資料估計的共變異數矩陣契合，即理論模式與觀察資料可以適配。此外，模式整體適度值之RMSEA值等於.000<.050、GFI值=.999>.900、AGFI值=.997>.900，表示假設因果模式與觀察資料可以契合。

5-2 特定群體的分析

　　由於 AMOS 與 SPSS 統計套裝軟體為同一家族系列，SPSS 建立的資料檔均不用經過任何轉換可直接為 AMOS 所使用。SPSS統計程序中，研究者均會探討背景變項或人口變項在依變項的差異，不論是採用單變量統計分析或多變量統計分析程序，原始資料檔中會有相關受試者或樣本的背景變項或人口變項資料，這些變項由於是間斷變數（名義變項或次序變項），因而可從中篩選某些符合特定水準數值的樣本觀察值進行資料分析，在SPSS分析程序為「選擇觀察值」的操作，選取特定樣本觀察值進行分析也適用於 SEM 的模式分析中。

一、分析男生群體

　　在樣本觀察值的分析中，若是研究者只想分析某個群體，不必從原始資料檔中再分別將要分析的目標群體數據抽離出來，而直接於「Data Files」（資料檔案）對話視窗中選取群體變項名稱及群體在變項中的水準數值編碼即可。

　　上述範例中分析的樣本觀察值為全部受試者，若是研究者只要以男生為分析的樣本觀察值，則資料檔的選取如下：

㈠更改群組名稱

　　此部分不更改也可以，但為了便於區別，建議研究者將群組名稱改為與樣本屬性相對應的名稱：執行功能列【Analyze】（分析）／【Manage Groups...】（管理群組）程序開啟「Manage Groups」（管理群組）對話視窗，在「Group Name」（群組名稱）下的方格中將「全部群體」改為「男生群體」→按『Close』（關閉）鈕。

圖 5-27

㈡開啟資料檔與選定類別變項

1. 步驟 [1]

　　按 ▦【Select data files】（選擇資料檔）圖像鈕，開啟「Data Files」（資料檔案）對話視窗，按『File Name』（檔案名稱）鈕開啟原始資料檔

「生涯規劃_1.sav」。視窗中的按鈕「Group Value」（組別數值）呈現灰色，表示此時無法進行「組別數值」的水準設定，若是按「分組變項」（Grouping Variable）鈕後選取分組之間斷變項，則「Group Value」（組別數值）鈕會由灰色變爲黑色。

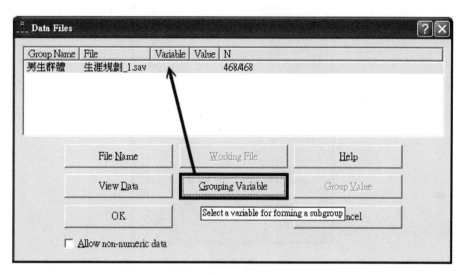

圖 5-28

2.**步驟 [2]**

按『Grouping Variable』（分組變項）鈕，開啓「Choose a Grouping Variable」（選擇一個分組變項）對話視窗，視窗的第一列爲群組名稱（Group: 男生群體）、第二列爲資料檔檔名（File:生涯規劃_1.sav），中間變項（Variable）欄方盒中的變項爲「生涯規劃_1.sav」資料檔中的所有變項，選取「性別」變項→按『OK』（確定）鈕。

【備註】：「Choose a Grouping Variable」（選擇分組變項）對話視窗中，若研究者要刪除已選取之分組變項，則直接按『No Variable』（沒有變項）鈕，此時分析的對象爲全體樣本觀察值。

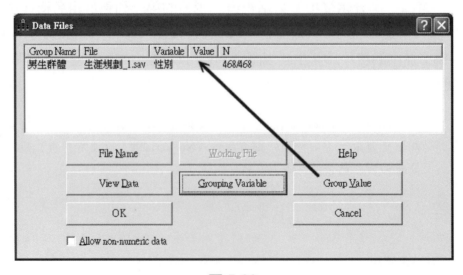

圖 5-29

　　選取分組變項回到「Data Files」（資料檔案）對話視窗中，於第三欄「Variable」（變項）中會呈現分組變項「性別」的名稱。分組變項在SPSS資料檔中是名義變項或次序變項，即間斷變數，這些間斷變數通常是背景變項或人口變項。

圖 5-30

3. 步驟 [3]

按『Group Value』（組別數值）鈕，開啓「Choose Value for Group」（選擇組別數值）對話視窗，由於性別變項爲二分名義變項，水準數值 1 爲男生、水準數值 2 爲女生，只有 1、2 二個水準數值，因而於中間方盒中會出現二個水準數值的數值編碼及有效樣本數，選取數值（Value）欄中數值爲1 的橫列→按『OK』（確定）鈕。

【備註】：「Choose Value for Group」（選擇組別數值）對話視窗中，若研究者按『No Value』（沒有數值）鈕，則表示不選取性別變項中的水準數值編碼。

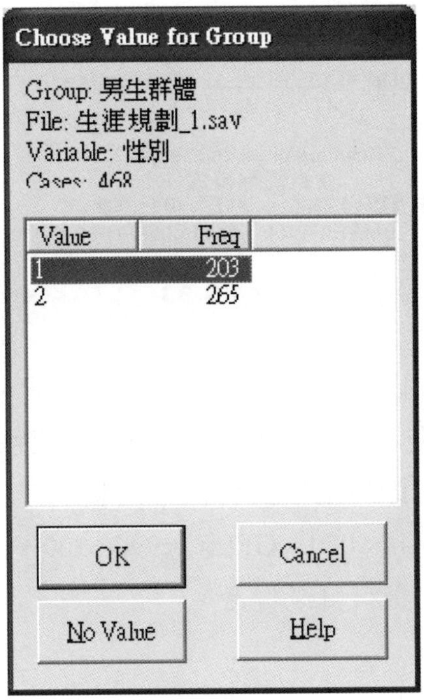

圖 5-31

回到「Data Files」（資料檔案）對話視窗中，在第四欄「Value」（數值）的下方會出現 1，表示選取的是性別變項中水準數值編碼爲 1 的樣本觀察值，男生群體的樣本數爲 203 位、全體觀察值共有 468 位。「數值」欄後的「N」欄中呈現「203/468」，斜線符號上面的數字爲選取分組變項編碼數值 1（男生群體）之群體的樣本數，斜線符號下面的數字爲資料檔中全部樣本觀察值總數。

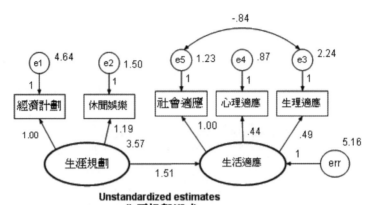

圖 5-32

圖 5-33

　　男生群體模式估計結果的適配度卡方值為 4.200，顯著性機率值p=.241>
.05，接受虛無假設，表示假設模型導出的共變異數矩陣與由樣本資料估計
的共變異數矩陣契合，即理論模式與觀察資料可以適配。此外，模式整體
適配度之 RMSEA 值=.044<.050、GFI 值=.992>.900、AGFI 值=.958>.900，表
示假設因果模式與觀察資料可以契合。

二、分析女生群體

　　開啟「Data Files」（資料檔案）對話視窗，按『Group Value』（組別數
值）鈕，開啟「Choose Value for Group」（選擇組別數值）對話視窗，由於
性別變項為二分名義變項，水準數值 2 為女生，要分析女生群體時改選取
數值（Value）欄中數值為 2 的橫列→按『OK』（確定）鈕。

Structural Equation Modeling- Amos Operation and Application

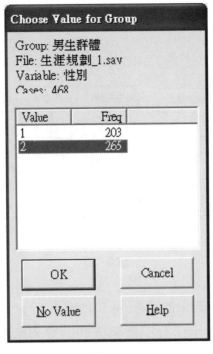

圖 5-34

　　回到「Data Files」（資料檔案）對話視窗中，在第四欄「Value」（數值）的下方會出現 2，表示選取的是性別變項中水準數值編碼為 2 的樣本觀察值，女生群體的樣本數為 265 位、全體觀察值共有 468 位，模式名稱界定為「女生群體」，選取的資料檔名為「生涯規劃_1.sav」。

Data Files

Group Name	File	Variable	Value	N
女生群體	生涯規劃_1.sav	性別	2	265/468

圖 5-35

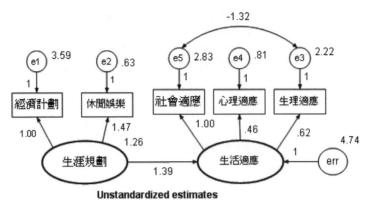

圖 5-36

　　女生群體模式估計結果的適配度卡方值為.638，顯著性機率值 p=.888>.05，接受虛無假設，表示假設模型導出的共變異數矩陣與由樣本資料估計的共變異數矩陣能契合，即理論模式與觀察資料可以適配。此外，模式整體適配度檢定 RMSEA 值=.000<.050、GFI 值=.999>.900、AGFI 值=.995>.900，表示假設因果模式與觀察資料可以契合。

　　選取某個特定群體進行分析後，若是研究者想取消群體設定的功能，在「Choose a Grouping Variables」（選擇分組變項）的對話視窗中按左下方『No Variable』（沒有變項）鈕→回到「Data Files」（資料檔案）對話視窗中按『OK』鈕。

圖 5-37

Group Name	File	Variable	Value	N
男生群體	生涯規劃_1.sav	性別	1	203/468

圖 5-38

　　取消分組變項的選取後,在「Data Files」(資料檔案)對話視窗中的「Variable」(變項)欄與「Value」(數值)欄均會呈現空白,而「N」欄下的觀察值數目呈現「468/468」,表示資料檔中全部的樣本數有 468 位,而分析的樣本數也有 468 位。

Group Name	File	Variable	Value	N
全部群體	生涯規劃_1.sav			468/468

圖 5-39

5-3 測量模型參數值的界定

在測量模式中，每個測量指標變項均以方格物件□表示，方格內的變項為顯性變項（manifest variables）或觀察指標（observed indicators），觀察變項為 SPSS 資料檔的題項變項或層面變項名稱，測量模型代表共同因素者以橢圓形表示，共同因素即潛在變項（latent variables），或稱無法觀察之變項，潛在變項的變項名稱無法直接由 SPSS 資料檔中拉曳填入，必須於「Object Properties」（物件屬性）對話視窗中加以界定。顯性變項或觀察變項可以直接由研究工具加以測量，而潛在變項或無法觀察變項無法直接測得，但可以由測量變項間加以推導。

由於測量會有誤差（error），因而在測量模型中每個測量指標均會有一個誤差變項（error variable），誤差變項的誤差變異量（unique variance）是無法由潛在變項解釋部分，即測量指標反應潛在變項時之誤差值，而外因潛在變項對內因潛在變項的因果徑路係數也會有一個殘差值（residual），在結構模型中作為內因潛在變項者均要設定一個殘差變項，以呈現殘差項變異量（residual variance）。在測量模型中為讓模式可以收斂估計，必須將每個誤差變項對測量指標之徑路係數固定為 1，之所以將誤差項的徑路係數固定為 1，乃是因為誤差變項也是一個潛在變數，它沒有單位，必須將其路徑係數限制為 1 或界定其誤差變異數等於 1，由於測量誤差的徑路係數與其誤差變異數互為函數，因而二個參數無法同時估計，界定時只能界定其中一種。此外在潛在變項對其測量指標的影響中，至少必須將其中一個測量指標變項的徑路係數固定為 1，將潛在變數之其中一個測量指標的路徑係數λ設定為固定參數 1，是一種未標準化的界定，如此才能進行順利參數估計。

以下列包含六題的心理支持量表而言，層面題項加總分數愈高，表示父母心理支持程度愈積極；反之愈消極。

表 5-9

心理支持層面

	完全不符合	多數不符合	半數不符合	多數符合	完全符合
題項內容					
01.父母親對我常以鼓勵代替責罵。....................	☐	☐	☐	☐	☐
02.我的意見與看法，父母親會接納與支持。.........	☐	☐	☐	☐	☐
03.我和父母親相處得非常好。........................	☐	☐	☐	☐	☐
04.當我學習遇到挫折時，父母親會安慰我。.........	☐	☐	☐	☐	☐
05.父母關心我在學校的學習情形。...................	☐	☐	☐	☐	☐
06.父母會支持我的學習活動與合理要求。............	☐	☐	☐	☐	☐

　　心理支持量表變項及部分樣本受試者建檔範例如下，其中「整體支持」為六個題項變數加總的總分，六個題項之變項名稱分別為 X1、X2、X3、X4、X5、X6，數值內容最小值為1、最大值為5。

表 5-10

X1	X2	X3	X4	X5	X6	整體支持
4	4	4	4	3	4	23
2	2	2	2	2	2	12
2	4	5	5	5	2	23
5	5	2	2	1	3	18
5	5	5	5	4	5	29
5	4	5	5	5	5	29
4	3	3	3	3	4	20
5	5	5	5	5	5	30
5	4	5	5	5	5	29

一、測量模型假設模式

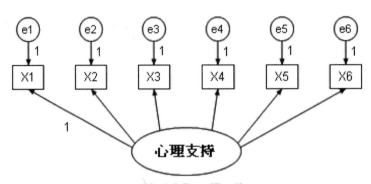

Model Specification
Most General Model
卡方值=\CMIN(p=\p)；GFI=\GFI
RMSEA=\RMSEA；AGFI=\AGFI

圖 5-40

　　CFA 測量模型假設模式圖如圖 5-40，上述理論模型中假設六個誤差變項間相互獨立，彼此間沒有相關或共變關係。e1、e2、e3、e4、e5、e6 六個誤差變項及共同因素「心理支持」均為潛在變數，其變數名稱的設定步驟如下：開啟「Object Properties」（物件屬性）對話視窗，切換到「Text」（文字）標籤頁，在「Variable name」下的方格中鍵入相對應的變項名稱。在測量指標變數路徑係數方面，界定測量指標X1的路徑參數λ為固定參數，其數值限制為 1。若使用者沒有將其中一個路徑參數λ界定固定參數，則自由參數太多，使模式無法成為「過度辨識」（overidentified）或「正好辨識」（jsut-identified）模型，而成為「低度辨識」或「不足辨識」（under-identified）模式，無法有效進行參數估計。

圖 5-41

假設測量模型之群組名稱設定為「國小學生」、模式名稱設定為「心理支持測量」。按【Calculate estimates】（計算估計值）圖像鈕，模式（Models）方盒中的訊息由「XX：心理支持測量」變為「OK：心理支持測量」表示 CFA 模式可以順利辨識。未標準化估計值模式圖中，由於將測量指標 X1 的路徑參數λ固定為 1，因而其數值為 1.00，誤差變項右上方的數字為誤差變項的變異數，六個誤差變異數均為正數，表示測量模型沒有違反模型識別的規則。整體模式適配度的卡方值為 30.317、顯著性機率值 p=.000 <.05，拒絕虛無假設；RMSEA 值=.109>.080，AGFI 值=.882<.900，表示假設之測量模型與觀察資料無法有效契合。

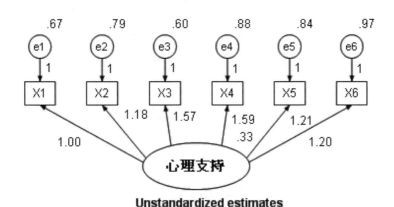

圖 5-42

標準化估計模式圖如圖 5-43：六個測量指標的因素負荷量（λ值）分別為.57、.61、.76、.70、.60、.57，因素負荷量平方（信度指標）分別為.33、.37、.58、.48、.36、.33，六個測量指標能被其潛在變項解釋的變異量介於.33至.58 中間。

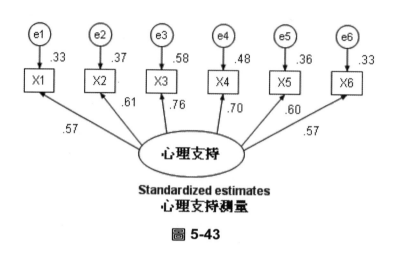

圖 5-43

二、限制不同測量指標之路徑參數λ

在下列 CFA 模式圖改將測量指標 X2 之路徑參數λ限制為 1，使其由自由參數變為固定參數，而原先測量指標 X1 改由固定參數變為自由參數。

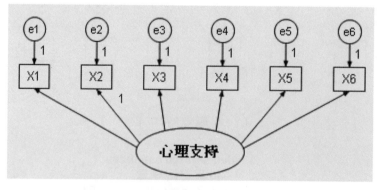

圖 5-44

按【Calculate estimates】（計算估計值）圖像鈕，模式（Models）方盒中的訊息由「XX：心理支持測量」變為「OK：心理支持測量」表示模

式可以順利識別。未標準化估計值模式圖中，由於將測量指標X2的路徑參數λ固定為 1，因而其數值為 1.00，誤差變項右上方的數字為誤差變項的變異數，六個誤差變異數均為正數，表示測量模型沒有違反模型識別的規則。整體模式適配度的卡方值為 30.317、顯著性機率值p=.000<.05，拒絕虛無假設；RMSEA 值=.109>.080，AGFI 值=.882<.900，表示假設之測量模型與觀察資料無法有效契合。未標準化估計值模式圖除潛在變項對測量指標未標準化係數值不同外，餘估計出之參數統計量均相同。

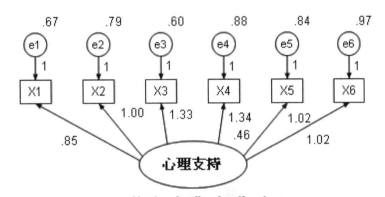

Unstandardized estimates
心理支持測量
卡方值=30.317(p =.000)；GFI=.949
RMSEA=.109；AGFI=.882

圖 5-45

標準化估計模式圖如圖 5-46：六個測量指標的因素負荷量（λ值）分別為.57、.61、.76、.70、.60、.57，因素負荷量平方（信度指標）分別為.33、.37、.58、.48、.36、.33，六個測量指標能被其潛在變項解釋的變異量介於.33至.58 中間。標準化估計模式圖中的因素負荷量與信度指標值均與界定測量變項 X1 的路徑參數λ等於 1 時相同。

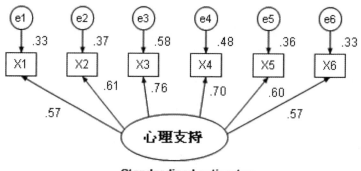

Standardized estimates
心理支持測量

圖 5-46

在下列 CFA 模式圖改將測量指標 X6 之路徑參數λ限制爲 1，使其由自由參數變爲固定參數，而原先測量指標 X2 改由固定參數變爲自由參數。

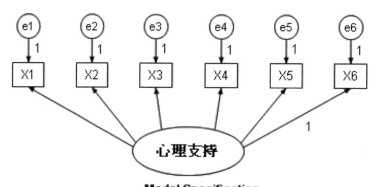

Model Specification
Most General Model
卡方值=\CMIN(p=\p) ; GFI=\GFI
RMSEA=\RMSEA ; AGFI=\AGFI

圖 5-47

按【Calculate estimates】（計算估計值）圖像鈕，模式（Models）方盒中的訊息由「XX：心理支持測量」變爲「OK：心理支持測量」表示模式可以順利識別。未標準化估計值模式圖中，由於將測量指標X6的路徑參數λ固定爲 1，因而其數值爲 1.00，誤差變項右上方的數字爲誤差變項的變異數，六個誤差變異數均爲正數，表示測量模型沒有違反模型識別的規則。整體模式適配度的卡方值爲 30.317、顯著性機率值p=.000<.05，拒絕虛無假

設；RMSEA 值=.109>.080，AGFI 值=.882<.900，表示假設之測量模型與觀
察資料無法有效契合。未標準化估計值模式圖除潛在變項對測量指標未標
準化係數值不同外，餘估計出之參數統計量均相同。

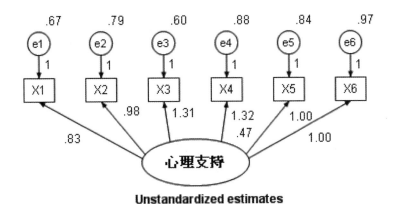

圖 5-48

標準化估計模式圖如圖 5-49：六個測量指標的因素負荷量（λ值）分別
為.57、.61、.76、.70、.60、.57，因素負荷量平方（信度指標）分別為.33、
.37、.58、.48、.36、.33，六個測量指標能被其潛在變項解釋的變異量介於
.33至.58 中間。標準化估計模式圖中的因素負荷量與信度指標值均與界定測
量變項 X2 的路徑參數λ等於 1 時相同；也與將測量變項 X1 的路徑係數λ界
定為 1 時相同。

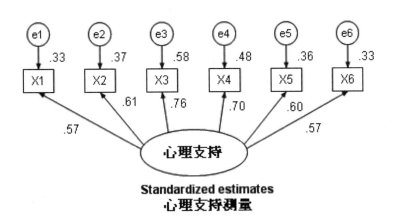

圖 5-49

　　從上述的範例可以發現：在測量模型的估計中，潛在變項與其測量指標變項的路徑係數λ間，須有一個指標變項的參數固定為 1，至於是固定哪個指標變項均沒有關係，模型全部的參數數目與待估計的參數數目均一樣，全部的參數有 21 個、待估計的參數有 12 個（5 個路徑係數、7 個變異數），自由度為 21−12=9。測量模型標準化估計值模式圖均相同，而整體適配度統計量也一樣。Amos Graphics 工具圖像鈕【描繪潛在變項或增列潛在變項的指標變項】，在描繪增列潛在變項的指標變項與測量誤差項時，內定時為將第一個指標變項的路徑係數λ值固定為 1，第二個以後的指標變項之路徑係數不加以設定，為待估計的自由參數，因而描繪測量模式圖，只要利用工具圖像鈕，即可快速繪製出各測量模式圖。

三、低度辨識的模式

　　低度辨識表示模型中自由參數的個數多於方程式的個數，此時模型提供的訊息不足，造成參數估計的不確性，模式無法被識別，模型是個無法識別或低度識別的模型（underidentified models），此種模型無解，因而須要增列固定參數。在測量模型中若是未限制一個潛在變項與其指標變項之路徑係數λ值（固定為 1，作為基準以估計其他指標變項之λ值），則測量模型無法被識別。

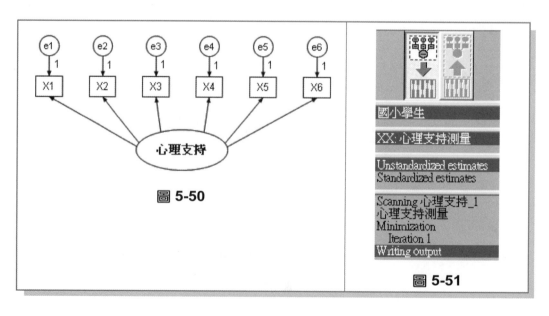

圖 5-50

圖 5-51

上述假設模型按【Calculate estimates】（計算估計值）▉▉▉▉圖像鈕後，模式（Models）方盒中的訊息並未由「XX：心理支持測量」變為「OK：心理支持測量」，表示模式無法順利識別，模式（Models）方盒中的訊息還是呈現「XX：心理支持測量」，而【View the output path diagram】（檢視輸出結果徑路圖）圖像並沒有變亮，此時在中間「Computation summary」（計算摘要）方盒中並未呈現卡方統計量與自由度，而只出現「Minimization Iteration 1 Writing output」提示語。

按工具箱【View Text】（檢視文件）▉▉▉圖像鈕，開啟「Amos Output」（Amos 輸出結果）對話視窗，可以檢視模式估計的相關結果或訊息。

Notes for Model （心理支持測量）

Computation of degrees of freedom （心理支持測量）

Number of distinct sample moments:	21
Number of distinct parameters to be estimated:	13
Degrees of freedom (21 - 13):	8

Result （心理支持測量）

The model is probably unidentified. In order to achieve identifiability, it will probably be necessary to impose 1 additional constraint.

在「Amos Output」文字輸出結果視窗之「模式註解」選項中，結果輸出訊息顯示：樣本動差獨特元素（資料點）的數目共有 21 個、待估計的參數有 13 個、模式的自由度為 8，模式的自由度為正數，表示測量模式是個「過度識別」模式，但由於模式參數界定有問題，模式估計結果模型還是無法辨識「unidentified」，為了讓模型可以識別，必須增列一個參數限制條件。

Estimates （國小學生－心理支持測量）

Scalar Estimates （國小學生－心理支持測量）

The （probably） unidentified parameters are marked.

Regression Weights: （國小學生－心理支持測量）

表 5-11

X1←心理支持	unidentified
X2←心理支持	unidentified
X3←心理支持	unidentified
X4←心理支持	unidentified
X5←心理支持	unidentified
X6←心理支持	unidentified

表 5-12　Variances: （國小學生－心理支持測量）

心理支持	unidentified
e1	
e2	
e3	
e4	
e5	
e6	

在估計值選項中，共同因素對六個測量指標的路徑係數均無法識別，而潛在變項的變異數也無法識別。由於這七個參數無法識別，造成測量模型無法順利估計，爲了估計六個測量指標的因素負荷量，必須將六個測量指標中的一個路徑係數值固定 1，至於是將哪個測量指標的路徑係數值λ固定爲 1 均可以，其標準化估計值模式圖是相同的。

四、增列參數限制條件

在測量模型中，潛在變項與測量指標間的路徑係數值如果固定爲相同數值或相同的參數標籤名稱，表示將這些測量指標的因素負荷量限定爲相同，增列固定參數的數目，模型的估計結果與上述將六個測量指標中的一個路徑係數值固定 1 是不相同的模型。若是將六個指標變項的因素負荷量均限定爲相同，表示的測量係數（因素負荷量）不變性或恒等性的估計。在下面的範例中將測量指標變項X1、X3 的路徑係數值均固定爲 1，表示將測量指標變項 X1、X3 的因素負荷量限定爲等同。

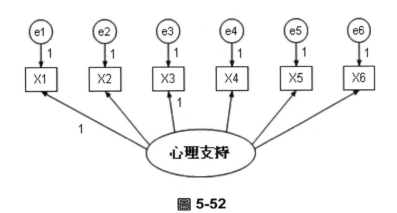

圖 5-52

在未標準化估計值中，六個誤差變項的變異數及潛在變項的變異數與原先只固定一個指標變項之路徑係數數值不同，由於將測量指標變項X1、X3的因素負荷量均限定為 1，因而其非標準化的數值均為 1.00。

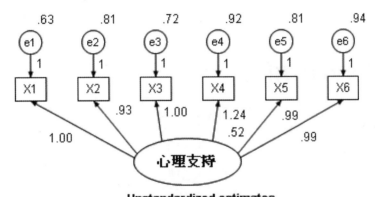

Unstandardized estimates
心理支持測量
卡方值=41.179(p=.000)；GFI=.934
RMSEA=.125；AGFI=.861

圖 5-53

整體模式適配度的卡方值為 41.179、顯著性機率值p=.000<.05，拒絕虛無假設；RMSEA 值=.125>.080，AGFI 值=.861<.900，表示假設之測量模型與觀察資料無法有效契合。將X1、X3 測量指標之因素負荷量限定為相同，模式的卡方值變大，RMSEA 值變大、GFI 值與 AGFI 值均變小，表示此種參數限制模型之界定較不理想。

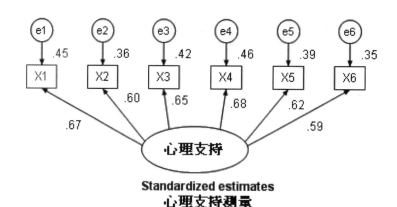

從標準化估計模式圖可以看出：六個測量指標的因素負荷量（λ值）分別為.67、.60、.65、.68、.62、.59，因素負荷量平方（信度指標）分別為.45、.36、.42、.46、.39、.35，六個測量指標能被其潛在變項解釋的變異量介於.35 至.46 中間，六個指標變項的因素負荷量與之前假定完全不同。

五、誤差變項的界定

由於測量變項無法百分之百反應出潛在變項的變異，所以觀察變項會有測量誤差，每個 CFA 模型中，反應潛在變項的所有指標變項（觀察變項或稱顯性變項）均要設定誤差變項，由於誤差項也是潛在變項，因而沒有測量單位，在模型估計程序中必須界定其路徑係數值為 1（此為 Amos 內定值），或將其誤差變異數設定為 1，若是沒有界定二者之一，則模型無法識別。

在下面的範例中，研究者將原先誤差項 e1 的路徑係數 1 刪除，也未增列其誤差變異數為 1，因而模式無法識別。

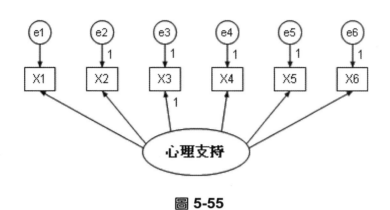

圖 **5-55**

按工具箱【View Text】（檢視文件）圖像鈕，開啓「Amos Output」（Amos 輸出結果）對話視窗，可以選取「Notes for Model」（模式註解）選項查看模型估計的相關結果或訊息。

Notes for Model （心理支持測量）

Computation of degrees of freedom （心理支持測量）

Number of distinct sample moments:	21
Number of distinct parameters to be estimated:	13
Degrees of freedom (21 - 13):	8

Result （心理支持測量）

The model is probably unidentified. In order to achieve identifiability, it will probably be necessary to impose 1 additional constraint.

在「模式註解」選項中告知使用者樣本動差獨特元素數目有 21 個、待估計的參數有 13 個、模式的自由度爲 8。模式估計結果是模型無法辨識「unidentified」，爲了讓模型可以識別，必須增列一個參數限制條件。

Estimates （國小學生－心理支持測量）

Scalar Estimates （國小學生－心理支持測量）

The （probably） unidentified parameters are marked.

Regression Weights: （國小學生－心理支持測量）

表 5-13

X1←心理支持	
X1←e1	unidentified
X2←心理支持	
X3←心理支持	
X4←心理支持	
X5←心理支持	
X6←心理支持	

表 5-14　Variances:（國小學生－心理支持測量）

心理支持	
e1	unidentified
e2	
e3	
e4	
e5	
e6	

在「Estimates」（估計值）選項輸出結果中，無法識別的路徑係數是誤差項e1→測量指標X1，無法估計識別的變異數是誤差項e1。若是研究者將誤差項的徑路係數或變異數設定為 1，則模式可以識別。

界定誤差項e1 的變異數為 1 的操作程序如下：在誤差項e1 上按右鍵選取快顯功能表【Object Properties】（物件性質）選項，開啟「Object Properties」（物件性質）對話視窗，切換到「Parameters」（參數）標籤頁，在「Variance」（變異數）下的方格中輸入數值 1，按右上角關閉鈕，將測量誤差項的變異數固定為 1，表示此參數為固定參數，而非自由參數。

Structural Equation Modeling-Amos Operation and Application

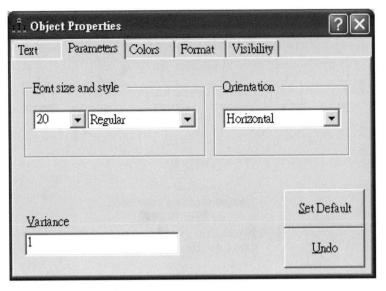

圖 5-56

設定誤差項 e1 的變異數等於 1，因為誤差項的誤差變異量與其徑路係數互為函數，二個參數值不能同時界定，否則模式無法同時估計這二個參數。

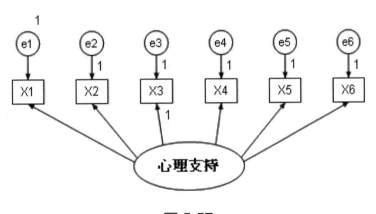

圖 5-57

計算估計值後的非標準化估計值模型圖如圖 5-58，由於界定誤差項 e1 的變異數為 1，因而其變異數數值出現 1.00，模式的卡方值為 30.317、GFI 值等於.949、RMSEA 值等於.109、AGFI 值等於.882 和之前界定之模型估計結果相同。

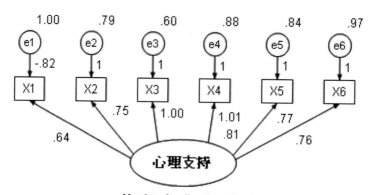

Unstandardized estimates
心理支持測量
卡方值=30.317(ρ=.000)；GFI=.949
RMSEA=.109；AGFI=.882

圖 5-58

標準化估計值的模式圖中，五個測量指標的因素負荷量、個別信度指標值也和之前完全相同。

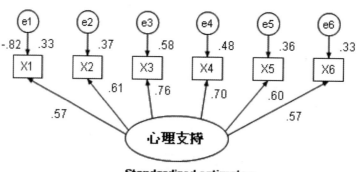

Standardized estimates
心理支持測量

圖 5-59

◯ (一)界定誤差項的誤差變異數等於 1

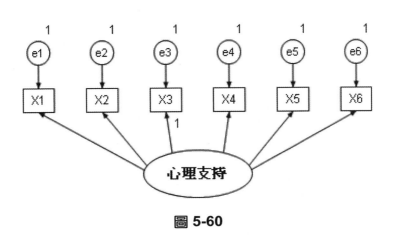

圖 5-60

　　Amos 在增列觀察變項的誤差變項時，內定誤差項的路徑係數值為 1，研究者也可以將誤差項的參數設定改為變異數為 1，此時原先界定之誤差項的路徑係數值等於 1 之固定參數條件要刪除。

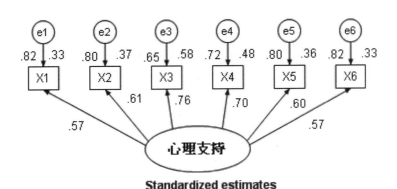

Standardized estimates
心理支持測量
卡方值=30.317(p=.000)；GFI=.949
RMSEA=.109；AGFI=.882

圖 5-61

　　將誤差項的變異數指定為固定參數，其參數值限制為 1，模式估計結果之標準化估計值模式圖的卡方值等於 30.317（顯著性機率值 p=.000）、GFI值等於.949、RMSEA 值=.109、AGFI 值=.882，各項適配度統計量和界定測量變數的路徑係數λ等於 1 時之結果相同。六個測量指標的因素負荷量（λ

值）分別為.57、.61、.76、.70、.60、.57，因素負荷量平方（信度指標）分別為.33、.37、.58、.48、.36、.33，其參數估計結果和界定測量變數的路徑係數λ等於 1 時之結果相同，只是改界定誤差項的變異數等於 1 時，在標準化估計模式圖中會增列各誤差項對其測量指標變項的路徑係數值（標準化迴歸係數β值）。

（二）誤差項同時界定其路徑係數與變異數

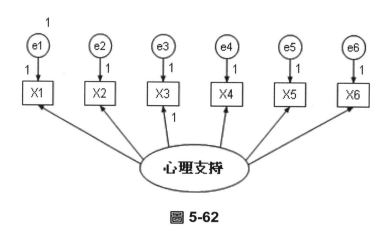

圖 5-62

圖 5-62 中研究者同時界定誤差項 e1 的路徑係數（設定為 1）與誤差變異量（設定為 1）的假設模式圖。

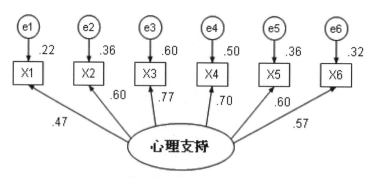

圖 5-63

同時界定誤差項 e1 的路徑係數與誤差變異數，模式估計結果卡方值為 41.806，GFI 值等於.933、RMSEA 值=.126、AGFI 值=.858，六個測量指標的因素負荷量（λ值）分別為.47、.60、.77、.70、.60、.57，因素負荷量平方（信度指標）分別為.22、.36、.60、.50、.36、.32，模式估計結果和原先 CFA 模型估計的結果完全不同。

⚫ ㈢誤差項變項名稱的唯一性

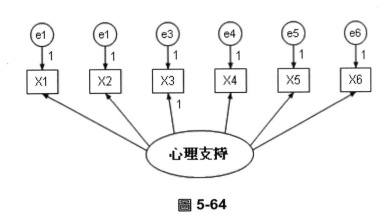

圖 5-64

在 Amos 假設模型圖中，觀察變項的名稱不能重複，觀察變項的誤差項名稱不能重複，潛在變項的名稱也不能重複，變項名稱必須是單一的，若是變項名稱有二個以上，則計算估計值時會出現警告訊息，模式無法估計。在上述假設模式圖中，誤差項 e1 的名稱重複設定（設定重複變項時電腦不會出現提示語）。

圖 5-65

按【Calculate estimates】（計算估計值）圖像鈕時，會出現「Amos

Graphics」對話視窗，視窗內出現「There is more than one variable named 'e1'.」警告語，告知使用者在假設模型中名稱為 e1 變項者超過二個，此時使用者只要開啟「Object Properties」對話視窗，切換到「Text」（文字）標籤頁，更改「Variable name」（變項名稱）下方格的變項名稱即可。

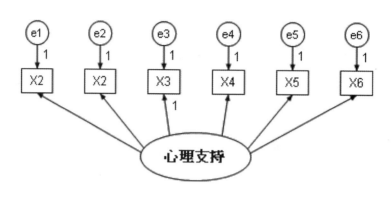

圖 5-66

相同的道理，若是研究者界定的模型中有二個相同的測量指標變項，則模式也無法估計，以上述測量模型圖為例，六個測量指標變項有二個觀察變項的名稱均為 X2。

圖 5-67

按【Calculate estimates】（計算估計值）▓▓▓圖像鈕時，會出現「Amos Graphics」對話視窗，視窗內出現「There is more than one variable named 'X2'.」警告語，告知使用者在假設模型中名稱為 X2 變項者超過二個。

◎ ㈣潛在變項名稱不能與資料檔變項名稱相同

在Amos假設模型的繪製中，潛在變項物件的變項名稱無法直接由「Variables in Dataset」（資料集中的變項）視窗中拉曳變項至橢圓形的物件內，在資料檔中的變項只可直接拉曳至觀察變項方框物件（□）內，因為資料檔中的變項只能作為測量指標變項或群組變項。潛在變項包括各測量模式中的因素構念、測量指標的測量誤差、結構模式中的殘差項，這些物件均為橢圓形或圓形物件（○）。在「Variables in Dataset」（資料集中的變項）視窗中，共有七個變項，六個測量指標變項（作為觀察變項六個題項的變項）及六個題項的加總分數，層面加總的變項名稱為「整體支持」。

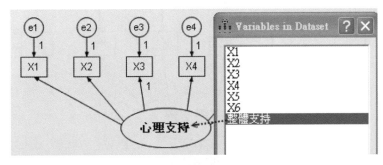

圖 5-68

將潛在變項名稱重新界定，其名稱為「整體支持」：滑鼠移往潛在變項物件上按右鍵選取快顯功能表【Object Properties】（物件性質）選項，開啟「Object Properties」（物件性質）對話視窗，切換到「Text」（文字）標籤頁，在「Variable name」（變項名稱）下的方格中將原先「心理支持」改為「整體支持」，按右上角關閉鈕。在假設模式的繪製中，研究者將潛在變項名稱或測量誤差項名稱設定與SPSS資料檔中的變項名稱相同，雖是設定錯誤，但Amos並不會出現任何錯誤訊息。在Amos的操作中，模式若有界定錯誤，要按【Calculate estimates】（計算估計值）▓▓▓圖像鈕時才會提示相對應的警告或錯誤訊息。

圖 5-69

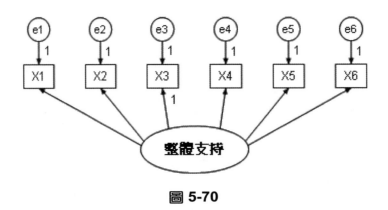

圖 5-70

　　按【Calculate estimates】（計算估計值）![圖像鈕] 圖像鈕時，會出現「Amos」對話視窗，視窗內出現「The observed variable, 整體支持, is represented by an ellipse in the path diagram.」警告語，告知使用者在徑路圖中橢圓形的物件內出現觀察變項「整體支持」變數，這與橢圓形的物件的屬性不符合，觀察變項或測量指標只能呈現於方框物件內。因而在 Amos 各測量模型中，潛在變項的名稱不能與原始資料檔中的變項名稱相同，否則模型無法估計。

圖 5-71

六、測量模型的修正

在之前可以識別的模式，整體模式適配度的卡方值為 30.317、顯著性機率值 p=.000<.05，拒絕虛無假設；RMSEA 值=.109>.080，AGFI 值=.882<.900，表示假設之測量模型與觀察資料無法有效契合。經修正指標值發現，若增列誤差項e5 與誤差項e6 間的共變關係，則可以降低卡方值 14.836，此種共變界定符合測量模型的假定，因而可以設定釋放此項的參數估計。

Modification Indices（國小學生－心理支持測量）

表 5-15　Covariances:（國小學生－心理支持測量）

	M.I.	Par Change
e5↔e6	14.836	.271
e2↔e3	4.280	.121

測量模型修正後的模式圖如圖 5-72，修正後的模式圖增列誤差變項 e5 與誤差變項 e6 間的共變關係。

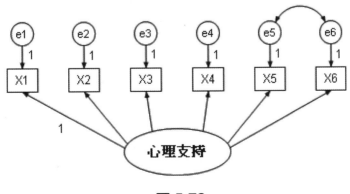

圖 5-72

按【Calculate estimates】（計算估計值）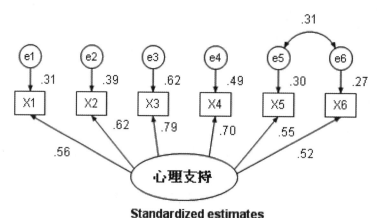圖像鈕後，模式可以順利識別，整體模式適配度的卡方值為 13.636，顯著性機率值p=.092，接受虛無假設，表示假設模型與樣本資料間可以契合，RMSEA 值=.060<.080、GFI值=.979>.900、AGFI 值=.944>.900，均達到模式可以適配的標準。六個測量指標的因素負荷量分別為.56、.62、.79、.70、.55、.52，因素負荷量介於.50至.95 之間。

Standardized estimates
心理支持測量
卡方值=13.636(p =.092)；GFI=.979
RMSEA=.060；AGFI=.944

圖 5-73

在測量模型中若是將指標變項的路徑係數λ值設定為 1，表示將所有指標變項指定為固定參數。此種參數限定條件更為嚴苛，整個模型適配度的卡方值變為 45.767，顯著性 p=.000，RMSEA 值=.107、AGFI 值=.887。

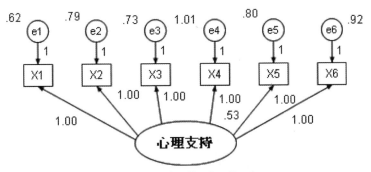

圖 5-74

七、測量模型參數標籤名稱的設定

執行功能列【Plugins】（增列）／【Name Parameters】（名稱參數）程序，開啓「Amos Graphics」對話視窗→在「Amos Graphics」對話視窗中勾選「☑Covariances」（共變數）「☑Regression weights」（迴歸係數）、「☑Variances」（變異數）三個選項，按『OK』鈕→出現「Name Param...」（名稱參數）對話視窗，按『確定』鈕。

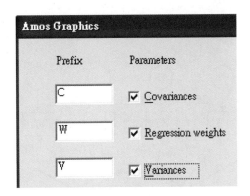

圖 5-75

設定參數標籤名稱的測量模型圖如下，若是研究者將參數標籤名稱重新設定爲相同文字串，表示將二個參數限制爲等同。在下列參數界定中均使用 AMOS 內定的起始文字，參數 W1、W2、W3、W4、W5 爲迴歸係數

（因素負荷量），V1、V2、V3、V4、V5、V6、V7 參數為變異數，C1 為共變數，模式中待估計的自由參數共有 5+7+1=13 個。

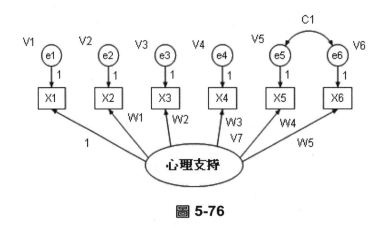

圖 5-76

增列參數標籤名稱的測量模型估計結果與未增列參數標籤名稱測量模型的估計結果完全相同，按【Calculate estimates】（計算估計值）**图像**鈕後，模式可以順利識別，整體模式適配度的卡方值為 13.636，顯著性機率值 p=.092，接受虛無假設，表示假設模型與樣本資料間可以契合，RMSEA值=.060<.080、GFI 值=.979>.900、AGFI 值=.944>.900，均達到模式可以適配的標準。六個測量指標的因素負荷量分別為.56、.62、.79、.70、.55、.52，因素負荷量介於.50 至.95 之間。

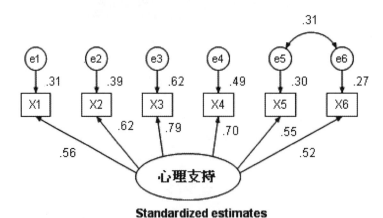

圖 5-77

Structural Equation Modeling- Amos Operation and Application

5-4 測量模型的平行測驗檢定

　　在測量模型中，若是將測量指標因素負荷量的參數標籤名稱均界定為相同的文字串，表示將測量模型中的因素負荷量限定為相同，此種因素負荷量恒等性限制並非強迫將因素負荷量限制為某一固定數值，而是由電腦根據假設模型的共變異數矩陣與樣本資料的共變異數矩陣推估而得，此種限定中為了能估計六個測量變項的因素負荷量，須將潛在變項的變異數設定為 1，而潛在變項的平均數設定為 0，表示不用進行因素分數估計，否則模型無法識別。此種測量模型中將測量指標的因素負荷量限制為相等，稱為因素係數恒等限制（invariance constraints）等同限制（equivalence restrictions）或因素負荷量不變性限制，又稱為τ等值（τ-equivalent）測量模型。τ等值測量模型中只限定測量指標變項的因素負荷量相等，對測量變項誤差項的變異數則未加以限制，所以誤差項變異數之參數標籤名稱並未相同。

　　在τ等值測量模式中，六個測量指標的路徑係數（因素負荷量）參數標籤名稱均設定為W1，表示將六個測量指標的因素負荷量限制為相同，此時影響六個測量指標的潛在特質變項（因素構念）之變異數要界定為 1，否則測量模型無法辨識。

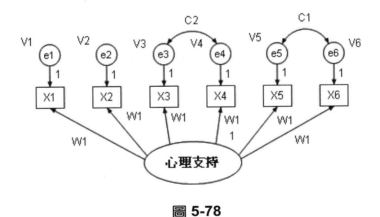

圖 5-78

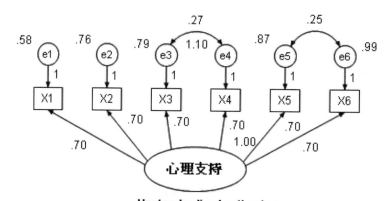

Unstandardized estimates
心理支持測量
卡方值=20.016(p =.067) ；GFI=.969
RMSEA=.058 ；AGFI=.946

圖 5-79

因素負荷量恒等性測量模型，按【Calculate estimates】（計算估計值）圖像鈕後，模式可以順利識別，整體模式適配度的卡方值為 20.016，顯著性機率值p=.067>.05，接受虛無假設，表示假設模型與樣本資料間可以契合，RMSEA 值=.058<.080、GFI 值=.969>.900、AGFI 值=.946>.900，均達到模式可以適配的標準。六個測量指標非標準化估計值之路徑係數均為.70，但其誤差變項的變異數則未必相同。若是因素負荷量恒等性測量模型可以被接受，表示測量指標不僅在測量相同的潛在構念，且六個測量指標（題項）被潛在變項解釋的變異量也相等，六個測量指標（題項）的重要性相當。

若是將六個測量指標的因素負荷量限定為相同，而六個測量指標誤差項的變異數也限定為相同，則此種測量模型稱為平行測量模型（*Bollen, 1989*）。為了將測量變項誤差項變異數限制為相同，只要把誤差變項的參數標籤名稱界定為相同的文字串即可，範例中均界定為 V1。

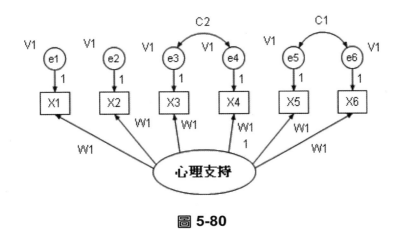

圖 5-80

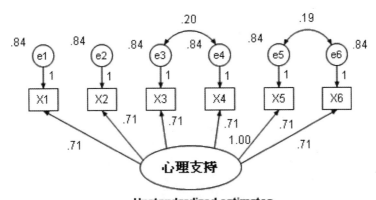

圖 5-81

　　上述界定之平行測量模型，按【Calculate estimates】（計算估計值）

▦圖像鈕後，模式可以順利識別，整體模式適配度的卡方值為 36.879，

顯著性機率值p=.003<.05，拒絕虛無假設，表示假設模型與樣本資料間無法

契合，但 RMSEA 值=.077<.080、GFI 值=.945>.900、AGFI 值=.932>.900，均

達到模式可以適配的標準，此時模式是否適配最好再參考其他適配度指標

值。六個測量指標非標準化估計值之路徑係數均為.71，其誤差變項的變異

數均為.84。

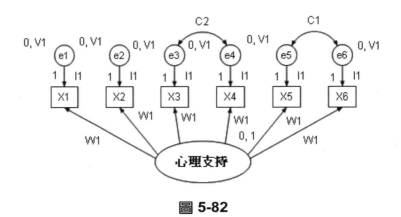

圖 5-82

若是平行測量模型達到適配，研究者可進一步將所有測量指標變項與潛在變項的平均數設定為 0，為便於估計六個測量指標變項的平均數是否相等，須將六個觀察變項的截距項界定為相同，範例中均將觀察變項的截距項的參數標籤名稱界定為 I1，如此可進行觀察變項平均數相等性的檢定，此種考驗稱為嚴格平行檢定（strictly parallel tests）。

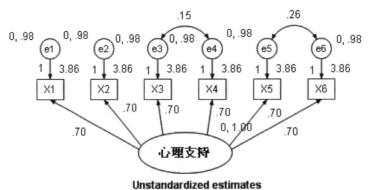

圖 5-83

上述界定之嚴格平行測量模型，加入所有測量指標截距項也相同，按【Calculate estimates】（計算估計值）▦▦▦圖像鈕後，模式可以順利識別，整體模式適配度的卡方值為 199.715，顯著性機率值 p=.000<.05，拒絕虛無假設，表示假設模型與樣本資料間無法契合，RMSEA 值=.201>.080，表示模式未達到適配標準。

　　由於將測量指標的截距項設定為相同，平均數也界定為相等，整體模式的卡方值變得很大，RMSEA值也變大，因而可將嚴格參數限制策略改為較為寬鬆策略，將測量指標的截距項參數限制為相同改為不相同，以查看模式適配情形。要將截距項參數放寬，只要將其截距項的參數標籤名稱改為不一樣的文字串即可，範例中六個測量指標的截距項參數標籤名稱分別為 I1、I2、I3、I4、I5、I6。

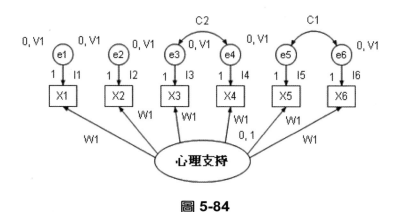

圖 5-84

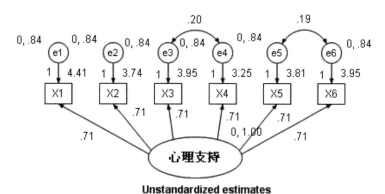

圖 5-85

　　將六個測量指標截距項參數改為自由估計，而未加以限制為等同，按【Calculate estimates】（計算估計值）　圖像鈕後，模式可以順利識別，整體模式適配度的卡方值減為 36.879，顯著性機率值p=.003<.05，拒絕虛無假設，表示假設模型與樣本資料間無法契合，但 RMSEA 值=.077<.080，表

示模式達到適配標準。此時模型是否合適，研究者最好再參考其他適配度指標值。若是研究者進行選替模型（alternative model），則要進行模型的比較，其中模型適配度的考量是重要的要素之一。

5-5 多因子測量模型潛在變項的界定

在 Amos 的假設模型中，多因子測量模型之潛在變項間不論因素間有無相關，潛在變項間必須以雙箭頭 （Draw covariances）建立因素間的共變關係，即使研究者假定測量模型為直交模式或正交模式（假定因素間彼此沒有相關），變項的共變關係也必須繪製共變關係圖，否則模式無法估計。

一、初始模型

以上述心理支持量表為例，假設心理支持量表經探索性因素分析結果，六個題項變數共萃取三個共同因素，共同因素名稱為「FACT_1」、「FACT_2」、「FACT_3」，「FACT_1」因素構念的測量指標為 X1、X2，「FACT_2」因素構念的測量指標為 X3、X4、「FACT_3」因素構念的測量指標為 X5、X6，CFA 假設模型圖如圖 5-86。

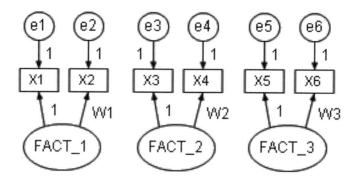

圖 5-86

上述假設模型圖中，由於未界定三個因素構念間的共變關係，因而按
【Calculate estimates】（計算估計值）▦▦圖像鈕後，會出現「Amos Warn-
ings」警告視窗，在對話視窗中，出現「Amos will require the following pairs
of variables to be uncorrelated:*FACT_1◇FACT_2、* FACT_1◇FACT_3、*
FACT_2◇FACT_3」的提示語，表示三個配對組的潛在變項間沒有建立共變
關係。

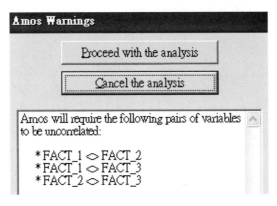

圖 5-87

在「Amos Warnings」警告視窗中有二個按鈕：「Proceed with the analy-
sis」（繼續執行分析程序）、「Cancel the analysis」（取消分析程序），由
於模式界定有問題，即是使用者按下「Proceed with the analysis」（繼續執行
分析程序）鈕，模式也無法辨識。

Notes for Model (Default model)

Computation of degrees of freedom (Default model)

Number of distinct sample moments:	21
Number of distinct parameters to be estimated:	12
Degrees of freedom (21 - 12):	9

Result (Default model)

The model is probably unidentified. In order to achieve identifiability, it will proba-
bly be necessary to impose 3 additional constraints.

在模式註解的結果輸出檔案中，Amos提示使用者原先模型無法辨識或

識別，若要讓模式可以順利識別，要增列三個限制條件。

二、修正模型

使用者增列潛在變項「FACT_1」與潛在變項「FACT_2」間的共變關係，也增列潛在變項「FACT_2」與潛在變項「FACT_3」間的共變關係，並未增列潛在變項「FACT_1」與潛在變項「FACT_3」間的共變關係，模型界定並不完整。

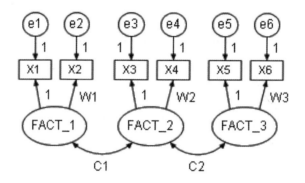

圖 5-88

由於研究者並未將所有配對組之潛在變項界定有共變關係，範例中遺漏界定潛在變項「FACT_1」與潛在變項「FACT_3」間的共變關係，模式估計結果會再呈現「Amos Warnings」警告視窗，視窗中告知使用者並未界定測量模型中的潛在變項「FACT_1」與潛在變項「FACT_3」間的共變關係。

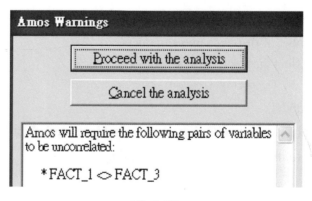

圖 5-89

三、斜交關係的測量模型

使用者再增列潛在變項「FACT_1」與潛在變項「FACT_3」間的共變關係，此時並未限定三個共變項參數的數值，或將三個共變項的參數標籤名稱設定為相同，表示測量模型假定的一種斜交關係，因素構念間有某種程度的相關。

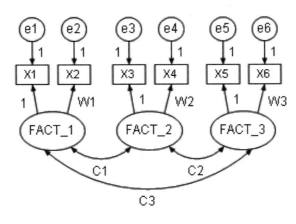

圖 5-90

按【Calculate estimates】（計算估計值） ▓▓▓▓圖像鈕後，斜交測量模型可以順利識別，六個測量指標誤差項的誤差變異數沒有出現負值，三個潛在變項的相關係數分別為.89、.72、.71，相關係數沒有出現異常值，測量模型的自由度為 6，卡方值為 11.280，顯著性機率值 p=.080>.05，接受虛無假設，表示假設模型與觀察資料可以契合，RMSEA 值=.066<.080、AGFI 值=.935>.900，表示理論模型是適配的。由於三個潛在變項間的相關程度為中高度關係，因而測量模型採用斜交模式較為適宜。

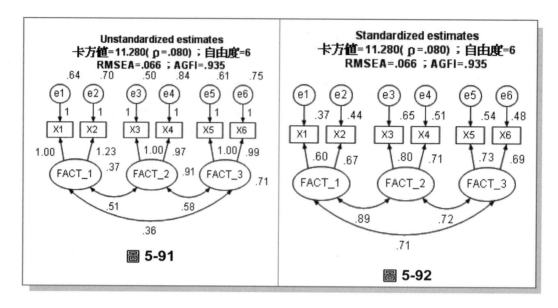

圖 5-91

圖 5-92

四、界定測量模型潛在變項間沒有相關

　　若是在探索性因素分析中，研究者採用正交轉軸法，假定三個因素構念間沒有相關，此時在測量模型的假設模式圖的繪製中使用下列二種模式圖均可：第一種方式界定將三個共變項參數標籤名稱界定為不同的文字串，如 C1、C2、C3，再利用「Manage Models」（管理模式）將三個參數設定為0；第二種方法直接將三個共變項的數值界定為0（不界定參數標籤名稱）。

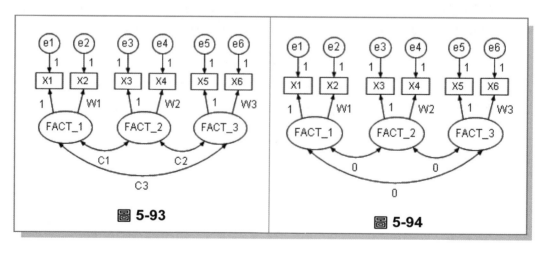

圖 5-93

圖 5-94

　　若是採用第一種方式，使用者必須開啟「Manage Models」（管理模式）將三個參數設定為 0，其操作程序如下：執行功能列【Analysis】（分析）

／【Manage Models】（管理模式）程序，開啟「Manage Models」（管理模式）對話視窗，在右邊「Parameter Constraints」（參數限制）下的方格中鍵入「C1=0、C2=0、C3=0」或「C1=C2=C3=0」。

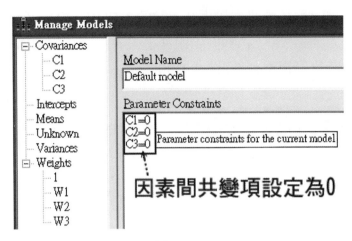

圖 **5-95**

將三個因素構念間的相關限制為 0，表示三個因素構念間為各自獨立構念，完全不相關，此種潛在變項間完全獨立的假設測量模型無法順利收斂，模式無法識別，表示假設模型與觀察資料數據間差異太大，模式無法於少數幾次疊代內完成估計。

Notes for Model (Default model)

Computation of degrees of freedom (Default model)

Number of distinct sample moments: 21

Number of distinct parameters to be estimated: 12

Degrees of freedom (21 − 12): 9

Result (Default model)

The model is probably unidentified. In order to achieve identifiability, it will probably be necessary to impose 3 additional constraints.

在模式註解的結果輸出檔案中，Amos 提示使用者原先模型無法辨識或識別，若要讓模式可以順利識別，要增列三個限制條。

五、完全獨立潛在變項參數修正

　　由於將三個共變項參數值限定為 0，測量模型無法有效識別，此時研究者可以將共變項的參數值改為接近 0 的數值，如.01、.02、.03、……等，這些數值雖不是完全等於 0，但與 0 差距甚小，表示潛在變項構念間的關聯程度非常小，此時也可視為其彼此間的相關為 0。

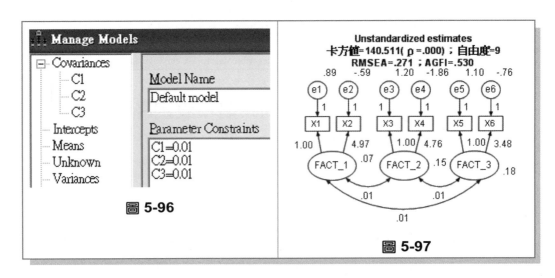

圖 5-96　　　　　　　　圖 5-97

　　將三個共變項參數值界定等於.01，按【Calculate estimates】（計算估計值）⊞⊞⊞圖像鈕後，直交測量 CFA 模型可以順利識別，模式的卡方值為 140.511、模型的自由度等於 9，顯著性機率值p=.000<.05，拒絕虛無假設，表示假設模型與觀察資料無法有效契合，RMSEA 值=.271>.080、AGFI 值=.530<.900，表示理論模型的是適配度差。直交測量 CFA 模型雖然可以順利識別，但由於假設模型與樣本資料數據相差過大，模式即使可以順利估計，但獲得的估計解是無法解釋的，此即為「無法接受解」（non-admissible）。

表 5-15　Notes for Model (Group number 1 - Default model)
The following variances are negative. (Group number 1 - Default model)

e2	e4	e6
-.593	-1.857	-.761

　　在模式註解中出現三個誤差項的變異數為負值（variances are negative）之不合理估計值，三個不合理估計值的誤差為 e2、e4、e6。

Notes for Group/Model (Group number 1 - Default model)

This solution is not admissible.

在群組／模式註解中出現「This solution is not admissible.」（估計解不是可接受的解）訊息，表示所得的參數超出合理的範圍，假設模型與觀察資料的內容差異極大，共變異數矩陣為非正定矩陣。

六、單向度測量模式與多向度測量模式

在多因素測量模式中，如果每個測量指標變項僅反應單一的潛在變項（因素構念），沒有任一指標變項受到二個潛在變項（因素構念）的影響，則此種測量模式稱為「單向度測量模式」（unidimensional measurement model）。相對的，若是測量指標變項同時受到二個以上潛在變項（因素構念）的影響，則此種測量模式為「多向度測量模式」（multimensional measurement model）。在驗證性因素分析中，允許研究者界定多向度測量模式。在測量誤差項（errors of measurement；ε或δ）的設定方面，允許潛在變項（因素構念）內之測量誤差項有相關，也允許潛在變項（因素構念）間之測量誤差項有相關。

以二個潛在變項（因素構念）的測量模式為例，二個潛在變項各有三個指標變項，「F1」潛在變項的測量指標變項為X1、X2、X3；「F2」潛在變項的測量指標變項為X4、X5、X6。單向度測量模式的範例圖如下：

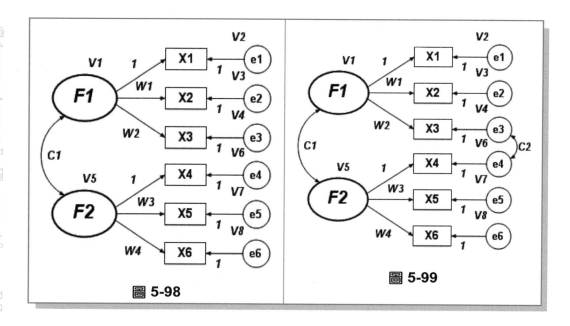

圖 5-98　　　　　　　　　　　　圖 5-99

在下列單向度測量模式中，測量誤差項包括因素內關聯誤差（e5 和 e6 間的共變關係）、因素間關聯誤差（e3 和 e4 間的共變關係），當誤差間存在有意義的相關，表示測量變項除了受到特定潛在特質的影響之外，尚有其他未知影響來源，此來源須由誤差項的共變分析來估計，此即表示 CFA 測量模式除了允許測量指標變項與潛在變項間可具有多向度關係外，也允許某一測量變項的誤差項與其他測量變項的誤差項間存在共變關係（邱皓政，民 94）。

假定二組關聯誤差項的 CFA 單向度測量模式圖估計結果，模式可以順利辨識，整體適配度卡方統計量=10.085，模式自由度為 6，顯著性機率值 p=.121>.05，接受虛無假設，表示假定之測量模式與樣本資料可以適配。

5
Chapter

AMOS & SEM

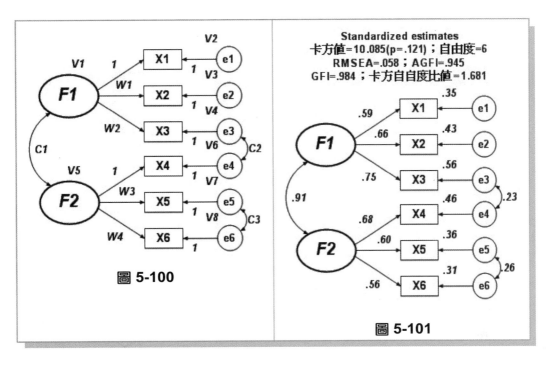

圖 5-100

圖 5-101

多向度測量模式的範例圖如下：在第一個假設多向度測量模式圖中，指標變項 X5 假定同時受到潛在變項 F1、F2 的影響；在第二個假設多向度測量模式圖中，指標變項 X5 假定同時受到潛在變項 F1、F2 的影響；而指標變項 X3 假定也同時受到潛在變項 F1、F2 的影響，因而在驗證性因素分析中的假設模型以多向度測量模式圖取代單向度測量模式圖。

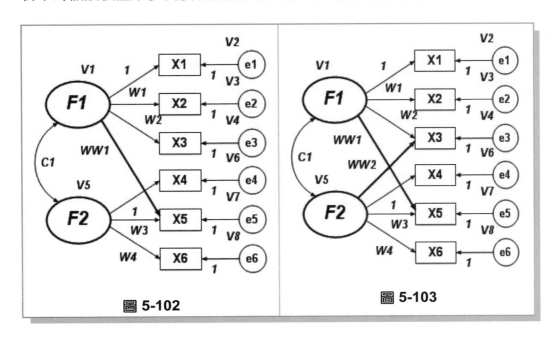

圖 5-102

圖 5-103

在 CFA 測量模型的考驗中，研究者所提出的初始模式應為單向度測量模式圖，並假定所有測量誤差間沒有關係，根據模式估計結果再逐一進行模式的修正，模式修正時可參考 AMOS 提供的修正指標值，唯模式圖的界定必須符合 SEM 的基本假定。

CHAPTER

6

驗證性因素分析

依使用目的而言，因素分析（factor analysis）可分為「探索性因素分析」（exploratory factor analysis；簡稱 EFA）與「驗證性因素分析」（confirmatory factor analysis；簡稱 CFA）。EFA 與 CFA 兩種分析方法最大的不同，在於測量理論架構在分析過程中所扮演的角色與檢定時機。就 EFA 而言，測量變項的理論架構是因素分析後的產物，因素結構是從一組獨立的測量指標或題項間，由研究者主觀判斷所決定的一個具有計量合理性與理論適切的結構，並以該結構來代表所測量的概念內容或構念特質，即理論架構的出現是在 EFA 程序中是一個事後概念；相對之下，CFA 的進行則必須有特定的理論觀點或概念架構作為基礎，然後藉由數學程序來確認評估該理論觀點所導出的計量模式是否適當、合理，因此理論架構對 CFA 的影響是在分析之前發生的，其計量模型具有先驗性，理念是一種事前的概念（邱皓政，民 94）。EFA 所要達成的是建立量表或問卷的建構效度，而 CFA 則是要考驗此建構效度的適切性與真實性。

探索性因素分析的目的在於確認量表因素結構（factor structure）或一組變項的模型，常考量的包含要決定多少個因素或構念，同時因素負荷量的組型如何，雖然大部分的探索性因素分析允許事先決定因素的個數，但強制某個變項只歸於某一個特定因素則有其困難。探索性因素分析偏向於理論產出的程序，而非是理論架構考驗的方式；相反的，驗證性因素分析通常會依據一個嚴謹的理論及（或）實徵基礎上，允許研究者事先確認一個正確的因素模型，這個模型通常明確將變項歸類於那個因素層面中，並同時決定因素構念間是相關的，與探索性因素分析比較之下，驗證性因素分析有較多的理論考驗程序。在實際應用上，研究可能同時會使用到探索性因素分析與驗證性因素分析，但有效區分二種分析方法的差異及其適用情境是非常重要的（*Stevens, 1996*）。

在量表或問卷編製的預試上，都會先以探索性因素分析，不斷的嘗試，以求得量表最佳的因素結構，以建立問卷的建構效度。當研究者得知量表或問卷是由數個不同潛在面向或因素所構成，為了確認量表所包含的因素是否與最初探究的構念相同，會以不同的一組樣本為對象，加以檢驗，此時量表的各因素與其題項均已固定，研究者所要探究的是量表的因素結構模式是否與實際蒐集的資料契合，指標變項是否可以有效作為因素構念（潛

在變項）的測量變項，此種因素分析的程序，稱為驗證性因素分析。

驗證性因素分析模型被歸類於一般結構方程模型或共變結構模型（covariance structure model）之中，允許反應與解釋潛在變項，它和一系列的線性方程相連結，與探索性因素分析相較之下，驗證性因素分析模型較為複雜，但二種模型基本目標是相似的，皆在解釋觀察變項間的相關或共變關係，但CFA偏重於檢驗假定的觀察變項與假定的潛在變項間的關係（*Everitt & Dunn, 2001*）。

探索性因素分析與驗證性因素分析的差異可以歸納如表 6-1（*Stevens, 1996, p.389*）：

表 6-1　探索性因素分析與驗證性因素分析的差異比較表

探索性因素分析	驗證性因素分析
理論產出	理論檢定
理論啟發──文獻基礎薄弱	強烈理論且（或）實徵基礎
決定因素的數目	之前分析後因素的數目已經固定
決定因素間是否有相關	根據之前的分析固定因素間有相關或沒有相關
變項可以自由歸類所有因素	變項固定歸類於某一特定因素

驗證性因素分析被使用在考驗一組測量變項與一組可以解釋測量變項的較少因素構念間的關係，CFA 允許研究者分析確認事先假設測量變項與因素關係間之正確性。通常 EFA 是利用一組樣本來產生測量變項間因素結構，而 CFA 則是再從母群體中抽取另一組樣本來檢定假設因素結構的契合度，有些研究者會將樣本數一分為二，以一半的樣本數來使用 EFA 方法產生因素結構，另外一半樣本採用 CFA 方法來進行模型的正式比較。CFA 是 SEM 家族中的一個應用案例，CFA 也可處理因素結構間斜交（因素構念間有相關）及直交的問題（因素構念間沒有相關），此外，也可以分析指標變項間的隨機測量誤差（random measurement error）、指標變項的信度與效度檢驗等（*Spicer, 2005*）。

CFA屬於SEM的一種次模式，為SEM分析的一種特殊應用。由於SEM的模式界定能夠處理潛在變項的估計與分析，具有高度的理論先驗性，因

而若是研究者對於潛在變項的內容與性質，能提出適當的測量變項以組成測量模式，藉由 SEM 的分析程序，便可以對潛在變項的結構或影響關係進行有效的分析。SEM 中對於潛在變項的估計程序，即是在考驗研究者先前提出的因素結構的適切性，一旦測量的基礎確立了，潛在變項的因果關係就可以進一步的探討，因此，一般而言，CFA 可以說是進行整合性 SEM 分析的一個前置步驟或基礎架構，當然，它也可以獨立進行分析估計（周子敬，民 95）。

傳統的測驗理論或因素分析均是假設潛在變項為「因」，而指標變項為「果」，將此論點應用於測驗編製上，要把握以下幾個原則：(1)同一構面因素的外顯指標其內部一致性要高；(2)同一構面因素的測量指標間之相關愈高愈好；(3)單一維度構面中，信度相同的測量指標，本質上是可以替換的；(4)同一構面內測量指標的相關應高於構面間測量指標的相關；(5)測量指標線性組合可以取代潛在變項。驗證性因素分析的基本假設為誤差項的期望值為 0：$E(\delta) = 0$，誤差項的變異數等於測量誤差：$Var(\delta) = \Theta$，潛在因素的期望值等於 0：$E(\xi) = 0$，潛在因素與測量誤差無關：$Cov(\delta, \xi) = 0$（李茂能，民 95）。對於驗證性因素分析於測驗編製的應用，學者 Bollen 與 Lennox（1991）提出五個觀點供研究者參考：

1. 同一構面的測量指標應具有高度一致性的原則只適用於效果指標（反映性指標），不適用於原因指標（形成性指標），各原因指標間不一定需要具有同質性。
2. 同一構面的測量指標間之相關愈高愈好只適用於反映性指標，不適用於形成性指標，因為形成性指標（原因指標）間具有高相關容易產生多元共線性（multicollinearity）的問題。
3. 單一構面因素中，信度相同的測量指標，本質上是可以替換的，此原則並不適用於形成性指標，因為各原因指標本質上可能不相同，刪去任何一個原因指標都會破壞原先構面的架構。
4. 不管是效果指標或原因指標，構面內指標的相關不一定會高於構面間指標的相關，除非是多因素直交模式，潛在變項間的相關為 0。
5. 不管是形成性指標或反映性指標，指標的線性組合都不等於潛在變項。

以有六個外顯變項、二個因素構面的CFA徑路圖如圖 6-1：範例中二個共同因素各三個測量指標變項，每個指標變項均只受到一個潛在變項的影響，因而是一種單向度測量模式。在單向度測量模式中，如果觀察變項X1、X2、X3 測量的潛在特質構念同質性很高，則觀察變項X1、X2、X3 間的相關會呈現中高度關係，三個測量指標的因素負荷量會很大；相同的應用，若是觀察變項 X4、X5、X6 測量的潛在特質構念同質性很高，則觀察變項X4、X5、X6 間的相關會呈現中高度關係，三個測量指標的因素負荷量會很大（一般要求標準是λ>.71），此結果表示測量同一特質構念的測量指標會落在同一個因素構念上，此種效度稱爲「聚合效度」（convergent validity）。在測量模式中，若是任何二個因素構念間的相關顯著不等於 1，表示二個因素構念間是有區別的，此種效度稱爲「區別效度」（discriminant validity），具有區別效度的測量模式，測量不同因素構念的測量指標變項會落在不同因素構念上，而測量相同因素構念的觀察變項會落在同一個因素構念之中。

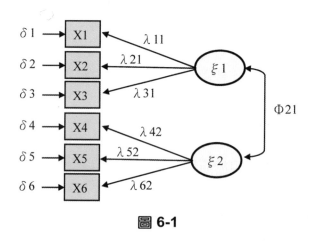

圖 6-1

圖 6-1 的六個指標變項、二個構面因素，所建立的六個迴歸方程式如下：

$$X_1 = \lambda_{11}\xi_1 + \delta_1$$

$$X_2 = \lambda_{21}\xi_1 + \delta_2$$

$$X_3 = \lambda_{31}\xi_1 + \delta_3$$

$$X_4 = \lambda_{42}\xi_2 + \delta_4$$

$$X_5 = \lambda_{52}\xi_2 + \delta_5$$

$$X_6 = \lambda_{62}\xi_2 + \delta_6$$

在上述迴歸方程式中，六個測量指標變項的測量誤差之迴歸係數均設定為1，表示限制潛在因素（構面）與測量誤差間具有相同的測量量尺，模式只估計潛在因素之迴歸係數，以矩陣方式表示如下：

$$\begin{pmatrix} X1 \\ X2 \\ X3 \\ X4 \\ X5 \\ X6 \end{pmatrix} = \begin{pmatrix} \lambda 11 & 0 \\ \lambda 21 & 0 \\ \lambda 31 & 0 \\ 0 & \lambda 42 \\ 0 & \lambda 52 \\ 0 & \lambda 62 \end{pmatrix} \begin{pmatrix} \xi 1 \\ \\ \xi 2 \end{pmatrix} + \begin{pmatrix} \delta 1 \\ \delta 2 \\ \delta 3 \\ \delta 4 \\ \delta 5 \\ \delta 6 \end{pmatrix}$$

上述假設模式圖以 Amos Graphics 繪製時，六個誤差變項的徑路係數要設定為1，表示只估計六個誤差變項的誤差變異量。六個誤差變項間之初始關係的共變假定為0，表示誤差變項間沒有關係，其徑路圖如圖 6-2：在 CFA 測量模式中，每個潛在變項的指標變項中要有一個測量指標的路徑係數λ固定為1。

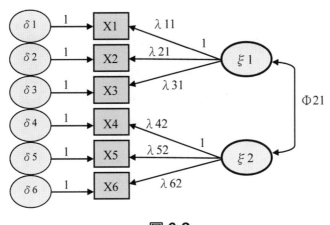

圖 6-2

若是研究者認為誤差變項間並非獨立無關，則可以增列誤差變項的相關，如測量誤差δ1 與δ2 有共變關係，測量誤差δ4 與δ6 有共變關係，則修改的模式圖如圖 6-3：

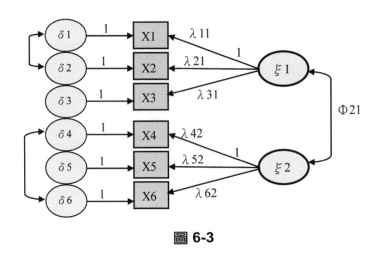

圖 **6-3**

【研究問題】

某研究者者編製一份「國民中學兼行政教師所知覺的校長激勵策略量表」，共有十二題，各題項如下：

國民中學兼行政教師所知覺的校長激勵策略量表

01.校長會依績效表現給予兼行政人員不同程度或方式的獎懲【績效獎懲】

02.兼行政人員利用非上班時間辦理活動時，校長會給予合理的加班費【加班補償】

03.對於兼行政人員額外的工作付出，校長會給予合理的工作津貼【工作津貼】

04.校長常會舉辦餐敘或聯誼活動，以凝聚團隊向心力【聯誼餐敘】

05.校長會主動改善學校的軟硬體設備，以提升行政效率【設備改善】

06.校長非常重視並接納兼行政人員各方面的建言【接納建言】

07.校長會極力營造具人性化領導風格的組織文化【領導風格】

08.校長能營造有創意的環境，讓兼行政人員發揮潛能【創意環境】

09.校長經常鼓勵兼行政人員學習新知與技能【鼓勵學習】

10.校長會依兼行政人員的專業知能與所長使其得以適才適所【適才適所】

11.校長能提供兼行政人員完成工作所需的技巧與方法【技巧傳授】

12.校長會依兼行政人員的工作專業需求提供相關的研習機會【提供研習】

　　量表的填答，採用李克特五點量表法，從「非常不符合」到「非常符合」，選項分數給予 1 至 5，得分愈高，表示國民中學兼行政教師所知覺的

Structural Equation Modeling- Amos Operation and Application

校長激勵策略愈佳。研究者爲得知此量表所包含的因素構念，乃採分層取樣方式，各從大型學校、中型學校、及小型學校各抽取 50 名教師填答，總共有效樣本數爲 150 名，經探索性因素分析結果，求得其建構效度，共抽出三個共同因素：「福利措施」、「健全組織」、「專業成長」，三個共同因素包含的題項如表 6-2：

表 6-2

因素構面	因素包含題項
福利措施	01.績效獎懲（VA1）、02.加班補償（VA2）、03.工作津貼（VA3）、04.聯誼餐敘（VA4）
健全組織	05.設備改善（VB1）、06.接納建言（VB2）、07.領導風格（VB3）、08.創意環境（VB4）
專業成長	09.鼓勵學習（VC1）、10.適才適所（VC2）、11.技巧傳授（VC3）、12.提供研習（VC4）

6-1 一階驗證性因素分析──多因素斜交模式

爲了驗證在探索性因素分析中的因素結構模型是否與實際資料適配，研究者以「激勵策略量表」爲工具，重新取樣，依然採取分層隨機取樣方式，選取大型學校兼行政人員 80 名、中型學校兼行政人員 60 名、小型學校兼行政人員 60 名，合計有效樣本 200 位。請問研究者所建構的「激勵策略量表」因素理論模式圖是否可以得到支持？

「激勵策略量表」驗證性因素分析之概念模式圖如圖 6-4。

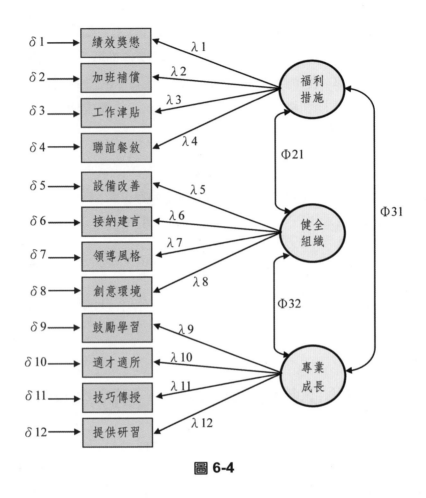

圖 6-4

一、假設模式

　　圖 6-5 的 CFA 假設模式圖沒有界定參數標籤名稱，圖 6-6 的 CFA 假設模式圖有界定參數標籤名稱。

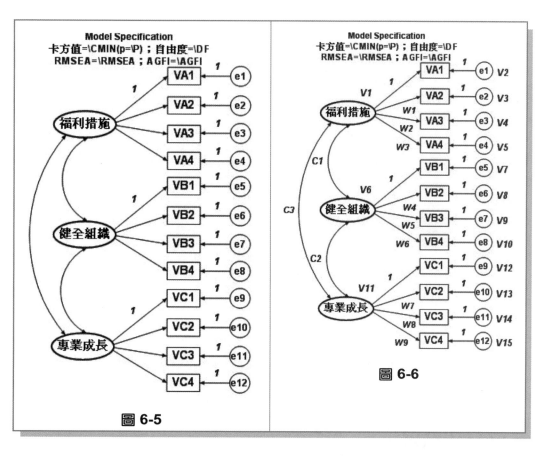

圖 6-5

圖 6-6

200 位受試者在「激勵策略量表」得分之共變數矩陣數據如表 6-3：

表 6-3

rowtype_	varname_	VA1	VA2	VA3	VA4	VB1	VB2	VB3
n		200.000	200.000	200.000	200.000	200.000	200.000	200.000
cov	VA1	0.931	.	.	.	.	.	.
cov	VA2	0.577	0.741	.	.	.	.	.
cov	VA3	0.529	0.482	0.673	.	.	.	.
cov	VA4	0.477	0.411	0.396	0.748	.	.	.
cov	VB1	0.352	0.347	0.336	0.301	0.566	.	.
cov	VB2	0.336	0.280	0.304	0.288	0.289	0.574	.
cov	VB3	0.291	0.294	0.262	0.252	0.277	0.328	0.576
cov	VB4	0.303	0.327	0.289	0.256	0.298	0.297	0.361
cov	VC1	0.422	0.425	0.372	0.343	0.317	0.309	0.275
cov	VC2	0.417	0.372	0.363	0.351	0.303	0.314	0.299
cov	VC3	0.423	0.418	0.360	0.353	0.330	0.309	0.346
cov	VC4	0.383	0.392	0.358	0.351	0.336	0.313	0.328

表 6-4

rowtype_	varname_	VB4	VC1	VC2	VC3	VC4
n		200.000	200.000	200.000	200.000	200.000
cov	VA1	.	.	.	.	.
cov	VA2	.	.	.	.	.
cov	VA3	.	.	.	.	.
cov	VA4	.	.	.	.	.
cov	VB1	.	.	.	.	.
cov	VB2	.	.	.	.	.
cov	VB3	.	.	.	.	.
cov	VB4	0.549	.	.	.	.
cov	VC1	0.322	0.851	.	.	.
cov	VC2	0.304	0.514	0.837	.	.
cov	VC3	0.354	0.530	0.572	0.788	.
cov	VC4	0.345	0.461	0.465	0.533	0.685

　　在共變異數矩陣中，對角線為變項的變異數，對角線外的數字為二個變項的共變數。

二、輸出結果

　　測量模式按【計算估計值】圖像鈕，模式可以收斂識別，圖 6-7 為未標準化估計值模式圖，圖 6-8 為標準化估計值模式圖。

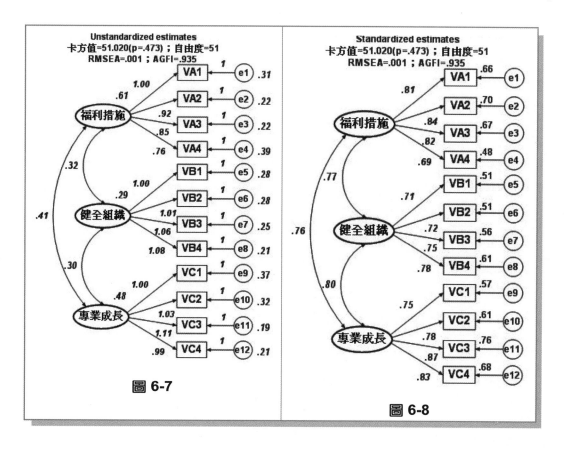

圖 6-7

圖 6-8

◉ (一)群組註解

Analysis Summary

Notes for Group (Group number 1)

The model is recursive.

Sample size = 200

【説明】：假設模式爲遞迴模式（單一箭頭所指），樣本觀察值有 200 位。群組註解的名稱因爲沒有修改，採用內定群組名稱「Group number 1」。

◉ (二)變項摘要

Variable Summary （Group number 1）

Your model contains the following variables （Group number 1）

Observed, endogenous variables

VA1

VA2

VA3

VA4

VB1

VB2

VB3

VB4

VC1

VC2

VC3

VC4

Unobserved, exogenous variables

福利措施

e1

e2

e3

e4

健全組織

e5

e6

e7

e8

專業成長

e9

e10

e11

e12

Variable counts (Group number 1)

Number of variables in your model:	27
Number of observed variables:	12
Number of unobserved variables:	15

Number of exogenous variables:	15	
Number of endogenous variables:	12	

【說明】：模式中的變項總共有 27 個，觀察變項（指標變項）有 12 個、潛在變項（無法觀察）有 15 個，內因變項（觀察變項）有 12 個、外因變項（3 個潛在項加上 12 個誤差變項）有 15 個，測量模式之指標變項爲觀察變項，這些指標變項又是內因變項（箭頭所指的變項），因而爲觀察內因變項（observed endogenous variables）

◉ (三)參數摘要

表 6-5　Parameter summary (Group number 1)

	Weights	Covariances	Variances	Means	Intercepts	Total
Fixed	15	0	0	0	0	15
Labeled	0	0	0	0	0	0
Unlabeled	9	3	15	0	0	27
Total	24	3	15	0	0	42

【說明】：模式中共有 24 個迴歸係數參數，其中 15 個是固定參數，9 個是待估計的參數，15 個固定參數中有 3 個是因素項、12 個是誤差變項，參數值固定值爲 1。待估計的共變量參數有 3 個、待估計的變異數參數有 15 個，因而待估計參數有 9+3+15=27 個，這 27 個待估計的參數均未命名（因爲測量模中沒有設定參數標籤名稱），加上 15 個固定迴歸係數，全部的參數有 15+27=42 個。若是對輸出表格的符號或說明不清楚，使用者可在每個輸出標題選項上按一下（出現超連結手的符號），可開啓相對應的參數說明視窗，如當滑鼠移往「Parameter summary（Group number 1）」標題字上，字形會變爲藍色並增列底線，滑鼠變爲超連結的符號，按一下可開啓「Summary of Parameters」（參數摘要）的說明視窗，如：「Fixed: parameters whose values are fixed at a constant value」、「Labeled: parameters that are labeled」、「Unlabeled: parameters that are neither fixed nor labeled. Such parameters are free to take on any value.（Labeled parameters can also be free -- a parameter that has been associated with a unique label is free to take on any value.）」等，表中第一欄第一列中的「固定」（Fixed）是把參數的數值固定爲某個常數項，第二列中的「標記」（Label）表示已加上註解的參數、第三列中的「未標記」（Unlabel）表示的參數既不是固定參數也沒有加上參數標籤名稱，這些參數是自由參數。若是 CFA 測量模式加上參數標籤名稱，則參數摘要表呈現

如表6-6，表中「標記」列中的數字和上述表表中「Unlabeled」列的數字相同。

表 6-6　Parameter summary (Group number 1)

	Weights	Covariances	Variances	Means	Intercepts	Total
Fixed	15	0	0	0	0	15
Labeled	9	3	15	0	0	27
Unlabeled	0	0	0	0	0	0
Total	24	3	15	0	0	42

㊃樣本矩陣

表 6-7　Sample Moments (Group number 1)
Sample Covariances (Group number 1)

	VC4	VC3	VC2	VC1	VB4	VB3	VB2	VB1	VA4	VA3	VA2	VA1
VC4	.682											
VC3	.530	.784										
VC2	.463	.569	.833									
VC1	.459	.527	.511	.847								
VB4	.343	.352	.302	.320	.546							
VB3	.326	.344	.298	.274	.359	.573						
VB2	.311	.307	.312	.307	.296	.326	.571					
VB1	.334	.328	.301	.315	.297	.276	.288	.563				
VA4	.349	.351	.349	.341	.255	.251	.287	.299	.744			
VA3	.356	.358	.361	.370	.288	.261	.302	.334	.394	.670		
VA2	.390	.416	.370	.423	.325	.293	.279	.345	.409	.480	.737	
VA1	.381	.421	.415	.420	.301	.290	.334	.350	.475	.526	.574	.926

Condition number = 26.613

Eigenvalues

4.730 .768 .583 .387 .341 .324 .292 .248 .239 .199 .188 .178

Determinant of sample covariance matrix = .000

表 6-8　Sample Correlations (Group number 1)

	VC4	VC3	VC2	VC1	VB4	VB3	VB2	VB1	VA4	VA3	VA2	VA1
VC4	1.000											
VC3	.725	1.000										
VC2	.614	.704	1.000									
VC1	.604	.647	.609	1.000								
VB4	.563	.538	.448	.471	1.000							
VB3	.522	.514	.431	.393	.642	1.000						
VB2	.499	.459	.453	.442	.529	.570	1.000					
VB1	.540	.494	.440	.457	.535	.485	.507	1.000				
VA4	.490	.460	.444	.430	.399	.384	.440	.463	1.000			
VA3	.527	.494	.484	.492	.475	.421	.489	.544	.558	1.000		
VA2	.550	.547	.472	.535	.513	.450	.429	.536	.552	.683	1.000	
VA1	.480	.494	.472	.474	.424	.397	.460	.485	.572	.668	.695	1.000

Condition number = 27.875

Eigenvalues

6.635 1.002 .899 .544 .502 .484 .409 .357 .343 .317 .270 .238

【說明】：上面數據為樣本資料導出的共變數矩陣（S 矩陣）、十二個指標變項間的相關矩陣。樣本共變數矩陣的條件數目（Condition number）$S^{(g)}$ 是最大特徵值除以最小特徵值，上表中的樣本共變數矩陣的條件數目 =6.635÷.238 =27.875，樣本相關矩陣對角線為變項自己的相關，其相關係數均為1.000。

㈤模式註解

Models

Default model (Default model)

Notes for Model (Default model)

Computation of degrees of freedom (Default model)

Number of distinct sample moments:	78
Number of distinct parameters to be estimated:	27
Degrees of freedom (78 - 27):	51

Result (Default model)

Minimum was achieved

Chi-square = 51.020

Degrees of freedom = 51

Probability level = .473

【說明】：模式註解中顯示模式名稱爲預設模式（Default model），獨特樣本動差元素的數目即樣本資料點數目，其數值$=\frac{1}{2}k(k+1)=\frac{1}{2}(12)(12+1)=78$，其中 k 爲 CFA 模式觀察變項的個數；模式中待估計的自由參數共有 27 個，模式的自由度等於 $78-27=51$，卡方值等於 51.020，顯著性機率值 p=.473>.05，接受虛無假設，表示觀察資料所導出變異數共變數 S 矩陣與假設模式導出之變異數共變數 $\hat{\Sigma}$ 矩陣相等的假設獲得支持，即假設模式圖與觀察資料適配。

「Notes for Model（Default model）」標題超連結內容視窗表示最小化歷程與單一模式有關，在單一模式中若是最小化歷程已經完成，表示一個模式可以成功地適配。

㈥參數估計值

Group number 1 (Group number 1 - Default model)

Estimates (Group number 1 - Default model)

Scalar Estimates (Group number 1 - Default model)

Maximum Likelihood Estimates

【說明】：以下表 6-9 中的各種參數估計值是採用「最大概似估計法」（Maximum Likelihood Estimates）所估計而得。

表 6-9　**Regression Weights: (Group number 1 - Default model)**

	Estimate	S.E.	C.R.	P	Label
VA1←福利措施	1.000				
VA2←福利措施	.922	.069	13.270	***	par_1
VA3←福利措施	.854	.067	12.759	***	par_2
VA4←福利措施	.761	.074	10.305	***	par_3
VB1←健全組織	1.000				
VB2←健全組織	1.013	.110	9.196	***	par_4
VB3←健全組織	1.064	.114	9.358	***	par_5
VB4←健全組織	1.079	.110	9.790	***	par_6
VC1←專業成長	1.000				
VC2←專業成長	1.030	.092	11.168	***	par_7
VC3←專業成長	1.113	.090	12.423	***	par_8
VC4←專業成長	.987	.084	11.759	***	par_9

【說明】：表 6-9 爲採用最大概似法所估計的未標準化迴歸係數，在模式設定上將「福利措施→VA1」、「健全組織→VB1」、「專業成長→VC1」的未標準化迴歸係數參數設爲固定參數，固定參數的數值爲 1，所以這三個參數不需要進行徑路係數顯著性檢定，其標準誤（S.E.）、臨界比（C.R.）、顯著性 p 值均空白。臨界比（critical ratio）值等於參數估計值（Estimate）與估計值標準誤（the standard error of estimate）的比值，相當於 t 檢定值，如果此比值絕對值大於 1.96，則參數估計值達到.05 顯著水準，臨比值絕對值大於 2.58，則參數估計值達到.01 顯著水準。顯著性的機率值若是小於.001，則「p」值欄會以「***」符號表示；顯著性的機率值如果大於.001，則「p」值欄會直接呈現其數值大小。徑路係數估計值考驗在於判別迴歸徑路係數估計值是否等於 0，如果達到顯著水準（p<.05），表示迴歸係數顯著的不等於 0。以「福利措施→VA2」而言，其非標準化徑路係數估計值=.922、估計值的標準誤=.069，臨界比值=.922÷.069=13.270，表示此路徑係數顯著不等於 0。

在描繪假設模型時，如果假設模式圖有增列參數標籤名稱，則於「Label」（註解）欄會呈現設定的參數標籤名稱。假設的模式圖中有無界定參數標籤名稱並不影響參數估計結果，文字檢視輸出報表中數字均相同，惟一的差別只有在「Label」（註解）欄，第一個會呈現內定的參數標籤名稱（par_1、par_2、par_3、……），第二個會呈現研究者界定的參數標籤名稱。

表 **6-10** **Regression Weights: (Group number 1 - Default model)**

	Estimate	S.E.	C.R.	P	Label
VA1←福利措施	1.000				
VA2←福利措施	.922	.069	13.270	***	W1
VA3←福利措施	.854	.067	12.759	***	W2
VA4←福利措施	.761	.074	10.305	***	W3
VB1←健全組織	1.000				
VB2←健全組織	1.013	.110	9.196	***	W4
VB3←健全組織	1.064	.114	9.358	***	W5
VB4←健全組織	1.079	.110	9.790	***	W6
VC1←專業成長	1.000				
VC2←專業成長	1.030	.092	11.168	***	W7
VC3←專業成長	1.113	.090	12.423	***	W8
VC4←專業成長	.987	.084	11.759	***	W9

表 **6-11** **Standardized Regression Weights: (Group number 1 - Default model**

	Estimate
VA1←福利措施	.813
VA2←福利措施	.840
VA3←福利措施	.817
VA4←福利措施	.690
VB1←健全組織	.712
VB2←健全組織	.716
VB3←健全組織	.751
VB4←健全組織	.780
VC1←專業成長	.752
VC2←專業成長	.781
VC3←專業成長	.870
VC4←專業成長	.827

【說明】：「Standardized Regression Weights」為標準化迴歸係數，在驗證性因素分析中也稱為「因素加權值」（factor weights）或「因素負荷量」（factor loading），標準化的徑路係數代表的是共同因素對測量變項的影響。以「福利措施→VA1」而言，其標準化的迴歸係數值為.813，表示潛在因素對測量指標 VA1 的直接效果值為.813，其預測力為.813×.813=.661。標準化的迴歸

係數係由變項轉化為標準分數（z 分數）後，計算出來的估計值，從因素負荷量的數值可以了解測量變項在各潛在因素之相對重要性。因素負荷量值介於.50 至.95 之間，表示模式的基本適配度良好，因素負荷量值愈大，表示指標變項能被構念解釋的變異愈大，指標變項能有效反應其要測得之構念特質。

表 6-12　Covariances: (Group number 1 - Default model)

	Estimate	S.E.	C.R.	P	Label
福利措施 ↔ 健全組織	.322	.050	6.394	***	par_10
健全組織 ↔ 專業成長	.296	.046	6.382	***	par_11
福利措施 ↔ 專業成長	.409	.061	6.693	***	par_12

表 6-13　Correlations: (Group number 1 - Default model)

	Estimate
福利措施 ↔ 健全組織	.770
健全組織 ↔ 專業成長	.801
福利措施 ↔ 專業成長	.756

【說明】：三個潛在變項（因素）之間的共變數估計值，如果共變量檢定結果顯著不等於 0，表示潛在變項間有顯著的共變關係，二個變項的共變量達到顯著，表示二者的相關係數達到顯著。潛在變項「福利措施」與「健全組織」的共變數為.322、共變異數的標準誤估計值為.050，臨界比值 6.394，達到.05 的顯著水準，二個潛在變項間的相關係數為.770。「健全組織」與「專業成長」二個潛在變項間的相關為.801、「福利措施」與「專業成長」二個潛在變項間的相關係數為.756，均達到顯著水準。三組因素間的相關係數均在.750 以上，顯示這三個因素間可能有另一個更高階的共同因素（common factor）存在，由於三個因素構念間有中高度相關存在，因而採用斜交 CFA 模式較為適宜。

表 6-14　**Variances: (Group number 1 - Default model)**

	Estimate	S.E.	C.R.	P	Label
福利措施	.612	.091	6.707	***	par_13
健全組織	.285	.052	5.448	***	par_14
專業成長	.479	.079	6.027	***	par_15
e1	.314	.041	7.659	***	par_16
e2	.218	.031	7.131	***	par_17
e3	.223	.029	7.589	***	par_18
e4	.390	.044	8.893	***	par_19
e5	.278	.033	8.340	***	par_20
e6	.278	.033	8.376	***	par_21
e7	.250	.032	7.849	***	par_22
e8	.214	.028	7.523	***	par_23
e9	.368	.043	8.595	***	par_24
e10	.324	.039	8.305	***	par_25
e11	.190	.029	6.637	***	par_26
e12	.215	.028	7.642	***	par_27

【說明】：三個潛在因素與十二個誤差變項的測量殘差變異量估計值，後者即十二個測量指標的測量誤差，三個潛在因素與十二個測量指標的測量誤差值均為正數且達到.05 顯著水準，其變異量標準誤估計值均很小，其數值介於.028 至.091，表示無模式界定錯誤的問題。估計參數中沒有出現負的誤差變異量且標準誤估計值均很小，表示模式的基本適配度良好。SEM 模式考驗結果若出現負的誤差變異數，會出現以下的警告訊息：「The following variances are negative.」，變異數中出現負值表示模式界定有問題，此時 CFA 測量模式應重新界定，尤其是參數的限制部分可能要放寬，或移除參數限制參數。

Structural Equation Modeling-Amos Operation and Application

表 6-15　Squared Multiple Correlations: (Group number 1 - Default model)

	Estimate
VC4	.685
VC3	.757
VC2	.611
VC1	.566
VB4	.608
VB3	.564
VB2	.513
VB1	.507
VA4	.476
VA3	.667
VA2	.705
VA1	.661

【說明】：表 6-15 數據為觀察變項（測量變項）的多元相關的平方，與複迴歸中的性質相同，表示個別觀察變項（測量指標）被其潛在變項解釋的變異量，此解釋變異量的數值也就是個別測量變項的信度係數。以測量指標「VA1」而言，其值等於.661，表示潛在變項「福利措施」可以解釋測量指標「VA1」66.1%的變異量，無法解釋的變異量（誤差變異量）為 1−.661=.339。模式中各誤差變項除具有誤差變異量成分外，也包含了「隨機誤差」（random error），因而多元相關平方值被視為是信度的最小界限估計值。其中除了「聯誼餐敍」（VA4）被其潛在變項「福利措施」解釋的變異量低於.50外，其餘個別測量變項的信度係數都在.50 以上。模式中個別測量指標的信度值若高於.50，表示模式的內在品質檢定良好。

【表格範例】

　　模式內每個估計參數是否都達到顯著水準是檢核模式內在品質的一項重要指標，此處估計的 27 個參數均達到顯著水準，表示模式的內在品質理想。估計參數之標準誤的另一個功用，是可以用來檢測假設模式是否有違反辨認規則，如果估計參數之標準誤很大或有負的誤差變異數存在，表示假設的理論模式有可能違反辨認規則（*Hair et al., 1992*）。上述 23 個估計參數的標準誤均很小，且沒有出現負的誤差變異數，顯示假設模式沒有違反辨認規則。

上表 Amos Output 輸出的估計值可以整理如表 6-16：最後一欄標準化參數估計值表示的是因素負荷量、相關係數或誤差係數。就十二個測量指標變項而言，其標準化的參數估計值爲因素負荷量，潛在變項共變間的關係爲二者間的相關係數，δ_1 至 δ_{12} 爲測量指標變項的誤差變異量，標準化參數估計值之測量誤差的數值等於 $1-R^2$。在下述模式估計摘要表中得知：二十七個估計參數中，除設爲固定參數三個外（爲參照指標，無法估計標準誤），其餘估計參數都到顯著水準（p<.05），此外，非標準化參數估計值中沒有出現負的誤差變異數，而每個估計參數的標準誤均很小，表示模式的內在品質佳。

表 6-16　模式參數估計摘要表

參數	非標準化參數估計值	標準誤	t 值	R^2	標準化參數估計值
λ_1	1.000	——	————	.661	.813
λ_2	.922	.069	13.270***	.705	.840
λ_3	.854	.067	12.759***	.667	.817
λ_4	.761	.074	10.305***	.476	.690
λ_5	1.000	——	————	.507	.712
λ_6	1.013	.110	9.196***	.513	.716
λ_7	1.064	.114	9.358***	.564	.751
λ_8	1.079	.110	9.790***	.608	.780
λ_9	1.000	——	————	.566	.752
λ_{10}	1.030	.092	11.168***	.611	.781
λ_{11}	1.113	.090	12.423***	.757	.870
λ_{12}	.987	.084	11.759***	.685	.827
Φ_{21}	.322	.050	6.394***		.770
Φ_{32}	.296	.046	6.382***		.801
Φ_{31}	.409	.061	6.693***		.756
δ_1	.314	.041	7.659***		.339
δ_2	.218	.031	7.131***		.294
δ_3	.223	.029	7.589***		.333
δ_4	.390	.044	8.893***		.524
δ_5	.278	.033	8.340***		.493
δ_6	.278	.033	8.376***		.487
δ_7	.250	.032	7.849***		.436

表 6-16　模式參數估計摘要表（續）

參數	非標準化參數估計值	標準誤	t 值	R^2	標準化參數估計值
δ_8	.214	.028	7.523***		.392
δ_9	.368	.043	8.595***		.434
δ_{10}	.324	.039	8.305***		.390
δ_{11}	.190	.029	6.637***		.243
δ_{12}	.215	.028	7.642***		.316

*** p<.001

【表格範例】

在一階驗證性因素分析中，「LAMBDA-X」矩陣即為觀察變項的因素負荷量（λ_1 至 λ_{12}），十二個測量指標的因素負荷量界於 .690 至 .870 間，λ 值皆大於 .50，而小於 .95，表示基本適配指標理想。潛在因素一「福利措施」四個測量指標的因素負荷量分別為 .813、.840、.817、.690；潛在因素二「健全組織」四個測量指標的因素負荷量分別為 .712、.716、.751、.780；潛在因素三「專業成長」四個測量指標的因素負荷量分別為 .752、.781、.870、.827。將上述各測量指標變項的因素負荷量、信度係數、測量誤差變異量整理如表 6-17。信度係數為因素負荷量值的平方，測量誤差欄值等於 1－信度係數值，表示的潛在變項無法對測量指標變項解釋的變異量，數值愈大，表示測量誤差值愈大，在結構方程模式中是 δ 或 ε 的變異量。

表 6-17

測量指標	因素負荷量	信度係數	測量誤差	組合信度	平均變異量抽取值
VA1	0.813	0.661	0.339		
VA2	0.840	0.706	0.294		
VA3	0.817	0.667	0.333		
VA4	0.690#	0.476#	0.524		
				0.870	0.628
VB1	0.712	0.507	0.493		
VB2	0.716	0.513	0.487		
VB3	0.751	0.564	0.436		
VB4	0.780	0.608	0.392		
				0.829	0.548
VC1	0.752	0.566	0.434		
VC2	0.781	0.610	0.390		
VC3	0.870	0.757	0.243		
VC4	0.827	0.684	0.316		
				0.883	0.654

註：#表示未達最低標準值，因素負荷量<.70　信度係數<.50

　　根據標準化迴歸係數（因素負荷量）估計值中可以計算出三個潛在變項的組合信度（composite reliability）或構念信度，組合信度可作為檢定潛在變項的信度指標，此種信度檢定值也稱為「建構信度」（construct reliability），計算組合信度要利用標準化估計值報表中的指標因素負荷量與誤差變異量（誤差變異量根據因素負荷量可以計算出來）來估算，組合信度公式如下：

$$\rho_c = \frac{(\Sigma\lambda)^2}{[(\Sigma\lambda)^2 + \Sigma(\theta)]} = \frac{(\Sigma\text{標準化因素負荷量})^2}{[(\Sigma\text{標準化因素負荷量})^2 + \Sigma(\theta)]}$$

　　上述公式符號中ρ_c為組合信度、λ為指標變項在潛在變項上的標準化參數估計值（因素負荷量—indicator loading）、θ為觀察變項的誤差變異量（indicator error variances）（是δ或ε的變異量）。在因素分析中，以內部一致性α係數作為各構念或各層面的信度係數，在 SEM 分析中，則以「組合信度」作為模式潛在變項的信度係數。在 AMOS 輸出報表中不像 LISREL 會

直接於標準化解值中輸出「THETE-DELTA」（觀察變項的誤差變異數），因而每個測量誤差變異數須另外計算，其值＝1－因素負荷量平方＝$1-R^2$，其中因素負荷值須從標準化迴歸係數摘要中查看。

三個潛在變項的組合信度分別如下：

$$\rho_{\xi 1}=\frac{(.813+.840+817+.690)^2}{(.813+.840+.817+.690)^2+(.339+.294+.333+524)}=0.870$$

$$\rho_{\xi 2}=\frac{(.712+.716+.751+.780)^2}{(.712+.716+.751+.780)^2+(.493+.487+.436+.392)}=0.829$$

$$\rho_{\xi 3}=\frac{(.752+.781+.870+.827)^2}{(.752+.781+.870+.827)^2+(.434+.390+.243+.316)}=0.883$$

潛在變項的組合信度為模式內在品質的判別準則之一，若是潛在變項的組合信度值在.60 以上，表示模式的內在品質理想。上述三個潛在變項的組合信度係數值均大於.60，表示模式內在品質佳。

另外一個與組合信度類似的指標為「平均變異數抽取量」（average variance extracte $-\rho_v$），平均變異數抽取量可以直接顯示被潛在構念所解釋的變異量有多少的變異量是來自測量誤差，若是平均變異數抽取量愈大，指標變項被潛在變項構念解釋的變異量百分比愈大，相對的測量誤差就愈小，一般判別的標準是平均變異數抽取量要大於.50。平均變異數抽取量是潛在變項可以解釋其指標變項變異量的比值，是一種聚斂效度的指標，其數值愈大，表示測量指標愈能有效反應其共同因素構念的潛在特質。

$$\rho_V=\frac{(\Sigma\lambda^2)}{[(\Sigma\lambda^2)+\Sigma(\theta)]}=\frac{(\Sigma\text{標準化因素負荷量}^2)}{[(\Sigma\text{標準化因素負荷量}^2)+\Sigma(\theta)]}$$

$$\rho_{v1}=\frac{(.813^2+.840^2+817^2+.690^2)}{(.813^2+.840^2+817^2+.690^2)+(.339+.294+.333+524)}=0.628$$

$$\rho_{v2}=\frac{(.712^2+.716^2+.751^2+.780^2)}{(.712^2+.716^2+.751^2+.780^2)+(.493+.487+.436+.392)}=0.548$$

$$\rho_{v3}=\frac{(.752^2+.781^2+.870^2+.827^2)}{(.752^2+.781^2+.870^2+.827^2)+(.434+.390+.243+.316)}=0.654$$

三個潛在變項的平均變異抽取值分別為.628、.548、.654，均高於.50 的標準，表示模式的內在品質理想。

為便於使用者計算 CFA 測量模式中的構念信度與平均變異抽取值，資料光碟內附一個簡單計算的應用程式，其操作程序如下：在應用程式圖像上連按二下  ，開啟「建構信度的計算」對話視窗，選擇測量指標變項的個數，再依序輸入各測量指標的因素負荷量，按『計算』鈕，即可快速求出各測量模式之構念信度與平均變異抽取值。要計算第二組的構念信度與平均變異抽取值前，先按『清除』鈕清除之前的輸入數值，重新輸入觀察變項的數目、每個觀察變項的因素負荷量即可（求出的數值四捨五入至小數第四位）。

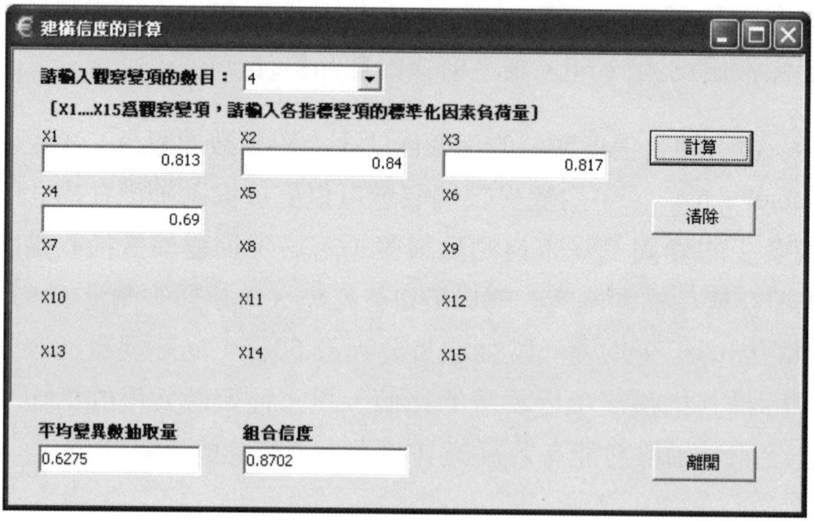

圖 6-9

第一個潛在變項的建構信度為.8702、平均變異數抽取量為.6275。

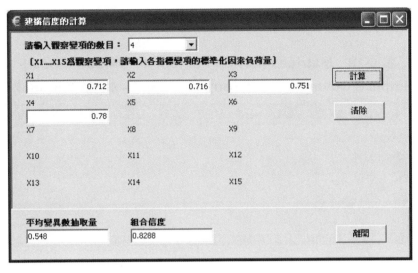

圖 6-10

第二個潛在變項的建構信度為.8288、平均變異數抽取量為.5480。

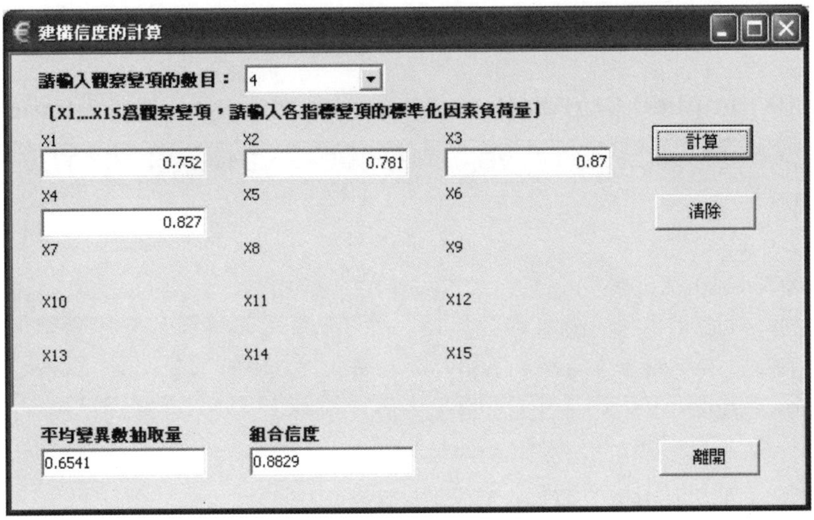

圖 6-11

第三個潛在變項的建構信度為.8829、平均變異數抽取量為.6541。

● ㈦假設模式隱含矩陣

表 6-18　Matrices (Group number 1 - Default model)

Implied Covariances (Group number 1 - Default model)

	VC4	VC3	VC2	VC1	VB4	VB3	VB2	VB1	VA4	VA3	VA2	VA1
VC4	.682											
VC3	.526	.784										
VC2	.487	.549	.833									
VC1	.473	.533	.494	.847								
VB4	.315	.356	.329	.320	.546							
VB3	.311	.351	.325	.315	.328	.573						
VB2	.296	.334	.309	.300	.312	.308	.571					
VB1	.292	.330	.305	.296	.308	.304	.289	.563				
VA4	.308	.347	.321	.312	.264	.261	.248	.245	.744			
VA3	.345	.390	.360	.350	.297	.293	.279	.275	.398	.670		
VA2	.372	.420	.389	.377	.320	.316	.301	.297	.429	.482	.737	
VA1	.404	.456	.422	.409	.347	.343	.326	.322	.466	.523	.564	.926

表 6-19　Implied Correlations (Group number 1 - Default model)

	VC4	VC3	VC2	VC1	VB4	VB3	VB2	VB1	VA4	VA3	VA2	VA1
VC4	1.000											
VC3	.720	1.000										
VC2	.646	.680	1.000									
VC1	.622	.655	.588	1.000								
VB4	.517	.544	.488	.470	1.000							
VB3	.498	.524	.470	.453	.586	1.000						
VB2	.475	.499	.448	.432	.559	.538	1.000					
VB1	.472	.496	.446	.429	.555	.535	.510	1.000				
VA4	.432	.454	.408	.393	.415	.399	.381	.378	1.000			
VA3	.511	.538	.483	.465	.491	.472	.451	.448	.564	1.000		
VA2	.525	.553	.496	.478	.504	.486	.463	.460	.579	.686	1.000	
VA1	.509	.535	.480	.462	.488	.470	.448	.446	.561	.664	.682	1.000

【説明】：隱含共變數矩陣（Implied Covariances）爲假定模式是正確的情況下，觀察
變項母群共變數矩陣的估計結果。隱含相關矩陣爲假定模式是正確的情況

下，母群觀察變項間的相關估計值。

隱含共變數矩陣數據為根據假設模式圖所導出之適配共變數矩陣（Fitted Covariance Matrix），適配的共變數矩陣即是假設理論模式隱含的共變數矩陣$\hat{\Sigma}$（適用於母群體假設模式共變數矩陣為$\Sigma(\theta)$），即根據理論模式所導出的共變數矩陣（根據理論模式所估計之顯性變項的變異數共變數矩陣）。另外一個共變數矩陣為實際搜集資料的共變數矩陣，即樣本的共變數矩陣（sample covariance matrix－S 矩陣），樣本共變數矩陣會呈現在報表最前面的「Covariance Matrix」處。觀察資料所得的共變數矩陣（S 矩陣）與假設理論模式共變數矩陣$\hat{\Sigma}$的差異值，即為下表的適配殘差矩陣（fitted residual matrix），此差距值即為殘差值，殘差值愈大，表示觀察資料所得的共變數矩陣 S 與假設理論模式隱含的共變數矩陣$\hat{\Sigma}$的差異愈大，殘差值愈小，表示觀察資料所得的共變數矩陣 S 與假設理論模式隱含的共變數矩陣$\hat{\Sigma}$的差異愈小，即假設模式與觀察資料愈能契合。如果$S-\hat{\Sigma}$的值為負，且其絕對值很大，表示理論模式高估了變項間的共變，實際的共變數被高估了，造成「過度適配」（overfitting）的情形；相反的，若是$S-\hat{\Sigma}$的值為正，且其數值很大，表示理論模式低估了變項間的共變，實際的共變數被低估了，造成「低度適配」（underfitting）的情形。

表 6-20　Residual Covariances (Group number 1 - Default model)

	VC4	VC3	VC2	VC1	VB4	VB3	VB2	VB1	VA4	VA3	VA2	VA1
VC4	.000											
VC3	.004	.000										
VC2	-.024	.020	.000									
VC1	-.014	-.006	.018	.000								
VB4	.028	-.004	-.027	.001	.000							
VB3	.015	-.007	-.027	-.042	.031	.000						
VB2	.015	-.027	.003	.007	-.016	.019	.000					
VB1	.042	-.001	-.004	.019	-.011	-.028	-.002	.000				
VA4	.042	.004	.028	.030	-.010	-.010	.038	.054	.000			
VA3	.011	-.031	.001	.020	-.009	-.032	.024	.059	-.004	.000		
VA2	.018	-.004	-.019	.045	.005	-.023	-.022	.049	-.020	-.002	.000	
VA1	-.023	-.035	-.007	.010	-.046	-.053	.008	.028	.009	.004	.010	.000

【說明】：表 6-20 為適配殘差共變異數矩陣，其數值為實際資料之共變數矩陣（S 矩陣）與適配共變數矩陣的差異值，等於S矩陣減去$\hat{\Sigma}$矩陣，也可以表示為假設模型限制下導出的共變數矩陣$\Sigma(\theta)$與樣本共變數矩陣的差異，如果模式是正確的，差異值會很小。以「VC4」與「VC4」二個變項為例，假設理論模

式導出的數值爲.682、實際資料的共變數數值爲.682，二者的差異值＝.682－.682＝.000；以變項「VC4」與變項「VC3」而言，二者實際觀察值的共變數爲.530、假設模式導出的數值爲.526，二者的差異值＝.530－.526＝0.004；以變項「VC4」與變項「VC2」而言，二者實際觀察值的共變數爲.463、假設模式導出的數值爲.487，二者的差異值＝.463－.487＝－.024，殘差共變數矩陣對角線差異值均爲0，因爲此數值爲指標變項的變異數與變項自己變異數的差異值。在概念上，殘差值愈小愈好，因爲殘差愈小表示觀察資料所得的共變數矩陣S矩陣與假設理論模式的共變數矩陣$\hat{\Sigma}$愈接近。

適配殘差值會根據觀察變項測量的單位或尺度而不同，因而較難解釋，由於殘差值大小會隨著觀察變項的量尺而改變，當改變某一個變項的測量單位後，會導致變異數與共變數的改變，進而導致殘差的改變，所以解釋殘差時最好採用「標準化殘差來解釋」（standardized residuals）（Byrne, 2001；程炳林，民 94）。

表 6-21　Standardized Residual Covariances (Group number 1 - Default model)

	VC4	VC3	VC2	VC1	VB4	VB3	VB2	VB1	VA4	VA3	VA2	VA1
VC4	.000											
VC3	.062	.000										
VC2	-.384	.284	.000									
VC1	-.222	-.087	.259	.000								
VB4	.572	-.068	-.503	.015	.000							
VB3	.307	-.126	-.505	-.769	.684	.000						
VB2	.311	-.503	.061	.137	-.363	.404	.000					
VB1	.863	-.028	-.070	.359	-.255	-.618	-.036	.000				
VA4	.757	.071	.467	.489	-.196	-.201	.776	1.110	.000			
VA3	.202	-.538	.012	.344	-.191	-.659	.497	1.243	-.069	.000		
VA2	.309	-.069	-.301	.732	.106	-.453	-.432	.967	-.335	-.038	.000	
VA1	-.365	-.511	-.101	.150	-.815	-.929	.146	.506	.131	.052	.143	.000

【說明】：上列數據爲標準化殘差值，在適配殘差值的數據中爲原始估計值，若考量各觀察變項的分散性，以及殘差的集中性與分散性，將原始殘差除以Z分數型態進行標準化，可以得到標準化殘差值。標準化殘差在變異數部分呈現理論與實際值相等的狀況，因此沒有數據可以參考，只有共變數可以計算出殘差值（邱皓政，民 94）。標準化殘差矩陣等於殘差共變數除以其標準誤，假定模式是正確的前提下，若是樣本數過大，則標準化殘差共變數會呈現標準化常態分配，如果模式正確，大部分標準化殘差絕對值會小於

2。標準化殘差值類似 Z 分數，因而二組殘差值間可以比較解釋，若是假設模型適配完美，則Σ(θ)−S＝.00。

由於標準化殘差矩陣，不會受到觀察變項不同測量量尺的影響，在解釋上較爲容易。標準化殘差等於適配殘差值除以漸近標準誤（asymptotically standard error），標準化殘差也是檢視假設模式內在品質的一個重要指標，其判斷的標準爲絕對值小於 2.58，若標準化殘差值的絕對值大於 2.58，表示模式有敍列誤差存在，亦即模式的內在品質不佳。上述數據中，沒有標準化殘差值大於 2.58 者，表示模式的內在品質理想。

(八)因素分數係數

表 6-22 Factor Score Weights (Group number 1 - Default model)

	VC4	VC3	VC2	VC1	VB4	VB3	VB2	VB1	VA4	VA3	VA2	VA1
專業成長	.203	.259	.140	.120	.040	.033	.029	.028	.014	.027	.029	.022
健全組織	.036	.046	.025	.021	.184	.155	.133	.131	.015	.030	.033	.025
福利措施	.032	.041	.022	.019	.040	.033	.029	.028	.123	.242	.267	.200

「因素分數權重」表示觀察變項預測潛在變項的迴歸係數，「因素分數加權」值愈大，表示觀察變項對潛在變項的影響較大。

(九)修正指標

表 6-23 Modification Indices (Group number 1 - Default model)
Covariances: (Group number 1 - Default model)

	M.I.	Par Change
e7 ←→ e8	5.243	.045
e5 ←→ 福利措施	6.801	.060

表 6-24 Variances: (Group number 1 - Default model)

	M.I.	Par Change

表 6-25　Regression Weights: (Group number 1 - Default model)

	M.I.	Par Change

【說明】：上表為各個參數的修正指標值，在輸出報表中內定的修正指標值的界限為「4」，範例中最大的修正指標值為 6.801，如果修正指標值大於 5 時，表示該殘差值具有修正的必要，但模式修正應與理論或經驗法則相契合，或重新抽取一組樣本施測，以重新考驗修正後新模式的適配情形。當參數的修正指標值較大，表示要進行變項間的釋放或徑路係數的刪除，不論是進行變項間的參數釋放（建立變項間的共變關係），或變項間的因果關係路徑刪除，均不能違反 SEM 的假定或與理論模式假定相矛盾。上述最大修正指標為「潛在因素福利措施與測量指標VB1 之測量誤差（e5）間的共變關係」，若是設定測量誤差 e5 與潛在因素「福利措施」間設定有共變關係，則至少可以減少卡方值 6.801，但此種關係的設定違反 SEM 的基本假定：「測量指標之殘差與潛在因素間無關」，故此共變關係不能釋放估計。另一個修正指標為測量誤差 e7 與測量誤差 e8 間的共變關係，將這二個測量誤差變項釋放，也可以改善卡方值。潛在因素健全組織之測量指標VB3 與測量指標VB4 所測量的某些特質可能類同，因而二個測量指標的測量誤差可能有某種程度的關聯，這二個測量誤差變項也可以考慮加以釋放。在 SEM 測量模式修正中，允許測量誤差間有共變關係是並未違反 SEM 的假定。

修正指標值中的「Par Change」欄表示的預測估計參數改變量，此值可能為正也可能負，由於參數改變統計量對於變尺度或因素尺度，或模式是否可識別非常敏感，因而其絕對值很難解釋，參數改變值欄的數據大小也可作為模式固定參數與評估模式是否適配的參考指標（*Bentler, 1995*）。

⑴適配度摘要表

表 6-26　Model Fit Summary

CMIN

Model	NPAR	CMIN	DF	P	CMIN/DF
Default model	27	51.020	51	.473	1.000
Saturated model	78	.000	0		
Independence model	12	1417.461	66	.000	21.477

【說明】：模式適配度參數會提供預設模式（Default model）、飽和模式（Saturated

model）與獨立模式（Independence model）的數據，在模式適配度參數判別上以預設模式列的參數爲準。預設模式的參數個數共有 27 個、卡方值（CMIN 欄）爲 51.020、模式的自由度爲 51、顯著性機率值 p=.473>.05，未達顯著水準，接受虛無假設，卡方自由度比值（CMIN/DF）爲 1.000（=51.020÷51=1.000），卡方自由度比值 1.000<3.000，表示模式的適配度良好。CMIN爲最小差異值（minimum discrepancy），最小差異值爲沒有限制的樣本共變數矩陣 S 與限制共變數矩陣$\Sigma(\theta)$間的差異或不一致，它是一種概似比的檢定統計量，此檢定統計量爲卡方值（χ^2），其數值等於$(N-1)\times F_{MIN}$，自由度等於$\frac{1}{2}$(k)(k+1)−t，k 是觀察變項的數目，t 是符估計的參數數目。模式檢定的虛無假設$H_0:\Sigma=\Sigma(\theta)$或$H_0:\Sigma-\Sigma(\theta)=0$，如果卡方檢定結果不顯著（p>.05），則接受虛無假設，表示假設模型與樣本資料可以適配。

由於卡方值易受到樣本數大小的影響，當樣本數較大時，卡方值相對的會變大，顯著性機率值 p 會變小，容易假設模型被拒絕的情形，必須進行模型修正才能有效適配樣本資料。因而如果在大樣本的情況下，假設模式與樣本資料是否適配，如參考 CMIN 值外，也須考量到其他適配度統計量。

表 6-27 RMR, GFI

Model	RMR	GFI	AGFI	PGFI
Default model	.023	.958	.935	.626
Saturated model	.000	1.000		
Independence model	.338	.254	.118	.215

【說明】：模式適配度指標中的 RMR 值等於.023<.050、GFI 值等於.958>.900、AGFI 值等於.935>.900、PGFI 值等於.626>.500，均達模式可以適配的標準。GFI 值與AGFI值通常被視爲絕對適配指標（absolute indexes of fit）。上述PGFI 值與之後的AGFI值可由飽和模式的參數個數（=78）、預設模式的自由度（=51）及 GFI 值導出。AGFI＝1−(1−.958)×78÷51＝.936；PGFI 值＝.958×51÷78＝.626。

表 6-28 Baseline Comparisons

Model	NFI Delta1	RFI rho1	IFI Delta2	TLI rho2	CFI
Default model	.964	.953	1.000	1.000	1.000
Saturated model	1.000		1.000		1.000
Independence model	.000	.000	.000	.000	.000

【說明】：表 6-28 爲各種「基準線比較」（Baseline Comparisons）估計量，AMOS 輸出之基準線比較適配統計量包括 NFI、RFI、IFI、TLI、CFI 五種。模式適配度指標中的 NFI 值等於.964>.900、RFI 值等於.953>.900、IFI 值等於 1.000>.900、TLI 值等於 1.000>.900、CFI 值等於 1.000>.900，均符合模式適配標準，表示假設理論模式與觀察資料的整體適配度佳。TLI、NFI 值與 CFI 值一般的判別標準是>.900，但學者 Hu 與 Bentler（*1999*）進一步認爲一個適配良好的假設模型，在大樣本情況下，其 TLI 值、NFI 值與 CFI 值最好接近.95。

$$NFI 值=1-(預設模式\chi^2值÷獨立模式\chi^2值)=1-(51.020÷1417.461)=.964。$$
$$TLI=NNFI$$
$$=(獨立模式 CMIN/DF-預設模式 CMIN/DF)÷(獨立模式 CMIN/DF-1)$$
$$=(21.477-1.000)÷(21.477-1)=1.000。$$

表 6-29　Parsimony-Adjusted Measures

Model	PRATIO	PNFI	PCFI
Default model	.773	.745	.773
Saturated model	.000	.000	.000
Independence model	1.000	.000	.000

【說明】：表 6-29 爲「簡約調整後的測量值」（Parsimony-Adjusted Measures），PRATIO 欄爲「簡約比」（parsimony ratio），爲計算「簡約 NFI」值與「簡約 CFI」值時使用，PRATIO 欄之值等於「預設模式」的自由度除以「獨立模式」的自由度=51÷66=.773。PNFI 值=「簡約比」×NFI 值=.773×.964=.745；PCFI 值=「簡約比」×CFI 值=.773×1.000=.773。此處的 PNFI 值等於.745、PCFI 值等於.748，均大於模式可接受的要求值.500。在模式適配度判別方面，基準線比較量的臨界點數值爲.900 以上，而基本簡約指標值（PGFI、PNFI、PCFI）臨界點爲.500 以上。

表 6-30　NCP

Model	NCP	LO 90	HI 90
Default model	.020	.000	20.966
Saturated model	.000	.000	.000
Independence model	1351.461	1232.712	1477.603

【說明】：表 6-30 中的 NCP 為「非中心性參數」（Noncentrality parameter），是評量估計參數偏離程度的指標。如果假設模式不正確：$\Sigma \neq \Sigma(\theta)$，則卡方統計量呈現非集中化的卡方分配，參數為非集中化的參數，非集中化的參數是個固定參數，和模式自由度關係密切，當 Σ 與 $\Sigma(\theta)$ 差異愈大，非集中化的參數值差異愈大，則模式是個適配不佳（badness of fit）的模型。範例中的 NCP 值為.020，其 90% 的信賴區間為〔.000，20.966〕，區間值未包含 0，表示 NCP 估計值未達.10 的顯著水準，此外 NCP 值接近 0 值，因而理論模式與實際觀察數據整體適配度佳（二者偏離程度不顯著）。NCP＝預設模式 CMIN 值－自由度＝51.020－51＝.020。

表 6-31 FMIN

Model	FMIN	F0	LO 90	HI 90
Default model	.256	.000	.000	.105
Saturated model	.000	.000	.000	.000
Independence model	7.123	6.791	6.195	7.425

【說明】：FMIN 為最小差異值函數（minimum discrepancy function）$\hat{F}$。範例中的 FMIN 值等於.256，此值為「最小差異值」，「F0」為母群差異函數值，其 90% 的信賴區間為〔.000，.105〕，此數值愈接近 0 表示理論模式與實際資料的適配度愈佳。最小差異值 FMIN 乘上（N－1）就是卡方值，即 $\chi^2 = .256 \times (200 - 1) = 51.020$。

表 6-32 RMSEA

Model	RMSEA	LO 90	HI 90	PCLOSE
Default model	.001	.000	.045	.974
Independence model	.321	.306	.335	.000

【說明】：RMSEA 為「漸進殘差均方和平方根」（root mean square error of approximation），其值愈小，表示模式的適配度愈佳，此處 RMSEA 值=.001 小於.50 模式可以接受的標準。RMSEA 值一般的判別標準為：<.05 時表示模式適配度佳；<.08 時表示有合理的近似誤差存在，模式適配度尚可；介於.08 至 .10 時，模式適配度普通；>.10 表示模式適配度不理想。學者 Hu 與 Bentler（1999）提出一個判別的數據，如果 RMSEA 值小於.06，表示假設模型與觀察資料的適配度良好，但要注意的是如果是小樣本時，RMSEA 值和 TLI 值估計結果傾向過度拒絕真實母群模型。

表 6-33　AIC

Model	AIC	BCC	BIC	CAIC
Default model	105.020	108.794	194.074	221.074
Saturated model	156.000	166.903	413.269	491.269
Independence model	1441.461	1443.138	1481.040	1493.040

【說明】：AIC 為「Akaike 訊息效標」（Akaike information criterion），其值愈小表示模式的適配度愈佳且愈精簡。AIC 值主要用於判斷理論模式所要估計的參數數目是否符合精簡的指標，常用於數個模式的比較。表中列出四個判斷值　AIC、BCC（Brown-cudeck criterion）、BIC（Bayes information criterion）、CAIC（Consistent AIC），四個類似的 AIC 指標值通常用於多個模式的「跨效度」（cross-validate）或複核效度的比較，若是作為單一模式適配度的判別，則模式的 AIC 指標值要小於飽和模式與獨立模式的 AIC 指標值。範例中四個 AIC 指標值中的預設模式數據均小於飽和模式的數據與獨立模式的數據，表示假設模式可以被接受。

表 6-34　ECVI

Model	ECVI	LO 90	HI 90	MECVI
Default model	.528	.528	.633	.547
Saturated model	.784	.784	.784	.839
Independence model	7.244	6.647	7.877	7.252

【說明】：ECVI 為「期望跨效度指數」（expected cross-validation index），其 90%的信賴區間為〔.528，.633〕。MECVI 值＝ BCC（Brown-cudeck criterion）值÷（觀察組個數－組數）。上表中的 ECVI 值=.528，小於獨立模式之 ECVI 值（=7.244）、也小於飽和模式之 ECVI 值（=.784），表示模式被接受。一個可接受的假設理論模式，預設模式之 ECVI 值最好同時小於獨立模式與飽和模式的 ECVI 值。

ECVI 值＝ AIC÷(N－1)＝ 105.020÷(200－1)＝.528。

MECVI 值＝ BCC÷(N－1)＝ 108.794÷(200－1)=.547。

如果進行多個模式的競爭比較或選替模式時，則應挑選 ECVI 值較小的模

式，較能與觀察資料契合，若是進行單一模式適配度的檢定，一個可以被接受的模式其預設模式的 ECVI 值應同時小於獨立模式的 ECVI 值與飽和模式的 ECVI 值。

表 6-35　HOELTER

Model	HOELTER .05	HOELTER .01
Default model	268	302
Independence model	13	14

【說明】：表 6-35HOELTER 為「Hoelter's Critical N」，在.05 顯著水準時，CN 值=268>200；於.01 顯著水準時，CN 值=302>200，均達到模式可以適配標準，表示假設模式適配情形良好。

表 6-35 中 χ^2 值在自由度為 51 時，其數值等於 51.020，顯著性機率值 p＝.473>.05，表示未達.05 顯著水準，接受虛無假設，研究者所提的「激勵策略量表」之因素構念假設模式與實際資料可以契合。再從其他整體適配度指標來看，其中卡方自由度比值為 1.000<2.000，RMSEA 值等於.001<.05、RMR 值等於.023<.05、GFI 值等於 0.958、AGFI 值等於.935、NFI 值等於.964、NNFI 值等於 1.000、CFI 值等於 1.000、IFI 值等於 1.000、RFI 值等於.953 均大於.900、CN 值等於 268>200；PGFI 值等於.626、PNFI 值等於.745、PCFI 值於.773 均大於.500，可見整體模式的適配度非常理想。理論模式的 CAIC 值等於 221.074，小於飽和模式的 CAIC 值（=491.269），也小於獨立模式的 CAIC 值（=1493.040）；而理論模式的 AIC 值等於 105.020，小於飽和模式的 AIC 值（=156.000），也小於獨立模式的 AIC 值（1441.461），達到模式可接受的標準。而理論模式的 ECVI 值等於.528，小於飽和模式的 ECVI 值（.784），且小於獨立模式的 ECVI 值（7.244），表示模式可以接受。

【表格範例】——模式契合度評鑑結果摘要表

上述「激勵策略量表」一階驗證性因素假設模式考驗結果，可以整理成下列三個表格。

表 6-36　「激勵策略量表」驗證性因素分析之基本適配度檢定摘要表

評鑑項目	檢定結果數據	模式適配判斷
是否沒有負的誤差變異量	均為正數	是
因素負荷量是否介於.5 至.95 之間	.690～.870	是
是否沒有很大的標準誤	.028～.114	是

表 6-37　「激勵策略量表」驗證性因素分析之整體模式適配度檢定摘要表

統計檢定量	適配的標準或臨界值	檢定結果數據	模式適配判斷
絕對適配度指數			
χ^2 值	p>.05（未達顯著水準）	51.020(p=.473>.05)	是
RMR 值	<.05	0.023	是
RMSEA 值	<.08（若<.05 優良；<.08 良好）	0.001	是
GFI 值	>.90 以上	0.958	是
AGFI 值	>.90 以上	0.935	是
增值適配度指數			
NFI 值	>.90 以上	0.964	是
RFI 值	>.90 以上	0.953	是
IFI 值	>.90 以上	1.000	是
TLI 值（NNFI 值）	>.90 以上	1.000	是
CFI 值	>.90 以上	1.000	是
簡約適配度指數			
PGFI 值	>.50 以上	0.626	是
PNFI 值	>.50 以上	0.745	是
PCFI 值	>.50 以上	0.773	是
CN 值	>200	268	是
χ^2 自由度比	<2.00	1.000	是
AIC 值	理論模式值小於獨立模式值，且同時小於飽和模式值	105.020<156.000 105.020<1441.461	是
CAIC 值	理論模式值小於獨立模式值，且同時小於飽和模式值	221.074<491.269 221.074<1493.040	是

表 6-38   「激勵策略量表」驗證性因素分析之模式內在品質檢定摘要表

評鑑項目	檢定結果數據	模式適配判斷
所估計的參數均達到顯著水準	t 值介於 5.448 至 13.270	是
個別項目的信度高於.50	一個<.50	否
潛在變項的平均抽取變異量大於.50	.548 至.654	是
潛在變項的組合信度大於.60	.829 至.870	是
標準化殘差的絕對值小於 2.58	最大絕對值為 1.243	是
修正指標小於 5.000	1 個>5.000	否

從上述表 6-36 至表 6-38 中得知「激勵策略量表」CFA 模式考驗結果如下：

1. 「激勵策略量表」一階驗證性因素分析模式之基本適配指標均達到檢核標準，表示估計結果之基本適配指標良好，沒有違反模式辨認規則。

2. 在整體模式適配度的檢核方面，在絕對適配指標、增值適配指標與簡約適配指標檢定標準的統計量中，所有適配指標值均達模式可接受的標準，在自由度等於 51 時，模式適配度的卡方值等於 51.020，顯著性機率值p=.473>.05，接受虛無假設，表示研究者所提的理論模式與實際資料可以契合。整體而言，研究者所提之「激勵策略量表」一階驗證性因素分析模式與實際觀察資料的適配情形良好，即模式的外在品質佳，測量模式之聚斂效度佳。

3. 在假設模式內在品質的檢定方面，有二個指標值未達標準，其中一個測量指標的信度係數未達.50，而一個修正指標值大於 5.000，表示假設模式變項間還可以釋放參數，測量指標的測量誤差項間並非完全獨立無關聯。整體而言，模式的內在品質尚稱理想。

4. CFA 測量模式中沒有發生觀察變項（題項）橫跨二個因素構念的情形，原先建構之不同測量變項均落在預期之因素構念上面，表示測量模式有良好的區別效度（discriminant validity）。

在上述修正指標的參數估計中，若是將誤差值e7 與誤差值e8 間建立共變關係，即將這二個變項間的關係釋放，則可以有效減低卡方值。修正後的模式假設圖如圖 6-12：

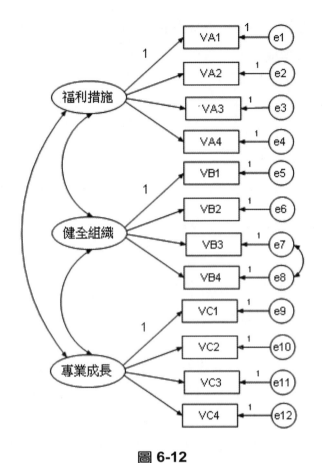

圖 6-12

　　點選【計算估計值】圖像鈕後,模式可以收斂識別,非標準化參數估計值模式圖與標準化估計值模式圖如圖 6-13、圖 6-14 下。在非標準化參數估計值模式圖中沒有出現負的誤差變異數,表示模型界定沒有問題。

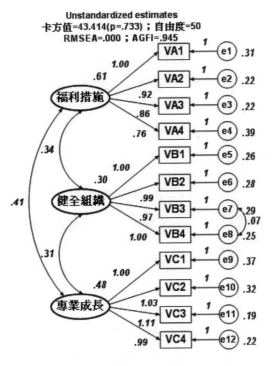

圖 6-13

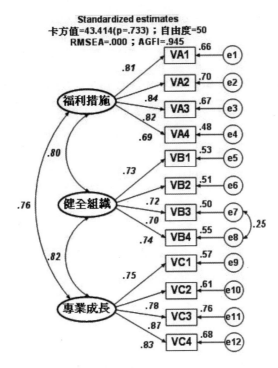

圖 6-14

修正模式之適配度指標值摘要表（Model Fit Summary）如下：

表 6-39　CMIN

Model	NPAR	CMIN	DF	P	CMIN/DF
Default model	28	43.414	50	.733	.868
Saturated model	78	.000	0		
Independence model	12	1417.461	66	.000	21.477

表 6-40　RMR, GFI

Model	RMR	GFI	AGFI	PGFI
Default model	.020	.965	.945	.618
Saturated model	.000	1.000		
Independence model	.338	.254	.118	.215

表 6-41　Baseline Comparisons

Model	NFI Delta1	RFI rho1	IFI Delta2	TLI rho2	CFI
Default model	.969	.960	1.005	1.006	1.000
Saturated model	1.000		1.000		1.000
Independence model	.000	.000	.000	.000	.000

表 6-42　Parsimony-Adjusted Measures

Model	PRATIO	PNFI	PCFI
Default model	.758	.734	.758
Saturated model	.000	.000	.000
Independence model	1.000	.000	.000

表 6-43　NCP

Model	NCP	LO 90	HI 90
Default model	.000	.000	12.024
Saturated model	.000	.000	.000
Independence model	1351.461	1232.712	1477.603

表 6-44　FMIN

Model	FMIN	F0	LO 90	HI 90
Default model	.218	.000	.000	.060
Saturated model	.000	.000	.000	.000
Independence model	7.123	6.791	6.195	7.425

表 6-45　RMSEA

Model	RMSEA	LO 90	HI 90	PCLOSE
Default model	.000	.000	.035	.995
Independence model	.321	.306	.335	.000

表 6-46　AIC

Model	AIC	BCC	BIC	CAIC
Default model	99.414	103.328	191.767	219.767
Saturated model	156.000	166.903	413.269	491.269
Independence model	1441.461	1443.138	1481.040	1493.040

表 6-47　ECVI

Model	ECVI	LO 90	HI 90	MECVI
Default model	.500	.533	.593	.519
Saturated model	.784	.784	.784	.839
Independence model	7.244	6.647	7.877	7.252

表 6-48　HOELTER

Model	HOELTER .05	HOELTER .01
Default model	310	350
Independence model	13	14

　　對誤差變項 e7 與誤差變項 e8 參數進行釋放後（二者間有某種程度相關，其相關顯著不為 0），則整體適配度變化情形如下：自由度由 27 變為 28，卡方值由 51.020 減為 43.414，顯著性機率值 p 變為.733>.05，接受虛無假設，表示假設模式與實際資料可以契合，卡方自由度比值由 1.000 變為.868，FMIN 值由.256 變為.218、NCP 值由.020 變為.000，RMSEA 值由.001變為.000，ECVI值由.528 變為.500，表示參數釋放後模式的適配情形較參數

釋放前為佳。模式修正前與模式修正後各適配指標值如下表 6-49：

表 6-49

統計檢定量	適配的標準或臨界值	模式修正前	模式修正後
絕對適配度指數			
χ^2 值	p>.05（未達顯著水準）	51.020 (p=.473>.05) df=51	43.414 (p=.733>.05) df=50
RMR 值	<.05	0.023	0.020
RMSEA 值	<.08（若<.05 優良；<.08 良好）	0.001	0.000
GFI 值	>.90 以上	0.958	0.965
AGFI 值	>.90 以上	0.935	0.945
增值適配度指數			
NFI 值	>.90 以上	0.964	0.969
RFI 值	>.90 以上	0.953	0.960
IFI 值	>.90 以上	1.000	1.005
TLI 值（NNFI 值）	>.90 以上	1.000	1.006
CFI 值	>.90 以上	1.000	1.000
簡約適配度指數			
PGFI 值	>.50 以上	0.626	0.618
PNFI 值	>.50 以上	0.745	0.734
PCFI 值	>.50 以上	0.773	0.758
CN 值	>200	268	310
χ^2 自由度比	<2.00	1.000	0.868
AIC 值	理論模式值小於獨立模式值，且 同時小於飽和模式值	105.020<156.000 105.020<1441.461	99.414<156.000 99.414<1441.461
CAIC 值	理論模式值小於獨立模式值，且 同時小於飽和模式值	221.074<491.269 221.074<1493.040	219.767<491.269 219.767<1493.040

6-2 一階驗證性因素分析──多因素直交模式

在多因素直交模式中，各因素間呈現的是一種「正交」或「直交」關係，因素間的轉軸方法為「直交轉軸」（orthogonal rotation），多因素斜交模式的轉軸方法為「斜交轉軸」（oblique rotation）。因素直交模式表示因

素構念間沒有相關存在，因素構念間的夾角爲直角，因素構念間成 90 度。以上述「激勵策略量表」爲例，研究者所要探討的問題爲：在多因素直交模式下，「激勵策略量表」驗證性因素分析的假設模式與實際資料是否可以適配？

「激勵策略量表」驗證性因素分析之概念模式圖如圖 6-15：

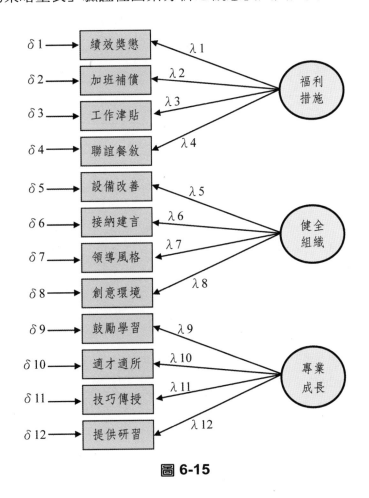

圖 6-15

一、假設模式

上述多因素直交模式圖以 Amos Graphics 繪製如下圖 6-16：三個潛在因素構念間的共變關係要設爲 0，代表三個潛在因素構念間沒有相關。

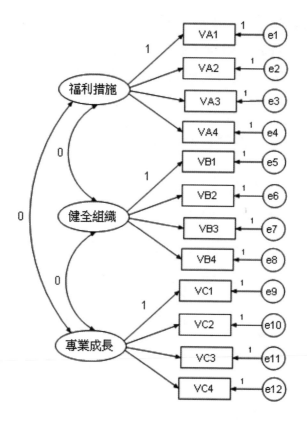

圖 6-16

　　設定因素構念間的共變關係爲 0，其操作程序如下：在雙箭頭物件上按右鍵，選取快顯功能表中的「Object Properties」（物件屬性）選項，開啓「Object Properties」（物件屬性）對話視窗，切換到『Parameters』（物件參數）標籤頁，在「Covariance」（共變數）下的方格中輸入「0」，按右上角關閉鈕×，在徑路分析模式圖中雙箭頭物件的旁邊會出現共變數的參數值 0，表示二個外因變項間的相關爲 0。

Structural Equation Modeling: Amos Operation and Application

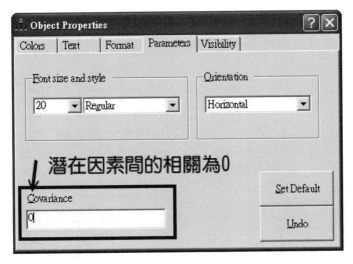

圖 6-17

若是使用者在CFA測量模式中增列各參數標籤名稱,則可以開啓「Manage Models」(管理模式)對話視窗,設定參數關係。在「Parameters Constraints」(參數限制)方格中輸入「C1＝C2＝C3＝0」,或「C1＝0」、「C2＝0」、「C3＝0」,將因素構念間的共變關係界定為0,表示因素構念間彼此沒有相關。

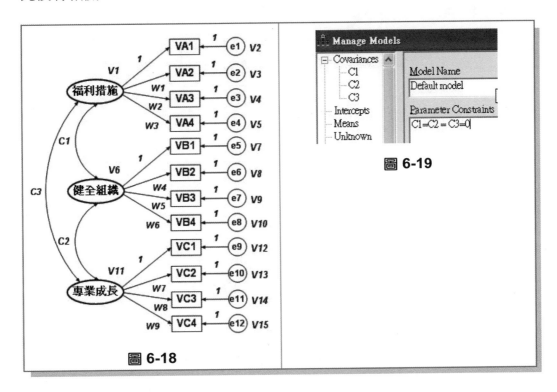

圖 6-19

圖 6-18

圖 6-20 為執行【計算估計值】後，標準化估計參數的模式圖。三個因素構念間的相關係數均為.00，表示因素構念間均沒有相關。

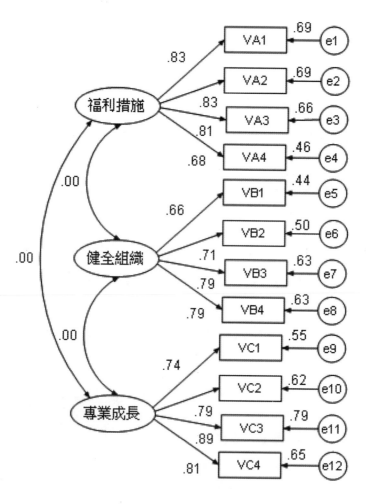

圖 6-20

二、模式適配度摘要表

Model Fit Summary

表 6-50　CMIN

Model	NPAR	CMIN	DF	P	CMIN/DF
Default model	24	321.670	54	.000	5.957
Saturated model	78	.000	0		
Independence model	12	1417.461	66	.000	21.477

Structural Equation Modeling- Amos Operation and Application

表 6-51　RMR, GFI

Model	RMR	GFI	AGFI	PGFI
Default model	.263	.794	.702	.549
Saturated model	.000	1.000		
Independence model	.338	.254	.118	.215

表 6-52　Baseline Comparisons

Model	NFI Delta1	RFI rho1	IFI Delta2	TLI rho2	CFI
Default model	.773	.723	.804	.758	.802
Saturated model	1.000		1.000		1.000
Independence model	.000	.000	.000	.000	.000

表 6-53　Parsimony-Adjusted Measures

Model	PRATIO	PNFI	PCFI
Default model	.818	.633	.656
Saturated model	.000	.000	.000
Independence model	1.000	.000	.000

表 6-54　NCP

Model	NCP	LO 90	HI 90
Default model	267.670	214.904	327.942
Saturated model	.000	.000	.000
Independence model	1351.461	1232.712	1477.603

表 6-55　FMIN

Model	FMIN	F0	LO 90	HI 90
Default model	1.616	1.345	1.080	1.648
Saturated model	.000	.000	.000	.000
Independence model	7.123	6.791	6.195	7.425

表 6-56　RMSEA

Model	RMSEA	LO 90	HI 90	PCLOSE
Default model	.158	.141	.175	.000
Independence model	.321	.306	.335	.000

Structural Equation Modeling- Amos Operation and Application

表 6-57　AIC

Model	AIC	BCC	BIC	CAIC
Default model	369.670	373.024	448.829	472.829
Saturated model	156.000	166.903	413.269	491.269
Independence model	1441.461	1443.138	1481.040	1493.040

表 6-58　ECVI

Model	ECVI	LO 90	HI 90	MECVI
Default model	1.858	1.592	2.161	1.874
Saturated model	.784	.784	.784	.839
Independence model	7.244	6.647	7.877	7.252

表 6-59　HOELTER

Model	HOELTER .05	HOELTER .01
Default model	45	51
Independence model	13	14

【說明】：上表數據為多因素直交模式整體適配度檢驗指數，自由度 54，卡方值為
321.670，顯著性機率值 p=.000<.05，拒絕虛無假設，表示假設理論模式隱
含的共變數矩陣 $\hat{\Sigma}$ 與實際蒐集資料的共變數矩陣（即樣本的共變數 S 矩
陣）間無法契合。在其他模式適配度方面，RMSEA 值等於.158、RMR 值
等於.263，均未達到模式適配標準值；此外 GFI 值等於.794、AGFI 值等於
.702、NFI 值等於.773、RFI 值等於.723、IFI 值等於.804、TLI 值等於.758、
CFI 值等於.802，均小於.90，表示這幾個指標值也未達到模式適配標準值，
而 CN 值等於 45，小於 200 的建議值，卡方自由度比值等於 5.957>2.000，
表示模式無法被接受。整體而言，「激勵策略量表」多因素直交模式圖無
法獲得支持，其與實際資料間無法適配。與多因素斜交模式圖相較之下，
整體模式的適配情形較差，可見，「激勵策略量表」斜交之假設模式圖與
實際資料間較為適配；而直交模式之 CFA 模型圖與實際樣本資料無法契
合，直交模式之 CFA 假設模式無法被接受。

　　表 6-60 為採取多因素斜交模型與多因素直交模型相關適配統計量的比
較表：

表 6-60

模型	自由度	χ^2 值	RMSEA	NCP	ECVI	AIC	CAIC	CFI	NFI
多因素斜交模型	51	51.020 p=.473	.001	.020	.528	105.020	221.074	.958	.964
多因素直交模型	54	321.670 p=.000	.158	267.670	1.858	369.670	472.829	.794	.773

　　從上述模式選替指標值來看，多因素斜交模型的 NCP 值（=.020）、ECVI 值（=.528）、AIC 值（=105.020）、CAIC 值（=221.074）等指標值均小於多因素直交模型中的 NCP 值（=267.670）、ECVI 值（=1.858）、AIC 值（=369.670）、CAIC 值（=472.829）等指標值，表示「激勵策略量表」之多因素斜交模型比多因素直交模型更契合觀察資料，而多因素斜交模式的值在自由度為 51 情況下，等於 51.020（p=.473>.05），接受虛無假設，RMSEA 值等於.001、GFI 值等於.958、NFI 值等於.964，均達到模式適配良好的程度；相對的多因素直交模式之χ^2值在自由度為 54 情況下，等於 321.670（p=.000<.05），拒絕虛無假設，RMSEA 值等於.158、GFI 值等於.794、NFI 值等於.773，均未達到模式適配的標準。可見「激勵策略量表」直交模式圖無法獲得支持。

　　在一階 CFA 模式圖中，各因素構念（潛在變項）均為外因潛在變項，因而彼此間要以雙箭頭符號繪製共變關係，若是潛在變項關係間沒有相關，再進行共變參數間的設定，將共變參數限制為 0。

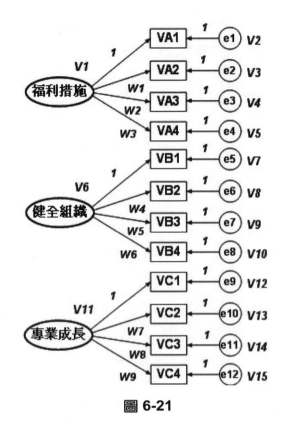

圖 6-21

圖 6-21 為錯誤一階 CFA 模式圖，三個外因潛在變項（因素構念）間沒有以雙箭頭建立關聯，因而按【計算估計值】鈕時會出現「Amos Warning」警告訊息。

圖 6-22

6-3 二階驗證性因素分析

二階驗證性因素分析模式（second-order CFA model）是一階驗證性因素分析模式（first-order CFA model）的特例，又稱為「高階因素分析」。研究者之所以會提出二階驗證性因素分析模式乃是在一階驗證性因素分析模式中發現原先一階因素構念間有中高度的關聯程度，且一階驗證性因素分析模式與樣本資料可以適配，此時研究者可進一步假定三個一階因素構念在測量更高一階之因素構念，即原先一階因素構念均受到一個較高階潛在特質的影響，也可說某一較高階結構可以解釋所有一階因素構念。

二階驗證性因素分析假設模式圖如圖 6-23：在 CFA 模式圖中，一階因素構念「福利措施」、「健全組織」、「專業成長」變為內因潛在變項，因而不能繪製雙箭頭共變關係符號，外因潛在變項為高階因素構念「激勵策略」，三個初階因素構念由於界定為內因潛在變項，因而均要增列估計殘差項。在初始二階 CFA 模式中，假設沒有測量變項間誤差共變（error covariance）存在，也沒有跨負荷量（cross-loading）的存在，每個測量變項均只受到一個初階因素構念影響。

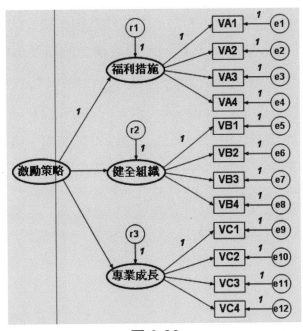

圖 6-23

按【計算估計值】圖像鈕後,模式可以順利收斂識別,非標準化估計值模式圖如圖 6-24:沒有出現負的誤差變異,表示模式界定沒有問題,三個初階因素構念與十二個觀察變項均為內因變項,無法估計其變異數。

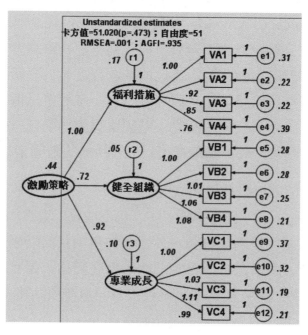

圖 6-24

標準化估計值模式圖如圖 6-25:三個初階因素構念的因素負荷量分別為.85、.90、.89,均大於.71,三個初階因素構念的信度指標值分別為.73、.82、.79。

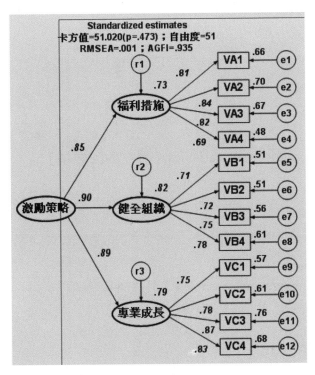

Standardized estimates
卡方值=51.020(p=.473)；自由度=51
RMSEA=.001；AGFI=.935

圖 6-25

　　按【View Text】（檢視文件）鈕，開啟「Amos Output」文字輸出結果視窗，各項估計值如：

The model is recursive.

Sample size = 200

Variable Summary （Group number 1）

Your model contains the following variables （Group number 1）

Observed, endogenous variables【觀察內因變項】

VA1

VA2

VA3

VA4

VB1

VB2

VB3

VB4

VC1

VC2

VC3

VC4

Unobserved, endogenous variables【潛在內因變項】

福利措施

健全組織

專業成長

Unobserved, exogenous variables【潛在外因變項】

e1

e2

e3

e4

e5

e6

e7

e8

e9

e10

e11

e12

激勵策略

r1

r2

r3

Variable counts （Group number 1）

Number of variables in your model:	31
Number of observed variables:	12
Number of unobserved variables:	19
Number of exogenous variables:	16
Number of endogenous variables:	15

【說明】：二階驗證性因素分析假設模式內共有 31 個變項，觀察變項（指標變項）有 12 個、潛在變項有 19 個，外因變項有 16 個、內因變項有 15 個，16 個外因變項中包括 12 個測量指標的誤差變項、3 個一階因素的誤差變項（r1、r2、r3）及 1 個二階因素構念變項（激勵策略），15 個內因變項包括 12 個測量指標變項、3 個一階因素構念變項。上述參數變項整理如下：

表 6-61

樣本數	200
觀察內因變項	VA1、VA2、VA3、VA4、VB1、VB2、VB3、VB4、VC1、VC2、VC3、VC4
潛在內因變項（一階因素構面）	福利措施、健全組織、專業成長
潛在外因變項	e1、e2、e3、e4、e5、e6、e7、e8、e9、e10、e11、e12、激勵策略、r1、r2、r3

表 6-62　Parameter summary (Group number 1)

	Weights	Covariances	Variances	Means	Intercepts	Total
Fixed	19	0	0	0	0	19
Labeled	0	0	0	0	0	0
Unlabeled	11	0	16	0	0	27
Total	30	0	16	0	0	46

【說明】：模式中共有 30 個迴歸係數參數，其中 19 個是固定參數，11 個是待估計的參數，19 個固定參數中有 1 個是二階因素項、3 個一階因素項、3 個一階因素的測量誤差、12 個測量指標的誤差變項，參數值均固定為 1，徑路係數值固定為 1，可進行測量誤差的比較。待估計的共變量參數有 0 個、待估計的變異數參數有 16 個，因而待估計參數有 11+0+16=27 個，這 27 個待估計的參數均未命名，加上 19 個固定迴歸徑路係數，全部的參數有 19+27=46 個。

表 6-63　Maximum Likelihood Estimates

Regression Weights: (Group number 1 - Default model)

			Estimate	S.E.	C.R.	P	Label
福利措施	←	激勵策略	1.000				
健全組織	←	激勵策略	.724	.088	8.212	***	par_10
專業成長	←	激勵策略	.920	.106	8.687	***	par_11
VA1	←	福利措施	1.000				
VA2	←	福利措施	.922	.069	13.270	***	par_1
VA3	←	福利措施	.854	.067	12.759	***	par_2
VA4	←	福利措施	.761	.074	10.305	***	par_3
VB1	←	健全組織	1.000				
VB2	←	健全組織	1.013	.110	9.196	***	par_4
VB3	←	健全組織	1.064	.114	9.358	***	par_5
VB4	←	健全組織	1.079	.110	9.790	***	par_6
VC1	←	專業成長	1.000				
VC2	←	專業成長	1.030	.092	11.168	***	par_7
VC3	←	專業成長	1.113	.090	12.423	***	par_8
VC4	←	專業成長	.987	.084	11.759	***	par_9

【說明】：表 6-63 爲採用最大概似法所估計的未標準化迴歸係數，在模式設定，將「激勵策略→福利措施」、「福利措施→VA1」、「健全組織→VB1」、「專業成長→VC1」的未標準化迴歸係數參數設爲固定參數，固定參數的數值爲1，所以這四個參數不需要進行徑路係數顯著性檢定，其標準誤（S.E.）、臨界比（C.R.）、顯著性p值均空白。臨界比（critical ratio）值等於參數估計值（Estimate）與估計值標準誤（the standard error of estimate）的比值，相當於 t 檢定值，如果此比值絕對值大於 1.96，則參數估計值達到.05顯著水準，比值絕對值大於 2.58，則參數估計值達到.01 顯著水準。顯著性的機率值若是小於.001，則「p」值欄會以「***」符號表示；顯著性的機率值如果大於.001，則「p」值欄會直接呈現其數值大小。徑路係數估計值考驗在於來定迴歸徑路係數估計值是否等於0，如果達到顯著水準（p<.05），表示迴歸係數顯著的不等於 0。以「福利措施→VA2」而言，其非標準化徑路係數估計值=.922、估計值的標準誤=.069，臨界比值=.922÷.069=13.270。

表 6-64　Standardized Regression Weights: (Group number 1 - Default model)

	Estimate
福利措施←激勵策略	.853
健全組織←激勵策略	.903
專業成長←激勵策略	.887
VA1　　←福利措施	.813
VA2　　←福利措施	.840
VA3　　←福利措施	.817
VA4　　←福利措施	.690
VB1　　←健全組織	.712
VB2　　←健全組織	.716
VB3　　←健全組織	.751
VB4　　←健全組織	.780
VC1　　←專業成長	.752
VC2　　←專業成長	.781
VC3　　←專業成長	.870
VC4　　←專業成長	.827

【說明】：「Standardized Regression Weights」為標準化迴歸係數，在驗證性因素分析中也稱為「因素加權值」（factor weights）或「因素負荷量」（factor loading），標準化的徑路係數代表的是共同因素對測量變項的影響。以「福利措施→VA1」而言，其標準化的迴歸係數值為.813，表示潛在因素對測量指標 VA1 的直接效果值為.813，其預測力為.813×.813=.661。標準化的迴歸係數係由變項轉化為標準分數（z 分數）後，計算出來的估計值，從因素負荷量的數值可以了解測量變項在各潛在因素之相對重要性。因素負荷量值介於.50 至.95 之間，表示模式的基本適配度良好。

標準化迴歸係數表中的前三列「福利措施←激勵策略」、「健全組織←激勵策略」、「專業成長←激勵策略」表示外因潛在變項（ξ1）與內因潛在變項（η1、η2、η3）間的關係，在結構模式中即為路徑係數，在高階驗證性因素分析中，為內衍潛在變項（η1、η2、η3）在外衍潛在變項（ξ1）的因素負荷量。表中的標準化迴歸係數值（GAMMA值）表示「福利措施」、「健全組織」、「專業成長」三個初階因素在「激勵策略」高階因素構念的因素負荷量（factor loading），其值分別為.853、.903、.887。從上述資料中，可以發現測量變項在初階因素的因素負荷量、初階因素在高階因素構念的因素負荷量均非常理想。

表 6-65　**Variances: (Group number 1 - Default model)**

	Estimate	S.E.	C.R.	P	Label
激勵策略	.445	.081	5.460	***	par_12
r1	.167	.041	4.052	***	par_13
r2	.053	.019	2.751	.006	par_14
r3	.102	.031	3.325	***	par_15
e1	.314	.041	7.659	***	par_16
e2	.218	.031	7.131	***	par_17
e3	.223	.029	7.589	***	par_18
e4	.390	.044	8.893	***	par_19
e5	.278	.033	8.340	***	par_20
e6	.278	.033	8.376	***	par_21
e7	.250	.032	7.849	***	par_22
e8	.214	.028	7.523	***	par_23
e9	.368	.043	8.595	***	par_24
e10	.324	.039	8.305	***	par_25
e11	.190	.029	6.637	***	par_26
e12	.215	.028	7.642	***	par_27

【說明】：表 6-65 為高階因素構念的變異數，三個潛在因素及十二個誤差變項的測量
殘差變異量估計值，十六個估計參數的測量誤差值均為正數且達到.05 顯著
水準，其變異標準誤估計值均很小，其數值介於.019 至.081，表示無模式
界定錯誤的問題。估計參數中沒有出現負的誤差變異量且標準誤估計值均
很小，表示模式的基本適配度良好。

表6-66   Squared Multiple Correlations: (Group number 1 - Default model)

	Estimate
專業成長	.787
健全組織	.816
福利措施	.727
VC4	.685
VC3	.757
VC2	.611
VC1	.566
VB4	.608
VB3	.564
VB2	.513
VB1	.507
VA4	.476
VA3	.667
VA2	.705
VA1	.661

【說明】：表 6-66 前三列為結構方程的多元相關平方，為三個初階因素（專業成長、
健全組織、福利措施）能被高階因素（激勵策略）解釋的百分比，即高階
因素「激勵策略」可以解釋初階因素構念的變異量，結構方程式多元相關
的平方，類似複迴歸分析中的 R^2，「激勵策略」構念可以解釋專業成長、
健全組織、福利措施三個潛在變項的變異量分別為.787、.816、.727，顯示
「激勵策略」高階因素對於專業成長、健全組織、福利措施三個初階因素
的解釋力均很高。

表 6-66 第四列以後數據為十二個測量指標（Y變項）的 R^2，此數值為各初
階因素對其測量指標的解釋變異量。十二個測量指標中，只有一個測量指
標（專業成長→VA4）的 R^2 低於.50，其餘十一個測量指標的 R^2 均高於.50，
表示觀察變項個別項目的信度值尚佳。這些測量指標變項均能有效反應其
相對應的潛在變項所包含的因素構念。

依據標準化迴歸係數（因素負荷量）的數值，可以求出測量指標、初階因
素構念的信度係數與測量誤差，並求出各潛在變項的構念信度與平均變異
量抽取值。

表 6-69

測量指標	因素負荷量	信度係數	測量誤差	組合信度	平均變異量抽取值
VA1	0.813	0.661	0.339		
VA2	0.840	0.706	0.294		
VA3	0.817	0.667	0.333		
VA4	0.690	0.476	0.524		
				0.870	0.628
VB1	0.712	0.507	0.493		
VB2	0.716	0.513	0.487		
VB3	0.751	0.564	0.436		
VB4	0.780	0.608	0.392		
				0.829	0.548
VC1	0.752	0.566	0.434		
VC2	0.781	0.610	0.390		
VC3	0.870	0.757	0.243		
VC4	0.827	0.684	0.316		
				0.883	0.654
福利措施	0.853	0.728	0.272		
健全組織	0.903	0.815	0.185		
專業成長	0.887	0.787	0.213		
				0.912	0.777

高階因素「激勵策略」的組合信度求法如下：

$$\rho_c = \frac{(\Sigma\lambda)^2}{[(\Sigma\lambda)^2 + \Sigma(\theta)]} = \frac{(\Sigma 標準化因素負荷量)^2}{[(\Sigma 標準化因素負荷量)^2 + \Sigma(\theta)]}$$

$$\rho_c = \frac{(.853+.903+.887)^2}{(.853+.903+.887)^2 + (.272+.185+.213)} = .0912$$

高階因素「激勵策略」之「平均變異數抽取量」的求法如下：

$$\rho_v = \frac{(\Sigma\lambda^2)}{[(\Sigma\lambda^2) + \Sigma(\theta)]} = \frac{(\Sigma 標準化因素負荷量^2)}{[(\Sigma 標準化因素負荷量^2) + \Sigma(\theta)]}$$

$$\rho_v = \frac{(.853^2+.903^2+.887^2)}{(.853^2+.903^2+.887^2) + (.272+.185+.213)} = 0.777$$

　　開啓「建構信度的計算」對話視窗，輸入三個初階因素構念的因素負荷量：.853、.903、.887→按『計算』鈕，求得高階因素「激勵策略」的組合信度爲.9125、「平均變異數抽取量」爲.7766。

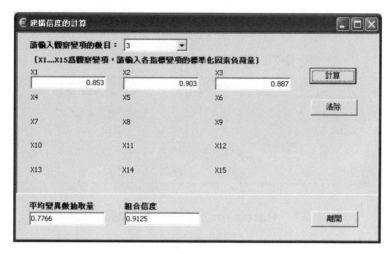

圖 6-26

　　「激勵策略」量表二階 CFA 模式各項適配度統計量如下：

Model Fit Summary

表 6-68　CMIN

Model	NPAR	CMIN	DF	P	CMIN/DF
Default model	27	51.020	51	.473	1.000
Saturated model	78	.000	0		
Independence model	12	1417.461	66	.000	21.477

【說明】：假設模式中待估計的自由參數有 27 個、自由度等於 51、適配度卡方值爲 51.020、顯著性機率值 p=.473>.05，接受虛無假設，表示假設模式與樣本資料可以適配；此外，卡方自由度比值=1.000<2.000，表示二階 CFA 模式可以被接受。

表 6-69　RMR, GFI

Model	RMR	GFI	AGFI	PGFI
Default model	.023	.958	.935	.626
Saturated model	.000	1.000		
Independence model	.338	.254	.118	.215

表 6-70　Baseline Comparisons

Model	NFI Delta1	RFI rho1	IFI Delta2	TLI rho2	CFI
Default model	.964	.953	1.000	1.000	1.000
Saturated model	1.000		1.000		1.000
Independence model	.000	.000	.000	.000	.000

表 6-71　Parsimony-Adjusted Measures

Model	PRATIO	PNFI	PCFI
Default model	.773	.745	.773
Saturated model	.000	.000	.000
Independence model	1.000	.000	.000

表 6-72　NCP

Model	NCP	LO 90	HI 90
Default model	.020	.000	20.966
Saturated model	.000	.000	.000
Independence model	1351.461	1232.712	1477.603

表 6-73　FMIN

Model	FMIN	F0	LO 90	HI 90
Default model	.256	.000	.000	.105
Saturated model	.000	.000	.000	.000
Independence model	7.123	6.791	6.195	7.425

表 6-74　RMSEA

Model	RMSEA	LO 90	HI 90	PCLOSE
Default model	.001	.000	.045	.974
Independence model	.321	.306	.335	.000

表 6-75 AIC

Model	AIC	BCC	BIC	CAIC
Default model	105.020	108.794	194.074	221.074
Saturated model	156.000	166.903	413.269	491.269
Independence model	1441.461	1443.138	1481.040	1493.040

表 6-76 ECVI

Model	ECVI	LO 90	HI 90	MECVI
Default model	.528	.528	.633	.547
Saturated model	.784	.784	.784	.839
Independence model	7.244	6.647	7.877	7.252

表 6-77 HOELTER

Model	HOELTER .05	HOELTER .01
Default model	268	302
Independence model	13	14

【說明】：上述各項模式適配度指標整理如表 6-78：

表 6-78 「激勵策略量表」二階驗證性因素分析之整體模式適配度檢定摘要表

統計檢定量	適配的標準或臨界值	檢定結果數據	模式適配判斷
絕對適配度指數			
χ^2 值	p>.05（未達顯著水準）	51.020(p=.473>.05)	是
RMR 值	<.05	0.023	是
RMSEA 值	<.08（若<.05 優良；<.08 良好）	0.001	是
GFI 值	>.90 以上	0.958	是
AGFI 值	>.90 以上	0.935	是
增值適配度指數			
NFI 值	>.90 以上	0.964	是
RFI 值	>.90 以上	0.953	是
IFI 值	>.90 以上	1.000	是
TLI 值（NNFI 值）	>.90 以上	1.000	是
CFI 值	>.90 以上	1.000	是
簡約適配度指數			
PGFI 值	>.50 以上	0.626	是
PNFI 值	>.50 以上	0.745	是
PCFI 值	>.50 以上	0.773	是
CN 值	>200	268	是
χ^2 自由度比	<2.00	1.000	是
AIC 值	理論模式值小於獨立模式值，且同時小於飽和模式值	105.020<156.000 105.020<1441.461	是
CAIC 值	理論模式值小於獨立模式值，且同時小於飽和模式值	221.074<491.269 221.074<1493.040	是

6-4 一階 CFA 模式多模型的比較

在一階 CFA 模式中（first-order CFA model）共探究三個不同的假設模式：模式 A 為原始 CFA 模式，假定所有測量誤差間獨立沒有相關；模式 B 為原始 CFA 模式的修正，假定一組測量誤差間獨立有相關；模式 C 為直交 CFA 模式，假定三個因素構念間均沒有共變關係，且所有測量誤差間獨立沒有相關。三個不同模式圖可以綜合描繪成以下的 CFA 模式圖，之後再進行各模式參數限制即可。

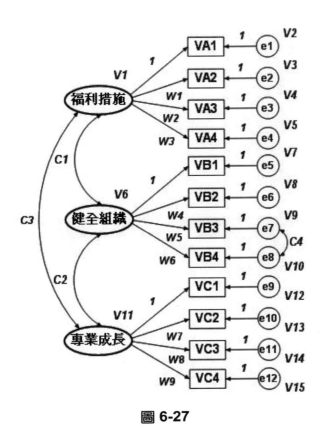

圖 6-27

在模式 A 中假定所有測量誤差獨立沒有共變關係，因而誤差項 e7 與誤差項 e8 間的共變參數限制為 0；模式 B 中假定誤差項 e7 與誤差項 e8 間的共變參數間有共變關係，因而不用進行測量誤差項參數限制，模式 A 與模式 B 均假定潛在變項間有共變關係，因而共變參數 C1、C2、C3 為待估計的自由參數，均不用加以限制；模式 C 中，假定潛在變項間沒有共變關係、誤差項 e7 與誤差項 e8 間也沒有共變關係，因而此四個共變數參數均要限制為 0（沒有相關）。

要開啟「Manage Models」（管理模式）對話視窗：執行功能列【Analyze】（分析）／【Manage Models】（管理模式）程序，在「Model Name」（模式名稱）下的方格中輸入模式名稱，在「Parameter Constraints」（參數限制）方格中依序選入及輸入參數限制條件。

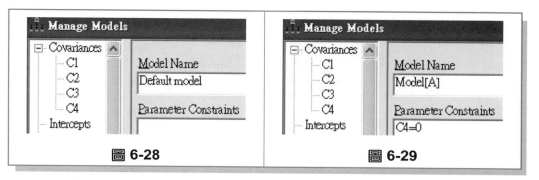

圖 6-28   圖 6-29

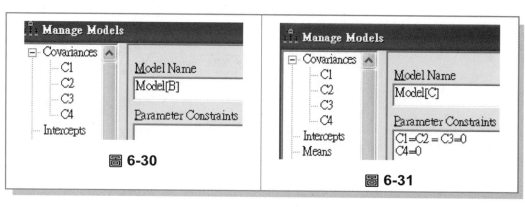

圖 6-30   圖 6-31

按【計算估計值】鈕，三個模式均可識別，模式方盒中的訊息由「XX: Model[A]」、「XX: Model[B]」、「XX: Model[B]」變爲「OK: Model[A]」、「OK: Model[B]」、「OK: Model[C]」。

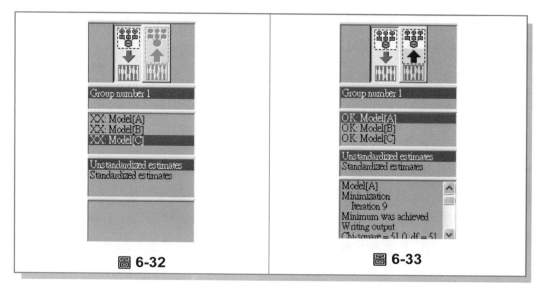

圖 6-32   圖 6-33

在文字檢視輸出報表中，模式適配度摘要表選項會同時出現三個模式

適配度統計量與飽和模式及獨立模式適配度統計量。

表 6-79　Model Fit Summary
CMIN

Model	NPAR	CMIN	DF	P	CMIN/DF
Model[A]	27	51.020	51	.473	1.000
Model[B]	28	43.414	50	.733	.868
Model[C]	24	321.670	54	.000	5.957
Saturated model	78	.000	0		
Independence model	12	1417.461	66	.000	21.477

　　三個模式中待估計自由參數數目分別為 27、28、24，自由度分別為 51、50、54，模式 A 的卡方值為 51.020（p=.473>.05）、模式 B 的卡方值為 43.414（p=.733>.05），卡方自由比值分別為 1.000、.868，二個模式達到適配標準，至於模式 C 的卡方值為 321.670（p=.000<.05），表示假設模式 C 與樣本資料無法契合。

表 6-80　AIC

Model	AIC	BCC	BIC	CAIC
Model[A]	105.020	108.794	194.074	221.074
Model[B]	99.414	103.328	191.767	219.767
Model[C]	369.670	373.024	448.829	472.829
Saturated model	156.000	166.903	413.269	491.269
Independence model	1441.461	1443.138	1481.040	1493.040

　　從四個 AIC 指標值比較而言，模式 B 的 AIC 值、BCC 值、BIC 值、CAIC 值均小於模式 A 及模式 C。

表 6-81　ECVI

Model	ECVI	LO 90	HI 90	MECVI
Model[A]	.528	.528	.633	.547
Model[B]	.500	.533	.593	.519
Model[C]	1.858	1.592	2.161	1.874
Saturated model	.784	.784	.784	.839
Independence model	7.244	6.647	7.877	7.252

就模式 A 和模式 B 比較而言，其 ECVI 值分別爲.528、.500，MECVI 值分別爲.547、.519，模式 B 的 ECVI 值和 MECVI 值均較小，表示相對之下，模式 B 與實徵資料更爲適合。

從 Amos 提供的模式界定搜尋，也可以快速整理出各選替模式相關統計量。執行功能列【Analyze】（分析）／【Specification Search】（界定搜尋）程序，開啟「Specification Search」（界定搜尋）對話視窗，按『Options』（選項）☑鈕，開啟「選項」對話盒，切換到「Current results」（目前結果）標籤頁，可以進行模式的選擇與勾選呈現的參數，切換到「Appearance」（外觀）標籤頁可進行文字大小、格式及框線的設定。

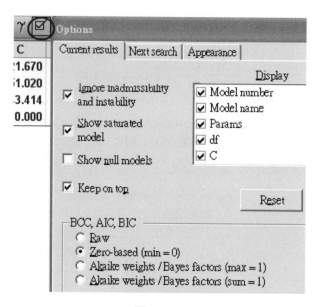

圖 6-34

按「Perform specification search」（執行模式界定搜尋）▶鈕，會出現各模式相關參數，這些參數可作爲模式競爭或模式選替的參考。

Specification Search

Model	Name	Params	df	C	C - df	AIC 0	BCC 0	BIC 0	C / df	p
1	Model[C]	24	54	321.670	267.670	270.256	269.697	257.062	5.957	0.000
2	Model[A]	27	51	51.020	0.020	5.606	5.466	2.307	1.000	0.473
3	Model[B]	28	50	43.414	*-6.586*	*0.000*	*0.000*	*0.000*	*0.868*	*0.733*
Sat	[Saturated]	78	0	0.000	0.000	56.586	63.575	221.502		

圖 6-35

在上述統計量中「C-df」欄的數值爲卡方值（C 欄）與自由度的差異值，「C/ df」欄爲卡方自由度比值，BCC_0 欄的數值爲學者 Burnham 與 Anderson（*1998*）所提出，其數值等於 BCC 統計量加上一個常數項，因而最小的 BCC 值爲 0，故增列 0 爲下標字，而以 BCC_0 符號表示，由於 AIC 與 BIC 值有相似的再製量尺的功能，因而 AIC_0 與 BCC_0 統計量所代表的意涵差不多，二者的解釋類似（*Amos7.0* 手冊，*p.330*）：

表 6-82

AIC_0 或 BBC_0	Burnham 與 Anderson 的解釋
0-2	沒有可靠的證據顯示模式不是 K-L 最佳模型
2-4	有微弱的證據顯示模式不是 K-L 最佳模型
4-7	有限的證據顯示模式不是 K-L 最佳模型
7-10	有強的證據顯示模式不是 K-L 最佳模型
>10	有非常強的證據顯示模式不是 K-L 最佳模型

6-5 一階 CFA 模式測量不變性考驗

在之前「激勵策略量表」一階CFA模式考驗中，假設模式的適配度佳，研究者進一步可從「聚歛效度」（測量相同構念的測量指標變項會落在同一個因素構念上）的觀點，探討每個潛在變項之指標變項在因素構念之因素負荷量（factor loading）是否相等，如果指標變項之因素負荷量相等假設模式獲得支持，表示指標變項反應的潛在特質大致相等，限制因素構念之指標變項相同，是CFA模式中的測量不變性（measurement invariance）的應用，因爲研究者只限定指標變項的因素負荷量相等，對於截距項與誤差變異數等均沒有限定，因而此種不變性也稱爲「部分測量不變性」或「部分

測量恒等性」（partial measurement invariance）考驗。

一、描繪一階 CFA 假設模式圖

在 CFA 假設模式圖中，因為將各潛在變項對指標變項影響的路徑係數λ（因素負荷量）全部以參數標籤名稱表示，並沒有限定其中一個指標變項的路徑係數λ值為 1，因而沒有參照變項，此時必須將潛在變項標準化，將其變量數固定為 1，否則模式無法識別。「福利措施」因素四個指標變項的迴歸係數參數標籤名稱分別為 W1、W2、W3、W4，「健全組織」因素四個指標變項的迴歸係數參數標籤名稱分別為 W5、W6、W7、W8，「專業成長」因素四個指標變項的迴歸係數參數標籤名稱分別為 W9、W10、W11、W12，V1 至 V12 為十二個測量誤差項的變異數參數標籤名稱。

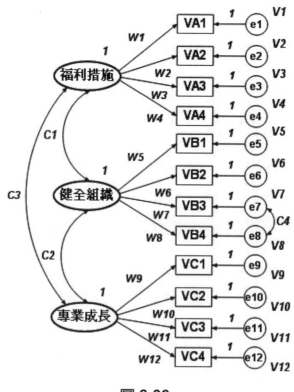

圖 6-36

二、單一群組多個模式的設定

　　模式A為原始一階CFA假設模式之修正模型（建立誤差項間有相關），此模型為誤差共變（error covariances）假設模式，不用進行參數限制；模式B中假設每個潛在變項對其指標變項的影響程度相同（因素負荷量相等），即指標變項反應在其相對應的潛在變項之重要性是一樣的；模式 C 除假設每個潛在變項對其指標變項的影響程度相同外（因素負荷量相等），也假設測量相同潛在特質的指標變項之變異數相同。

　　開啓「Manage Models」（管理模式）對話視窗：執行功能列【Analyze】（分析）／【Manage Models】（管理模式）程序，在「Model Name」（模式名稱）下的方格中輸入模式名稱，在「Parameter Constraints」（參數限制）方格中依序選入及輸入參數限制條件。三個模式名稱及參數限制條件如下：

表 6-83

模式名稱	參數限制條件	
Model[A]		
Model[B]	W1 = W2 = W3 = W4 W5 = W6 = W7 = W8 W9 = W10 = W11 = W12	
Model[C]	W1 = W2 = W3 = W4 W5 = W6 = W7 = W8 W9 = W10 = W11 = W12 V1 = V2 = V3 = V4 V5 = V6 = V7 = V8 V9 = V10 = V11 = V12	Model[B] V1 = V2 = V3 = V4 V5 = V6 = V7 = V8 V9 = V10 = V11 = V12

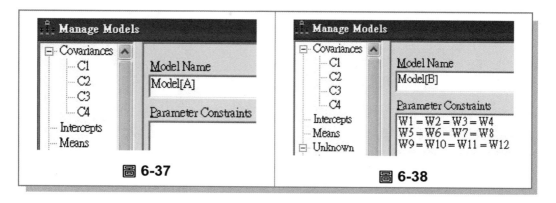

圖 6-37　　　　　　　　　　　圖 6-38

模式 C 的參數條件有二種方法：一為將所有參數限制條件逐一鍵入，二為以先前設定的模式名稱取代部分參數限制條件，如模式 B 是將每個指標變項的路徑係數界定為相同，模式 C 也包含模式 B 中的所有設定，因而在模式 C 的參數限制條件中可直接以「Model[B]」來作為其參數限制條件之一。

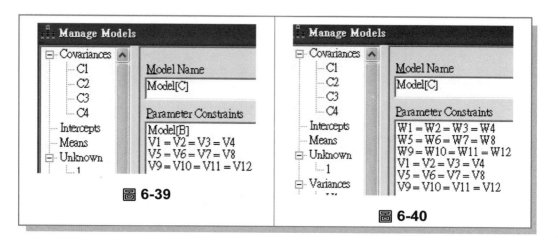

圖 6-39　　　　　　　　　　　圖 6-40

三、模式估計結果

按【計算估計值】圖像鈕後，三個模式均可以收斂識別，非標準化估計值模式圖如圖 6-41：

●(一)模式 A

模式 A 中沒有出現負的誤差項變異數，表示 CFA 模式界定沒有問題，

由於將三個潛在變項標準化，將其變異數固定為 1，因而三個因素構念的變異數均呈現 1.00，模式估計的卡方值為 43.414，自由度為 50，顯著性機率值 p=.733>.05，接受虛無假設，表示一階 CFA 假設模式與樣本資料可以適配；RMSEA 值=.000<.05、AGFI 值=.945>.900，均達到模式可以接受的標準。

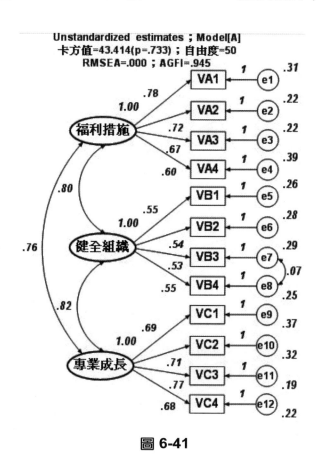

圖 6-41

●（二）模式 B

模式 B 中沒有出現負的誤差項變異數，表示 CFA 模式界定沒有問題，由於將三個潛在變項標準化，將其變異數固定為 1，因而三個因素構念的變異數均呈現 1.00。模式 B 不同於模式 A 的地方，在於模式 B 限制每個潛在變項之指標變項的路徑係數相等，「福利措施」因素四個指標變項的迴歸係數值均為.69、「健全組織」因素四個指標變項的迴歸係數值均為.54，「專業成長」因素四個指標變項的迴歸係數值均為.72。部分測量恆等性之 CFA

模型之模式考驗結果的卡方值為 55.934，自由度為 59，顯著性機率值 p=.589>.05，接受虛無假設，表示部分測量恆等性之 CFA 假設模型與實徵樣本資料可以適配；RMSEA 值=.000<.05、AGFI 值=.941>.900，均達到模式可以接受的標準。

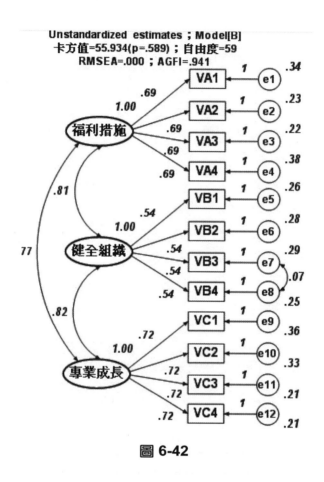

圖 6-42

◎ (三)模式 C

模式 C 中沒有出現負的誤差項變異數，表示 CFA 模式界定沒有問題，由於將三個潛在變項標準化，將其變異數固定為 1，因而三個因素構念的變異數均呈現 1.00。模式 C 不同於模式 B 的地方，在於模式 C 增列限制每個潛在變項之指標變項誤差項的變異數相等，「福利措施」因素四個指標變項的迴歸係數值均為.69，測量變項誤差項的變異數為.29；「健全組織」因素四個指標變項的迴歸係數值均為.54，測量變項誤差項的變異數為.27；

「專業成長」因素四個指標變項的迴歸係數值均為.72，測量變項誤差項的變異數為.28。部分測量恒等性之 CFA 模型之模式考驗結果的卡方值為 86.9394，自由度為 68，顯著性機率值 p=.061>.05，接受虛無假設，表示部分測量恒等性之CFA假設模型與實徵樣本資料可以適配；RMSEA 值=.037< .05、AGFI 值=.925>.900，均達到模式可以接受的標準。

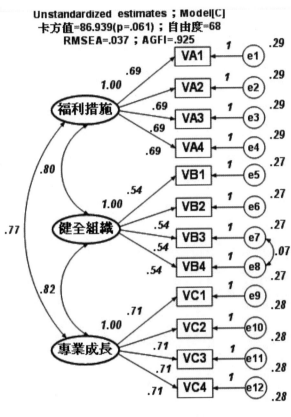

圖 6-43

表 6-84　CMIN

Model	NPAR	CMIN	DF	P	CMIN/DF
Model[A]	28	43.414	50	.733	.868
Model[B]	19	55.934	59	.589	.948
Model[C]	10	86.939	68	.061	1.279
Saturated model	78	.000	0		
Independence model	12	1417.461	66	.000	21.477

　　表 6-84 為三個模式文字輸出結果之 CMIN 表格，包括模式中待估計的自由度的參數，卡方值、自由度、顯著性機率值、卡方自由度比值，模式 B 與模式 C 二個部分測量不變性之 CFA 假設模式均與樣本資料可以適配。

CHAPTER

7

徑路分析

7-1 徑路分析的模式與效果

　　在結構方程模式中，若是各潛在變項均只有一個觀察變項或測量指標，則所有測量指標均能 100%的解釋其潛在變項的變異，其測量誤差是 0。只有一個觀察變項之潛在變項間的結構模式，即所謂的徑路分析或路徑分析（path analysis）。傳統迴歸取向的徑路分析只有探究徑路係數的影響是否達到顯著，無法就整體徑路分析的假設模式作整體契合度的檢定，此外，也無法有效的估計其測量誤差。以變項性質來區分徑路分析，其模型有二種：一為傳統的徑路分析，模式所有的變項均為測量指標變項，這些測量指標變項通常是量表中數個測量題項分數的加總，而非是單一題項，此種 SEM 的徑路分析稱為「觀察變項徑路分析」（path analysis with observed variables；簡稱為 PA-OV 模式），PA-OV 模式是一種沒有包含任何潛在變項的結構方程模式。

　　另外一種徑路分析，則是結合傳統的徑路分析與驗證性因素分析之測量模式，分析模式中除觀察變項外，也包含潛在變項，因而同時具備測量模式（潛在變項與其測量指標變項關係）與結構模式（其餘觀察變項間或觀察變項與潛在變項間的關係），模式中若以觀察變項為因變項、潛在變項為果變項，則成為「形成性指標」，此種包含潛在變項的徑路分析，稱為「潛在變項徑路分析」（（path analysis with latent variables；簡稱為 PA-LV 模式），PA-LV 模式統合了「形成性指標」（formative indicators）與「反映性指標」（reflective indicators）二種指標類型，此種模式分析不但可以進行潛在變項與其指標變項所構成之測量模式的估計，也可以進行變項間徑路分析的考驗。

　　路徑分析模式或稱徑路分析模式（path analysis models）假定每個概念變項可由單一測量指標來權衡而沒有誤差，即測量每一個變項時沒有「測量誤差」（measurement error），或界定每一個變項時的操作型定義時沒有「界定誤差」（specification error）存在，也就是每一個測量被視為對每一個潛在理論變項精確呈現（陳玉樹等譯，民 95）。「觀察變項徑路分析」模式，每個潛在變項均只有一個觀察變項或測量指標，此測量指標通常是一

個完整構面，而非是單題題項，測量指標能百分之百的代表其潛在變項的變異量，測量誤差值為 0。

　　徑路分析（path analysis）中藉由變項的安排，有二種基本的類型，遞迴模式（recursive model）與非遞迴模式（nonrecursive model），二者的差異主要在於遞迴模式的殘差間並未有相關存在的假設；而非遞迴模式的殘差間則有相關存在的假設，或是變項間具有回溯關係存在。以五個觀察變項間的關係為例，五個變項均是觀察變項，並無潛在變項，此種關係其實是每個潛在變項均只有一個測量指標變項，所有測量指標變項（X1、X2、X3 變項、Y1、Y2 變項）都百分之百反應其潛在變項，其測量誤差全部為 0，所有的因素負荷量λ均為 1。圖 7-1 為一個「遞迴模式」（recursive model）的徑路分析，模式內的因果關係箭頭均只有單一方向，內因觀察變項的殘差項間（residual terms）沒有相關。圖 7-1 為一觀察變項徑路分析圖。

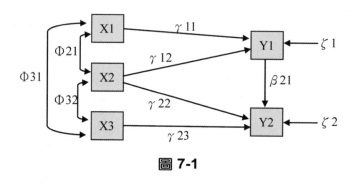

圖 7-1

　　圖 7-1 若是以結構方程式圖形表示則如圖 7-2，此圖為包含潛在變項之遞迴迴歸方程模式圖。

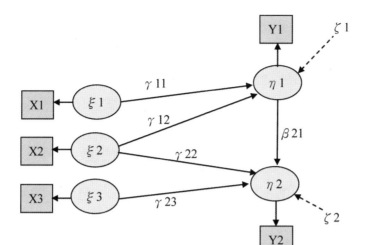

圖 7-2

　　圖 7-3 爲一個「非遞迴模式」（nonrecursive model）的徑路分析，模式內的因果關係箭頭是雙向的，內因變項 Y1 與內因變項 Y2 間並非是單向的因果關係，而是互爲因果關係，變項 Y1 直接影響變項 Y2，此時變項 Y1 是外因變項（預測變項）、變項 Y2 是內因變項（效標變項）；相對的，變項 Y2 也直接影響變項 Y1，此時變項 Y2 是外因變項（預測變項）、變項 Y1 是內因變項（效標變項），變項 Y1、Y2 的殘差項間（residual terms）有相關。

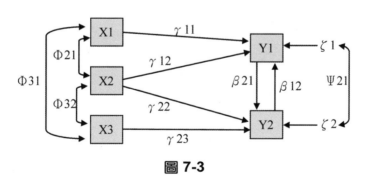

圖 7-3

　　在路徑分析中，若是待估計的參數個數剛好等於所提供的方程式個數，就是一個「剛好辨識」或「正好辨識」（just-identified）的飽和模式。構成模型的結構方程式如果剛好相等於未知數，這樣的模型可以判定爲「剛好識別」模式，因爲它只有一個正確合理的解值，此模式將會提供一套路徑係數值，以能夠完全地重製相關係數矩陣，所以是一種正好辨識模式，又

稱爲飽和模式（saturated model）。正好確認模式只有一個獨特解值，且此模型總是提供資料一種適配完美（perfect fit）的數據。路徑分析中，如果待估計的參數個數不等於所提供的方程式個數，可能成爲「低度辨識」（under-identified）或「過度辨識」（over-identified）模式，所謂「低度辨識」模式無單一解答，待估計的參數個數多於提供的方程式資訊數目；「過度辨識」模式則是待估計的參數個數少於提供的方程式資訊數。

在剛好辨識的情況下，模型的參數估計只有單一且唯一的精確解值（unique and exact solution），此種情形下模式中可用的訊息均藉由模式的界定來作爲估計參數之用，因而沒有任何的訊息來作爲模式檢定之用，所以模式的自由度是 0（df=0），而其模式適配指標卡方值也會等於 0，導致剛好辨識的模式均會與觀察資料呈現完美的適配（perfect fit），但在實際情境中，適配度這麼良好的模式，卻往往不具有實用的價值（余民寧，民 95）。在飽和模式中所有的自變項對所有依變項均有影響路徑，而依變項間對其他依變項也均有影響路徑，即所有變項間的徑路數目在因果模式中是最大數，圖 7-4 爲一個飽和模式的路徑分析圖。

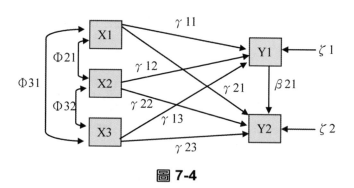

圖 7-4

路徑分析中，變項間的影響效果（effects），包含「直接效果」（direct effects）與「間接效果」（indirect effects），二者的效果總量和稱爲外因變項對內因變項影響的總效果值（total effects）。以下述五個變項間的路徑模式圖爲例（陳玉樹等譯，民 95，p.40）：

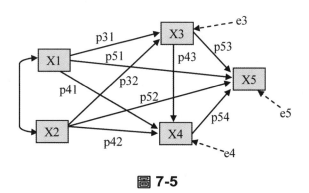

圖 7-5

　　預測變項 X1 對效標變項 X3 的直接效果路徑為 p31，直接效果項為單向箭頭的直接影響，中間沒有中介變項（intervening variable），預測變項 X1 對效標變項 X4 的直接效果路徑為 p41，預測變項 X1 對效標變項 X5 的直接效果路徑為 p51，預測變項 X2 對效標變項 X3 的直接效果路徑為 p32，預測變項 X2 對效標變項 X4 的直接效果路徑為 p42，預測變項 X2 對效標變項 X5 的直接效果路徑為 p52，預測變項 X3 對效標變項 X4 的直接效果路徑為 p43，預測變項 X3 對效標變項 X5 的直接效果路徑為 p53，預測變項 X4 對效標變項 X5 的直接效果路徑為 p54。上述徑路圖迴歸方程式中所提供的直接效果如下，圖中有九條路徑，所以直接效果項有九個：

$$X_3 = p_{31}X_1 + p_{32}X_2 + e_3$$

$$X_4 = p_{41}X_1 + p_{42}X_2 + p_{43}X_3 + e_4$$

$$X_5 = p_{51}X_1 + p_{52}X_2 + p_{53}X_3 + p_{54}X_4 + e_5$$

　　間接效果項乃是預測變項對效標變項的影響，透過一個以上的「中介變項」，以外因變項X1對內因變項X5而言，其間接效果影響路徑有三條，第一條路徑是透過變項 X3 而對變項 X5 產生影響，其間接路徑為：X1→X3→X5，間接效果值＝ p31×p53；第二條路徑是透過變項 X4 而對變項 X5 產生影響，其間接路徑為：X1→X4→X5，間接效果值＝ p41×p54，第三條

是透過變項 X3 再透過變項 X4，而對變項 X5 產生影響，其間接路徑為：X1→X3→X4→X5，間接效果值＝p31×p43×p54。以外因變項X2 對內因變項 X5 而言，其間接效果影響路徑有三條，第一條路徑是透過變項 X3 而對變項X5 產生影響，其間接路徑為：X2→X3→X5，間接效果值＝p32×p53；第二條路徑是透過變項 X4 而對變項 X5 產生影響，其間接路徑為：X2→X4→X5，間接效果值＝p42×p54；第三條是透過變項 X3 再透過變項 X4，而對變項 X5 產生影響，其間接路徑為：X2→X3→X4→X5，間接效果值＝p32×p43×p54。以變項X3 對內因變項 X5 而言，其間接影響路徑乃是透過中介變項 X4 再影響變項 X5，間接效果值＝p43×p54。

間接效果值的強度大小等於所有直接效果的路徑係數相乘所得的積表示，即直接效果值的連乘積的數值大小表示間接效果值，所有間接效果路徑的總和為總間接效果值，以外因變項 X1 對內因變項 X5 的間接效果值的總和為：（X1→X3→X5 路徑間接效果）＋（X1→X4→X5 路徑間接效果）＋（X1→X3→X4→X5 路徑間接效果），其數值＝(p31×p53)＋(p41×p54)＋(p31×p43×p54)，外因變項 X1 對內因變項 X5 影響的總效果值等於「直接效果值」加上「間接效果值」＝p51＋[(p31×p53)＋(p41×p54)＋(p31×p43×p54)]。

上述五個變項的路徑分析模式的各效果項，歸納如表 7-1：

表 7-1

變項	X1	X2	X3	X4
直接效果				
X3	p31	p32		
X4	p41	p42	p43	
X5	p51	p52	p53	p54
間接效果一				
X4	(p31×p43)	(p32×p43)		
X5	(p31×p53)+(p41×p54)	(p32×p53)+(p42×p54)	(p43×p54)	
間接效果二				
X5	p31×p43×p54	p32×p43×p54		

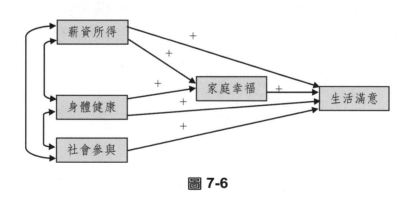Hidden

7-2 徑路分析模式──遞迴模式

所謂遞迴模式表示路徑分析中因果關係只有單一方向，如□→□。

一、研究問題

某成人教育研究學者在探究成年人的生活滿意度時，根據相關理論與文獻認為影響成年人生活滿意度的主要變因有四個變項：成年人本身的「薪資所得」、「身體健康」、「社會參與」與「家庭幸福」，其中「薪資所得」、「身體健康」、「社會參與」、「家庭幸福」四個變因對「生活滿意」變項均有直接影響效果，而「薪資所得」、「身體健康」二個變項又會透過「家庭幸福」變項對「生活滿意」產生影響，其所提的路徑分析假設模式圖如圖 7-6，其中「家庭幸福」變項為中介變項，中介變項同時具有外因變項與內因變項的性質，對「薪資所得」、「身體健康」、「社會參與」三個外因變項而言，「家庭幸福」變項為內因變項（效標變項）；對「生活滿意」變項而言，「家庭幸福」變項為外因變項（預測變項）。

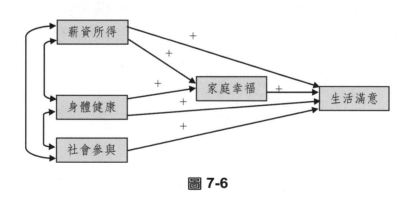

圖 7-6

　　研究者為考驗其所提的假設模式圖是否可以獲得支持，採分層隨機取樣方式，抽取 30-39 歲、40-49 歲、50-59 歲、60-69 歲組的成年人各 70 位，總共有效樣本數為 420 位，讓每位受訪者填寫「生活感受問卷」，其中包含「薪資所得調查資料」、「身體健康知覺量表」、「社會參與程度量表」、「家庭幸福感受量表」、「生活滿意知覺量表」。請問研究者所提的路徑

分析假設模式圖與實際調查資料是否可以適配？原始資料於SPSS中的變項名稱及資料建檔範例如圖 7-7：

12 :	社會參與	家庭幸福	薪資所得	身體健康	生活滿意
61	72	35	29	65	43
62	47	14	29	49	46
63	47	14	29	49	46
64	47	14	38	50	46
65	47	14	38	50	46

圖 7-7

二、採用傳統複迴歸求各徑路係數

㈠第一個複迴歸分析模式

傳統執行路徑分析的統計軟體為 Amos 的家族 SPSS，以 SPSS 進行各式迴歸分析及路徑分析甚為便利。第一個複迴歸分析模式中的自變項為「薪資所得」與「身體健康」變數，效標變項為「家庭幸福」變數。

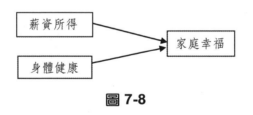

圖 7-8

㈡第二個複迴歸分析模式

第二個複迴歸分析模式中的自變項為「薪資所得」、「身體健康」、「社會參與」、「家庭幸福」變數，效標變項為「生活滿意」變數。

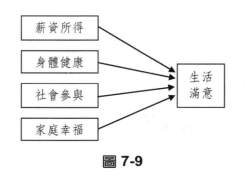

圖 7-9

第二個複迴歸分析的操作程序如下：

→功能表執行「分析(A)」／「迴歸方法(R)」／「線性(L)」程序，開啟「線性迴歸」對話視窗。

→在左邊變數清單中選取效標變項「生活滿意」至右方「依變數(D)」下的方格中。

→在左邊變數清單中選取投入迴歸模式的四個預測變項「薪資所得」、「身體健康」、「家庭幸福」、「社會參與」，將之點選至右邊「自變數(I)」下的方格中。

→在「方法(M)」右邊的下拉式選單中選取「強迫進入變數法」→按『確定』鈕。

㈢複迴歸分析結果

表 7-2　模式摘要

模式	R	R 平方	調過後的 R 平方	估計的標準誤
1	.683(a)	.467	.464	6.913

a 預測變數：（常數），身體健康，薪資所得

　　表 7-2 為第一個複迴歸的迴歸分析模式摘要表，自變數為身體健康、薪資所得二個變數；依變數為家庭幸福感變數，迴歸分析的 R^2 等於.467，表示依變項可以被二個自變數解釋的變異量為 46.7%，無法解釋的變異量為 53.3%，「疏離係數」等於 $\sqrt{1-R^2}=\sqrt{1-.467}=\sqrt{.533}=.730$。

表 7-3　係數(a)

模式	未標準化係數		標準化係數	t	顯著性
	B 之估計值	標準誤	Beta 分配		
1　（常數）	6.226	1.069		5.825	.000
薪資所得	.309	.023	.531	13.344	.000
身體健康	.176	.024	.256	6.447	.000

a 依變數：家庭幸福

　　表 7-3 爲第二個複迴歸分析中的係數值，其中標準化迴歸係數（Beta 值）爲徑路係數值。薪資所得變項對家庭幸福感變數的影響係數爲.531（t=13.344，p=.000<.05），達到.05 顯著水準；身體健康變項對家庭幸福感變數的影響係數爲.256（t=6.447，p=.000<.05），達到顯著水準，「薪資所得」與「身體健康」二個外因變數對內因變數「家庭幸福」的影響均達顯著。

表 7-4　模式摘要

模式	R	R 平方	調過後的 R 平方	估計的標準誤
1	.881(a)	.776	.774	9.577

a 預測變數：（常數），家庭幸福，社會參與，身體健康，薪資所得

　　表 7-4 爲第三個複迴歸的迴歸分析模式摘要表，自變數爲身體健康、薪資所得、家庭幸福、社會參與四個變數，依變數爲生活滿意度變數。迴歸分析的 R^2 等於.776，表示依變項可以被四個自變數解釋的變異量爲 77.6%，無法解釋的變異量爲 22.4%，「疏離係數」等於 $\sqrt{1-R^2}=\sqrt{1-.776}=\sqrt{.224}=$ .473。

表 7-5　係數(a)

模式	未標準化係數		標準化係數	t	顯著性
	B 之估計值	標準誤	Beta 分配		
1　（常數）	-22.674	1.662		-13.642	.000
薪資所得	.475	.040	.383	11.738	.000
身體健康	.269	.044	.184	6.127	.000
社會參與	.256	.041	.192	6.222	.000
家庭幸福	.689	.068	.323	10.154	.000

a 依變數：生活滿意

表 7-5 為第三個複迴歸分析中的係數值,其中標準化迴歸係數(β 值)為徑路係數值,薪資所得、身體健康、社會參與、家庭幸福四個外因變項對內因變數生活滿意度變數的影響係數分別為.383(t=11.738、p=.000)、.184(t=6.127、p=.000)、.192(t=6.222、p=.000)、.323(t=10.154、p=.000),均達到.05 顯著水準,其中以「薪資所得」及「家庭幸福」變數對「生活滿意度」變數的影響較大。

【圖示範例】

將上述徑路分析的徑路係數及相關統計量填入原先理論模式圖如圖 7-10:

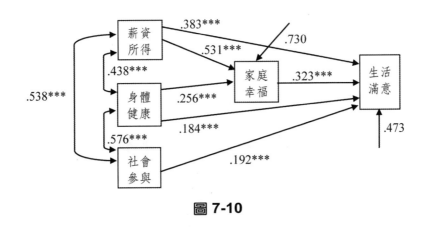

圖 7-10

三、Amos Graphics 的應用

上述路徑分析假設模式圖繪製「Amos Graphics」應用軟體中,模式圖如圖 7-11,內因變項「家庭幸福」、「生活滿意」要設定殘差變項或獨特變項(unique variable),殘差變項的迴歸係數設定為 1。三個外因變項:「薪資所得」、「身體健康」、「社會參與」彼此間有相關,要以雙箭頭繪製變項間的關係,路徑分析中的所有外因觀察變項要以【描繪共變】 ⟷ 圖像鈕建立雙箭頭關聯,否則模式估計時會出現所有錯誤訊息。

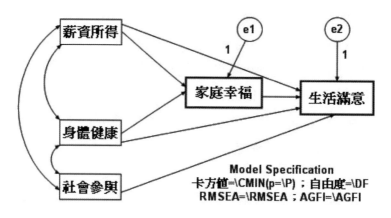

圖 7-11

增列路徑分析假設模式圖之參數標籤名稱：執行【Plugins】（增列）／【Name Parameters】（名稱參數），開啟「Amos Graphics」對話視窗，勾選「☑Covariances」（共變數）、「☑Regression weights」（迴歸係數）、「☑Variances」（變異數）三個選項→按『OK』鈕。

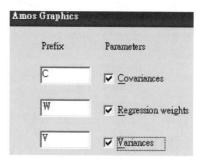

圖 7-12

在路徑分析模式圖待估計的共變數有三個、迴歸係數有六個、變異數有五個，自由參數數目=3+6+5=14 個。

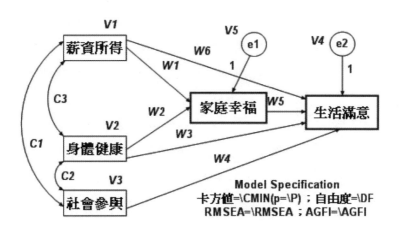

圖 **7-13**

四、模式圖執行結果

　　按 ▦▦▦▦【計算估計值】（Calculate estimates）圖像鈕後，由於模式為「過度辨識」模型，路徑圖可以識別。非標準化估計值的模式圖如圖 7-14：三個外因變項間關係間的數值為二者的共變數，三個外因變項及二個殘差變項旁邊的數值為其變異數，單箭頭旁的數值為非標準化的迴歸係數，作為內因變項之觀察變項無法估計其變異數。

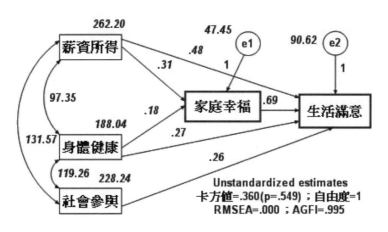

圖 **7-14**

　　圖 7-15 為標準化估計值的模式圖：三個外因變項間的數值為相關係數，「薪資所得」與「身體健康」間的相關為.44、「薪資所得」與「社會參與」

間的相關為.54、「身體健康」與「社會參與」間的相關為.58。單箭頭方向路徑係數為標準化迴歸係數，也就是直接效果值，二個內因變項旁的數值為多元相關係數的平方，為預測變項對效標變項聯合解釋變異量，「薪資所得」、「身體健康」、「社會參與」三個變項可以聯合解釋「家庭幸福」變項47%的變異量，「薪資所得」、「身體健康」、「社會參與」、「家庭幸福」四個變項可以聯合解釋「生活滿意」變項 78%的變異量。六條路徑之迴歸係數的β值均為正數，表示其對外因變項的影響均為正向，與原先建構路徑假設模式圖的符號相同。

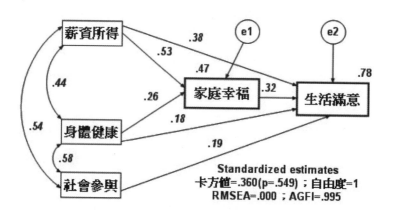

圖 7-15

五、文字報表輸出結果

按【View Text】（檢視文件）圖像鈕，開啓「Amos Output」對話視窗，可以查閱路徑分析參數估計結果。

Groups

Group number 1 (Group number 1)

Notes for Group (Group number 1)

The model is recursive.

Sample size = 420

Variable Summary (Group number 1)

Your model contains the following variables （Group number 1）

Observed, endogenous variables

家庭幸福

生活滿意

Observed, exogenous variables

薪資所得

身體健康

社會參與

Unobserved, exogenous variables

e2

e1

Variable counts (Group number 1)

Number of variables in your model:	7
Number of observed variables:	5
Number of unobserved variables:	2
Number of exogenous variables:	5
Number of endogenous variables:	2

【說明】：在群組註解中只有一個預定群組，研究者沒有變更群組名稱使用內定值
（Group number 1）。假設模型為遞迴模式、有效樣本數為 420。變項摘要
表中顯示觀察內因變項（／觀察內衍變項）有「家庭幸福」、「生活滿意」
二個變項，觀察外因變項（／觀察外衍變項）有「薪資所得」、「身體健
康」、「社會參與」三個變項；而二個誤差變項 e1、e2 為無法觀察之外因
變項。模式中的變項共有 7 個，觀察變項有 5 個、無法觀察變項有 2 個，
外因變項有 5 個、內因變項有 2 個。

表 7-6　**Parameter summary (Group number 1)**

	Weights	Covariances	Variances	Means	Intercepts	Total
Fixed	2	0	0	0	0	2
Labeled	0	0	0	0	0	0
Unlabeled	6	3	5	0	0	14
Total	8	3	5	0	0	16

【說明】：參數摘要表中顯示迴歸係數共有 8 個，固定路徑係數參數有 2 個、待估計
的路徑係數參數有 6 個，待估計的共變數有 3 個，待估計的變異數有 5 個，

模式中全部的參數共有 16 個（=8+3+5），其中 2 個爲固定參數、14 個爲自由參數，14 個待估計的自由參數均沒有設定參數標籤名稱，所以出現在「Unlabeled」（未加註標記）列。

表 7-7　Assessment of normality (Group number 1)

Variable	min	max	skew	c.r.	kurtosis	c.r.
社會參與	24.000	82.000	.953	7.974	-.023	-.094
身體健康	12.000	66.000	.001	.010	-.677	-2.831
薪資所得	10.000	68.000	.295	2.469	-1.071	-4.479
家庭幸福	11.000	42.000	.279	2.336	-1.314	-5.498
生活滿意	6.000	72.000	.420	3.517	-1.228	-5.138
Multivariate					3.918	4.798

【說明】：表 7-7 爲常態性的評估，第一欄爲觀察變項名稱、第二欄爲最小值、第三欄爲最大值、第四欄爲偏態值（skew）、第五欄爲偏態值臨界比、第六欄爲峰態值（kurtosis）、第七欄爲峰態值的臨界比，在 SEM 分析中若是樣本資料觀察變項的偏態係數大於 3、峰度係數數大於 8，可能偏離常態分態型態，尤其是峰度係數大於 20 時，表示資料變項峰度與常態峰差異極大（Kine, 1998）。最後一列爲多變項峰度係數及其臨界比值，若是多變項峰度係數考驗達到顯著，表示至少有一個變項峰度係數違反常態分配的假定。在範例中，五個觀察變項有四個變項的偏態係數達到顯著，有四個變項的峰度係數達到顯著，不過五個變項的峰度係數均沒有大於 8，而偏態係數均小於 3。Amos 內定之估計法爲 ML 法，研究證實 ML 法在大多數情境下，其參數估計結果較其他方法爲佳，但使用 ML 法進行參數估計時，前提假設是資料必須符合多變項常態性假定，因而在 SEM 分析程序前，對於觀察資料變項進行常態性檢定有其必要性。

表 7-8　Sample Moments (Group number 1)
Sample Covariances (Group number 1)

	社會參與	身體健康	薪資所得	家庭幸福	生活滿意
社會參與	228.239				
身體健康	119.262	188.038			
薪資所得	131.569	97.350	262.200		
家庭幸福	64.034	63.290	98.272	89.010	
生活滿意	197.060	170.958	252.118	141.427	404.233

Condition number = 25.222

Eigenvalues

845.953 139.104 92.197 60.926 33.540

Determinant of sample covariance matrix = 22169879668.667

【說明】：表 7-8 為樣本資料所得的共變異數 S 矩陣，共變數矩陣的對角線為變項的
變異數，對角線以外的數值為二個變項的共變數。條件數目值＝最大特徵
值÷最小特徵值＝845.593÷33.540＝25.222。

表 7-9　Sample Correlations (Group number 1)

	社會參與	身體健康	薪資所得	家庭幸福	生活滿意
社會參與	1.000				
身體健康	.576	1.000			
薪資所得	.538	.438	1.000		
家庭幸福	.449	.489	.643	1.000	
生活滿意	.649	.620	.774	.746	1.000

Condition number = 20.426

Eigenvalues

3.386 .668 .467 .312 .166

【說明】：表 7-9 為樣本資料所得的相關矩陣，五個變項間呈現中度的正相關，其相
關係數介於.438 至.774。相關係數矩陣對角線為變項與變項自己的相關係
數，其數值均為 1.000。

Models

Default model (Default model)

Notes for Model (Default model)

Computation of degrees of freedom (Default model)

Number of distinct sample moments: 15

Number of distinct parameters to be estimated: 14

Degrees of freedom (15 - 14): 1

Result (Default model)

Minimum was achieved

Chi-square = .360

Degrees of freedom = 1

Probability level = .549

【説明】：模式摘要表中顯示模式的自由度為 1（=15−14），其中 15 為樣本共變異數矩陣提供的獨特元素（資料點數目）$=\frac{1}{2}(k)(k+1)=\frac{1}{2}\times 5\times 6=15$，k 為觀察變項的數目；14 為假設模式圖中待估計的自由參數。整體適配度的卡方值為.360，顯著性機率值 p=.549>.05，未達.05 顯著水準，接受虛無假設，表示樣本資料所得的 S 矩陣與由假設模式所導出的矩陣可以契合，即研究者所提的成年人生活滿意的因果模式與實際調查資料可以適配，徑路分析假設的模式可以得到支持。

表 7-10　Group number 1 (Group number 1 - Default model)
Estimates (Group number 1 - Default model)
Scalar Estimates (Group number 1 - Default model)
Maximum Likelihood Estimates
Regression Weights: (Group number 1 - Default model)

	Estimate	S.E.	C.R.	P	Label
家庭幸福←薪資所得	.309	.023	13.376	***	par_1
家庭幸福←身體健康	.176	.027	6.463	***	par_2
生活滿意←身體健康	.269	.044	6.136	***	par_3
生活滿意←社會參與	.256	.041	6.254	***	par_4
生活滿意←家庭幸福	.689	.068	10.207	***	par_8
生活滿意←薪資所得	.475	.040	11.737	***	par_9

【説明】：採用最大概似法估計各路徑係數值，六個直接效果的路徑係數均達顯著，迴歸加權表中的估計值（Estimate）欄為非標準化的迴歸係數值，「S.E.」為估計值的標準誤，迴歸係數值欄除以估計值的標準誤為臨界比值（C.R. 欄），臨界比值的絕對值如大於 1.96，表示估計值達到.05 顯著水準，顯著性機率值 p 如小於.001，會呈現「***」符號，顯著性機率值 p>.001，則於「P」欄中會直接呈現 p 值數值。

表 7-11　Standardized Regression Weights:(Group number 1 - Default model)

	Estimate
家庭幸福←薪資所得	.531
家庭幸福←身體健康	.256
生活滿意←身體健康	.184
生活滿意←社會參與	.192
生活滿意←家庭幸福	.324
生活滿意←薪資所得	.383

【說明】：標準化迴歸加權值（Standardized Regression Weights）為標準化的迴歸係數值（β值），標準化迴歸係數值即變項間的路徑係數，此路徑係數為標準化直接效果值。六個路徑係數值均達.05 的顯著水準，六條路徑係數的β值均為正數，表示其對效標變項直接影響效果為正向。

表 7-12　Covariances: (Group number 1 - Default model)

	Estimate	S.E.	C.R.	P	Label
薪資所得↔社會參與	131.569	13.570	9.696	***	par_5
身體健康↔社會參與	119.262	11.678	10.213	***	par_6
薪資所得↔身體健康	97.350	11.844	8.219	***	par_7

【說明】：共變數摘要表顯示的為「薪資所得」、「身體健康」、「薪資所得」三個外因變項間的共變數估計值及其顯著性檢定。「薪資所得」與「社會參與」間的共變數為131.569，共變數的估計標準誤為13.570，臨界比值為9.696，二者間相關達到.001 顯著水準；「身體健康」與「社會參與」間的共變數為119.262，共變數的估計標準誤為11.678，臨界比值為10.213，二者間相關達到.001 顯著水準；「薪資所得」與「身體健康」間的共變數為97.350，共變數的估計標準誤為11.844，臨界比值為8.219，二者間相關達到.001 顯著水準。

表 7-13　Correlations: (Group number 1 - Default model)

	Estimate
薪資所得↔社會參與	.538
身體健康↔社會參與	.576
薪資所得↔身體健康	.438

【說明】：相關係數摘要表顯示的爲「薪資所得」、「身體健康」、「薪資所得」三
個外因變項間的積差相關，「薪資所得」與「社會參與」間的相關爲.538、
「身體健康」與「社會參與」間的相關爲.576、「薪資所得」與「身體健
康」間的相關爲.438，三個相關係數均達.001 顯著水準（相關係數顯著性
的檢定由上表變項間共變數估計值表中判別，當二個變項的共變數估計值
達到.05 顯著水準，則二個變項的相關即達到.05 顯著水準），二個外因變
項間的共變關係達到顯著，表示二者的相關係數顯著不等於 0，三個外因
變項間呈現顯著的中度正相關。

表 7-14　Variances: (Group number 1 - Default model)

	Estimate	S.E.	C.R.	P	Label
薪資所得	262.200	18.115	14.474	***	par_10
身體健康	188.038	12.991	14.474	***	par_11
社會參與	228.239	15.769	14.474	***	par_12
e1	47.448	3.278	14.474	***	par_13
e2	90.618	6.261	14.474	***	par_14

【說明】：變異數摘要表爲五個外因變項的變異數估計值、估計值的標準誤（standard
error）、顯著性檢定的臨界比（critical ratio），五個外因變項的變異數檢定
之 p 值均小於.001，表示「薪資所得」、「身體健康」、「社會參與」三
個外因變項、「e1」、「e2」二個殘差項變項的變異數在母群中顯著的不
等於 0。

表 7-15　Squared Multiple Correlations: (Group number 1 - Default model)

	Estimate
家庭幸福	.467
生活滿意	.775

【說明】：表 7-15 爲二條結構方程式的多元相關係數的平方，即複迴歸分析中的決定
係數（R^2），表示二個「家庭幸福」、「生活滿意」二個內因變項被其外
因變項所能解釋的變異量百分比，二條結構方程式的多元相關係數平方
（R^2）分別爲.467、.775。根據假設模式圖可知：「薪資所得」、「身體健
康」、「社會參與」三個外因變項可以聯合解釋「家庭幸福」變項 46.7%
的變異量（在標準化估計值模式圖中的數值爲.47）；「薪資所得」、「身
體健康」、「社會參與」、「家庭幸福」四個變項可以聯合解釋「生活滿
意」變項 77.5%的變異量（在標準化估計值模式圖中的數值爲.78）。

表 7-16　Matrices (Group number 1 - Default model)

Implied Covariances (Group number 1 - Default model)

	社會參與	身體健康	薪資所得	家庭幸福	生活滿意
社會參與	228.239				
身體健康	119.262	188.038			
薪資所得	131.569	97.350	262.200		
家庭幸福	61.737	63.290	98.272	89.010	
生活滿意	195.477	170.958	252.118	140.840	403.425

【說明】：隱含的共變數矩陣 $\hat{\Sigma}$ 顯示的為根據假設的因果模式路徑圖所導出的變異數
　　　　—共變數矩陣，此隱含的共變數矩陣乃是根據理論模式所推導而得（另外
　　　　一個變異數—共變數矩陣— S 矩陣，乃是根據實際蒐集樣本資料估計而
　　　　得），對角線為變項的變異數。在 Amos 輸出的報表中假設模型導出的共
　　　　變異數矩陣以「隱含共變數」（Implied Covariances）表示。

表 7-17　Implied Correlations (Group number 1 - Default model)

	社會參與	身體健康	薪資所得	家庭幸福	生活滿意
社會參與	1.000				
身體健康	.576	1.000			
薪資所得	.538	.438	1.000		
家庭幸福	.433	.489	.643	1.000	
生活滿意	.644	.621	.775	.743	1.000

【說明】：隱含相關係數矩陣乃是根據理論假設的路徑模式圖推導而得，其數據可由
　　　　上述隱含變異數—共變數矩陣換算求出，隱含相關係數矩陣的對角線數值
　　　　均為 1，表示變項與變項自己的相關。

表 7-18　Residual Covariances (Group number 1 - Default model)

	社會參與	身體健康	薪資所得	家庭幸福	生活滿意
社會參與	.000				
身體健康	.000	.000			
薪資所得	.000	.000	.000		
家庭幸福	2.297	.000	.000	.000	
生活滿意	1.583	.000	.000	.587	.809

【說明】：殘差共變數矩陣為樣本資料所得的 S 矩陣與根據理論模式圖推導而得 $\hat{\Sigma}$ 矩陣相減，二者的差異值為殘差值，適配殘差值愈大，表示觀察資料所得的共變數矩陣 S 與假設理論模式隱含的共變數矩陣 $\hat{\Sigma}$ 的差異愈大，殘差值愈小，表示觀察資料所得的共變數矩陣 S 與假設理論模式隱含的共變數矩陣 $\hat{\Sigma}$ 的差異愈小，即假設模式與觀察資料愈能契合。如果 S $-$ $\hat{\Sigma}$ 的值為負，且其絕對值很大，表示理論模式高估了變項間的共變，實際的共變數被高估了，造成「過度適配」（overfitting）的情形；相反的，若是 S $-$ $\hat{\Sigma}$ 的值為正，且其數值很大，表示理論模式低估了變項間的共變，實際的共變數被低估了，造成「低度適配」（underfitting）的情形。將上述 S 矩陣中數據與 $\hat{\Sigma}$ 矩陣中數據相減，即得到殘差共變數矩陣，表 7-19 中的第一個數字（被減數）為樣本資料所推估的 S 矩陣數值、第二個數字（減數）為理論模式所推估的 $\hat{\Sigma}$ 矩陣數值。

表 7-19

	社會參與	身體健康	薪資所得	家庭幸福	生活滿意
社會參與	228.239				
	-228.239				
身體健康	119.262	188.038			
	-119.262	-188.038			
薪資所得	131.569	97.350	262.200		
	-131.569	-97.350	-262.200		
家庭幸福	64.034	63.290	98.272	89.010	
	-61.737	-63.290	-98.272	-89.010	
生活滿意	197.060	170.958	252.118	141.427	404.233
	-195.477	-170.958	-252.118	-140.840	-403.425

表 7-20　Standardized Residual Covariances (Group number 1 - Default model)

	社會參與	身體健康	薪資所得	家庭幸福	生活滿意
社會參與	.000				
身體健康	.000	.000			
薪資所得	.000	.000	.000		
家庭幸福	.303	.000	.000	.000	
生活滿意	.090	.000	.000	.051	.029

【說明】：表 7-20 為標準化殘差的共變數矩陣，將原始殘差轉換為標準分數型態，可

以適用於不同的量尺。標準化殘差值是判別模式內在品質的一個指標，如果標準化殘差的共變數矩陣中的數值絕對值大於 2.58，表示模式有敘列誤差存在，即模式的內在品質不佳。範例中標準化殘差值絕對值沒有大於 2.58者（最大值為.303），顯示模式的內在品質理想。標準化殘差矩陣等於殘差共變數除以其標準誤，假定模式是正確的前提下，若是樣本數過大，則標準化殘差共變數會呈現標準化常態分配，如果模式正確，大部分標準化殘差絕對值會小於 2。標準化殘差值類似 Z 分數，因而二組殘差值間可以比較解釋，若是假設模型適配完美，則$\Sigma(\theta)-S=.00$。

表 7-21　**Total Effects (Group number 1 - Default model)**

	社會參與	身體健康	薪資所得	家庭幸福
家庭幸福	.000	.176	.309	.000
生活滿意	.256	.391	.688	.689

表 7-22　**Standardized Total Effects (Group number 1 - Default model)**

	社會參與	身體健康	薪資所得	家庭幸福
家庭幸福	.000	.256	.531	.000
生活滿意	.192	.267	.555	.324

【說明】：上表為各外因變項對各內因變項影響的總效果值及標準化的總效果值，總效果值為直接效果值加上間接效果值，而標準化的總效果值為標準化的直接效果值（β係數）加上標準化的間接效果值（間接效果值為直接效果之路徑係數β值相乘）。

表 7-23　**Direct Effects (Group number 1 - Default model)**

	社會參與	身體健康	薪資所得	家庭幸福
家庭幸福	.000	.176	.309	.000
生活滿意	.256	.269	.475	.689

表 7-24　**Standardized Total Effects (Group number 1 - Default model)**

	社會參與	身體健康	薪資所得	家庭幸福
家庭幸福	.000	.256	.531	.000
生活滿意	.192	.184	.383	.324

【說明】：路徑分析結構模式中各路徑係數區分為非標準化的迴歸係數（β係數）與標準化迴歸係數（β係數），非標準化迴歸係數所顯示的為直接效果值（Direct

Effects），直接效果路徑係數相乘積為間接效果值（Indirect Effects），標準化迴歸係數（β係數）所表示的標準化直接效果值（Standardized Direct Effects），路徑分析的路徑係數一般以標準化的迴歸係數─β值作為直接效果值，在模式圖所呈現的路徑係數值即為標準化的迴歸係數─β值。依據變項間標準化迴歸係數值繪製之路徑分析模式如圖7-16：「薪資所得」對「家庭幸福」、「生活滿意」二個內因變項的標準化直接效果值（簡稱為直接效果值）分別為.531、.383，「身體健康」對「家庭幸福」、「生活滿意」二個內因變項的直接效果值分別為.256、.184，「社會參與」對「生活滿意」內因變項的直接效果值分別為.192，「家庭幸福」對「生活滿意」內因變項的直接效果值分別為.324。六條路徑係數的顯著性檢定均達.05的顯著水準。

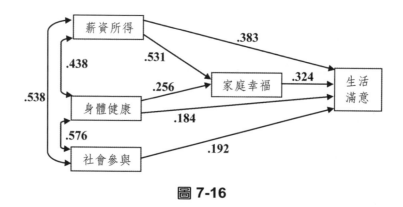

圖 7-16

表 7-25　Indirect Effects (Group number 1 - Default model)

	社會參與	身體健康	薪資所得	家庭幸福
家庭幸福	.000	.000	.000	.000
生活滿意	.000	.122	.213	.000

表 7-26　Standardized Indirect Effects (Group number 1 - Default model)

	社會參與	身體健康	薪資所得	家庭幸福
家庭幸福	.000	.000	.000	.000
生活滿意	.000	.083	.172	.000

【說明】：上表為各外因變項對各內因變項影響的間接效果值及標準化的間接效果值，標準化的間接效果值等於路徑係數β值相乘。「身體健康」對「生活滿意」間接效果值為「身體健康」變項透過「家庭幸福」變項而間接影響「生活滿意」變項，此條影響路徑的間接效果值＝.256×.324 ＝.083，「身體健

康」對「生活滿意」直接效果值等於.184，因而「身體健康」對「生活滿
意」影響的總效果值＝.083 ＋.184 ＝.267。「薪資所得」對「生活滿意」
間接效果值為「薪資所得」變項透過「家庭幸福」變項而間接影響「生活
滿意」變項，此條影響路徑的間接效果值＝.531×.324 ＝.172，「薪資所
得」對「生活滿意」直接效果值等於.383，因而「薪資所得」對「生活滿
意」影響的總效果值＝.172 ＋.383 ＝.555。

表 7-27　Covariances: (Group number 1 - Default model)

	M.I.	Par Change

表 7-28　Variances: (Group number 1 - Default model)

	M.I.	Par Change

表 7-29　Regression Weights: (Group number 1 - Default model)

	M.I.	Par Change

【說明】：修正指標值中沒有提供要修正的路徑。在整體模式適配度考驗方面，若是
整體模式適配度不佳或有路徑係數不顯著，可考慮將不顯著的路徑係數刪
除，並依據修正指標值增列部分遺漏的路徑。上述研究者所提的假設模式
圖中的六條路徑係數均達顯著，而假設模式與樣本資料又能契合，因而路
徑係數不考慮增刪。

Model Fit Summary

表 7-30　CMIN

Model	NPAR	CMIN	DF	P	CMIN/DF
Default model	14	.360	1	.549	.360
Saturated model	15	.000	0		
Independence model	5	1217.146	10	.000	121.715

表 7-31　RMR, GFI

Model	RMR	GFI	AGFI	PGFI
Default model	.765	1.000	.995	.067
Saturated model	.000	1.000		
Independence model	118.434	.408	.112	.272

表 7-32　Baseline Comparisons

Model	NFI Delta1	RFI rho1	IFI Delta2	TLI rho2	CFI
Default model	1.000	.997	1.001	1.005	1.000
Saturated model	1.000		1.000		1.000
Independence model	.000	.000	.000	.000	.000

表 7-33　Parsimony-Adjusted Measures

Model	PRATIO	PNFI	PCFI
Default model	.100	.100	.100
Saturated model	.000	.000	.000
Independence model	1.000	.000	.000

表 7-34　NCP

Model	NCP	LO 90	HI 90
Default model	.000	.000	4.937
Saturated model	.000	.000	.000
Independence model	1207.146	1096.261	1325.408

表 7-35　FMIN

Model	FMIN	F0	LO 90	HI 90
Default model	.001	.000	.000	.012
Saturated model	.000	.000	.000	.000
Independence model	2.905	2.881	2.616	3.163

表 7-36　RMSEA

Model	RMSEA	LO 90	HI 90	PCLOSE
Default model	.000	.000	.109	.716
Independence model	.537	.512	.562	.000

表 7-37　AIC

Model	AIC	BCC	BIC	CAIC
Default model	28.179	28.766	84.923	98.923
Saturated model	30.000	30.436	90.604	105.604
Independence model	1227.146	1227.291	1247.347	1252.347

表 7-38 ECVI

Model	ECVI	LO 90	HI 90	MECVI
Default model	.068	.069	.081	.069
Saturated model	.072	.072	.072	.073
Independence model	2.929	2.664	3.211	2.929

表 7-39 HOELTER

Model	HOELTER .05	HOELTER .01
Default model	4475	7729
Independence model	7	8

【說明】：整體模式適配度考驗的卡方值在自由度等於 1 時，卡方值爲.360，顯著性機率值 p=.549>.05，未達到.05 顯著水準，接受虛無假設，表示理論模式與樣本資料間可以適配。再從其他適配度指標來看，卡方自由度比值（CMIN/DF）爲.360<2.000，CN 值=4475>200，RMSEA 值=.000<.050，GFI 值=1.000>.900，AGFI 值=.995>.900，NFI 值=1.000、RFI 值=.997、IFI 值=1.001、TLI 值=1.005、CFI 值=1.000 均大於.900 的標準，FMIN 值=.001，接近.000，預設模式之 AIC 值、BCC 值、BIC 值、CAIC 值、ECVI 值均小於獨立模式的數值，也小於飽和模式的數值，表示整體模式的適配情形良好，研究者所提的假設模式與實際資料可以適配。

生活滿意路徑分析各項效果值一覽表如表 7-40：

表 7-40

	直接效果	間接效果	總效果值
薪資所得→家庭幸福	.531	-----	.531
薪資所得→生活滿意	.383	.172	.555
身體健康→家庭幸福	.256	-----	.256
身體健康→生活滿意	.184	.083	.267
社會參與→生活滿意	.192	-----	.192
家庭幸福→生活滿意	.324	-----	.324

7-3 飽和模式的路徑分析

在飽和模式中所有的自變項對所有依變項均有影響路徑，而依變項間

對其他依變項也均有影響路徑，即所有變項間的徑路數目在因果模式中是最大數。飽和模式的路徑分析模式圖，其整體模式適配度的卡方值會等於.000，表示模式是一種「適配完美」（perfect fit）的模式，在社會及行為領域的實際情境下，適配度十全十美的飽和模式，往往不具有實用的價值。

一、飽和模式假設模式圖

「薪資所得」、「身體健體」、「社會參與」、「家庭幸福」、「生活滿意」五個變項的因果關係模式圖假設如圖 7-17，變項間的徑路數目在此因果模式有七條已達最大數目，因而是一個飽和模式。樣本資料資料點數目正好等於待估計的參數數目（=15），所以模式只有一個唯一解，為「正好辨別」模式。

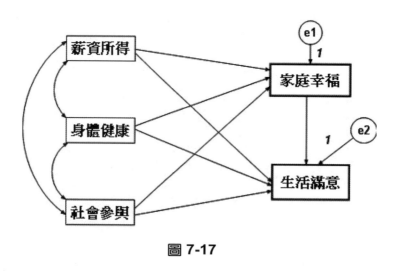

圖 7-17

二、參數估計的模式圖

非標準化參數估計值模式圖如圖 7-18，雙箭頭旁的數值為三個外因變項間的共變數，單箭頭所指的數值為非標準化的迴歸係數。三個外因變項及二個殘差項的變異數均為正數，表示資料沒有輸入錯誤，模型界定沒有問題。

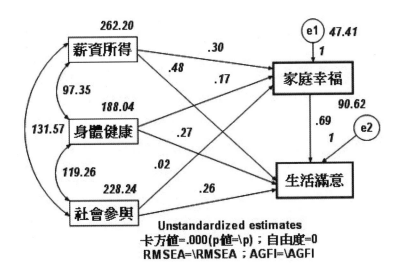

圖 7-18

　　標準化參數估計值模式圖如圖 7-19：雙箭頭旁的數值為三個外因變項間的相關係數，單箭頭所指的數值為標準化的迴歸係數，即徑路係數。七條因果徑路係數的β值均為正數，與原先理論建構之假設模型相符合。

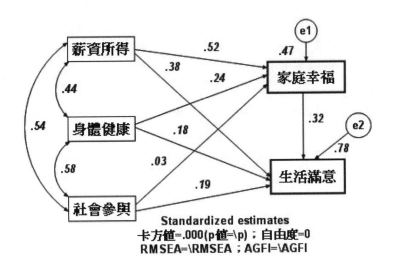

圖 7-19

三、參數估計及適配度結果

　　「Amos Output」（文字輸出結果）視窗中，相關的參數估計結果如下：

○ (一)參數估計摘要表

表 7-41　Scalar Estimates (Group number 1 - Default model)
Maximum Likelihood Estimates
Regression Weights: (Group number 1 - Default model)

	Estimate	S.E.	C.R.	P	Label
家庭幸福←社會參與	.018	.030	.600	.549	par_3
家庭幸福←薪資所得	.303	.025	12.098	***	par_9
家庭幸福←身體健康	.168	.031	5.510	***	par_10
生活滿意←薪資所得	.475	.040	11.795	***	par_1
生活滿意←身體健康	.269	.044	6.157	***	par_2
生活滿意←社會參與	.256	.041	6.252	***	par_4
生活滿意←家庭幸福	.689	.068	10.203	***	par_5

【說明】：七條路徑係數中，除「社會參與」對「家庭幸福」變項影響的路徑係數未
達顯著外（家庭幸福←社會參與），餘六條路徑係數均達.05 的顯著水準，
表示這六個路徑係數在母群中顯著不等於 0。「社會參與」外因變項對「家
庭幸福」內因變項直接影響的路徑迴歸加權值為.018、估計標準誤為.030、
臨界比值為.600，臨界比值絕對值小於 1.96，顯著性機率值 p=.549>.05，未
達顯著水準，表示此路徑係數在母群中顯著的等於 0，其標準化迴歸係數
值等於.028（β=.028）。

表 7-42　Standardized Regression Weights:(Group number 1 - Default model)

	Estimate
家庭幸福←社會參與	.028
家庭幸福←薪資所得	.521
家庭幸福←身體健康	.245
生活滿意←薪資所得	.383
生活滿意←身體健康	.184
生活滿意←社會參與	.192
生活滿意←家庭幸福	.323

【說明】：表 7-42 為七條路徑的標準化迴歸係數，也就是路徑係數，其中「社會參
與→家庭幸福」的路徑係數值等於.028，未達.05 的顯著水準，表示「社會

參與」變項對「家庭幸福」變項的影響路徑不顯著，餘六條係數路徑均達 .05的顯著水準。在路徑分析中，如要對假設因果模式圖進行修正，可以把 沒有達.05顯著水準的路徑刪除；此外，若是標準化迴歸係數值的正負號與 原先理論模式圖之符號相反，表示自變項間有高度多元共線問題，此種不 合理或無法解釋的路徑也要刪除。

表 7-43　Covariances: (Group number 1 - Default model)

	Estimate	S.E.	C.R.	P	Label
薪資所得 ←→ 身體健康	97.350	11.844	8.219	***	par_6
身體健康 ←→ 社會參與	119.262	11.678	10.213	***	par_7
薪資所得 ←→ 社會參與	131.569	13.570	9.696	***	par_8

表 7-44　Correlations: (Group number 1 - Default model)

	Estimate
薪資所得 ←→ 身體健康	.438
身體健康 ←→ 社會參與	.576
薪資所得 ←→ 社會參與	.538

【說明】：三個外因變項間的共變數分別為 97.350、119.262、131.569，估計標準誤分 別為 11.844、11.678、13.570，臨界比值分別為 8.219、10.213、9.696，臨界 比值絕對值均大於 1.96，表示三個共變數在母群中均顯著不為 0。三個外 因變項彼此間的相關分別為.438、.576、.538。

表 7-45　Variances: (Group number 1 - Default model)

	Estimate	S.E.	C.R.	P	Label
薪資所得	262.200	18.115	14.474	***	par_11
身體健康	188.038	12.991	14.474	***	par_12
社會參與	228.239	15.769	14.474	***	par_13
e1	47.407	3.278	14.474	***	par_14
e2	90.618	6.261	14.474	***	par_15

【說明】：三個外因變項及二個誤差變項的變異數參數估計均達.05顯著水準，表示這 五個變項的變異數在母群中均顯著的不等於 0，而二個殘差項的變異數均 為正數，沒有出現負的誤差變異，表示模式界定沒有問題、資料檔沒有錯 誤。

表 7-46 Squared Multiple Correlations: (Group number 1 - Default model)

	Estimate
家庭幸福	.467
生活滿意	.776

【說明】：「家庭幸福」內因變項被「薪資所得」、「身體健體」、「社會參與」三個外因變項解釋的變異量為 46.7%（$R^2 = .467$）；「薪資所得」、「身體健體」、「社會參與」三個外因變項及「家庭幸福」中介變項可以解釋成年人「生活滿意」變項 77.6%的變異量。

●（二）模式適配度摘要表

Model Fit Summary

表 7-47 CMIN

Model	NPAR	CMIN	DF	P	CMIN/DF
Default model	15	.000	0		
Saturated model	15	.000	0		
Independence model	5	1217.146	10	.000	121.715

表 7-48 RMR, GFI

Model	RMR	GFI	AGFI	PGFI
Default model	.000	1.000		
Saturated model	.000	1.000		
Independence model	118.434	.408	.112	.272

表 7-49 Baseline Comparisons

Model	NFI Delta1	RFI rho1	IFI Delta2	TLI rho2	CFI
Default model	1.000		1.000		1.000
Saturated model	1.000		1.000		1.000
Independence model	.000	.000	.000	.000	.000

【說明】：在飽和模式的狀態下，不管路徑係數是否達到顯著，整體模式適配的卡方值、自由度均等於.000、顯著性的機率值無法估計，而 RMR 值、NCP 值、FMIN 值均等於 0、GFI 值、NFI 值、IFI 值、CFI 值均等於 1.000。這是因為

在「剛好辨識」（just-identified）的飽和模式下，模式只有唯一解出現，因此呈現「完全適配」是必然的現象，此時探究假設的因果模式與實際資料間是否適配的問題，是沒有必要的，也沒有實質的意義存在（Bollen, 1989）。因而在路徑分析因果模式中，要探究假設模式是否適配，不應採用飽和模式，而應提出一個非飽和模式的假設模式圖，非飽和模式的模式圖才可以進行模式考驗。

圖 7-20 為研究者所提的非飽和模式的路徑因果模式，此圖與飽和模式圖的差異，在於刪除路徑係數值未達顯著的路徑，修正後的假設模式圖如下：在此非飽和模式的概念化模式圖中：「薪資所得」、「身體健康」、「社會參與」、「家庭幸福」四個變因對「生活滿意」變項均有直接影響效果，而「薪資所得」、「身體健康」二個變項又會透過「家庭幸福」變項對「生活滿意」產生影響。此路徑分析模式圖與飽和模式圖主要差異在於刪除「社會參與→家庭幸福」的影響路徑，刪除此條影響路徑後，理論模式成為一個非飽和模式的模式圖，此模式圖也就是前述「遞迴模式路徑分析」探究的路徑模式圖，只是二種模式圖之內因變項排列不同而已。

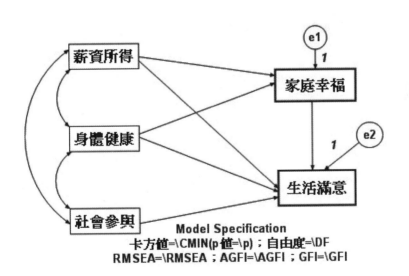

Model Specification
卡方值=\CMIN(p 值=\p)；自由度=\DF
RMSEA=\RMSEA；AGFI=\AGFI；GFI=\GFI

圖 7-20

按【計算估計值】 ▦ 圖像鈕後，模式圖可以收斂識別，標準化估計值模式圖如圖 7-21：整體適配的卡方值等於.360、顯著性機率值 p=.549>.05（自由度等於 1），未達.05 顯著水準，接受虛無假設，表示理論模式圖與

樣本資料可以適配；此外，RMSEA 值=.000<.05、AGFI 值=.995>.900、GFI 值=1.000>.900，均達到模式可以適配標準。

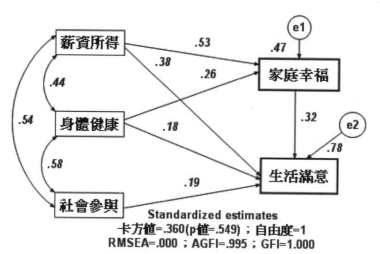

圖 7-21

7-4 非遞迴模式的路徑分析一

「非遞迴模式」（nonrecursive model）表示內因變項的因果關係不是單向的，而是互為因果關係的。以範例假設模式圖為例，研究者認為「薪資所得」外因變項會直接影響到「家庭幸福」內因變項與「生活滿意」內因變項，「身體健康」、「社會參與」二個外因變項會直接影響到「生活滿意」內因變項；此外，二個內因變項互為因果變項，「家庭幸福」變項會直接影響到「生活滿意」變項，而「生活滿意」變項也會直接影響「家庭幸福」變項。

一、假設模式圖

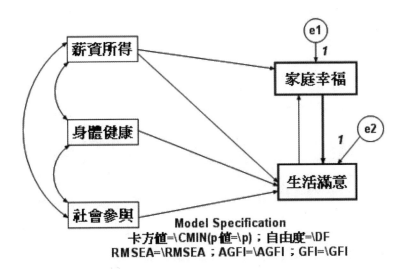

Model Specification
卡方值=\CMIN(p值=\p)；自由度=\DF
RMSEA=\RMSEA；AGFI=\AGFI；GFI=\GFI

圖 7-22

二、參數估計的模式圖

非標準化參數估計值模式圖如圖 7-23，雙箭頭旁的數值為三個外因變項間的共變數，單箭頭所指的數值為非標準化的迴歸係數。非遞迴模式圖中，增列「生活滿意→家庭幸福」的路徑，結果原先「家庭幸福→生活滿意」的路徑係數符號變為負數，與理論假設模型不符合。

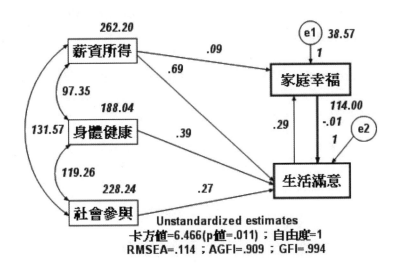

Unstandardized estimates
卡方值=6.466(p值=.011)；自由度=1
RMSEA=.114；AGFI=.909；GFI=.994

圖 7-23

標準化參數估計值模式圖如圖 7-24：雙箭頭旁的數值為三個外因變項間的相關係數，單箭頭所指的數值為標準化的迴歸係數，即徑路係數β，「生活滿意→家庭幸福」的路徑係數為.62，「家庭幸福→生活滿意」的路徑係數為-.01。

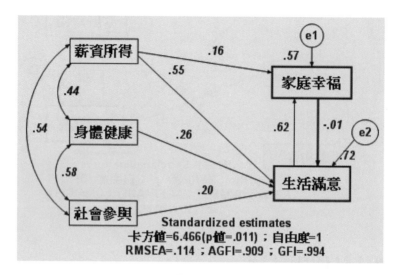

圖 7-24

三、參數估計值

Estimates (Group number 1 - Default model)

Scalar Estimates (Group number 1 - Default model)

Maximum Likelihood Estimates

表 7-50　Regression Weights: (Group number 1 - Default model)

	Estimate	S.E.	C.R.	P	Label
生活滿意←薪資所得	.688	.060	11.553	***	par_1
生活滿意←身體健康	.387	.050	7.678	***	par_2
生活滿意←社會參與	.268	.047	5.656	***	par_3
家庭幸福←薪資所得	.093	.046	2.027	***	par_7
家庭幸福←生活滿意	.293	.043	6.743	***	par_8
生活滿意←家庭幸福	-.013	.154	-.086	***	par_9

表 7-51　Standardized Regression Weights: (Group number 1 - Default model)

	Estimate
生活滿意←薪資所得	.554
生活滿意←身體健康	.264
生活滿意←社會參與	.201
家庭幸福←薪資所得	.159
家庭幸福←生活滿意	.625
生活滿意←家庭幸福	-.006

【說明】：在六條路徑係數中，除「家庭幸福」對「生活滿意」變項影響的路徑係數未達顯著外，餘五條路徑係數均達.05 的顯著水準，表示這五個路徑係數在母群中顯著不等於 0。「家庭幸福」變項對「生活滿意」變項直接影響的路徑迴歸加權值為-.013、估計標準誤為.154、臨界比值為-.086，臨界比值絕對值小於 1.96，顯著性機率值 p=.931>.05，未達顯著水準，表示此路徑係數在母群中顯著的等於 0，其標準化迴歸係數值等於-.006（β=-.006）。

表 7-52　Squared Multiple Correlations: (Group number 1 - Default model)

	Estimate
家庭幸福	.567
生活滿意	.718

【說明】：「家庭幸福」內因變項被「薪資所得」、「生活滿意」二個變項解釋的變異量為 56.7%（R^2=.567）；「薪資所得」、「身體健康」、「社會參與」三個外因變項及「家庭幸福」變項可以解釋成年人「生活滿意」變項71.8%的變異量 R^2=.718。

Stability index for the following variables is .004

家庭幸福

生活滿意

【說明】：穩定指標（stability index）所表示的是模式系統的穩定性，若是穩定指標值介於-1 至+1 之間，則模式系統是穩定的（stable）；相對的，如果穩定指標的絕對值大於 1，則模式系統是不穩定的（unstable），一個不穩定的系統，則可能會出現負的誤差變異。穩定指標的數值如果等於或大於 1，表示模式可能界定錯誤或取樣樣本數太少，以致無法正確估計迴歸係數。路

徑分析中若有數個迴圈，則 Amos 會分別提供每組的穩定指標值，若是有一個穩定指標值等於 1 或大於 1，此路徑分析的線性系統是不穩定的，上述穩定指標值為.004，小於 1，表示模式系統是穩定的。

四、模式適配度摘要表

Model Fit Summary

表 7-53　CMIN

Model	NPAR	CMIN	DF	P	CMIN/DF
Default model	14	6.466	1	.011	6.466
Saturated model	15	.000	0		
Independence model	5	1217.146	10	.000	121.715

表 7-54　RMR, GFI

Model	RMR	GFI	AGFI	PGFI
Default model	1.865	.994	.909	.066
Saturated model	.000	1.000		
Independence model	118.434	.408	.112	.272

表 7-55　RMSEA

Model	RMSEA	LO 90	HI 90	PCLOSE
Default model	.114	.044	.205	.065
Independence model	.537	.512	.562	.000

表 7-56　AIC

Model	AIC	BCC	BIC	CAIC
Default model	34.466	34.873	91.030	105.030
Saturated model	30.000	30.436	90.604	105.604
Independence model	1227.146	1227.291	1247.347	1252.347

表 7-57　ECVI

Model	ECVI	LO 90	HI 90	MECVI
Default model	.082	.071	.111	.083
Saturated model	.072	.072	.072	.073
Independence model	2.929	2.664	3.211	2.929

表 7-58　HOELTER

Model	HOELTER .05	HOELTER .01
Default model	249	430
Independence model	7	8

【說明】：整體適配度指標方面，自由度於 1 時，卡方值為 6.466，顯著性機率值 p=
.011<.05，拒絕虛無假設，顯示理論模式與樣本資料無法適配；RMR 值等
於 1.865>.05，RMSEA 值等於.114>.08，卡方自由度比值等於 6.466>2.000，
均未達模式適配標準，而預設模式的 AIC 值、BCC 值、BIC 值雖小於獨立
模式的數值，卻大於飽和模式的 AIC 值（34.366>30.000）、BCC 值
（34.873>30.463）、BIC 值（91.030>90.604），預設模式的 ECVI 值、ME-
CVI 值也大於飽和模式的 ECVI 值（.082>.072）、MECVI 值（.083>.073），
顯示模式未達適配標準。整體而言，研究者所提的非遞迴的路徑分析理論
模式圖與樣本資料無法契合。

7-5　非遞迴模式的路徑分析二

　　在上述遞迴模式中，假定「家庭幸福」變項與「生活滿意」變項互為
因果關係，研究者進一步設定「家庭幸福」變項對「生活滿意」變項影響
與「生活滿意」變項對「家庭幸福」變項影響具有相等的影響力，此種假
定乃限制「家庭幸福→生活滿意」的迴歸係數等於「生活滿意→家庭幸福」
的迴歸係數。其假設模式圖如圖 7-25：

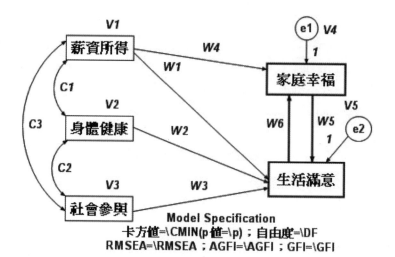

圖 7-25

一、設定迴歸係數的變項名稱

在「家庭幸福→生活滿意」的迴歸係數單箭頭物件上按右鍵，選取快顯功能表中的「Object Properties」（物件屬性）選項，開啟「Object Properties」（物件屬性）對話視窗，切換到『Parameters』（物件參數）標籤頁，在「Regression weight」（迴歸權重）下的方格中輸入參數名稱（parameter name）：「W5」，按右上角關閉鈕「×」，在徑路分析模式圖中單箭頭物件的旁邊會出現路徑係數的參數名稱 W5。

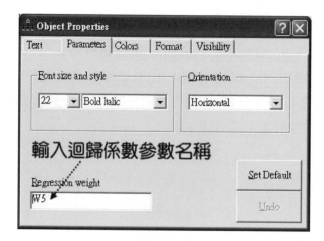

圖 7-26

在「生活滿意→家庭幸福」的迴歸係數單箭頭物件上按右鍵,選取快顯功能表中的「Object Properties」(物件屬性)選項,開啟「Object Properties」(物件屬性)對話視窗,切換到『Parameters』(物件參數)標籤頁,在「Regression weight」(迴歸權重)下的方格中輸入參數名稱(parameter name):「W6」,按右上角關閉鈕「×」,在徑路分析模式圖中單箭頭物件的旁邊會出現路徑係數的參數名稱 W6。

增列路徑因果模式圖的參數標籤名稱除了上述個別設定方法外,研究者最好由 Amos 自動增列參數標籤名稱,因為個別設定參數標籤名稱可能會發生遺漏或重複設定的情形,而由 Amos 自動增列,不但一次可完成所有參數標籤名稱的界定,也不會有參數標籤名稱重複出現的情形。

增列路徑分析假設模式圖之參數標籤名稱:執行【Plugins】(增列)╱【Name Parameters】(名稱參數),開啟「Amos Graphics」對話視窗,勾選「☑Covariances」(共變數)、「☑Regression weights」(迴歸係數)、「☑Variances」(變異數)三個選項→按『OK』鈕。

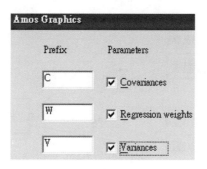

圖 7-27

二、設定迴歸係數值 W5=W6

在「模式」(Models)方盒中,在「Default model」(預設模式)上連按滑鼠二下,開啟「模式管理」(Manage Models)次對話視窗,在右邊「Parameter Constraints」(參數限制)下的方盒中鍵入「W5=W6」,按右下角關閉『Close』鈕。參數限制「W5=W6」表示參數名稱為 W5 之路徑係數的數值等於參數名稱為 W6 之路徑係數的數值。

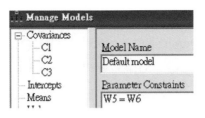

圖 7-28

三、參數估計的模式圖

非標準化參數估計值模式圖如圖 7-29，雙箭頭旁的數值為三個外因變項間的共變數，單箭頭所指的數值為非標準化的迴歸係數。「家庭幸福→生活滿意」的路徑係數為.23，「生活滿意→家庭幸福」的路徑係數也為.23，二個變項的路徑係數值相同。

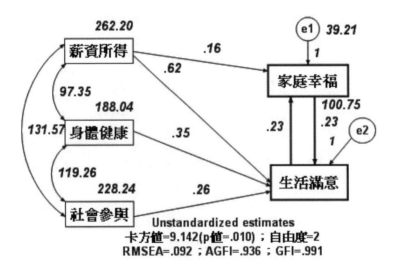

圖 7-29

標準化參數估計值模式圖如圖 7-30：雙箭頭旁的數值為三個外因變項間的相關係數，單箭頭所指的數值為標準化的迴歸係數，即徑路係數。在標準化迴歸係數值方面，「家庭幸福→生活滿意」的β值路徑係數為.11，「生活滿意→家庭幸福」的路徑係數為.48。

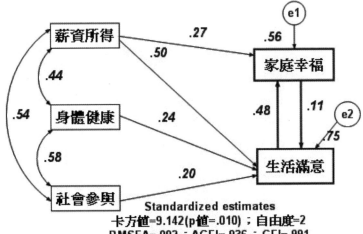

圖 7-30

四、參數估計值

Scalar Estimates (Group number 1 - Default model)

Maximum Likelihood Estimates

表 7-59 **Regression Weights: (Group number 1 - Default model)**

	Estimate	S.E.	C.R.	P	Label
生活滿意←薪資所得	.615	.037	16.616	***	par_2
生活滿意←身體健康	.347	.045	7.789	***	par_3
生活滿意←社會參與	.264	.043	6.120	***	par_4
家庭幸福←薪資所得	.157	.026	5.984	***	par_8
家庭幸福←生活滿意	.227	.019	12.033	***	p2
生活滿意←家庭幸福	.227	.019	12.033	***	p2

表 7-60　**Standardized Regression Weights: (Group number 1 - Default model)**

	Estimate
生活滿意←薪資所得	.496
生活滿意←身體健康	.237
生活滿意←社會參與	.198
家庭幸福←薪資所得	.270
家庭幸福←生活滿意	.484
生活滿意←家庭幸福	.106

【說明】：六條迴歸係數的參數估計值均達顯著，「生活滿意→家庭幸福」、「家庭幸福→生活滿意」的路徑係數參數估計均為.227、估計標準誤為.019，臨界比值為 12.033。轉換為標準化迴歸係數值後，「生活滿意→家庭幸福」的β係數值為.484、「家庭幸福→生活滿意」的β係數值為.106，均為正數，表示其影響均為正向。就個別路徑係數的參數估計方面而言，修正的非遞迴模式較先前的初始非遞迴模式為佳。

表 7-61　**Squared Multiple Correlations: (Group number 1 - Default model)**

	Estimate
家庭幸福	.557
生活滿意	.751

【說明】：「家庭幸福」內因變項被「薪資所得」、「生活滿意」二個變項解釋的變異量為 55.7%（R^2 = .557）；「薪資所得」、「身體健康」、「社會參與」三個外因變項及「家庭幸福」變項可以解釋成年人「生活滿意」變項 75.1%的變異量 R^2 = .751。

Notes for Group/Model (Group number 1 - Default model)

Stability index for the following variables is .051

家庭幸福

生活滿意

【說明】：上述穩定指標值（stability index）為.051，介於-1 至+1 之間，表示模式系統是穩定的。

Model Fit Summary

表 7-62　CMIN

Model	NPAR	CMIN	DF	P	CMIN/DF
Default model	13	9.142	2	.010	4.571
Saturated model	15	.000	0		
Independence model	5	1217.146	10	.000	121.715

表 7-63　RMR, GFI

Model	RMR	GFI	AGFI	PGFI
Default model	2.624	.991	.936	.132
Saturated model	.000	1.000		
Independence model	118.434	.408	.112	.272

表 7-64　RMSEA

Model	RMSEA	LO 90	HI 90	PCLOSE
Default model	.092	.038	.157	.091
Independence model	.537	.512	.562	.000

表 7-65　AIC

Model	AIC	BCC	BIC	CAIC
Default model	35.142	35.520	87.665	100.665
Saturated model	30.000	30.436	90.604	105.604
Independence model	1227.146	1227.291	1247.347	1252.347

表 7-66　ECVI

Model	ECVI	LO 90	HI 90	MECVI
Default model	.084	.070	.116	.085
Saturated model	.072	.072	.072	.073
Independence model	2.929	2.664	3.211	2.929

【說明】：修正模式之整體適配度指標方面，自由度於 2 時，卡方值為 9.142，顯著性機率值 p=.010<.05，拒絕虛無假設，顯示理論模式與樣本資料無法適配，RMR 值等於 2.624>.05，RMSEA 值等於.092>.08，卡方自由度比值等於 4.571>2.000，均未達模式適配標準，而預設模式的 AIC 值、BCC 值雖小於

獨立模式的數值，卻大於飽和模式的 AIC 值（35.142>30.000）、BCC 值（35.520>30.463），預設模式的 ECVI 值、MECVI 值也大於飽和模式的 ECVI 值（.084>.072）、MECVI 值（.085>.073），顯示模式未達適配標準。整體而言，研究者所提的非遞迴的路徑分析理論模式圖與樣本資料無法契合。就個別路徑係數參數的顯著性而言，修正模式雖較初始模式為佳，而就模式的整體適配度而言，修正的非遞迴之路徑分析理論模式圖與樣本資料還是無法適配。

由於假設因果模式圖無法適配，因而假設路徑因果模式圖可能需要再修正，此時再參考「Amos Output」視窗中提供的修正指標值（Modification Indices），在共變數修正指標值中提供增列「家庭幸福」殘差項 e1 與外因變項「身體健康」間的共變關係，此種修正沒有意義，也違反 SEM 基本假定；在迴歸係數修正指標值中提供增列「身體健康→家庭幸福」的路徑，增列此路徑後模式會減少一個自由度，但約可減少卡方值 4.869，增列此條因果路徑是有意義的，也符合 SEM 基本假定。

Modification Indices (Group number 1 - Default model)【修正指標】

表 7-67　Covariances: (Group number 1 - Default model)

	M.I.	Par Change
e1⟷身體健康	8.481	9.813

表 7-68　Variances: (Group number 1 - Default model)

M.I.	Par Change

表 7-69　Regression Weights: (Group number 1 - Default model)

	M.I.	Par Change
家庭幸福←身體健康	4.869	.049

修正模式中增列「身體健康→家庭幸福」的路徑，此路徑係數參數標籤名稱設定為 W7。假設模式圖中待估計的參數共有 14 個：C1、C2、C3、V1、V2、V3、V4、V5、W1、W2、W3、W4、W7、W5（或 W6），在自由參數數目上，因為限制路徑係數參數 W5 等於路徑係數參數 W6，因而二個估計參數視為一個自由參數。

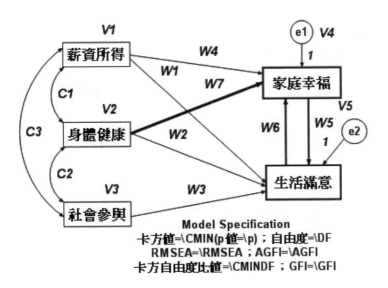

Model Specification
卡方值=\CMIN(p值=\p)；自由度=\DF
RMSEA=\RMSEA；AGFI=\AGFI
卡方自由度比值=\CMINDF；GFI=\GFI

圖 7-31

　　按【計算估計值】 ▦▦▦▦ 圖像鈕後，模式可以收斂識別，非標準化估計值的輸出模式圖如圖 7-32：「家庭幸福→生活滿意」與「生活滿意→家庭幸福」二條路徑的非標準化迴歸係數值均為.21，均為正數，符號與原先理論建構的假設模型相符合。

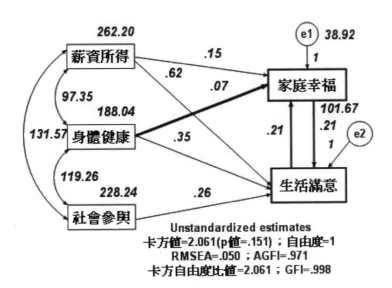

Unstandardized estimates
卡方值=2.061(p值=.151)；自由度=1
RMSEA=.050；AGFI=.971
卡方自由度比值=2.061；GFI=.998

圖 7-32

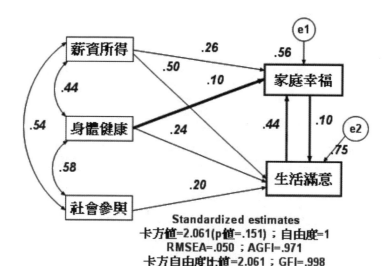

圖 7-33

在標準化估計值之輸出模式圖中，「家庭幸福→生活滿意」影響路徑的標準化迴歸係數值為.10；「生活滿意→家庭幸福」影響路徑的標準化迴歸係數值為.44。整體適配度卡方統計量為 2.061，自由度為 1，顯著性機率值 p=.151>.05，接受虛無假設，表示假設因果模型與實徵資料可以契合；RMSEA 值=.050<.080、GFI 值=.998>.900、AGFI 值=.971>.900，卡方自由度比值=2.061<3.000，均達到假設模式可以接受標準，表示假設因果模式度與樣本資料的適配度佳。

五、設定二個內因變項測量誤差的變異數相等

在上述模式中，若是研究者要設定「家庭幸福」與「生活滿意」二個測量誤差變項 e1、e2 的變異數相等，其參數限制如下：e1、e2 二個誤差變項的變異數參數名稱分別設定為「V4」、「V5」。在「模式」（Models）方盒中，在「Default model」（預設模式）上連按滑鼠二下，開啟「模式管理」（Manage Models）次對話視窗，在右邊「Parameter Constraints」（參數限制）下的方盒中鍵入「W5=W6」、「V4=V5」，按右下角關閉（Close）鈕。參數限制「W5=W6」表示參數名稱為 W5 之路徑係數的數值等於參數名稱為 W6 之路徑係數的數值，變異數參數值 V4 等於變異數參數 V5 數值。

AMOS & SEM

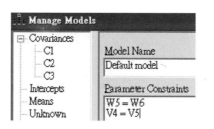

圖 7-34

參數估計結果之非標準化的模式圖如圖 7-35：在此模式中，「家庭幸福→生活滿意」影響的路徑係數值為.22，其數值等於「生活滿意→家庭幸福」影響的路徑係數值，而誤差變項e1 的變異數 70.10，其數值等於誤差變項 e2 的變異數 70.10。

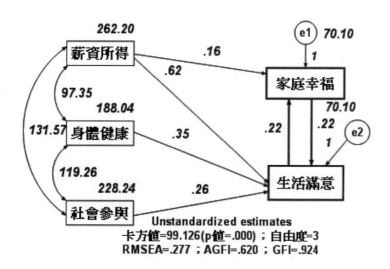

圖 7-35

增列二個殘差項變異數相等的路徑模式圖考驗結果，在自由度等於 3時，模式適配度的卡方值為 99.126，顯著性機率值 p=.000<.05，達到.05 顯著水準，拒絕虛無假設，表示路徑分析之假設模型與實徵資料無法契合；而 RMSEA 值=.277>.050、AGFI 值=.620<.900，均表示理論模式的適配度欠佳。

表 7-70　**Regression Weights: (Group number 1 - Default model)**

	Estimate	S.E.	C.R.	P	Label
生活滿意←薪資所得	.617	.031	19.732	***	par_3
生活滿意←身體健康	.348	.037	9.350	***	par_4
生活滿意←社會參與	.264	.036	7.336	***	par_5
家庭幸福←薪資所得	.160	.033	4.898	***	par_9
家庭幸福←生活滿意	.223	.022	10.317	***	p2
生活滿意←家庭幸福	.223	.022	10.317	***	p2

表 7-71　**Standardized Regression Weights: (Group number 1 - Default model)**

	Estimate
生活滿意←薪資所得	.518
生活滿意←身體健康	.247
生活滿意←社會參與	.207
家庭幸福←薪資所得	.236
家庭幸福←生活滿意	.391
生活滿意←家庭幸福	.127

【說明】：六條迴歸係數的參數估計值均達顯著，「生活滿意→家庭幸福」、「家庭幸福→生活滿意」的路徑係數參數估計均為.223、估計標準誤為.022，臨界比值為 10.317，達到.001 的顯著水準。轉換為標準化迴歸係數值後，「生活滿意→家庭幸福」的β係數值為.391、「家庭幸福→生活滿意」的β係數值為.127，均為正數，表示其影響均為正向。

表 7-72　**Variances: (Group number 1 - Default model)**

	Estimate	S.E.	C.R.	P	Label
薪資所得	262.200	18.115	14.474	***	par_10
身體健康	188.038	12.991	14.474	***	par_11
社會參與	228.238	15.769	14.474	***	par_12
e2	70.101	3.498	20.041	***	v2
e1	70.101	3.498	20.041	***	v2

【說明】：五個外因變項的變異數參數估計值均為正數，且均達.001 的顯著水準。由於模式參數限制中限制誤差變項 e1 與誤差變項 e2 的變異數相等，因而誤差變項 e1 與誤差變項 e2 的變異數參數估計值均為 70.101、變異數估計標

準誤為 3.498、臨界比值為 20.041。

Modification Indices (Group number 1 - Default model)【修正指標】

表 7-73　Covariances: (Group number 1 - Default model)

	M.I.	Par Change
e1 ←→ 身體健康	4.914	9.987

表 7-74　Variances: (Group number 1 - Default model)

	M.I.	Par Change
e1	40.473	-30.812
e2	40.473	30.812

表 7-75　Regression Weights: (Group number 1 - Default model)

	M.I.	Par Change

【說明】：在修正指標值中若將殘差項變異數參數改為個別估計，即不要設定二個殘差項的變異數相等，每個殘差項變異數參數改變，可減低卡方值 40.473。從之前未設定二個殘差項變異數相等的模型估計中，可以看出二個殘差項變異數分別為 38.92、101.67，二個數值差距頗大，強迫限制二個參數值相等的假設模型，可能與樣本資料共變異數矩陣差異更大，因而才會使卡方值變得更大，由原先的 9.142 變為 99.126，模式適配度檢定的卡方值愈大，顯著性機率值會愈小，愈容易拒絕假設模型。

7-6　模式界定搜尋

　　模式界定搜尋為一種模式發展策略，若是允許路徑選擇的箭號愈多，表示模式愈接近探索性的界定搜尋，如果允許路徑選擇的箭號愈少，表示模式愈接近驗證性的界定搜尋。模式界定搜尋就是研究者提出一個自由度較少的模式（模式中的因果路徑符號較多）或飽和模式，根據研究者界定的少數幾條必含的路徑外，其餘選擇路徑由 Amos 組合排列，各組合排列成的假設模型與樣本資料進行估計，可以分別估計出各種路徑組合模式的適配度統計量，研究者再根據 Amos 自動模式界定搜尋結果，挑選一個與原先理論架構最為符合、適配度較佳且較為精簡的模型，進行參數估計與模式修正。

一、飽和模式圖

在飽和模式圖，中介變項「家庭幸福」對內因變項「生活滿意」的影響路徑必須存在，因而界定路徑的參數標籤名稱，其餘六條影響路徑為選擇路徑（可有可無），暫時不界定路徑的參數標籤名稱。

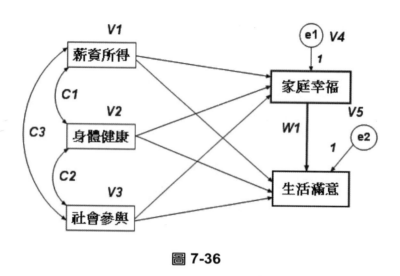

圖 7-36

二、執行模式界定搜尋

執行功能列【Analyze】（分析）╱【Specification Search】（界定搜尋）程序，開啓「Specification Search」（界定搜尋）對話視窗。

1. 按工具鈕 ---- 【Make arrows optional】（繪製選擇箭號），回到 Amos 繪圖區在沒有參數的六條路徑圖上按一下，路徑顏色會由黑色變為黃色（範例中以虛線表示），此種路徑在模式搜尋中不一定要出現。

2. 按工具鈕 ▬ 【Make arrows required】（繪製必須箭號），回到 Amos 繪圖區在參數 W1 的路徑圖上按一下，路徑顏色會由黑色變為紅色再變回黑色，此種路徑在模式搜尋中一定要出現，不論是採用何種模式，此條路徑為必含之路徑。

圖 7-37

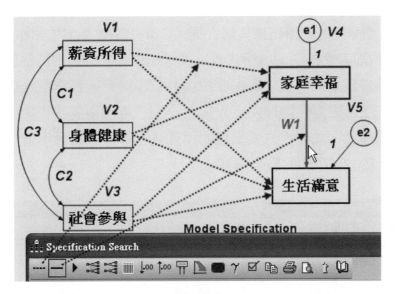

圖 7-38

3.按工具鈕▶【Perform specification search】（執行界定搜尋）或直接
　按功能鍵【F5】，會立即執行模式界定搜尋程序，程序執行完後會
　出現下面結果。

Model	Name	Params	df	C	C - df	BCC 0	BIC 0	C / df	p
1	Default model	15	0	*0.000*	0.000	1.669	5.681		
2	Default model	14	1	36.287	35.287	35.928	35.928	36.287	0.000
3	Default model	13	2	116.247	114.247	113.859	109.847	58.124	0.000
4	Default model	12	3	241.773	238.773	237.355	229.333	80.591	0.000
5	Default model	11	4	285.746	281.746	279.299	267.266	71.437	0.000
6	Default model	10	5	380.205	375.205	371.729	355.684	76.041	0.000
7	Default model	9	6	550.403	544.403	539.898	519.842	91.734	0.000
8	Default model	10	5	455.944	450.944	447.469	431.424	91.189	0.000
9	Default model	11	4	265.587	261.587	259.140	247.107	66.397	0.000
10	Default model	10	5	435.785	430.785	427.309	411.264	87.157	0.000
11	Default model	11	4	411.971	407.971	405.524	393.491	102.993	0.000
12	Default model	12	3	145.553	142.553	141.135	133.113	48.518	0.000
13	Default model	11	4	156.422	152.422	149.975	137.942	39.106	0.000
14	Default model	10	5	326.620	321.620	318.144	302.100	65.324	0.000
15	Default model	11	4	315.751	311.751	309.304	297.271	78.938	0.000

圖 7-39

在執行界定模式搜尋後，會呈現各模式的相關統計量，第一欄「Model」為模式編號（Sat為飽和模式）、第二欄「Name」為模式名稱，均為「Default model」（預設模式）、第三欄「Params」為模式中待估計的自由參數、第四欄「df」為模式的自由度、第五欄「C」為模式的卡方值、第六欄「C- df」為模式卡方值與模式自由度的差異值、第七欄「BCC 0」、第八欄「BIC0」為K-L模式適配度的判斷指標、第九欄「C/df」為模式卡方自由度比值、第十欄「p」為顯著性機率值。模式界定搜尋結果會依模式中待估計參數的多少（待估計參數愈少，模式自由度愈大）依序排列。若是模式組合的數目太多，可按工具鈕 ⯜ 【Show shot list】（呈現簡要表），以顯示少數具代表性的搜尋模式，以簡表方式呈現的模式包含卡方值最大與最小之模式，及卡方值介於二者中間的數個模式。

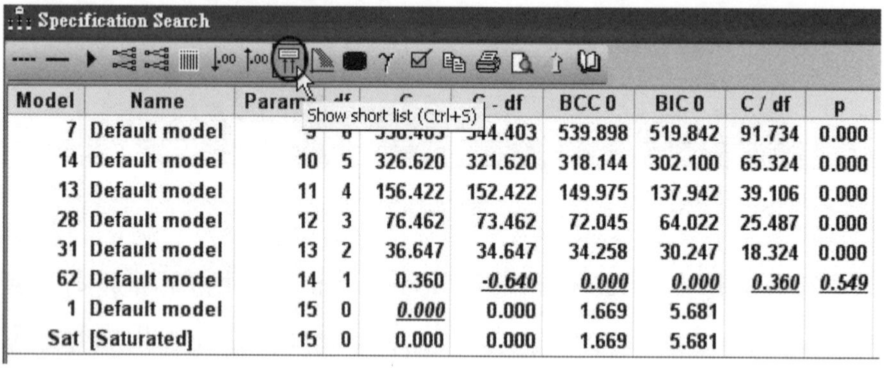

圖 7-40

根據模式界定搜尋結果，只有模式[62]的卡方值顯著性機率值p未達.05顯著水準，模式[62]中的自由度參數有14個、模式的自由度等於1、模式的卡方值為.360、顯著性機率值 p=.549>.05、卡方自由度比值等於.360、「BCC0」值與「BIC0」值均等於0，表示模式[62]所搜尋的假設模型與樣本資料可以契合，其餘搜尋的假設模型均無法與樣本資料適配。卡方值次高的模式為模式[31]，模式[31]中待估計的自由度參數有13個、模式的自由度等於2、模式的卡方值為36.347、顯著性機率值p=.000，卡方自由度比值等於18.324。「BCC 0」的統計量數值若大於10，表示有非常強烈證據推斷該模式不是 K-L 最佳模式，如果「BCC 0」的統計量數值小於2，表示沒有證據否定該模式不是 K-L 最佳模式。

Model	Name	Params	df	C	C - df	BCC 0	BIC 0	C / df	p
7	Default model	9	6	550.403	544.403	539.898	519.842	91.734	0.000
14	Default model	10	5	326.620	321.620	318.144	302.100	65.324	0.000
13	Default model	11	4	156.422	152.422	149.975	137.942	39.106	0.000
28	Default model	12	3	76.462	73.462	72.045	64.022	25.487	0.000
31	Default model	13	2	36.647	34.647	34.258	30.247	18.324	0.000
62	Default model	14	1	0.360	-0.640	0.000	0.000	0.360	0.549
1	Default model	15	0	0.000	0.000	1.669	5.681		
Sat	[Saturated]	15	0	0.000	0.000	1.669	5.681		

圖 7-41

　　在模式列表中若要呈現某個模式編號的假設模型時，選取模式編號列，再按工具鈕 ■【Show path diagram】（顯示徑路圖），如要查看模式[62]的路徑分析之假設模式圖，先選取模式[62]列，再按工具鈕 ■【Show path diagram】（顯示徑路圖）即可看到模式[62]的假設模式圖，如果要呈現模式圖參數估計值，先選取模式編號列→按工具鈕 Υ【Show parameter estimates on path diagram】（顯示徑路圖的參數估計值）→按工具鈕 ■【Show path diagram】（顯示徑路圖）。

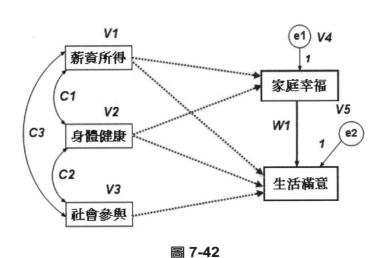

圖 7-42

模式[31]的路徑分析

模式編號[31]之假設模式圖如圖 7-43：

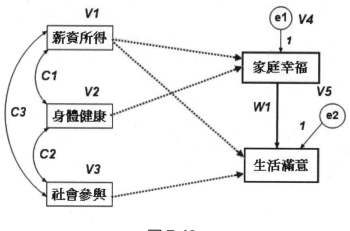

圖 7-43

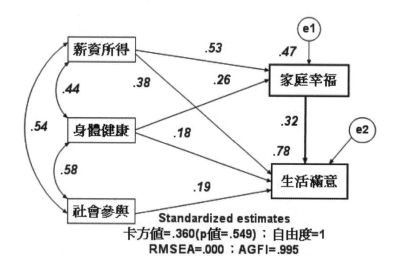

圖 7-44

　　模式[62]之假設因果模型圖參數估計結果，模式可以收斂估計，估計值的模式圖之模式的自由度為 1，模式適配度的卡方值為.360，顯著性機率值 p=.549>.05，卡方自由度比值為.360、RMSEA 值等於.000、AGFI 值等於.995、GFI 值等於 1.000。

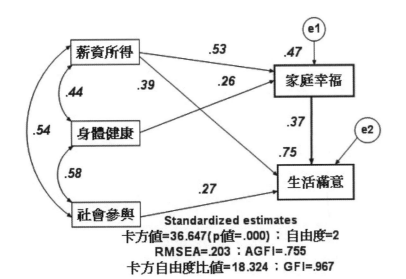

圖 7-45

　　模式[31]之假設因果模型圖參數估計結果，模式可以收斂估計，估計值的模式圖之模式的自由度為 2，模式適配度的卡方值為 36.647，顯著性機率值 p=.000<.05，卡方自由度比值為 18.324、RMSEA 值等於.203、AGFI 值等於.755、GFI 值等於.967。

　　模式界定搜尋結果，若有數個假設模式均達到模式適配標準，研究者可使用「BCC 0」與「BIC 0」欄的數據（K-L 最佳模式）統計量進行模式比較，此外，也應參考 AIC 值與 ECVI 值進行模式選替或競爭模式策略，其中一點尤其重要的是界定搜尋所挑選的模式應與原先假定的理論模式接近，否則探索性的成分會多於驗證性成分，在模式界定模式搜尋程序，以工具鈕 ---- 【Make arrows optional】（繪製選擇箭號）選擇的路徑儘量要少，而以工具鈕 ── 【Make arrows required】（繪製必須箭號）選取的必含路徑儘量要多。

　　利用模式界定搜尋也可以進行探索性因素分析。以下列有二個共同因素構念 CFA 模式圖為例。在 CFA 模式圖中二個因素變項的變異數均固定為 1，六個測量指標假定與二個因素構念（F1、F2）均有關係，每個測量指標均有一個誤差變項。

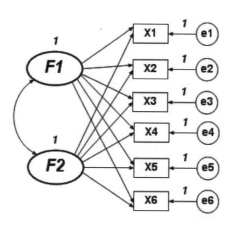

圖 7-46

執行功能列【Analyze】（分析）／【Specification Search】（界定搜尋）程序，開啓「Specification Search」（界定搜尋）對話視窗。按工具鈕 ▭▭▭▭【Make arrows optional】（繪製選擇箭號），回到 Amos 繪圖區在沒有參數的十二條路徑圖上按一下，路徑顏色會由黑色變爲黃色（書中以虛線表示），此種路徑在模式搜尋中不一定要出現（此種路徑爲可有可無的路徑）。

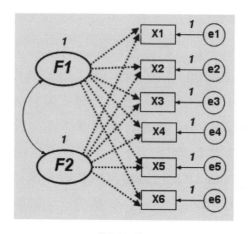

圖 7-47

按工具鈕 ▶【Perform specification search】（執行界定搜尋）或直接按功能鍵【F5】，會立即執行模式界定搜尋程序，模式搜尋過程中選擇路徑數目愈多，則模式組合愈多，執行程序所花的時間會較久。

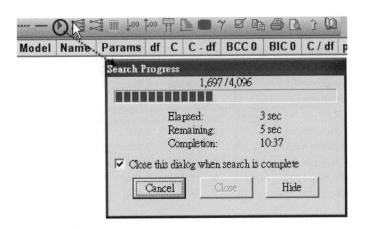

圖 7-48

執行模式界定搜尋程序後會出現下列搜尋結果。若是模式編號之 CFA 測量模式無法辨識，則於最後一欄「註解」欄（Notes）會出現「Unidentified」（無法識別）的訊息；如果模式無法於設定疊代次數內完成收斂估計，則會出現「Iteration Limit」（疊代限制），此種模式通常也是無法識別模式。界定搜尋後的模式編號如果超過一頁，可按右邊上下拉曳鈕來觀看各模式的統計量。

Model	Name	Params	df	C	C - df	BCC 0	BIC 0	C / df	p	Notes
1	Default model	19	2							Unidentified
2	Default model	18	3							Unidentified
3	Default model	17	4	9.449	5.449	6.972	17.225	2.362	0.051	
4	Default model	16	5	9.653	4.653	5.039	12.729	1.931	0.086	
5	Default model	15	6							Iteration Limit
6	Default model	14	7							Unidentified
7	Default model	13	8							Unidentified
8	Default model	12	9							Unidentified

圖 7-49

按工具鈕 ⛊ 【Show shot list】（呈現簡要表），以顯示少數具代表性的搜尋模式，快速尋找出適配度佳的模式。要顯示各模式編號所代表的假設模型圖，直接選取各模式編號列，按工具鈕 ■ 【Show path diagram】（顯示徑路圖）即可看到該模式假設模型圖（模式路徑會以黃色表示），或直接在模式列的編號上連按二下，也可查看模式編號相對應的假設模式圖。

Model	Name	Params	df						df	p
439	Default model	13	8	11.026	3.026	*0.000*	*0.000*	*1.378*		0.200
3667	Default model	13	8	11.026	3.026	*0.000*	*0.000*	*1.378*		0.200
446	Default model	14	7	9.656	2.656	0.767	3.331	1.379		*0.209*
3666	Default model	14	7	9.656	2.656	0.767	3.331	1.379		*0.209*
957	Default model	15	6	9.508	3.508	2.757	7.883	1.585		0.147
3793	Default model	15	6	9.508	3.508	2.757	7.883	1.585		0.147
1020	Default model	16	5	9.454	4.454	4.841	12.530	1.891		0.092
1980	Default model	16	5	9.454	4.454	4.841	12.530	1.891		0.092
2046	Default model	16	5	9.454	4.454	4.841	12.530	1.891		0.092

Show parameter estimates on path diagram

圖 7-50

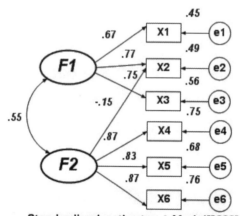

Standardized estimates；Model[3666]
卡方值=9.656(p值=.209)；自由度=7
卡方自由度比值=1.379；RMSEA=.059

圖 7-51

圖 7-51 為模式[3666]的 CFA 假設模式圖，模式估計結果卡方值為 9.656，自由度等於 7、顯著性機率值 p=.209>.05，接受虛無假設，表示假設模式與樣本資料可以契合，卡方自由度比值為 1.379，RMSEA 值等於.059。

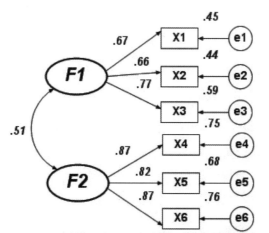

Standardized estimates；Model[3667]
卡方值=11.026(p值=.200)；自由度=8
卡方自由度比值=1.378；RMSEA=.059

圖 7-52

圖 7-52 為模式[3667]的 CFA 假設模式圖，模式估計結果卡方值為 11.026，自由度等於 8、顯著性機率值 p=.200>.05，接受虛無假設，表示假設模式與樣本資料可以契合，卡方自由度比值為 1.378，RMSEA 值等於.059。

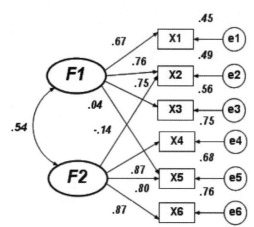

Standardized estimates；Model[3793]
卡方值=9.508(p值=.147)；自由度=6
卡方自由度比值=1.585；RMSEA=.073

圖 7-53

圖 7-53 為模式[3793]的 CFA 假設模式圖，模式估計結果卡方值為 9.508，

自由度等於 6、顯著性機率值 p=.147>.05，接受虛無假設，表示假設模式與樣本資料可以契合，卡方自由度比值為 1.585，RMSEA 值等於.073。

在上列模式搜尋過程中，由於工具鈕 ▬▬▬ 【Make arrows optional】（繪製選擇箭號）選擇的參考路徑太多，造成模式搜尋過程中組合排序的模式太多，研究者可適度以工具鈕 ▬▬ 【Make arrows required】（繪製必須箭號）選取較多的必含路徑，如此搜尋結果的模式較符合驗證性 CFA 內涵，如只將跨因素的路徑設為選擇路徑，未跨因素的路徑設定必含路徑，此模式界定路徑圖如圖 7-54：

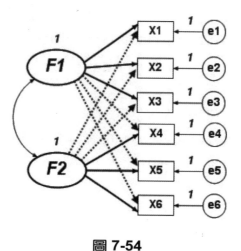

圖 7-54

Structural Equation Modeling-Amos Operation and Application

CHAPTER

8

潛在變項的路徑分析

潛在變項的路徑分析，即完整的結構方程模式，包含測量模式（measurement model）與結構模式（structural model），結構模式為潛在變項（unobserved variables）間的關係，各潛在變項包含數個觀察變項（observed variables），包含觀察變項的潛在變項即測量模式。在一個測量模式中，二個以上的觀察變項來自一個共同潛在變項，每個觀察變項均會有一個誤差變項（unique variable），在測量模式中，觀察變項被視為是其潛在變項的測量值或指標值，因而潛在變項的觀察變項又稱為指標變項或測量變項，測量模式中無法觀察的共同變項即所謂的因素（factor）或潛在構念（latent construct），此因素構念為潛在變項，即為其所有指標變項所要測量的共同特質。

潛在變項間與路徑分析一樣，有不可逆式模式或遞迴模式（recursive model）與可逆式模式（non-recursive model），不可逆式模式又稱為遞迴式模式，表示潛在變項間的關係箭號為單一關係；相對的，可逆式模式又稱為非遞迴式模式，表示潛在變項間的關係可以互為因果關係。一般研究中潛在變項間的結構模式以遞迴模式（不可逆式模式）較為常見。

8-1 潛在變項路徑分析的相關議題

潛在變項路徑分析（path analysis with latent variables；PA-LV）與觀察變項路徑分析（PA-OV）不同的地方，在於觀察變項路徑分析的外因變項與內因變項直接以能反應其潛在特質構念的顯性變項為主，假設模式圖中的因果關係變項物件主要以方形物件為主，各方形物件均以圖像鈕 ▭【Draw observed variables】（描繪觀察變項）繪製，如為內因觀察變項（效標變項）則需再增列殘差項，工具箱圖像鈕為 ⬙【Add a unique variable】（增加獨特變項），再配合繪製單向因果路徑圖像鈕 ← 及繪製雙向共變關係圖像鈕 ↔ 等即可快速繪製完成觀察變項路徑分析模式圖。潛在變項路徑分析模式圖中的結構模式具因果關係的變項均為潛在變項，各潛在變項均有其測量指標變項與誤差項，因而要先繪製各潛在變項的測量模式，此時使用較多的圖像鈕為【Draw unobserved variables】（描繪潛在變項）⬭ 及「描繪潛在變項或增列指標變項」⚇ 二個，在繪製測量模式時，若要移動整個

測量模式或複製測量模式，要多用 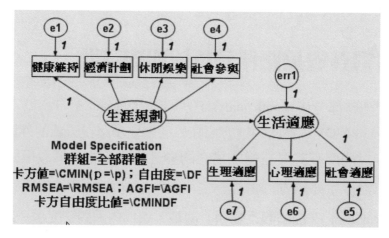【Preserve symmetries】（保留對稱性）圖像鈕，指標變項的方形物件或橢圓形物件若要改變形狀大小，要使用 【Change the shape of objects】（改變物件形狀）圖像鈕。

【研究問題】

在一個退休教師生涯規劃與生活適應的因果關係中，研究者提出以下因果關係模式圖，其中外因潛在變項「生涯規劃」有四個指標變項：健康維持、經濟計畫、休閒娛樂、社會參與，四個測量指標為樣本在「生涯規劃量表」上四個層面的得分，測量值分數愈高，表示退休教師的生涯規劃愈理想；內因潛在變項「生活適應」有三指標變項：生理適應、心理適應、社會適應，三個測量指標為樣本在「生活適應量表」上三個層面的得分，測量值分數愈高，表示退休教師的生活適應愈佳。

圖 8-1

一、原始資料檔變項排列

由於 Amos Graphics 可以直接讀取 SPSS 統計套裝軟體的原始資料檔，因而在進行 SEM 分析的程序中，不用刻意去調整或增刪原始資料檔的變項順序或變項名稱。Amos 與 SPSS 為同一家族系列，SPSS 建立的變項名稱可

以直接讀入Amos中，包括背景變項、題項變項名稱、層面（構念）變項名稱、各量表加總之變項名稱等。但有一點須特別注意的是SPSS資料檔中的變項名稱只能拉曳至▭圖像鈕或增列測量指標圖像鈕繪製之方形物件內，不能拉曳至◯圖像鈕及 圖像鈕繪製之橢圓形物件內，Amos Graphics繪製之橢圓形物件（包括測量模型的潛在變項與誤差項、結構模型中內因變項的殘差項）變項名稱均為無法觀察變項，其名稱不能與SPSS資料檔中的變項名稱相同，否則會被視為將觀察變項放置於潛在變項物件內，此時若按【計算估計值】圖像鈕會出現警告或錯誤訊息。

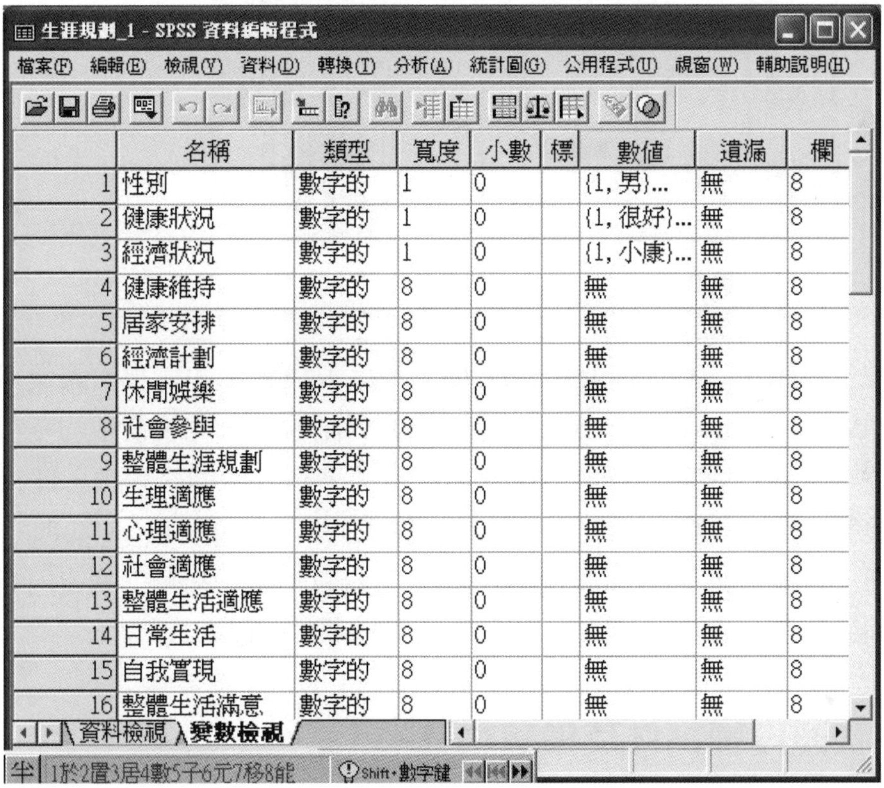

	名稱	類型	寬度	小數	標	數值	遺漏	欄
1	性別	數字的	1	0		{1, 男}...	無	8
2	健康狀況	數字的	1	0		{1, 很好}...	無	8
3	經濟狀況	數字的	1	0		{1, 小康}...	無	8
4	健康維持	數字的	8	0		無	無	8
5	居家安排	數字的	8	0		無	無	8
6	經濟計劃	數字的	8	0		無	無	8
7	休閒娛樂	數字的	8	0		無	無	8
8	社會參與	數字的	8	0		無	無	8
9	整體生涯規劃	數字的	8	0		無	無	8
10	生理適應	數字的	8	0		無	無	8
11	心理適應	數字的	8	0		無	無	8
12	社會適應	數字的	8	0		無	無	8
13	整體生活適應	數字的	8	0		無	無	8
14	日常生活	數字的	8	0		無	無	8
15	自我實現	數字的	8	0		無	無	8
16	整體生活滿意	數字的	8	0		無	無	8

圖 8-2

按工具箱【Select data files】（選擇資料檔）圖像鈕，選取資料檔名後，按【List variable in data set】（呈現資料集中的變項）圖像鈕後，於「Variables in Dataset」（資料集中的變項）對話視窗內所呈現的變項為SPSS於「變數檢視」工作視窗中所建立的所有變項，這些變項（除背景變項）

外均為觀察變項，因而只能直接拉曳至繪圖區中方形物件內，「Variables in Dataset」（資料集中的變項）對話視窗內有許多變項可能在 SEM 分析中沒有使用到，研究者也不用把沒有使用的觀察變項刪除，因為多餘的變項名稱並不會影響 SEM 程序分析之估計結果，保留原始資料檔的完整性，對於之後的統計分析可能較有幫助。

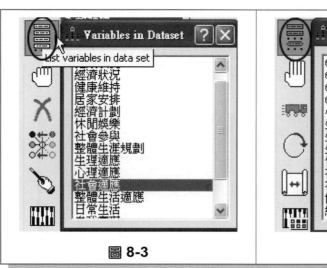
圖 8-3

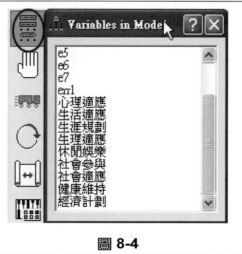
圖 8-4

按工具箱【List variables in model】（呈現模式中的變項）圖像鈕，可開啟「Variables in Model」（模式中變項）對話視窗，此視窗中的變項包括觀察變項、潛在變項、測量指標誤差項及結構模式中的殘差項，此視窗內的變項為假設模式圖中所有觀察變項與潛在變項。「Variables in Model」（模式中變項）視窗與「Variables in Dataset」（資料集中的變項）視窗內變項是不相同的，研究者不應把這二個視窗內涵混淆在一起。

二、快速複製物件及參數格式

在 Amos 工具箱中提供一個【Drag properties from object to object】（複製物件性質）圖像鈕 ，這個複製物件性質圖像鈕很像 MS WORD 應用軟體中的「複製格式」 工具鈕，可以快速將第一個物件的字型大小與樣式、框線大小與粗細、位置及參數字型與參數位置複製到其他物件或變項中，對於假設模式圖的美化扮演重要角色，在物件中拉曳複製時，「Drag

Properties」（拉曳性質）對話視窗不能關閉，要處於開啟狀態才可以。

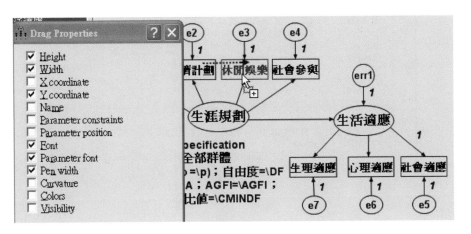

圖 8-5

三、增列簡要圖像標題

假設模式圖的適當位置處可增列圖像簡要標記及重要適配度統計量，這樣假設模式圖估計結果如何很快就可知曉，按工具箱 Title 【Figure captions】（圖像標題）圖像鈕，開啟「Figure captions」（圖像標題）對話視窗，在「Caption」（標題下方）輸入下列的標記與統計量關鍵字，包含參數格式、群組名稱、卡方值、自由度、顯著性機率值、RMSEA 值、AGFI值、卡方自由度比值等。

```
\FORMAT
群組=\GROUP
卡方值=\CMIN（p =\p）；自由度=\DF
RMSEA=\RMSEA；AGFI=\AGFI
卡方自由度比值=\CMINDF
```

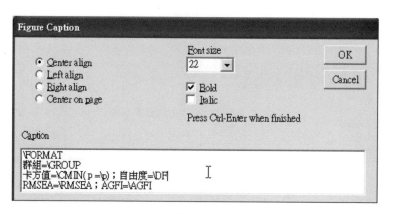

圖 8-6

四、增列參數標籤名稱

有些 PA-LV 模式較為複雜，研究者若能增列模式中待估計的自由參數標籤名稱，在參數係數的解釋上較為方便。設定模式的參數標籤名稱最好由 Amos 一次設定完成，而不要個別設定，因為個別設定物件或變項的參數很容易遺漏，造成部分物件或變項的參數沒有界定，界定參數標籤名稱的操作：執行功能列【Plugins】（增列）／【Name Parameters】（名稱參數）程序，開啟「Amos Graphics」對話視窗，設定參數的起始字元及勾選相關參數選項。Amos 設定完參數標籤名稱後，研究者可視需要再開啟「物件屬性」（Object Properties）對話視窗，進一步修改。假設模式圖中增列參數標籤名稱後，若要界定參數限制條件或將某個參數由自由參數改為固定參數或限定為某個數值較為方便。

增列參數標籤名稱的 PA-LV 假設模式圖如圖 8-7：

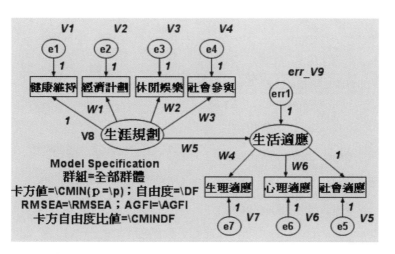

圖 8-7

五、估計值模式圖參數移動

按下工具箱【Calculate estimates】（計算估計值）▓▓圖像鈕後，若模式可以收斂估計，則會於「Computation summary」（計算摘要）方盒中出現疊代次數、模式的卡方值與自由度。按【View the output path diagram】（檢視輸出徑路圖）▓▓圖像鈕，可以檢視參數格式（Parameter Format）選項中的徑路圖，包括非標準化估計值模式圖及標準化估計值模式圖。在檢視估計值模式圖時，若發現有參數重疊或呈現位置不清楚，可利用工具箱【Move parameter values】（移動參數數值）▓▓圖像鈕進行參數位置的移動，參數移動時會出現一個綠色的方框。

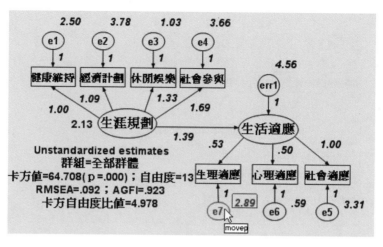

圖 8-8

六、模式適配度的評估

　　PA-LV 模式的評估應包括幾個方面：參數估計值的合理性、適當的標準誤、參數估計值的顯著性、整體模式適配度的判別。參數估計值的合理性包括相關係數絕對值大於 1、出現負的變異數、共變數或相關矩陣無法正定（positive definite）、因果路徑係數符號與理論相反等；適當的標準誤指的是模式中指標出現過大或極小的標準誤，這些指標均是不佳的模式適配指標，標準誤太大的指標參數無法被決定，接近於 0 的標準誤，相關參數的檢定統計無法定義（*Bentler, 1995*），模式中考驗不顯著（C.R.絕對值小於 1.96）的參數，表示此參數在模式中不具重要性，為達模式簡約目的，這些不顯著的參數最好刪除，參數的顯著與否跟樣本觀察值的大小也有關係。在模式適配度的檢核方面，主要在考驗假設模型（hypothesized model）與樣本資料（sample data）之間的適配度如何，若是假設模型與樣本資料間可以適配，表示母群體共變數矩陣Σ（S 表示樣本共變數矩陣－觀察變項測得的成績）與隱含模型限制之共變數矩陣Σ（θ）（假設模型結構）二者間可以契合。

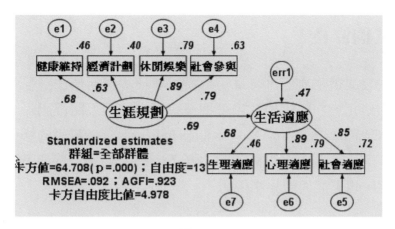

圖 8-9

圖 8-9「生涯規劃」與「生活適應」PA-LV 因果模式圖整體模式考驗結果，模式的自由度等於 13、模式適配度的卡方值為 64.708，顯著性機率值 p=.000<.05，拒絕虛無假設，母群體共變數矩陣Σ與隱含模型限制之共變數矩陣Σ（θ）顯著不相等，RMSEA 值=.092>.080、卡方自由度比值=4.978>3.000，均未達模式適配標準，表示假設模型與樣本資料間無法契合。在整體模式適配度的判別方面，由於卡方值易受樣本數大小的影響，樣本觀察值愈大，模式卡方值也會變大，此時顯著性機率值 p 會變得很小，容易形成拒絕虛無假設結論。因而若是樣本數較大，在整體模式適配度的判別方面，應再參考其他適配度統計量，而不應只從卡方值判斷。

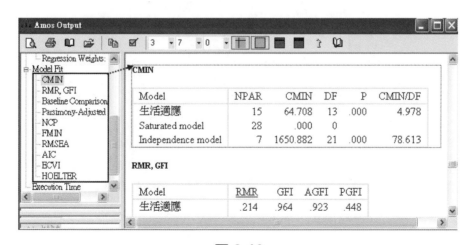

圖 8-10

七、模式的修正

　　在模式發展策略方面，若是初始模式與樣本資料無法適配，研究者可進行模型的修正，在結構模式中可把沒有顯著的因果路徑刪除，此外，可根據 Amos Graphics 視窗中「Modification Indices」選項提供的修正指標值進行模式的修正，在進行模式修正時要注意增列的參數限制條件不能違反 SEM 的基本假定，也不能與理論相矛盾。

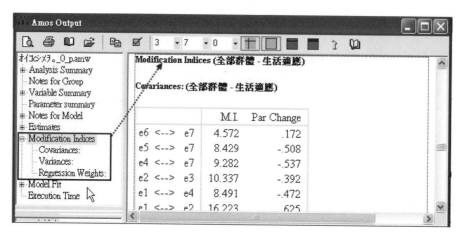

圖 8-11

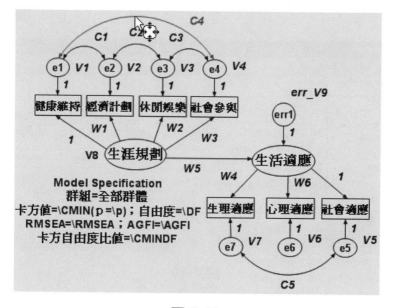

圖 8-12

八、PA-LV 模式修正

根據修正指標值增列外因潛在變項四組誤差項的相關，此外，也增列誤差項e5與誤差項e7間的相關，此種設定為測量指標誤差項相關（correlated error）的界定。

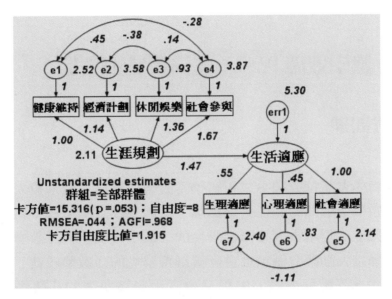

圖 8-13

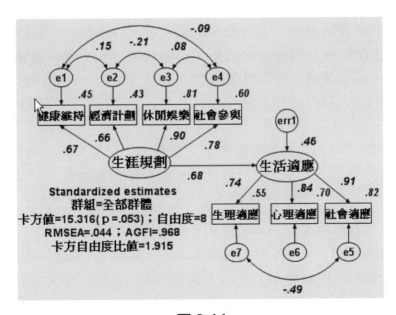

圖 8-14

「生涯規劃」與「生活適應」PA-LV 因果模式修正圖整體模式考驗結果，模式的自由度等於 8、模式適配度的卡方值變為 15.316，顯著性機率值 p=.053>.05，接受虛無假設，母群體共變數矩陣Σ與隱含模型限制之共變數矩陣Σ（θ）顯著相等，RMSEA 值=.044<.080、卡方自由度比值=1.915>3.000、AGFI 值=.968>.900，均達到模式適配標準，表示假設模型與樣本資料間可以契合，假設模型可以被接受。

8-2 數學效能 PA-LV 理論模式的考驗

一、研究問題

某數學教育學者想探究國中二年級學生的數學態度、數學投入動機與數學成就、數學效能間的關係，提出以下的因果模式圖：國中二年級學生的「數學態度」變項會直接影響學生的「數學成就」與「數學效能」變項，「數學投入動機」變項也會直接影響學生的「數學成就」與「數學效能」變項，「數學成就」變項又會直接影響學生的「數學效能」變項。四個潛在變項及其測量指標變項如下：潛在外因變項「數學態度」的指標變項為「學習動機」、「學習信心」；潛在外因變項「數學投入」動機的指標變項為「工作投入」動機、「自我投入」動機；潛在內因變項「數學成就」的指標變項為「學期成績」、「成就測驗」；潛在內因變項「數學效能」的指標變項為「自我肯定」、「持續努力」。各觀察變項均為一種反應性指標（reflect indicators），其解釋如下：

學習動機（X1）：數學態度量表之分量表一「數學學習動機」七個題項的總分，得分愈高，表示受試者知覺的數學學習動機愈強。

學習信心（X2）：數學態度量表之分量表二「數學學習信心」七個題項的總分，得分愈高，表示受試者知覺的數學學習信心愈高。

工作投入（X3）：數學投入動機量表之分量表一「數學工作投入動機」六個題項的總分，得分愈高，表示受試者知覺的數學工作投入動機愈強。

自我投入（X4）：數學投入動機量表之分量表二「數學自我投入動機」

六個題項的總分，得分愈高，表示受試者知覺的數學自我投入動機愈強。

　　學期成績（Y1）：國二學生上學期數學學期總成績，以班級爲單位轉換平均數等於 50、標準差等於 10 之 T 分數，受試者 T 分數愈高，表示其數學成就愈佳。

　　成就測驗（Y2）：受試者在四十題「數學標準成就測驗」上之得分，得分愈高表示受試者的數學成就愈佳。

　　自我肯定（Y3）：數學自我效能知覺量表之分量表一「自我肯定」八個題項的總分，得分愈高，表示受試者知覺之自我肯定的效能愈高。

　　持續努力（Y4）：數學自我效能知覺量表之分量表二「持續努力」八個題項的總分得分愈高，表示受試者知覺之持續努力的效能愈高。

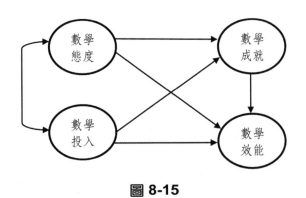

圖 8-15

加上觀察變項之潛在變項結構方程模式理論模式圖如圖 8-16：

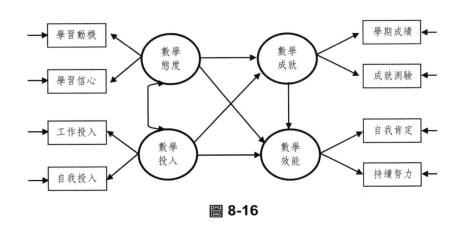

圖 8-16

上述理論模式圖以 SEM 的符號表示如圖 8-17：

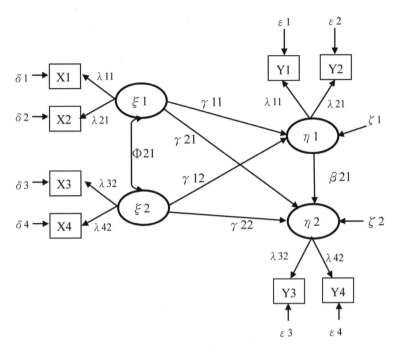

圖 8-17

SEM 模式圖中各符號代表的變項如表 8-1：

表 8-1

ξ1：數學態度（潛在外因變項）	η1：數學成就（潛在內因變項）
X1：學習動機（觀察變項）	Y1：學期成績（觀察變項）
X2：學習信心（觀察變項）.	Y2：成就測驗（觀察變項）
ξ2：數學投入（潛在外因變項）	η2：數學效能（潛在內因變項）
X3：工作投入（觀察變項）	Y3：自我肯定（觀察變項）
X4：自我投入（觀察變項）	Y4：持續努力（觀察變項）

上述數學效能的因果模式圖中，潛在外因變項（潛在自變項）與潛在內因變項（潛在依變項）的結構方程式如表 8-2：

表 8-2

潛在內因變項		潛在外因變項		潛在內因變項		殘差
η1	=	$\gamma_{11}\xi_1 + \gamma_{12}\xi_2$			+	ζ_1
η2	=	$\gamma_{21}\xi_1 + \gamma_{22}\xi_2$	+	$\beta_{21}\eta_1$	+	ζ_2

指標變項 X、Y 的測量模式如下： $X = \Lambda_x \xi + \delta$ ； $Y = \Lambda_Y \eta + \varepsilon$

$$X1 = \lambda_{11}\xi_1 + \delta_1 \; : \; Y1 = \lambda_{11}\eta_1 + \varepsilon_1$$
$$X2 = \lambda_{21}\xi_1 + \delta_2 \; : \; Y2 = \lambda_{21}\eta_1 + \varepsilon_2$$
$$X3 = \lambda_{32}\xi_2 + \delta_3 \; : \; Y3 = \lambda_{32}\eta_2 + \varepsilon_3$$
$$X4 = \lambda_{42}\xi_2 + \delta_4 \; : \; Y4 = \lambda_{42}\eta_2 + \varepsilon_4$$

若以矩陣表示，上述四個 X 方程式、Y 方程式如下：

$$
\begin{bmatrix} X1 \\ X2 \\ X3 \\ X4 \end{bmatrix}
=
\begin{bmatrix} \lambda 11 & 0 & 0 \\ \lambda 21 & 0 & 0 \\ 0 & \lambda 32 & 0 \\ 0 & \lambda 42 & 0 \end{bmatrix}
\times
\begin{bmatrix} \xi 1 \\ \xi 2 \end{bmatrix}
+
\begin{bmatrix} \delta 1 \\ \delta 2 \\ \delta 3 \\ \delta 4 \end{bmatrix}
$$

$$
\begin{bmatrix} Y1 \\ Y2 \\ Y3 \\ Y4 \end{bmatrix}
=
\begin{bmatrix} \lambda 11 & 0 & 0 \\ \lambda 21 & 0 & 0 \\ 0 & \lambda 32 & 0 \\ 0 & \lambda 42 & 0 \end{bmatrix}
\times
\begin{bmatrix} \eta 1 \\ \eta 2 \end{bmatrix}
+
\begin{bmatrix} \varepsilon 1 \\ \varepsilon 2 \\ \varepsilon 3 \\ \varepsilon 4 \end{bmatrix}
$$

在模式的界定中，ε 與 η 無相關、ξ 與 δ 無相關、ζ 與 ζ 無相關。

250 位受試者在八個指標變項的相關矩陣與個別標準差數據如表 8-3。在 SEM 的資料檔分析中，若是輸入指標變項間的相關矩陣，應同時提供各指標變項的標準差，Amos 在計算估計值時，才能將相關矩陣轉換成變異數共變數矩陣，若是研究者直接以變異數共變數矩陣為分析資料矩陣，則有無標準差均沒有關係，以變異數共變數矩陣為分析資料矩陣時，第一欄中的關鍵字「corr」要改為關鍵字「cov」。

表 8-3

rowtype_	varname_	Y1	Y2	Y3	Y4	X1	X2	X3	X4
n		250.000	250.000	250.000	250.000	250.000	250.000	250.000	250.000
cov	Y1	1.000	.	.	.	.	.	.	.
cov	Y2	.641	1.000	.	.	.	.	.	.
cov	Y3	.445	.401	1.000	.	.	.	.	.
cov	Y4	.405	.419	.650	1.000	.	.	.	.
cov	X1	.412	.447	.450	.511	1.000	.	.	.
cov	X2	.339	.317	.401	.375	.700	1.000	.	.
cov	X3	.321	.394	.462	.401	.301	.405	1.000	.
cov	X4	.324	.421	.380	.322	.239	.226	.712	1.000
stddev		1.682	1.927	2.189	2.125	1.245	2.198	2.127	1.652

相關矩陣與標準差鍵入於SPSS視窗軟體中的「資料檢視」（Data View）畫面如圖 8-18，在「變數檢視」（Variable View）次工作視窗中，變項「rowtype_」、「varname_」二個變項名稱後面的下底線（_）不能刪除，變項的類型（type）要設爲「字串」（string），其餘作爲指標變項之觀察變項X、Y 的變項類型（type）要設爲「數值」（numeric）。

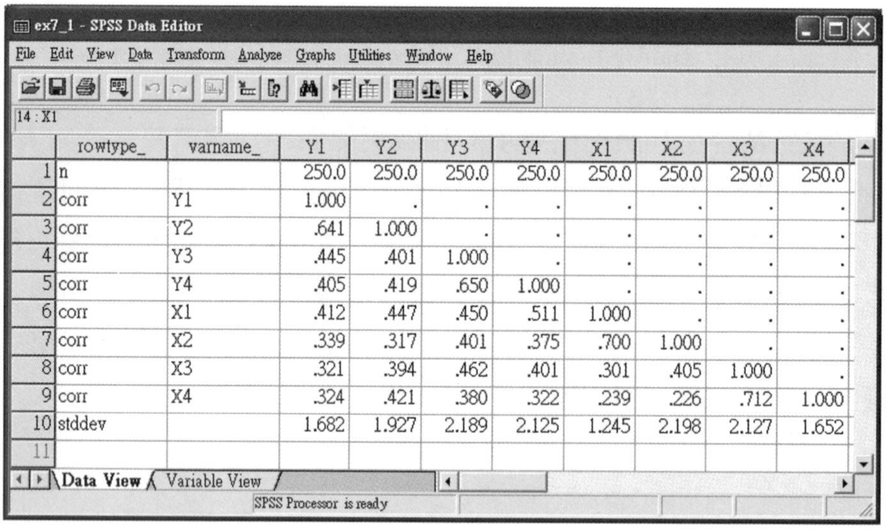

	rowtype_	varname_	Y1	Y2	Y3	Y4	X1	X2	X3	X4
1	n		250.0	250.0	250.0	250.0	250.0	250.0	250.0	250.0
2	corr	Y1	1.000	.	.	.	.	.	.	.
3	corr	Y2	.641	1.000	.	.	.	.	.	.
4	corr	Y3	.445	.401	1.000	.	.	.	.	.
5	corr	Y4	.405	.419	.650	1.000	.	.	.	.
6	corr	X1	.412	.447	.450	.511	1.000	.	.	.
7	corr	X2	.339	.317	.401	.375	.700	1.000	.	.
8	corr	X3	.321	.394	.462	.401	.301	.405	1.000	.
9	corr	X4	.324	.421	.380	.322	.239	.226	.712	1.000
10	stddev		1.682	1.927	2.189	2.125	1.245	2.198	2.127	1.652
11										

圖 8-18

二、Amos Graphics 視窗中的模式圖

數學效能理論模式圖如繪製於 Amos Graphics 視窗中，包含結構模式與測量模式，在結構模式中作爲潛在依變項（潛在內因變項）者，要設定結構殘差（disturbance 或 residual），結構殘差項的迴歸加權值設定爲 1。各測量模式中，各潛在變項的指標變項中，要有一個觀察變項要設爲參照指標，參照指標爲限制估計參數，其起始值設定爲 1，每個觀察變項均有一個測量誤差變項，測量誤差變項的迴歸加權值設定爲 1。

界定潛在變項的測量單位時，參照指標變項的選取應是最能代表潛在變項的觀察變項，將其 Λ_x 與 Λ_y 的數值加以固定，固定的起始值通常設定爲 1，將參照指標的 Λ 值固定爲 1 時，才能使潛在因子間具有相同的變異數，此外，誤差變項的迴歸加權值也要設定爲 1，界定參照指標與誤差變項的迴歸係數後，才能進行其餘參數的估計。

範例中結構式圖如圖 8-19：外因潛在變項「數學成就」與「數學效能」要增列殘差項或獨特變異。

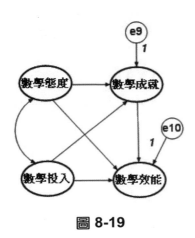

圖 8-19

結構方程模式四個測量模式如圖 8-20：

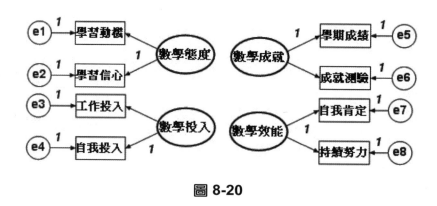

圖 8-20

結合上述結構模式圖與測量模式圖，國二學生「數學效能」因果模式圖的繪製如圖 8-21：

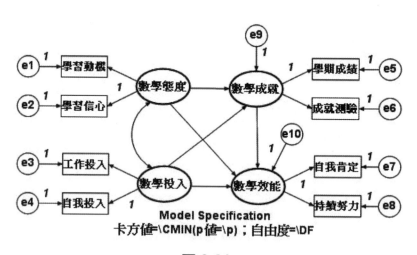

圖 8-21

在原始資料檔中，觀察變項為 Y1、Y2、Y3、Y4、X1、X2、X3、X4，按【List variable in data set】（顯示資料集中的變項） 圖像鈕，開啟「資料集中的變項」（Variable in Dataset）對話視窗，直接將觀察變項拉曳至繪圖區模式圖方框內，各方框會呈現觀察變項的名稱，此時，研究者可以於模式中各物件屬性中增列「變項標記」，則模式圖中的方框會呈現各物件加註的「變項標記」，而不會呈現原始觀察變項名稱。操作程序如下：在各觀察變項方形物件上按右鍵，選取【Object Properties】（物件屬性）選項，開啟「Object Properties」（物件性質）對話視窗，切換到「Text」（文

字）標籤頁，在「Variable label」（變項標記）下的方格中輸入相對應的變項註解，如「學習動機」、「學期成績」、……等。

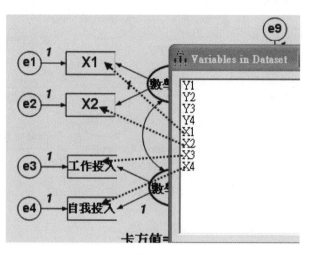

圖 8-22

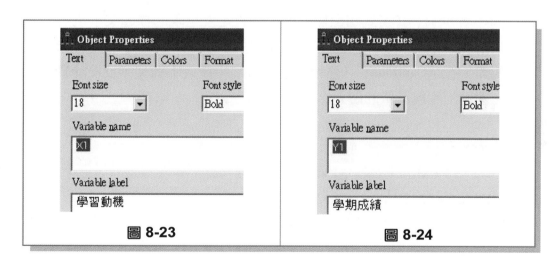

圖 8-23　　　　　　　　　　圖 8-24

　　若是研究者要增列參數標籤名稱：執行功能列【Plugins】（增列）／【Name Parameters】（變項名稱參數）程序，勾選要呈現的參數統計量，再按『OK』鈕即可。

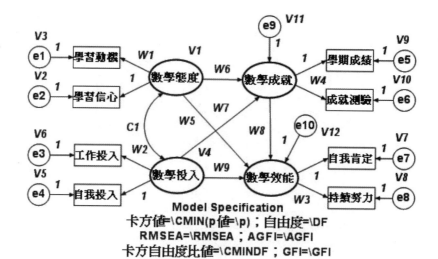

圖 8-25

　　在理論模式中，若是要呈現部分適配度統計量，可按工具列圖像鈕 Title 【Figure captions】（模式圖像標題），以設定要呈現的標題文字或適配度統計量，按下【圖像標題】圖像鈕，可開啟「Figure captions」（圖像標題）對話視窗，在「Captions」（標題）下的方格中鍵入下列文字及統計量關鍵字，有關適配度統計量的關鍵字請參閱前面章節。

\FORMAT
卡方值=\CMIN（p 值=\p）；自由度=\DF
RMSEA=\RMSEA；AGFI=\AGFI
卡方自由度比值=\CMINDF；GFI=\GFI

Structural Equation Modeling- Amos Operation and Application

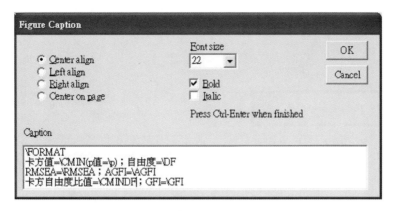

圖 8-26

　　按下工具列圖像 ▦ 【分析屬性】（Analysis properties）鈕後，會開啟「Analysis properties」（分析屬性）對話視窗，內有八個標籤頁，在「估計」（Esitmation）標籤頁中，「不一致估計」（Discrepancy）方盒有五種模式估計的方法：最大概似法（Maximum likelihood）、一般化最小平方法（Generalized least squares）、未加權最小平方法（Unweighted least squares）、尺度自由最小平方法（Scale-free least squares）、漸近分配自由法（Asymptotically distribution-free）。Amos 內定的模式計法為「最大概似法」（⊙Maximum likelihood）。在下方計算適配測量值時，Amos 內定方法為「⊙適配飽和與獨立模式」（Fit the saturated and independence models）。

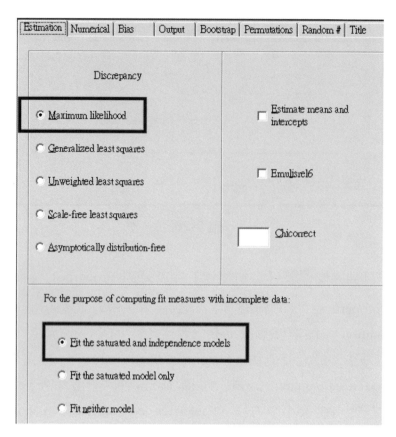

圖 8-27

在「輸出結果」（Output）標籤頁中的選項為結果輸出時之數據選項，在一般單群組結構方程模式中通常選取以下各項：「☑Standardized estimates」（標準化的估計值）、「☑Squared multiple estimates」（多元相關的平方）、「☑Indirect, direct & total effects」（間接效果、直接效果與總效果）選項、「☑觀察樣本共變數矩陣」（Sample moments）、「☑隱含共變數矩陣」（Implied moments）、「☑所有隱含共變數矩陣」（All implied moments）、「☑殘差矩陣」（Residual moments）、「☑修正指標」（Modification indices）、「☑共變數估計值」（Covariances of estimates）、「☑相關係數估計值」（Correlations of estimates）、「☑常態性與極端值考驗」（Tests for normality and outliers），勾選完後按「Analysis Properties」對話視窗右上角的視窗關閉鈕「✕」。

若是資料檔為相關矩陣或變異數共變數矩陣，即使勾選「☑常態性與極

端值考驗」（Tests for normality and outliers）選項，也不會呈現變項之常態性考驗與極端值檢驗摘要表，如果是以原始資料檔，則勾選「常態性與極端值考驗」選項後，會出現變項之常態性考驗與極端值檢驗摘要表，包括變項名稱、極小值、極大值、偏態值、偏態值檢定臨界比、峰度值、峰度值檢定臨界比，若是偏態指數值大於 3、峰度指數值大於 8，則資料可能無法符合常態性假定，尤其是變項峰度係數大於 20 時，此變項可能要從模式中移除或進行資料轉換。

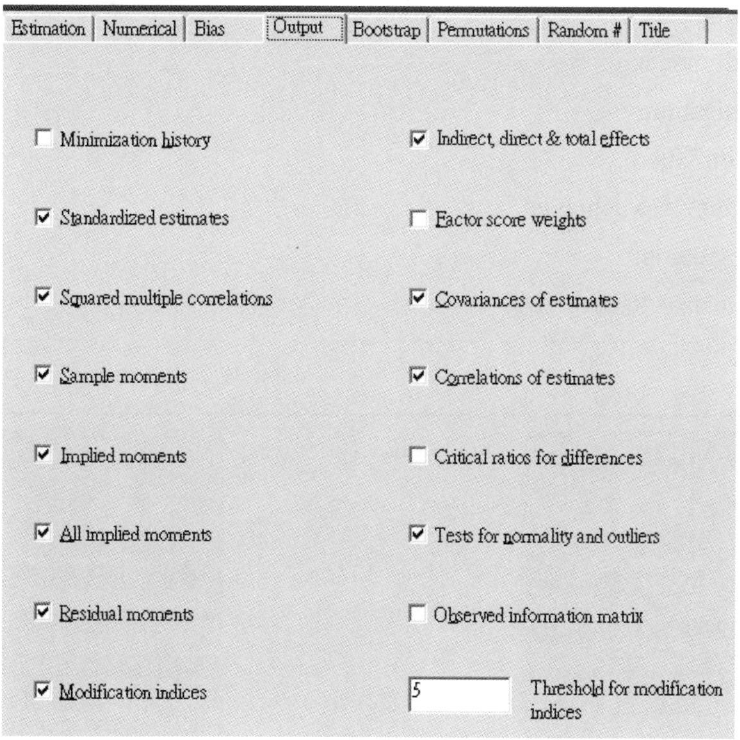

圖 8-28

三、計算估計之模式圖

理論模式繪製完成與設定後，按【Calculate Estimates】　　（計算估計值）圖像鈕後，若是模式沒有出現「非正定」（non-positive definition）的提示語，表示觀察資料能讓程式估計參數時獲得「聚合」（convergence）。在單一模式估計中，「模式」（Models）視窗中會出現「OK: Default Model」

的提示語，「計算摘要」（Computation Summary）中會出現下列結果：包含樣本之資料檔檔名、模式名稱、程式估計時疊代的次數、順利寫入輸出結果、卡方值與模式的自由度。模式可以順利聚合收斂或識別，不代表理論模式的適配度或契合度一定良好，必須進一步參考各適配度的統計量加以判別。模式通常無法順利聚合而產生非正定問題，可能是模式界定有問題、變項的分配非常態分配，或樣本資料提供的資料不完整，或是樣本數過少等。

Scanning ex7_1

Default model

Minimization

Iteration 10

Minimum was achieved

Writing output

Chi_square=46.4, df=14

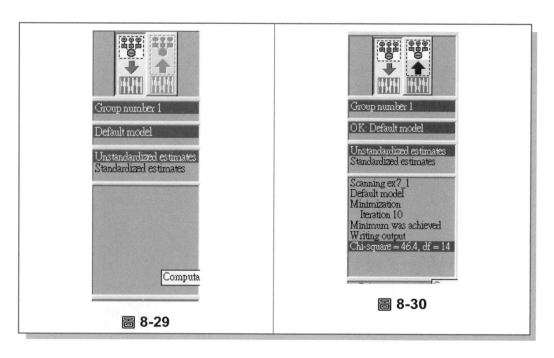

圖 8-29　　　　　　　　　　　　　圖 8-30

在「參數格式」（Parameter Formats）視窗中選取非標準化估計值（Unstandardized estimates）之因果模式圖如圖 8-31，所有誤差變異數均為正數，

表示模式界定沒有問題。

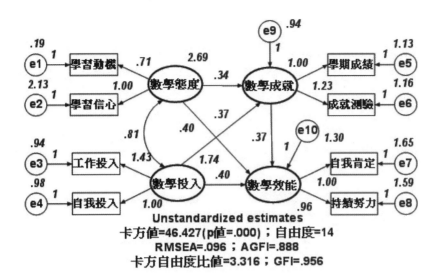

圖 8-31

在「參數格式」（Parameter Formats）視窗中選取標準化估計值（Standardized estimates）之因果模式圖如圖 8-32：

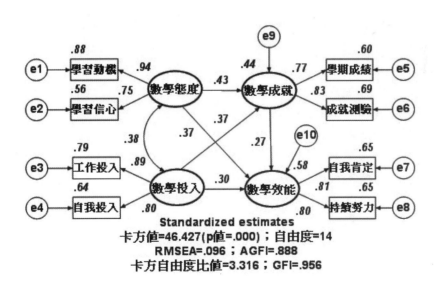

圖 8-32

四、參數估計相關報表

Result （Default model）

Minimum was achieved

Chi-square = 46.427

Degrees of freedom = 14

Probability level = .000

【說明】：預設模式適配度檢驗結果，模式自由度等於 14，卡方值等於 46.427，顯著性機率值 p=.000<.05，拒絕虛無假設，表示理論模式與實際觀察資料無法適配（假設模型變異數共變數 $\hat{\Sigma}$ 矩陣≠樣本資料變異數共變數 S 矩陣）。

Group number 1 (Group number 1 - Default model)

Estimates (Group number 1 - Default model)

Scalar Estimates (Group number 1 - Default model)

Maximum Likelihood Estimates

表 8-4　Regression Weights: (Group number 1 - Default model)

	Estimate	S.E.	C.R.	P	Label
數學成就←數學態度	.339	.062	5.504	***	par_6
數學成就←數學投入	.366	.076	4.808	***	par_8
數學效能←數學態度	.399	.087	4.595	***	par_5
數學效能←數學投入	.403	.104	3.870	***	par_7
數學效能←數學成就	.368	.130	2.837	.005	par_9
X2　　←數學態度	1.000				
X1　　←數學態度	.710	.070	10.139	***	par_1
X4　　←數學投入	1.000				
X3　　←數學投入	1.433	.144	9.966	***	par_2
Y3　　←數學效能	1.000				
Y4　　←數學效能	.964	.086	11.144	***	par_3
Y1　　←數學成就	1.000				
Y2　　←數學成就	1.229	.123	9.968	***	par_4

【說明】：以最大概似法估計各迴歸係數參數結果，除四個參照指標值設為 1 不予估

計外，其餘迴歸加權值均達顯著，結構模式五條迴歸加權值均達顯著，其估計標準誤介於.062至.130之間，「數學態度→X1」、「數學投入→X3」、「數學效能→Y4」、「數學成就→Y2」等四個迴歸係數值也均達顯著。在模式中所估計的迴歸加權值若均達顯著，表示模式的內在品質佳。在模式的修正方面，若是模式整體適配情形不佳，研究者可考慮將模式精簡，精簡的第一步可將結構模式中不顯著的徑路係數刪除，或將顯著但不合理的路徑刪除，以上述假設模式而言，如果潛在外因變項「數學態度」對潛在內因變項「數學成就」影響的路徑係數（迴歸係數）達到顯著，但其符號卻為負數，此種結果與理論文獻及一般經驗法則相違背，在修正模式中可將此直接影響的直接效果刪除。

所謂參照指標指的是潛在變項有二個以上指標變項時，限制其中一個觀察變項與潛在變項的關係為1，即將迴歸權重值設定等於1，以方便其餘參數的估計。以潛在外因變項「數學態度」為例，若將觀察變項設定為參照指標時，表示若指標變項 X2 值為1時，X1 指標變項的數值為.710。被設定為參照指標的觀察變項因迴歸權重值固定為 1，因而無法估計其參數標準誤，也無法計算其臨界比，因而對於參數的顯著性與否無法加以檢定。估計參數的標準誤（S.E.）除可計算出參數估計值的臨界比值（C.R.欄）外，也可以作為假設模式是否違反辨認規則的根據（*Hair et al., 1992*）。若是某些參數估計值估計標準誤過大，表示理論模式可能違反模式的辨認規則。在 Amos Graphics 描繪各測量指標時，於潛在變項橢圓形物件上增列的第一個測量指標方形物件內定為參照指標，其路徑係數λ會自動設定為1。

表 8-5

X2←數學態度	1.000
X1←數學態度	.710

表 8-6　Standardized Regression Weights: (Group number 1 - Default model)

	Estimate
數學成就←數學態度	.428
數學成就←數學投入	.372
數學效能←數學態度	.370
數學效能←數學投入	.301
數學效能←數學成就	.270
X2　　←數學態度	.747
X1　　←數學態度	.937
X4　　←數學投入	.800
X3　　←數學投入	.890
Y3　　←數學效能	.809
Y4　　←數學效能	.803
Y1　　←數學成就	.773
Y2　　←數學成就	.829

【說明】：標準化迴歸加權值即標準化迴歸係數值，潛在變項間的標準化迴歸係數即潛在變項間的直接效果值或潛在變項間的路徑係數；潛在變項對指標變項的標準化迴歸係數為因素負荷量，因素負荷量的平方（R^2）為潛在變項對指標變項的解釋變異量，R^2 的數值若是大於.50（因素負荷量至少在.71 以上），表示潛在變項之觀察變項的個別信度佳。

表 8-7　Covariances: (Group number 1 - Default model)

	Estimate	S.E.	C.R.	P	Label
數學態度↔數學投入	.812	.187	4.334	***	par_10

【說明】：二個外因潛在變項間的共變數估計值為.812，達到顯著水準，表示「數學態度」與「數學投入」二個外因潛在變項的共變關係顯著的不等於 0。

表 8-8　Correlations: (Group number 1 - Default model)

	Estimate
數學態度↔數學投入	.376

【說明】：二個外因潛在變項間的相關係數為.376，達到顯著正相關。

表 8-9　**Variances: (Group number 1 - Default model)**

	Estimate	S.E.	C.R.	P	Label
數學態度	2.687	.443	6.066	***	par_11
數學投入	1.739	.272	6.399	***	par_12
e9	.940	.170	5.531	***	par_13
e10	1.298	.250	5.186	***	par_14
e2	2.125	.288	7.390	***	par_15
e1	.189	.110	1.718	.086	par_16
e4	.979	.173	5.660	***	par_17
e3	.936	.317	2.949	.003	par_18
e7	1.648	.264	6.249	***	par_19
e8	1.595	.248	6.424	***	par_20
e5	1.133	.172	6.599	***	par_21
e6	1.156	.233	4.955	***	par_22

【說明】：12 個外因變數的變異數均為正數，除誤差項 e1 的變異數未達 .05 顯著水準外，餘均達到顯著，此外，誤差項及殘差項沒有出現負的誤差變異數，表示未違反模式基本適配度檢定標準。以上所估計的所有參數大多數達顯著水準，估計參數的估計標準誤數值均很小，表示模式內在適配度的品質理想。

表 8-10　**Squared Multiple Correlations: (Group number 1 - Default model)**

	Estimate
數學成就	.442
數學效能	.585
Y2	.687
Y1	.598
Y4	.645
Y3	.655
X3	.792
X4	.640
X1	.878
X2	.558

【說明】：八個觀察變項多元相關係數平方為潛在變項預測其指標變項 X、Y 之 R^2，此數值反應的是測量誤差的大小，R^2 的數值愈大，表示觀察變項或測量指

標的測量誤差愈小；相對的，R^2 的數值愈小，表示觀察變項或測量指標的測量誤差愈大，測量誤差值等於 $1 - R^2$，若是測量誤差值大於.50 以上，表示以此觀察變項作爲潛在變項之測量指標不理想，R^2 的數值是觀察變項的個別項目信度。上述八個觀察變項的值均大於.50，表示八個指標變項的個別項目信度佳。

Modification Indices (Group number 1 - Default model)

表 8-11　Covariances: (Group number 1 - Default model)

	M.I.	Par Change
E1↔e3	6.718	-.190
E2↔數學投入	8.011	.377
E2↔e3	23.630	.684
E2↔e4	5.858	-.273

表 8-12　Variances: (Group number 1 - Default model)

	M.I.	Par Change

表 8-13　Regression Weights: (Group number 1 - Default model)

	M.I.	Par Change
X3←X2	13.358	.150
X1←X3	5.538	-.057
X2←數學投入	6.586	.207
X2←X3	13.115	.169

【說明】：當研究者想要修正理論模式圖時，修正指標值所提供的數據可作爲判斷的準則之一。這些數據包括增列變項間的共變關係與增列路徑係數。模式的修正指標表示對某一個固定或限制參數，將之改爲可加以估計的自由參數後，模式的整體卡方值可減少的數值，期望參數改變值表示釋放該參數時，該參數可能改變的數值大小，此改變可能是正的改變或負的改變。一個大的修正指標值若能配合大的期望參數改變值，此參數釋放時才有意義。修正指標必須多大才有修正的必要，學者的看法未盡相同，但一般認爲當修正指標值大於 3.84 時才有修正的必要（Bagozzi & Yi, 1988），因爲釋放一個參數，會減少一個自由度，而當自由度等於 1、α=.05 時，$\chi^2_{95(1)}$ 的臨界值爲 3.84，因而修正指標值若大於 3.84，表示此數值顯著的大。研究者根據修正指標釋放任何參數時均要有說服他人的理由或理論根據，否則會形成經驗導向重於理論導向，若是理論模式與實際資料可以適配的話，研究者更

沒有必要進行模式的修正，以減低整體模式適配度卡方值的數值，因而這樣是沒有實質意義的，除非研究者要進行模式選替或競爭模式，挑選最適配且最簡約、最精簡的模式，此時可進行多個適配模式比較。

在上述修正指標中，增列迴歸權重值的二個最大指標值為增列「X2→X3」、「X3→X2」的路徑，增列觀察變項間的路徑係數與理論模式不合，此外增列潛在外因變項「數學投入」對觀察變項「X2」的路徑也與理論模式不合，這些參數均不能釋放（這些路徑均不能增列）。

在原先理論模式中，假設各測量誤差間均沒有相關（測量誤差獨立性），在修正指標數值，發現「e2↔e3」的 M.I.（modification indices）值甚大，表示觀察變項「學習信心」與觀察變項「工作投入」某些題項所測量特質間有某種程度的相似性，在理論模式中若將這二個變項釋放，即將觀察變項「學習信心」與觀察變項「工作投入」的二個測量誤差變項設定有共變關係，則至少可以減少卡方值 23.630，期望的參數改變值為.684，表示釋放參數後，這二個測量誤差項間相關值大約是.684，因而在模式修正中，研究者可考量將二個測量誤差項加以釋放。

Model Fit Summary【模式適配度摘要】

表 8-14　CMIN

Model	NPAR	CMIN	DF	P	CMIN/DF
Default model	22	46.427	14	.000	3.316
Saturated model	36	.000	0		
Independence model	8	917.931	28	.000	32.783

表 8-15　RMR, GFI

Model	RMR	GFI	AGFI	PGFI
Default model	.146	.956	.888	.372
Saturated model	.000	1.000		
Independence model	1.410	.425	.261	.331

表 8-16　Baseline Comparisons

Model	NFI Delta1	RFI rho1	IFI Delta2	TLI rho2	CFI
Default model	.949	.899	.964	.927	.964
Saturated model	1.000		1.000		1.000
Independence model	.000	.000	.000	.000	.000

表 8-17　**Parsimony-Adjusted Measures**

Model	PRATIO	PNFI	PCFI
Default model	.500	.475	.482
Saturated model	.000	.000	.000
Independence model	1.000	.000	.000

表 8-18　**NCP**

Model	NCP	LO 90	HI 90
Default model	32.427	15.451	57.001
Saturated model	.000	.000	.000
Independence model	889.931	794.684	992.577

表 8-19　**FMIN**

Model	FMIN	F0	LO 90	HI 90
Default model	.186	.130	.062	.229
Saturated model	.000	.000	.000	.000
Independence model	3.686	3.574	3.192	3.986

表 8-20　**RMSEA**

Model	RMSEA	LO 90	HI 90	PCLOSE
Default model	.096	.067	.128	.007
Independence model	.357	.338	.377	.000

表 8-21　**AIC**

Model	AIC	BCC	BIC	CAIC
Default model	90.427	92.077	167.899	189.899
Saturated model	72.000	74.700	198.773	234.773
Independence model	933.931	934.531	962.103	970.103

表 8-22　**ECVI**

Model	ECVI	LO 90	HI 90	MECVI
Default model	.363	.295	.462	.370
Saturated model	.289	.289	.289	.300
Independence model	3.751	3.368	4.163	3.753

表 8-23　HOELTER

Model	HOELTER .05	HOELTER .01
Default model	128	157
Independence model	12	14

【說明】：將上述模式適配度的相關統計量整理成表 8-24。

表 8-24　國中生「數學效能」結構模式分析之整體模式適配度檢定摘要表

統計檢定量	適配的標準或臨界值	檢定結果數據	模式適配判斷
絕對適配度指數			
χ^2 值	p>.05（未達顯著水準）	46.427(p=.000<.05)	否
RMR 值	<.05	0.146	否
RMSEA 值	<.08（若<.05 優良；<.08 良好）	0.096	否
GFI 值	>.90 以上	0.956	是
AGFI 值	>.90 以上	0.888	否
增值適配度指數			
NFI 值	>.90 以上	0.949	是
RFI 值	>.90 以上	0.899	否
IFI 值	>.90 以上	0.964	是
TLI 值（NNFI 值）	>.90 以上	0.927	是
CFI 值	>.90 以上	0.964	是
簡約適配度指數			
PGFI 值	>.50 以上	0.372	否
PNFI 值	>.50 以上	0.475	否
PCFI 值	>.50 以上	0.482	否
CN 值	>200	128	否
χ^2 自由度比	<2.00	3.316	否
AIC 值	理論模式值小於獨立模式值，且同時小於飽和模式值	90.427>72.000 90.427<933.931	否
CAIC 值	理論模式值小於獨立模式值，且同時小於飽和模式值	189.899<234.773 189.899<970.103	是

　　整體模式適配度的統計量中，卡方值為 46.427，顯著性機率值 p=.000<
.05，達到顯著水準，拒絕虛無假設，表示理論模式與實際資料無法契合。
再從其他適配度指量來看，RMR 值=.146>.05、RMSEA 值=.096>.08、AGFI

值=.888<.90、RFI 值=.899<.90，CN 值=128<200，卡方自由度比值=3.316>3.000，PGFI 值=.372、PNFI 值=.475、PCFI 值=.482，均小於.50，這些指標均未達到模式可以適配的標準。整體而言，初始的理論假設模式與實際資料間無法契合（變異數共變數$\hat{\Sigma}$矩陣 ≠ 變異數共變數 S 矩陣），假設模型無法接受。

8-3 模式的修正

　　影響國中生數學效能初始因果模式圖的內在品質雖然不錯，但模式外在品質卻欠佳，整體模式適配度與實際資料無法適配。參考修正指標值顯示，若將指標變項「學習信心」與指標變項「工作投入」的誤差變項設定有共變關係（δ2 與 δ3 間有相關），則可以減少卡方值的數值。表示指標變項「學習信心」與指標變項「工作投入」二個層面間的某些題項所測量的心理特質有某種類同，將這二個指標變項的誤差變項設成有共變關係，理論上是合理的，不會違背經驗法則與 SEM 的假定，因而在修正模式，將這二個指標變項的測量誤差變項設成有共變關係。

　　修正的理論模式圖如圖 8-33：

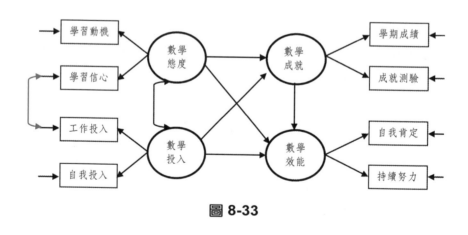

圖 8-33

上述理論模式圖轉換成 AMOS 的圖示如圖 8-34：

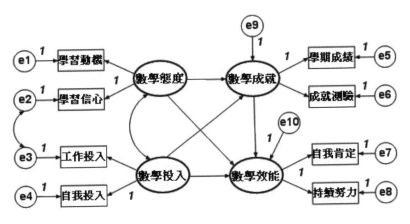

圖 8-34

增列共變數、變異數、迴歸係數之參數標籤名稱的假設模式圖如圖8-35：

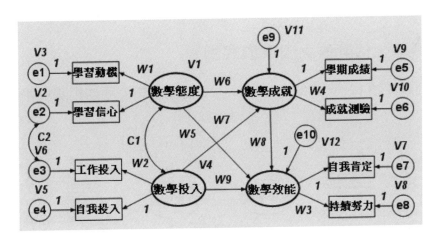

圖 8-35

按【計算估計值】 圖像鈕後，模式可以收斂識別。

一、參數格式之模式圖

◉ (一)非標準化估計值之因果模式圖

增列誤差項 e2 與 e3 的共變關係，二個測量誤差項的共變數為.69。

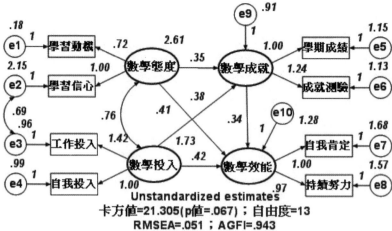

圖 8-36

(二)標準化估計值之因果模式圖

增列誤差項 e2 與 e3 的共變關係，二個測量誤差項的相關為.48。

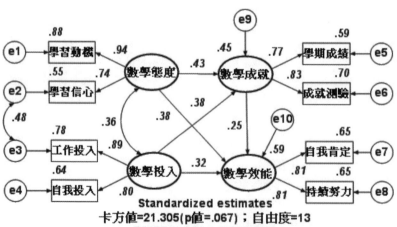

圖 8-37

二、參數估計相關統計量

Groups

Group number 1 (Group number 1)

Notes for Group (Group number 1)

The model is recursive.

Sample size = 250

【說明】：因果模式是不可逆的（遞迴模式），有效樣本觀察值為 250。

Variable Summary (Group number 1)

Your model contains the following variables (Group number 1)

Observed, endogenous variables

X2

X1

X4

X3

Y3

Y4

Y1

Y2

Unobserved, endogenous variables

數學效能

數學成就

Unobserved, exogenous variables

數學態度

e2

e1

數學投入

e4

e3

e7

e8

e5

e6

e9

e1

【說明】：變數摘要中包括：觀察內因變項、潛在內因變項、潛在外因變項。觀察內因變項包括：X1（學習動機）、X2（學習信心）、X3（工作投入）、X4（自我投入）、Y1（學期成績）、Y2（成就測驗）、Y3（自我肯定）、Y4（持續努力）等八個；潛在內因變項有「數學效能」、「數學成就」二個；潛在外因變項有數學態度、數學投入、e1、e2、e3、e4、e5、e6、e7、e8、e9、e10 等十二個。在 Amos 分析中，所有測量誤差項及結構模式的殘差項物件形狀均以小橢圓形或圓形表示，二者均界定為潛在變項，且是外因變項。

Variable counts (roup number 1)

Number of variables in your model:	22
Number of observed variables:	8
Number of unobserved variables:	14
Number of exogenous variables:	12
Number of endogenous variables:	10

【說明】：變數計數摘要表中顯示模式中的變項共有 22 個，觀察變項有 8 個、潛在變項有 14 個；外因變項有 12 個，內因變項有 10 個。

表 8-25　Parameter summary (Group number 1)

	Weights	Covariances	Variances	Means	Intercepts	Total
Fixed	14	0	0	0	0	14
Labeled	0	0	0	0	0	0
Unlabeled	9	2	12	0	0	23
Total	23	2	12	0	0	37

【說明】：參數摘要表顯示全部的參數有 37 個，固定參數有 14 個，待估計的參數有 23 個，23 個待估計的參數中包括 9 個迴歸係數參數、2 個共變量（Φ_{21}、

$\Theta_{\delta32}$）、12 個變異數，模式中待估計的參數包括 C1 及 C2（2 個共變數）、V1 至 V12（12 變異數）、W1 至 W9（9 個迴歸係數）。模式中全部的迴歸係數參數包括 14 個固定參數（$\lambda y11$、$\lambda y32$、$\lambda x21$、$\lambda x42$、e1 至 e10），9 個待估計的迴歸係數參數（$\lambda y21$、$\lambda y42$、$\lambda x11$、$\lambda x32$、$\gamma11$、$\gamma21$、$\gamma12$、$\gamma22$、$\beta21$）。假設模式中共有八個觀察變項（k=8），樣本資料所提供的共變異數獨特元素（資料點數目）$= \frac{1}{2}(k)(k+1) = \frac{1}{2} \times 8 \times 9 = 36$，模式的自由度等於 36－23=13。

表 8-26　Sample Moments (Group number 1)
Sample Covariances (Group number 1)

	Y2	Y1	Y4	Y3	X3	X4	X1	X2
Y2	3.698							
Y1	2.069	2.818						
Y4	1.709	1.442	4.498					
Y3	1.685	1.632	3.011	4.773				
X3	1.608	1.144	1.805	2.142	4.506			
X4	1.335	.897	1.126	1.369	2.492	2.718		
X1	1.068	.859	1.347	1.221	.794	.490	1.544	
X2	1.337	1.248	1.745	1.922	1.886	.817	1.908	4.812

Condition number = 28.646

Eigenvalues

14.822 3.838 3.458 3.087 1.650 1.091 .901 .517

Determinant of sample covariance matrix = 510.076

表 8-27　Sample Correlations (Group number 1)

	Y2	Y1	Y4	Y3	X3	X4	X1	X2
Y2	1.000							
Y1	.641	1.000						
Y4	.419	.405	1.000					
Y3	.401	.445	.650	1.000				
X3	.394	.321	.401	.462	1.000			
X4	.421	.324	.322	.380	.712	1.000		
X1	.447	.412	.511	.450	.301	.239	1.000	
X2	.317	.339	.375	.401	.405	.226	.700	1.000

Condition number = 18.954

Eigenvalues

Structural Equation Modeling: Amos Operation and Application

3.964 1.147 .893 .761 .413 .313 .300 .209

【說明】：樣本動差（Sample Moments）爲根據觀察資料所得的共變數矩陣（S矩陣）與相關係數矩陣。樣本所得的共變數矩陣爲根據實際蒐集之樣本資料所估算出的共變數矩陣，而由假設理論模式所導出的共變數矩陣則稱爲$\hat{\Sigma}$矩陣，若是共變數 S 矩陣與共變數$\hat{\Sigma}$矩陣的差異愈小，表示樣本資料與理論模式愈可以契合；相反的，若是樣本資料估計出的變異數共變數 S 矩陣與假設理論模式所導出的變異數共變數$\hat{\Sigma}$矩陣差異愈大，則表示樣本資料與理論模式愈無法契合。樣本共變數矩陣若是非正定，則會出現非正定的提示語。

Models

Default model (Default model)

Notes for Model (Default model)

Computation of degrees of freedom (Default model)

Number of distinct sample moments:	36
Number of distinct parameters to be estimated:	23
Degrees of freedom (36 - 23):	13

Result （Default model）

Minimum was achieved

Chi-square = 21.305

Degrees of freedom = 13

Probability level = .067

【說明】：模式的註解包括模式的自由度與適配度檢定的卡方值，模式的自由度公式如下：

$$df=\frac{1}{2}(p+q)(p+q+1)-t=樣本資料所提供的訊息數目減掉SEM模式中所要$$

估計的參數數目總和。樣本提供的個別訊息數目爲$\frac{1}{2}(4+4)(4+4+1)=36$個，待估計的參數有 23 個，所以模式的自由度等於 36−23=13。整體適配度檢定的卡方值等於 21.305、顯著性機率值 p=.067>.05，接受虛無假設，表示研究者所提的理論模式與實徵樣本資料可以適配（變異數共變數$\hat{\Sigma}$矩陣＝變異數共變數 S 矩陣）。

Group number 1 (Group number 1 - Default model)

Estimates (Group number 1 - Default model)

Scalar Estimates (Group number 1 - Default model)

Maximum Likelihood Estimates

表 8-28　Regression Weights: (Group number 1 - Default model)

	Estimate	S.E.	C.R.	P	Label
數學成就←數學態度	.346	.062	5.586	***	par_6
數學成就←數學投入	.378	.076	5.146	***	par_8
數學效能←數學態度	.411	.087	4.636	***	par_5
數學效能←數學投入	.424	.104	4.088	***	par_7
數學效能←數學成就	.344	.130	2.576	.010	par_9
X2　　←數學態度	1.000				
X1　　←數學態度	.722	.070	10.002	***	par_1
X4　　←數學投入	1.000				
X3　　←數學投入	1.421	.143	9.907	***	par_2
Y3　　←數學效能	1.000				
Y4　　←數學效能	.974	.087	11.151	***	par_3
Y1　　←數學成就	1.000				
Y2　　←數學成就	1.243	.124	10.001	***	par_4

【說明】：以最大概似法估計各迴歸係數參數結果，除四個參照指標值設為 1 不予估
計外，其餘迴歸加權值均達顯著。結構模式五條迴歸加權值均達顯著，其
估計標準誤介於.062 至.134 之間，「數學態度→X1」、「數學投入→X3」、
「數學效能→Y4」、「數學成就→Y2」等四個迴歸係數值也均達.05 顯著
水準。四個參照指標為「數學態度→X2」、「數學投入→X4」、「數學效
能→Y3」、「數學成就→Y1」，其路徑係數值限定為 1（此為 Amos 的預
設值）。

表 8-29　Standardized Regression Weights: (Group number 1 - Default model)

	Estimate
數學成就←數學態度	.434
數學成就←數學投入	.385
數學效能←數學態度	.378
數學效能←數學投入	.317
數學效能←數學成就	.253
X2　　←數學態度	.741
X1　　←數學態度	.939
X4　　←數學投入	.797
X3　　←數學投入	.886
Y3　　←數學效能	.805
Y4　　←數學效能	.807
Y1　　←數學成就	.769
Y2　　←數學成就	.834

【說明】：標準化迴歸加權值即標準化迴歸係數值（β係數），潛在變項間的標準化迴歸係數即潛在變項間的直接效果值或潛在變項間的路徑係數；潛在變項對指標變項的標準化迴歸係數為因素負荷量。數學態度對數學成就的直接效果值為.434，數學投入對數學成就的直接效果值.385，數學態度對數學效能的直接效果值為.378，數學投入對數學效能的直接效果值為.317，數學成就對數學效能的直接效果值為.253。指標變項X1、X2在潛在變項數學態度的因素負荷量分別為.939、.741，指標變項X3、X4在潛在變項數學投入動機的因素負荷量分別為.886、.797，指標變項Y1、Y2在潛在變項數學成就的因素負荷量分別為.769、.834，指標變項Y3、Y4在潛在變項數學效能的因素負荷量分別為.805、.807，八個測量指標的因素負荷量均大於.71 以上。

表 8-30　Covariances: (Group number 1 - Default model)

	Estimate	S.E.	C.R.	P	Label
數學態度↔數學投入	.755	.182	4.142	***	par_10
e2　　↔e3	.694	.148	4.680	***	par_11

表 8-31　Correlations: (Group number 1 - Default model)

	Estimate
數學態度↔數學投入	.355
e2　　↔e3	.483

【說明】：二個外因潛在變項間的共變量估計為.755，估計標準誤為.182，臨界比值為 4.142，誤差變項 e2 與誤差變項 e3 間的共變量估計為.694，估計標準誤為 .148，臨界比值為 4.680，達到.05 顯著水準，數學態度與數學投入二個外 因變項間的相關係數為.355，誤差變項 e2 與誤差變項 e3 間的相關係數為 .483，表示增列的誤差項 e2、e3 間的共變顯著的不等於 0。

表 8-32　Variances: (Group number 1 - Default model)

	Estimate	S.E.	C.R.	P	Label
數學態度	2.614	.435	6.014	***	par_12
數學投入	1.728	.270	6.405	***	par_13
e9	.907	.166	5.452	***	par_14
e10	1.275	.248	5.137	***	par_15
e2	2.150	.286	7.523	***	par_16
e1	.182	.110	1.647	.099	par_17
e4	.990	.171	5.794	***	par_18
e3	.961	.313	3.074	.002	par_19
e7	1.679	.263	6.377	***	par_20
e8	1.566	.248	6.306	***	par_21
e5	1.154	.171	6.754	***	par_22
e6	1.125	.233	4.827	***	par_23

【說明】：表 8-32 為二個外因潛在變項數學態度及數學投入與十個誤差變項的變異 數，變異數的估計值沒有出現負的數值，全部外因變項的變異數估計值中 除誤差變項 e1 外，其餘均達到.05 顯著水準。模式基本適配指標之一為模 式中是否出現負的誤差變異數，由於所有誤差變異數均為正數，表示因果 模式符合基本適配指標。

【表格範例】

表 8-33　數學效能因果模式之修正模式圖中所有估計參數的顯著性考驗摘要表

參數	非標準化參數估計值	標準誤	t 值	標準化參數估計值	R^2	測量誤差 $1-R^2$
γ_{11}	.346	.062	5.586***	.434		
γ_{12}	.378	.073	5.146***	.385		
γ_{21}	.411	.089	4.636***	.378		
γ_{22}	.424	.104	4.088***	.317		
β_{21}	.344	.134	2.576*	.253		
Φ_{21}	.755	.182	4.142***	.355		
$\Theta_{\delta 32}$	.694	.148	4.680***	.483		
λ_{X1}	.722	.072	10.002***	.939	0.882	0.118
λ_{X2}	1.000	-----	-------	.741	0.549	0.451
λ_{X3}	1.421	.143	9.907***	.886	0.784	0.216
λ_{X4}	1.000	-----	-------	.797	0.636	0.364
λ_{Y1}	1.000	-----	-------	.769	0.591	0.409
λ_{Y2}	1.243	.124	10.001***	.834	0.696	0.304
λ_{Y3}	1.000	-----	-------	.805	0.648	0.352
λ_{Y4}	.974	.087	11.151***	.807	0.652	0.348
δ_1	.182	.110	1.647n.s.			
δ_2	2.150	.286	7.523***			
δ_3	.961	.313	3.074**			
δ_4	.990	.171	5.794***			
ε_1	1.154	.171	6.754***			
ε_2	1.125	.233	4.827***			
ε_3	1.679	.263	6.377***			
ε_4	1.566	.248	6.306***			
ς_1	.907	.166	5.452***			
ς_2	1.275	.248	5.137***			

註：未列標準誤者為參照指標，是限制估計參數。
　　n.s.p>.05　* p<.05　**p<.01　*** p<.001

　　根據標準化迴歸係數（因素負荷量）估計值中可以計算出四個潛在變項的組合信度（composite reliability），組合信度可作為檢定潛在變項的信度指標，此種信度檢定值也稱為「建構信度」（construct reliability），計算

組合信度要利用標準化迴歸加權值（Standardized Regression Weights）報表中的指標因素負荷量來估算，組合信度公式如下：

$$\rho_c = \frac{(\Sigma\lambda)^2}{[(\Sigma\lambda)^2 + \Sigma(\theta)]} = \frac{(\Sigma標準化因素負荷量)^2}{[(\Sigma標準化因素負荷量)^2 + \Sigma(\theta)]}$$

上述公式符號中ρ_c為組合信度、λ為指標變項在潛在變項上的標準化參數估計值（指標因素負荷量-indicator loading），指標變項的標準化參數（因素負荷量）代表指標變項能否測到潛在變項特質的程度，最佳的數值是指標變項的因素負荷量大於.71，因為λ值若是大於.71，則λ^2值等於.71×.71=.5041，λ^2值表示個別觀察變項的指標信度（indicator reliability），學者Bagozzi與Yi（*1988*）認為較佳指標變項其個別的指標信度數應大於.500。θ為觀察變項的誤差變異量（indicator error variances）（是δ或ε的變異量），也就是測量誤差值，$\theta = 1-$指標信度$= 1-$(指標變項的標準化參數)^2。在因素分析中，以內部一致性α係數作為各構念或各層面的信度係數，在SEM分析中，則以「組合信度」或「建構信度」作為模式潛在變項的信度係數。

四個潛在變項的組合信度數值求法如下：

$$\rho_{C\xi_1} = \frac{(.741+.939)^2}{(.741+.939)^2 + (.118+.451)} = 0.832$$

$$\rho_{C\xi_2} = \frac{(.886+.797)^2}{(.886+.797)^2 + (.216+.364)} = 0.8301$$

$$\rho_{C\eta_1} = \frac{(.769+.834)^2}{(.769+.834)^2 + (.409+.304)} = 0.7876$$

$$\rho_{C\eta_2} = \frac{(.805+.807)^2}{(.805+.807)^2 + (.352+.348)} = 0.7828$$

潛在變項的組合信度為模式內在品質的判別準則之一，若是潛在變項的組合信度值在.60 以上，表示模式的內在品質理想，部分學者則建議潛在變項的組合信度值高於.500 以上即可（*Raines-Eudy, 2000*）。四個潛在變項的組合信度係數值分別為.8322、.8301、.7828、.7876 均大於.60，表示模式內

在品質佳。

另外一個與組合信度類似的指標為「平均變異數抽取量」（average variance extracted－ρ_v），平均變異數抽取量可以直接顯示被潛在構念所解釋的變異量有多少的變異量是來自測量誤差，若是平均變異數抽取量愈大，指標變項被潛在變項構念解釋的變異量百分比愈大，相對的測量誤差就愈小，一般判別的標準是平均變異數抽取量要大於.500。

$$\rho_v = \frac{(\Sigma\lambda^2)}{[(\Sigma\lambda^2)+\Sigma(\theta)]} = \frac{(\Sigma 標準化因素負荷量^2)}{[(\Sigma 標準化因素負荷量^2)+\Sigma(\theta)]}$$

四個潛在變項之平均變異數抽取量的求法如下：

$$\rho_{v\xi 1} = \frac{(.741^2+.939^2)}{(.741^2+.939^2)+(.118+.451)} = 0.7154$$

$$\rho_{v\xi 2} = \frac{(.886^2+.797^2)}{(.886^2+.797^2)+(.216+.364)} = 0.7101$$

$$\rho_{v\eta 1} = \frac{(.769^2+.834^2)}{(.769^2+.834^2)+(.409+.304)} = 0.6496$$

$$\rho_{v\eta 2} = \frac{(.805^2+.807^2)}{(.805^2+.807^2)+(.352+.348)} = 0.6435$$

四個潛在變項的平均變異抽取值分別為.7154、.7101、.6453、.6496，均高於.50 的標準，表示模式的內在品質理想。

表 8-34

潛在變項	觀察變項	因素負荷量 標準化參數	指標信度 R^2	測量誤差 $1-R^2$	組合信度	平均變異數 抽取量
ξ1	λ_{X1}	0.939	0.882	0.118	.8322	.7154
	λ_{X2}	0.741	0.549	0.451		
ξ2	λ_{X3}	0.886	0.784	0.216	.8301	.7101
	λ_{X4}	0.797	0.636	0.364		
η1	λ_{Y1}	0.769	0.591	0.409	.7876	.6496
	λ_{Y2}	0.834	0.696	0.304		
η2	λ_{Y3}	0.805	0.648	0.352	.7828	.6435
	λ_{Y4}	0.807	0.652	0.348		

　　使用「計算建構信度」程式，只要選取觀察變項的數目，輸入指標變項的因素負荷量，可同時求出組合信度與平均變異數抽取量。

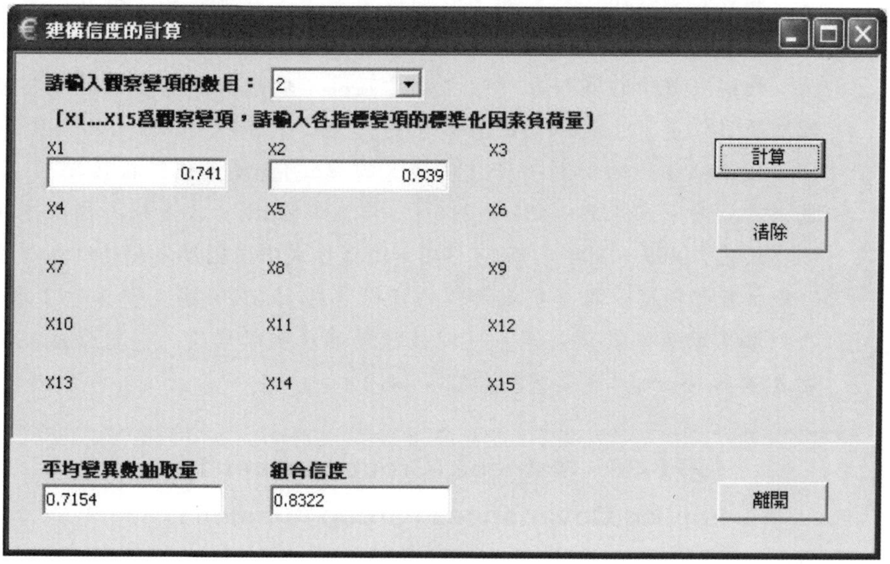

圖 8-38

表8-35　**Squared Multiple Correlations: (Group number 1 - Default model)**

	Estimate
數學成就	.455
數學效能	.588
Y2	.696
Y1	.591
Y4	.652
Y3	.648
X3	.784
X4	.636
X1	.882
X2	.549

【說明】：八個觀察變項多元相關係數平方為潛在變項預測其指標變項 X、Y 之 R^2，此數值反應的是測量誤差的大小，R^2 的數值愈大，表示觀察變項或測量指標的測量誤差愈小；相對的，R^2 的數值愈小，表示觀察變項或測量指標的測量誤差愈大，測量誤差值等於 $1-R^2$，若是測量誤差值大於.50 以上，表示以此觀察變項作為潛在變項之測量指標不理想，R^2 的數值是觀察變項的個別項目信度。上述八個觀察變項的 R^2 值介於.549 至.882，均大於.50，表示八個指標變項的個別項目信度佳，四個δ測量誤差值（指標變項 X 的測量誤差）分別為.118、.451、.216、.364；四個ε測量誤差值（指標變項Y 的測量誤差）.409、.304、.352、.348。結構模式中內因潛在變項「數學成就」可以被數學態度、數學投入解釋的變異量為45.5%，誤差變異量ζ1 為.545；內因潛在變項「數學效能」可以被數學態度、數學投入、數學成就解釋的變異量為58.8%，誤差變異量ζ2 為.412。

表 8-36　**Matrices (Group number 1)**

Implied Covariances (Group number 1)

	Y2	Y1	Y4	Y3	X3	X4	X1	X2
Y2	3.698							
Y1	2.069	2.818						
Y4	1.756	1.412	4.498					
Y3	1.803	1.450	3.011	4.773				
X3	1.615	1.299	1.879	1.930	4.451			
X4	1.136	.914	1.322	1.358	2.456	2.718		
X1	1.068	.859	1.269	1.303	.775	.545	1.544	
X2	1.479	1.190	1.758	1.805	1.768	.755	1.887	4.764

表 8-37　**Implied Correlations (Group number 1)**

	Y2	Y1	Y4	Y3	X3	X4	X1	X2
Y2	1.000							
Y1	.641	1.000						
Y4	.430	.397	1.000					
Y3	.429	.395	.650	1.000				
X3	.398	.367	.420	.419	1.000			
X4	.358	.330	.378	.377	.706	1.000		
X1	.447	.412	.482	.480	.296	.266	1.000	
X2	.352	.325	.380	.379	.384	.210	.696	1.000

【說明】：隱含的共變數矩陣與隱含的相關係數矩陣為根據理論模式所推導而得的 $\hat{\Sigma}$ 矩陣。當理論模式推導之變異數共變數矩陣 $\hat{\Sigma}$ 與觀察樣本所得之變異數共變數矩陣 S 差距愈小，表示理論模式與觀察資料愈能適配。在整體模式適配度檢定中，其虛無假設為：模式隱含的變異數共變數矩陣 $\hat{\Sigma}$＝樣本觀察資料的變異數共變數矩陣 S；或是模式隱含的母群體變異數共變數矩陣 $\Sigma(\theta)$＝母群體的變異數共變數矩陣 Σ，由於母群體的性質未知，變異數共變數矩陣 $\Sigma(\theta)$ 與 Σ 無法得知，因而在 SEM 模式適配度的檢定程序中，通常直接檢定變異數共變數矩陣 $\hat{\Sigma}$ 與 S 之間是否契合，若是變異數共變數矩陣 $\hat{\Sigma}$（或適配共變數矩陣）愈偏離觀察資料之變異數共變數矩陣 S，表示理論模式愈不適配樣本資料。模式適配度的卡方度檢定，若是卡方值未達顯著水準（p>.05），則接受虛無假設，表示模式隱含的變異數共變數矩陣 $\hat{\Sigma}$ 等於樣本觀察資料的變異數共變數矩陣 S。

表 8-38　**Residual Covariances (Group number 1)**

	Y2	Y1	Y4	Y3	X3	X4	X1	X2
Y2	.000							
Y1	.000	.000						
Y4	-.047	.030	.000					
Y3	-.118	.182	.000	.000				
X3	-.006	-.155	-.074	.212	.055			
X4	.199	-.017	-.196	.010	.036	.000		
X1	.000	.000	.078	-.082	.019	-.056	.000	
X2	-.142	.059	-.013	.116	.118	.062	.021	.048

【說明】：殘差矩陣由變異數共變數 S 矩陣－變異數共變數 $\hat{\Sigma}$ 矩陣而得。負的數值且

絕對值較大殘差值表示模式高估了變項間共變關係，此參數可能需要刪除；相反的，正的數值且絕對值較大的殘差值表示模式低估了變項間共變關係，此參數可能需要釋放。

表 8-39　Standardized Residual Covariances (Group number 1)

	Y2	Y1	Y4	Y3	X3	X4	X1	X2
Y2	.000							
Y1	.000	.000						
Y4	-.166	.123	.000					
Y3	-.409	.727	.000	.000				
X3	-.023	-.648	-.240	.670	.138			
X4	.930	-.093	-.829	.043	.133	.000		
X1	.001	.003	.419	-.429	.110	-.414	.000	
X2	-.503	.240	-.042	.360	.379	.267	.100	.113

【說明】：標準化殘差共變數矩陣為殘差矩陣除以其漸近標準誤而得，標準化殘差共變數矩陣的數值，不會受到指標變項測量量尺不同的影響，因而在解釋上較為容易。標準化殘差數值的絕對值如果大於 2.58（α=.01 的 z 值），部分學者採用較為嚴格的臨界值──1.96（α=.05 的 z 值），表示殘差矩陣差異值顯著的不等於 0，因而若是標準化殘差矩陣中的數值全部小於 2.58，表示殘差矩陣差異值均等於 0，變異數共變數 S 矩陣與變異數共變數 $\hat{\Sigma}$ 矩陣愈能契合。表 8-39 標準化殘差共變數矩陣中沒有大於 2.58 者，表示模式個別參數的表現良好（模式的內在品質佳），這種結果即模式內在品質的檢定。Amos 文字輸出解釋中，建議標準化殘差值的臨界指標值為 2.00，此建議是採取較為嚴格觀點。

表 8-40　**Standardized Total Effects (Group number 1 - Default model)**

	數學投入	數學態度	數學成就	數學效能
數學成就	.385	.434	.000	.000
數學效能	.414	.488	.253	.000
Y2	.321	.362	.834	.000
Y1	.296	.333	.769	.000
Y4	.334	.394	.204	.807
Y3	.333	.393	.203	.805
X3	.886	.000	.000	.000
X4	.797	.000	.000	.000
X1	.000	.939	.000	.000
X2	.000	.741	.000	.000

表 8-41　**Standardized Direct Effects (Group number 1 - Default model)**

	數學投入	數學態度	數學成就	數學效能
數學成就	.385	.434	.000	.000
數學效能	.317	.378	.253	.000
Y2	.000	.000	.834	.000
Y1	.000	.000	.769	.000
Y4	.000	.000	.000	.807
Y3	.000	.000	.000	.805
X3	.886	.000	.000	.000
X4	.797	.000	.000	.000
X1	.000	.939	.000	.000
X2	.000	.741	.000	.000

表 8-42　**Standardized Indirect Effects (Group number 1 - Default model)**

	數學投入	數學態度	數學成就	數學效能
數學成就	.000	.000	.000	.000
數學效能	.097	.110	.000	.000
Y2	.321	.362	.000	.000
Y1	.296	.333	.000	.000
Y4	.334	.394	.204	.000
Y3	.333	.393	.203	.000
X3	.000	.000	.000	.000
X4	.000	.000	.000	.000
X1	.000	.000	.000	.000
X2	.000	.000	.000	.000

【說明】：上表為自變項對依變項的標準化總效果值、標準化直接效果值與標準化間接效果值。在結構模式中，外因潛在變項「數學投入」對內因潛在變項「數學成就」的直接效果值為.385，間接效果值為.000，總效果值為.385+.000=.385；外因潛在變項「數學投入」對內因潛在變項「數學效能」的直接效果值為.317，間接效果值為.097，總效果值為.317+.097=.414，其中的間接效果值等於.385×.253=.097，表示數學投入對數學成就影響的直接效果值為.385，數學成就對數學效能影響的直接效果值為.253，二個直接效果值（徑路係數）相乘即為間接效果值。

表 8-43　**Modification Indices (Group number 1 - Default model)**
Covariances: (Group number 1 - Default model)

	M.I.	Par Change

表 8-44　**Variances: (Group number 1 - Default model)**

	M.I.	Par Change

表 8-45　**Regression Weights: (Group number 1 - Default model)**

	M.I.	Par Change

【說明】：修正指標與期望參數改變中，共變間的設定、變異數的設定與增列徑路係數均沒有，表示模式沒有釋放參數的必要。

Model Fit Summary

表 8-46   CMIN

Model	NPAR	CMIN	DF	P	CMIN/DF
Default model	23	21.305	13	.067	1.639
Saturated model	36	.000	0		
Independence model	8	917.931	28	.000	32.783

表 8-47   RMR, GFI

Model	RMR	GFI	AGFI	PGFI
Default model	.088	.979	.943	.354
Saturated model	.000	1.000		
Independence model	1.410	.425	.261	.331

表 8-48   Baseline Comparisons

Model	NFI Delta1	RFI rho1	IFI Delta2	TLI rho2	CFI
Default model	.977	.950	.991	.980	.991
Saturated model	1.000		1.000		1.000
Independence model	.000	.000	.000	.000	.000

表 8-49   Parsimony-Adjusted Measures

Model	PRATIO	PNFI	PCFI
Default model	.464	.454	.460
Saturated model	.000	.000	.000
Independence model	1.000	.000	.000

表 8-50   NCP

Model	NCP	LO 90	HI 90
Default model	8.305	.000	25.061
Saturated model	.000	.000	.000
Independence model	889.931	794.684	992.577

表 8-51　FMIN

Model	FMIN	F0	LO 90	HI 90
Default model	.086	.033	.000	.101
Saturated model	.000	.000	.000	.000
Independence model	3.686	3.574	3.192	3.986

表 8-52　RMSEA

Model	RMSEA	LO 90	HI 90	PCLOSE
Default model	.051	.000	.088	.444
Independence model	.357	.338	.377	.000

表 8-53　AIC

Model	AIC	BCC	BIC	CAIC
Default model	67.305	69.030	148.298	171.298
Saturated model	72.000	74.700	198.773	234.773
Independence model	933.931	934.531	962.103	970.103

表 8-54　ECVI

Model	ECVI	LO 90	HI 90	MECVI
Default model	.270	.237	.338	.277
Saturated model	.289	.289	.289	.300
Independence model	3.751	3.368	4.163	3.753

表 8-55　HOELTER

Model	HOELTER .05	HOELTER .01
Default model	262	324
Independence model	12	14

【說明】：模式適配度摘要表中，NCP 為非集中性參數（non-centrality parameter），此參數的原理與離散量數測量值類同，學者 Steiger（1990, p.177）將此參數稱為「共變數結構模型不適配的自然量數」，NCP 指標值即在評量估計理論模式參數與觀察資料參數的偏離程度，NCP 指標值愈接近 0，表示觀察資料與理論模式的契合度愈佳。範例中的 NCP 指標值等於 8.305，90% 的信賴區間值為〔.000，25.061〕，信賴區間值包含 0，未達 .10 的顯著水準，接受虛無假設，表示偏離程度值未顯著大於 0，觀察資料與理論模式的契

合度尚佳。FMIN 為最小差異函數（minimizes discrepancy function），此數值愈小表示假設模型（hypothetical model）愈接近樣本資料（sample data），範例中的FMIN指標值為.086，數值接近 0，表示假設模型與樣本資料的契合度尚稱理想。F0 為母群差異函數值，數值愈接近 0 表示假設模型愈接近樣本資料，範例中的F0指標值為.033，90%的信賴區間值為〔.000，.101〕，信賴區間值包含 0，未達.10 的顯著水準，接受虛無假設，表示差異值未顯著大於 0，觀察資料與理論模式的契合度尚佳。至於其他模式適配度的相關統計量可以統整成下列表格數據。

表 8-56　國中生「數學效能」修正之結構模式分析的整體模式適配度檢定摘要表

統計檢定量	適配的標準或臨界值	檢定結果數據	模式適配判斷
絕對適配度指數			
χ^2 值	p>.05（未達顯著水準）	21.305(p=.067>.05)	是
RMR 值	<.05	0.088	否
RMSEA 值	<.08（若<.05 優良；<.08 良好）	0.051	是
GFI 值	>.90 以上	0.979	是
AGFI 值	>.90 以上	0.943	是
增值適配度指數			
NFI 值	>.90 以上	0.977	是
RFI 值	>.90 以上	0.950	是
IFI 值	>.90 以上	0.991	是
TLI 值（NNFI 值）	>.90 以上	0.980	是
CFI 值	>.90 以上	0.991	是
簡約適配度指數			
PGFI 值	>.50 以上	0.354	否
PNFI 值	>.50 以上	0.454	否
PCFI 值	>.50 以上	0.460	否
CN 值	>200	262	是
χ^2 自由度比	<2.00	1.639	是
AIC 值	理論模式值小於獨立模式值，且同時小於飽和模式值	67.305<72.000 67.305<933.931	是
CAIC 值	理論模式值小於獨立模式值，且同時小於飽和模式值	171.298<234.773 171.298<970.103	是

　　修正因果模式的自由度等於 23，整體適配度的卡方值等於 21.305，顯著性機率值 p=.067>.05，接受虛無假設，母群體變異數共變數Σ矩陣與Σ(θ)

矩陣的差異顯著的等於 0，假設理論模式與實際資料間可以契合。再從其他適配度指標來看，卡方自由度比值為 1.639<2.000，RMSEA 值等於.051<.08，GFI 值等於.979>.90，AGFI 值等於.943>.90，NFI 值等於.977>.90，RFI 值等於.950>.90，IFI 值等於.991>.90，TLI 值等於.980>.90，CFI 值等於.991>.90，均達到模式可以接受標準，顯著水準α=.05 時，CN 值等於 262，α=.01 時，CN 值等於 324，模式可以達到適配的標準。整體而言，從主要適配度統計量來檢核，修正之數學效能之理論因果模式圖與實際資料可以適配。結構模式中各效果值如表 8-57：

表 8-57

變項關係	直接效果	間接效果	總效果
數學態度→數學成就	.434	——	.434
數學態度→數學效能	.378	.110	.488
數學投入→數學成就	.385	——	.385
數學投入→數學效能	.317	.097	.414
數學成就→數學效能	.253	——	.253

8-4 混合模型的路徑分析

路徑分析的模型有二種：一為觀察變項的路徑分析（path analysis with observed variables；簡稱 PA-OV）；二為潛在變項的路徑分析（path analysis with latent variables；簡稱 PA-LV）。觀察變項的路徑分析即傳統複迴歸分析之路徑分析程序，此種路徑分析其實是「潛在變項路徑分析」的一種特例，在「潛在變項路徑分析」模式中，若是潛在變項只有一個測量指標變項，表示顯性變項可以百分之百的反應其潛在特質構念，只有一個顯性變項的潛在變項，在路徑分析中通常直接以顯性變項之方形物件表示，而不用橢圓形物件，此種顯性變項可能是量表測得的潛在特質之測量值總分或某個層面的分數，通常是量表總分加總變項，分數的測量值在於反應某個潛在特質，分數愈高，表示顯性變項反應潛在構念的強度愈強／愈弱。路徑分析模式之結構模式中若同時包括顯性變項及潛在變項，則此種路徑分析模式稱為混合模式的路徑分析，混合路徑分析模型之結構模式中同時包含方形與橢圓形物件。

在混合模式中，有些潛在變項均只有一個測量變項，這些測量變項均由單一潛在變項來預測，若是沒有對單一觀察變項的誤差變異數（error variance）加以限制，則測量誤差值的變異數會變為無法辨識的參數（unidentified parameters）。其解決之道就是將潛在變項只有單一觀察變項的誤差項之變異數加以限制，使其固定為某個數值（通常是 0 或 1），則測量誤差值的變異數會變為可辨識的參數（identified parameters）。如將測量誤差值的變異數設定為 0，表示測量指標變項可以百分之百由潛在構念來預測，此時的觀察變項的 R 平方值會等於 1（100%），如將測量誤差值的變異數設定為 1，表示測量指標變項大部分可以由潛在構念來預測，此時的觀察變項的 R 平方值會等於.99（99%），將測量誤差值的變異數設定在 0 至 1 之間均是合理的參數限制。

【研究問題】

在退休教師生涯規劃、生活適應、生活滿意的路徑分析中，「生涯規劃」及「生活滿意」二個潛在變項各有二個測量指標變項，「生涯規劃」潛在變項的二個測量指標變項為「經濟計畫」、「休閒娛樂」；「生涯滿意」潛在變項的二個測量指標變項為「日常生活」、「自我實現」；「生活適應」潛在變項只有一個指標變項，此指標變項為受試者在「生活適應量表」上的總得分，分數愈高，表示受試者退休後的生活適應愈佳，「生活適應量表」總分之觀察變項名稱為「整體生活適應」（SPSS 資料檔中的變項名稱，Amos Graphics 繪圖區中方形物件中的變項名稱必須是 SPSS 資料檔中的變項名稱之一，且變項名稱必須完全相同，否則方形物件內的變項名稱會被視為潛在變項，而不是觀察變項）。

一、路徑分析假設模式圖

退休教師路徑分析假設模式圖如圖 8-39（沒有設定參數標籤名稱），在結構模式圖中外因變項有二個：一為外因潛在變項「生涯規劃」（橢圓形物件）；一為外因顯性變項「整體生活適應」變項（方形物件），內因變項為潛在變項「生活滿意」（橢圓形物件），結構模式中包含橢圓形之

潛在變項與方形之觀察變項，因而路徑分析模式為一種混合模型的路徑分析。

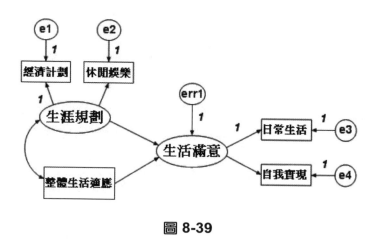

圖 8-39

設定參數標籤名稱之退休教師路徑分析假設模式圖如圖 8-40，從 Amos 增列的參數中可以得知，路徑分析模式中待估計的自由參數有 12 個，包括 1 個共變數、4 個迴歸係數、7 個變異數。

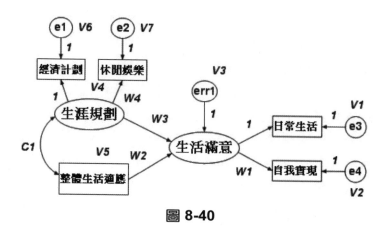

圖 8-40

在設定物件變項名稱及參數字型、大小時，使用者可按【Drag properties from object to object】（從物件到物件中拉曳屬性）圖像鈕，開啓「Drag Properties」（拉曳性質）對話視窗，將第一個設定好的物件及參數大小、框線、字型等格式直接拉曳至其他物件，可完成格式的複製。

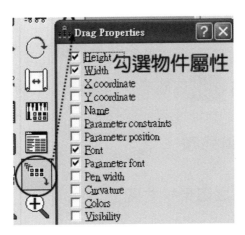

圖 8-41

二、增列模式圖像標題

按工具列圖像鈕 Title 【Figure captions】（模式圖標題），以設定要呈現的標題文字或適配度統計量，按下【圖像標題】圖像鈕，會出現「Figure captions」（圖像標題）對話視窗，在下方「Caption」（標題）方格中鍵入下列文字及統計量關鍵字。

> \FORMAT
> 群組=\GROUP；模式=\MODEL
> 卡方值=\CMIN（p =\p）；自由度=\DF
> RMSEA=\RMSEA；AGFI=\AGFI

Caption

```
\FORMAT
群組=\GROUP；模式=\MODEL
卡方值=\CMIN(p =\p)；自由度=\DF
RMSEA=\RMSEA；AGFI=\AGFI
```

圖 8-42

三、路徑分析模式估計結果

按【計算估計值】 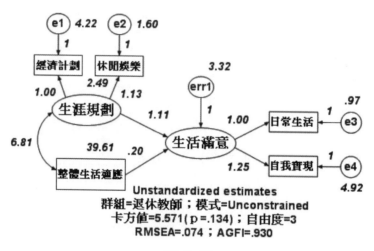圖像鈕後，模式可以收斂識別。

◉ (一)參數格式之模式圖

1. 非標準化估計值之因果模式圖

Unstandardized estimates
群組=退休教師；模式=Unconstrained
卡方值=5.571(p =.134)；自由度=3
RMSEA=.074；AGFI=.930

圖 8-43

2. 標準化估計值之因果模式圖

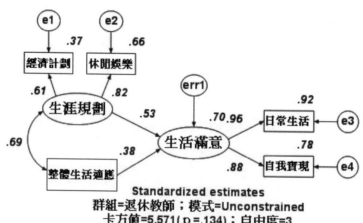

Standardized estimates
群組=退休教師；模式=Unconstrained
卡方值=5.571(p =.134)；自由度=3
RMSEA=.074；AGFI=.930

圖 8-44

⊜ ㈡模式註解輸出結果

```
Notes for Model (Unconstrained)

Computation of degrees of freedom (Unconstrained)

            Number of distinct sample moments:     15
   Number of distinct parameters to be estimated:  12
            Degrees of freedom (15 - 12):           3

Result (Unconstrained)

Minimum was achieved

Chi-square = 5.571

Degrees of freedom = 3

Probability level = .134
```

文字檢視視窗中「模式註解」選項顯示：樣本資料提供的資料點數目（樣本共變數獨特元素的數目）等於 15 個、模式中待估計的參數有 12 個，模式的自由度=15－12=3。整體模式適配度考驗的卡方值為 5.571，顯著性機率值 p=.134>.05，接受虛無假設，表示假設模型與樣本資料可以適配；而 RMSEA 值=.074<.080、AGFI 值=.930>.900，均達到模式適配標準，表示假設模型是合適的。

以最大概似法估計出個別參數值如表 8-58：

Scalar Estimates (退休教師 - Unconstrained)

Maximum Likelihood Estimates

表 8-58　Regression Weights: (退休教師 - Unconstrained)

	Estimate	S.E.	C.R.	P	Label
生活滿意←整體生活適應	.199	.056	3.580	***	par_3
生活滿意←生涯規劃	1.109	.275	4.028	***	par_4
日常生活←生活滿意	1.000				
自我實現←生活滿意	1.253	.077	16.226	***	par_1
經濟計畫←生涯規劃	1.000				
休閒娛樂←生涯規劃	1.129	.171	6.618	***	par_5

四個迴歸係數值均達顯著，除參照指標外，其 C.R.絕對值均大於 1.96。

表 8-59　Standardized Regression Weights: (退休教師 - Unconstrained)

	Estimate
生活滿意←整體生活適應	.379
生活滿意←生涯規劃	.528
日常生活←生活滿意	.959
自我實現←生活滿意	.882
經濟計畫←生涯規劃	.609
休閒娛樂←生涯規劃	.815

外因觀察變項「整體生活適應」對內因潛在變項「生活滿意」的標準化迴歸係數（β值）等於.379、外因潛在變項「生涯規劃」對內因潛在變項「生活滿意」的標準化迴歸係數（β值）等於.528，均達到.001 顯著水準，β係數值為正數，表示「整體生活適應」、「生涯規劃」二者對「生活滿意」的影響均為正向，迴歸係數符號與原先理論假設模式相符合。

表 8-60　Covariances: (退休教師 - Unconstrained)

	Estimate	S.E.	C.R.	P	Label
生涯規劃↔整體生活適應	6.813	1.346	5.060	***	par_2

表 8-61　Correlations: (退休教師 - Unconstrained)

	Estimate
生涯規劃↔整體生活適應	.686

二個外因變項間的相關係數為.686，達到.001 顯著水準，相關係數值為正數，表示外因觀察變項「整體生活適應」與外因潛在變項「生涯規劃」間為中度正向關係，相關係數介於-1 至+1 之間，沒有出現不合理的參數。

表 8-62　Variances: (退休教師 - Unconstrained)

	Estimate	S.E.	C.R.	P	Label
生涯規劃	2.490	.663	3.758	***	par_6
整體生活適應	39.607	4.499	8.803	***	par_7
err1	3.323	.712	4.667	***	par_8
e3	.970	.446	2.175	.030	par_9
e4	4.920	.879	5.595	***	par_10
e1	4.222	.564	7.490	***	par_11
e2	1.601	.419	3.818	***	par_12

模式中七個變異數均為正數，且變異數均達到顯著，四個測量指標的誤差變異數及內因變項的殘差變異數沒有出現負數，表示估計的參數沒有出現不合理或無法解釋的參數。

表 8-63　Squared Multiple Correlations: (退休教師 - Unconstrained)

	Estimate
生活滿意	.697
休閒娛樂	.665
經濟計畫	.371
自我實現	.778
日常生活	.919

外因觀察變項「整體生活適應」與外因潛在變項「生涯規劃」對內因潛在變項「生活滿意」的聯合解釋變異量為 69.7%（$R^2 = .697$）。

四、採用潛在變項路徑分析模式

由於外因變項生活適應有一個觀察變項，因而研究者也可把上述混合模式之路徑分析模式改為如下：外因潛在變項「生活適應」只有一個測量指標變項「整體生活適應」。

●(一)初始 PA-LV 模式

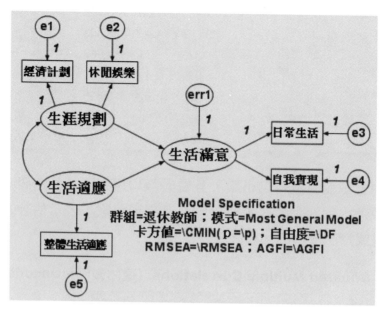

圖 8-45

上述執行計算估計值程序後,模式無法收斂估計。在文字檢視視窗中
「模式註解」選項顯示:樣本資料提供的資料點數目(樣本共變數獨特元
素的數目)等於 15 個、模式中待估計的參數有 13 個,模式的自由度=15
－13=2,跟之前的模式比較起來,少了一個自由度,為讓模式可以辨識,須
再增列一個限制參數。

Notes for Model (Unconstrained)

Computation of degrees of freedom (Unconstrained)

Number of distinct sample moments:	15
Number of distinct parameters to be estimated:	13
Degrees of freedom (15 – 13):	2

Result (Unconstrained)

The model is probably unidentified. In order to achieve identifiability, it will
probably be necessary to impose 1 additional constraint.

● ㈡修改 PA-LV 模式

增列模式參數限制方面，可將只有一個測量指標的誤差項 e5 之誤差變異數固定為 1 或 0（多數者均將測量誤差變異界定為 0），則自由參數數目會減少一個，模式自由度會增加 1，由原先 2 變為 3。在誤差項 e5 上按右鍵選取【Object Properties】（物件性質）選項，開啟「Object Properties」（物件性質）對話視窗，切換到「Parameters」（參數）對話盒，在「Variance」（變異數）下的方格中鍵入 1。

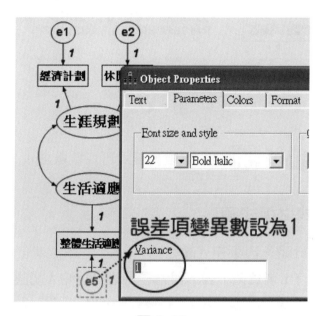

圖 8-46

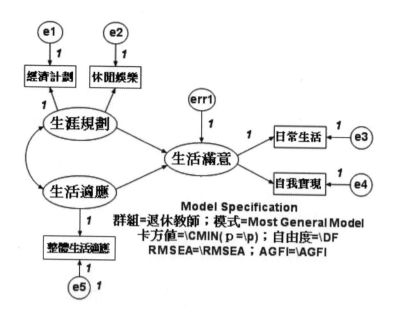

圖 8-47

按【計算估計值】 ▓▓▓圖像鈕後,模式可以收斂識別。

⊜⊜參數格式之模式圖

非標準化估計值之因果模式圖如圖 8-48:在非標準化估計值模式圖中
誤差項變異數沒有出現負值,表示樣本資料檔沒有輸入錯誤;由於限定「整
體生活適應」觀察變項的誤差項 e5 的變異數為 1,因而誤差項 e5 的變異數
會出現 1.00。

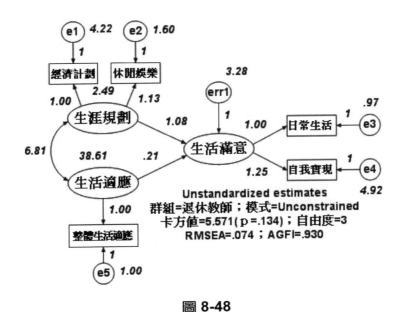

圖 8-48

標準化估計值之因果模式圖如圖 8-49：二個外因潛在變項對「生活滿意」的標準化迴歸係數分別為.52、.39，「生涯規劃」與「生活適應」二個外因潛在變項間的相關為.69。

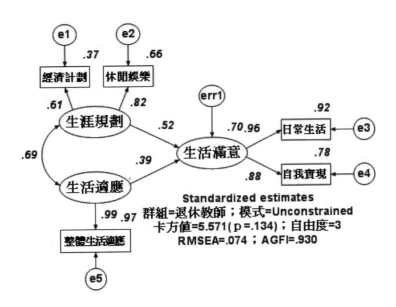

圖 8-49

㈣模式註解之文字輸出結果

Notes for Model (Unconstrained)

Computation of degrees of freedom (Unconstrained)

Number of distinct sample moments: 15

Number of distinct parameters to be estimated: 12

Degrees of freedom (15 - 12):   3

Result (Unconstrained)

Minimum was achieved

Chi-square = 5.571

Degrees of freedom = 3

Probability level = .134

　　文字檢視視窗中「模式註解」選項顯示：樣本資料提供的資料點數目（樣本共變數獨特元素的數目）等於 15 個、模式中待估計的參數有 12 個，模式的自由度=15−12=3。整體模式適配度考驗的卡方值為 5.571，顯著性機率值 p=.134>.05，接受虛無假設，表示假設模型與樣本資料可以適配；而 RMSEA 值=.074<.080、AGFI 值=.930>.900，均達到模式適配標準，表示假設模型是合適的。潛在變項路徑分析模式估計結果與採用混合路徑分析模式之估計結果大致相同。二種方法以最大概似法估計出來的參數，在結構模式中的二個標準化迴歸係數有稍許的不同。第一個模型估計結果：外因觀察變項「整體生活適應」對內因潛在變項「生活滿意」的標準化迴歸係數（β值）等於.379（÷.38）、外因潛在變項「生涯規劃」對內因潛在變項「生活滿意」的標準化迴歸係數（β值）等於.528（÷.53）；第二個模型估計結果：外因潛在變項「生活適應」對內因潛在變項「生活滿意」的標準化迴歸係數（β值）等於.393（÷.39）、外因潛在變項「生涯規劃」對內因潛在變項「生活滿意」的標準化迴歸係數（β值）等於.515（÷.52），聯合解釋變異量差不多，一為.697、一為.701，在標準化估計值模式圖均呈現.70。

Maximum Likelihood Estimates

表 8-64 **Standardized Regression Weights: (退休教師 - Unconstrained)**

		Estimate
生活滿意	←生活適應	.393
生活滿意	←生涯規劃	.515
日常生活	←生活滿意	.959
自我實現	←生活滿意	.882
經濟計畫	←生涯規劃	.609
休閒娛樂	←生涯規劃	.815
整體生活適應	←生活適應	.987

表 8-65 **Squared Multiple Correlations: (退休教師 - Unconstrained)**

	Estimate
生活滿意	.701
整體生活適應	.975
休閒娛樂	.665
經濟計畫	.371
自我實現	.778
日常生活	.919

由於未將「整體生活適應」指標變項的誤差變異設定為 0，因而「整體生活適應」指標變項的 R 平方值不會等於 1.000。

㈤將測量誤差變異數設定 0

如果研究者認為單一觀察變項能完全反映其潛在特質構念，即潛在變項能百分之百解釋或預測此單一觀察變項，則單一觀察變項的測量誤差變異數要設定為 0，表示觀察變項可以完全由潛在變項來預測，觀察變項的測量誤差變異數設為 0，其 R 平方會等於 1。在下述 PA-LV 模式中，「生活適應」潛在變項只有單一觀察變項「整體生活適應」，將指標變項的誤差項 e5 的變異數設定為 0。單一顯性變項的測量誤差變異數設定為 0 的假設模式圖如圖 8-50：

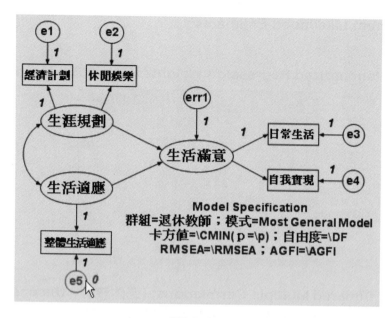

圖 8-50

執行「分析」／「計算估計值」程序後，非標準化估計值的模式圖如圖 8-51，其中所有參數數值均和先前採用混合徑路分析模型估計結果相同，「整體生活適應」觀察變項之誤差項的誤差變異數數值為.00。

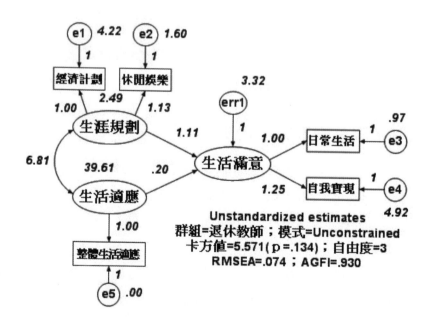

圖 8-51

標準化估計值的模式圖如圖 8-52，其中所有參數數值均和先前採用混合徑路分析模型估計結果相同，「整體生活適應」觀察變項之 R 平方值等 1.00，表示「整體生活適應」觀察變項能百分之百（100%）反應其潛在特質構念，或「生活適應」潛在變項對單一指標變項「整體生活適應」的預測力達 100%。

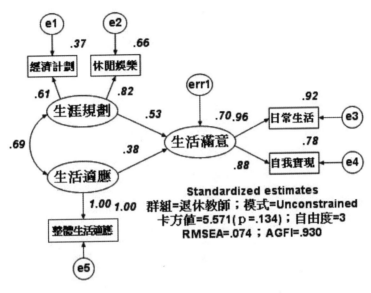

圖 8-52

表 8-66　**Squared Multiple Correlations: (退休教師 - Unconstrained)**

	Estimate
生活滿意	.697
整體生活適應	1.000
休閒娛樂	.665
經濟計畫	.371
自我實現	.778
日常生活	.919

五、混合路徑分析模式範例二

混合路徑分析模式範例二如下圖：內因潛在變項生活滿意為顯性變項，觀察變項名稱為「整體生活滿意」、外因潛在變項生活適應為顯性變項，

觀察變項名稱為「整體生活適應」，外因潛在變項「生涯規劃」有二個測量指標變項：「經濟計畫」、「休閒娛樂」。

◉ (一)假設模式圖

在結構模式圖中，外因變項一為橢圓形物件的潛在變項「生涯規劃」；一為方形物件的顯性變項「整體生活適應」，內因變項為方形物件的顯性變項「整體生活滿意」（方形物件內的變項名稱為從 SPSS 資料檔中直接拉曳讀入）。

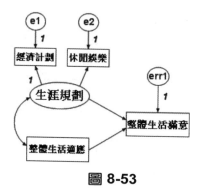

圖 8-53

路徑分析模式估計結果，按【計算估計值】 图像鈕後，模式可以收斂識別。

◉ (二)非標準化估計值之因果模式圖

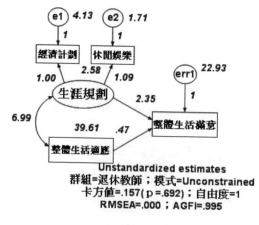

圖 8-54

● ㈢標準化估計值之因果模式圖

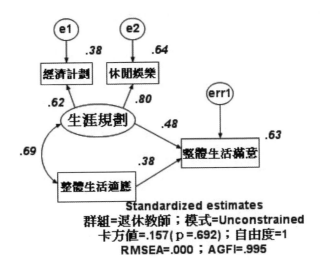

圖 8-55

Notes for Model (Unconstrained)

Computation of degrees of freedom (Unconstrained)

Number of distinct sample moments: 10

Number of distinct parameters to be estimated: 9

Degrees of freedom (10 - 9): 1

Result (Unconstrained)

Minimum was achieved

Chi-square = .157

Degrees of freedom = 1

Probability level = .692

　　文字檢視視窗中「模式註解」選項顯示：樣本資料提供的資料點數目（樣本共變數獨特元素的數目）等於 10 個、模式中待估計的參數有 9 個，模式的自由度=10-9=1。整體模式適配度考驗的卡方值為.157，顯著性機率值 p=.692>.05，接受虛無假設，表示假設模型與樣本資料可以適配；而 RMSEA 值=.000<.080、AGFI 值=.995>.900，均達到模式適配標準，表示假

設模型是可以被接受的。

◉ ㈣將混合路徑分析模型改為 PA-LV 模式

在 Amos Graphics 繪圖模式中要在原變項物件上更改其物件形狀,如將方形「整體生活滿意」物件直接改為橢圓形物件,要利用【Toggle Observed/Unobserved】(變更觀察變項/潛在變項物件)工具鈕,執行功能列【Analyze】(分析)／【Toggle Observed/Unobserved】(變更觀察變項/潛在變項物件)程序,將同時帶有小橢圓形與方形的滑鼠移往原先方形物件「整體生活滿意」上按一下,則「整體生活滿意」方形物件會變為橢圓形物件(若在橢圓形物件上按一下會變為方形物件),「整體生活滿意」變項變為橢圓形物件後,變為潛在變項,要增列一組觀察變項與測量誤差項,修改橢圓形物件內之潛在變項名稱為「生活滿意」(「整體生活滿意」變項為 SPSS資料檔中的變項名稱,為觀察變項,不能放在潛在變項物件中)。

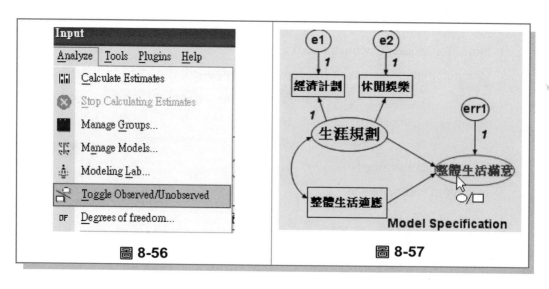

圖 8-56　　　　　　　　圖 8-57

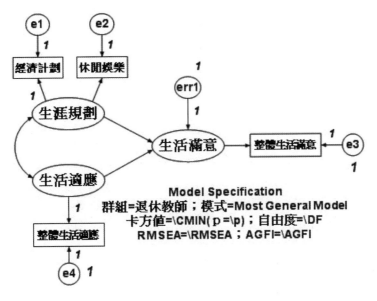

圖 8-58

潛在變項只有一個觀察變項時，如採用 PA-LV 假設模式要注意模式自由度，若是模式自由度為 0 或自由度為負數，則模式無法辨識或考驗。在上例假設模式中要將潛在變項只有一個測量指標的測量誤差項之變異數固定為 1 或 0，此外，在結構模式中要將內因變項殘差項「err1」的變異數也固定為 1，否則模式無法辨識估計。

在下面的混合路徑分析假設模式圖，未限制將結構模式中之內因變項殘差項「err1」的變異數設為固定值，模式中待估計的自由參數共有 10 個，包括一個共變數（C1）、四個迴歸係數（W1、W2、W3、W4）、五個變異數（V1、V2、V3、V4、V5）。如果研究者在模式圖增列參數後，參數間互相重疊，可按【Move parameter values】（移動參數數值）[圖像鈕] 圖像鈕直接拉曳各參數標籤名稱或估計值中的參數數值，均可移動各物件或變項的參數。

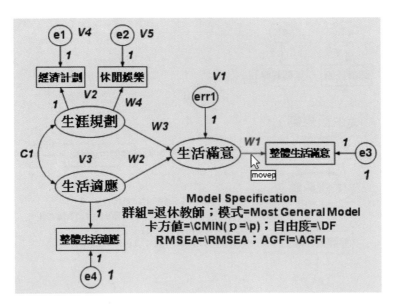

圖 8-59

Notes for Model (Unconstrained)

Computation of degrees of freedom (Unconstrained)

Number of distinct sample moments:	10
Number of distinct parameters to be estimated:	10
Degrees of freedom (10 - 10):	0

Result (Unconstrained)

The model is probably unidentified. In order to achieve identifiability, it will probably be necessary to impose 1 additional constraint.

　　由於假設因果模式圖中有四個觀察變項，因而樣本資料共變數矩陣提供的資料點數目（獨特元素數目）等於(4)×(4+1)÷2＝10，而模式中待估計的自由參數個數也有 10 個，模式的自由度等於 0，模式估計結果無法辨識，因而須增列限制參數個數，以減少自由參數數目，此時可考量將結構模式中內因變項「生活滿意」殘差項「err1」的變異數限制為某個常數（通常為 1），則模式中待估計的自由參數個數會減少為 9 個，模式的自由度等於 1，模型變為「過度識別」模式。

　　按【計算估計值】 ![icon] 圖像鈕後，模式可以收斂識別。非標準化估計

Structural Equation Modeling-Amos Operation and Application

值之因果模式圖與標準化估計值之因果模式圖如下。

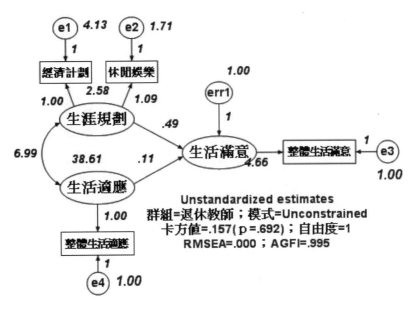

圖 8-60

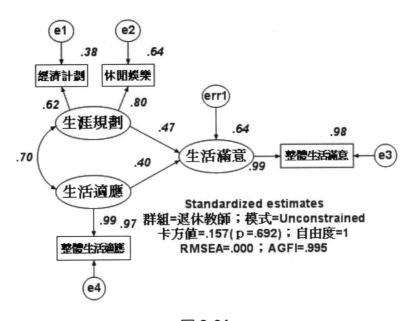

圖 8-61

二個估計值模式圖中沒有出現負的誤差變異數、相關係數介於-1 至+1

間、標準化迴歸係數（β值）分別爲.47、.40，其符號與原先理論相符合，表示估計的參數是合理可以解釋的參數。

Notes for Model (Unconstrained)

Computation of degrees of freedom (Unconstrained)

Number of distinct sample moments: 10

Number of distinct parameters to be estimated: 9

Degrees of freedom (10 - 9):   1

Result (Unconstrained)

Minimum was achieved

Chi-square = .157

Degrees of freedom = 1

Probability level = .692

文字檢視視窗中「模式註解」選項顯示：樣本資料提供的資料點數目（樣本共變數獨特元素的數目）等於 10 個、模式中待估計的參數有 9 個，模式的自由度=10−9=1。整體模式適配度考驗的卡方值爲.157，顯著性機率值 p=.692>.05，接受虛無假設，表示假設模型與樣本資料可以適配；而 RMSEA 值=.000<.080、AGFI 值=.995>.900，均達到模式適配標準，表示假設模型是可以被接受的。

⬤ ㈤將誤差變異數設爲 0

將二個單一測量變項均由單一潛在變項來預測的誤差項之變異數均設定爲 0，誤差項 e3、誤差項 e4 二個誤差項變項的變異數設定爲 0 的假設模型圖如圖 8-62：

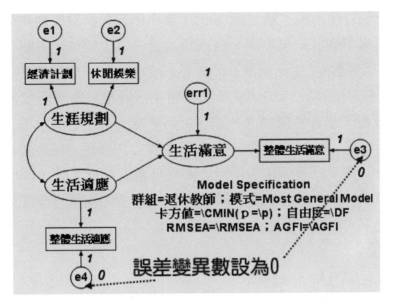

圖 8-62

執行「分析」／「計算估計值」程序後，非標準化估計值的模式圖如圖 8-63，「整體生活適應」觀察變項之誤差項的誤差變異數數值為.00、「整體生活滿意」觀察變項之誤差項的誤差變異數數值為.00、誤差項 e1 的變異數為 4.13、誤差項 e2 的變異數為 1.71、外因潛在變項「生涯規劃」的變異數為 2.58、外因潛在變項「生活適應」的變異數為 39.61 等數據均與之前採用混合徑路分析模式估計結果相同。

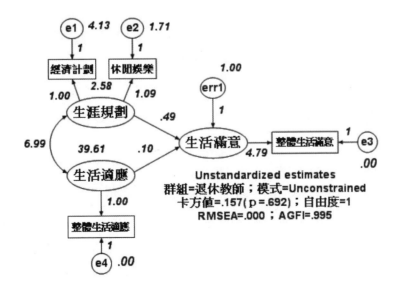

圖 8-63

標準化估計值的模式圖如圖 8-64，其中所有參數數值均和先前採用混合徑路分析模型估計結果相同，結構模式圖中二個標準化迴歸係數分別為.48、.38，內因變項「生活滿意」的R平方值為.63。「整體生活適應」觀察變項之 R 平方值等於 1.00，表示「整體生活適應」觀察變項能百分之百（100%）反應其潛在特質構念，或「生活適應」潛在變項對單一指標變項「整體生活適應」的預測力達 100%；「整體生活滿意」觀察變項之R平方值等於 1.00，表示「整體生活滿意」觀察變項能百分之百（100%）反應其潛在特質構念，或「生活滿意」潛在變項對單一指標變項「整體生活滿意」的預測力達 100%。

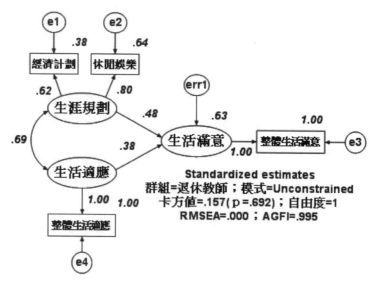

圖 8-64

六、混合路徑分析模式範例三

混合路徑分析模式範例三如下圖：內因潛在變項「成就動機」有二個觀察變項，分別為成就動機層面一、成就動機層面二；「工作自尊」有二個觀察變項，分別為工作自尊層面一、工作自尊層面二；「語文智力」為外因觀察變項，外因潛在變項「工作滿足」有二個觀察變項，分別為工作滿足層面一、工作滿足層面二，「工作滿足」為內因觀察變項（數據資料來源：*Bagozzi, 1980*；余民寧，民 95）。

觀察變項的測量值來源如下：

1. 工作滿足：為受試者在「工作滿足量表」上的得分，內分二個面向：
   工作滿足一、工作滿足二。
2. 成就動機：為受試者在「成就動機量表」上的得分，內分二個面向：
   成就動機一、成就動機二。
3. 工作自尊：為受試者在「工作自尊量表」上的得分，內分二個面向：
   工作自尊一、工作自尊二。
4. 工作表現：為受試者在工作表現題項指標上的總得分。
5. 語文智力：為受試者在語文智力測驗上的分數加總。

八個觀察變項間的相關矩陣與變項的平均數、標準差於SPSS中的建檔範例如圖 8-65：

	rowtype_	varname_	工作表現	滿足感一	滿足感二	動機一	動機二	自尊一	自尊二	語文智力
1	n		122.00	122.00	122.00	122.00	122.0	122.00	122.0	122.0
2	corr	工作表現	1.000	.	.	.	.	.	.	.
3	corr	滿足感一	.418	1.000	.	.	.	.	.	.
4	corr	滿足感二	.394	.627	1.000	.	.	.	.	.
5	corr	動機一	.129	.202	.266	1.000	.	.	.	.
6	corr	動機二	.189	.284	.208	.365	1.000	.	.	.
7	corr	自尊一	.544	.281	.324	.201	.161	1.000	.	.
8	corr	自尊二	.507	.225	.314	.172	.174	.546	1.000	.
9	corr	語文智力	-.357	-.156	-.038	-.199	-.277	-.294	-.174	1.000
10	stddev		720.86	15.540	18.460	14.900	14.35	19.570	24.16	21.36
11	mean		2.090	3.430	2.810	1.950	2.060	2.160	2.060	3.650

資料檢視 / 變數檢視 /

圖 8-65

八個觀察變項間的相關矩陣與變項的平均數、標準差數據如表 8-67：

表 8-67

rowtype_	varname_	工作表現	滿足感一	滿足感二	動機一	動機二	自尊一	自尊二	語文智力
n		122	122	122	122	122	122	122	122
corr	工作表現	1							
corr	滿足感一	0.418	1						
corr	滿足感二	0.394	0.627	1					
corr	動機一	0.129	0.202	0.266	1				
corr	動機二	0.189	0.284	0.208	0.365	1			
corr	自尊一	0.544	0.281	0.324	0.201	0.161	1		
corr	自尊二	0.507	0.225	0.314	0.172	0.174	0.546	1	
corr	語文智力	-0.357	-0.156	-0.038	-0.199	-0.277	-0.294	-0.174	1
stddev		720.86	15.54	18.46	14.9	14.35	19.57	24.16	21.36
mean		2.09	3.43	2.81	1.95	2.06	2.16	2.06	3.65

㈠假設模式圖

在結構模式圖中，橢圓形物件的潛在變項有「成就動機」、「工作自尊」、「工作滿足」三個（潛在變項名稱不能與 SPSS 資料檔中的變項名稱相同），方形物件的顯性變項有「語文智力」、「工作表現」二個（方形物件內的變項名稱為從 SPSS 資料檔中直接拉曳讀入）。

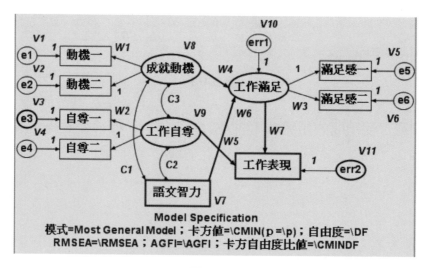

圖 8-66

路徑分析模式估計結果，按【計算估計值】 ▓▓▓ 圖像鈕後，模式可以

收斂識別。

◉ ⑵非標準化估計值之因果模式圖

沒有出現負的變異數。

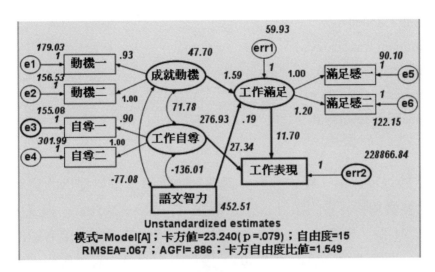

圖 8-67

◉ ⑶標準化估計值之因果模式圖

所有相關係數參數介於-1 至+1 之間，所有標準化迴歸係數值介於-1 至+1 之間。

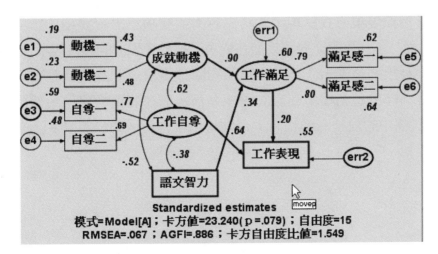

圖 8-68

Notes for Model (Model[A])

Computation of degrees of freedom (Model[A])

Number of distinct sample moments:	36
Number of distinct parameters to be estimated:	21
Degrees of freedom (36 - 21):	15

Result (Model[A])

Minimum was achieved

Chi-square = 23.240

Degrees of freedom = 15

Probability level = .079

文字檢視視窗中「模式註解」選項顯示：樣本資料提供的資料點數目（樣本共變數獨特元素的數目）等於 36 個（=8×9÷2=36）、模式中待估計的參數有 21 個，模式的自由度=36−21=15。整體模式適配度考驗的卡方值為 23.240，顯著性機率值 p=.079>.05，接受虛無假設，表示假設模型與樣本資料可以適配；而 RMSEA 值=.067<.080、卡方自由度比值=1.549<3.000，均達到模式適配標準，表示假設模型是可以被接受的。

⚫ ㈣將混合路徑分析模型改為 PA-LV 模式

在上述只有一個觀察變項的「語文智力」、「工作表現」改為潛在變項的測量指標變項方式呈現，「語文智力」變項為潛在變項「語文」的顯性變項，而「工作表現」變項為潛在變項「績效表現」的顯性變項。在 Amos 繪製的假設模式圖中，作為潛在變項的顯性變項或測量指標變項的變項名稱必須是 SPSS 資料檔中存有的變項名稱，潛在變項的變項名稱絕不能與 SPSS 資料檔中的變項名稱相同，否則會出現警告或錯誤訊息。

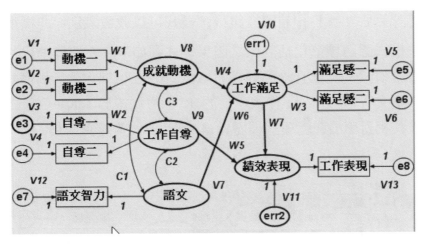

圖 8-69

　　潛在變項只有一個觀察變項時，如採用 PA-LV 假設模式要注意模式自由度，若是模式自由度為 0 或自由度為負數，則模式無法辨識或考驗。在假設模式中由於潛在變項「語文」、「績效表現」均只有一個觀察變項，表示觀察變項可以完全由潛在變項來預測，因而須將只有一個測量指標的測量誤差項之變異數設定為0（也可設定為 1），否則模式無法辨識估計。顯性變項「語文智力」的誤差項為 e7，其變異數參數標籤名稱為 V12，顯性變項「工作表現」的誤差項為 e8，其變異數參數標籤名稱為 V13，將二個變異數參數標籤名稱設定為 0 的操作程序如下：執行功能列【Analyze】（分析）／【Manage Models】（管理模式）程序，開啟「Manage Models」（管理模式）對話視窗，在「Model Name」（模式名稱）下的方格中鍵入「Model[A]」，在「Parameter Constraints」（參數限制）下的方格中鍵入「V12=0、V13=0」或「V12=V13=0」。

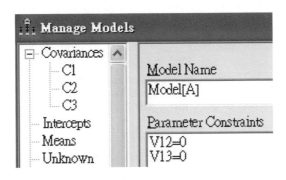

圖 8-70

　　按【計算估計值】 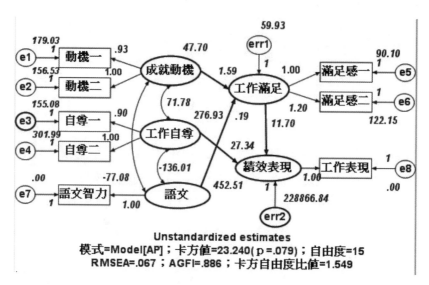 圖像鈕後，模式可以收斂識別。非標準化估計值之因果模式圖與標準化估計值之因果模式圖如下。在非標準化估計值模式圖中誤差項e7、誤差項e8 的變異數均為.00。在標準化估計值模式圖中觀察變項「語文智力」、「工作表現」的 R 平方均等於 1.00，表示二個觀察變項能被其相對應潛在變項解釋變異達 100%，誤差變異為 0%。

圖 8-71

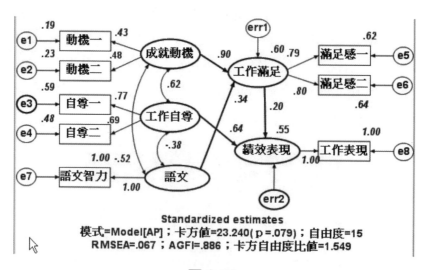

圖 8-72

```
Notes for Model (Model[A])
Computation of degrees of freedom (Model[A])
              Number of distinct sample moments:      36
  Number of distinct parameters to be estimated:     21
              Degrees of freedom (36 - 21):           15
Result (Model[A])
Minimum was achieved
Chi-square = 23.240
Degrees of freedom = 15
Probability level = .079
```

　　文字檢視視窗中「模式註解」選項顯示：樣本資料提供的資料點數目
（樣本共變數獨特元素的數目）等於 36 個（=8×9÷2=36）、模式中待估計
的參數有 21 個，模式的自由度=36−21=15。整體模式適配度考驗的卡方值
為 23.240，顯著性機率值p=.079>.05，接受虛無假設，表示假設模型與樣本
資料可以適配；而 RMSEA 值=.067<.080、卡方自由度比值=1.549<3.000，均
達到模式適配標準，表示假設模型是可以被接受的。

表 8-68　Squared Multiple Correlations: (Group number 1 - Model[A])

	Estimate
工作滿足	.599
績效表現	.553
工作表現	1.000
語文智力	1.000
滿足感二	.639
滿足感一	.624
自尊一	.592
自尊二	.478
動機一	.187
動機二	.234

　　從多元相關係數平方值可以看出：「工作表現」、「語文智力」的 R

平方值均等於 1，表示潛在變項構念「語文」可以解釋「語文智力」顯性變項 100%的變異（誤差變異等於 0）、潛在變項構念「績效表現」可以解釋「工作表現」顯性變項 100%的變異（誤差變異等於 0）。

七、混合路徑分析模式──非遞迴模式

在下述範例中採用單群組多重模式的設定，模式 A 中主要為「工作表現」影響「工作滿足」；模式 B 中主要為「工作滿足」影響「工作表現」，模式 C 假定「工作滿足」與「工作表現」互為影響，且二者影響的路徑係數相等，模式 D 假定「工作滿足」與「工作表現」互為影響，且二者影響的路徑係數不相等。外因變項「語文智力」與內因變項「工作表現」均只有一個觀察變項，沒有第二個顯性變項，因而直接以觀察變項作為結構模式的變項。

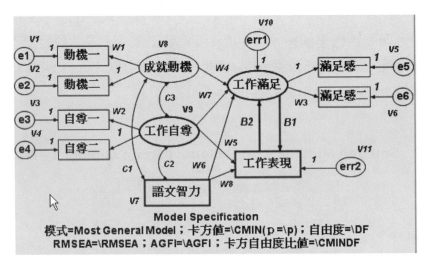

圖 8-73

●（一）多重模式的設定

執行功能列【Analyze】（分析）／【Manage Models】（管理模式）程序，開啟「Manage Models」（管理模式）對話視窗：

1. 模式 A

在「Model Name」（模式名稱）下的方格中鍵入「Model[A]」，在「Parameter Constraints」（參數限制）下的方格中鍵入「B1＝0」→按『New』（新增）鈕。將迴歸係數 B1 的參數數值設為 0，表示「工作滿足」潛在變項對「工作表現」觀察變項沒有直接影響效果。

2. 模式 B

在「Model Name」（模式名稱）下的方格中鍵入「Model[B]」，在「Parameter Constraints」（參數限制）下的方格中鍵入「B2=0」→按『New』（新增）鈕。將迴歸係數 B2 的參數數值設為 0，表示「工作表現」觀察變項對「工作滿足」潛在變項沒有直接影響效果。

3. 模式 C

在「Model Name」（模式名稱）下的方格中鍵入「Model[C]」，在「Parameter Constraints」（參數限制）下的方格中鍵入「B1=B2」→按『New』（新增）鈕。將迴歸係數 B1 的參數數值設定等於迴歸係數 B2 的參數數值，表示「工作滿足」潛在變項與「工作表現」觀察變項互為影響，且二者影響的路徑係數相等。

4. 模式 D

在「Model Name」（模式名稱）下的方格中鍵入「Model[D]」，在「Parameter Constraints」（參數限制）下的方格中不做任何參數限制→按『Close』（關閉）鈕。迴歸係數 B1 參數數值與迴歸係數 B2 參數數值不進行相等化限制，表示「工作滿足」潛在變項與「工作表現」觀察變項互為影響，二者影響的路徑係數自由估計。

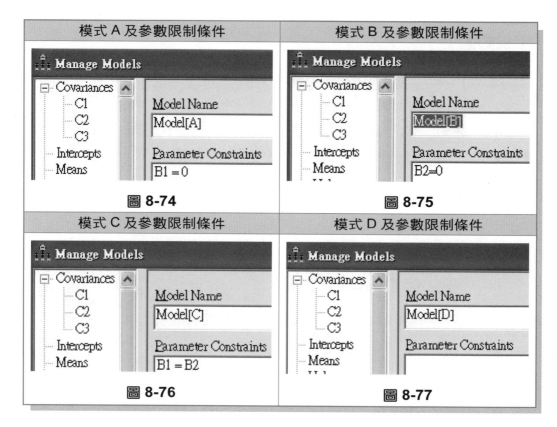

模式 A 及參數限制條件	模式 B 及參數限制條件
圖 8-74	圖 8-75
模式 C 及參數限制條件	模式 D 及參數限制條件
圖 8-76	圖 8-77

○（二）多重模式估計結果

按【計算估計值】 圖像鈕後，四個模式均可以收斂識別。四個標準化估計值之因果模式圖如圖 8-78。

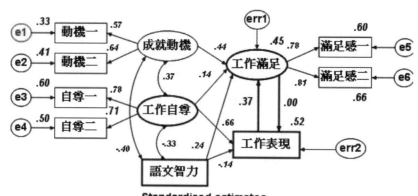

Standardized estimates
模式=Model[A]；卡方值=10.557(p =.648)；自由度=13
RMSEA=.000；AGFI=.939；卡方自由度比值=.812

圖 8-78

Structural Equation Modeling-Amos Operation and Application

　　模式[A]的自由度等於 13、整體適配度考驗的卡方值為 10.557、顯著性機率值 p=.648>.05，接受虛無假設，表示假設模型與樣本資料可以適配。RMSEA 值=.000<.050、AGFI 值=.939>.900、卡方自由度比值=.812<2.000，均達到模式可以適配標準，表示假設模型是合適的。內因潛在變項「工作滿足」的 R 平方值等於.45、內因觀察變項「工作表現」的 R 平方值等於.52，「工作表現」對「工作滿足」影響的標準化迴歸係數等於.37。

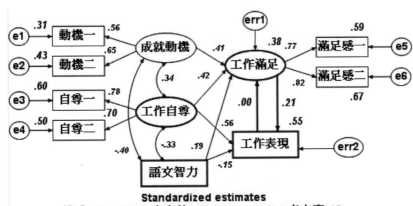

圖 8-79

　　模式[B]的自由度等於 13、整體適配度考驗的卡方值為 12.127、顯著性機率值 p=.517>.05，接受虛無假設，表示假設模型與樣本資料可以適配。RMSEA 值=.000<.050、AGFI 值=.931>.900、卡方自由度比值=.933<2.000，均達到模式可以適配標準，表示假設模型是合適的。內因潛在變項「工作滿足」的 R 平方值等於.38、內因觀察變項「工作表現」的 R 平方值等於.55，「工作滿足」對「工作表現」影響的標準化迴歸係數等於.21。

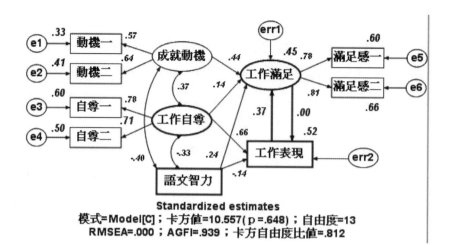

圖 8-80

　　模式[C]的自由度等於 13、整體適配度考驗的卡方值為 10.557、顯著性機率值 p=.648>.05，接受虛無假設，表示假設模型與樣本資料可以適配。RMSEA 值=.000<.050、AGFI 值=.939>.900、卡方自由度比值=.812<2.000，均達到模式可以適配標準，表示假設模型是合適的。內因潛在變項「工作滿足」的 R 平方值等於.45、內因觀察變項「工作表現」的 R 平方值等於.52，「工作滿足」對「工作表現」影響的非標準化迴歸係數等於.01、標準化迴歸係數等於.00，「工作表現」對「工作滿足」影響的非標準化迴歸係數等於.01、標準化迴歸係數等於.37。

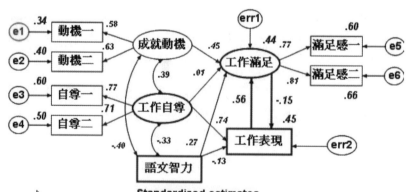

圖 8-81

模式[D]的自由度等於 12、整體適配度考驗的卡方值為 10.309、顯著性機率值 p=.589>.05，接受虛無假設，表示假設模型與樣本資料可以適配。RMSEA 值=.000<.050、AGFI 值=.935>.900、卡方自由度比值=.859<2.000，均達到模式可以適配標準，表示假設模型是合適的。內因潛在變項「工作滿足」的 R 平方值等於.44、內因觀察變項「工作表現」的 R 平方值等於.45，「工作滿足」對「工作表現」影響的非標準化迴歸係數等於-9.16、標準化迴歸係數等於-.15（此影響路徑與理論相互矛盾），「工作表現」對「工作滿足」影響的非標準化迴歸係數等於.01、標準化迴歸係數等於.56。

在模式[A]與模式[B]的比較中，模式[A]的卡方值為 10.557、模式[B]的卡方值為 12.127，模式[A]中「工作表現」對「工作滿足」影響的標準化迴歸係數為.37，在模式[B]中「工作滿足」對「工作表現」影響的標準化迴歸係數為.21，表示「工作表現」對「工作滿足」影響的程度高於「工作滿足」對「工作表現」影響的程度，若進行模式[A]與模式[B]的模式選替策略，則以模式[A]較為適宜。

㈢模式界定搜尋

假設所列的四個混合路徑分析假設模式均是合適的，執行模式界定搜尋也可以進行四個模型競爭模式的比較。執行功能列【Analyze】（分析）／【Specification Search】（界定搜尋）程序，開啟「Specification Search」（界定搜尋）對話視窗，按『Perform specification search』（執行界定搜尋）工具鈕，Amos 會執行模式界定搜尋，執行完畢，會出現所有模式的相關統計量。

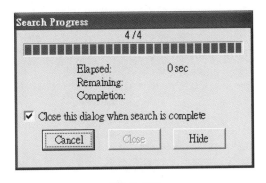

圖 8-82

圖 8-83

在執行界定模式搜尋後，會呈現各模式的相關統計量，第一欄「Model」為模式編號（Sat 為飽和模式）、第二欄「Name」為模式名稱、第三欄「Params」為模式中待估計的自由參數、第四欄「df」為模式的自由度、第五欄「C」為模式的卡方值、第六欄「C-df」為模式卡方值與模式自由度的差異值、第七欄「AIC 0」、第八欄「BCC 0」、第九欄「BIC 0」為 K-L 模式適配度的判斷指標、第十欄「C/df」為模式卡方自由度比值、第十一欄「p」為顯著性機率值。模式[A]至模式[D]中的「AIC 0」與「BCC 0」值介於 0 至 2 間，表示沒有證據可以反對模式是 K-L 最佳模式（與母群體樣本適配）。「BIC 0」的判別準則如下：當「BIC 0」數值介於 0 至 2 時，表示有很微弱的證據反對模式和第一個模式有所不同、「BIC 0」數值介於 2 至 6 時，表示有很正向的證據反對模式和第一個模式有所不同、「BIC 0」數值介於 6 至 10 時，表示有強烈的證據反對模式和第一個模式有所不同、「BIC 0」數值大於 10 以上，表示有非常強烈的證據反對模式和第一個模式有所不同（*Raftery, 1995*）。模式[B]、模式[C]中的「BIC 0」值介於 0 至 2 中間，表示有很微弱的證據說這二個模式和模式[A]有所不同，模式[D]中的「BIC 0」值為 4.556，表示有正向的證據可以說這模式[D]和模式[A]是有所不同的。

按【Show short list】（顯示簡要列表）工具鈕，會將之前所有模式依相關統計量重新排列。

Model	Name	Params	df	AIC 0	BCC 0	BIC 0	C / df	p
Null 1	Null 1	8	28	256.499	228.499	215.942	213.531	173.882	9.161	0.000
Null 2	Null 2	9	27	181.810	154.810	143.253	141.003	103.997	6.734	0.000
1	Model[A]	23	13	10.557	*-2.443*	*0.000*	*0.000*	*0.000*	*0.812*	*0.648*
2	Model[C]	23	13	10.557	-2.443	0.000	0.000	0.000	0.812	0.648
3	Model[B]	23	13	12.127	-0.873	1.570	1.570	1.570	0.933	0.517
4	Model[D]	24	12	10.309	-1.691	1.752	1.913	4.556	0.859	0.589
Sat	[Saturated]	36	0	0.000	0.000	15.443	17.532	51.895		

圖 8-84

　　界定模式搜尋工具鈕 ☑ 選項（Options）中的「Next search」（下一個搜尋）對話盒中，Amos 內定的數值為 10，10 表示最多保留十個二個參數的模式，最多保留十個一個參數的模式，若是數值設定為 0，表示對於報告的模式數目沒有限制。

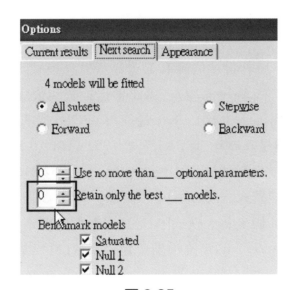

圖 8-85

　　搜尋工具鈕 ☑ 選項（Options）的「Current results」（目前結果）對話盒，在「BCC, AIC, BIC」方盒中內定的選項為「⊙Zero-based (min=0)」（最小值為 0 開始），若是改為「⊙Akaike weights/ Bayes factors (sum=1)」，原先輸出的「BCC0」統計量會變為「BCC p」統計量。

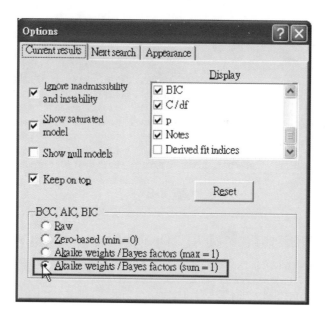

圖 8-86

執行模式界定搜尋程序後會出現四個模式 BICp 與 BCCp 統計量代替先前之 BICp 與 BCCp 統計量,估計 K-L 最佳模式(模式[A])大約是模式[B]的 2.19 倍(＝0.352÷0.161＝2.19),K-L 最佳模式[A]的機率值是 0.352、K-L 最佳模式[B]的機率值是 0.161、K-L 最佳模式[C]的機率值是 0.352、K-L 最佳模式[D]的機率值是 0.135。有 51.3%(＝.352+.161＝0.513)的機遇包括的 K-L 最佳模式為模式[A]、模式[B],有 86.5%(＝.352+.161+.352＝0.865)的機遇包括的 K-L 最佳模式為模式[A]、模式[B]、模式[C](*Burnham & Anderson, 1998*)。從「BICp」值來看,模式[A]是正確模型的機率為 39.1%,有 96%(＝.391+.178+.391＝.96)的正確模型會包括模式[A]、模式[B]、模式[C]。

Model	Name	Params	df	C	C - df	BCC p	BIC p	C / df	p
1	Model[A]	23	13	10.557	*-2.443*	*0.352*	*0.391*	*0.812*	*0.648*
2	Model[B]	23	13	12.127	-0.873	0.161	0.178	0.933	0.517
3	Model[C]	23	13	10.557	-2.443	0.352	0.391	0.812	0.648
4	Model[D]	24	12	10.309	-1.691	0.135	0.040	0.859	0.589
Sat	[Saturated]	36	0	0.000	0.000	0.000	0.000		

圖 8-87

Structural Equation Modeling- Amos Operation and Application

CHAPTER

9

多群組分析

A M O S & S E M

多群組同時分析（simultaneous analysis of several groups）的目的在於探究適配於某一個群體的徑路模式圖，相對應的參數是否也適配於其他群體。在多群組參數的限定中，若是多個群體在徑路模式圖的所有相對應的參數均設定為相等，稱為全部恒等性檢驗（test for full invariance）或全部不變性檢定，此種檢定是一種最為嚴格的模式；如果多個群體在徑路模式圖的部分相對應的參數設定為相等，稱為部分恒等性檢驗（test for partial invariance）或部分不變性檢定，如果多個群體的徑路模式圖的參數均未加以限制，則此種多群組分析為最寬鬆模式（loose models）。

多群組的 SEM 分析檢定在於評估一個適配於某一樣本群體的模型，是否也適配於其他不同樣本的群體，即評估研究者所提的理論模型在不同樣本群體間是否相等（equivalent）或參數具有不變性（invariant），不同樣本群體變項屬性通常為間斷變項（名義變數或次序變數），若是多群組的 SEM 分析檢定結果，假設模型是合適而可以被接受，表示此間斷變項對研究者所提的假設模型具有調節作用，在選替模式（alternative models）或競爭模式（competing models）中，研究者也可以從不同群組之限制參數模式中挑選一個最簡約而最適配的模型。多群組的 SEM 分析原理乃是將原先在單一樣本之單一共變結構關係分割成數個平行共變結構，進而評估這些共變結構的等同關係。

學者 Bryne（2001, p.173）認為多群體不變性（multigroup invariance）檢定，研究者應關注以下五個方面：

1. 特別測量工具的題項在不同母群體（如性別、年齡、能力）之間是否有具有等同性，此為測量模型組間不變性（group-invariant）的檢定？
2. 使用多種測量工具時，單一測量工具在不同母群體的因素結構（factorial structure）或理論結構是否具有恒等性？此方面涉及的是結構模型恒等性的估計。
3. 某些特定的路徑在不同母群體間是否具有獨特的因果結構不變性（structure invariant）？此方面涉及的是模型中特定參數的估計而非是整個模型不變性的評估。

4.模式中特殊構念之潛在變項的平均數在不同母群體間是否相同？此方面涉及的是潛在平均結構不變性的檢定（testing for invariant latent mean structures）。

5.測量工具的因素結構在相同母群體之不同樣本中是否可以複製？此問題即是模式跨效度（cross-validation）或複核效度的議題。

在多群組所有參數不變性檢驗中，Joreskog（*1971*）建議應從多群體整體共變數結構恆等性考驗開始，此論點乃是因為 SEM 的分析是以共變異數矩陣為資料分析的開始，因而首先要評估群體的共變異數等同性是否成立，多群組共變異數恆等性檢定的虛無假設為：$H_0 : \Sigma_1 = \Sigma_2 = \cdots\cdots = \Sigma_G$，虛無假設中的$\Sigma$是群體的變異數──共變數矩陣，G 是群體的數目。若是虛無假設被拒絕（p<.05），表示組間共變異數矩陣恆等性被推翻，即組間變異數共變數不相等，後續的模式檢定，研究者要逐一增列嚴格假定以辨識組間不相等的來源。相對的，若是虛無假設沒有被拒絕（p>.05），則多群體間的共變異數結構可視為相同，可進一步考驗模式是否可以辨識（可以被估計），此時可以不用進行多群體的 SEM 分析，而將所有組別群體合併為單一群體，進行單一群體的 SEM 分析。上述先檢定群組共變數矩陣是否相等的程序，有時會發生以下矛盾現象：共變異數矩陣恆等性被接受，但徑路模式圖中的測量參數不變性與結構參數不變性被拒絕；或共變異數矩陣整體虛無假設被拒絕，但模式中測量不變性與結構不變性被接受，之所以造成此種不一致情形，乃是因為檢驗變異數──共變數矩陣不變性時缺少基線模式或基準模式（baseline model）（所謂基準模式為群體樣本間的參數均未加以限制，群體模型個別進行參數估計），導致整體考驗結果與參數限制較多的測量模式或結構模式相互矛盾的現象，因而學者 Muthen（*1988*）認為多群組所有參數不變性檢驗，不一定要先從共變數矩陣恆等性開始（*By-rne, 2001*）。

群組不變性的檢驗中，較常檢定的為多個群體相對應的潛在變項與指標變項間的因素負荷量是否相等，此為測量模式不變性的檢定，其虛無假設如下：$H_0 : \Lambda_1 = \Lambda_2 = \cdots\cdots = \Lambda_G$，若是測量模式恆等性模型可以被接受，則可以再進行結構模式不變性的檢定或其他參數恆等性的考驗。研究者可從部分參數恆等性檢定開始，再逐一增列參數限制條件，直到進行全部參數

恒等性檢定，此種關係的探究，也是 Amos 多群組分析中模式參數限制的預設值。

Amos 在多群組分析（Multiple-Group Analysis）的對話視窗中，有關模式不變性（invariance）的設定，包括八種不變性型態模式，開啓多群組對話視窗，按工具箱 【Multiple-Group Analysis】（多群組分析）圖像鈕，或執行功能列「Analyze」（分析）／「Multiple-Group Analysis」（多群組分析）程序，也可以開啓多群組分析對話視窗，視窗內有八種參數不變性的設定。八種參數不變性的設定會根據研究者在 Amos Graphics 中繪製的理論模式而呈現不同的勾選情形。

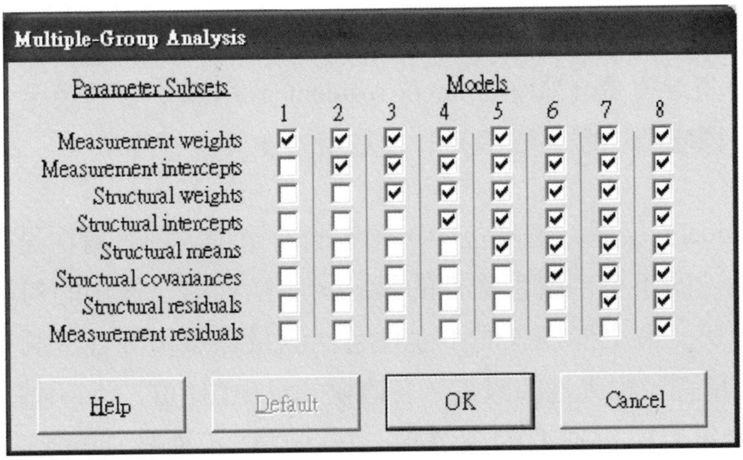

圖 9-1

1. 設定測量係數（Measurement weights）相同：勾選此選項可設定多群組模式中的測量模式的因素負荷量或迴歸係數相等，測量係數爲潛在變項與其指標變項間的因素負荷量，若是將測量係數設爲相等，表示模式有測量不變性（measurement invariance），測量係數在 SEM 中爲 λ 係數值。

2. 增列測量截距項（Measurement intercepts）相同：測量截距爲潛在變項對指標變項迴歸方程式中的截距。

3. 增列結構係數（Structural weights）相等：結構係數爲結構模式中的徑路係數，爲外因變項對內因變項的迴歸係數，或潛在中介變項對

內因變項的迴歸係數，在 SEM 中為γ係數值或β係數值。

4. 增列結構截距（Structural intercepts）相等：結構截距為結構模式方程式中的截距項，為外因變項對內因變項迴歸方程式的截距，或潛在中介變項對內因變項迴歸方程式的截距（結構模式中迴歸方程式的常數項）。

5. 增列結構平均數（Structural means）相等：結構平均數為結構模式中作為外因變項（預測變項）之平均數。

6. 增列結構共變異數（Structural covariances）相同：結構共變異數相等為設定測量或結構模式中之共變異數矩陣（含變異數與共變數）為相等。

7. 增列結構殘差（Structural residuals）相同：增列設定結構模式中內因變項的殘差值或誤差值的變異數相等。

8. 增列測量誤差（Measurement residuals）相同：增列設定各測量模式中指標變項（觀察變項）的誤差值的變異數相等。

在「Model」模式八個欄位中，預定的勾選選項內容層次是後面的欄位包括前面欄位的不變項或恒等性的設定，如模式第三欄中的勾選若是呈現黑色，表示第三個巢形模式的不變性包括測量係數恒等性、測量模式截距恒等性及結構係數恒等性的設定，各直欄的呈現黑色的「☑」情形，研究者也可依實際研究所需取消勾選選項。在多群組不變性（invariant）的檢定中，其一般程序如下：(1)先從最寬鬆模式到最嚴格限制模式；(2)各群體理論模式適配度的個別檢定，若是各群體在理論模式的適配度佳，則可以進行多群組的檢定；(3)進行多群組中參數均未加以限制之適配度的考驗，此考驗即基準模式（baseline model）檢定；(4)進行參數限制之群組模式與參數未加以限制之模式相比較。

多群組恒等性（equivalencies）的檢定，考驗的參數組必須有其邏輯次序，從基線模式逐次嚴格限制模式，根據要考驗的模式與假設，一般組間不變性（group invariance）的檢定中，較為研究者關注的焦點是下列三個參數的設定：(1)因素負荷量路徑；(2)因素的變異數或共變數；(3)結構迴歸徑路係數。至於誤差變異數或共變數及殘差項（干擾項）的不變性，則因為限制要求條件過於嚴格較少被作為參數的限制要件，除了於跨群組測量信

度評估之不變性檢定中，誤差變異數或共變數不變性是較不重要的假定（*By-rne, 2001*）。Amos Graphics 於多群組分析時，多個群組內定採用同一理論模式圖，若是每個群組要採用不同的理論模式圖也可以；每個群組的理論模式圖的參數標籤若是相同，表示二個參數值相等，這些參數為等同限制或等化限制（equivalence restrictions），相同的參數標籤表示設定二個群組在這些參數是相同的，又稱為參數恒等性限制或不變性限制（invariance constraints）；若是群組的理論模式圖的參數標籤值不同，又未進行參數等同限制，表示相對應的參數值未做恒等性限制；如果群組的理論模式圖未設定參數標籤值，則表示群組間的參數未加以限制，相對應的參數具有不同的數值。

在多群組分析中，研究者要先進行理論模式圖的繪製，次則讀入資料檔與各相對應的變項，最後再增列群組及設定群組名稱，並設定群組的資料檔名義變項及群組的水準數值，這樣多個群體會使用相同的徑路模式圖，此時進行多群組參數標籤的設定及增列參數限制較為方便。但有時在多群組分析中，研究者要對個別群組進行特別的設定，此時群組間的理論徑路模式圖可能差異很大，為了便於各群體繪製不同的路徑模式圖，研究者在繪製多群組徑路模式圖前可以增列以下的設定：執行功能列「View」（檢視）／「Interface Properties...」（界面性質）程序，開啟「Interface Properties...」（界面性質）對話視窗，切換到「Misc」（其他）標籤頁，勾選最下方「☑Allow different path diagram for different groups」（允許不同群體設定不同的徑路模式圖）。

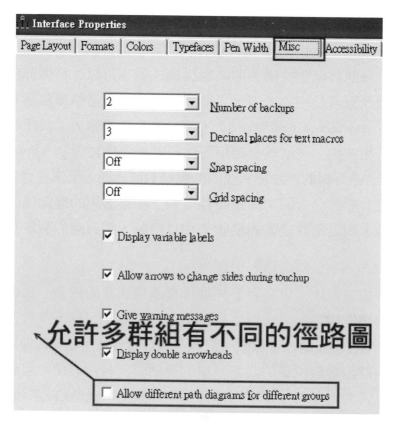

圖 9-2

9-1 多群組分析的基本理念

在退休教師「生活適應」與「生活滿意」的因果關係研究中，研究者提出二者之簡單多元迴歸分析模式圖，其中預測變項為「生活適應」、效標變項為「生活滿意」。

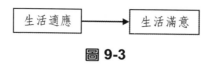

圖 9-3

上述理論模式圖繪製於 Amos Graphics 中，作為內因變數的變項要增列一個殘差變項（residual term），且殘差變項的殘差值（residual value）要預設為 1。Amos 理論模式圖如圖 9-4：

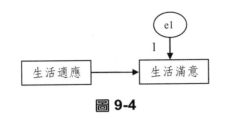

圖 9-4

在先前章節的範例中分析的樣本觀察值均為資料檔中的全部有效樣本數，若是研究者只要分析資料檔中某個名義變項中之群體（如高學業成就組、低社經地位組、男生、研究所學歷群體），則分析的樣本觀察值只要選取名義變項中的目標群體的水準數值編碼。以上述徑路圖為例，研究者想在同一資料檔分別探討男性退休教師、女性退休教師生活適應對其生活滿意的預測情形，其操作程序如下：

一、繪製男生群體徑路分析模式圖

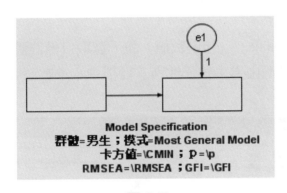

圖 9-5

按 Title 『Figure captions』（設定徑路圖標題內容）鈕，開啟「Figure captions」（模式圖標題）對話視窗，在「Caption」（標題）下的方格中鍵入要呈現文字說明及適配度統計量。等號右邊「\關鍵字」，相關統計量請參閱第三章。

```
\FORMAT
群體=\GROUP；模式=\MODEL
卡方值=\CMIN；p =\p
RMSEA=\RMSEA；GFI=\GFI
```

二、開啟資料檔及選擇目標群組變項

按工具鈕 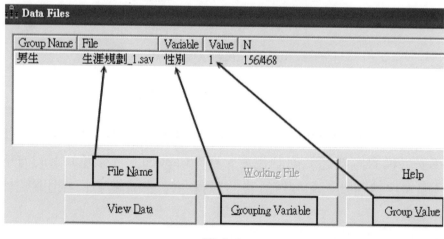 『Select data files』（選擇資料檔），開啟「Data Files」
（資料檔案）對話視窗：

1. 按『File Name』（檔案名稱）鈕選擇目標資料檔，範例爲「生涯規
   劃_1.sav」。
2. 按『Grouping Variable』（分組變項）鈕，選擇群體的名義變項，範
   例爲「性別」。
3. 按『Group Value』（組別數值）鈕，選取目標群體在名義變項中的水
   準數值，範例中男生在「性別」變項中水準數值編碼爲 1。

圖 9-6

三、開啟資料檔界定觀察變項

按工具箱 ▒▒▒ 『List variables in data set』（顯示資料集中的變項）圖像鈕，將外因變項（預測變項）「整體生活適應」、內因變項（效標變項）「整體生活滿意」直接拉曳至繪製模式圖中相對應的方框中。

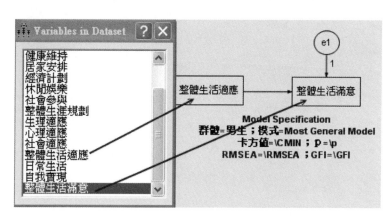

圖 9-7

四、設定參數標籤名稱

在參數標籤名稱的設定中，若要呈現變項之平均數與截距參數，要於工具箱中按『Analysis properties』（分析性質）▓▓▓ 圖像鈕，開啟「Analysis properties」（分析性質）對話視窗，切換到「Estimation」（估計）標籤頁，勾選「☑Estimate means and intercepts」（估計平均數與截距）選項。

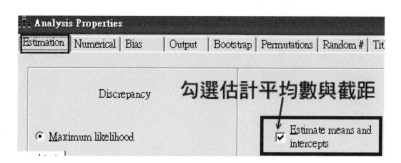

圖 9-8

執行功能列【Plugins】（增列）／【Name Parameters】（名稱參數）程序，出現「Amos Graphics」對話視窗，在「Parameters」（參數）欄勾選「☑ Regression weights」（迴歸係數）（內定參數名稱起始字元為W）、「☑Intercepts」（截距）（內定參數名稱起始字元為I）→按『OK』（確定）鈕。

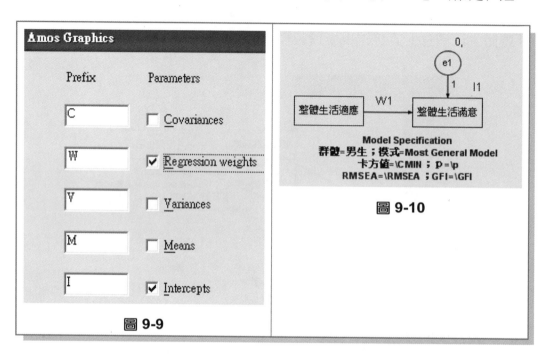

圖 9-9

圖 9-10

在參數名稱標籤的設定，也可以在各物件上按右鍵，選取快顯功能表中的【Object Properties】（物件性質）選項，開啟「Object Properties」（物件性質）對話視窗，切換到「Parameters」（參數）標籤頁，界定參數名稱或固定參數為一特定的數值。

五、設定群組名稱

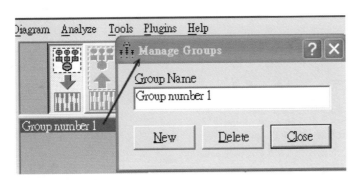

圖 9-11

單一群組的預設名稱為「Group number1」，若要更改群組名稱或增刪群組，研究者可以在「Groups」方盒中選取「Group number1」選項，連按二下以開啟「Manage Groups」（管理群組）對話視窗，或執行功能列【Analyze】（分析）／【Manage Groups】（管理群組）程序。在「Manage Groups」（管理群組）對話視窗中有三個按鈕：

1. 『New』（新增）：新增一個群組，第二個群組的預設名稱為「Group number2」、第三個群組的預設名稱為「Group number3」……，研究者只要在「Group Name」（群組名稱）下的方格中將原先的預設名稱更改為新群組名稱即可。

2. 『Delete』（刪除）鈕：刪除群組名稱，但最少要保留一個群組，若是只剩下一個群組，再按『Delete』（刪除）鈕，Amos 會出現警告訊息。

3. 『Close』（關閉）鈕：按下此鈕可關閉「Manage Groups」（管理群組）對話視窗。

六、輸出結果

按工具箱『Calculate estimates』（計算估計值）圖像鈕，若模式界定沒有錯誤或模式可以估計，則「Models」方盒中會於模式名稱前出現

「OK:」訊息。

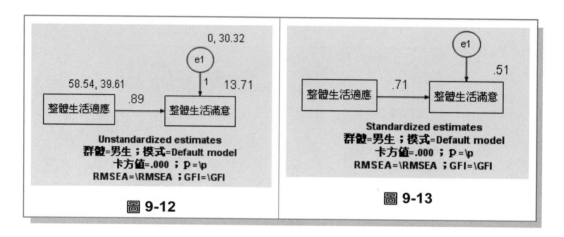

圖 9-12　**圖 9-13**

圖 9-12 為男生群體未標準化估計值模式圖、圖 9-13 為男生群體標準化估計值模式圖，整體生活適應的平均數為 58.54、變異數為 39.31、未標準化迴歸係數為.89、截距為 13.71，誤差變項的平均數預設為 0、變異數 30.32。由於模式為飽和模式，模式完全適配，因而模式自由度為 0、卡方值為 0，標準化的迴歸係數（β）為.71，決定係數 等於.51。男生群體的原始迴歸方程式如下：

整體生活滿意=13.71+.89×整體生活適應

七、女生群體的分析模式圖

由於女生群體的分析模式與男生群體相同，只是資料檔中性別變項的水準數值不同而已（性別變項中水準數值編碼為 2），因而只要重新設定資料檔的「Group Value」（組別數值）即可，選取「性別」變項中水準數值編碼為 2 的樣本觀察值。

Group Name	File	Variable	Value	N
女生	生涯規劃_1.sav	性別	2	312/468

圖 9-14

女生群體的參數標籤名稱設定中，迴歸係數的參數名稱為「W2」、截距項的參數名稱為「I2」、誤差項的平均數內設為 0。

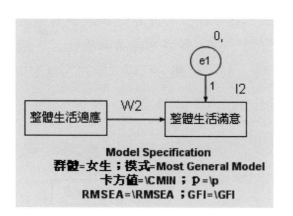

圖 9-15

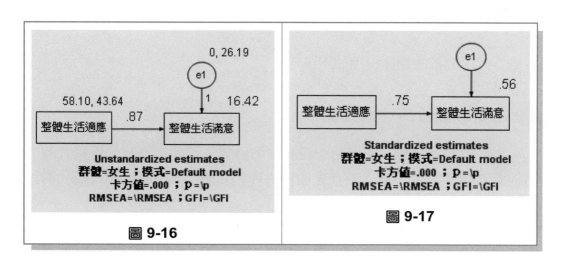

圖 9-16　　　　　　　　　　圖 9-17

　　圖 9-16 為女生群體未標準化估計值模式圖、圖 9-17 為女生群體標準化估計值模式圖，整體生活適應的平均數為 58.10、變異數為 43.64、未標準化迴歸係數為 .87、截距為 16.42，誤差變項的平均數預設為 0、變異數 26.19。由於模式為飽和模式，模式完全適配，因而模式自由度為 0、卡方值為 0，標準化的迴歸係數（β）為 .75，決定係數 等於 .56。女生群體的原始迴歸方程式如下：

整體生活滿意 = 16.42 + .87 × 整體生活適應

八、多群組分析

　　多群組分析模式即在以研究者設定之假設模式是否同時適配於不同的群組，以上述男生群體、女生群體的徑路分析而言，以性別變項為調節變項（moderating variable）時，徑路分析模式圖是否適配，以假設概念圖表示如圖 9-18：

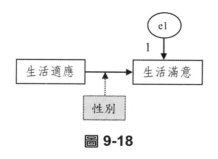

圖 9-18

　　多群組分析的操作程序如下：

⬤ (一)繪製假設徑路模式圖

　　假設模式圖根據相關理論或經驗法則繪製，可能是徑路分析模式圖、可能是 CFA 測量模式圖、可能是結構方程模式圖（同時包含測量模式與結構模式）。

⬤ (二)開啟資料檔，設定相關變項

　　模式圖中的變項包含各指標變項、潛在變項及誤差變項。

⬤ (三)設定群組名稱

　　開啟「Manage Groups」（管理群組）對話視窗，設定各群組名稱，範例中群組名稱為男生、女生。

㈣設定群組於資料檔中的名義變項名稱及水準數值

設定完群組後，開啓「Data Files」（資料檔案）對話視窗，分別設定二個群組歸屬之名義變項及水準數值編碼。

Data Files

Group Name	File	Variable	Value	N
男生	生涯規劃_1.sav	性別	1	156/468
女生	生涯規劃_1.sav	性別	2	312/468

圖 9-19

在原先群組的設定，若是設定為三個群組（高社經地位組、中社經地位組、低社經地位組）則在「Data Files」（資料檔案）對話視窗中，「群組名稱」欄會出現研究者設定的群組名稱，每個群體要於「File」（檔案）欄中設定原始資料檔名、「Variable」（變項）欄中選取名義變項的變項名稱、「Value」（數值）欄中設定群體在名義變項中的水準數值編碼。「Data Files」（資料檔案）對話視窗中第二欄「File」（檔案）為讀入之資料檔檔案名稱，若是某一群體尚未選取資料檔檔案則會出現「<working>」的訊息，此時要先選取群組的資料檔，才能選取分組變數及分組變數中的水準數值。

Data Files

Group Name	File	Variable	Value	N
高社經組	生涯規劃_1.sav	社經地位	1	28/468
中社經組	<working>			
低社經組	<working>			

圖 9-20

㈤設定群組徑路模式圖的參數標籤名稱

進行多群組分析時，一定要界定每個群組之徑路模式圖的參數標籤名稱，否則無法進行模式參數限制的設定，各群組參數的設定方法有二種：

1. 第一種：執行功能列【Plugins】（增列）／【Name Parameters】（名

稱參數）程序，開啟「Amos Graphics」對話視窗，內可設定五個參數名稱：共變數（預設值的起始字母為C）、迴歸係數（預設值的起始字母為 W）、變異數（預設值的起始字母為 V）、平均數（預設值的起始字母為M）、截距（預設值的起始字母為I），研究者可以根據群體屬性，於「Prefix」欄中更改各參數名稱的起始字元。

2. 將滑鼠指標移往物件上，在各物件上面按右鍵，選取快顯功能表中的【Object Properties】（物件性質）選項，開啟「Object Properties」（物件性質）對話視窗，切換到「Parameters」（參數）標籤頁，界定參數名稱或固定參數為一特定的數值。

⚫ ㈥設定多重模式

在多群組分析中會進行各種參數限制，以找出最適配的徑路模型，多重模式設定的操作程序如下：於「Model」方盒中選取「Default model」（預設模式）選項，連按左鍵二下，開啟「Manage Models」（管理模式）對話視窗。視窗左邊為各群組的參數標籤名稱，右邊「Model Name」（模式名稱）下的方格在於設定各模式的模式名稱，「Parameter Constraints」（參數限制）下的方格為各模式中參數限制條件的設定。範例設定四個模式，四個模式名稱及參數限制如下：

1. 模式[1]為「Default model」，模式中未設定限制參數，允許二個群體有不同的迴歸係數、有不同的截距。

2. 模式[2]為「平行模式」（parallel model）：限制二個群體之迴歸係數相同（same）或為相等的（equal）數值，二個群體的迴歸係數參數名稱分別為 W1、W2，參數限制為 W1=W2。

3. 模式[3]為「相同截距」（equal intercept）：限制二個群體迴歸方程式中之截距項為相同（same）或為相等的（equal）數值，二個群體的迴歸方程式截距項參數名稱分別為 I1、I2，參數限制為 I1=I2。

4. 模式[4]為「重合模式」：限制二個群體迴歸方程式是相同的，即檢定二個群組的迴歸方程式是否相等，其中限制參數條件為二個群體之迴歸方程式的截距項為相等、迴歸係數也相等，參數限制為 W1=W2、I1=I2。

　　在上述四個模式中，模式一由於未限制任何參數條件，是一種寬鬆限制模式、模式四的參數限制條件較多，是一種嚴格限制模式。各模式之多群組分析中只會呈現一個適配度統計量，即呈現一個卡方值，而不是以一個群組呈現一個卡方值，因為多群組分析在於檢定模式是否具有跨群組效度，整體模式是否與群組相適配。

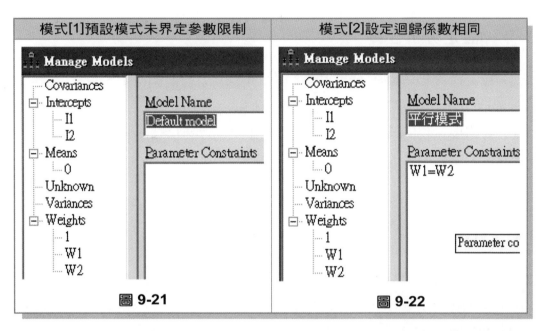

模式[1]預設模式未界定參數限制 / 圖 9-21

模式[2]設定迴歸係數相同 / 圖 9-22

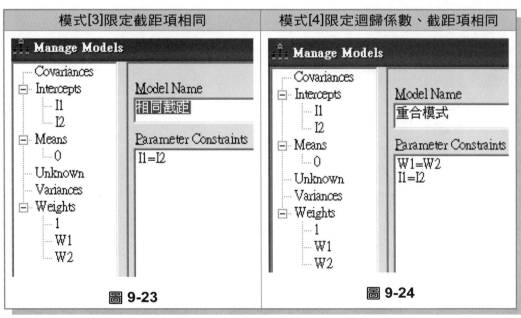

模式[3]限定截距項相同 / 圖 9-23

模式[4]限定迴歸係數、截距項相同 / 圖 9-24

開啟「Manage Models」（管理模式）對話視窗中，左邊參數的類別有六種：「Covarinces」（共變數）、「Intercepts」（截距項）、「Means」（平均數）、「Unknown」（未知）、「Variances」（變異數）、「Weights」（迴歸係數），多群組模式所增列或設定的固定參數或自由參數名稱均會呈現於相對應的類別選項中，如迴歸係數中的參數有三個：1、W1、W2。

㈦設定分析性質

按工具箱『Analysis properties』（分析性質）圖像鈕，開啟「Analysis properties」（分析性質）對話視窗，切換到「Output」（結果輸出）對話盒，勾選要呈現的統計量，在多群組分析中如要檢驗群組相對應參數間的差異是否達到顯著，要勾選「☑Critical ratios for differences」（差異值的臨界比）選項。

㈧模式估計

按工具箱『Calculate estimates』（計算估計值）圖像鈕，若模式界定沒有錯誤或模式可以估計，則「Models」方盒中會於模式名稱前出現「OK:」訊息。

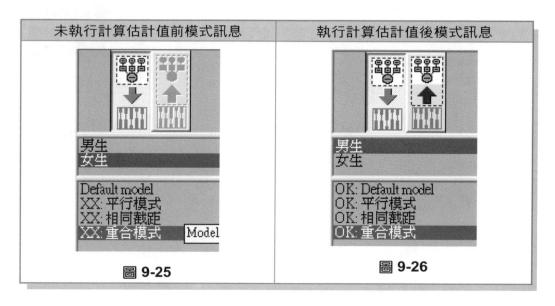

未執行計算估計值前模式訊息	執行計算估計值後模式訊息
圖 9-25	圖 9-26

◉ ㈨輸出結果

1. 模式 [1] 「Default model」之模式估計圖

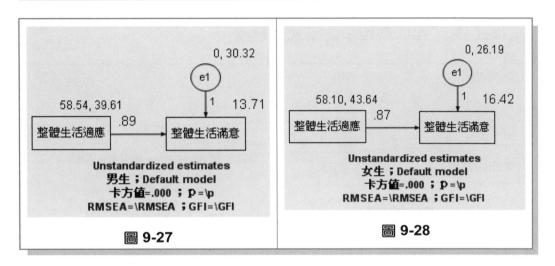

圖 9-27　　　　　　　　　　　圖 9-28

在模式[1]中由於未對模式進行參數限制,其執行結果與個別對男生群體、女生群體之徑路分析結果相同,由於模式為飽和模式(saturated model),理論模式與樣本資料之間形成一種「完美適配」或「完全適配」(perfect fit),模式只能獲得唯一解,完全適配的情況下,模式的卡方值為0。

2. 模式 [2] 「平行模式」之模式估計圖

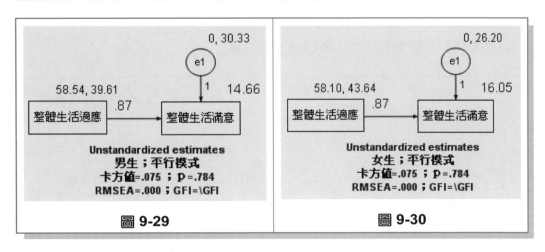

圖 9-29　　　　　　　　　　　圖 9-30

在平行模式的參數限制中,限制二條迴歸方程式之迴歸係數相同,從未標準化的估計值中可以發現,二個群體的迴歸係數均為.87,卡方值為

.076，顯著性機率值 p=.784>.05，接受虛無假設，表示平行模式之性別跨群組效度是適配的，模式之 RMSEA 值等於.000<.08 的標準，表示模式是可以接受的。

3.模式 [3]「相同截距」之模式估計圖

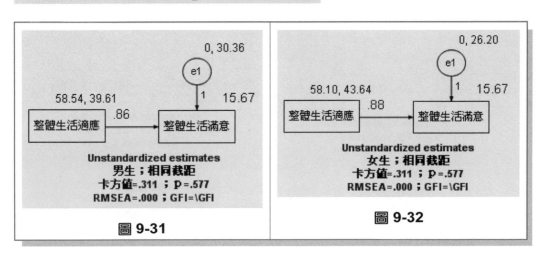

圖 9-31

圖 9-32

在相同截距的參數限制中，限制二條迴歸方程式之截距項相同，從未標準化的估計值中可以發現，二個群體之迴歸方程式的截距項均為 15.67，卡方值為.311，顯著機率值 p=.577>.05，接受虛無假設，表示相同截距模式之性別跨群組效度是適配的，模式之 RMSEA 值等於.000<.08 的標準，表示模式是可以接受的。

4.模式 [4]「重合模式」之模式估計圖

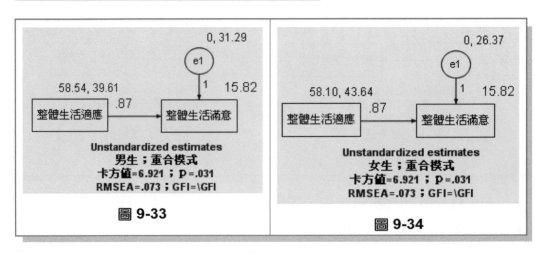

圖 9-33

圖 9-34

重合模式爲一個較嚴格限制模式，限制男生群體、女生群體之二條迴歸方程式之截距項相同、路徑係數也相等，從未標準化的估計值中可以發現，二個群體之迴歸方程式的截距項均爲 15.82，路徑係數均爲.87。卡方值爲 6.921，顯著機率值 p =.031<.05，雖然模式卡方值達到顯著，但由於群體人數較大，卡方值易受樣本影響，此時，模式是否適配，研究者最好再參考以下適配度指標值，其中 RMSEA 值、NFI 值、RFI 值、IFI 值、TLI 值、CFI 值、PNFI 值、PCFI 值、CN 值等均達到模式可以適配的標準，整體而言，性別變項之重合模式是可以接受的。

Model Fit Summary

表 9-1　CMIN

Model	NPAR	CMIN	DF	P	CMIN/DF
Default model	10	.000	0		
平行模式	9	.075	1	.784	.075
相同截距	9	.311	1	.577	.311
重合模式	8	6.921	2	.031	3.460
Saturated model	10	.000	0		
Independence model	8	362.177	2	.000	181.088

在整體模式適配度摘要表中會同時呈現多群組模式方盒中模式估計結果可以識別的所有模式與飽和模式及獨立模式的統計量，預設模式、平行模式、相同截距模式、重合模式四個模式中待估計的自由參數數目分別爲 10、9、9、8，模式的自由度分別爲 0、1、1、2，卡方值分別爲.000、.075（p=.784>.05）、.311（p=.577>.05）、6.921（p=.031<.05）；參數限制三個模式之卡方自由度比值分別爲.075、.311、3.460。

表 9-2　Baseline Comparisons

Model	NFI Delta1	RFI rho1	IFI Delta2	TLI rho2	CFI
Default model	1.000		1.000		1.000
平行模式	1.000	1.000	1.003	1.005	1.000
相同截距	.999	.998	1.002	1.004	1.000
重合模式	.981	.981	.986	.986	.986
Saturated model	1.000		1.000		1.000
Independence model	.000	.000	.000	.000	.000

平行模式、相同截距、重合模式三個參數限制模型的基準線比較指標值 NFI 值、RFI 值、IFI 值、TLI 值、CFI 值均大於.900，表示三個模型均是適配的。

表 9-3　Parsimony-Adjusted Measures

Model	PRATIO	PNFI	PCFI
Default model	.000	.000	.000
平行模式	.500	.500	.500
相同截距	.500	.500	.500
重合模式	1.000	.981	.986
Saturated model	.000	.000	.000
Independence model	1.000	.000	.000

平行模式、相同截距、重合模式三個參數限制模型的簡約調整指標值 PNFI 值、PCFI 值均大於.500，表示三個模型均是適配的。

表 9-4　NCP

Model	NCP	LO 90	HI 90
Default model	.000	.000	.000
平行模式	.000	.000	2.995
相同截距	.000	.000	4.721
重合模式	4.921	.323	16.995
Saturated model	.000	.000	.000
Independence model	360.177	301.313	426.445

表 9-5　FMIN

Model	FMIN	F0	LO 90	HI 90
Default model	.000	.000	.000	.000
平行模式	.000	.000	.000	.006
相同截距	.001	.000	.000	.010
重合模式	.015	.011	.001	.036
Saturated model	.000	.000	.000	.000
Independence model	.777	.773	.647	.915

表 9-6　RMSEA

Model	RMSEA	LO 90	HI 90	PCLOSE
平行模式	.000	.000	.080	.878
相同截距	.000	.000	.101	.750
重合模式	.073	.019	.135	.199
Independence model	.622	.569	.676	.000

　　平行模式、相同截距、重合模式三個參數限制模型的 RMSEA 值分別為.000、.000、.073，均小於.080 的標準值，表示三個模型均是合適的。

表 9-7　AIC

Model	AIC	BCC	BIC	CAIC
Default model	20.000	20.306		
平行模式	18.075	18.350		
相同截距	18.311	18.586		
重合模式	22.921	23.165		
Saturated model	20.000	20.306		
Independence model	378.177	378.422		

表 9-8　ECVI

Model	ECVI	LO 90	HI 90	MECVI
Default model	.043	.043	.043	.044
平行模式	.039	.041	.047	.039
相同截距	.039	.041	.051	.040
重合模式	.049	.039	.075	.050
Saturated model	.043	.043	.043	.044
Independence model	.812	.685	.954	.812

　　在多群組分析中如果有數個模型均是適配的模型，研究者要進行模式競爭模式策略比較或選替模式，選出一個最適配、最精簡的模型，可以比較各模型的 AIC 指標值與 ECVI 指標值，模型的 AIC 指標值、ECVI 指標值最小者，表示模型是最適配的模型。

表 9-9　HOELTER

Model	HOELTER .05	HOELTER .01
Default model		
平行模式	23935	41339
相同截距	5754	9938
重合模式	405	622
Independence model	9	13

在上述多重模式的適配度統計量中，每個模式只呈現一種適配度統計量，而不是每個群組在每個模式分別單獨呈現適配度統計量，因為多群組分析模式是在探究群組變項（通常是間斷變數）是否具有調節理論模式的功能，若是模式可以被接受，表示模式具有跨群組效度（cross-validity）。

9-2 多群組路徑分析

【研究問題】

在退休教師生涯規劃、生活適應與生活滿意的調查研究中，基本資料「性別」變數為二分類別變數，水準數值 1 為男生、水準數值 2 為女生；「經濟狀況」變數為三分類別變數，水準數值 1 為很好、水準數值 2 為好、水準數值 3 為普通、「健康狀況」變數為二分類別變數，水準數值 1 為小康、水準數值 2 為略有困難。「生涯規劃_1.sav」之 SPSS 原始資料檔建檔範例如表 9-10：

Structural Equation Modeling- Amos Operation and Application

表 9-10

性別	健康狀況	經濟狀況	經濟計畫	休閒娛樂	整體生涯規劃	生理適應	心理適應	社會適應	整體生活適應	日常生活	自我實現	整體生活滿意
1	3	2	11	14	59	12	8	17	37	20	24	47
2	3	1	7	8	41	7	6	14	27	17	19	36
2	2	1	18	9	68	18	13	27	58	32	42	74
1	2	1	16	11	62	16	13	27	56	29	38	67
1	3	1	14	12	60	15	12	29	56	26	31	57
2	3	1	14	9	56	12	6	18	36	18	23	41
2	3	1	16	11	65	15	11	25	51	21	21	42
1	3	1	17	15	76	18	14	26	58	28	37	65
2	3	1	15	12	62	16	11	24	51	20	29	49
2	3	1	15	12	61	10	9	24	43	21	26	47

研究者所提的因果路徑分析假設模式圖如圖 9-35：

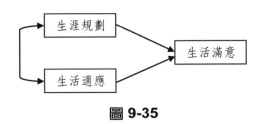

圖 9-35

一、繪製理論模式圖

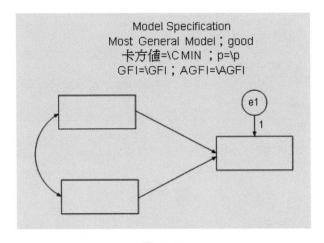

圖 9-36

二、讀取資料檔及觀察變數

●(一)步驟 1 界定輸出標題字

按 Title 『Figure captions』（設定徑路圖標題內容）鈕，開啓「Figure captions」（模式圖標題）對話視窗，在「Caption」（標題）下的方格中鍵入要呈現文字說明及適配度統計量。

\FORMAT \MODEL；\GROUP 卡方值=\CMIN ；p=\p GFI=\GFI；AGFI=\AGFI	估計值=\FORMAT 模式=\MODEL；群體=\GROUP 卡方值=\CMIN（p=\p）；RMSEA=\RMSEA GFI=\GFI；AGFI=\AGFI

【備註】：等號「=」前面的數字符號為字串文字直接呈現，等號「=」後面為關鍵字，關鍵字的起始符號為「\」。「\FORMAT」關鍵字未執行計算估計值前會呈現「Model Specification」（模式圖界定屬性），若是標準化的路徑圖會呈現「Standardized estimates」（標準化估計值）的訊息，如果是未標準化的路徑圖會呈現「Unstandardized esti-mates」（未標準化估計值）的訊息；「\MODEL」關鍵字未執行計算估計值前會呈現「Most General Model」（一般模式），在徑路圖的輸出中會呈現設定的模式名稱；「\GROUP」關鍵字會呈現選定的群組名稱。

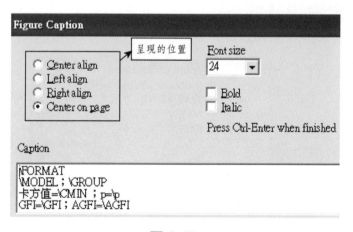

圖 9-37

◉ (二)步驟 2 開啟資料檔

執行功能列【File】（檔案）／【Data Files】（資料檔案）程序，開啟「Data Files」（資料檔案）對話視窗或按工具圖像鈕 📇『Select data files』（選擇資料檔），也可開啟「Data Files」對話視窗。按『File Name』（檔案名稱）鈕，選取原始資料檔「生涯規劃_1.sav」。

◉ (三)將觀察變項選入模式

按工具箱『List variables in data set』（列出資料組內的變數名稱）圖像鈕，可開啟「Variables in Dataset」（資料集變數名稱）對話視窗，將二個外因變項「整體生涯規劃」、「整體生活適應」、內因變項「整體生活滿意」直接拉曳至相對應的觀察變項方格中。

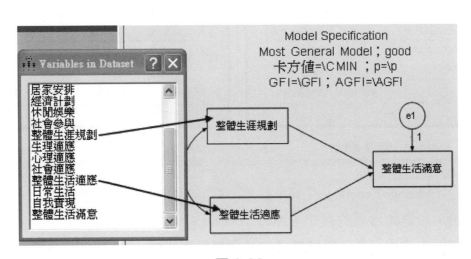

圖 9-38

三、設定群體名稱

在中間「Groups」（群組）中按「Group number1」（群組編號 1）二下，開啟「Manage Groups」（管理群組）對話視窗，在「Group Name」（群組名稱）下的方格中將預設值「Group number1」改為「good」（經濟狀況小康的組別名稱，方格中可以鍵入中英文組別名稱）→按『New』（新增）鈕。

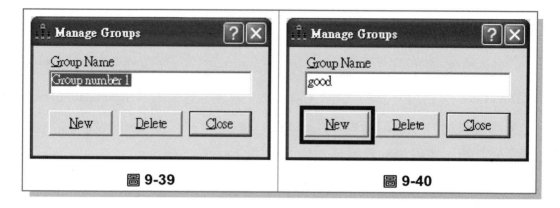

圖 9-39　　　　　　　　　　　　　圖 9-40

在「Group Name」（群組名稱）下的方格中將預設值「Group number2」改為「poor」（經濟狀況略有困難組別名稱，方格中可以鍵入中英文組別名稱）→按『Close』（關閉）鈕。

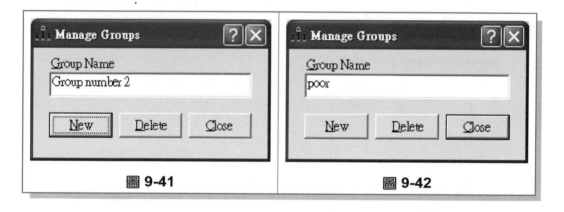

圖 9-41　　　　　　　　　　　　　圖 9-42

在「Manage Groups」（管理群組）對話視窗中，按中間『Delete』（刪除）鈕可以刪除增列的群組，Amos「Groups」（群組）方盒中至少要保留一個群組，若是研究者要把最後的一個群組也刪除，Amos 會出現警告對話視窗提醒使用者最後一個群組不能刪除：「You must retain at least one group」（至少要保留一個群組）。

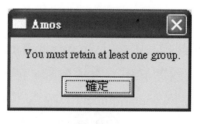

圖 9-43

四、界定群體的水準數值及樣本

中間「Groups」（群組）方格選取經濟狀況為小康的群體名稱「good」，按工具『Select data files』（選擇資料檔）圖像鈕，可開啟「Data Files」對話視窗→按『Grouping Variable』（分組變項）鈕，開啟「Choose a Grouping Variable」（選擇分組變項）次對話視窗，選取目標變數「經濟狀況」變項→按『OK』（確定）鈕，回到「Data Files」對話視窗。

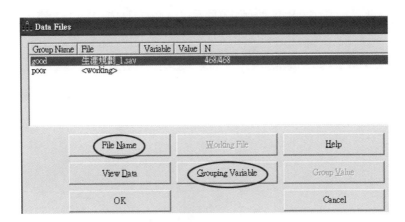

圖 9-44

圖 9-45

按『Group Value』（組別數值）鈕，開啟「Choose Value for Group」（選擇組別數值）次對話視窗，選取水準數值 1（經濟狀況為小康的群體）→按『OK』（確定）鈕，回到「Data Files」（資料檔案）對話視窗。

→選取經濟狀況略有困難的群組名稱「poor」，按『File Name』（檔案名稱）鈕，選取原始資料檔「生涯規劃_1.sav」→按『OK』（確定）鈕，回到「Data Files」對話視窗。第三欄中的「Variable」（變數）會自動呈現「經濟狀況」，第四欄「Value」（數值）會自動呈現「2」，表示「poor」群組為「經濟狀況」變數中水準數值編碼為 2（略有困難）的群體。

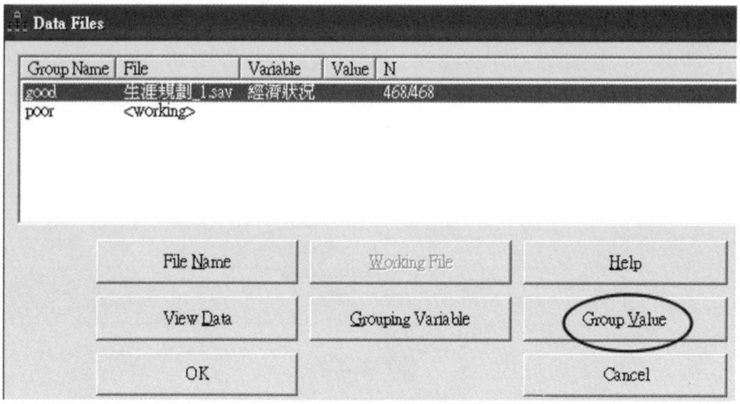

圖 9-46

在「Data Files」（資料檔案）對話視窗中，若是研究者未先按『Grouping Variable』（分組變項）鈕選取一個分組變項名稱，則『Group Value』（組別數值）鈕會呈現灰色，表示無法選取此按鈕（沒有界定分組變項，無法選取群體的水準數值），當按『Grouping Variable』（分組變項）鈕選取一個分組變項名稱後，則『Group Value』（組別數值）鈕會由灰色變為黑色，此按鈕可以選取分組變項中的水準數值。

圖 **9-47**

第五欄「N」中的分子為各群體的樣本數，分母為總樣本數，經濟狀況為「小康」的樣本有 396 位、經濟狀況為「略有困難」的樣本有 72 位。

【備註】：若是第三欄的「Variable」（變項）及第四欄「Value」（數值）沒有自動呈現，則依選取「good」群體的方式，先選取「poor」群體選項，按『File Name』（檔案名稱）選取資料檔、次按『Grouping Variable』（分組變項）鈕選取目標變項經濟狀況、再按『Group Value』（組別數值）選取經濟狀況水準數值 2 的群體。

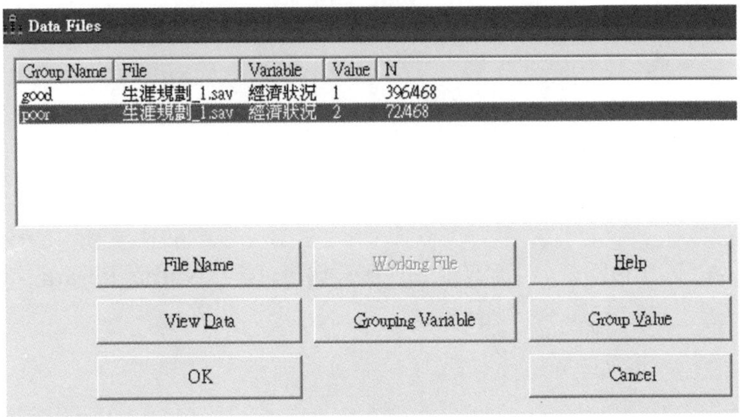

圖 **9-48**

五、界定群體模式圖的參數名稱

在「Groups」（群組）方盒中選取「good」小康群體，執行功能列【Plugins】（增列）／【Name Parameters】（名稱參數）程序，出現「Amos Graphics」對話視窗，在「Parameters」（參數）欄勾選「☑Covariance」（共變異數）、「☑Regression weights」（迴歸係數）、「☑Variance」（變異數）→按『OK』（確定）鈕。

【備註】：Amos 內定的參數名稱中呈現在「Prefix」欄，共變異數內定以 C 開頭，分別以 C1、C2、……表示，迴歸係數預設值以 W 開頭，分別以 W1、W2、……表示，變異數預設值以 V 開頭，分別以 V1、V2、……表示，平均數預設值以 M 開頭，分別以 M1、M2、……表示，截距預設值以 I 開頭，分別以 I1、I2、……表示。

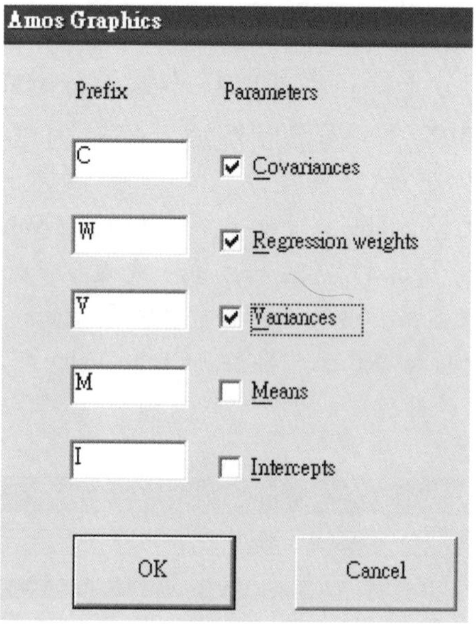

圖 9-49

在上述按下『OK』（確定）鈕後，會出現「Name Param...」（名稱參數）對話視窗→按『確定』鈕。

圖 **9-50**

圖 9-51 為「good」群體（經濟狀況為小康）理論模式各參數的標籤。

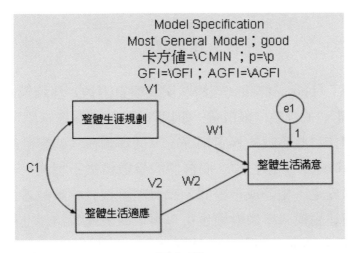

圖 **9-51**

在「Groups」（群組）選項中選取「poor」略有困難群體，執行功能列
【Plugins】（增列）／【Name Parameters】（名稱參數）程序，出現「Amos
Graphics」對話視窗，在「Parameters」（參數）欄勾選「☑Covariance」（共
變異數）、「☑Regression weights」（迴歸係數）、「☑Variance」（變異
數），相對應的參數標籤更改為「PC」（共變異數）、「PW」（迴歸係
數）、「PV」（變異數）→按『OK』（確定）鈕。

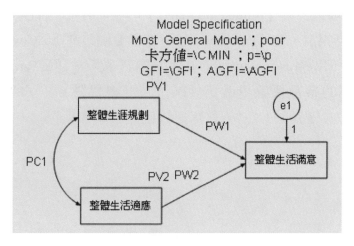

圖 9-52

　　圖 9-53 為「poor」群體（經濟狀況為略有困難）理論模式各參數的標籤。若是二個群體的參數標籤相同（如相對應的迴歸係數路徑均設為 W1），表示二個群體在這些參數的界定相等，二個理論模式的參數具有恒等性或不變性（invariance）；相對的二個群體的參數標籤不相同，表示二個群體在這些參數的界定不相等或不等同，二個理論模式的參數各自估計。設定完成的各群體理論模式參數標籤也可以再更改，在各物件上按右鍵選取快顯功能表【Object Properties】（物件屬性），開啟「Object Properties」（物件性質）對話視窗，內可設定各參數的參數標籤、文字大小、樣式與物件的格式等。

Model Specification
Most General Model；poor
卡方值=\CMIN；p=\p
GFI=\GFI；AGFI=\AGFI
PV1

整體生涯規劃

PW1

e1

1

整體生活滿意

PC1

PV2 PW2

整體生活適應

圖 9-53

六、界定輸出格式

按工具箱『Analysis Properties』（分析性質）圖像鈕，開啟「Analysis Properties」（分析性質）對話視窗，切換到「Output」對話盒，勾選「☑ Standardized estimates」（標準化估計值）、「☑Squared multiple correlations」（多元相關的平方）「☑Critical ratios for differences」（差異的臨界比值）等選項。

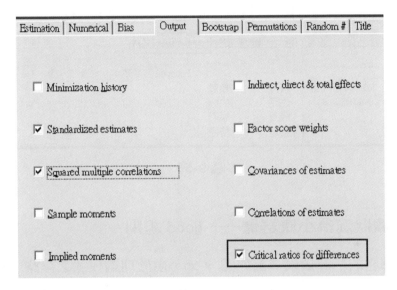

圖 9-54

七、預設模式輸出結果

二個不同經濟狀況群體（小康、略有困難）徑路分析理論模式中，所有參數沒有限制，未將模式參數限制為相同或限制為某個數值，因而二個群體的模式各自估計。按工具箱 ▥▥ 『Calculate estimates』（計算估計值）圖像鈕，若模式界定正確且可以收斂，則不會出現錯誤或警告訊息，此時再按工具箱『View Text』（檢視文件檔） ▥▥ 圖像鈕，可開啟「Amos Output」對話視窗，此視窗中間「Groups」（群組）方盒中會出現二個群體名稱：「good」、「poor」，研究者可以選取各個群體呈現個別群組模式的估計值，若是二個群組共同的量數，則群組會變成灰色，表示這些統計量數

是適用於整個模式，而非是個別群體，如「Analysis Summary」（分析摘要表）、「Notes for Model」（模式註解）、「Pairwise Parameter Comparisons」（成對參數比較）、「Model Fit」（模式適配度）等。

圖 9-55

○ (一)經濟狀況為小康群體──good 組別

未標準化的估計值模式圖如圖 9-56，由於理論模式之徑路圖為飽和模式或「正好可辨識」（just-identified）模式，因而模式的適配度呈現「完全適配」（perfect fit）的情形，其卡方值為 0，而 GFI 值為 1.000。

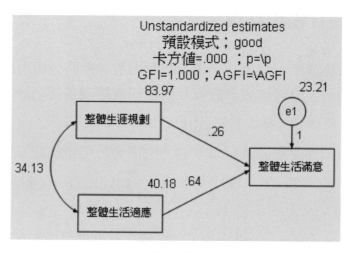

圖 9-56

標準化的估計值模式圖如圖 9-57：

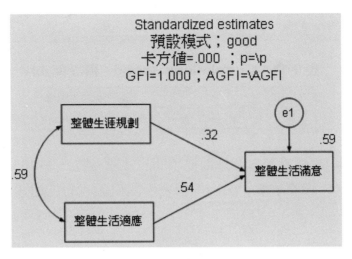

圖 **9-57**

Estimates (good - 預設模式)

Scalar Estimates (good - 預設模式)

Maximum Likelihood Estimates

表 9-11　Regression Weights: (good - 預設模式)

	Estimate	S.E.	C.R.	P	Label
整體生活滿意←整體生涯規劃	.264	.033	8.055	***	W1
整體生活滿意←整體生活適應	.641	.047	13.544	***	W2

　　生涯規劃對生活滿意影響的非標準化迴歸係數等於.264、臨界比值為 8.055，生活適應對生活滿意影響的非標準化迴歸係數等於.641、臨界比值為 13.544，均達到.05 的顯著水準，表示二條迴歸係數均達顯著。

表 9-12　Standardized Regression Weights: (good - 預設模式)

	Estimate
整體生活滿意←整體生涯規劃	.320
整體生活滿意←整體生活適應	.538

　　生涯規劃、生活適應二個外因變項對生活滿意的標準化迴歸係數（β）分別為.320、.538。

表 9-13　Covariances: (good - 預設模式)

	Estimate	S.E.	C.R.	P	Label
整體生涯規劃 ↔ 整體生活適應	34.133	3.393	10.061	***	C1

表 9-14　Correlations: (good - 預設模式)

	Estimate
整體生涯規劃 ↔ 整體生活適應	.588

　　生涯規劃、生活適應二個外因變項間的共變異數為 34.133，臨界比值為 10.061，達到.05 顯著水準，二個外因變項間呈顯著的正相關，積差相關係數等於.588。

表 9-15　Variances: (good - 預設模式)

	Estimate	S.E.	C.R.	P	Label
整體生涯規劃	83.968	5.980	14.041	***	V1
整體生活適應	40.178	2.861	14.041	***	V2
e1	23.207	1.653	14.041	***	par_11

　　生涯規劃、生活適應二個外因變項的變異數為 83.968、40.178，內因變項殘差項 e1 的變異數為 23.207，臨界比值絕對值均大於 1.96，達到.05 顯著水準；此外，殘差項的變異數為正數，沒有出現負的誤差變異數。

表 9-16　Squared Multiple Correlations: (good - 預設模式)

	Estimate
整體生活滿意	.593

　　生涯規劃、生活適應二個外因變項對內因變項生活滿意的多元相關係數平方為.593。

㈡經濟狀況為略有困難群體──poor 組別

　　未標準化的估計值模式圖如圖 9-58，由於理論模式之徑路圖為飽和模式或「正好可辨識」（just-identified）模式，因而模式的適配度呈現「完全適配」（perfect fit）的情形，其卡方值為 0，而 GFI 值為 1.000（飽和模式無

法估計卡方顯著性機率值 p）。

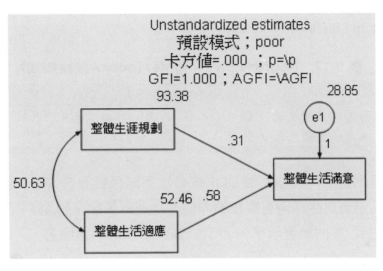

圖 9-58

標準化的估計值模式圖如圖 9-59：

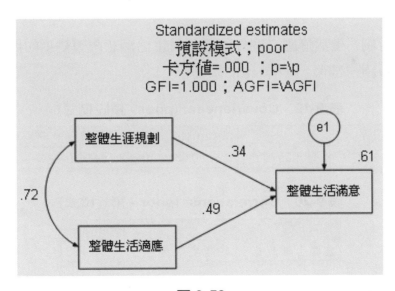

圖 9-59

Estimates (poor - 預設模式)

Scalar Estimates (poor - 預設模式)

Maximum Likelihood Estimates

表 9-17　Regression Weights: (poor - 預設模式)

	Estimate	S.E.	C.R.	P	Label
整體生活滿意←整體生涯規劃	.306	.095	3.214	.001	PW1
整體生活滿意←整體生活適應	.583	.127	4.598	***	PW2

生涯規劃對生活滿意影響的非標準化迴歸係數等於.306、臨界比值為
3.214，生活適應對生活滿意影響的非標準化迴歸係數等於.583、臨界比值為
4.958，均達到.05 的顯著水準，表示二條迴歸係數均達顯著。

表 9-18　Standardized Regression Weights: (poor - 預設模式)

	Estimate
整體生活滿意←整體生涯規劃	.345
整體生活滿意←整體生活適應	.493

生涯規劃、生活適應二個外因變項對生活滿意內因變項的標準化迴歸
係數（β）分別為.345、.493。

表 9-19　Covariances: (poor - 預設模式)

	Estimate	S.E.	C.R.	P	Label
整體生涯規劃↔整體生活適應	50.633	10.202	4.963	***	PC1

表 9-20　Correlations: (poor - 預設模式)

	Estimate
整體生涯規劃↔整體生活適應	.723

生涯規劃、生活適應二個外因變項間的共變異數為 50.633，臨界比值為
4.963，達到.05 顯著水準，二個外因變項間呈顯著的正相關，積差相關係數
等於.723。

表 9-21　Variances: (poor - 預設模式)

	Estimate	S.E.	C.R.	P	Label
整體生涯規劃	93.382	15.597	5.987	***	PV1
整體生活適應	52.458	8.762	5.987	***	PV2
e1	28.849	4.818	5.987	***	par_12

生涯規劃、生活適應二個外因變項的變異數為 93.382、52.458，內因變項殘差項 e1 的變異數為 28.849，臨界比值（C.R.）絕對值均大於 1.96，達到.05 顯著水準；殘差項的變異數為正數，沒有出現負的誤差變異數。

表 9-22　Squared Multiple Correlations: (poor - 預設模式)

	Estimate
整體生活滿意	.607

生涯規劃、生活適應二個外因變項對內因變項生活滿意的多元相關係數平方為.607。

表 9-23　Pairwise Parameter Comparisons （預設模式）
Critical Ratios for Differences between Parameters （預設模式）

	W1	W2	C1	V1	V2	PW1	PW2	PC1	PV1	PV2	par_11	par_12
W1	.000											
W2	5.266	.000										
C1	9.982	9.871	.000									
V1	13.997	13.934	11.682	.000								
V2	13.948	13.815	2.513	-7.725	.000							
PW1	.418	-3.155	-9.967	-13.988	-13.927	.000						
PW2	2.440	-.424	-9.882	-13.940	-13.824	1.345	.000					
PC1	4.937	4.900	1.535	-2.819	.987	4.933	4.905	.000				
PV1	5.970	5.946	3.712	.564	3.355	5.967	5.950	4.677	.000			
PV2	5.957	5.914	1.950	-2.970	1.332	5.952	5.920	.319	-3.076	.000		
par_11	13.879	13.648	-2.895	-9.793	-5.136	13.833	13.648	-2.654	-4.474	-3.281	.000	
par_12	5.932	5.854	-.897	-7.177	-2.022	5.923	5.864	-1.931	-3.953	-2.361	1.107	.000

「Critical Ratios for Differences between Parameters」表格為「參數間差異的臨界比值」，Amos 對於「參數間差異的臨界比值」的解釋為：參數間差異臨界比矩陣行與列表示模式比較的參數，矩陣對角線外的差異數表示二

個模式參數在母群中是否相等的檢定，若是模式中有界定參數標籤名稱，則會直接於行與列中呈現參數標籤名稱，否則會呈現 Amos 內定的參數標記名稱。

若是二個相對應而屬性相同的參數，其臨界比值絕對值大於 1.96，表示二個模式間的參數達到.05 的顯著水準；若是臨界比值絕對值大於 2.58，表示二個模式間的參數達到.01 的顯著水準，二個參數間的臨界比值小於 1.96，則此二個參數間可視為相等。要進行成對參數比較時，最好設定模式中各群組的參數標籤，否則 Amos 會以內定標籤變數代替，這樣研究者比較難判別參數的性質。在成對參數比較表中，徑路係數 W1 與徑路係數 PW1 的參數差異決斷值等於.418，徑路係數 W2 與徑路係數 PW2 的參數差異決斷值等於-.424，其差異決斷值之絕對值均小於 1.96（二者差異值可視為顯著等於 0），表示二個群組的二條徑路係數可視為相等，即經濟狀況為小康群體中，「生涯規劃」對「生活滿意」變數的徑路係數，與經濟狀況為略有困難群體中，「生涯規劃」對「生活滿意」變數的徑路係數相等；而外因變數生活適應對內因變項生活滿意的迴歸係數也可視為相等，二個群體的徑路係數有「組間不變性」（group-invariant）或組間恒等性存在。此外二個群體二個外因變數間共變異數與個別變異數的差異決斷值也小於 1.96，二個群體之二個外因變數間共變異數與個別變異數均可視為相等。

在「參數間差異的臨界比值」矩陣中按下某個差異值，會呈現相對應的解釋小視窗，如在 W1 行與 PW1 列交叉點之「.418」上按一下會出現對此參數差異值的說明：.418 是估計參數 PW1 與估計參數 W1 間的差異值除以差異值的估計標準誤，在穩定假定下會有一個正確的模型，如果參數 PW1 與參數 W1 在母群中相等，則臨界比值或 z 統計量會呈標準化常態分配。

Critical Ratio for Difference between Two Parameters

.418 is the difference between the estimate of PW1 and the estimate of W1, divided by an estimate of the standard error of the difference. With a correct model, under suitable assumptions, if PW1 and W1 are equal in the population, this critical ratio or z statistic has a standard normal distribution.

圖 9-60

9－3 多重模式的設定

在中間「Models」（模式）方盒中按「Default Model」（預設模式）二下，開啓「Manage Models」（管理模式）次對話視窗。視窗左邊為參數及模式中參數標籤，參數包括共變異數（Covariance）、截距（Intercepts）、平均數（Means）、變異數（Variance）、迴歸係數（Weights）。

一、預設模式（未限制參數）

在「Model Name」（模式名稱）下方格中將內定的模式名稱「Default model」改為「預設模式」，「Parameter Constraints」（參數限制）下的方格不做任何參數條件限制。在群組假設模型中，共變數參數有二個：C1、PC1，變異數參數有四個：PV1、PV2、V1、V2，迴歸係數有四個：PW1、PW2、W1、W2，沒有界定平均數與截距項參數。

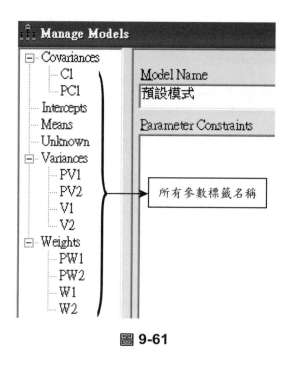

圖 9-61

二、共變異數相等模式

　　按下方『New』（新增）鈕，在「Model Name」（模式名稱）下方格中會出現「Model Number2」（模式編號 2），將方格中的內定的模式名稱「Model Number2」改為「共變異數相等模式」，「Parameter Constraints」（參數限制）下的方格中設定「C1=PC1」，操作時滑鼠移到左邊共變異數參數C1 上，連按二下，則C1 參數會移至右邊「Parameter Constraints」（參數限制）下的方格中，再將滑鼠移到左邊共變異數參數PC1 上，連按二下，則PC1 參數會移至右邊並自動在二個參數之間加上「=」號，若是參數中間的「=」號研究者自行鍵入，則再選取參數PC1 至「參數限制」方格中時就不會再出現「=」號。

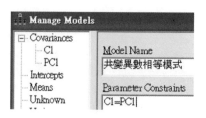

圖 9-62

三、變異數相等模式

按下方『New』（新增）鈕，在「Model Name」（模式名稱）下方格中會出現「Model Number3」（模式編號 3），將方格中的內定的模式名稱「Model Number3」改為「變異數相等模式」，「Parameter Constraints」（參數限制）下的方格中設定「PV1=V1」、「PV2=V2」。

圖 9-63

四、徑路係數相等模式

按下方『New』（新增）鈕，在「Model Name」（模式名稱）下方格中會出現「Model Number4」（模式編號 4），將方格中的內定的模式名稱「Model Number4」改為「徑路係數相等模式」，「Parameter Constraints」（參數限制）下的方格中設定「PW1=W1」、「PW2=W2」。

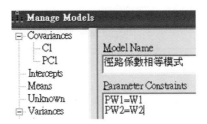

圖 9-64

五、模式不變性模式

按下方『New』（新增）鈕，在「Model Name」（模式名稱）下方格中會出現「Model Number5」（模式編號 5），將方格中的內定的模式名稱

「Model Number5」改爲「模式不變性」，「Parameter Constraints」（參數限制）下的方格中設定二個模式的共變異數相等、變異數相等、迴歸係數相等：「C1＝PC1」、「PV1＝V1」、「PV2＝V2」、「PW1＝W1」、「PW2＝W2」→按『Close』（關閉）鈕，回到「Amos Graphics」對話視窗。

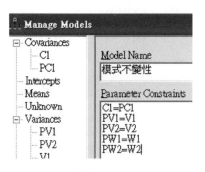

圖 9-65

在模式條件設定中，若是模式 1（模式名稱爲Model_A）有二個限制條件、模式 2（模式名稱爲 Model_B）有二個限制條件、模式 3（模式名稱爲 Model_C）有三個限制條件、模式 4（模式名稱爲 Model_D）有三個限制條件，模式 5（模式名稱爲Model_E）包含以上所有限制條件，則模式 5 總共要設定十個限制條件，此十個限制條件中的參數限定在之前的模式中均已界定，則研究者在「Parameter Constraints」（參數限制）方格中可以直接使用先前的模式名稱代替參數限制，以模式 5（模式名稱爲Model_E）爲例，其十個參數條件的限制爲：

表 9-24

Model Name
Model_E
Parameter Constraints
Model_A
Model_B
Model_C
Model_D

上述五個模式設定完後，在「Models」（模式）方盒中會依序出現各模式的名稱：「預設模式」（模式編號 1）、「XX：共變異數相等模式」（模

式編號 2）、「XX：變異數相等模式」（模式編號 3）、「XX：徑路係數相等模式」（模式編號4）、「XX:模式不變性」（模式編號5）。

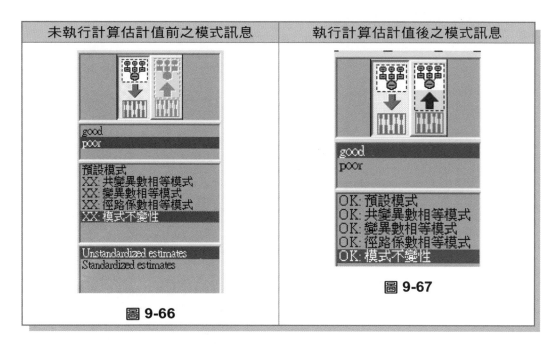

未執行計算估計值前之模式訊息	執行計算估計值後之模式訊息

圖 9-66　　　　圖 9-67

六、多個模式的輸出結果

按工具箱『Calculate estimates』（計算估計值）鈕，若模式界定正確且可以收斂，則不會出現錯誤或警告訊息，此時再按工具箱『View Text』（檢視文件檔）鈕，可開啓「Amos Output」對話視窗。上述四個參數限制模式與均未限制參數模式五個模型均可辨識，五個模型的模式名稱前均出現「OK:」訊息。模型可以辨識，只表示模式可以順利估計出各項統計量，不代表模型一定是適配或是合適的模式；如果模型無法辨識，則無法順利估計出各項統計量，模型的路徑模式圖也無法呈現。

◉ ㈠模式適配度檢定

Model Fit Summary

表 9-25　CMIN

Model	NPAR	CMIN	DF	P	CMIN/DF
預設模式	12	.000	0		
共變異數相等模式	11	3.098	1	.078	3.098
變異數相等模式	10	2.308	2	.315	1.154
徑路係數相等模式	10	.207	2	.901	.104
模式不變性	7	4.548	5	.473	.910
Saturated model	12	.000	0		
Independence model	6	641.919	6	.000	106.987

在「Amos Output」對話視窗中選取「Model Fit」（模式適配度）選項，可以呈現多個模式的適配度統計量。範例中有五個模式，模式 A 不做任何模式參數限制、模式 B 設定群組二個外因變項的共變異數相等（共變異數不變性）、模式C設定群組二個外因變項的變異數相等（變異數不變性）、模式 D 設定群組中模式相對應的徑路係數相等（徑路係數恒等性）、模式 E設定群組模式中二個外因變項的共變異數相等、二個外因變項的變異數相等、模式相對應的徑路係數相等（系統不變性）。

在模式A中未進行參數限制，模式為剛好適配模式，所以卡方值為.00，自由度為0（顯著性機率值p無法估計）；在模式B中設定小康、略有困難二個群組之「生涯規劃」、「生活適應」二個外因變項的共變異數相等（共變異數不變性），其χ^2值為 3.098、自由度為 1，顯著性機率值p=.078>.05，未達到顯著水準，表示此參數限制之理論模式適配度佳。在模式 C 中設定小康、略有困難二個群組之「生涯規劃」、「生活適應」二個外因變項的變異數相等（變異數不變性），其χ^2 值為 2.308、自由度為 2，顯著性機率值p=.315>.05，未達到顯著水準，而卡方自由度比值=1.154<3，表示參數界定之理論模式適配度佳。在模式 D 中設定小康、略有困難二個群組之「生涯規劃」、「生活適應」二個外因變項對「生活滿意」內因變項的徑路係數相等（徑路係數不變性），模式χ^2 值為.207、自由度為 2，顯著性機率值p=.901>.05，未達到顯著水準，卡方自由度比值=.104<3，表示參數界定之理

論模式適配度佳，以經濟狀況為調節變項而言，具有組間不變性。在模式E中設定小康、略有困難二個群組之「生涯規劃」、「生活適應」二個外因變項對「生活滿意」內因變項的徑路係數相等（徑路係數不變性）、共變異數相等、變異數相等，模式χ²值為4.548、自由度為5，顯著性機率值p=.473>.05，未達到顯著水準，卡方自由度比值=.910<3，表示參數界定之理論模式適配度佳，以經濟狀況為調節變項而言，具有系統不變性。若是模式為飽和模式，卡方值為 0、如果模式為獨立模式，卡方值為 641.919、模式自由度為 6，顯著性 p=.000。

多群組結構方程模式分析之適配度指標會呈現相同的統計量，其中χ²值是表示所有群組在所設定的理論模式中整體適配度的統計量，不會每一個群組呈現一組的適配度統計量，若是多群組理論模式無法適配，則研究者可能要採取較為寬鬆限制的模式，即參數限制的條件較少。

表 9-26　RMR, GFI

Model	RMR	GFI	AGFI	PGFI
預設模式	.000	1.000		
共變異數相等模式	8.922	.995	.940	.083
變異數相等模式	6.392	.996	.978	.166
徑路係數相等模式	.379	1.000	.998	.167
模式不變性	7.662	.993	.984	.414
Saturated model	.000	1.000		
Independence model	32.102	.532	.064	.266

表 9-26 為群組多個模式的 RMR 值及 GFI 值，模式 B（共變異數相等模式）的 GFI 值等於.995、AGFI 值等於.940；模式 C（變異數相等模式）的GFI 值等於.996、AGFI 值等於.978；模式 D（徑路係數相等模式）的 GFI 值等於 1.000、AGFI 值等於.998；模式 E（模式不變性）的 GFI 值等於.993、AGFI 值等於.984，模式 A（預設模式） GFI 值等於 1.000，各模式不變性（模式 B、模式 C、模式 D、模式 E）的 GFI 值及 AGFI 值均大於.90，表示模式可以被接受。

表 9-27　**Baseline Comparisons**

Model	NFI Delta1	RFI rho1	IFI Delta2	TLI rho2	CFI
預設模式	1.000		1.000		1.000
共變異數相等模式	.995	.971	.997	.980	.997
變異數相等模式	.996	.989	1.000	.999	1.000
徑路係數相等模式	1.000	.999	1.003	1.008	1.000
模式不變性	.993	.991	1.001	1.001	1.000
Saturated model	1.000		1.000		1.000
Independence model	.000	.000	.000	.000	.000

表 9-27 為群組多個模式「基準線比較」（Baseline Comparisons）適配度估計統計量，模式中的 NFI 值、RFI 值、IFI 值、TLI 值、CFI 值均大於.90，表示各模式不變性的適配度佳。

表 9-28　**FMIN**

Model	FMIN	F0	LO 90	HI 90
預設模式	.000	.000	.000	.000
共變異數相等模式	.007	.005	.000	.025
變異數相等模式	.005	.001	.000	.018
徑路係數相等模式	.000	.000	.000	.003
模式不變性	.010	.000	.000	.019
Saturated model	.000	.000	.000	.000
Independence model	1.378	1.365	1.194	1.551

五個模式的 FMIN 值（最小差異值）分別為.000、.007、.005、.000、.010，數值均接近 0，表示理論模式與實際資料的適配度佳。

表 9-29　**RMSEA**

Model	RMSEA	LO 90	HI 90	PCLOSE
共變異數相等模式	.067	.000	.158	.250
變異數相等模式	.018	.000	.096	.644
徑路係數相等模式	.000	.000	.039	.967
模式不變性	.000	.000	.061	.883
Independence model	.477	.446	.508	.000

四個模式不變性的RMSEA值分別爲.067、.018、.000、.000，均小於.080的標準，表示模式可以被接受。

表 9-30　HOELTER

Model	HOELTER .05	HOELTER .01
預設模式		
共變異數相等模式	579	999
變異數相等模式	1211	1861
徑路係數相等模式	13462	20693
模式不變性	1136	1547
Independence model	11	14

四個模式不變性的CN值在顯著水準爲.05時，其數值分別579、1211、13462、1136，均大於 200，達到模式可以適配標準，表示假設模式適配情形良好。

◉ (二)巢狀模式的比較

Nested Model Comparisons

表 9-31　Assuming model 預設模式 to be correct:

Model	DF	CMIN	P	NFI Delta-1	IFI Delta-2	RFI rho-1	TLI rho2
共變異數相等模式	1	3.098	.078	.005	.005		
變異數相等模式	2	2.308	.315	.004	.004		
徑路係數相等模式	2	.207	.901	.000	.000		
模式不變性	5	4.548	.473	.007	.007		

巢狀模式比較可進行模式配對的檢定，檢定時以參數限制的數目作爲其中一個基準模式，將基準模式與其他模式進行配對比較，稱爲巢狀模式（nested model）。配對模式比較時參數限制較多（模式中待估計的自由參數較少，自由度較大）模式的卡方值（模型與資料的不一致函數）假設爲$\hat{C}_r$、自由度假設爲d_r；參數限制較少模式（模式中待估計的自由參數較多，相對的自由度較小）的卡方值（模型與資料的不一致函數）假設爲$\hat{C}_m$、自由度假設爲 d_m，若是參數限制較少之模式假定爲正確模式，配對模式卡方

統計量的差異量等於 $\hat{C}_r - \hat{C}_m$，卡方值分配的自由度等於 $d_r - d_m$，虛無假定的考驗是參數限制較少的模式若假定為正確模式，則參數限制較多的模式也是正確的模式，此時模式差異之卡方值顯著性機率值 p>.05。

「Assuming model 預設模式 to be correct:」為群組模式 A 的假定，因為模式 A 的自由度為 0（沒有限制固定參數），固定參數限制比模式 A 還多的模式有模式 B（自由度=1）、模式 C（自由度=2）、模式 D（自由度=2）、模式 E（自由度=5）。由於假定基準模式為模式 A（預設模式），所以各模式均與模式 A 比較，以模式 D（徑路係數相等模式）而言，其檢定的虛無假設與對立假設如下：

> 虛無假設：模式 D ＝ 模式 A
> 對立假設：模式 D ≠ 模式 A

若是檢定的卡方值達到顯著（p<.05），則拒絕虛無假設，接受對立假設，即模式 D 和模式 A 之間是有差異的；相反的，如果檢定的卡方值未達到.05 顯著水準，則接受虛無假設，拒絕對立假設，即模式 D 和模式 A 之間是沒有差異的，二個模式可視為相同的模式。

在考驗限制模式與未界定參數限制模式之差異時，皆使用二個模式之卡方值的差異量（$\Delta\chi^2$）來判別，但卡方值差異值與卡方值一樣，易受樣本數大小的波動，如果各群組的樣本數較大，則卡方值的差異量（$\Delta\chi^2$）很容易達到顯著水準，造成虛無假設被拒絕，使得二個沒有差異的模型變得有顯著差異存在。在進行巢狀模式的差異比較時，若是比較的模型為組間測量恆等性（measurement invariance），學者 Cheung 與 Rensvold（2002）提出三種指標可供參考：CFI、NCI（Noncentrality）、GH（Gamma Hat），這三種指標值較不受模型複雜度的影響，與其他適配度指標值的重疊性較低，與整體模型適配度指標值的相關也較低，使用時，研究者只要計算這三個適配指標值在有參數限制模型與無參數限制模型上的差異值，即可判別組間不變性之虛無假設是否可以被接受，判別標準是模型 CFI 差異值小於.01、NCI 差異值小於.001，GH 差異值小於.02。但這三種適度指標值在 Amos 進行

多群組組間恒等性之CFA模型檢定時並不提供（李茂能，民 95）。Amos進行巢狀模式的差異比較時，提供二個模型差異的卡方差異量（$\Delta\chi^2$）、$\Delta\chi^2$ 值顯著性考驗的 p 值及 NFI 值、IFI 值、RFI 值、TLI 值之增加量，若是二個模型卡方值差異量之顯著性p 值小於.05，則拒絕二個模型無差異之虛無假設，如果二個模型卡方值差異量之顯著性 p 值大於.05，則接受二個模型無差異之虛無假設；NFI 值、IFI 值、RFI 值、TLI 值之增加量若小於.05，則可接受二個模型無差異之虛無假設（*Little, 1997*）。

表 9-32　**Assuming model 共變異數相等模式 to be correct:**

Model	DF	CMIN	P	NFI Delta-1	IFI Delta-2	RFI rho-1	TLI rho2
模式不變性	4	1.450	.835	.002	.002	-.020	-.021

若是假定模式 B（共變異數相等模式）是正確的，則模式 E（模式不變性）與模式 B 卡方值的差異值＝4.548－3.098＝1.450，模式自由度的差異＝5－1＝4，增加的$\Delta\chi^2$＝1.450 之顯著性 p＝.835，未達.05 顯著水準，表示模式 E 與模式 B 是沒有差異的，因為模式 B 是適配的，所以模式 E 也可以被接受。

表 9-33　**Assuming model 變異數相等模式 to be correct:**

Model	DF	CMIN	P	NFI Delta-1	IFI Delta-2	RFI rho-1	TLI rho2
模式不變性	3	2.240	.524	.003	.004	-.002	-.002

若是假定模式 C（變異數相等模式）是正確的，則模式 E（模式不變性）與模式 C 卡方值的差異值＝4.548－2.308＝2.240，模式自由度的差異＝5－2＝3，增加的$\Delta\chi^2$＝2.240 之顯著性 p＝.524，未達.05 顯著水準，表示模式 E 與模式 C 是沒有差異的，二個模式可視為等同，因為模式 C 是適配的，所以模式 E 也可以被接受。

9-4　多群組驗證性因素分析

在一個包含計算、空間、推理、閱讀、寫作、字彙六個面向的國中學生基本知能能力測驗中，研究者想探究六個面向所包含的二個構念（共同

因素）間之 CFA 模式是否在性別變項中具有複核效度存在，乃進行多群組的 CFA 分析。

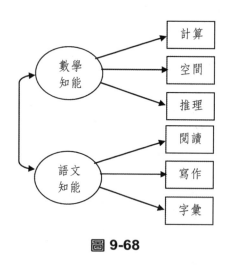

圖 9-68

二因子 CFA 理論模式圖如圖 9-68，繪製於 Amos Graphics 的假設模式圖如圖 9-69，各測量指標要增列一個測量誤差項，潛在變項的指標變項中要有一指標變項為參照變項，其路徑係數值固定為 1。

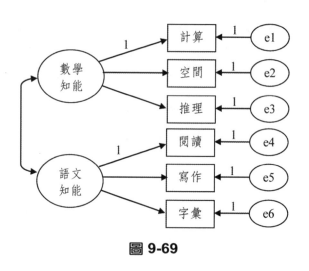

圖 9-69

「基本知能.sav」原始資料檔建檔如表 9-34，在 SPSS 變數檢視視窗中共設定七個變項名稱：性別、計算、空間、推理、閱讀、寫作、字彙，其中性別變項為二分名義項，水準數值 1 為男生、水準數值 2 為女生，其餘六個基本知能變項為受試者在相對應試題上的得分加總，分數愈高，表示其

測驗成績愈佳。

表 9-34

性別	計算	空間	推理	閱讀	寫作	字彙
2	35	28	10	9	13	11
2	18	24	13	7	16	7
2	28	22	15	11	23	30
1	23	19	4	10	17	10
1	34	24	22	11	19	19
1	29	23	9	9	19	11

註：分析資料數據來源分別取自 Amos 範例資料檔中的 Grnt_fem.sav、Grnt_mal.sav 二
　　個資料檔。

一、繪製理論模式圖

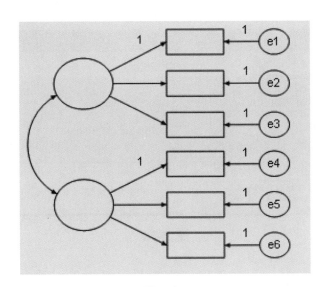

圖 9-70

在 CFA 模式圖中，各指標變項的誤差變項之路徑係數預設為固定參數
1，而潛在變項之各指標變項中要有一個指標變數的路徑係數固定參數也為
1。

二、讀取資料檔及觀察變數

⬤ (一)步驟 1 界定輸出標題字

按『Figure captions』（設定徑路圖標題內容）鈕，開啓「Figure captions」對話視窗，在「Caption」（標題）下的方格中鍵入要呈現文字說明及適配度統計量。

```
\FORMAT
\GROUP；\MODEL
卡方值=\CMIN；p =\p
RMSEA=\RMSEA；GFI=\GFI
```

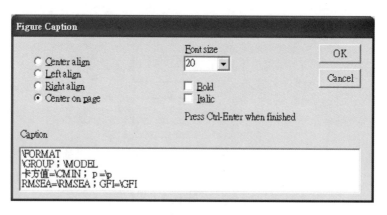

圖 9-71

⬤ (二)步驟 2 開啟資料檔

執行功能列【File】（檔案）／【Data Files】（資料檔案）程序，開啓「Data Files」（資料檔案）對話視窗或按工具箱▦『Select data files』（選擇資料檔）圖像鈕，也可開啓「Data Files」對話視窗。按『File Name』（檔案名稱）鈕，選取原始資料檔「基本知能.sav」。

⊜將觀察變項選入模式

按工具箱▦『List variables in data set』（列出資料組內的變數名稱）圖像鈕，可開啓「Variables in Dataset」（資料集變數名稱）對話視窗，將「計算」、「空間」、「推理」、「閱讀」、「寫作」、「字彙」六個觀察變項拉曳至模式相對應的觀察變項方格中（長方形物件）。

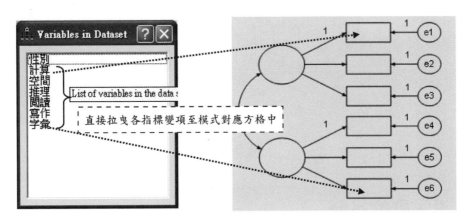

圖 9-72

㈣設定潛在變項及誤差變項

在二個潛在變項及誤差變項圖框上按右鍵，選取快顯功能表中的「Object Properties」（物件性質），開啓「Object Properties」（物件性質）對話視窗，切換到「Text」（文字）標籤頁，在「Variable name」（變項名稱）內輸入潛在變項的變項名稱或誤差變項的變項名稱，切換到「Parameters」（參數）標籤頁可以設定變項參數的變項名稱及字型格式。

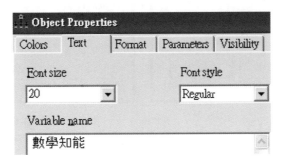

圖 9-73

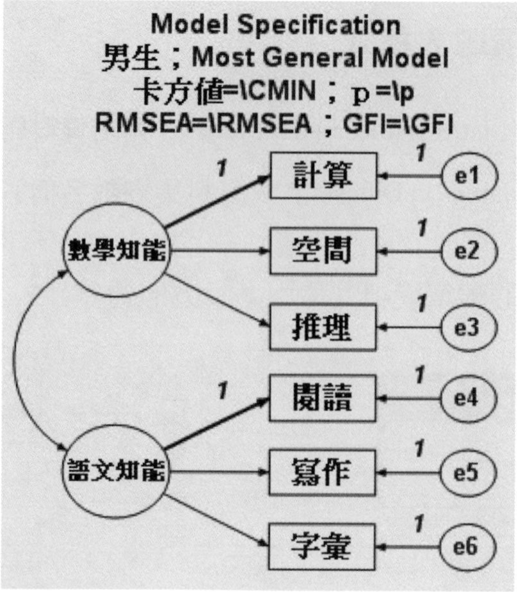

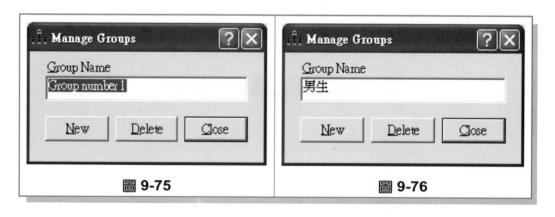

圖 9-74

三、設定群體名稱

在中間「Groups」（群組）方盒中按「Group number1」（群組編號 1）二下，開啟「Manage Groups」（管理群組）對話視窗，在「Group Name」（群組名稱）下的方格中將預設值「Group number1」改為「男生」（群組變項名稱為「性別」，其水準數值 1 為男生、水準數值 2 為女生）→按『New』（新增）鈕。

圖 9-75　　　　　　圖 9-76

在「Group Name」（群組名稱）下的方格中將預設值「Group number2」

改爲「女生」→按『Close』（關閉）鈕。在「Manage Groups」（管理群組）對話視窗中，群組編號預設變項名稱依序爲「Group number1」、「Group number2」、「Group number3」、⋯⋯，按『New』（新增）鈕可增列新的群組、按『Delete』（刪除）鈕可刪除群組變項名稱，群組在 SPSS 資料檔中一般爲類別變數（名義變數）的水準數值，若是分組變項不是名義變項而是連續變項則無法設定群組。

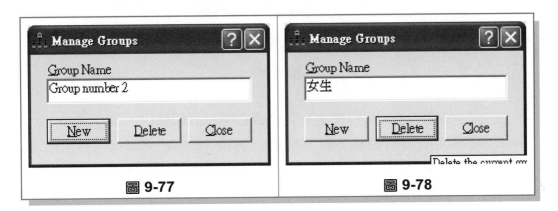

圖 9-77　　　　　　　　　　　　圖 9-78

四、界定群體分組變項名稱及其水準數值

在中間「Groups」（群組）方盒中選取樣本性別的群體名稱「男生」，按工具箱 ▦ 『Select data files』（選擇資料檔）圖像鈕，可開啓「Data Files」對話視窗→按『Grouping Variable』（分組變項）鈕，開啓「Choose a Grouping Variable」（選擇一個分組變項）次對話視窗，選取目標變數「性別」變項→按『OK』（確定）鈕，回到「Data Files」對話視窗。

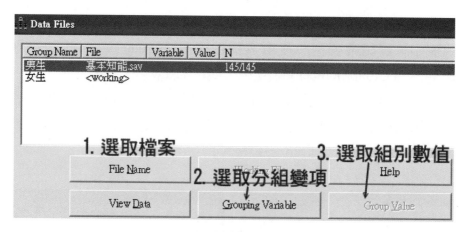

圖 9-79

在「Data Files」（資料檔案）對話視窗中有五個欄位，第一欄「Group Name」為設定的群體名稱，內定群組名稱為「Group number1」；第二欄「File」為原始資料檔，若是出現「<working>」訊息，表示使用者尚未開啟資料檔；第三欄「Variable」為原資料檔中分組之名義變項；第四欄「Value」為群組在名義變項中的水準數值代碼；第五欄「N」為群組的樣本數。在範例分析中分組的群組變項名稱為「性別」，所以在對話視窗中選取「性別」變項。

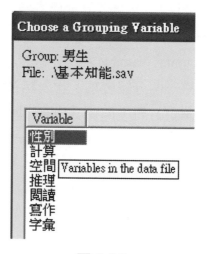

圖 9-80

按『Group Value』（組別數值）鈕，開啟「Choose Value for Group」（選擇組別數值）次對話視窗，選取水準數值 1（性別水準數值編碼 1 者為男生

群體）→按『OK』（確定）鈕，回到「Data Files」對話視窗。

圖 9-81

　　→在「Data Files」（資料檔案）對話視窗中，選取第二列「女生 ＜working＞」，在第二欄「File」（檔案）下方出現「＜working＞」提示語，表示女生群體尚未選取資料檔，按『File Name』（檔案名稱）鈕，選取「基本知能.sav」資料檔。

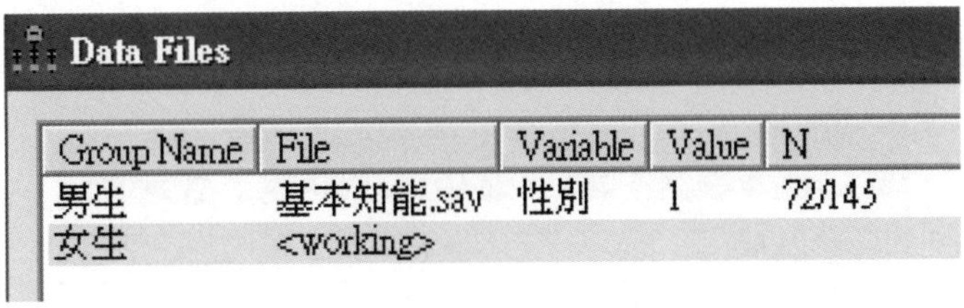

圖 9-82

　　按『Grouping Variable』（分組變項）鈕，開啓「Choose a Grouping Variable」（選擇一個分組變項）次對話視窗，選取目標變數「性別」變項→按『OK』（確定）鈕，回到「Data Files」對話視窗。

　　按『Group Value』（組別數值）鈕，開啓「Choose Value for Group」（選擇組別數值）次對話視窗，選取水準數值2（性別水準數值編碼2者爲女生群體）→按『OK』（確定）鈕，回到「Data Files」對話視窗→按『OK』（確定）鈕。

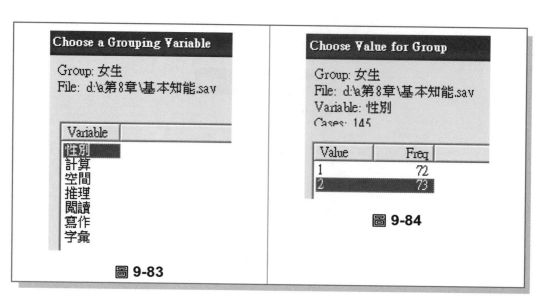

圖 9-83

圖 9-84

　　設定完之「Data Files」（資料檔案）對話視窗，會出現二個群體的名稱：男生、女生，資料檔名稱（基本知能.sav），群體所屬的名義變項：性別，二個群體在名義變項中的水準數值：性別變項水準數值 1 為男生、水準數值 2 為女生，男生群體有 72 位、女生群體有 73 位，全部的樣本觀察值有 145 位。

圖 9-85

五、設定多群組分析模式

　　執行功能列「Analyze」（分析）／「Multiple-Group Analysis...」（多群組分析）程序，或按工具箱 『Multiple-Group Analysis』圖像鈕，以開啓「Multiple-Group Analysis...」（多群組分析）對話視窗。

圖 9-86

在開啓「Multiple-Group Analysis...」（多群組分析）對話視窗之前，Amos 會先呈現以下的提示語：「The program will remove any models that you have added to the list of models at the left-hand side of the path diagram. It may also modify your parameter constraints」（這個指令會移除您原先在徑路圖左方增列的模式，並修改參數限制）→按『確定』鈕。

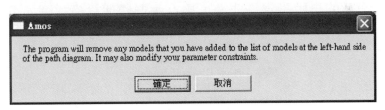

圖 9-87

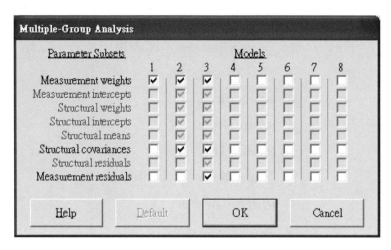

圖 9-88

在「Multiple-Group Analysis...」（多群組分析）對話視窗中，八大不變性考驗的模式會根據研究者繪製的徑路圖不同而分別呈現，灰色的方格表示不能勾選（徑路模式圖中無此種參數限制），在範例中模式 1 為設定群組測量係數相等；模式 2 為設定群組測量係數相等、群組的結構共變數也相等；模式 3 為設定群組測量係數相等、群組的結構共變數相等、群組的測量誤差也相等。

多群組分析的參數設定完成後，男女生群體理論模式圖如下：

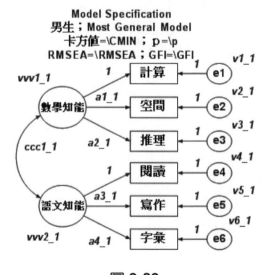

圖 9-89

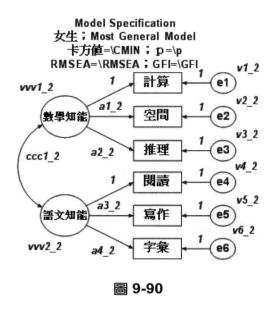

圖 9-90

圖 9-90 中相關的參數說明如下：

表 9-35

參數名稱	男生群體	女生群體
潛在變項的共變異數	ccc1_1	ccc1_2
數學知能潛在變項的變異數	vvv1_1	vvv1_2
語文知能潛在變項的變異數	vvv2_1	vvv2_2
因素負荷量	a1_1	a1_2
	a2_1	a2_2
	a3_1	a3_2
	a4_1	a4_2
測量誤差項的變異數	v1_1	v1_2
	v2_1	v2_2
	v3_1	v3_2
	v4_1	v4_2
	v5_1	v5_2
	v6_1	v6_2

　　多群組分析多重模式的設定完後，在「Models」（模式）方盒中會出現四個模式：「XX: Unconstrained」、「XX: Measurement weights」、「XX: Structural covariances」、「XX: Measurement residuals」。在「XX: Measurement weights」模式中的參數限制為二個群體的測量係數（因素負荷量）相

等，其參數限制如下：

```
a1_1=a1_2
a2_1=a2_2
a3_1=a3_2
a4_1=a4_2
```

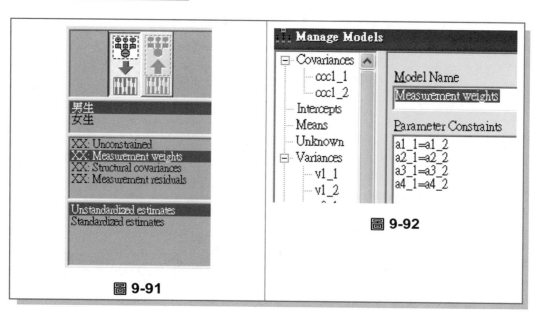

圖 9-92

圖 9-91

在「XX: Structural covariances」模式中設定二個群體測量係數相等、二個群體的結構共變數也相等，增列的結構共變數包括二個潛在變項的共變異數相等，二個潛在變項相對應的變異數相等。「XX: Measurement residuals」模式中設定二個群體測量係數相等、二個群體的結構共變數相等、二個群體誤差變項的誤差變異數也相等。四個模式的參數限制整理如表 9-36：表中參數限制的模式為 Amos 預設的設定值，每個模式參數限制均可再增刪或修改，只要在「Models」（模式）方盒中選取模式名稱，連按二下開啟「Manage Models」（管理模式）對話視窗即可修改參數限制條件。

表 9-36

XX: Unconstrained	XX: Measurement weights	XX: Structural co-variances	XX: Measurement residuals
預設模式，群組間沒有參數相等性的限制	a1_1=a1_2 a2_1=a2_2 a3_1=a3_2 a4_1=a4_2	a1_1=a1_2 a2_1=a2_2 a3_1=a3_2 a4_1=a4_2	a1_1=a1_2 a2_1=a2_2 a3_1=a3_2 a4_1=a4_2
		ccc1_1=ccc1_2 vvv1_1=vvv1_2 vvv2_1=vvv2_2	ccc1_1=ccc1_2 vvv1_1=vvv1_2 vvv2_1=vvv2_2
			v1_1=v1_2 v2_1=v2_2 v3_1=v3_2 v4_1=v4_2 v5_1=v5_2 v6_1=v6_2

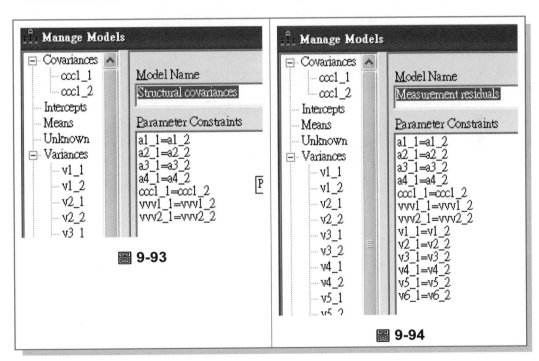

圖 9-93

圖 9-94

　　在研究問題中關注的是男生、女生二個群體是否有相同的因素模型，因而只保留「XX: Unconstrained」、「XX: Measurement weights」二個模式，至於後面二個模式：「XX: Structural covariances」、「XX: Measurement residuals」則將之刪除。當執行『計算估計值』程序後，若是模式可以估計或模式可以辨識，則「XX: Unconstrained」、「XX: Measurement weights」模式界定會變為「OK: Unconstrained」、「OK: Measurement weights」。

六、輸出結果

模式 A 中未設定二個群體的參數，男生、女生二個群體允許有不同的因素負荷量、群組允許有不同的誤差變異數、群組也允許有不同的共同因素變異數與共變數。

男生群體（參數均未加以限制）未標準化估計值的 CFA 圖如圖 9-95：

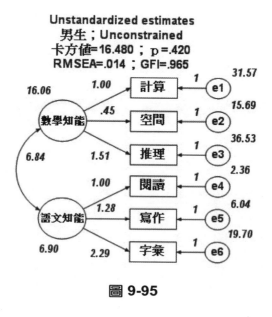

圖 9-95

女生群體（參數均未加以限制）未標準化估計值的 CFA 圖如圖 9-96：

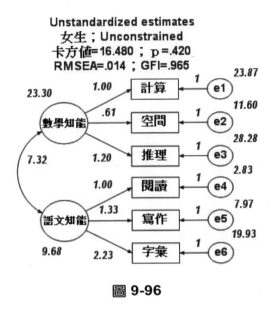

圖 9-96

男生群體（參數均未加以限制）標準化估計值的 CFA 圖如圖 9-97：

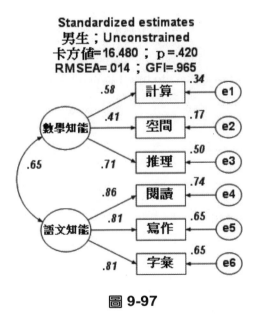

圖 9-97

女生群體（參數均未加以限制）未標準化估計值的 CFA 圖如圖 9-98：

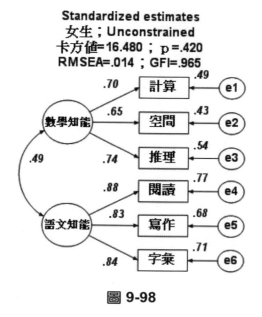

圖 9-98

Notes for Model (Unconstrained)

Computation of degrees of freedom (Unconstrained)

Number of distinct sample moments:	42
Number of distinct parameters to be estimated:	26
Degrees of freedom (42 - 26):	16

Result (Unconstrained)

Minimum was achieved

Chi-square = 16.480

Degrees of freedom = 16

Probability level = .420

　　在預設模式（二個群體的 CFA 模式中的參數均未加以限制）中，「Amos Graphics」自動假定二個群體有相同的因素結構，模式檢定在考驗研究者所提的基本知能 CFA 模式是否同時適配於男生、女生二個群體。樣本資料提供共變異數矩陣的獨特元素（資料點數目）有 42 個、待估計的參數有 26 個、模式的自由度等於 16（＝42－26），適配度的卡方值為 16.480，顯著性機率值 p=.420>.05，未達.05 顯著水準，接受虛無假設，表示模式可以被接

受。此外，模式適配度指標中的 RMSEA 值=.014<.05，GFI 值=.965>.90，表示初始模式（模式 A）可以被接受。若是初始模式（模式 A）被拒絕，模式適配度不佳，表示二個群組中至少有一個群組的 CFA 徑路圖要進行修改。由於研究者所提的基本知能 CFA 理論模式圖具有跨性別變項的特性，表示男生與女生群體具有相同因素分析模型。

表 9-37　**Pairwise Parameter Comparisons (Unconstrained)**
Critical Ratios for Differences between Parameters (Unconstrained)

	a1_1	a2_1	a3_1	a4_1	ccc1_1	a1_2	a2_2	a3_2	a4_2
a1_1	.000								
a2_1	2.537	.000							
a3_1	3.362	-.477	.000						
a4_1	5.198	1.413	3.676	.000					
ccc1_1	2.620	2.003	2.316	1.865	.000				
vvv2_1	3.955	3.198	3.290	2.575	.030				
a1_2	.702	-1.863	-2.983	-4.959	-2.624	.000			
a2_2	2.308	-.583	-.241	-2.668	-2.365	2.481	.000		
a3_2	3.710	-.361	.250	-2.766	-2.318	3.366	.430	.000	
a4_2	5.630	1.363	3.054	-.147	-1.931	5.416	2.737	3.778	.000

「Pairwise Parameter Comparisons」選項為配對參數比較，「Critical Ratios for Differences between Parameters」表格為「參數間差異的臨界比值」，若是二個相對應而屬性相同的參數，其臨界比值絕對值大於 1.96，表示二個模式間的參數達到.05 的顯著水準；若是臨界比值絕對值大於 2.58，表示二個模式間的參數達到.01 的顯著水準，二個參數間的臨界比值小於 1.96，則此二個參數間可視為相等，四個相對應因素負荷量差異的臨界比分別為.702、-.583、.250、-.147，四個參數差異值的絕對值均小於 1.96，表示二個群體 CFA 模式中相對應的因素負荷量可視為相等，因為差異值檢定未達.05 顯著水準，表示二個相對應的因素負荷量的差異顯著的等於 0，相對應的因素負荷量是相等的數值。

在模式 B 中，將二個群體部分參數加以限制，男生、女生二個群體在測量模式中的因素負荷量（迴歸係數）設為相同，至於誤差變項的誤差變異數（unique variance）、二個共同因素變異數與共變數則不加以限制。

　　下面為男生、女生二個群體之因素負荷量限制為相同（測量不變性）之未標準化估計值模式圖。從未標準化估計值的 CFA 圖中可以看出，二個群體中潛在構念與其指標變項的因素負荷量（迴歸係數）均相同，由於二個群組的誤差變異數、潛在構念因素變異數和共變數未加以限制，因而其參數值不一定相等。六條路徑係數值分別為 1.00（參照指標）、.56、1.33、1.00（參照指標）、1.31、2.26。

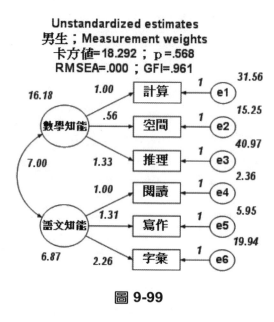

圖 9-99

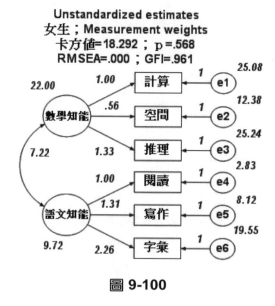

圖 9-100

Notes for Model (Measurement weights)

Computation of degrees of freedom (Measurement weights)

Number of distinct sample moments:	42
Number of distinct parameters to be estimated:	22
Degrees of freedom (42 - 22):	20

Result (Measurement weights)

Minimum was achieved

Chi-square = 18.292

Degrees of freedom = 20

Probability level = .568

在模式註解中，樣本資料提供共變異數矩陣的獨特元素（資料點數目）有 42 個（和模式 A 相同），待估計的參數有 22 個，模式自由度等於 20（＝42－22＝20），模式的卡方值為 18.292，顯著性機率值 p=.568>.05，未達 .05顯著水準，接受虛無假設，表示模式與樣本資料適配。此外，模式適配度指標中的 RMSEA 值=.000<.05，GFI 值=.961>.90，表示群組不變性因素組型（group-invariant factor pattern）模式（模式 B）可以被接受。

表 9-38 Nested Model Comparisons

Assuming model Unconstrained to be correct:

Model	DF	CMIN	P	NFI Delta-1	IFI Delta-2	RFI rho-1	TLI rho2
Measurement weights	4	1.812	.770	.005	.006	-.010	-.011

「Nested Model Comparisons」為巢狀模式比較表模式 B 與模式 A 的 χ^2 值的差異＝$\Delta\chi^2=\chi^2_B-\chi^2_A=18.292-16.480=1.812$，二個模式的自由度差異值=20－16=4，二個模式之 χ^2 差異值未達到.05 顯著水準（p=.770>.05），表示模式 B 與模式 A 可視為相等。由於未加以限制參數之模式 A 具有跨群組效度，因而模式 B 也具有跨群組效度。

9-5 多群組結構方程模式

【研究問題】

在一個退休教師生涯規劃、生活適應與生活滿意的因果模式研究中，研究者提出以下的因果模式圖。在理論模式圖中二個外因潛在變項為「生涯規劃」、「生活適應」，內因潛在變項為「生活滿意」。「生涯規劃」潛在變項的二個指標變項為「經濟計畫」、「休閒娛樂」；「生活適應」潛在變項的三個指標變項為「生理適應」、「心理適應」、「社會適應」；「生活滿意」潛在變項的二個指標變項為「日常生活」、「自我實現」，各指標變項為各量表層面題項加總後分數，指標變項為研究者以探索性因素分析所求得的各因素層面。

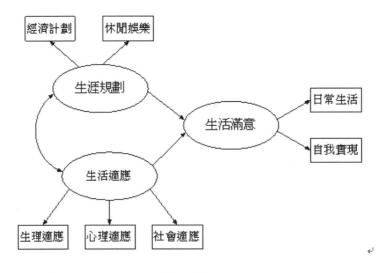

圖 9-101

一、繪製 Amos 理論模式圖

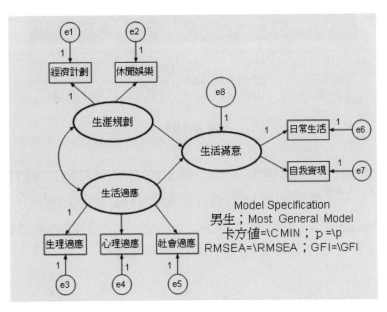

圖 9-102

　　在理論模式中二個群組名稱為「男生」、「女生」，群組變項名稱在原 SPSS 資料檔中為「性別」，性別變項為二分名義變項，水準數值 1 為男生、水準數值 2 為女生。「Figure captions」（徑路圖標題內容）對話視窗內呈現組別、模式名稱、卡方值、顯著性 p 值、RMSEA 值、GFI 值。

\FORMAT
\GROUP；\MODEL
卡方值=\CMIN；p =\p
RMSEA=\RMSEA；GFI=\GFI

二、讀取資料檔並設定群組變項及水準數值

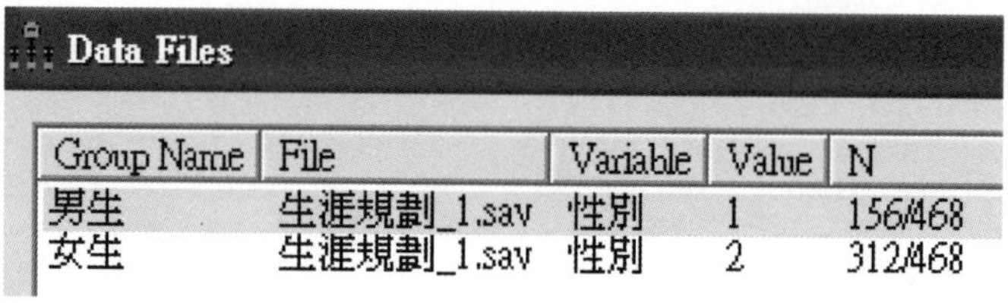

圖 9-103

資料檔名稱為「生涯規劃_1.sav」（SPSS原始資料檔），群組名稱設定為男生、女生，二個群組變項名稱在原始資料檔中為「性別」，男生群體的水準數值編碼為 1，有效樣本數有 156 位、女生群體的水準數值編碼為 2，有效樣本數有 312 位，全部樣本觀察值有 468 位。

三、設定多群組分析模式

執行功能列「Analyze」（分析）／「Multiple-Group Analysis...」（多群組分析）程序，或按工具箱 ![icon] 『Multiple-Group Analysis』圖像鈕，以開啟「Multiple-Group Analysis...」（多群組分析）對話視窗。

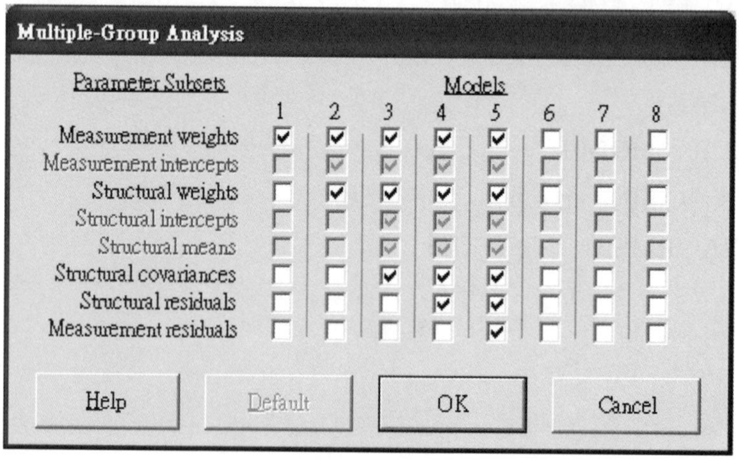

圖 9-104

Amos 根據二個群組的理論模式圖提供以上五個內定的參數限制模式：(1)模式 1[XX: Measurement weights]設定測量係數相等、(2)模式 2[XX: Structural weights]增列結構係數相等、(3)模式 3[XX: Structural covariances]增列結構共變異數相等、(4)模式 4[XX: Structural residuals]增列結構殘差相等、(5)模式 5[XX: Measurement residuals]增列測量殘差相等。五個限制參數模式與原先未限制參數的基線模式中的參數界定如下表：

表 9-39

未限制參數	限制參數模式				
模式 A	模式 B Measurement weights	模式 C Structural weights	模式 D Structural covariances	模式 E Structural residuals	模式 F Measurement residuals
測量係數	a1_1=a1_2 a4_1=a4_2 a2_1=a2_2 a3_1=a3_2	a1_1=a1_2 a4_1=a4_2 a2_1=a2_2 a3_1=a3_2	a1_1=a1_2 a4_1=a4_2 a2_1=a2_2 a3_1=a3_2	a1_1=a1_2 a4_1=a4_2 a2_1=a2_2 a3_1=a3_2	a1_1=a1_2 a4_1=a4_2 a2_1=a2_2 a3_1=a3_2
結構係數		b1_1=b1_2 b2_1=b2_2	b1_1=b1_2 b2_1=b2_2	b1_1=b1_2 b2_1=b2_2	b1_1=b1_2 b2_1=b2_2
結構共變異數			ccc1_1=ccc1_2 vvv1_1=vvv1_2 vvv2_1=vvv2_2	ccc1_1=ccc1_2 vvv1_1=vvv1_2 vvv2_1=vvv2_2	ccc1_1=ccc1_2 vvv1_1=vvv1_2 vvv2_1=vvv2_2
結構殘差變項變異數				vv1_1=vv1_2	vv1_1=vv1_2
測量殘差變項變異數					v1_1=v1_2 v2_1=v2_2 v3_1=v3_2 v4_1=v4_2 v5_1=v5_2 v6_1=v6_2 v7_1=v7_2

多群組模式設定完後，包含六個模式，第一個模式為參數均未加以限制模式（模式 A）；第二個模式為[XX: Measurement weights]設定測量係數相等（模式 B）；第三個模式[XX: Structural weights]設定測量係數相等、結構係數相等二個條件（模式 C）；第四個模式[XX: Structural covariances] 設定測量係數相等、結構係數相等、結構共變異數相等三個條件（模式 D）；第五個[XX: Structural residuals] 設定測量係數相等、結構係數相等、結構共

變異數相等、結構殘差變項變異數相等四個條件（模式 E）；第六個[XX: Measurement residuals] 設定測量係數相等、結構係數相等、結構共變異數相等、結構殘差變項變異數相等、測量殘差變項變異數相等五個條件（模式 F）。各模式前面「XX:」符號表示未按下工具箱『Calculate estimates』（計算估計值）鈕，若是執行過後『Calculate estimates』（計算估計值）程序，模式可以適配或可以收斂，則「XX:」符號會轉變為「OK:」提示語。

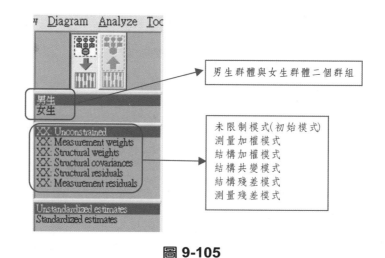

圖 9-105

男生群體理論模式圖中變項的參數名稱如下：

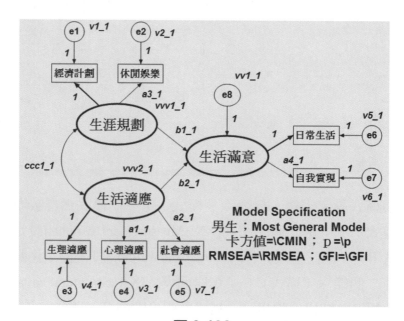

圖 9-106

女生群體理論模式圖中變項的參數名稱如下：

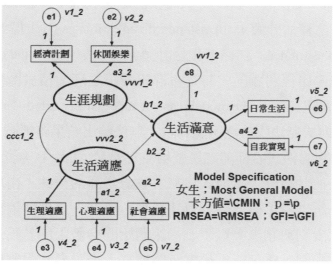

圖 9-107

三、群組模式執行結果

按下工具箱『Calculate estimates』（計算估計值） 圖像鈕後，六個群組模式中只有模式 F[XX: Measurement residuals]變為[OK: Measurement residuals]訊息，其餘五個模式的訊息提示均沒有改變，表示前五個模式不是無法收斂就是理論模式是一個無法估計的模式。

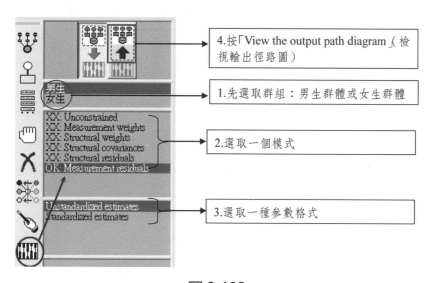

4.按「View the output path diagram」（檢視輸出徑路圖）

1.先選取群組：男生群體或女生群體

2.選取一個模式

3.選取一種參數格式

圖 9-108

　　研究者若要呈現群組的輸出徑路圖，其操作如下：1.先選取群組：男生群體或女生群體、2.選取一個模式、3.選取一種參數格式(Parameter Formats)，參數格式中有二種估計值，「Unstandardized estimates」(未標準化估計值)、「Standardized estimates」（標準化估計值）、4.按「View the output path diagram」（檢視輸出徑路圖），若是多群組分析之理論模式圖無法適配，則會出現以下提示訊息：「The model was not successfully fitted. There is no graphics output」（模式無法成功地適配資料，無法輸出結果路徑圖）。在前五個模式中，待考驗的模式名稱前之符號均沒有變為「OK:」，表示這五個理論模式均是無法估計的模式，模式為無法收斂辨識的模式，由於模式均無法與資料適配，所以結果模式圖均無法呈現。此時，這些理論模式要加以修正或增列參數限制或刪減參數限制。剛開始的參數限制若為最寬鬆模式，則要增列參數限制，逐漸成為最嚴苛的模式，後設參數限制模式與前設參數限制模式卡方值的差異＝$\Delta\chi^2=\chi_B^2-\chi_A^2=\chi_{後設限制模式}^2-\chi_{前設限制模式}^2$，自由度$\Delta df=df_{後設限制模式}-df_{前設限制模式}$，模式差異臨界比值為$\chi_{(.05, \Delta df)}^2$。若是模式卡方值差異顯著性 p 未達顯著水準（p>.05），則接受虛無假設，表示後設參數限制模式與前設參數限制模式可視為相等模式。

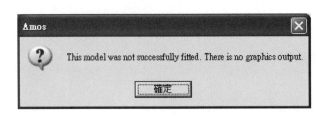

圖 9-109

四、模式註解說明

●（一）模式 A（未限制模式）

Notes for Model (Unconstrained)

Computation of degrees of freedom (Unconstrained)

Number of distinct sample moments:	56
Number of distinct parameters to be estimated:	35
Degrees of freedom (56 - 35):	21

Result (Unconstrained)

The model is probably unidentified. In order to achieve identifiability, it will probably be necessary to impose 1 additional constraint.

　　在模式參數均沒有限制之最寬鬆模式 A 中，樣本動差提供的共變異數獨特元素（資料點數目）有 56 個、待估計的參數有 35 個、模式的自由度等於 21（=56−35）。由於模式無法辨識，為了讓模式可以辨識估計，修正模式需要增列參數限制。當模式無法辨識時，於各模式的「Notes for Model」（模式註解中）會出現下列提示文字：「The model is probably unidentified. In order to achieve identifiability, it will probably be necessary to impose X additional constraint.。」

◉ ㈡模式 B（測量加權模式）

Notes for Model (Measurement weights)

Computation of degrees of freedom (Measurement weights)

Number of distinct sample moments:	56
Number of distinct parameters to be estimated:	31
Degrees of freedom (56 - 31):	25

Result (Measurement weights)

The model is probably unidentified. In order to achieve identifiability, it will probably be necessary to impose 1 additional constraint.

　　在模式 B 中增列測量係數相等性的限制，此模式待估計的參數有 31 個、模式的自由度變為 25，模式還是無法辨識，為了讓模式可以辨識估計，修正模式需要增列參數限制。

● (三)模式 C（結構加權模式）

> Notes for Model (Structural weights)
>
> Computation of degrees of freedom (Structural weights)
>
> | | |
> |---|---|
> | Number of distinct sample moments: | 56 |
> | Number of distinct parameters to be estimated: | 29 |
> | Degrees of freedom (56 - 29): | 27 |
>
> Result (Structural weights)
>
> The model is probably unidentified. In order to achieve identifiability, it will probably be necessary to impose 1 additional constraint.

　　在模式 C 中增列結構係數相等性的限制，因而模式參數限制包括測量係數相等性、結構係數相等性的限制，此模式待估計的參數有 29 個、模式的自由度變為 27，模式還是無法辨識，為了讓模式可以辨識估計，修正模式需要增列參數限制。

● (四)模式 D（結構共變模式）

> Notes for Model (Structural covariances)
>
> Computation of degrees of freedom (Structural covariances)
>
> | | |
> |---|---|
> | Number of distinct sample moments: | 56 |
> | Number of distinct parameters to be estimated: | 26 |
> | Degrees of freedom (56 - 26): | 30 |
>
> Result (Structural covariances)
>
> The model is probably unidentified. In order to achieve identifiability, it will probably be necessary to impose 1 additional constraint.

　　在模式 D 中增列結構共變異數相等性限制，因而參數限制包括測量係數相等性、結構係數相等性、結構共變異數相等性的限制，此模式待估計的參數有 26 個、模式的自由度變為 30，模式還是無法辨識，為了讓模式可以辨識估計，修正模式需要增列參數限制。

● ㈤模式 E（結構殘差模式）

Notes for Model (Structural residuals)

Computation of degrees of freedom (Structural residuals)

Number of distinct sample moments:	56
Number of distinct parameters to be estimated:	25
Degrees of freedom (56 - 25):	31

Result (Structural residuals)

The model is probably unidentified. In order to achieve identifiability, it will probably be necessary to impose 1 additional constraint.

　　在模式 E 中增列結構殘差相等性限制(內因變項殘差變項變異數相等)，因而參數限制包括測量係數相等性、結構係數相等性、結構共變異數相等性、結構殘差相等性的限制，此模式待估計的參數有 25 個、模式的自由度變為 31，模式還是無法辨識，為了讓模式可以辨識估計，修正模式需要增列參數限制。

● ㈥模式 F（結構測量模式）

Notes for Model (Measurement residuals)

Computation of degrees of freedom (Measurement residuals)

Number of distinct sample moments:	56
Number of distinct parameters to be estimated:	18
Degrees of freedom (56 - 18):	38

Result (Measurement residuals)

Minimum was achieved

Chi-square = 75.961

Degrees of freedom = 38

Probability level = .000

　　在模式 F 中增列測量殘差相等性限制(七個測量指標殘差變項變異數相

等），因而參數限制包括測量係數相等性、結構係數相等性、結構共變異數相等性、結構殘差相等性、測量殘差相等性的限制，此模式待估計的參數有 18 個、模式的自由度變為 38(=56－18)，模式可以估計，即將模式設定為五種參數限定條件後，模式可以辨識，模式的卡方值等於 75.961、顯著性＝.000<.05。模式的卡方值雖然達到顯著水準，但由於群組的樣本數較大，因而須參考其他適配度統計量來綜合判斷模式是否可以被接受。

模式 F（最嚴格限制模式）中男生群體非標準化估計值徑路圖如下，模式中沒有出現負的誤差變異數，表示模式基本適配度合理。

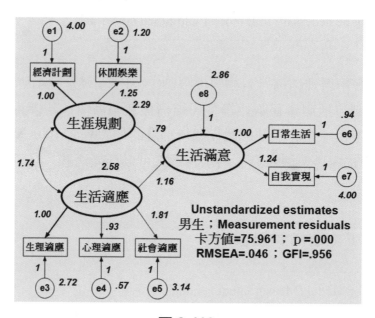

圖 9-110

模式 F（最嚴格限制模式）中男生群體標準化估計值徑路圖如下，三個潛在變項的測量指標之因素負荷量在.60 至 96 之間。

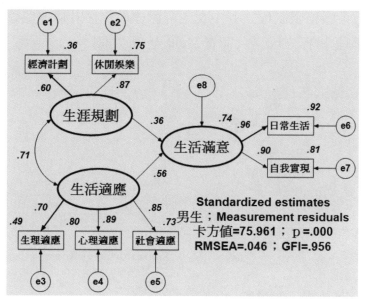

圖 9-111

模式F（最嚴格限制模式）中女生群體非標準化估計值徑路圖如下，模式中沒有出現負的誤差變異數，表示模式基本適配度合理。女生群體非標準化估計值因果模式圖與男生非標準化估計值因果模式圖中的自由參數數值（包括迴歸係數、共變數、變異數等）均相同。

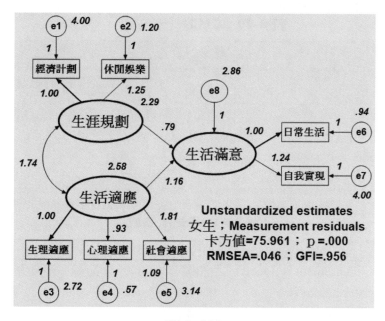

圖 9-112

模式F（最嚴格限制模式）中女生群體標準化估計值徑路圖如下，三個
潛在變項的測量指標之因素負荷量在.60 至 96 之間。

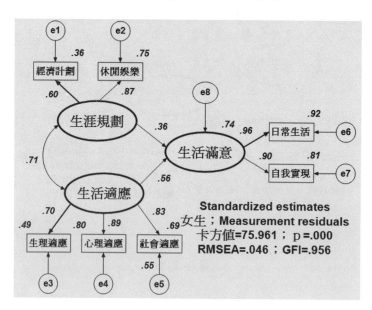

圖 9-113

【模式適配度摘要表】

Model Fit Summary

表 9-40　CMIN（卡方值）

Model（模式）	NPAR 自由參 數數目	CMIN 卡方值	DF 自由度	P 顯著性	CMIN/DF 卡方自由 度比值
Measurement residuals （測量殘差模式）	18	75.961	38	.000	1.999
Saturated model（飽和模式）	56	.000	0		
Independence model（獨立模式）	14	2153.217	42	.000	51.267

表 9-41　RMR, GFI

Model	RMR	GFI	AGFI	PGFI
Measurement residuals	.380	.956	.936	.649
Saturated model	.000	1.000		
Independence model	4.709	.334	.112	.251

Structural Equation Modeling-Amos Operation and Application

表 9-42　Baseline Comparisons

Model	NFI Delta1	RFI rho1	IFI Delta2	TLI rho2	CFI
Measurement residuals	.965	.961	.982	.980	.982
Saturated model	1.000		1.000		1.000
Independence model	.000	.000	.000	.000	.000

表 9-43　Parsimony-Adjusted Measures

Model	PRATIO	PNFI	PCFI
Measurement residuals	.905	.873	.888
Saturated model	.000	.000	.000
Independence model	1.000	.000	.000

表 9-44　NCP

Model	NCP	LO 90	HI 90
Measurement residuals	37.961	16.933	66.768
Saturated model	.000	.000	.000
Independence model	2111.217	1962.934	2266.845

表 9-45　FMIN

Model	FMIN	F0	LO 90	HI 90
Measurement residuals	.163	.081	.036	.143
Saturated model	.000	.000	.000	.000
Independence model	4.621	4.531	4.212	4.864

表 9-46　RMSEA

Model	RMSEA	LO 90	HI 90	PCLOSE
Measurement residuals	.046	.031	.061	.636
Independence model	.328	.317	.340	.000

表 9-47　AIC

Model	AIC	BCC	BIC	CAIC
Measurement residuals	111.961	113.437		
Saturated model	112.000	116.592		
Independence model	2181.217	2182.364		

表 9-48　ECVI

Model	ECVI	LO 90	HI 90	MECVI
Measurement residuals	.240	.195	.302	.243
Saturated model	.240	.240	.240	.250
Independence model	4.681	4.363	5.015	4.683

表 9-49　HOELTER

Model	HOELTER .05	HOELTER .01
Measurement residuals	329	377
Independence model	14	16

在整體模式適配度指標值中並沒有 SRMR 指標值，如果研究者要求出 SRMR 指標值，其操作程序如下：執行功能列『Plugins』（增列）／『Standardized RMR』（標準化 RMR 值）程序，開啟「Standardized RMR(標準化 RMR 值)對話視窗（此對話視窗要在開啟狀態），按工具鈕『Calculate estimates』（計算估計值）後，於「Standardized RMR（標準化 RMR 值）對話視窗內會出現各模式的 SRMR 值。如果模式可以收斂，參數可以估計，則 SRMR 值會呈現，範例中，測量殘差模式的 SRMR 值等於.0341，若是模式無法收斂，則會出現「The model was not successfully fitted.」（模式無法成功適配）的提示訊息。

Standardized RMR

Unconstrained

　　The model was not successfully fitted.

Measurement weights

　　The model was not successfully fitted.

Structural weights

　　The model was not successfully fitted.

Structural covariances

　　The model was not successfully fitted.

Structural residuals

　　The model was not successfully fitted.

Measurement residuals

　　Standardized RMR = .0341

將上述模式適配度摘要表相關適配度統計量整理如下：

表 9-50 多群組測量殘差限制模式分析（模式 F）之整體模式適配度檢定摘要表

統計檢定量	適配的標準或臨界值	檢定結果數據	模式適配判斷
絕對適配度指數			
χ^2 值	p>.05（未達顯著水準）	75.961(p=.000<.05)	否
RMR 值	<.005	0.380	否
SRMR 值	<0.05	.0341	是
RMSEA 值	<0.08（若<.05 優良；<.08 良好）	0.046	是
GFI 值	>.90 以上	0.956	
AGFI 值	>.90 以上	0.936	是
增值適配度指數			
NFI 值	>.90 以上	0.965	是
RFI 值	>.90 以上	0.961	是
IFI 值	>.90 以上	0.982	是
TLI 值（NNFI 值）	>.90 以上	0.980	是
CFI 值	>.90 以上	0.982	是
簡約適配度指數			
PGFI 值	>.50 以上	0.649	是
PNFI 值	>.50 以上	0.873	是
PCFI 值	>.50 以上	0.888	是
CN 值	>200	329	是
χ^2 自由度比	<2.00	1.999	是
AIC 值	理論模式值小於獨立模式值，且同時小於飽和模式值	111.961<112.000 111.961<2181.217	是
BCC 值	理論模式值小於獨立模式值，且同時小於飽和模式值	113.437<116.592 113.437<2182.364	是

在模式適配度統計量中，除卡方值與 RMR 值未達模式適配標準外，其餘統計量均達到模式適配標準的指標，整體而言，多群組參數限制之全部不變性（full invariance）的模型可以被接受。

在之前五個模式中，群組參數並未全部加以限制，稱為參數限制之部分不變性（partial invariance），若是部分不變性的參數限制模型無法被接

受，研究者除進一步採用 Amos 內定的模式參數限制外，也可以自訂加以增刪參數的限制，群組參數的限制結果若是模式無法估計或辨識，研究者要再進行模式的修正。群組結構模式的參數限制，研究者也可以先從最嚴苛的模式開始，逐一刪除參數限制的條件。

9-6 三個群組測量恒等性的檢驗

在一個包含計算、空間、推理、閱讀、寫作、字彙六個面向的國中學生基本知能能力測驗中，研究者想探究六個面向所包含的二個構念（共同因素）間之 CFA 模式是否在學校規模變項中具有複核效度存在，乃進行多群組的 CFA 分析。

原始資料檔中的「學校規模」變項為一個三分類別變項，水準數值 1 為大型學校、水準數值 2 為中型學校、水準數值 3 為小型學校。

假設模式三個群體的間斷變項及變項水準數值設定如下：原始資料檔為「地區知能.sav」（以 SPSS 建檔之原始格式），三個群組名稱分別為：大型學校、中型學校、小型學校，群體分組之名義變項名稱為「學校規模」，三個群體的水準數值編碼分別為 1、2、3，每個群體有效樣本數各有145 位，全部樣本觀察值有 435 位。

Group Name	File	Variable	Value	N
大型學校	地區知能.sav	學校規模	1	145/435
中型學校	地區知能.sav	學校規模	2	145/435
小型學校	地區知能.sav	學校規模	3	145/435

圖 9-114

三個群組名稱分別為大型學校、中型學校、小型學校、四個模式的名稱分別為：

「XX: Unconstrained」、「XX: Measurement weights」、「XX: Structural covariances」、「XX: Measurement residuals」。

計算估計值前之多重模式訊息	計算估計值後之多重模式訊息
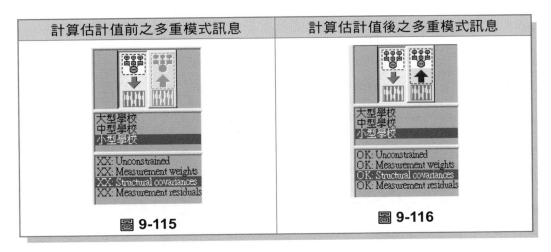圖 9-115	圖 9-116

大型學校群體 CFA 測量模式圖及參數標籤名稱設定如圖 9-117：

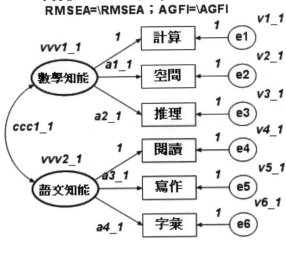

Model Specification
群組=大型學校；模式=Most General Model
卡方值=\CMIN；p =\p；GFI=\GFI
RMSEA=\RMSEA；AGFI=\AGFI

圖 9-117

中型學校群體 CFA 測量模式圖及參數標籤名稱設定如圖 9-118：

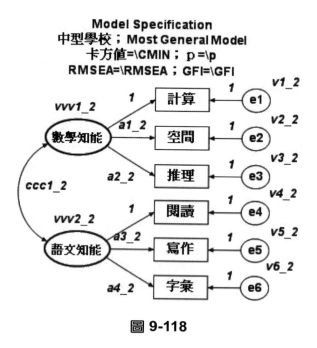

圖 9-118

小型學校群體 CFA 測量模式圖及參數標籤名稱設定如圖 9-119：

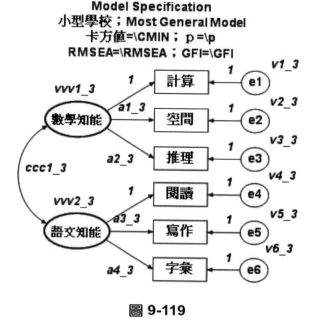

圖 9-119

上圖中相關的參數說明如表 9-51：

表 9-51

參數名稱	大型學校	中型學校	小型學校
潛在變項的共變異數	ccc1_1	ccc1_2	ccc1_3
數學知能潛在變項的變異數	vvv1_1	vvv1_2	vvv1_3
語文知能潛在變項的變異數	vvv2_1	vvv2_2	vvv2_3
因素負荷量	a1_1	a1_2	a1_3
	a2_1	a2_2	a2_3
	a3_1	a3_2	a3_3
	a4_1	a4_2	a4_3
測量誤差項的變異數	v1_1	v1_2	v1_3
	v2_1	v2_2	v2_3
	v3_1	v3_2	v3_3
	v4_1	v4_2	v4_3
	v5_1	v5_2	v5_3
	v6_1	v6_2	v6_3

執行功能列【Analyze】（分析）／【Multiple-Group Analysis..】（多群組分析）程序，或按工具箱 『Multiple-Group Analysis』圖像鈕，開啟「Multiple-Group Analysis...」（多群組分析）對話視窗。

在開啟「Multiple-Group Analysis...」（多群組分析）對話視窗之前，Amos 會先呈現以下的提示語：「The program will remove any models that you have added to the list of models at the left-hand side of the path diagram. It may also modify your parameter constraints」（這個指令會移除您原先在徑路圖左方增列的所有模式，並修改參數限制）→按『確定』鈕。

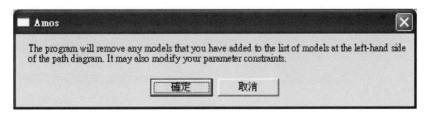

圖 9-120

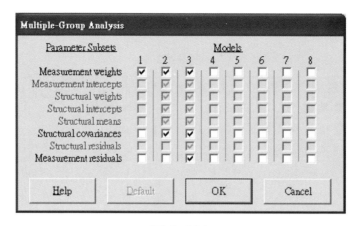

圖 9-121

在「Multiple-Group Analysis...」（多群組分析）對話視窗中，模式 1 為設定群組測量係數相等；模式 2 為設定群組測量係數相等、群組的結構共變數相等；模式 3 為設定群組測量係數相等、群組的結構共變數相等、群組的測量誤差相等，其中模式 3 為測量恒等性最嚴格限制模式，而模式 1 為較為寬鬆限制模式，只限定三個群組之指標變項在二個潛在構念之因素負荷量相等。

三個限制參數限制模式在「Parameter Constraints」方格中界定的參數限制條件如表 9-52：

表 9-52

Measurement weights	Structural covariances	Measurement residuals
a1_1=a1_2=a1_3	a1_1=a1_2=a1_3	a1_1=a1_2=a1_3
a2_1=a2_2=a2_3	a2_1=a2_2=a2_3	a2_1=a2_2=a2_3
a3_1=a3_2=a3_3	a3_1=a3_2=a3_3	a3_1=a3_2=a3_3
	ccc1_1=ccc1_2=ccc1_3	ccc1_1=ccc1_2=ccc1_3
	vvv1_1=vvv1_2=vvv1_3	vvv1_1=vvv1_2=vvv1_3
	vvv2_1=vvv2_2=vvv2_3	vvv2_1=vvv2_2=vvv2_3
		v1_1=v1_2=v1_3
		v2_1=v2_2=v2_3
		v3_1=v3_2=v3_3
		v4_1=v4_2=v4_3
		v5_1=v5_2=v5_3
		v6_1=v6_2=v6_3

　　按工具箱『Calculate estimates』（計算估計值）███ 圖像鈕，若模式界定沒有錯誤或模式可以估計，則「Models」方盒中會於模式名稱前出現「OK:」訊息。三個限制參數模式：「XX: Measurement weights」、「XX: Structural covariances」、「XX: Measurement residuals」均出現模式可以辨識訊息：「OK: Measurement weights」、「OK : Structural covariances」、「OK : Measurement residuals」，表示三個限制模式均可以估計。

　　在參數限制中以模式 3「Measurement residuals」（測量殘差）最為嚴格，若此模式可以被接受，表示此基本知能測驗工具對不同學校規模的國中學生而言，具有測量恒等性（measurement invariance），研究者所提的測量模型在大型學校、中型學校、小型學校三個不同類型學校樣本間具有不變性（invariant）或恒等性（equivalent）。

　　從非標準化測量模型估計量可以看出，大型學校、中型學校、小型學校三個學校類樣本在測量模型中之因素負荷量界定均相同，除固定參數外，空間、推理、寫作、字彙四個指標變項之因素負荷量均為.55、1.40、1.31、2.33；數學知能、語文知能二個潛在因素構念之共變數為 6.25，個別變異數分別為 18.77、7.71，六個指標變項之誤差項的變異數分別為 28.64、14.11、31.41、3.01、6.88、18.72。

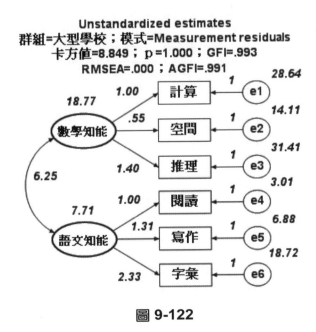

圖 9-122

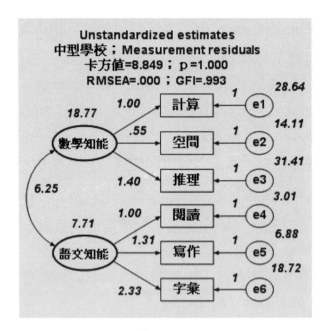

圖 9-123

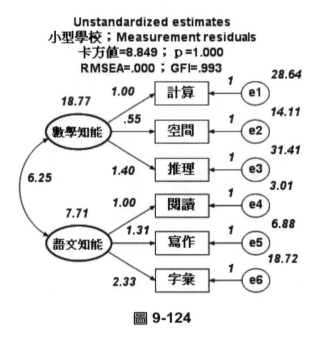

圖 9-124

　　設定群組測量係數相等、群組的結構共變數相等、群組的測量誤差相等之測量殘差模式，卡方值為 8.849、顯著性機率值p=1.000>.05，接受虛無假設，表示模式可以被接受；而 RMSEA 值=.000<.080，GFI 值=.993>.900，

Structural Equation Modeling- Amos Operation and Application

表示假設測量模式與樣本資料是契合的。嚴格限制模式之測量模型在三個群體間具有測量恆等性。

未限制參數模式、測量係數模式、結構共變異數模式、測量殘差模式之多群組分析的部分整體適配度如下：

Model Fit Summary（模式適配度摘要表）

表 9-53　CMIN

Model	NPAR	CMIN	DF	P	CMIN/DF
Default model	39	8.387	24	.999	.349
Measurement weights	31	8.474	32	1.000	.265
Structural covariances	25	8.681	38	1.000	.228
Measurement residuals	13	8.849	50	1.000	.177
Saturated model	63	.000	0		
Independence model	18	914.546	45	.000	20.323

三個參數限制模式的卡方值分別為 8.474、8.681、8.849，模式自由度分別為 32、38、50，顯著性機率值 p 分別為 1.000（p>.05）、1.000（p>.05）、1.000（p>.05），均未達到.05 顯著水準，接受虛無假設，表示模式可以被接受；三個模式之卡方與自由度比值分別為.265、.228、.177，均小於 2.000，表示三個模式是合適的。

表 9-54　AIC

Model	AIC	BCC	BIC	CAIC
Default model	86.387	90.372		
Measurement weights	70.474	73.642		
Structural covariances	58.681	61.236		
Measurement residuals	34.849	36.177		
Saturated model	126.000	132.438		
Independence model	950.546	952.385		

從 AIC 指標值與 BCC 指標值來看，「Measurement weights」、「Structural covariances」、「Measurement residuals」三個模式的 AIC 值分別為 70.474、58.681、34.849，BCC 值分別為 73.642、61.236、36.177，從競爭模式（competing models）的觀看而言，三個模式的多群組測量恆等性雖然都

是適配的，但相較之下，以「Measurement residuals」界定方式之模式最佳。

表 9-55　ECVI

Model	ECVI	LO 90	HI 90	MECVI
Default model	.200	.236	.236	.209
Measurement weights	.163	.218	.218	.170
Structural covariances	.136	.204	.204	.142
Measurement residuals	.081	.176	.176	.084
Saturated model	.292	.292	.292	.307
Independence model	2.200	1.981	2.436	2.205

　　從 ECVI 指標值與 MECVI 指標值來看，「Measurement weights」、「Structural covariances」、「Measurement residuals」三個模式的 ECVI 值分別為.163、.136、.081，MECVI 值分別為.170、.142、.084，從競爭模式（competing models）的觀看而言，三個模式的多群組測量恒等性雖然都是適配的，但相較之下，以「Measurement residuals」界定方式之模式最佳，因為其ECVI指標值與MECVI指標值最小，表示模式適配度的波動性最小。

　　巢狀模式比較摘要表如下：

表 9-56　Nested Model Comparisons
Assuming model Unconstrained to be correct:

Model	DF	CMIN	P	NFI Delta-1	IFI Delta-2	RFI rho-1	TLI rho2
Measurement weights	8	.087	1.000	.000	.000	-.004	-.004
Structural covariances	14	.294	1.000	.000	.000	-.006	-.006
Measurement residuals	26	.462	1.000	.001	.001	-.008	-.009

表 9-57　Assuming model Measurement weights to be correct:

Model	DF	CMIN	P	NFI Delta-1	IFI Delta-2	RFI rho-1	TLI rho2
Structural covariances	6	.207	1.000	.000	.000	-.002	-.002
Measurement residuals	18	.375	1.000	.000	.000	-.004	-.005

表 9-58　**Assuming model Structural covariances to be correct:**

Model	DF	CMIN	P	NFI Delta-1	IFI Delta-2	RFI rho-1	TLI rho2
Measurement weights	12	.168	1.000	.000	.000	-.003	-.003

上面為巢狀模式比較摘要表（Nested Model Comparisons）。以測量係數為基準模式而言，假定測量係數為正確的模式，結構共變異數模式增加的卡方值=8.681－8.474=0.207，卡方值增加量顯著性檢定的 p 值=1.000>.05，接受虛無假設，增加的卡方值未達.05 顯著水準，可見二個模式可視為相等模式。測量殘差模式增加的卡方值=8.849－8.474=0.375，卡方值增加量顯著性檢定的 p 值=1.000>.05，接受虛無假設，增加的卡方值未達.05 顯著水準，可見二個模式可視為相等模式，假定測量係數具有跨群組效度，則結構共變異數模式與測量殘差模式也具有跨群組效度。

9－7　多群組徑路分析

在一個影響成年人生活滿意度的徑路分析中，研究者認為成年人的薪資所得、身體健康、社會參與三個外因變項會影響成年人的家庭幸福，而成年人的薪資所得、身體健康、社會參與、家庭幸福四個外因變項會影響成年人的生活滿意，其中家庭幸福變項是一個中介變項。

研究假設之徑路分析模式圖如圖 9-125：

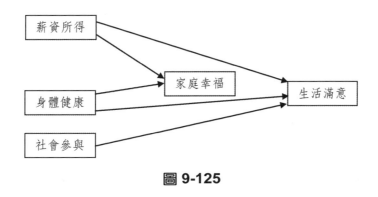

圖 **9-125**

假設模式圖繪製於 Amos 中，三個外因變項要增列共變關係，而作為內因變項（效標變項）者要增列誤差變項。

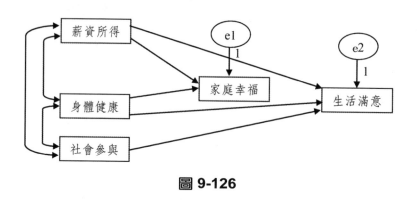

圖 9-126

一、繪製模式圖與讀入資料檔

於 Amos Graphics 中繪製上述模式圖，按工具箱『Select data files』（選擇資料檔）▦圖像鈕，選取原始資料檔名稱「生活滿意.sav」→按工具箱『List variable in data set』（列出資料集中的項）▤圖像鈕，將外因變項、內因變項、中介變項選入相對應觀察變數的方框中→按工具箱『Object properties』（物件性質）▦圖像鈕，設定二個內因變項之誤差項的變項名稱。

二、增列群組及設定群組名稱

執行功能列【Analyze】（分析）／【Manage Groups...】（管理模式），開啟 Manage Groups」對話視窗，在「Group Name」（群組名稱）下的方格中將預設值「Group number1」改為「男生群體」→按『New』（新增）鈕，在「Group Name」（群組名稱）下的方格中將預設值「Group number2」改為「女生群體」→按『Close』（關閉）鈕。

設定完二個群組及群組名稱後，於「Groups」（群組）方盒中會呈現二個群組的名稱：男生群體、女生群體，此時由於尚未執行多群組分析程序，因而二個模式圖沒有物件或變項的參數標籤名稱。

Structural Equation Modeling-Amos Operation and Application

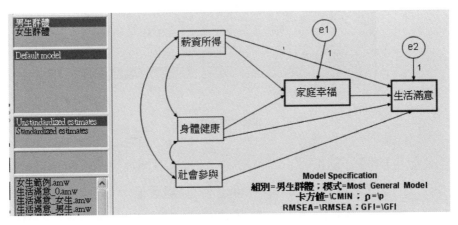

圖 9-127

三、設定二個群組資料檔變項與變項水準

在原先按工具箱『Select data files』（選擇資料檔）▦▦▦ 圖像鈕，讀入原始資料檔名稱「生活滿意.sav」後，其內定為第一個群組的資料檔，若是之後再增列群組，則增列群組（女生群體）的資料檔在「Data Files」（資料檔案）對話視窗中，於「File」欄會呈現<working>訊息，此訊息表示新增列的群組尚未選取資料檔，而第一個群體在「Variable」（變項）、「Value」（數值）欄均為空白，表示尚未選取群組變項及變項的水準數值。

Group Name	File	Variable	Value	N
男生群體	生活滿意.sav			426/426
女生群體	<working>			

圖 9-128

群組變項在原始資料檔中的目標變項為「性別」，性別變項為一個二分類別變項，其水準數值編碼 1 為男生、水準數值編碼 2 為女生，男生群體的分組變項及群組數值設定完後，圖示如下，其中男生樣本數有 213 位，全部樣本觀察值有 426 位。

圖 9-129

選取女生群體分別按「File Name」（檔案名稱）鈕、「Grouping Variable」（分組變項）鈕、「Group Value」（群組數值）鈕選取資料檔，性別分組變項及變項的水準數值，女生群體的樣本有 213 位。

圖 9-130

四、執行多群組分析

執行功能列【Analyze】（分析）／【Multiple-Group Analysis】（多群組分析）程序，開啓「Multiple-Group Analysis」對話視窗，可以界定的模式有三個：設定結構係數相等、增列結構共變數相等、增列結構殘差相等。

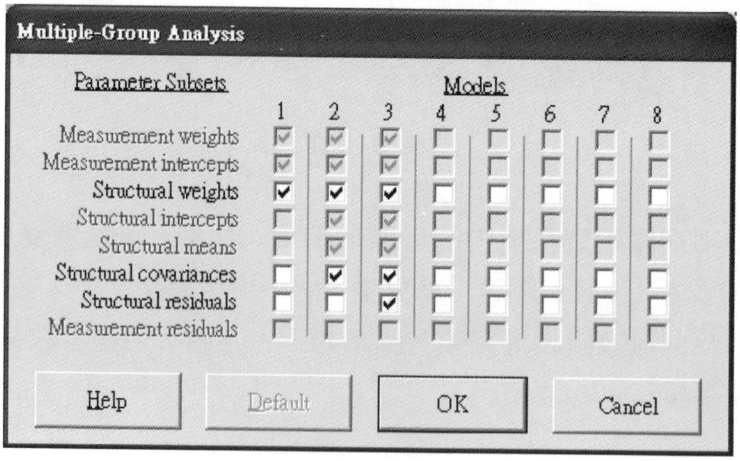

圖 9-131

三個參數限制模式之參數限制如表 9-59：

表 9-59

Unconstrained	Structural weights 結構加權模式	Structural covariances 結構共變模式	Structural residuals 結構殘差模式
	b1_1=b1_2	b1_1=b1_2	b1_1=b1_2
	b2_1=b2_2	b2_1=b2_2	b2_1=b2_2
	b3_1=b3_2	b3_1=b3_2	b3_1=b3_2
	b4_1=b4_2	b4_1=b4_2	b4_1=b4_2
	b5_1=b5_2	b5_1=b5_2	b5_1=b5_2
	b6_1=b6_2	b6_1=b6_2	b6_1=b6_2
		ccc1_1=ccc1_2	ccc1_1=ccc1_2
		ccc2_1=ccc2_2	ccc2_1=ccc2_2
		ccc3_1=ccc3_2	ccc3_1=ccc3_2
		vvv1_1=vvv1_2	vvv1_1=vvv1_2
		vvv2_1=vvv2_2	vvv2_1=vvv2_2
		vvv3_1=vvv3_2	vvv3_1=vvv3_2
			vv1_1=vv1_2
			vv2_1=vv2_2

　　二個群體的參數標籤名稱如下，此為執行多群組分析程序後，Amos 預設之參數標籤名稱，使用者也可以開啟「物件屬性」（Object Properties）對話視窗切換到「參數」（Parameters）對話盒，進行參數名稱的修改。更改完參數標籤名稱後，要重新執行功能列【Analyze】（分析）／【Multiple-Group Analysis】（多群組分析）程序，否則原先有參數限制之模式可能會出現錯誤訊息。

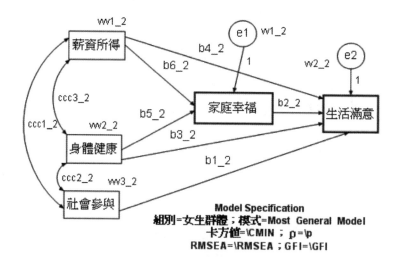

Model Specification
組別=女生群體；模式=Most General Model
卡方值=\CMIN；p=\p
RMSEA=\RMSEA；GFI=\GFI

圖 9-132

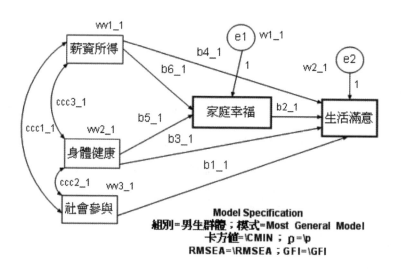

Model Specification
組別=男生群體；模式=Most General Model
卡方值=\CMIN；p=\p
RMSEA=\RMSEA；GFI=\GFI

圖 9-133

五、計算估計值

　　計算估計值前要先設定報表輸出的相關統計量，按工具箱『Analysis Properties』（分析性質）圖像鈕，切換到「Output」（輸出結果）標籤頁，勾選各統計量選項。

　　按工具箱『Calculate estimates』（計算估計值）圖像鈕，三個參數

限制模式及原先均沒有界定參數限制模型均可以辨識，四個模式皆可以估計。

計算估計值前四個模型	計算估計值後四個模型
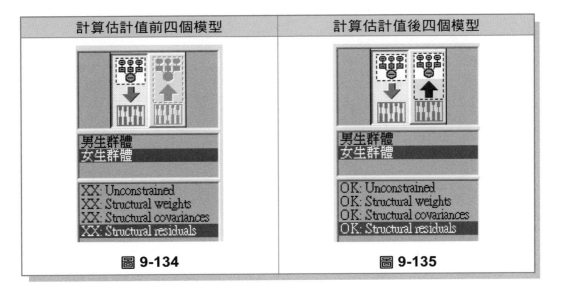 圖 9-134	圖 9-135

六、輸出結果

　　二個群組六組徑路係數皆設定為相同情況下（結構係數模型），男生群體、女生群體非標準化估計值因果徑路圖如圖 9-136：

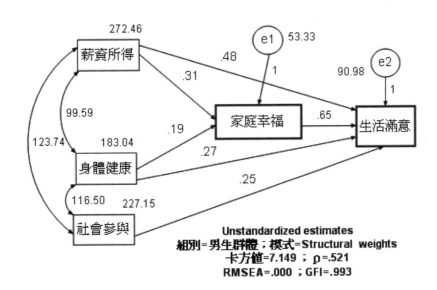

圖 9-136

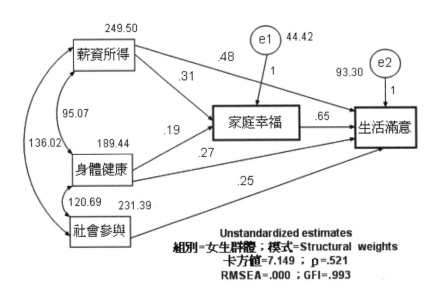

圖 9-137

二個群組六組徑路係數皆設定為相同情況下,男生群體、女生群體標準化估計值因果徑路圖如圖 9-138,二個群組的標準化路徑係數皆為正數,與原先理論架構相符合,在女生群體中,薪資所得、身體健康、社會參與三個外因變數對家庭幸福內因變數之多元相關係數平方(R²)等於.48,薪資所得、身體健康、社會參與、家庭幸福四個變項對生活滿意內因變項之多元相關係數平方(R²)等於.76。

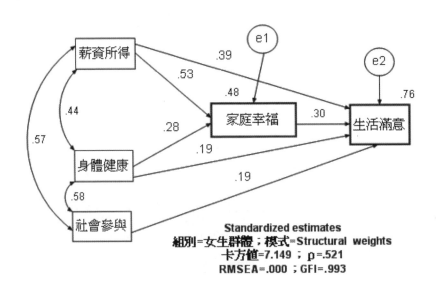

圖 9-138

在男生群體中，薪資所得、身體健康、社會參與三個外因變數對家庭幸福內因變數之多元相關係數平方（R^2）等於.45，薪資所得、身體健康、社會參與、家庭幸福四個變項對生活滿意內因變項之多元相關係數平方（R^2）等於.77。

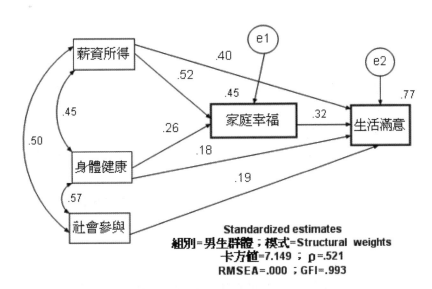

Standardized estimates
組別=男生群體；模式=Structural weights
卡方值=7.149；p=.521
RMSEA=.000；GFI=.993

圖 9-139

模式適配度統計量如表 9-60：

Model Fit Summary

表 9-60　CMIN

Model	NPAR	CMIN	DF	P	CMIN/DF
Unconstrained	28	1.691	2	.429	.845
Structural weights	22	7.149	8	.521	.894
Structural covariances	16	9.649	14	.787	.689
Structural residuals	14	11.422	16	.783	.714
Saturated model	30	.000	0		
Independence model	10	1219.584	20	.000	60.979

「Unconstrained」、「Structural weights」、「Structural covariances」、「Structural residuals」四個模型的卡方值分別為 1.691、7.149、9.649、11.422，自由度分別為 2、8、14、16，顯著性機率值 p 分別為.429（p>

.05）、.521（p>.05）、.787（p>.05）、.783（p>.05），均未達到.05 顯著水準，接受虛無假設，表示四個模型均是適配的。四個模型的卡方自由度比值分別為.845、.894、.689、.714，均小於 2.000，表示四個模型均是合適的。

表 9-61　RMR, GFI

Model	RMR	GFI	AGFI	PGFI
Unconstrained	1.723	.998	.976	.067
Structural weights	5.870	.993	.975	.265
Structural covariances	6.001	.991	.981	.462
Structural residuals	5.665	.989	.980	.528
Saturated model	.000	1.000		
Independence model	117.451	.409	.113	.273

「Unconstrained」、「Structural weights」、「Structural covariances」、「Structural residuals」四個模型的 GFI 值、AGFI 值均大於.900，表示四個模型與觀察資料是契合的。

表 9-62　Baseline Comparisons

Model	NFI Delta1	RFI rho1	IFI Delta2	TLI rho2	CFI
Unconstrained	.999	.986	1.000	1.003	1.000
Structural weights	.994	.985	1.001	1.002	1.000
Structural covariances	.992	.989	1.004	1.005	1.000
Structural residuals	.991	.988	1.004	1.005	1.000
Saturated model	1.000		1.000		1.000
Independence model	.000	.000	.000	.000	.000

「Unconstrained」、「Structural weights」、「Structural covariances」、「Structural residuals」四個模型的 NFI 值、RFI 值、IFI 值、TLI 值、CFI 值均大於.900，表示四個模型與觀察資料是適配的。

表 9-63　RMSEA

Model	RMSEA	LO 90	HI 90	PCLOSE
Unconstrained	.000	.000	.092	.715
Structural weights	.000	.000	.053	.935
Structural covariances	.000	.000	.032	.996
Structural residuals	.000	.000	.031	.997
Independence model	.376	.358	.394	.000

「Unconstrained」、「Structural weights」、「Structural covariances」、「Structural residuals」四個模型的 RMSEA 值均小於.05，表示四個模型與觀察資料是契合的。

表 9-64　AIC

Model	AIC	BCC	BIC	CAIC
Unconstrained	57.691	59.322		
Structural weights	51.149	52.431		
Structural covariances	41.649	42.581		
Structural residuals	39.422	40.237		
Saturated model	60.000	61.748		
Independence model	1239.584	1240.167		

表 9-65　ECVI

Model	ECVI	LO 90	HI 90	MECVI
Unconstrained	.136	.137	.154	.140
Structural weights	.121	.123	.145	.124
Structural covariances	.098	.108	.122	.100
Structural residuals	.093	.104	.119	.095
Saturated model	.142	.142	.142	.146
Independence model	2.924	2.662	3.202	2.925

因 為「Unconstrained」、「Structural weights」、「Structural covariances」、「Structural residuals」四個模型均是適配的模型，若是以競爭模式策略（competing models strategy）的觀點而言，在四個選替模型（alternative models）中要選擇一個最好的模型，可以根據 AIC 指標值與 ECVI 指標值來判別，四個模型的 AIC 指標值分別為 57.691、51.149、41.649、39.422，根

據 AIC 指標值準則而言，以「Structural residuals」模型最佳；四個模型的
ECVI 指標值分別為.136、.121、.098、.093，根據 ECVI 指標值準則而言，
以「Structural residuals」模型最佳。因而若就選替與模型競爭比較而言，四
個適配的模型中，以「結構殘差」（Structural residuals）模型最佳，此假設
模型與樣本資料最為適配。

表 9-66　HOELTER

Model	HOELTER .05	HOELTER .01
Unconstrained	1504	2311
Structural weights	921	1193
Structural covariances	1042	1282
Structural residuals	978	1189
Independence model	12	15

表 9-67　Nested Model Comparisons

Assuming model Unconstrained to be correct:

Model	DF	CMIN	P	NFI Delta-1	IFI Delta-2	RFI rho-1	TLI rho2
Structural weights	6	5.458	.487	.004	.004	.001	.001
Structural covariances	12	7.958	.788	.007	.007	-.003	-.003
Structural residuals	14	9.731	.782	.008	.008	-.002	-.002

　　表 9-67 為巢狀模型比較摘要表，假定未限制參數模型是正確的，「Struc-
tural weights」、「Structural covariances」、「Structural residuals」三個模型
之增加的卡方值（$\Delta\chi^2$）分別為 5.458（=7.149−1.691）、7.958（=9.469
−1.691）、9.731（=11.422−1.691），增加量顯著性 p 值分別為.487（p>
.05）、.788（p>.05）、.782（p>.05），均未達.05 顯著水準，而四個增值適
配指標量的變化值或增加量均很小，表示三個參數限制模型與未限制參數
模型的特性可視為相同，由於未限制參數模型之群組徑路模式圖是適配的，
三個限制參數模型之群組徑路模式圖也是適配的。

表 9-68　Assuming model Structural weights to be correct:

Model	DF	CMIN	P	NFI Delta-1	IFI Delta-2	RFI rho-1	TLI rho2
Structural covariances	6	2.500	.869	.002	.002	-.003	-.003
Structural residuals	8	4.272	.832	.004	.004	-.003	-.003

表 9-69　Assuming model Structural covariances to be correct:

Model	DF	CMIN	P	NFI Delta-1	IFI Delta-2	RFI rho-1	TLI rho2
Structural residuals	2	1.773	.412	.001	.001	.000	.000

CHAPTER

10

多群組結構平均數的檢定

在單一群體的因素分析模型中很少假定共同因素模型中變項平均數的關係，但在多群組 CFA 模型中由於研究者同時分析多個群組，因而也可以估計群體間共同因素平均數的差異，以第九章國中學生男女生基本知能之 CFA 模型為例，研究者可以估計二個群體之二個個別共同因素構念之平均數間的差異是否達到顯著？若是將二個群體在基本知能相對應的共同因素設定為相等，CFA 理論模型是否可以被接受。

在群組潛在變數之平均數與截距項的估計中常見的設定有三種：(1)將各群組潛在變數的平均數設為某一固定數值，Amos 的預設值為 0；或將某一群組潛在變數的平均數界定為 0，其他群組相對應的參數則設為自由參數；(2)模型中各群組之每一指標變項的截距項設為等同；(3)模型中各群組之每一指標變項測量係數設為等同。上述中之所以將一組潛在變數的平均數界定為 0，因為潛在變數是不可觀察的變項，不像測量變項一樣有真正的測量尺度，沒有單位也沒有原點，將某一群組的潛在變數限制為 0，其他群組相對應的潛在變數的平均數可以估計，如將男生群體的潛在構念固定為 0，表示以男生為基準，女生群體相對應的潛在變數之平均數比男生群體大時，估計的平均值會呈現正值；相對的，女生群體之平均數比男生群體小時，估計的平均值會呈現負值。

勾選潛在平均結構之平均數與截距項後，模型中出現相關的參數符號界定有以下幾種（*Byrne, 2001*）：

1. 「a,0」：平均數（標籤名稱為 a）為自由估計參數，變異數限制為 0。
2. 「0,1」：平均數限制為 0（一個固定數值），變異數限制為 1.0。
3. 「0, 」：平均數限制為 0，沒有標籤名稱的變異數為自由估計參數。
4. 「,1」：沒有標籤名稱的平均數為自由估計參數，變異數限制為 1.0。

有關平均數的估計與檢定假設的基本理念以下述高社經地位群體、低社經地位群體的假設模式圖為例：

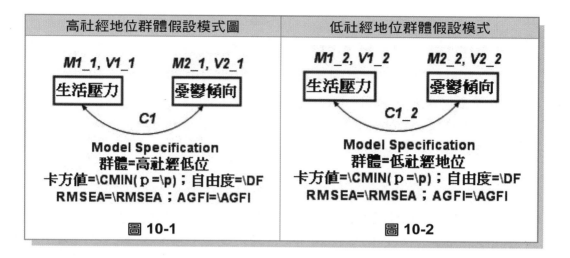

圖 10-1　　　　　　　　　　　　圖 10-2

一、SPSS 資料檔

原始 SPSS 資料檔變項名稱與部分資料檔格式如下：

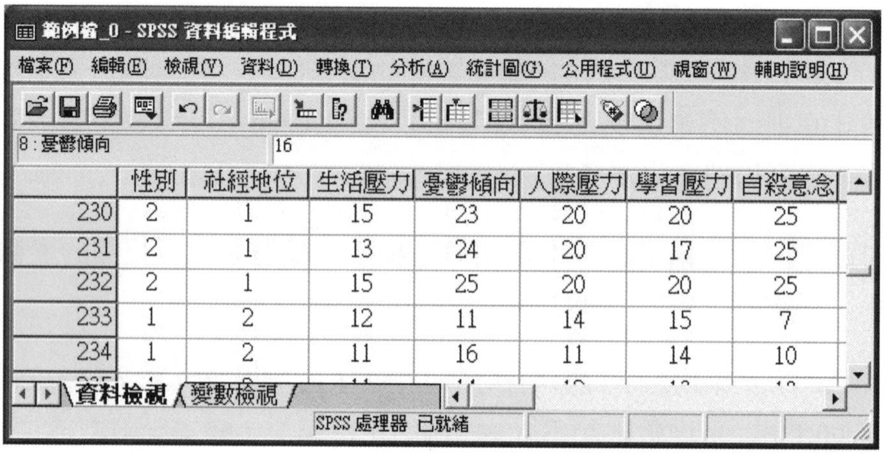

圖 10-3

在「SPSS 資料編輯程式」視窗中，「性別」變項為二分名義變項，水準數值 1 為男生、水準數值 2 為女生；「社經地位」變項為二分名義變項，水準數值 1 為高社經地位群體、水準數值 2 為低社經地位群體。

「Groups」（群組）方盒中的二個群組名稱分別為「高社經地位」、「低社經地位」。按工具箱【Select data files】（選擇資料檔）圖像鈕，開啟「Data Files」（資料檔案）對話視窗，設定二個群體的分組變項名稱

及變項水準數值。

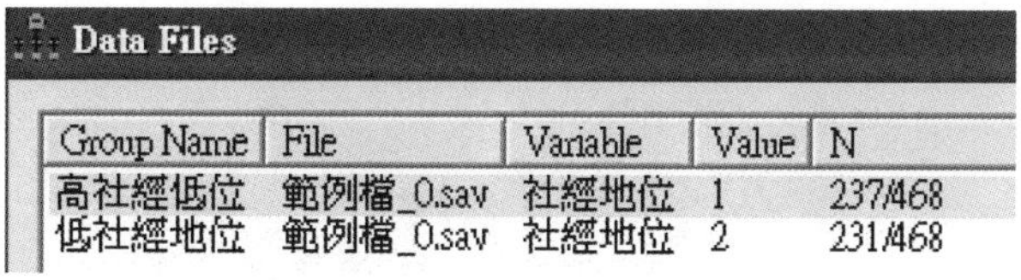

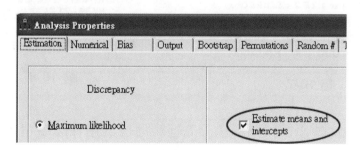

圖 10-4

二、設定平均數參數

在 Amos 參數標籤名稱的設定中並沒有包括變項的平均數，如要估計模式的平均數與截距，在設定群組模式參數標籤名稱前要先進行下列界定：執行功能列【View】（檢視）／【Analysis Properties】（分析性質），開啟「Analysis Properties」（分析性質）對話視窗，切換到「Estimation」（估計）對話盒，勾選「☑Estimate means and intercepts」（估計平均數與截距）選項→按右上角「×」關閉鈕。

圖 10-5

三、模式 A

在高社經地位群體中，外因變項「生活壓力」的平均數參數名稱為M1_1、變異數參數名稱為V1_1，「憂鬱傾向」的平均數參數名稱為M2_1、變異數參數名稱為 V2_1；在低社經地位群體中，外因變項「生活壓力」的平均數參數名稱為M1_2、變異數參數名稱為V1_2，「憂鬱傾向」的平均數參數名稱為 M2_2、變異數參數名稱為 V2_2。模式[A]的參數限制為二個群

體外因變項的變異數相等，對於二個群體外因變項的平均數則不予限制。

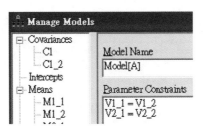

圖 10-6

按功能列【Analyze】（分析）／【Calculate Estimates】（計算估計值）程序，模式[A]可以順利估計收斂，二個群體非標準化估計值模式圖如下：

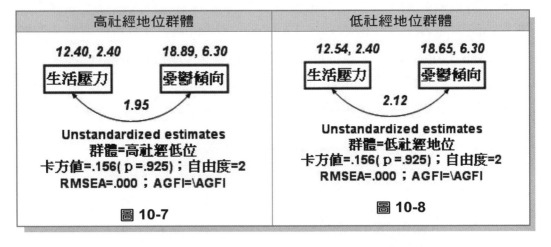

非標準化估計值模式圖顯示：高社經地位群體外因變項「生活壓力」的平均數為 12.40、變異數為 2.40；「憂鬱傾向」的平均數為 18.89、變異數為 6.30；低社經地位群體外因變項「生活壓力」的平均數為 12.54、變異數為 2.40；「憂鬱傾向」的平均數為 18.65、變異數為 6.30，二個群體在二個外因變項的變異數均為 2.40、6.30，因為模式[A]假定二個群體之外因變項的變異數相等（變異數限制為相等值），整體模式的自由度等於 2，適配度的卡方值為.156，顯著性機率值 p=.925>.05，接受虛無假設，表示限制二個群體變異數相等之假設模式[A]可以獲得支持。

多群組分析中，樣本共變異數矩陣提供的獨特元素（資料點數目）＝$\frac{1}{2}(k)(k+1)$，其中 k 為二個群組全部觀察變項的數目，範例中觀察變項的數

目 k=4（一個群組有二個觀察變項），樣本共變異數矩陣提供的獨特元素（資料點數目）$= \frac{1}{2}(k)(k+1) = \frac{1}{2}(4) \times (5) = 10$。模式中待估計的參數有C1、C1_2、M1_1、M2_1、M1_2、M2_2、V1_1（=V1_2）、V2_1（=V2_2）共8個，二個限制為相等的參數只須估計一個，因而雖是二個不同參數標籤名稱，實際只有一個待估計的自由參數。模式自由度等於 10−8=2。

表 10-1 **Computation of degrees of freedom (Model[A])**

Number of distinct sample moments:	10
Number of distinct parameters to be estimated:	8
Degrees of freedom (10 − 8):	2

四、模式 B

假定模式[A]是正確的（因為模式[A]是合適的），研究者進一步考量進行較嚴格的假設，假定二個群組相對應外因變項的平均數相等，即外因變項「生活壓力」的平均數參數「M1_1=M1_2」、「憂鬱傾向」的平均數參數「M2_1=M2_2」。模式[B]限定二個群組相對應外因變項的變異數相等、平均數也相等。

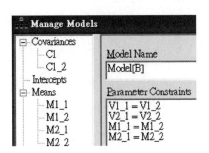

圖 10-9

按功能列【Analyze】（分析）／【Calculate Estimates】（計算估計值）程序，模式[B]可以順利估計收斂，二個群體非標準化估計值模式圖如下：

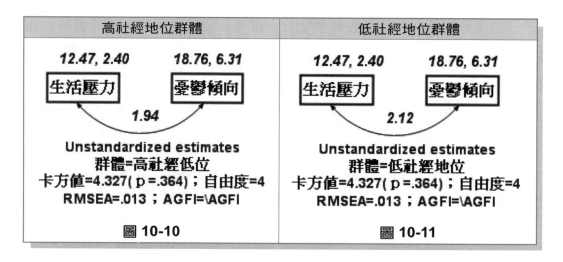

非標準化估計值模式圖顯示：高社經地位群體外因變項「生活壓力」的平均數為 12.47、變異數為 2.40；「憂鬱傾向」的平均數為 18.76、變異數為 6.31；低社經地位群體外因變項「生活壓力」的平均數為 12.47、變異數為 2.40；「憂鬱傾向」的平均數為 18.76、變異數為 6.31，二個群體在二個外因變項的變異數均為 2.40、6.31；二個外因變項的平均數均為 12.47、18.76。參數估計結果顯示模式[B]除假定二個群體之外因變項的變異數相等（變異數限制為相等值）外，也限制二個相對應外因變項的平均數也相等。

整體模式的自由度等於 4，適配度的卡方值為 4.327，顯著性機率值p＝.364>.05，接受虛無假設，表示限制二個群體變異數相等、平均數相等之假設模式[B]可以獲得支持，假設模式[B]也可以被接受。

在模式[A]與模式[B]多群體平均數的差異檢定模型類似像傳統多變量變異數分析（MANOVA），以 SPSS 執行獨立樣本 t 檢定結果，可以發現：「生活壓力」變項在二個群體的變異數同質、平均數差異的檢定未達.05 顯著水準（t＝-.977，p＝.329>.05）；「憂鬱傾向」變項在高、低社經地位二個群體的變異數符合同質性假定、平均數差異的檢定未達.05 顯著水準（t=1.019，p=.309>.05）。SPSS 執行獨立樣本 t 檢定結果如表 10-2：

表 10-2

		變異數相等的 Levene 檢定		平均數相等的 t 檢定			
		F 檢定	顯著性	t	自由度	顯著性	平均差異
生活壓力	假設變異數相等	.011	.918	-.977	466	.329	-.140
	不假設變異數相等			-.977	466.000	.329	-.140
憂鬱傾向	假設變異數相等	.134	.714	1.019	466	.309	.237
	不假設變異數相等			1.019	465.792	.309	.237

　　變異數同質性檢定結果，高低社經地位二個群體在「生活壓力」變項的變異數相等（F=.011，p=.918>.05），高低社經地位二個群體在「憂鬱傾向」變項的變異數相等（F=.134，p=.714>.05）。高低社經地位二個群體在「生活壓力」、「憂鬱傾向」的變異數均相等，SEM 模型中設定二個群體變異數相等的假定會獲得支持（卡方值不顯著）。高低社經地位二個群體在「生活壓力」變項、「憂鬱傾向」變項的平均數差異考驗均沒有達到顯著，表示二個群體在「生活壓力」變項的平均數差異顯著等於 0、二個群體在「憂鬱傾向」變項的平均數差異也顯著等於 0，SEM 模型中設定二個群體在二個觀察變項平均數相等的假定會獲得支持。SEM 對於多群體平均數相等性檢定，類似MANOVA的統計程序，多個檢定變項中若有一個以上變項的平均數達到顯著水準，則 MANOVA 的Λ值會達到顯著水準；亦即MANOVA檢定中的Λ值統計量達到顯著水準，表示至少有一個依變項的群組差異達到顯著，此時平均數相等性限制之 SEM 模式的卡方值會達到顯著水準，假設模型無法被接受。

　　第二個範例說明中，分組變項為性別，「性別」變項中水準數值 1 為男生、水準數值 2 為女生。

圖 10-12

一、模式[1]

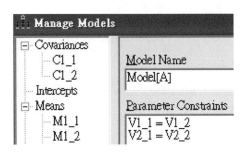

圖 10-13

　　模式[1]中假定群體相對應外因變項的變異數相等（獨立樣本變異數同質性假定），非標準化估計值模式圖如下：

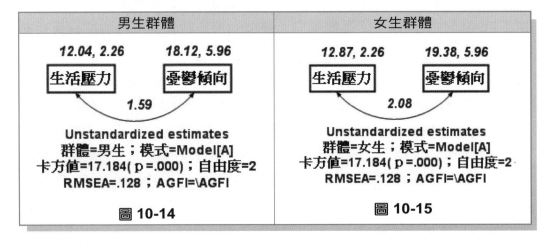

男生群體	女生群體
12.04, 2.26　　18.12, 5.96 生活壓力　　憂鬱傾向 1.59 **Unstandardized estimates** 群體=男生；模式=Model[A] 卡方值=17.184(p =.000)；自由度=2 RMSEA=.128；AGFI=\AGFI **圖 10-14**	12.87, 2.26　　19.38, 5.96 生活壓力　　憂鬱傾向 2.08 **Unstandardized estimates** 群體=女生；模式=Model[A] 卡方值=17.184(p =.000)；自由度=2 RMSEA=.128；AGFI=\AGFI **圖 10-15**

　　假定群體相對應外因變項的變異數相等，模式的自由度等於 2，整體模式適配度卡方值為 17.184，顯著性機率值p=.000<.05，拒絕虛無假設，表示模式[A]是錯誤的，模式考驗結果無法被接受。

二、模式[2]

　　由於外因變項變異數同質性考驗結果無法被接受，因而模式[2]只限定相對應外因變項的平均數參數相等。

圖 10-16

模式[2]中假定群體相對應外因變項的平均數相等,非標準化估計值模式圖如下:

圖 10-17

圖 10-18

假定群體相對應外因變項的平均數相等(生活壓力變項的平均數為 12.56、憂鬱傾向變項的平均數為 18.93),模式的自由度等於 2,整體模式適配度卡方值為 42.809,顯著性機率值p=.000<.05,拒絕虛無假設,表示模式[B]也是錯誤的,模式考驗結果無法被接受。模式[B]平均數相等性假定模型無法被接受,表示至少有一個變項的平均數在二個群體中有顯著的不同,或是至少有一個變項之群組平均數的差異值顯著不等於 0。

從下述 SPSS 執行獨立樣本 t 檢定報表中可以發現:男生、女生群體在「生活壓力」變項的變異數並未符合同質性假定,男生、女生群體在「憂鬱傾向」變項的變異數並未符合同質性假定。男生、女生群體在「生活壓力」變項的平均數有顯著差異(t=-5.974,p=.000<.05),此外,男生、女生群體在「憂鬱傾向」變項的平均數也有顯著差異(t=-5.571,p=.000<.05)。

由於男生、女生群體在「生活壓力」、「憂鬱傾向」變項的平均數差異值顯著不等於 0，因而設定群體平均數相等的 SEM 模型是錯誤的，SEM 假設模型與樣本資料無法契合。

表 10-3

		變異數相等的 Levene 檢定		平均數相等的 t 檢定			
		F 檢定	顯著性	t	自由度	顯著性	平均差異
生活壓力	假設變異數相等	5.836	.016	-6.013	466	.000	-.832
	不假設變異數相等			-5.974	436.992	.000	-.832
憂鬱傾向	假設變異數相等	8.048	.005	-5.616	466	.000	-1.265
	不假設變異數相等			-5.571	428.242	.000	-1.265

10-1 結構平均數的操作程序

結構平均數或稱潛在平均結構（latent mean structures）為增列模式參數之估計截距項與平均數，截距項參數為指標變項或內因潛在變項，平均數參數為潛在變項或作為外因變項之潛在變項。其操作程序與多群組分析類同，只是多了估計平均數與截距項。

【研究問題】

在一項國中學習成就測驗評量中，研究者想探究學習成就構念之 CFA 模型在男生、女生二個群體是否有顯著的不同，共同因素構念四個科目（國文、英語、數學、理化）的測量指標變項分別為 X1、X2、X3、X4，測量指標值為受試者在四個科目之成績，共同因素稱為「學業表現」。

一、繪製理論模型與設定模型變項

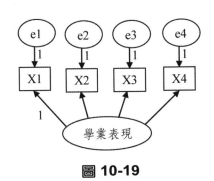

圖 10-19

二、增列群組與群組之變項水準數值

研究者根據 CFA 理論模式繪製假設模式圖，開啓資料檔（學業表現_
sav），設定共同因素、誤差變項與讀入測量指標變項後，設定性別變項二
個群組：男生、女生，在「Data Files」（資料檔案）對話視窗中，分別設
定二個群組之共同名義變項及樣本水準數值編碼。群組的共同名義變項爲
「性別」，其水準數值 1 爲男生、水準數值 2 爲女生，男生樣本有 237 位、
女生樣本有 231 位，全部樣本觀察值有 468 位。

Group Name	File	Variable	Value	N
男生	學業表現.sav	性別	1	237/468
女生	學業表現.sav	性別	2	231/468

圖 10-20

三、增列平均數與截距項參數標籤

在參數標籤名稱的設定中，若要呈現變項之平均數（mean）與截距項
（intercept）參數，要於工具箱中按『Analysis properties』（分析性質）
圖像鈕，開啓「Analysis properties」（分析性質）對話視窗，切換到「Esti-

mation」（估計）標籤頁，勾選「☑Estimate means and intercepts」（估計平均數與截距）選項。研究者若沒有勾選此選項，則於 Amos Graphics 繪圖模型中不會呈現相關變項的平均數與截距參數。

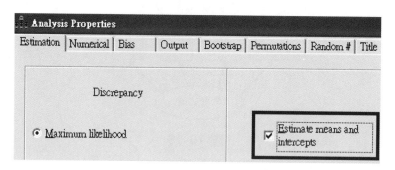

圖 10-21

四、執行多群組分析程序

若是 CFA 模型較為複雜，要呈現二個群體物件之參數標籤名稱，最好採用多群組分析程序。執行功能列「Analyze」（分析）／「Multiple-Group Analysis...」（多群組分析）程序，或按工具箱 🐾 『Multiple-Group Analysis』圖像鈕，以開啟「Multiple-Group Analysis...」（多群組分析）對話視窗。

在開啟「Multiple-Group Analysis...」（多群組分析）對話視窗之前，Amos 會先呈現以下的提示語：「The program will remove any models that you have added to the list of models at the left-hand side of the path diagram. It may also modify your parameter constraints」（這個指令會移除您原先在徑路圖左方增列的所有模式，並修改參數限制）→按『確定』鈕。

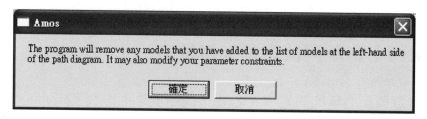

圖 10-22

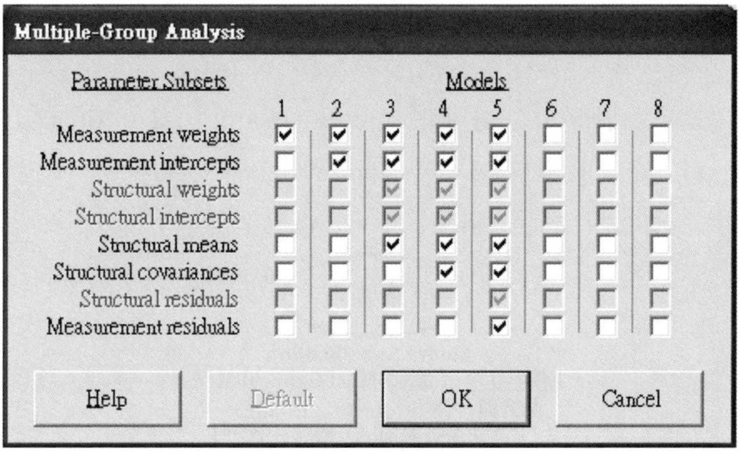

圖 10-23

　　在多群組分析模式的對話視窗中，測量截距（Measurement intercepts）與結構平均數（Structural means）的字體呈現黑色，表示模式中這二個參數限制的方框可以勾選，若是研究者直接按下『OK』鈕，則模式方盒中的模式會直接以「參數子集」（Parameter Subsets）欄的標題為模式名稱，則是研究者有重新勾選或取消各模式的方框選項，則模式方盒中的模式名稱會以「Model 1」、「Model 2」、「Model 3」、……表示，因為原先有五個模式，如果研究者只選取一個模式，則模式方盒中的模式也會增列五個模式，模式名稱由「Model 1」至「Model 5」，研究者可將多出之模式刪除。

　　執行多群組分析程序後，男生、女生二個群體的理論模式圖會增列各物件或變項的參數標籤名稱，截距項的預設起始字母以「i」或「I」開頭，測量誤差項的平均數固定為 0、二個群組潛在變項的平均數也固定為 0（此為 Amos 的預設值）。

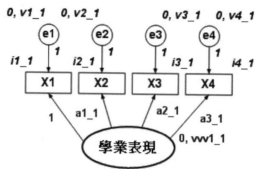

Model Specification
組別=男生；模式=Most General Model
卡方值=\CMIN(p =\p)；自由度=\DF
RMSEA=\RMSEA；AGFI=\AGFI

圖 10-24

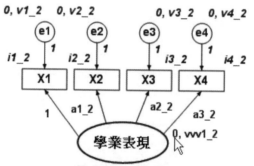

Model Specification
組別=女生；模式=Most General Model
卡方值=\CMIN(p =\p)；自由度=\DF
RMSEA=\RMSEA；AGFI=\AGFI

圖 10-25

由於男生群體在學業表現共同因素之平均數固定為 0，而女生群體也固定為 0，表示將二個群體的共同因素假設相等，此種設定較為嚴格，研究者可將一個群組的共同因素固定為 0，其他群組之共同因素改為自由參數標籤，此種設定較有彈性。

更改女生群體共同因素之平均數參數值為參數標籤名稱的操作程序如下：

在「Groups」（群體）方盒中選取女生群體，將滑鼠移往共同因素「學業表現」上，按右鍵選取快顯功能表【Object Properties】（物件屬性），開啟「Object Properties」（物件性質）對話視窗，切換到「Parameters」（參

數）標籤頁，在「Mean」方格下將原先預設値 0 改爲「m_2」，按右上角關閉鈕。

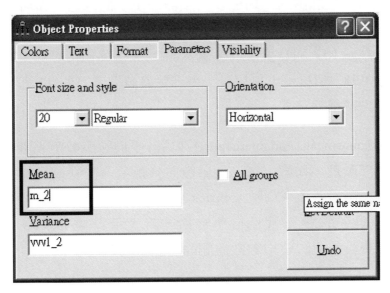

圖 10-26

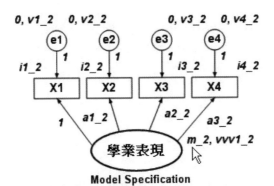

圖 10-27

修改完女生群組共同因素的平均數參數後，共同因素變項旁的參數由「0,vvv1_2」變爲「m_2,vvv1_2」，前者將女生群體共同因素的平均數固定爲 0，後者則將平均數改爲自由估計參數。若要將二個群體共同因素的平均數設爲相同，增列參數限制爲「0=m_2」或「m_2=0」，其中男生群體的平

均數設定爲 0，表示爲基準值，若是女生群體的平均數估計值爲正數，表示女生群體的平均數多男生群體多少個單位，若是女生群體的平均數估計值爲負數，表示女生群體的平均數少男生群體多少個單位，如估計平均數值爲 1.23，即表示女生群體與男生群體共同因素相差 1.23 個單位，若是男生平均數值限制爲 10，則女生平均數值爲 11.23。差異值估計結果之臨界比絕對值若小於 1.96，須接受虛無假設，表示差異值顯著等於 0，即二個群體共同因素之平均數相等。

「☑Estimate means and intercepts」（估計平均數與截距）選項的參數設定，第一個參數爲平均數，第二個參數爲截距項，在測量誤差項的預設界定中，每個群體誤差項平均數（means of the error terms）沒有被估計均限制爲 0，而誤差項的變異量爲自由參數，其表示符號如「0,v1_1」、「0,v1_2」，若將誤差項的平均數數值刪除，則平均數也變爲自由參數，其符號變爲「,v1_1」、「,v1_2」。

在「Analysis properties」（分析性質）對話視窗之「Estimation」（估計）標籤頁中，若沒有勾選「☑Estimate means and intercepts」（估計平均數與截距）選項，則於 Amos Graphics 繪圖模型中不會呈現相關變項的平均數與截距參數。於「Object Properties」（物件性質）對話視窗之「Parameters」（參數）標籤頁中也無法界定平均數或截距參數。沒有包含平均數與截距項參數的模式圖如下：

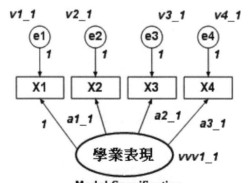

Model Specification
組別=男生；模式=Most General Model
卡方值=\CMIN(p =\p)；自由度=\DF
RMSEA=\RMSEA；AGFI=\AGFI

圖 10-28

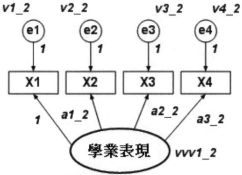

圖 10-29

在上述男生群體、女生群體的測量誤差項與共同因素變項的參數設定中只有變異數而沒有平均數,群組測量指標的截距項也無法界定。

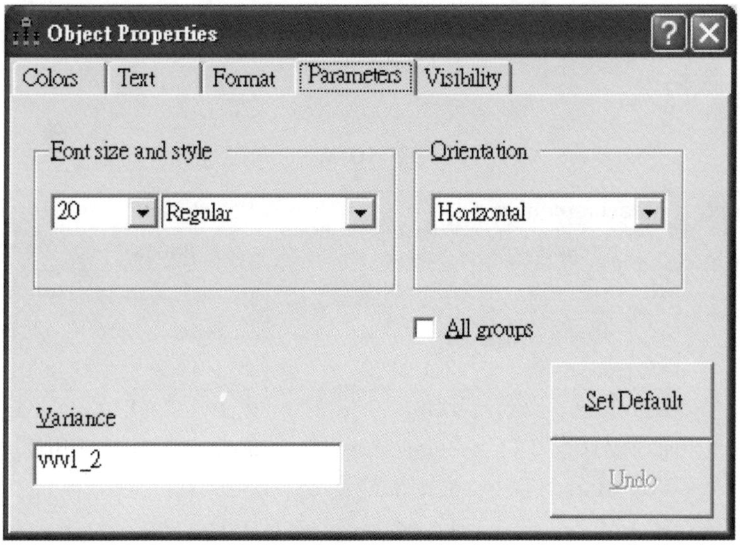

圖 10-30

在「Analysis properties」(分析性質)對話視窗之「Estimation」(估計)標籤頁中,因沒有勾選「☑Estimate means and intercepts」(估計平均數與截距)選項,因而在共同因素參數的設定中,只有變異數的參數設定(vvv1_2),而沒有平均數參數方格的設定。

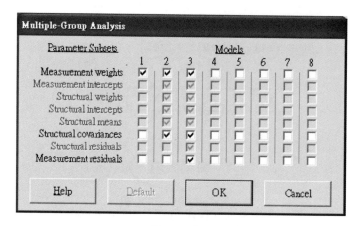

圖 10-31

理論模型中沒有勾選「☑Estimate means and intercepts」（估計平均數與截距）選項，在執行多群組分析時，測量截距（Measurement intercepts）與結構平均數（Structural means）列的字體與方框呈現灰色，表示模式中這二個參數限制的方框無法界定，模式欄的選取由原先五個模式變為三個模式。

執行多群組分析模式後，增列五個模式之參數限制如下：模式參數限制由寬鬆至嚴格。

表 10-4

Measurement weights	Measurement intercepts	Structural means	Structural covariances	Measurement residuals
a1_1=a1_2 a2_1=a2_2 a3_1=a3_2	a1_1=a1_2 a2_1=a2_2 a3_1=a3_2	a1_1=a1_2 a2_1=a2_2 a3_1=a3_2	a1_1=a1_2 a2_1=a2_2 a3_1=a3_2	a1_1=a1_2 a2_1=a2_2 a3_1=a3_2
	i1_1=i1_2 i2_1=i2_2 i3_1=i3_2 i4_1=i4_2	i1_1=i1_2 i2_1=i2_2 i3_1=i3_2 i4_1=i4_2	i1_1=i1_2 i2_1=i2_2 i3_1=i3_2 i4_1=i4_2	i1_1=i1_2 i2_1=i2_2 i3_1=i3_2 i4_1=i4_2
		0=m_2	0=m_2	0=m_2
			vvv1_1=vvv1_2	vvv1_1=vvv1_2
				v1_1=v1_2 v2_1=v2_2 v3_1=v3_2 v4_1=v4_2
設定因素負荷量相等	增列測量指標截距項相等	增列共同因素平均數相等	增列共同因素變異數相等	增列測量誤差項的變異數相等

五、模式估計

　　按工具箱『Calculate estimates』（計算估計值）▓▓▓圖像鈕，若模式界定沒有錯誤或模式可以估計，「Models」方盒中會於模式名稱前出現「OK:」訊息。模式估計結果，無參數限制模式（Unconstrained）、與測量係數（Measurement weights）二個模式無法辨識，這二個模式無法估計，其餘四個參數限制模式：「Measurement intercepts」（測量截距項）、「Structural means」（結構平均數）、「Structural covariances」（結構共變數）、「Measurement residuals」（測量殘差）均可順利收斂識別。

未執行計算估計值前模式訊息	執行計算估計值後模式訊息
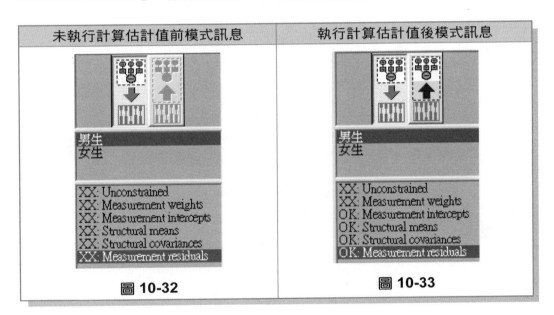	

圖 10-32　　　　　　　　　　圖 10-33

　　「Measurement residuals」（測量殘差）模式為模式最為嚴格的參數限制模式，二個群體的未標準化估計值如下：模式中沒有出現負的誤差變異數（negative variance），二個群組之四個測量指標截距項均為 16.77、19.38、18.77、16.51，潛在共同因素的平均數均為 0、潛在因素構念的變異數均為 2.11，四個測量指標誤差項的變異數分別為 2.51、3.49、3.72、16.51，四個測量指標誤差項的平均數均為 0。

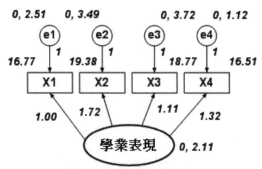

圖 10-34

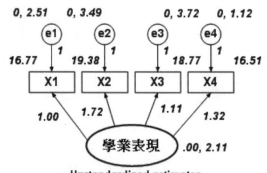

圖 10-35

　　二個群體標準化估計值如下圖，四個測量指標的因素負荷量分別為.68、.80、.64、.88，因素負荷量平方值（R 平方）分別為.46、.64、.41、.77，參數估計的方向與大小和原先 CFA 理論建構模式符合。而非標準化估計值模式圖中，四個測量指標的路徑係數均為 1.00、1.72、1.11、1.32。

Structural Equation Modeling- Amos Operation and Application

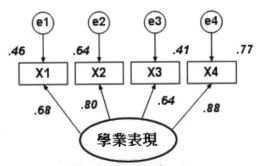

Standardized estimates
組別=男生；模式=Measurement residuals
卡方值=59.538(p =.000)；自由度=16
RMSEA=.076；AGFI=\AGFI

圖 10-36

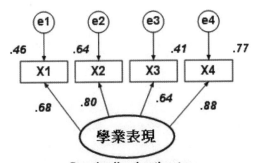

Standardized estimates
組別=女生；模式=Measurement residuals
卡方值=59.538(p =.000)；自由度=16
RMSEA=.076；AGFI=\AGFI

圖 10-37

Model Fit Summary

表 10-5　CMIN

Model	NPAR	CMIN	DF	P	CMIN/DF
Measurement intercepts	18	43.815	10	.000	4.381
Structural means	17	46.866	11	.000	4.261
Structural covariances	16	48.554	12	.000	4.046
Measurement residuals	12	59.538	16	.000	3.721
Saturated model	28	.000	0		
Independence model	16	781.905	12	.000	65.159

在群組模式適配度方面，「Measurement intercepts」（測量截距）、「Structural means」（結構平均數）、「Structural covariances」（結構共變數）、「Measurement residuals」（測量殘差）四個限制參數模式的自由度分別為 10、11、12、16；四個模式適配度考驗的卡方值分別為 43.815（p=.000<.05）、46.866（p=.000<.05）、48.554（p=.000<.05）、59.538（p=.000<.05），卡方自由度比值分別為 4.381、4.261、4.046、3.721。由於卡方值易受到群組樣本數的影響，當樣本數愈大時，即使由理論模型導出的共變異數矩陣與由樣本資料推估而得的共變異數矩陣差異值很小時，卡方值也易變大，造成模型適配度被拒絕，群組相等性理論模型無法被接受，因而若是群組樣本數較大，在模式契合度的評估方面還應參考以下的適配度指標值。

表 10-6　Baseline Comparisons

Model	NFI Delta1	RFI rho1	IFI Delta2	TLI rho2	CFI
Measurement intercepts	.944	.933	.956	.947	.956
Structural means	.940	.935	.953	.949	.953
Structural covariances	.938	.938	.953	.953	.953
Measurement residuals	.924	.943	.943	.958	.943
Saturated model	1.000		1.000		1.000
Independence model	.000	.000	.000	.000	.000

「Measurement intercepts」（測量截距）、「Structural means」（結構平均數）、「Structural covariances」（結構共變數）、「Measurement residuals」（測量殘差）四個模式之基本線比較值：NFI 值、RFI 值、IFI 值、TLI 值、CFI 值均大於.90，表示四個模型均是適配的模式。

表 10-7　Parsimony-Adjusted Measures

Model	PRATIO	PNFI	PCFI
Measurement intercepts	.833	.787	.797
Structural means	.917	.862	.874
Structural covariances	1.000	.938	.953
Measurement residuals	1.333	1.232	1.258
Saturated model	.000	.000	.000
Independence model	1.000	.000	.000

「Measurement intercepts」（測量截距）、「Structural means」（結構平均數）、「Structural covariances」（結構共變數）、「Measurement residuals」（測量殘差）四個模式之簡約調整測量值：PNFI 值、PCFI 值均大於.50，表示四個模型均是適配的模式。

表 10-8　RMSEA

Model	RMSEA	LO 90	HI 90	PCLOSE
Measurement intercepts	.085	.060	.112	.011
Structural means	.084	.060	.109	.011
Structural covariances	.081	.058	.105	.015
Measurement residuals	.076	.056	.098	.017
Independence model	.371	.349	.393	.000

從 RMSEA 值來看，「Measurement residuals」（測量殘差）模式的 RMSEA 值=.076<.080，表示模式可以被接受。

表 10-9　AIC

Model	AIC	BCC	BIC	CAIC
Measurement intercepts	79.815	80.604		
Structural means	80.866	81.612		
Structural covariances	80.554	81.256		
Measurement residuals	83.538	84.065		
Saturated model	56.000	57.228		
Independence model	813.905	814.607		

表 10-10　ECVI

Model	ECVI	LO 90	HI 90	MECVI
Measurement intercepts	.171	.135	.224	.173
Structural means	.174	.136	.227	.175
Structural covariances	.173	.135	.227	.174
Measurement residuals	.179	.136	.238	.180
Saturated model	.120	.120	.120	.123
Independence model	1.747	1.558	1.951	1.748

如果「Measurement intercepts」（測量截距）、「Structural means」（結

構平均數）、「Structural covariances」（結構共變數）、「Measurement re-siduals」（測量殘差）四個模式與觀察資料均是適配的，在進行模型的競爭性或比較性模式選替策略，可以從模型的 AIC 指標值與 ECVI 值來判別，當模型的 AIC 指標值與 ECVI 指標值較小者，表示模型最為簡約，適配度最佳。

表 10-11　HOELTER

Model	HOELTER .05	HOELTER .01
Measurement intercepts	196	248
Structural means	197	247
Structural covariances	203	253
Measurement residuals	207	252
Independence model	14	17

從 HOELTER 指標值來看，在α=.05 顯著水準時，「Measurement residuals」（測量殘差）模式的 CN=207>200，在α=.01 顯著水準時，模式的 CN=252>200，表示模式是適配的。

從上述模式適配度指標值來看，男生、女生二個群組設定測量截距相等、共同因素結構平均數相等、並增列共同因素之結構共變數相等及測量變項之變量數相等之嚴格限制模型與觀察資料是適配的。

10-2 增列測量誤差項間有相關

在單一群組的測量模型中，假設研究者根據修正指標增列測量指標誤差變項 e1 與 e2、e1 與 e3 間的共變關係，則單因子一階 CFA 假設模型修改如下：

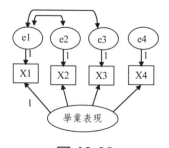

圖 10-38

估計平均數與截距項的假設模式圖如下：

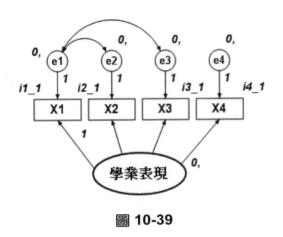

圖 10-39

一、執行多群組分析

　　圖中模式圖的參數標籤名稱執行多群組分析（Multiple-Group Analysis）程序後，會於各群組模式圖中增列參數標籤名稱。其中二個群組共同因素之平均數均會固定為 0 值，為便於參數限制模式的比較，將女生群組共同因素的平均數改為自由估計的參數，其參數標籤名稱為「m1_2」（原女生群體共同因素平均數參數值預設值為 0）。

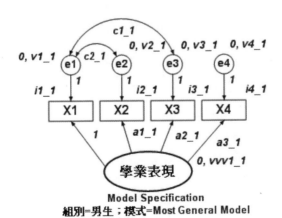

Model Specification
組別=男生；模式=Most General Model

圖 10-40

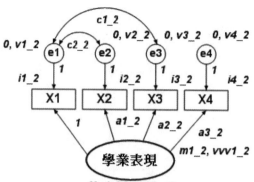

圖 10-41

在多群組分析對話視窗中，執行多群組分析模式後，增列五個模式之參數限制：模式參數限制由寬鬆至嚴格。五個參數限制模式為：設定測量係數（Measurement weights）相等、增列測量截距項（Measurement intercepts）相等、增列結構平均數（Structural means）相等、增列結構共變數相等（Structural covariances）、增列測量殘差項（Measurement residuals）相等。

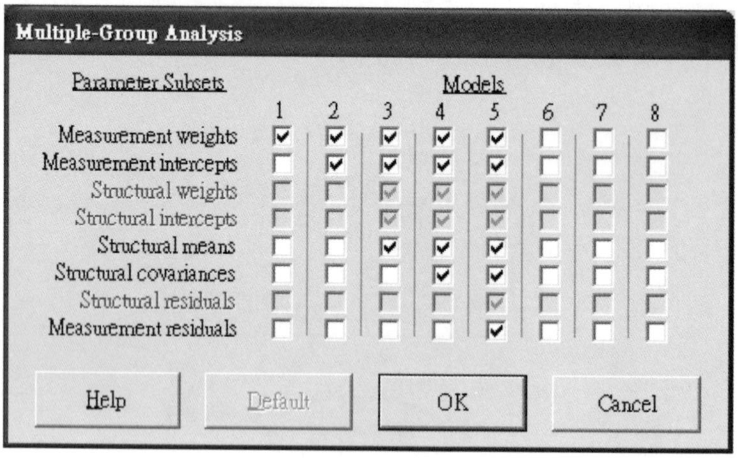

圖 10-42

表 **10-12**

Measurement weights	Measurement intercepts	Structural means	Structural covariances	Measurement residuals
a1_1=a1_2	a1_1=a1_2	a1_1=a1_2	a1_1=a1_2	a1_1=a1_2
a2_1=a2_2	a2_1=a2_2	a2_1=a2_2	a2_1=a2_2	a2_1=a2_2
a3_1=a3_2	a3_1=a3_2	a3_1=a3_2	a3_1=a3_2	a3_1=a3_2
	i1_1=i1_2	i1_1=i1_2	i1_1=i1_2	i1_1=i1_2
	i2_1=i2_2	i2_1=i2_2	i2_1=i2_2	i2_1=i2_2
	i3_1=i3_2	i3_1=i3_2	i3_1=i3_2	i3_1=i3_2
	i4_1=i4_2	i4_1=i4_2	i4_1=i4_2	i4_1=i4_2
		0=m_2	0=m_2	0=m_2
			vvv1_1=vvv1_2	vvv1_1=vvv1_2
				v1_1=v1_2
				v2_1=v2_2
				v3_1=v3_2
				v4_1=v4_2
設定因素負荷量相等	增列測量指標截距項相等	增列共同因素平均數相等	增列共同因素變異數相等	增列測量誤差項的變異數相等

執行計算估計值前群組模式訊息	執行計算估計值後群組模式訊息

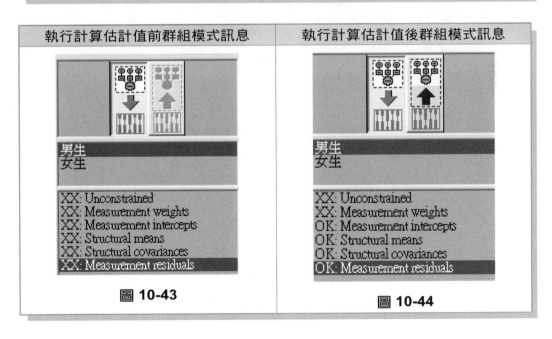

圖 **10-43**　　　　　　　　圖 **10-44**

　　模式估計結果，無參數限制模式（Unconstrained）、與測量係數（Measurement weights）二個模式無法辨識，這二個模式無法估計。其餘四個參數限制模式均可以辨識估計。四個可以順利收斂識別的模式為：「Measurement intercepts」（測量截距）、「Structural means」（結構平均數）、「Structural covariances」（結構共變數）、「Measurement residuals」（測量殘差）。

二、模型截距項、平均數相等模式評估

男生群體、女生群體「結構平均數」模式非標準化估計值模式圖如下：

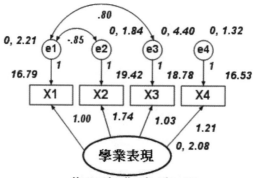

Unstandardized estimates
組別=男生；模式=Structural means
卡方值=9.926；p=.193
RMSEA=.030；AGFI=\AGFI

圖 10-45

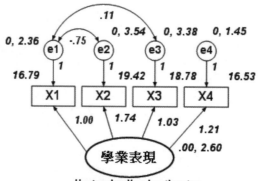

Unstandardized estimates
組別=女生；模式=Structural means
卡方值=9.926；p=.193
RMSEA=.030；AGFI=\AGFI

圖 10-46

在結構平均數模式中設定二個群組的測量係數（因素負荷量）相等（分別為 1.00、1.74、1.03、1.21）、四個測量指標截距項相等（分別為 16.79、19.42、18.78、16.53）、共同因素的平均數相等。模式估計結果之卡方值為 9.926、顯著性機率值 p=.193，接受虛無假設，表示二個群組結構平均數模型與觀察資料是適配的，模型的 RMSEA 值=.030<.050，表示模式是可以被接受的。

四個可以辨識的模型之適配度摘要表如表 10-13：

Model Fit Summary

表 10-13　CMIN

Model	NPAR	CMIN	DF	P	CMIN/DF
Measurement intercepts	22	6.443	6	.375	1.074
Structural means	21	9.926	7	.193	1.418
Structural covariances	20	12.136	8	.145	1.517
Measurement residuals	14	29.488	14	.009	2.106
Saturated model	28	.000	0		
Independence model	16	781.905	12	.000	65.159

在群組模式適配度方面，「Measurement intercepts」（測量截距）的自由度為 6，卡方值為 6.443，顯著性機率值p=.375>.05，接受虛無假設，表示模型是適配的，而卡方自由度比值為 1.074<2.000，表示模型是合適的。「Structural means」（結構平均數）的自由度為 7，卡方值為 9.926，顯著性機率值p=.193>.05，接受虛無假設，表示模型是適配的，而卡方自由度比值為 1.418<2.000，表示模型是合適的。

「Structural covariances」（結構共變數） 的自由度為 8，卡方值為 12.136，顯著性機率值 p=.145>.05，接受虛無假設，表示模型是適配的，而卡方自由度比值為 1.517<2.000，表示模型是合適的。「Measurement residuals」（測量殘差）的卡方值分別為 29.488，自由度等於 14，顯著性機率值 p=.009<.05，拒絕虛無假設，表示模型是不適配的，而卡方自由度比值=2.106>2.000，表示模式是不合適的（卡方自由度比值的適配判別標準範圍若為 1 至 3，則測量殘差模式是可以被接受的）。由於卡方值易受樣本數影響，因而「Measurement residuals」（測量殘差）模型是否合適最好再參

考其他適配度指標值。

表 10-14　Baseline Comparisons

Model	NFI Delta1	RFI rho1	IFI Delta2	TLI rho2	CFI
Measurement intercepts	.992	.984	.999	.999	.999
Structural means	.987	.978	.996	.993	.996
Structural covariances	.984	.977	.995	.992	.995
Measurement residuals	.962	.968	.980	.983	.980
Saturated model	1.000		1.000		1.000
Independence model	.000	.000	.000	.000	.000

「Measurement intercepts」（測量截距）、「Structural means」（結構平均數）、「Structural covariances」（結構共變數）、「Measurement residuals」（測量殘差）四個模式之基本線比較適配統計量：NFI 值、RFI 值、IFI 值、TLI 值、CFI 值均大於.90，表示四個模型均是適配的模式。

表 10-15　Parsimony-Adjusted Measures

Model	PRATIO	PNFI	PCFI
Measurement intercepts	.500	.496	.500
Structural means	.583	.576	.581
Structural covariances	.667	.656	.663
Measurement residuals	1.167	1.123	1.143
Saturated model	.000	.000	.000
Independence model	1.000	.000	.000

「Structural means」（結構平均數）、「Structural covariances」（結構共變數）、「Measurement residuals」（測量殘差）三個模式之簡約調整測量值：PNFI 值、PCFI 值均大於.50，表示三個模型均是適配的模式。

表 10-16 FMIN

Model	FMIN	F0	LO 90	HI 90
Measurement intercepts	.014	.001	.000	.023
Structural means	.021	.006	.000	.033
Structural covariances	.026	.009	.000	.038
Measurement residuals	.063	.033	.008	.075
Saturated model	.000	.000	.000	.000
Independence model	1.678	1.652	1.463	1.857

表 10-17 RMSEA

Model	RMSEA	LO 90	HI 90	PCLOSE
Measurement intercepts	.013	.000	.063	.862
Structural means	.030	.000	.069	.764
Structural covariances	.033	.000	.069	.743
Measurement residuals	.049	.024	.073	.497
Independence model	.371	.349	.393	.000

　　從 RMSEA 指標值來看，「Measurement intercepts」（測量截距）、「Structural means」（結構平均數）、「Structural covariances」（結構共變數）、「Measurement residuals」（測量殘差）四個模式的RMSEA值分別為 .013、.030、.033、.049，均小於.050，表示模式適配度佳。

表 10-18 HOELTER

Model	HOELTER .05	HOELTER .01
Measurement intercepts	912	1217
Structural means	662	869
Structural covariances	597	773
Measurement residuals	376	462
Independence model	14	17

　　從 HOELTER 指標值來看，「Measurement intercepts」（測量截距）、「Structural means」（結構平均數）、「Structural covariances」（結構共變數）、「Measurement residuals」（測量殘差）四個模式的CN值（α=.05 時）分別為 912、662、597、376，均大於 200，表示模式適配度佳。

三、測量殘差模型的修正

「Measurement residuals」（測量殘差）模型為四個可辨識模型中最為嚴格的模式，此模型在測量殘差的設定上，共設定六組限制參數，二個測量誤差項共變數相等、四個測量變項殘差項的變異數相等，此種設定結果，模式的卡方值為 29.488，自由度等於 14，顯著性機率值 p=.009，而卡方自由度比值=2.106、RMSEA 值=.049。

表 10-19

Measurement residuals I	Measurement residuals II	Measurement residuals III
a1_1=a1_2	a1_1=a1_2	a1_1=a1_2
a2_1=a2_2	a2_1=a2_2	a2_1=a2_2
a3_1=a3_2	a3_1=a3_2	a3_1=a3_2
i1_1=i1_2	i1_1=i1_2	i1_1=i1_2
i2_1=i2_2	i2_1=i2_2	i2_1=i2_2
i3_1=i3_2	i3_1=i3_2	i3_1=i3_2
i4_1=i4_2	i4_1=i4_2	i4_1=i4_2
0=m1_2	0=m1_2	0=m1_2
vvv1_1=vvv1_2	vvv1_1=vvv1_2	vvv1_1=vvv1_2
c1_1=c1_2	v1_1=v1_2	c1_1=c1_2
c2_1=c2_2	v2_1=v2_2	c2_1=c2_2
v1_1=v1_2	v3_1=v3_2	
v2_1=v2_2	v4_1=v4_2	
v3_1=v3_2		
v4_1=v4_2		

進一步研究者的模型修正，可以放寬參數限制數目，在第一個放寬的參數限制模型中，只限定二個群組四個測量變項誤差項的變異數相等（二個群組四個測量指標變項誤差項的變異數為 2.27、2.71、3.89、1.40），整體模式適配度考驗之卡方值由 29.488 變為 26.086，自由度等於 12，顯著性機率值 p=.010，而卡方自由度比值由 2.106 變為 2.174、RMSEA 值由.049 變為.050，此種放寬參數限制之修正模式與原模型差不多，對卡方值與適配統計量的改善似乎不是很有幫助。

二個群體非標準化估計值模式圖如下：

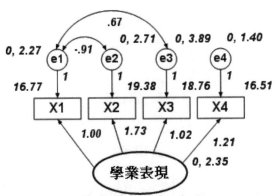

圖 **10-47**

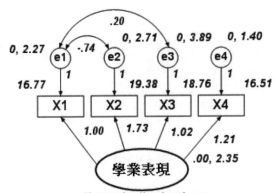

圖 **10-48**

在第二次修正模式中，在測量殘差項的參數限制只保留「c1_1=c1_2」、「c2_1=c2_2」二組，只限定二組測量殘差項有相等的共變關係，至於四個測量指標誤差項變異數則放寬為自由參數，不加以限制。

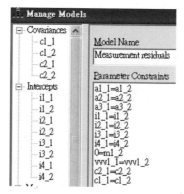

圖 10-49

模式估計結果二個群組之非標準化估計值模式圖分別如下：

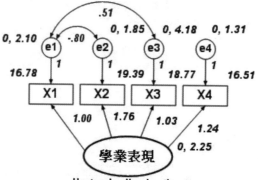

圖 10-50

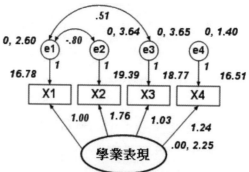

圖 10-51

Notes for Model (Measurement residuals)

Computation of degrees of freedom (Measurement residuals)

Number of distinct sample moments:	28
Number of distinct parameters to be estimated:	18
Degrees of freedom (28 - 18):	10

Result (Measurement residuals)

Minimum was achieved

Chi-square = 16.428

Degrees of freedom = 10

Probability level = .088

第二次嚴格限制模型的修正，改放寬二個群組四個測量變項殘差項的變異數，男生群體四個測量指標誤差項的變異數分別為 2.10、1.85、4.18、1.31，女生群體四個測量指標誤差項的變異數分別為2.60、3.64、3.65、1.40。二個群組之測量指標誤差項 e1 與 e2 間的共變數為-.80、誤差項 e1 與 e3 間的共變數為.51。整體模式適配度卡方值由 29.488 變為 16.428，自由度等於10，顯著性機率值 p=.088，接受虛無假設，表示模型是適配的；卡方自由度比值由 2.106 變為 1.643<2.000、RMSEA 值由.049 變為.037，表示修正的模型是合適的，修正模型可以被接受。

10-3 結構平均數的因素分析

以第九章國中學生基本知能測驗之 CFA 模型為例，研究者想增列共同因素的平均數與六個測量指標的截距項，並限定二個群組之參數相同。

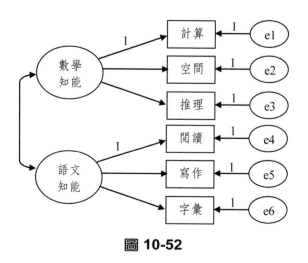

圖 10-52

一、增列平均數與截距項參數標籤

研究者根據 CFA 理論模式繪製假設模式圖，開啟資料檔（基本知能_sav），設定共同因素、誤差變項與讀入測量指標變項後，設定性別變項二個群組：男生、女生，在「Data Files」（資料檔案）對話視窗中，分別設定二個群組之共同名義變項及樣本水準數值編碼。

Group Name	File	Variable	Value	N
男生	基本知能.sav	性別	1	72/145
女生	基本知能.sav	性別	2	73/145

圖 10-53

在參數標籤名稱的設定中，若要呈現變項之平均數（mean）與截距項（intercept）參數，要於工具箱中按『Analysis properties』（分析性質）圖像鈕，開啟「Analysis properties」（分析性質）對話視窗，切換到「Estimation」（估計）標籤頁，勾選「☑Estimate means and intercepts」（估計平均數與截距）選項。研究者若沒有勾選此選項，則於 Amos Graphics 繪圖模型中不會呈現相關變項的平均數與截距。

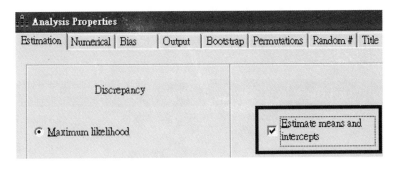

圖 10-54

　　增列平均數與截距項參數標籤之預設值，潛在變項及其誤差變項之平均數固定為 0，而截距項的起始字母為「i」或「I」。研究者可以在各物件上按右鍵，選取快顯功能表中的【Object Properties】（物件性質）選項，開啟「Object Properties」（物件性質）對話視窗，切換到「Parameters」（參數）標籤頁，重新界定參數名稱或固定參數為一特定的數值。如果將相對應的參數設為相同的參數名稱標籤或相同的數值，表示在多群體中將這些參數限制為等同。

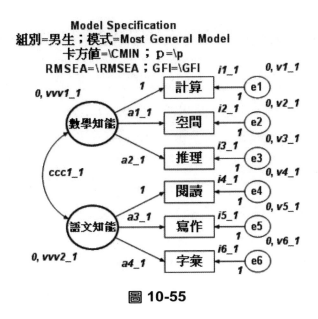

圖 10-55

　　在測量誤差項「e1」按右鍵，開啟「Object Properties」（物件性質）對話視窗，切換到「Parameters」（參數）標籤頁，可以看到二個參數：平均數（Mean）、變異數（Variance），平均數的預設固定值為 0、變異數的參

數名稱標籤爲「v1_1」。各物件上有二個參數者，第一個參數爲平均數、第二個參數爲變異數，平均數參數與變異數參數間以逗號（，）隔開。

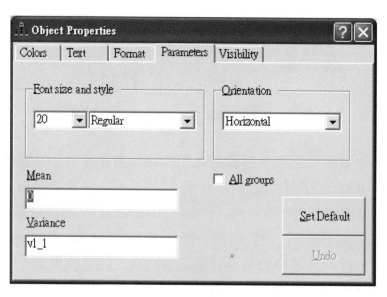

圖 10-56

二、更改女生群體共同因素平均數之參數名稱標籤

在「Groups」（群組）方盒中選取「女生」群體，滑鼠移向共同因素一「數學知能」物件上面，按右鍵開啓「Object Properties」（物件性質）對話視窗，切換到「Parameters」（參數）標籤頁，在「Mean」（平均數）下的方格中將預設數值 0 改爲「GM_1」。次將滑鼠移向共同因素二「語文知能」物件上面，按右鍵開啓「Object Properties」（物件性質）對話視窗，切換到「Parameters」（參數）標籤頁，在「Mean」（平均數）下的方格中將預設數值 0 改爲「GM_2」。

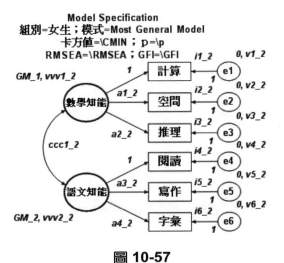

圖 10-57

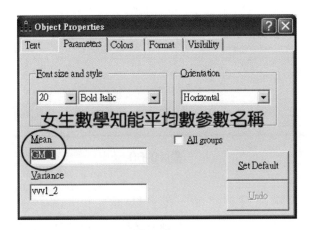

圖 10-58

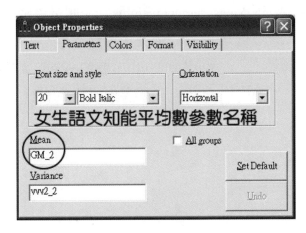

圖 10-59

三、設定多群組分析模式

按工具箱 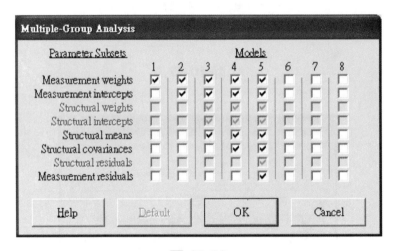【Multiple-Group Analysis】（多群組分析）圖像鈕，或執行功能列【Analyze】（分析）／【Multiple-Group Analysis】（多群組分析）程序，開啟「Multiple-Group Analysis」（多群組分析）對話視窗，預設的模式有五種。

圖 10-60

由於要設定的模式只有二種：模式[1]為二個群組所有迴歸係數與截距項等同，模式[2]為除了二個群組之迴歸係數與截距項相同外、二個群組的共同因素平均數也限制為等同。因而模式在「Models」欄中只保留模式 1 與模式 2，模式 1 勾選「☑Measurement weights」（測量係數）、「☑Measurement intercepts」（測量截距項）二個選項；模式 2 勾選「☑Measurement weights」（測量係數）、「☑Measurement intercepts」（測量截距項）、「Structural means」（結構平均數）三個選項→按『OK』（確定）鈕。

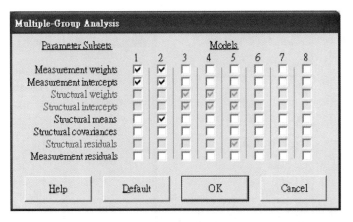

圖 10-61

　　在「Multiple-Group Analysis」（多群組分析）對話視窗中，雖然只選取
二個模式，但原先預設值有五個模式，因而按下『OK』（確定）鈕後，在
「Models」方盒中會增列五個模式，由於模式 3 至模式 5 均沒有界定限制參
數，研究者可將模式 3 至模式 5 刪除，選取「XX: Model 5」選項，連按滑
鼠二下，開啓「Manage Models」（管理模式）對話視窗，「Model Name」
（模式名稱）下的方格會出現「Model 5」，按下方中間『Delete』（刪除）
鈕，此時回到出現前一個模式狀態→「Model Name」（模式名稱）下的方
格會出現「Model 4」，按下方中間『Delete』（刪除）鈕，此時回到出現前
一個模式狀態→「Model Name」（模式名稱）下的方格會出現「Model 3」，
按下方中間『Delete』（刪除）鈕→按『Close』（關閉）鈕。

	模式 1 參數限制	模式 1 參數限制
男生 女生 XX: Unconstrained XX: Model 1 XX: Model 2 XX: Model 3 XX: Model 4 XX: Model 5 **圖 10-62**	a1_1=a1_2 a2_1=a2_2 a3_1=a3_2 a4_1=a4_2 i1_1=i1_2 i2_1=i2_2 i3_1=i3_2 i4_1=i4_2 i5_1=i5_2 i6_1=i6_2	a1_1=a1_2 a2_1=a2_2 a3_1=a3_2 a4_1=a4_2 i1_1=i1_2 i2_1=i2_2 i3_1=i3_2 i4_1=i4_2 i5_1=i5_2 i6_1=i6_2 GM_1=0（或 0= GM_1） GM_2=0（或 0=GM_2）

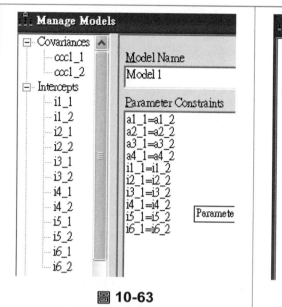
圖 10-63

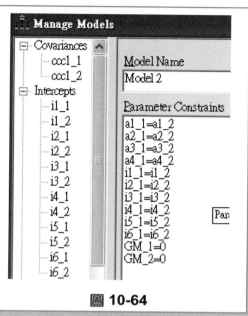
圖 10-64

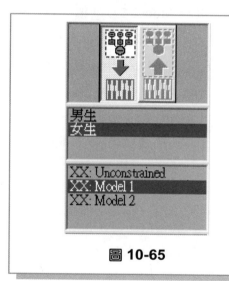
圖 10-65

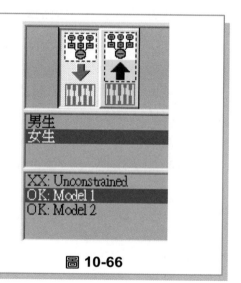
圖 10-66

四、輸出結果

◉ (一)參數均未限制模式

　　所有迴歸係數與截距項參數均未限制模式──「XX: Unconstrained」無法辨識，此模式無法估計，模式無法成功地適配資料，因而結果模式圖無法呈現。

Structural Equation Modeling- Amos Operation and Application

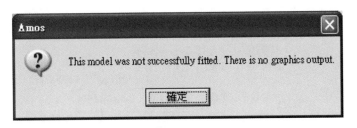

圖 **10-67**

Notes for Model (Unconstrained)

Computation of degrees of freedom (Unconstrained)

Number of distinct sample moments:	54
Number of distinct parameters to be estimated:	40
Degrees of freedom (54 – 40):	14

Result (Unconstrained)

The model is probably unidentified. In order to achieve identifiability, it will probably be necessary to impose 2 additional constraints.

　　按工具箱『View Text』（檢視文件）鈕，開啓「Amos Output」輸出結果對話視窗，選取「Unconstrained」模式之「Notes for Model」（模式註解）選單，會出現模式無法辨識的提示語，若要讓假設模型可以估計要增列二個限制條件。參數沒有限制模型的自由度爲 14，待估計參數有 40 個。

◯ ㈡模式 [1]

　　模式 1 二個群組的所有迴歸參數（regression parameters）與截距項（intercepts）設爲相等。男生、女生二個群體之未標準化估計值的輸出徑路圖如下：

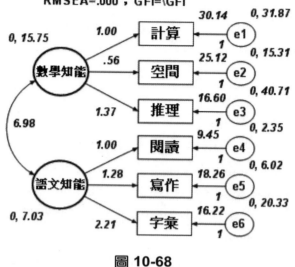

圖 10-68

在男生群體中，數學知能潛在變項的平均數固定為 0、變異數為 15.75，語文知能潛在變項的平均數固定為 0、變異數為 7.03，將男生群體二個共同因素的平均數固定為 0，乃是將其作為基準值，以和女生群體的共同因素平均數相互比較。

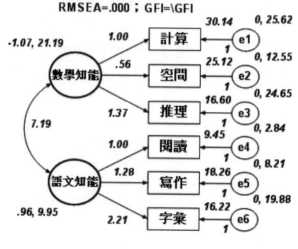

圖 10-69

在女生群體中，數學知能潛在變項的平均數爲-1.07、變異數爲 21.19，語文知能潛在變項的平均數爲 0.96、變異數爲 9.95，將男生群體二個共同因素的平均數固定爲 0 時，可以估計女生相對應共同因素的平均數，此平均數是一種「相對平均數」（relative mean），研究者也可以將女生群體共同因素固定爲某一個數值（通常爲 0），來估計男生潛在變項相對的平均數，此種設定的缺點是不能同時估計多個群體的平均數，但其優點可以估計二個群體平均數間的差異。以數學知能潛在變項而言，將男生群體平均數固定爲 0 時，女生群體被估計的平均數低於男生群體 1.07 個單位（units），此種差異不會受到最初男生群體固定值的影響，如將男生群體平均數固定爲 10 時，則女生群體平均數變爲 8.93；將男生群體平均數固定爲 20 時，則女生群體平均數變爲 18.93；如果將女生群體的平均數固定爲 0，則男生群體平均數爲高於女生群體 1.07 個單位，其數值爲正的 1.07。

男生群體、女生群體在數學知能潛在變項的差異值爲 1.07，女生平均數的差異值-1.07 是否顯著等於 0，則需要進一步加以檢定，男生群體的變異數爲 15.75，其標準差爲 3.97，女生群體的變異數爲 21.19，其標準差爲 4.60，二個群體的標準差可以求得估計標準誤與臨界比值（t 值），從臨界比值可以判別男生群體、女生群體平均數的差異值是否顯著等於 0，若是臨界比值絕對值大於 1.96，則拒絕虛無假設，表示差異值不顯著等於 0，二個群體平均數的差異值達到顯著；如果臨界比值絕對值小於 1.96，則接受虛無假設，表示差異值顯著等於 0，二個群體平均數的差異值未達到顯著，男生群體與女生群體之平均數可視爲相等。

在語文知識潛在變項方面，若將男生群體平均數固定爲 0，則女生群體的平均數高出男生群體 0.96 個單位，如果將男生群體平均數固定爲 10，則女生群體的平均數爲 10.96。

Notes for Model (Model 1)

Computation of degrees of freedom (Model 1)

Number of distinct sample moments:	54
Number of distinct parameters to be estimated:	30
Degrees of freedom (54 - 30):	24

Result (Model 1)

Minimum was achieved

Chi-square = 22.593

Degrees of freedom = 24

Probability level = .544

模式[1]增列二個限制條件：二個群體的截距項與迴歸係數相等後，理論模型從無法辨識變為可以辨識模型（identified model），模式的自由度為24、卡方值為22.593、顯著性機率值p=.544>.05，接受虛無假設，表示模式是適配的。

㈢模式 [2]

模式 1 除將二個群組的所有迴歸參數（regression parameters）與截距項（intercepts）設為相等外，並增列設定二個群體之共同因素的平均數也相等。二個群體共同因素的平均數相等設定，因為將男生群體的平均數固定為 0，虛無假設為女生群體的平均數也會等於 0。

男生、女生二個群體之未標準化估計值的輸出徑路圖如下：

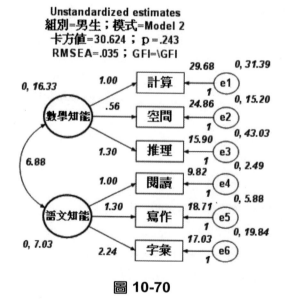

圖 10-70

在男生群體中，數學知能潛在變項的平均數固定為 0、變異數為 16.33，語文知能潛在變項的平均數固定為 0、變異數為 7.03。

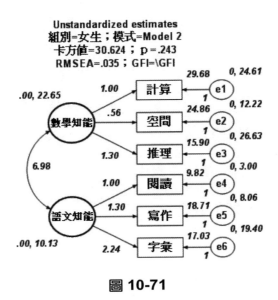

圖 10-71

在女生群體中，數學知能潛在變項的平均數也限制等於 0、變異數為 22.65，語文知能潛在變項的平均數也限制為 0、變異數為 10.13。男生群體、女生群體二個相對應的因素構念之變異數並未相等，男生群體二個潛在變項的變異數分別為 16.33、7.03、女生群體二個潛在變項的變異數分別為 22.65、10.13，二個群體六個測量指標變項的迴歸係數分別為 1.00、.56、1.30、1.00、1.30、2.24（迴歸係數限制相等）、二個群體六個測量指標變項的截距項分別為 29.68、24.86、15.90、9.82、18.71、17.03（截距項相等）；二個群體之潛在變項的平均數均固定為 0（限制潛在變項平均數相同）。

Notes for Model (Model 2)

Computation of degrees of freedom (Model 2)

Number of distinct sample moments:	54
Number of distinct parameters to be estimated:	28
Degrees of freedom (54 - 28):	26

Result (Model 2)

Minimum was achieved

Chi-square = 30.624

Degrees of freedom = 26

Probability level = .243

模式[2]增列設定二個群體共同因素平均數相等條件，樣本資料之樣本動差提供的獨特元素數目有 54 個、模式中待估計的參數有 28 個、模式的自由度為 26、模式適配度的卡方值為 30.624、顯著性機率值p=.243>.05，接受虛無假設，表示模式是適配的。

表 10-20

Model	DF	CMIN	P	NFI Delta-1	IFI Delta-2	RFI rho-1	TLI rho2
Model 2	2	8.030	.018	.024	.026	.021	.023

模式[2]和模式[1]二個巢狀模式比較結果，自由度的差異值=26−24=2，卡方差異值=30.624−22.593=8.031，$\Delta\chi^2$ 值的顯著性 p=.018<.05，達到.05 顯著水準，拒絕虛無假設，表示二個模式的差異達到顯著。

CHAPTER

11

SEM實例應用與相關議題

在一份碩士在職進修班學生社會支持與工作滿意度關係之研究中，研究者修訂編著下列二種量表：「社會支持量表」、「工作滿意度量表」，經預設之項目分析、信效度考驗結果，「社會支持量表」分為三個層面：「家人支持」（包括題項 1 至題項 8）、「朋友支持」（包括題項 9 至題項 16）、「主管支持」（包括題項 17 至題項 24）；「工作滿意度量表」分為二個層面：「內在滿意」（包括題項 1 至題項 8）、「外在滿意」（包括題項 9 至題項 12）。研究者採隨機取樣方式，經剔除填答不全或固定反應之無效問卷後，實得有效問卷 538 份（陳志忠，民 96）。

一、社會支持部分

填答說明：這部分共有 24 題，請依您在生活中的實際感受，真實的表達出來，每題共有 5 個選項，請詳細閱讀後在最適當的方格□內打「✓」，每題都要填答。

	非常不符合	少部分符合	一半符合	大部分符合	非常符合
01.家人會關心我的工作或學習情形。	□	□	□	□	□
02.當我心情不好時，家人會傾聽或安慰我、鼓勵我。	□	□	□	□	□
03.家人能體諒我進修與工作的辛苦與疲累。	□	□	□	□	□
04.因為必須兼顧工作與課業，家人會幫我多分擔一些家務。	□	□	□	□	□
05.當工作與課業無法兼顧時，家人會尊重我的決定。	□	□	□	□	□
06.家人會協助我解決工作或課業上遇到的難題。	□	□	□	□	□
07.家人會善意的指出我工作或學習上的缺失。	□	□	□	□	□
08.家人可以提供我經濟上的支援。	□	□	□	□	□
09.朋友會關心我的工作或學習情形。	□	□	□	□	□
10.朋友會相信我處事的原則和辦事的能力。	□	□	□	□	□
11.朋友會協助我分析問題，提供建議。	□	□	□	□	□
12.朋友會支持我的做法或觀點。	□	□	□	□	□
13.朋友會跟我交換工作上或學習上的一些經驗或心得。	□	□	□	□	□
14.朋友會不定時提供我一些工作上或學習上有關的訊息。	□	□	□	□	□
15.朋友會肯定我在工作或課業上的表現。	□	□	□	□	□
16.朋友會幫我減輕工作或課業方面的心理壓力。	□	□	□	□	□

	非常不符合	少部分符合	一半符合	大部分符合	非常符合
17.主管會關懷我、支持我。	□	□	□	□	□
18.當我向主管表達心情不好時，主管會傾聽或安慰我、鼓勵我。	□	□	□	□	□
19.主管會肯定我工作上的表現。	□	□	□	□	□
20.當我工作時遇到困難，主管會協助我解決問題。	□	□	□	□	□
21.主管會提供我工作上的意見或忠告。	□	□	□	□	□
22.主管能體諒我讀書的辛苦，而協助我完成工作或任務。	□	□	□	□	□
23.主管能體諒我讀書的辛苦，而降低對我工作方面的要求。	□	□	□	□	□
24.主管會幫我減輕工作方面的心理壓力。	□	□	□	□	□

二、工作滿意度部分

填答說明：這部分共有 13 題，請依您在生活中的實際感受，真實的表達出來，每題共有 5 個選項，請詳細閱讀後在最適當的方格□內打「✓」，每題都要填答。

	非常不符合	少部分符合	一半符合	大部分符合	非常符合
01.我覺得工作讓我感到自己有價值。	□	□	□	□	□
02.我的工作能帶給我學習成長的機會。	□	□	□	□	□
03.我的工作所提供的穩定性，使我感到滿意。	□	□	□	□	□
04.我從工作中帶給我很大的快樂。	□	□	□	□	□
05.在工作中我有被尊重的感覺。	□	□	□	□	□
06.我經常在工作中得到成就感。	□	□	□	□	□
07.我的工作環境讓我覺得很滿意。	□	□	□	□	□
08.如果有選擇的機會，我仍然會選擇這份工作。	□	□	□	□	□
09.主管的領導方式及態度讓我感到滿意。	□	□	□	□	□
10.服務單位所提供的福利措施讓我感到滿意。	□	□	□	□	□
11.目前的工作負荷讓我感到滿意。	□	□	□	□	□
12.對自己目前的薪資與實際工作付出相比較，讓我感到滿意。	□	□	□	□	□

11-1 社會支持量表測量模型的驗證

一、測量模式之區別效度

所謂區別效度（discriminant validity）是指構面所代表的潛在特質與其他構面所代表的潛在特質間有低度相關或有顯著的差異存在。如在測驗評量中自編成就測驗中「邏輯推理」面向與「閱讀寫作」面向間有低度的相關或沒有相關，「邏輯推理」面向所測得的潛在特質與「閱讀寫作」面向所測得的潛在特質間有顯著的差異存在。就 Amos 的操作而言，求二個構面或面向間區別效度的簡單考驗方法，就是利用單群組二個模式的方法，二個模式分別為未限制模式（潛在構念間的共變關係不加以限制，潛在構念間的共變參數為自由估計參數）與限制模式（潛在構念間的共變關係限制為 1，潛在構念間的共變參數為固定參數），接著進行二個模式之卡方值差異比較，若是卡方值差異量愈大且達到顯著水準（p<.05），表示二個模式間有顯著的不同，如果未限制模式之卡方值愈小、則表示潛在特質（因素構面）間相關性愈低，其區別效度就愈高（張紹勳，民 94；*Bagozzi & Phillips, 1982*）；相反的，未限制模式之卡方值愈大、則表示潛在特質（因素構面）間相關性愈高，其區別效度愈低。卡方值差異量檢定結果，若是限制模式與非限制模式二個模式卡方值差異量達到.05 顯著水準，表示潛在構念間具有高的區別效度。

◉ (一)「家人支持－朋友支持」構念之區別效度

「家人支持－朋友支持」構念之區別效度的假設模式圖如圖 11-1，二個潛在構念間的共變參數標籤名稱為 C。

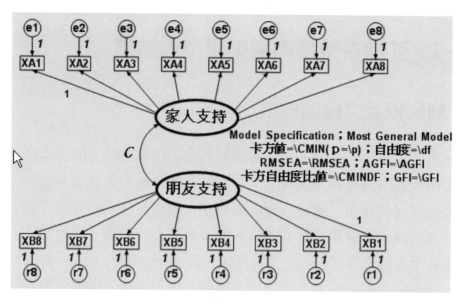

圖 11-1

　　未限制模式中不界定任何參數限制條件，限制模式則界定參數限制條件為「C=1」，表示限制二個潛在變項間的相關係數為 1。

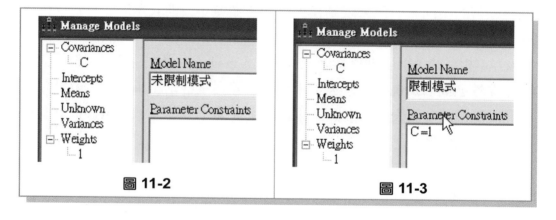

圖 11-2　　　　　　　　　　**圖 11-3**

　　按【計算估計值】圖像鈕後，二個模式均可收斂辨識。標準化估計值模式圖如下：

Structural Equation Modeling-Amos Operation and Application

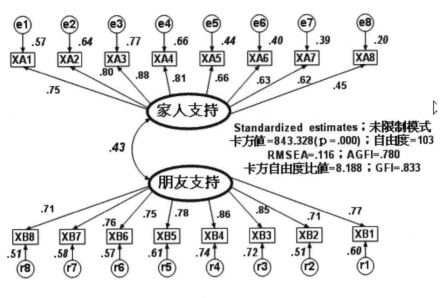

圖 11-4

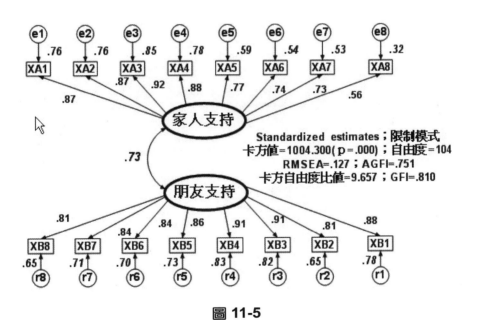

圖 11-5

Nested Model Comparisons

表 11-1　Assuming model 未限制模式 to be correct:

Model	DF	CMIN	P	NFI Delta-1	IFI Delta-2	RFI rho-1	TLI rho2
限制模式	1	160.972	.000	.029	.029	.032	.032

　　「家人支持－朋友支持」潛在構面之未限制模式的自由度爲 103、卡方值等於 843.328（p=.000<.05），限制模式的自由度爲 104、卡方值等於 1004.300（p=.000<.05），巢狀模式比較摘要表中顯示：二個模式的自由度差異爲 1（=104－103），卡方差異值=1004.300－843.328=160.972，卡方值差異量顯著性檢定的機率值 p=.000<.05，達到.05 顯著水準，表示未限制模式與限制模式二個測量模型有顯著不同，與限制模式相較之下，未限制模式的卡方值顯著較小，表示「家人支持－朋友支持」二個潛在構面間的區別效度佳。

⬤ (二)「家人支持－主管支持」構念之區別效度

　　按【計算估計值】圖像鈕後，二個模式均可估計辨識。標準化估計值模式圖如下：

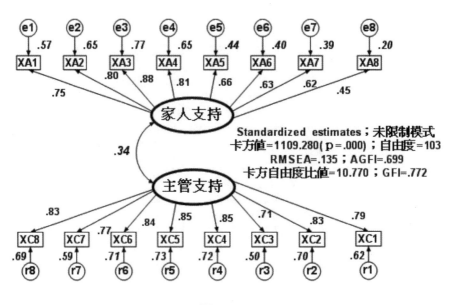

圖 **11-6**

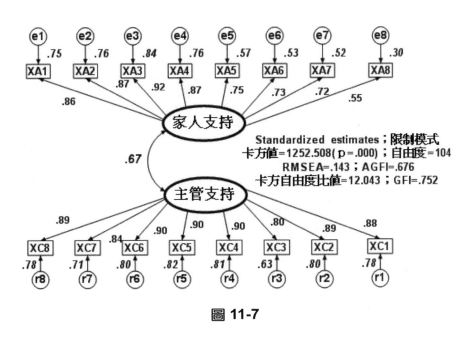

圖 11-7

Nested Model Comparisons

表 11-2　Assuming model 未限制模式 to be correct:

Model	DF	CMIN	P	NFI Delta-1	IFI Delta-2	RFI rho-1	TLI rho2
限制模式	1	143.228	.000	.023	.023	.024	.025

「家人支持－主管支持」潛在構面之未限制模式的自由度為 103、卡方值等於 1109.280（p=.000<.05），限制模式的自由度為 104、卡方值等於 1252.508（p=.000<.05），巢狀模式比較摘要表中顯示：二個模式的自由度差異為 1（=104－103），卡方差異值＝1252.508－1109.280＝143.228，卡方值差異量顯著性檢定的機率值 p=.000<.05，達到.05 顯著水準，表示未限制模式與限制模式二個測量模型有顯著不同，與限制模式相較之下，未限制模式的卡方值顯著較小，表示「家人支持－主管支持」二個潛在構面間的區別效度理想。

◎ (三)「朋友支持－主管支持」構念之區別效度

按【計算估計值】圖像鈕後，二個模式均可收斂辨識。標準化估計值模式圖如下：

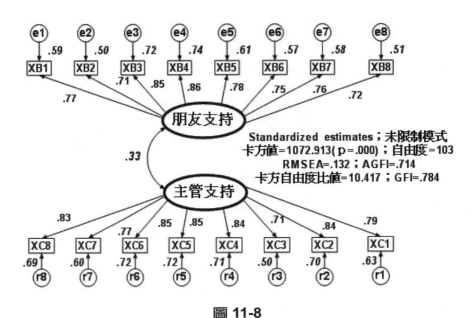

圖 11-8

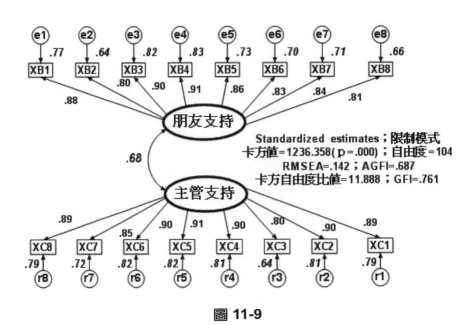

圖 11-9

Nested Model Comparisons

表 11-3　Assuming model 未限制模式 to be correct:

Model	DF	CMIN	P	NFI Delta-1	IFI Delta-2	RFI rho-1	TLI rho2
限制模式	1	163.445	.000	.024	.024	.026	.026

　　「朋友支持－主管支持」潛在構面之未限制模式的自由度為 103、卡方值等於 1072.913（p=.000<.05），限制模式的自由度為 104、卡方值等於 1236.358（p=.000<.05），巢狀模式比較摘要表中顯示：二個模式的自由度差異為 1（=104－103），卡方差異值＝1236.358－1072.913＝163.445，卡方值差異量顯著性檢定的機率值 p=.000<.05，達到.05 顯著水準，表示未限制模式與限制模式二個測量模型有顯著不同，與限制模式相較之下，未限制模式的卡方值顯著較小，表示「朋友支持－主管支持」二個潛在構面間的區別效度佳。

　　在上述三個配對測量模式構面區別效度的檢定方面，三個配對測量模式構面之未限制模式與限制模式的卡方值差異均達.05 顯著水準，且未限制模式之測量模型的卡方值顯著的低於限制模式之測量模型的卡方值，表示社會支持量表具有高度的區別效度。

二、測量模式之聚斂效度

　　所謂「聚斂效度」（convergent validity）是指測量相同潛在特質的題項或測驗會落在同一個因素構面上，且題項或測驗間所測得的測量值之間具有高度的相關。就 Amos 的操作而言，求各構念之「聚斂效度」即求考驗各潛在構念之單面向（unidimensionality）測量模式的適配度。

●㈠「家人支持」構面測量模式之聚斂效度檢定

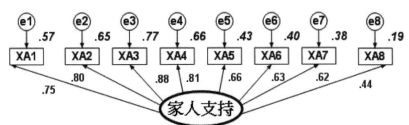

Standardized estimates：家人支持
卡方值=419.185(p =.000)；自由度=20； RMSEA=.193
卡方自由度比值=20.959；AGFI=.718；GFI=.843

圖 11-10

家人支持測量模式之初始模式中，假定所有誤差項間相互獨立，八個測量指標誤差項間均沒有相關，模式檢定結果，八個測量指標λ值之C.R.值均大於 1.96，表示八個測量指標參數均達到.05 顯著水準，整體模式的自由度等於 20、卡方自由度比值=20.959>3.000、RMSEA 值=.193>.080、AGFI值=.718<.900、GFI值=.843<.900，均未達模式適配標準，因而誤差項間相互獨立的測量模式無法獲得支持。

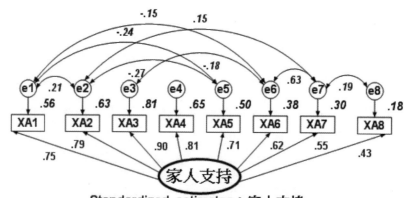

Standardized estimates：家人支持
卡方值=22.038(p=.037)；自由度=12；RMSEA=.039
卡方自由度比值=1.836；AGFI=.970；GFI=.990

圖 11-11

家人支持測量模式之修正模式中，假定誤差項間並非相互獨立，八個測量指標誤差項間可能某種程度關係，依據修正指標，逐一增列測量指標誤差項間之共變關係，最後呈現的模式中沒有修正指標值大於 4.00 者。模式檢定結果，八個測量指標λ值之 C.R.值均大於 1.96，表示八個測量指標參數均達到.05 顯著水準，其餘待估計的自由參數也均達到.05 顯著水準。整體模式的自由度等於 12（=36−24）、卡方自由度比值=1.836<3.000、RMSEA值=.039<.080、AGFI值=.970>.900、GFI值=.990>.900，均達模式適配標準，表示修正之單一構面的測量模式與樣本資料可以契合，「家人支持」構面之聚斂效度佳。八個測量指標變項中有三個指標變項（XA6、XA7、XA8）的因素負荷量低於.70，這三個指標變項之個別變項的信度係數（R 平方）值稍低（未達.50 的標準）。

● ㈡「朋友支持」構面測量模式之聚斂效度檢定

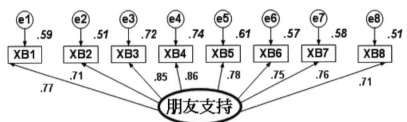

Standardized estimates：朋友支持
卡方值=246.666(p=.000)；自由度=20； RMSEA=.145
卡方自由度比值=12.333；AGFI=.822；GFI=.901

圖 11-12

　　朋友支持測量模式之初始模式中，假定所有誤差項間相互獨立，八個
測量指標誤差項間均沒有相關，模式檢定結果，八個測量指標λ值之C.R.值
均大於 1.96，表示八個測量指標參數均達到.05 顯著水準，整體模式的自由
度等於 20、卡方自由度比值=12.333>3.000、RMSEA 值=.145>.080、AGFI
值=.822<.900、GFI 值=.901>.900，整體而言模式適配度不理想，因而誤差項
間相互獨立的測量模式無法獲得支持。

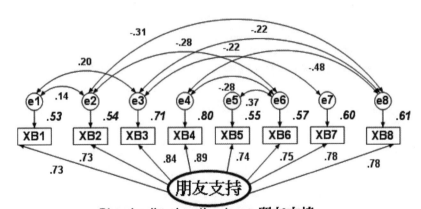

Standardized estimates：朋友支持
卡方值=17.047(p=.107)；自由度=11； RMSEA=.032
卡方自由度比值=1.550；AGFI=.974；GFI=.992

圖 11-13

朋友支持測量模式之修正模式中，假定誤差項間並非相互獨立，八個

測量指標誤差項間可能某種程度關係，依據修正指標，逐一增列測量指標誤差項間之共變關係，最後呈現的模式中沒有修正指標值大於 4.00 者。模式檢定結果，八個測量指標λ值之C.R.值均大於 1.96，表示八個測量指標參數均達到.05 顯著水準，其餘待估計的自由參數也均達到.05 顯著水準。整體模式的自由度等於 11（=36−25）、模式適配度的卡方值為 17.047，顯著性機率值p=.107>.05，接受虛無假設，表示假設測量模型與樣本資料可以適配；卡方自由度比值=1.550<3.000、RMSEA 值=.032<.080、AGFI 值=.974>.900、GFI 值=.992>.900，均達模式適配標準，表示修正之單一構面的測量模式與樣本資料可以契合，「朋友支持」構面之聚斂效度佳。八個測量指標變項之因素負荷量大於.70，其能被潛在因素解釋的變異（R 平方）均在.50以上，表示八個測量指標變項的個別變項之信度指數佳。

（三）「主管支持」構面測量模式之聚斂效度檢定

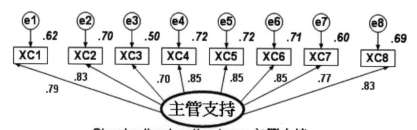

Standardized estimates：主管支持
卡方值=558.838(p =.000)：自由度=20： RMSEA=.224
卡方自由度比值=27.942：AGFI=.576：GFI=.765

圖 11-14

主管支持測量模式之初始模式中，假定所有誤差項間相互獨立，八個測量指標誤差項間均沒有相關，模式檢定結果，八個測量指標λ值之C.R.值均大於 1.96，表示八個測量指標參數均達到.05 顯著水準，整體模式的自由度等於 20、卡方自由度比值=27.942>3.000、RMSEA 值=.224>.080、AGFI值=.576<.900、GFI值=.765<.900，均未達到模式適配標準，因而誤差項間相互獨立的測量模式無法獲得支持。

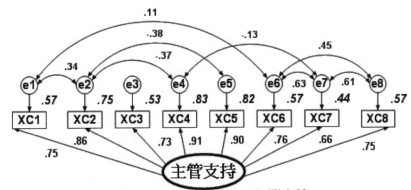

Standardized estimates：主管支持
卡方值=27.414(p=.007)；自由度=12；RMSEA=.049
卡方自由度比值=2.284；AGFI=.961；GFI=.987

圖 11-15

　　主管支持測量模式之修正模式中，假定誤差項間並非相互獨立，八個測量指標誤差項間可能某種程度關係，依據修正指標，逐一增列測量指標誤差項間之共變關係，最後呈現的模式中沒有修正指標值大於 4.00 者。模式檢定結果，八個測量指標λ值之 C.R.值均大於 1.96，表示八個測量指標參數均達到.05 顯著水準，其餘待估計的自由參數也均達到.05 顯著水準。整體模式的自由度等於 12（=36−24）、卡方自由度比值=2.284<3.000、RMSEA值=.049<.080、AGFI 值=.961>.900、GFI 值=.987>.900，均達模式適配標準，表示修正之單一構面的測量模式與樣本資料可以契合，「主管支持」構面之聚斂效度佳。八個測量指標變項中只有一個指標變項（XC7）的因素負荷量低於.70，其餘測量指標的因素負荷量均高於.70，表示測量指標個別變項的信度係數理想。

11-2　遺漏值資料檔的處理

　　SEM 統計分析中對於遺漏值（missing data）資料的處理有以下幾種方法：一為直接刪除 SEM 模式中有觀察變項為遺漏值的樣本觀察值，處理時在 SPSS 資料檢視工作視窗中，若是樣本列的任一個變項有出現遺漏值情形，則整筆樣本列資料刪除，此種方法為「全列刪除法」（listwise deletion），此種方法的缺失為可能刪除過多的樣本列，使得分析的樣本數變得

太少；二爲分析個別樣本動差，排除目標變項爲遺漏值者，當要計算特別動差時，某個觀察變項爲遺漏值而無法計算，才將此筆資料排除，此種方法爲「配對刪除法」（pairwise deletion），「配對刪除法」通常是由統計分析自動執行；三爲「資料取代法」（data imputation），以某種猜測、經驗法則或傳統分析程序以適當數值取代遺漏值。「資料取代法」在SPSS統計套裝軟體中可執行功能列【轉換】／【置換遺漏值】程序，在 Amos Graphics 分析程序中，可執行【Analyze】（分析）／【Data Imputation】（資料取代）程序。

一、觀察變項中有遺漏值

在 Amos 的分析程序中，如果原始資料檔中任一觀察變項有遺漏值，則執行功能列【Analyze】（分析）／【Calculate Estimates】（計算估計值）程序時會出現警告訊息。以下列跨因子之CFA測量模式而言，觀察變項X5 同時受到潛在構念因素 F1 與 F2 的影響。

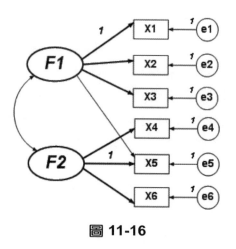

圖 11-16

在原始資料檔中最後六筆資料有遺漏值，原始資料檔於 SPSS「資料檢視」工作視窗中的數據資料如圖 11-17：

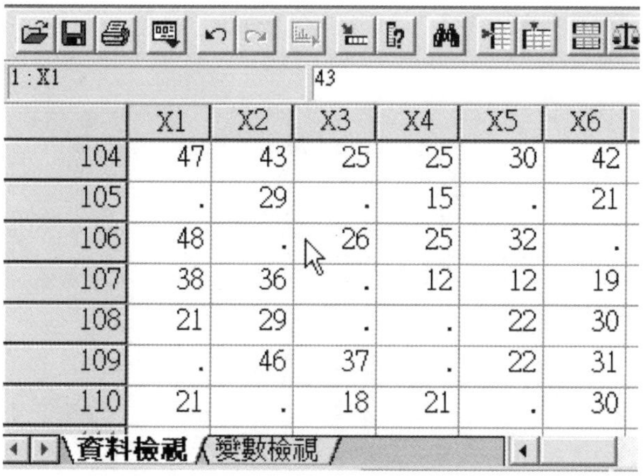

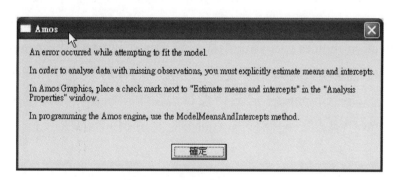

圖 11-17

執行功能列【Analyze】（分析）╱【Calculate Estimates】（計算估計值）程序，會出現「Amos」警告視窗：「嘗試要適配模式時有錯誤發生，為了分析觀察變項之遺漏值，使用者必須採用估計平均數與截距項方法，於 Amos Graphics 程序中，在分析性質對話視窗中勾選『估計平均數與截距』，在 Amos VB 語法程式中使用 ModelMeansAndIntercepts 方法。」

圖 11-18

二、增列估計平均數與截距項

執行功能列【View】（檢視）╱【Analysis Properties】（分析性質）程序，開啟「Analysis Properties」（分析性質）對話視窗，切換到「Estimation」（估計）對話盒，勾選「☑Estimate means and intercepts」（估計平均數與截距）選項。勾選估計平均數與截距選項後，二個潛在變項及六個誤

差項的平均數參數均限定為 0（Amos 內定值）。

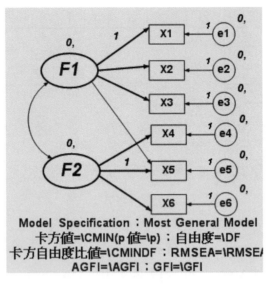

Model Specification：Most General Model
卡方值=\CMIN(p 值=\p)：自由度=\DF
卡方自由度比值=\CMINDF：RMSEA=\RMSE
AGFI=\AGFI：GFI=\GFI

圖 **11-19**

　　「Analysis Properties」（分析性質）對話視窗中，在「Estimation」（估計）對話盒勾選「☑Estimate means and intercepts」（估計平均數與截距）選項後，由於資料檔有遺漏值，因而於「Output」（輸出結果）中不能勾選「☑Modification indices」（修正指標）選項，否則會出現「Amos」警告視窗：「嘗試要適配模式時有錯誤發生，不完全的資料無法計算修正指標值，如果是使用 Amos Graphics，於分析性質視窗中將修正指標勾選選項移除；若是使用 Amos VB 語法編輯程式，則不能使用 Mods 方法。」

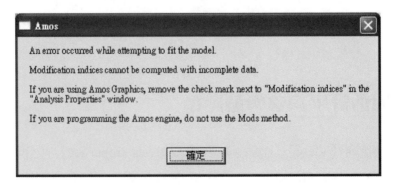

圖 **11-20**

　　不完全資料檔（觀察變項有遺漏值之資料檔），即使勾選估計平均數與截距選項，也不能勾選修正指標選項，若是資料檔為不完全資料檔，必須取消「□Modification indices」前的勾選狀態。

圖 11-21

　　執行功能列【Analyze】（分析）／【Calculate Estimates】（計算估計值）程序，模式可以估計辨識。

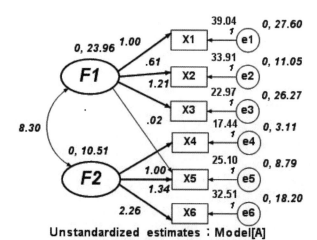

Unstandardized estimates；Model[A]
卡方值=9.456(p值=.222)；自由度=7
卡方自由度比值=1.351；RMSEA=.057
AGFI=\AGFI；GFI=\GFI

圖 11-22

　　模式的自由度為 7（=27-20），整體模式適配度的卡方值為 9.456，顯著性機率值 p=.222>.05，未達.05 顯著水準，接受虛無假設，表示跨因素的測量模型與樣本資料可以適配；RMSEA 值=.057<.080，卡方自由度比值=1.351<3.000，顯示假設測量模型可以被接受。不完全資料檔部分的適配度統計量無法估計，如 GFI 值、AGFI 值，因而無法於參數格式中呈現這些統計量。

三、資料取代

　　Amos 分析程序中對於遺漏值的資料檔如同 SPSS 統計軟體一樣，可以直接進行原始資料檔的取代或置換，其執行步驟如下：

⬤ (一)步驟 1

　　執行功能列【Analyze】（分析）／【Data Imputation】（資料取代）程序，開啟「Amos Data Imputation」（Amos 資料取代）對話視窗。

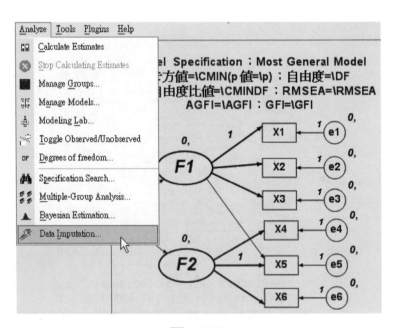

圖 **11-23**

⬤ (二)步驟 2

　　在「Amos Data Imputation」（Amos 資料取代）對話視窗中，Amos 提供三種變項遺漏值資料取代的方法：「◉Regression imputation」、「Stochastic regression imputation」、「Bayesian imputation」，其中「迴歸取代法」為 Amos 的預設選項。在「Incomplete Data Files」（不完全資料檔）欄的下方為原先有遺漏值的資料檔、「Completed Data Files」（完全化資料檔）欄的下方為遺漏值取代後的新資料檔，檔名內定為原始資料檔名加上

「_C」，對於遺漏值取代後的新資料檔名也可以按『File Names』（檔案名稱）鈕，開啓「File name for completed data sets」（完全化資料集檔案名稱）的對話視窗，重新修改或鍵入不同的資料檔檔案名稱，按下『Impute』（取代或修補）鈕，會開啓「Summary」（摘要）次對話視窗。

圖 **11-24**

「Summary」（摘要）次對話視窗中，會呈現遺漏值資料已經修補或取代完成的提示語：「The following completed data file was created」→ 按『OK』鈕。

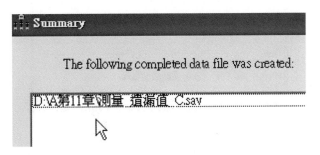

圖 **11-25**

修補後的完全資料檔案「測量_遺漏值_C」於資料檢視工作視窗中，後六筆的資料檔如下，在新資料檔中也增列二個潛在變項的分數，「CaseNo」欄爲完全化資料列的編號。

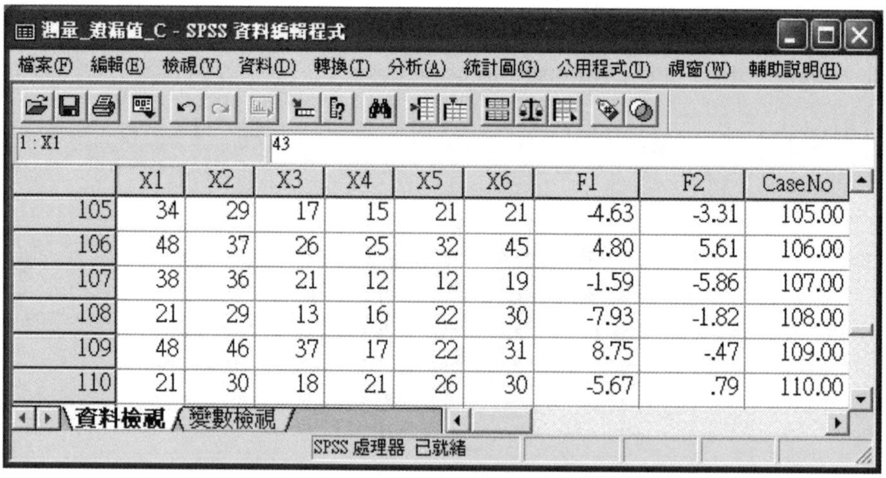

圖 11-26

在「Amos Data Imputation」（Amos 資料取代）對話視窗中，若是勾選「◉Bayesian imputation」選項，則「Number of completed datasets」（完全資料集數目）的後面要鍵入 1 到 10 的數字，表示新資料檔為原先資料檔多少倍，遺漏值較多的資料檔取代時，「Number of completed datasets」後面的方格數字一般鍵入 5 到 10 的數字，此時可獲得正確的參數估計值與標準誤。

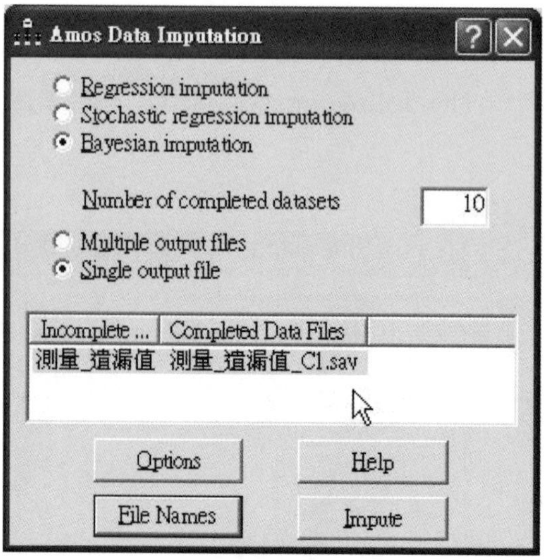

圖 11-27

按下『Impute』（取代或修補）鈕，會開啟「Bayesian SEM」次對話視窗，資料取代過程中會出現「Data Imputation」小對話盒→按『OK』鈕，會

開啟「Summary」（摘要）次對話視窗。

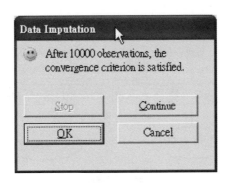

圖 11-28

「Summary」（摘要）次對話視窗中，會呈現遺漏值資料已經修補或取代完成的提示語：「The following completed data file was created」→按『OK』鈕。由於原先於「完全化資料集數目」後面的方格內鍵入 10（Amos內定值），因而資料取代後的新資料檔樣本總數為原先的 10 倍。

圖 11-29

11-3 SEM 模式適配度與參數估計關係

碩士在職進修班學生社會支持與工作滿意度關係的因果模式圖中，內因潛在變項「工作滿意」的二個測量指標變項為「內在滿意」、「外在滿意」；外因潛在變項「社會支持」的三個測量指標變項為「主管支持」、「朋友支持」、「家人支持」。

一、模式 A──初始模式

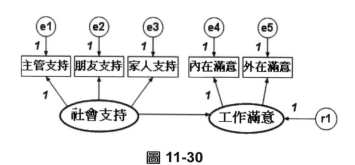

圖 11-30

執行功能列【Analyze】（分析）／【Calculate Estimates】（計算估計值）程序，模式可以估計辨識。

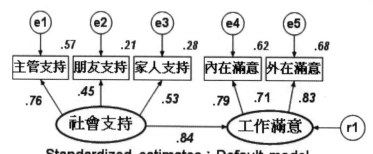

Standardized estimates：Default model
卡方值=110.270(p值=.000)：自由度=4
卡方自由度比值=27.567：RMSEA=.222
AGFI=.695：GFI=.919

圖 11-31

模式的自由度為 4（=15−11），整體模式適配度的卡方值為 11.270，顯著性機率值 p=.000<.05，達.05 顯著水準，拒絕虛無假設，表示假設模型與樣本資料無法契合；RMSEA 值=.222>.080、卡方自由度比值=27.567>3.000、AGFI 值=.695<.900、GFI 值=.919>.900，顯示假設模型的整體適配度欠佳，假設模型的共變數矩陣與樣本資料的共變異數矩陣間的差異達到顯著。

Structural Equation Modeling-Amos Operation and Application

表 11-4　**Modification Indices (Group number 1 - Default model)**
Covariances: (Group number 1 - Default model)

	M.I.	Par Change
e3←→e5	16.488	-2.513
e3←→e4	11.350	3.842
e2←→r1	7.269	-2.636
e2←→e5	43.609	-3.679
e2←→e4	17.927	4.343
e2←→e3	37.687	8.164
e1←→e5	33.517	3.463
e1←→e4	17.709	-4.670
e1←→e3	4.803	-3.145

根據第一次 Amos 提供的修正指標值，最大的 M.I.為界定誤差項 e2 與 e5 的共變關係，此種界定大約可以降低卡方值 43.609。

表 11-5　**Modification Indices (Group number 1 - Default model)**
Covariances: (Group number 1 - Default model)

	M.I.	Par Change
e3←→e5	16.527	-2.364
e3←→e4	9.517	3.440
e2←→e3	11.163	4.167
e1←→e5	5.887	1.310

根據第二次 Amos 提供的修正指標值，最大的 M.I.為界定誤差項 e3 與 e5 的共變關係，此種界定大約可以降低卡方值 16.527。

表 11-6　**Modification Indices (Group number 1 - Default model)**
Covariances: (Group number 1 - Default model)

	M.I.	Par Change
e2←→e3	7.457	3.266

根據第三次 Amos 提供的修正指標值，最大的 M.I.為界定誤差項 e2 與 e3 的共變關係，此種界定大約可以降低卡方值 7.457。

界定三組誤差項共變關係的假設因果模式圖如圖 11-32：

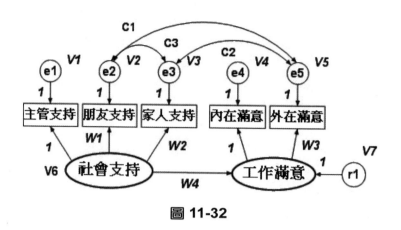

圖 11-32

執行功能列【Analyze】（分析）／【Calculate Estimates】（計算估計值）程序，模式可以估計辨識。

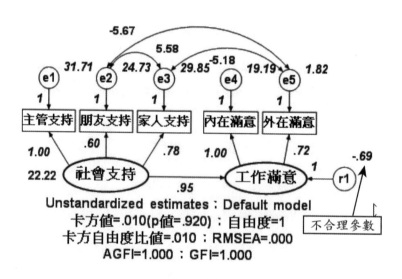

圖 11-33

假設修正因果模式圖中，假定誤差項間並非相互獨立，依據修正指標，逐一增列測量指標誤差項間之共變關係，最後呈現模式中沒有修正指標值大於 4.00 者、標準化殘差共變異數矩陣中殘差值絕對值均小於 1.96。模式檢定結果，五個測量指標λ值之 C.R.值均大於 1.96，表示五個測量指標參數均達到.05 顯著水準。模式的自由度等於 1（=15－14）、整體模式適配度的卡方值爲.010，顯著性機率值 p=.920>.05，未達.05 顯著水準，接受虛無假設，表示假設模型與樣本資料可以契合，卡方自由度比值=.010<3.000、

Structural Equation Modeling- Amos Operation and Application

RMSEA值=.000<.080、AGFI值=1.000>.900、GFI值=1.000>.900，均達模式適配標準，表示修正因果模式圖可以被接受。

Amos的模式指配度（goodness of fit）指標僅能指出樣本資料計算之共變異數矩陣與假設模型隱含的共變異數矩陣間的差異情形，當差異情形顯著等於0，表示模式整體適配情形佳。模式的適配度佳僅表示模式的外在品質，對於模式的內在品質並無法知悉；此外，適配度良好的因果模式圖，也不一定會顯示外因變項是導致內因變項的因，有時二個變項間沒有因果關係的模式也會得到一個假設模型與樣本資料可以契合的結果。在檢核模式的適配度之前，一定要進行模式內各參數合理性的評估，檢查估計的參數有無不適當的解（improper solution）或不可接受的解（non admissible），當估計的輸出參數有出現以下情形均為不良估計值：誤差變異數等於0或為負數、標準化迴歸係數或相關係數的絕對值大於1、參數的標準誤太大，標準化迴歸係數或相關係數的符號與理論相反等。Amos參數格式之非標準化估計值模式圖中會呈現各誤差項或殘差項的變異數，從模式中可以檢核是否有不適當的參數解，模式圖中殘差項r1的變異數為-.69，出現負的誤差變異數，表示此參數為不合理的參數解。

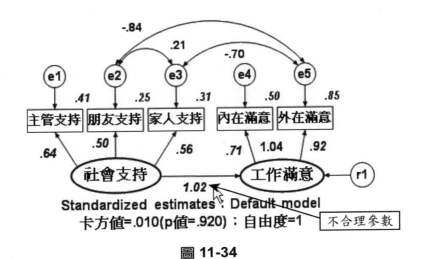

圖 11-34

在標準化估計值模式圖中，可以查看標準化迴歸係數與相關係數的絕對值是否大於1，若是其數值大於1，表示估計的參數為不適當解。外因潛在變項「社會支持」對內因潛在變項「工作滿意」的標準化迴歸係數值為

1.02，造成 R 平方值大於 1.00，導致殘差項 e1 出現負的殘差變異數，此種情形可能模式界定錯誤、變項間多元共線性或樣本數不夠導致。

執行功能列【View】（檢視）／【Text Output】（文件輸出）程序，開啓「Amos Output」（Amos 輸出）對話視窗，在「模式註解」選項中會出現下列文字：

Notes for Model (Group number 1 - Default model)

The following variances are negative. (Group number 1 - Default model)

      r1

   -.686

The following covariance matrix is not positive definite (Group number 1 - Default model)

	e5	e3	e2
e5	1.822		
e3	-5.179	29.845	
e2	-5.668	5.581	24.730

Notes for Group/Model (Group number 1 - Default model)

This solution is not admissible.

在模式註解中先呈現殘差項 r1 的變異數為負數（The following variances are negative.）、之後呈現共變異數矩陣不是正定矩陣（The following covariance matrix is not positive definite.），最後出現所得的參數是不可接受解（This solution is not admissible.）。由於估計參數中出現不適當或不合理的估計值，因而雖然模式的適配度佳，但此因果假設模型仍必須加以進一步修正或重新界定。

第二個重新界定的假設因果模式圖如下：只設定二組誤差項間的共變關係。

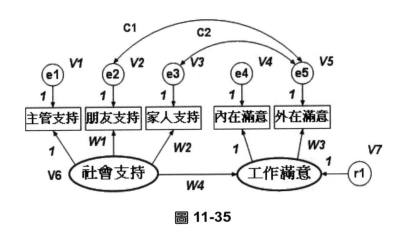

圖 11-35

執行功能列【Analyze】（分析）／【Calculate Estimates】（計算估計值）程序，模式可以估計辨識。標準化估計值之因果模式圖如圖 11-36：

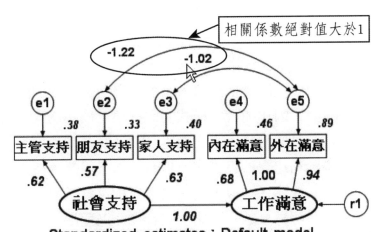

圖 11-36

在標準化因果模式圖中，誤差項e2 與誤差項e5 間的相關係數為-1.22、誤差項e3 與誤差項e5 間的相關係數為-1.02，二組誤差項間的相關係數絕對值均大於 1，表示這二個參數均不是「適當解」（proper solution）。

Notes for Model (Group number 1 - Default model)

The following covariance matrix is not positive definite (Group number 1 - Default model)

	e5	e3	e2
e5	1.269		
e3	-5.860	26.207	
e2	-6.435	.000	22.074

Notes for Group/Model (Group number 1 - Default model)

This solution is not admissible.

由於誤差變項 e2、e3、e5 間的共變異數矩陣並不是正定矩陣,因而參數解值是不可接受解(This solution is not admissible.)。

根據 Amos 提供的修正指標進行模式的修正時,要注意增列的共變關係或路徑係數是否與 SEM 假定相符合,或是否有其實際意義存在。一個理論因果模式,外因潛在變項測量指標與內因潛在變項測量指標所欲測得的潛在特質必須有所差異,因為前者為模式的因變項,後者為模式的果變項,單就測量模式而言,二個測量模式之間應有高度的區別效度,否則因果模式變項無法有效辨別。建立外因潛在變項測量指標誤差項與內因潛在變項測量指標誤差項的共變關係,似乎與理論架構相違背。由於估計的參數出現不合理的解或無法解釋參數,即使模式有良好適配度,其應用性與價值性也不高,原先因果模式必須重新界定。

二、模式 B

◉ (一)初始模式

在模式 B 中將內因變項二個觀察變項的總分相加,即內在滿意層面測量值分數加上外在滿意層面測量值分數,變項名稱設定為「整體工作滿意」,將潛在變項的路徑分析改為混合模式的路徑分析,假設因果模式圖如圖 11-38:

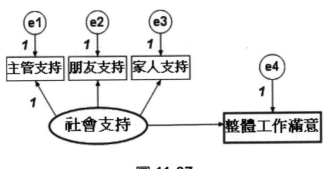

圖 11-37

執行功能列【Analyze】（分析）／【Calculate Estimates】（計算估計值）程序，模式可以估計辨識，標準化估計值之因果模式圖如下，外因變項對內因變項的標準化迴歸係數為.74，其 R 平方等於.55，標準化迴歸係數為正，與原先理論建構相符合。

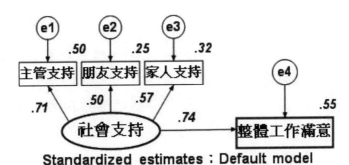

Standardized estimates；Default model
卡方值=32.328(p值=.000)；自由度=2
卡方自由度比值=16.164；RMSEA=.168
AGFI=.849；GFI=.970

圖 11-38

模式的自由度為 2（=10−8），整體模式適配度的卡方值為 32.328，顯著性機率值 p=.000<.05，達.05 顯著水準，拒絕虛無假設，表示假設模型與樣本資料無法契合；RMSEA 值=.168>.080、卡方自由度比值=16.164>3.000、AGFI 值=.849<.900、GFI 值=.970>.900，顯示假設模型的整體適配度欠佳，假設模型的共變數矩陣與樣本資料的共變異數矩陣間的差異達到顯著，二者共變異數矩陣之間的差異顯著的不等於 0，表示模式 B 之初始模式圖無法被接受。

Modification Indices (Group number 1 - Default model)

Covariances: (Group number 1 - Default model)

	M.I.	Par Change
e2↔e4	5.308	-3.605
e2↔e3	26.839	6.673
e1↔e4	4.651	3.708
e1↔e3	4.266	-3.020

Variances: (Group number 1 - Default model)

	M.I.	Par Change

Regression Weights: (Group number 1 - Default model)

	M.I.	Par Change
家人支持←朋友支持	18.809	.189
朋友支持←家人支持	16.260	.137

　　根據 Amos 提供的修正指標值，最大的 M.I.為界定誤差項 e2 與 e3 的共變關係，此種界定大約可以降低卡方值 26.839，增列外因變項間測量模式誤差項的共變關係，沒有違反 SEM 的基本假定，因而誤差項共變路徑可以增列。至於迴歸係數的修正指標中為增列測量指標間的路徑關係，此種修正不符合 SEM 的基本假定，也不符合模式本身的原先的理論架構。

◎ (二)修正模式

　　模式 B 之修正模式中增列「朋友支持」、「家人支持」測量指標誤差間的共變關係，修正的假設模式圖及參數標籤名稱如圖 11-40：

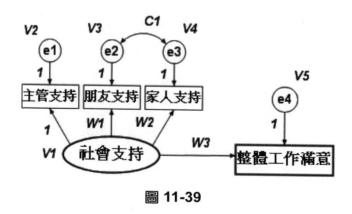

圖 11-39

執行功能列【Analyze】（分析）╱【Calculate Estimates】（計算估計值）程序，模式可以估計辨識。

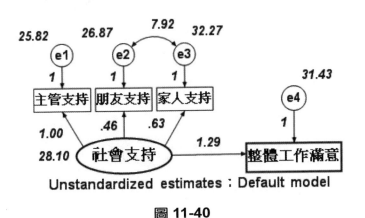

圖 11-40

在非標準化估計值模式圖所有誤差變異數均為正數，沒有出現接近 0 或小於 0 的誤差變異量。

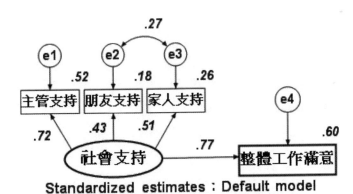

圖 11-41

在標準化估計值模式圖所有標準化迴歸係數或相關係數的絕對值均小於 1，沒有出現不合理的參數，外因潛在變項「社會支持」對內因變項「整體工作滿意」的標準化迴歸係數為.77，R 平方為.60。假設修正因果模式圖中，假定誤差項間並非相互獨立，依據修正指標，增列一組測量指標誤差項間之共變關係，最後呈現模式中沒有修正指標值大於 4.00 者、標準化殘

785

差共變異數矩陣中殘差值絕對值均小於 1.96。模式檢定結果，模式的自由度等於 1（=10－9）、整體模式適配度的卡方值為.753，顯著性機率值 p=.386 >.05，未達.05 顯著水準，接受虛無假設，表示假設模型與樣本資料可以契合，卡方自由度比值=.753<3.000、RMSEA 值=.000<.080、AGFI 值=.993>.900、GFI 值=.999>.900，均達模式適配標準，表示模式 B 之修正因果模式圖可以被接受。

11-4 樣本大小與適配度卡方值

在教師投入、支持系統、班級效能的假設因果模式的探究中，外因變項為「支持系統」、內因變項為「班級效能」、中介變項為「教師投入」，研究者認為支持系統愈多，班級效能的成效愈佳；教師投入愈積極，班級的支持系統會愈多、班級的效能也會愈好。潛在變項「支持系統」三個測量指標變項為「行政支持」、「家長支持」、「校長支持」，潛在變項「班級效能」三個測量指標變項為「同儕互動」、「學習成效」、「常規遵守」，七個觀察變項的共變數矩陣如下。

表 11-7

rowtype_	varname_	同儕互動	學習成效	常規遵守	行政支持	家長支持	校長支持	教師投入
n		100.00	100.00	100.00	100.00	100.00	100.00	100.00
cov	同儕互動	1.46	.	.	.	.	.	.
cov	學習成效	1.87	3.65	.	.	.	.	.
cov	常規遵守	1.93	2.94	4.20	.	.	.	.
cov	行政支持	0.79	1.36	1.57	3.50	.	.	.
cov	家長支持	1.03	1.71	1.87	2.54	4.12	.	.
cov	校長支持	1.00	1.65	1.95	2.72	2.91	4.45	.
cov	教師投入	1.04	1.70	1.82	1.52	1.96	1.72	6.45
mean		2.91	3.25	3.15	2.98	3.79	1.98	3.84

不同樣本數之標準化估計值模式圖如下。

一、樣本數 N 為 100

模式檢定結果，模式的自由度等於 12（=28−16）、整體模式適配度的卡方值為 4.370，顯著性機率值p=.976>.05，未達.05 顯著水準，接受虛無假設，表示假設模型與樣本資料可以契合，卡方自由度比值=.364<3.000、RMSEA 值=.000<.080、AGFI 值=.971>.900、GFI 值=.987>.900，均達模式適配標準，表示假設因果模式圖可以被接受。

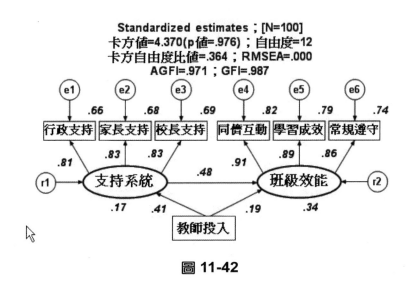

圖 11-42

二、樣本數 N 為 300

模式檢定結果，模式的自由度等於 12（=28−16）、整體模式適配度的卡方值為 13.199，顯著性機率值 p=.355>.05，未達.05 顯著水準，接受虛無假設，表示假設模型與樣本資料可以契合，卡方自由度比值=1.100<3.000、RMSEA 值=.018<.080、AGFI 值=.971>.900、GFI 值=.987>.900，均達模式適配標準，表示假設因果模式圖可以被接受。

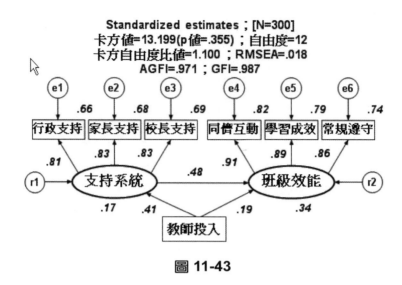

圖 11-43

三、樣本數 N 為 500

模式檢定結果，模式的自由度等於 12（=28-16）、整體模式適配度的卡方值為 22.028，顯著性機率值 p=.037<.05，達.05 顯著水準，拒絕虛無假設，表示假設模型與樣本資料不能契合；卡方自由度比值=1.836<3.000、RMSEA 值=.041<.080、AGFI 值=.971>.900、GFI 值=.987>.900、TLI 值=.991>.900、CN 值=477>200，均達模式適配標準，表示假設因果模式圖可以被接受。

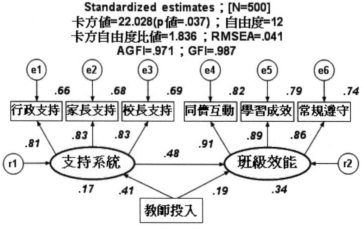

圖 11-44

四、樣本數 N 為 700

模式檢定結果，模式的自由度等於 12（=28－16）、整體模式適配度的卡方值為 30.856，顯著性機率值 p=.002<.05，達.05 顯著水準，拒絕虛無假設，表示假設模型與樣本資料不能契合；卡方自由度比值=2.571<3.000、RMSEA 值=.047<.080、AGFI 值=.971>.900、GFI 值=.987>.900、TLI 值=.988>.900、CN 值=477>200，均達模式適配標準，表示假設因果模式圖可以被接受。

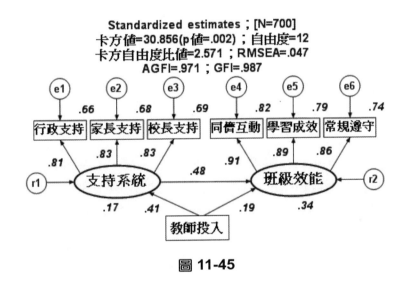

圖 11-45

五、樣本數 N 為 900

模式檢定結果，模式的自由度等於 12（=28－16）、整體模式適配度的卡方值為 39.685，顯著性機率值 p=.000<.05，達.05 顯著水準，拒絕虛無假設，表示假設模型與樣本資料不能契合，卡方自由度比值=3.307>3.000，未達模式適配標準；RMSEA 值=.051<.080、AGFI 值=.971>.900、GFI 值=.987>.900、TLI 值=.987>.900、CFI 值=.992>.900、NFI 值=.989>.900、CN 值=477>200，均達模式適配標準，表示假設因果模式圖可以被接受。

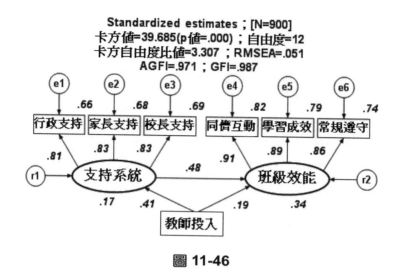

圖 11-46

六、樣本數 N 為 1100

　　模式檢定結果，模式的自由度等於 12（=28−16）、整體模式適配度的卡方值為 48.514，顯著性機率值 p=.000<.05，達.05 顯著水準，拒絕虛無假設，表示假設模型與樣本資料不能契合，卡方自由度比值=4.403>3.000，未達模式適配標準；RMSEA 值=.053<.080、AGFI 值=.971>.900、GFI 值=.987>.900、TLI 值=.986>.900、CFI 值=.992>.900、NFI 值=.989>.900、CN 值=477>200，均達模式適配標準，表示假設因果模式圖可以被接受。

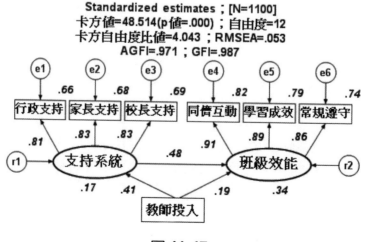

圖 11-47

七、樣本數 N 為 1500

模式檢定結果，模式的自由度等於 12（=28−16）、整體模式適配度的卡方值為 66.171，顯著性機率值 p=.000<.05，達.05 顯著水準，拒絕虛無假設，表示假設模型與樣本資料不能契合，卡方自由度比值=5.514>3.000，未達模式適配標準；RMSEA 值=.055<.080、AGFI 值=.971>.900、GFI 值=.987>.900、TLI 值=.984>.900、CFI 值=.991>.900、NFI 值=.989>.900、CN 值=477>200，均達模式適配標準，表示假設因果模式圖可以被接受。

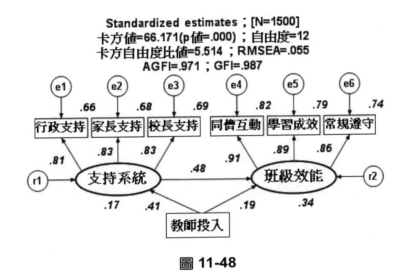

圖 11-48

八、樣本數 N 為 2000

模式檢定結果，模式的自由度等於 12（=28−16）、整體模式適配度的卡方值為 88.243，顯著性機率值 p=.000<.05，達.05 顯著水準，拒絕虛無假設，表示假設模型與樣本資料不能契合，卡方自由度比值=7.354>3.000，未達模式適配標準；RMSEA 值=.056<.080、AGFI 值=.971>.900、GFI 值=.987>.900、TLI 值=.984>.900、CFI 值=.991>.900、NFI 值=.989>.900、CN 值=477>200，均達模式適配標準，表示假設因果模式圖可以被接受。

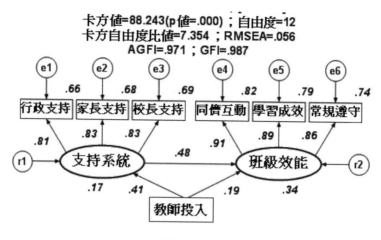

圖 11-49

　　卡方值即最小差異函數（discrepancy function）＝$\hat{C}$＝χ^2＝CMIN，卡方值的大小易受樣本數多寡而波動，當樣本數愈大時，即使隱含的共變異數矩陣（假設模型導出的共變異數矩陣）與樣本資料共變異數矩陣差異很小時，卡方值也會變得很大，造成顯著性機率值 p 變得很小，導致容易拒絕虛無假設的結果：假設模型與樣本資料無法適配。由上述的範例可以得知，相同的樣本資料共變異數矩陣所估計的標準化的個別參數數據均相同，「支持系統」三個測量指標的因素負荷量分別為.81、.83、83，「班級效能」三個測量指標的因素負荷量分別為.91、.89、86，六個因素負荷量均大於.71；六個測量指標個別變項的信度係數分別為.66、68、69、.82、.79、.74，均大於.50，「教師投入」中介變項對「支持系統」、「班級效能」的標準化迴歸係數分別為.41、.19、潛在外因變項「支持系統」對內因潛在變項「班級效能」的直接效果值為.48，「教師投入」中介變項對「支持系統」的解釋變異為 17.1%，「教師投入」中介變項與潛在外因變項「支持系統」對內因潛在變項「班級效能」的解釋變異為 34.2%，所有估計的參數均達.05 顯著水準。

　　當樣本觀察值愈大時，卡方值愈大，由於假設模型有相同的自由度（＝12），因而卡方自由度比值也會變得愈大，此時整體模式適配度的判別不應只以卡方值或卡方自由度比值二個指標作為判斷準則，其餘適配度的指標也是重要判別標準。由範例中可知，當樣本數變為原來 20 倍時（N=2000）時，RFI 值、CFI 值、NFI 值、TLI 值、IFI 值、GFI 值、AGFI

值、RMSEA 值、CN 值等其他指標波動性較小，因而在 SEM 假設模型的適配度評估中，分析的樣本數如果較大，整體模式適配度的判別方面應參考 Amos 提供的九大類模式適配度指標進行綜合判斷，而不要只以 CMIN 值作為唯一判斷的依據。

將上述以相同共變異數矩陣，而取樣人數不同所得之適配度統計量整理成摘要表 11-8：

表 11-8

統計量 N	N=100	N=300	N=500	N=700	N=900	N=1100	N=1500	N=2000
CMIN	4.370	13.199	22.028	30.856	39.685	48.514	66.171	88.243
CMIN/DF	.364	1.100	1.836	2.571	3.307	4.043	5.514	7.354
RMR	.089	.090	.090	.090	.090	.090	.090	.090
GFI	.987	.987	.987	.987	.987	.987	.987	.987
AGFI	.971	.971	.971	.971	.971	.971	.971	.971
TLI	1.035	.998	.991	.988	.987	.986	.984	.984
CFI	1.000	.999	.995	.993	.992	.992	.991	.991
PNFI	.565	.565	.565	.565	.565	.565	.565	.565
PCFI	.571	.571	.569	.568	.567	.567	.566	.566
NCP	.000	1.199	10.028	18.856	27.685	36.514	54.171	76.243
FMIN	.044	.044	.044	.044	.044	.044	.044	.044
RMSEA	.000	.018	.041	.047	.051	.053	.055	.056
AIC	36.370	45.199	54.028	62.856	71.685	80.514	98.171	120.243
ECVI	.367	.151	.108	.090	.080	.073	.065	.060
HOELTER	.477	.477	.477	.477	.477	.477	.477	.477

CHAPTER

12

典型相關分析與結構方程模式關係

　　典型相關分析（canonical correlation analysis；簡稱CCA）為多變量統計方法之一，它包含了母數統計法與無母數統計法（卡方分析），其他母數統計法均為典型相關分析的特例。典型相關分析的目的在找出第一組變項（X組變數）的線性組合／典型分數與第二組變項（Y組變數）的線性組合／典型分數，使得這二個線性組合間（典型變量間）的簡單相關達到最大。典型相關分析最好符合以下統計假定：常態性（normality）、直線性（linearity）、變異數同質性。多變量常態性的假定為所有變項和所有變項的線性結合是常態分配；直線性的假定對典型相關分析而言其重要性有二，一為相關或變異數共變數矩陣的分析反映的是直線關係，如果變項間不是線性關係，則無法藉統計量來估計；二為典型相關在於求出第一組變量與第二組變量最大化的線性關係，若是變量的關係為非線性關聯，典型分析會遺漏成對典型變量間非線性成份關係（*Tabachnick &Fidell, 2007*）。若以結構方程模式分析觀點而言，則典型相關分析為結構方程模式的一個特例，SEM優於 CCA 之處有二：一為 SEM 可對加權係數、結構係數與跨典型負荷係數作顯著性的檢定；二為 SEM 可對每一個典型相關係數作顯著性之考驗，其方法較 CCA 之檢定方法更為嚴謹（*Fan, 1997*）。

　　Bagozzi 等人（*1981*）將 CCA 以 SEM 的方式來表示，不僅可達成原來 CCA 之目的，且 SEM 更提供二項優點，此二項優點為 CCA 所沒有的，其一為可對典型加權係數與跨典型負荷係數作顯著性的考驗；其二是可對每一個典型相關係數逐一作顯著性的考驗（*Dawson, 1998*）。這二個特性詳細的意涵如下，就加權係數與跨典型負荷係數顯著性之檢定而言，SEM 提供了 X 組變項與 Y 組變項在各個典型變項上的參數：如(1)未標準化之加權係數與跨典型負荷係數、(2)該估計參數之標準誤、(3)該估計係數顯著性考驗的臨界比值（C.R.）值，這三項數據使研究者易於了解那一個變項之何種係數達到顯著水準。再者，以往在進行 CCA 時，若只有第一個典型相關係數顯著，則研究者會從 X 組變項中選擇結構係數或加權係數較大者，認為其對第一個典型相關較有貢獻，研究者若只以標準化加權係數值之大小來決定變項的重要性，似乎是不妥當的，因為有可能變項的加權係數大，但其標準誤亦大，則顯著性考驗的 t 值會變小，而未達顯著；相反的，有些變項的加權係數較小，但其標準誤也很小，則顯著性考驗的 t 值反而會變大，

因而研究者除考慮 X 組變項的加權係數外，也應考量到變項標準誤的大小（*Fan, 1997*；傅粹馨，民 *91*）。

　　其次，SEM 比 CCA 略勝一籌的第二個特性為 SEM 能為每一個典型相關係數進行顯著性的檢定，不若 CCA 中將數個典型相關係數當成一組而進行所謂的次序性檢定（sequentially testing）。例如在 CCA 中，若得到三個典型相關係數，則執行第三個概似比率（likelihood ratio）的檢定，第一個檢定之零假設（虛無假設）為所有的典型相關皆為 0，第二個檢定之零假設為第二個與第三個典型相關皆為 0，第三個檢定之零假設為第三個典型相關為 0。若第一、第二個檢定均達統計上的顯著水準（p<.05），而第三個檢定未達統計上的顯著水準（p>.05），則我們可以說第一、第二典型相關係數達到顯著水準，而第三個典型相關係數則否，這似乎是研究者對每一個典型相關係數進行檢定，然而事實上並非如此。嚴格來講，只有第三個典型相關係數之檢定是道地的個別參數考驗，而前面的二個檢定並非個別典型相關係數的檢定，此種情況就理論而言，可能第二個典型相關係數本身並未顯著，因它與第三個典型相關係數結合後，而達到顯著水準，是否有這種可能，在 CCA 之情況下是無法得知，但若是採用 SEM，則可以對每個典型相關係數進行個別顯著性的檢定，此種檢定即是：第一個虛無假設為第一個典型相關係數為 0、第二個虛無假設為第二個典型相關係數為 0、第三個虛無假設為第三個典型相關係數為 0、此種檢定可以藉由 SEM 模型分析中的「巢狀模式」（nested model）來達成（*Fan, 1997*；傅粹馨，民 *91*）。在 Amos 的分析中，除可對二組變數之加權係數、結構係數與跨典型負荷係數進行顯著性的考驗外，也可以直接進行各對典型變量間相關係數的顯著性考驗，此外，也可以求出各參數標準誤的大小。

　　事實上，典型相關分析是 SEM 的一個特例，相關學者證明典型相關可以以 SEM 表示，此種模式稱為「多指標多因果模式」（multiple indicators / multiple cause；簡稱為 MIMIC 模式），MIMIC 模式的特性在於同時具有因的指標（cause indicators）與果的指標（effect indicators），因的指標在 SEM 中即為外因潛在變項的測量指標變項、果的指標為內因潛在變項的測量指標變項。在典型相關分析中，典型因素是各組觀察變項之線性組合，不含誤差項，因而作為內因潛在變項者（η_1、η_2、……），其誤差項的變異均為 0。

以一個有三個預測變項的 X 組變數（X1、X2、X3）、三個準則變項的 Y 組變數（Y1、Y2、Y3）之典型相關而言，其第一個典型變項的 MIMIC 模式圖如圖 12-1。MIMIC 模式除可出 X 組變數（預測變項）與 Y 組變數（準則變項）在各典型變量（canonical variates）的徑路係數、結構係數與跨典型負荷係數外，也可以進行參數估計值的顯著性考驗：

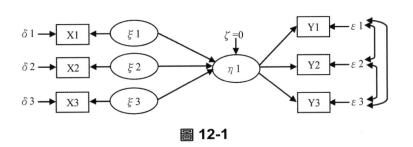

圖 12-1

由於典型相關是屬對稱性（symmetrical）關係，因而將 Y 組變數改為預測變項、X 組變數改為準則變項，MIMIC 模式估計之自由度、卡方值是相同的。在求出 X 組變數與 Y 變數在第一個典型變量上之加權係數、結構係數、跨典型負荷係數值後，可以利用輸出數據中非標準化之路徑係數作為固定參數值，求出 X 組變數與 Y 變數在第二個典型變量上的加權係數、結構係數、跨典型負荷係數值。其 MIMIC 假設模式圖如圖 12-2（模式圖中的虛線為固定參數，實線為待估計的自由參數）：

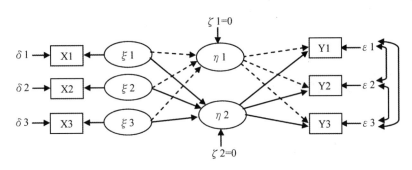

圖 12-2

求出 X 組變數與 Y 變數在第一個典型變量、第二個典型變量上的加權係數、結構係數、跨典型負荷係數值後，可以利用輸出數據中非標準化之路徑係數作為固定參數值，再求出 X 組變數與 Y 變數在第三個典型變量上的加權係數、結構係數、跨典型負荷係數值。其 MIMIC 假設模式圖如圖

12-3（模式圖中的虛線爲固定參數，實線爲待估計的自由參數）：

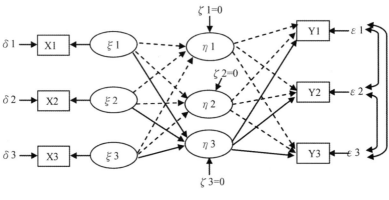

圖 12-3

【研究問題】

假設第一組變項（X 組變數）有四個變數：X1、X2、X3、X4，第二組變項（Y組變數）有三個變數Y1、Y2、Y3，則典型變量（canonical variate）或典型變項（canonical variable）最多有三組（χ_1&η_1、χ_1&η_2、χ_3&η_3），其中第一組典型變項間的相關最大、第二組次之、第三組最小，非同一組的典型變量間的相關爲 0，如χ_1&η_2、χ_1&η_3、χ_2&η_1、χ_2&η_3、χ_3&η_1、χ_3&η_2（有效樣本觀察值有 556 位）。

12-1 典型相關分析

一、CANCORR 語法指令

　　求 X 組變數與 Y 組變數間的典型相關，可使用 SPSS 之「CANCORR」語法指令。

```
include file 'c:\program files\spss\canonical correlation.sps'.
CANCORR set1=X1 X2 X3 X4/
         set2=Y1 Y2 Y3/.
```

二、典型相關分析結果

Correlations for Set-1

	X1	X2	X3	X4
X1	1.0000	.7778	.7539	.7077
X2	.7778	1.0000	.8492	.7768
X3	.7539	.8492	1.0000	.7986
X4	.7077	.7768	.7986	1.0000

【說明】：為第一組變項（X組變數）間之積差相關矩陣。

Correlations for Set-2

	Y1	Y2	Y3
Y1	1.000	.7547	.7237
Y2	.7547	1.0000	.8373
Y3	.7237	.8373	1.0000

【說明】：為第二組變項（Y組變數）間之積差相關矩陣。

Correlations Between Set-1 and Set-2

	Y1	Y2	Y3
X1	.4485	.5062	.4828
X2	.4442	.5133	.5337
X3	.5388	.6079	.5902
X4	.5237	.6080	.5406

【說明】：為第一組變項（X組變數）與第二組變項（Y組變數）間之積差相關矩陣，
四個X變數與三個Y變數間呈現中度正相關。

Canonical Correlations

1	.661
2	.233
3	.045

Test that remaining correlations are zero:

	Wilk's	Chi-SQ	DF	Sig.
1	.531	348.543	12.000	.000
2	.994	31.960	31.960	.000
3	.998	1.130	1.130	.568

【說明】：典型相關分析中之典型相關係數及其顯著性檢定。由於 X 組變數有四個變項、Y 組變數有三個變項，因而典型相關係數最多有三個。樣本在第一組典型函數 χ_1 與 η_1 間的典型相關等於 .661（ρ_1），在第二組典型函數 χ_2 與 η_2 間的典型相關等於 .233（ρ_2），在第三組典型函數 χ_3 與 η_3 間的典型相關等於 .045（ρ_3）。典型函數的顯著性檢定結果，三個典型相關係數顯著性考驗 Wilk's λ 值分別爲 .531（p=.000<.05）、.944（p=.000<.05）、.998（p=.568<.05），其中第一個典型相關與第二個典型相關係數均達顯著水準。典型相關係數的平方爲典型變量爲另一個相對應典型變量解釋的變異，即二個典型變量共有的變異數，典型相關係數的平方又稱爲特徵值（eigenvalues）或典型根值（canonical roots）。

Standardized Canonical Coefficients for Set-1

	1	2	3
X1	-.118	-.352	-.701
X2	.230	1.703	1.229
X3	-.656	.069	-1.582
X4	-.503	-1.252	1.142

【說明】：第一組變項（X 組變數）之標準化典型係數（standardized canonical coefficients），此係數又稱爲典型加權係數（canonical weight/ canonical coefficient / function coefficient），典型加權係數的絕對值可能大於 1。典型加權係數表示該組變數對所屬典型變項／典型變量（canonical variable/canonical variate）的貢獻程度，典型加權係數值的絕對值愈大，其對所屬典型變項的影響愈大。

Raw Canonical Coefficients for Set-1

	1	2	3
X1	-.047	-.141	-.282
X2	.056	.394	.284
X3	-.274	.029	-.661
X4	-.122	-.303	.276

【說明】：第一組變項（X 組變數）之原始典型係數，原始典型係數值乘上相對應變項的標準差等於標準化典型係數值。

Standardized Canonical Coefficients for Set-2

	1	2	3
Y1	-.240	-.425	-1.499
Y2	-.637	-1.355	1.311
Y3	-.191	1.882	.006

【說明】：第二組變項（Y 組變數）之典型加權係數（標準化典型係數）。

Raw Canonical Coefficients for Set-2

	1	2	3
Y1	-.079	-.139	-.491
Y2	-.152	-.322	.312
Y3	-.046	.454	.001

【說明】：第二組變項（Y 組變數）之原始典型係數。

　　根據原始或標準化的典型加權係數可以求出每位受試者三對典型分數或線性組合分數，以原始加權係數為例，每位受試者三對典型分數如下：

KSI1 = X1 * (-.047) + X2 * (.056) + X3 * (-.274) + X4 * (-.122).

ETA1 = Y1 * (-.079) + Y2 * (-.152) + Y3 * (-.046).

KSI2 = X1 * (-.141) + X2 * (.394) + X3 * (.029) + X4 * (-.303).

ETA2 = Y1 * (-.139) + Y2 * (-.322) + Y3 * (.454).

KSI3 = X1 * (-.282) + X2 * (.284) + X3 * (-.661) + X4 * (.276).

ETA3 = Y1 * (-.491) + Y2 * (.312) +Y3 * (.001).

上述六個變數執行 SPSS 功能列【轉換(T)】／【計算(C)】程序，開啓「計算變數」對話視窗可以求出每位受試者三對線性組合分數。其語法檔如下：

```
COMPUTE KSI1 = X1 * (-.047) + X2 * (.056) + X3 * (-.274) + X4 * (-.122).
COMPUTE ETA1 = Y1 * (-.079) + Y2 * (-.152) + Y3 * (-.046).
COMPUTE KSI2 = X1 * (-.141) + X2 * (.394) + X3 * (.029) + X4 * (-.303).
COMPUTE ETA2 = Y1 * (-.139) + Y2 * (-.322) + Y3 * (.454).
COMPUTE KSI3 = X1 * (-.282) + X2 * (.284) + X3 * (-.661) + X4 * (.276).
COMPUTE ETA3 = Y1 * (-.491) + Y2 * (.312) + Y3 * (.001).
EXECUTE .
```

執行 SPSS 功能列【分析(A)】／【相關(C)】／【雙變數(B)】程序，開啓「雙變數相關分析」對話視窗，求出六個典型變量間的相關。KSI1 與 ETA1 的相關係數爲.661（p=.000<.05）、KSI2 與 ETA2 的相關係數爲.233（p=.000<.05）、KSI3 與 ETA3 的相關係數爲.045（p=.287>.05），第一個、第二個典型相關係數達到.05 顯著水準，第三個典型相關係數則未達到.05 顯著水準，未相對應的典型變量的相關係數均顯著的等於 0。

表 12-1　典型變量的相關矩陣

		KSI1	ETA1	KSI2	ETA2	KSI3	ETA3
KSI1	Pearson 相關	1	.661(**)	-.001	-.003	.002	.001
	顯著性（雙尾）		.000	.976	.953	.971	.984
	個數	556	556	556	556	556	556
ETA1	Pearson 相關	.661	1	-.001	-.004	.002	.002
	顯著性（雙尾）	.000		.984	.932	.970	.971
	個數	556	556	556	556	556	556
KSI2	Pearson 相關	-.001	-.001	1	.233	-.001	.000
	顯著性（雙尾）	.976	.984		.000	.988	.997
	個數	556	556	556	556	556	556
ETA2	Pearson 相關	-.003	-.004	.233	1	.000	-.001
	顯著性（雙尾）	.953	.932	.000		.998	.987
	個數	556	556	556	556	556	556
KSI3	Pearson 相關	.002	.002	-.001	.000	1	.045
	顯著性（雙尾）	.971	.970	.988	.998		.287
	個數	556	556	556	556	556	556
ETA3	Pearson 相關	.001	.002	.000	-.001	.045	1
	顯著性（雙尾）	.984	.971	.997	.987	.287	
	個數	556	556	556	556	556	556

```
Canonical Loadings for Set-1

        1       2       3
X1    -.790    .138   -.130
X2    -.810    .515    .227
X3    -.952    .250   -.155
X4    -.932   -.123    .337
```

【説明】：第一組變項（X 組變數）之典型負荷量（canonical loading），典型負荷量又稱爲典型結構係數（canonical structure coefficient/ canonical structure loading），典型負荷量爲 X 組變數（第一組變數）與其典型變項χ間的相關或 Y 組變數（第二組變數）與其典型變項η間的相關，典型結構係數性質與相關係數類似，其絕對值最大爲 1。典型結構係數是 X 組變數（第一組變數）各變項的 Z 分數與其所屬典型變量χ間的相關係數，或 Y 組變數（第二組變數）各變項的 Z 分數與其所屬典型變量η間的相關係數，由於其數值爲相關係數，因而其數值最小值爲-1、最大值爲+1。

Cross Loadings for Set-1

	1	2	3
X1	-.522	.032	-.006
X2	-.535	.120	.010
X3	-.629	.058	-.007
X4	-.616	-.029	.015

【說明】：第一組變項（X 組變數）之跨典型負荷量（cross loading），跨典型負荷量又稱為「Index 係數」或跨結構係數（cross-structure correlation），跨典型負荷量為 X 組變數（第一組變數）與另一組相對應典型變項η間的相關或 Y 組變數（第二組變數）與另一組相對應典型變項χ間的相關。

Canonical Loadings for Set-2

	1	2	3
Y1	-.859	-.085	-.505
Y2	-.978	-.100	.185
Y3	-.898	.440	.019

【說明】：第二組變項（Y組變數）之典型負荷量（典型結構係數），為Y組變數（第二組變數）與其典型變項η₁、η₂、η₃間的相關。

Cross Loadings for Set-2

	1	2	3
Y1	-.568	-.020	-.023
Y2	-.646	-.023	.008
Y3	-.593	.103	.001

【說明】：第二組變項（Y 組變數）之跨典型負荷量，為 Y 組變數（第二組變數）與其相對應典型變項χ₁、χ₂、χ₃間的相關。

Redundancy Analysis:

Proportion of Variance of Set-1 Explained by Its Own Can. Var.

	Prop Var
CV1-1	.763
CV1-2	.091
CV1-3	.051

Proportion of Variance of Set-1 Explained by Opposite Can. Var.

	Prop Var
CV2-1	.334
CV2-2	.005
CV2-3	.000

【説明】：第一組變項（X 組變數）被其典型變項χ_1、χ_2、χ_3解釋的百分比，其解釋變異分別爲 76.3%、9.1%、5.1%；第一組變項（X 組變數）被其相對應典型變項η_1、η_2、η_3解釋的百分比，此數值又稱爲重疊係數（redundancy coefficient），其解釋變異分別爲 33.4%、0.5%、0.0%。

Proportion of Variance of Set-2 Explained by Its Own Can. Var.

	Prop Var
CV2-1	.833
CV2-2	.070
CV2-3	.097

Proportion of Variance of Set-2 Explained by Opposite Can. Var.

	Prop Var
CV1-1	.364
CV1-2	.004
CV1-3	.000

【説明】：第二組變項（Y組變數）被其典型變項η_1、η_2、η_3解釋的百分比，其解釋變異分別爲 83.3%、7.0%、9.7%；第二組變項（Y 組變數）被其相對應典型變項χ_1、χ_2、χ_3解釋的百分比，此數值爲重疊係數，其解釋變異分別爲 36.4%、0.4%、0.0%。

根據結構係數可以求出 adequacy 係數與重疊係數，adequacy 係數爲某一組變數在典型變量的結構係數之平方和再除以變項數，如第二組變項（Y 組變數）在第一個典型變量的結構係數分別爲-.859、-.978、-.898，Y 組變數

在第一個典型變量的 adequacy 係數 $= \dfrac{(-.859)^2+(-.978)^2+(-.898)^2}{3} = 0.8336$，此係數表示典型變量 η_1 自 Y1、Y2、Y3 三個變項中所抽出的變異數占三個變項總變異數的 83.36%，重疊係數為 adequacy 係數乘上相應的典型相關係數的平方，Y 組變項在第一個典型變量的重疊係數 $= .8336 \times .661^2 = .8336 \times .4369 = .3642$。

表 12-2　典型相關分析結果摘要表

	第一個典型變項 χ_1				第二個典型變項 χ_2				第三個典型變項 χ_3			
	原始典型係數	加權係數	結構係數	跨負荷係數	原始典型係數	加權係數	結構係數	跨負荷係數	原始典型係數	加權係數	結構係數	跨負荷係數
X1	-.047	-.118	-.790	-.522	-.141	-.352	.138	.032	-.282	-.701	-.130	-.006
X2	.053	.230	-.810	-.535	.394	1.703	.515	.120	.284	1.229	.227	.010
X3	-.274	-.656	-.952	-.629	.029	.069	.250	.058	-.661	-1.582	-.155	-.007
X4	-.122	-.503	-.932	-.616	-.303	-1.252	-.123	-.029	.276	1.142	.337	.015
重疊係數	.334				.005				.000			
抽出變異數百分比	.763				.091				.051			
	第一個典型變項 η_1				第二個典型變項 η_2				第三個典型變項 η_3			
	原始典型係數	加權係數	結構係數	跨負荷係數	原始典型係數	加權係數	結構係數	跨負荷係數	原始典型係數	加權係數	結構係數	跨負荷係數
Y1	-.079	-.240	-.859	-.568	-.139	-.425	-.085	-.020	-.491	-1.499	-.505	-.023
Y2	-.152	-.637	-.978	-.646	-.322	-1.355	-.100	-.023	.312	1.311	.185	.008
Y3	-.046	-.191	-.898	-.593	.454	1.882	.440	.103	.001	.006	.019	.001
重疊係數	.364				.004				.000			
抽出變異數百分比	.833				.070				.097			
$\rho_1 = .661^{***}$; $\rho_1^2 = .437$				$\rho_2 = .233^{***}$; $\rho_2^2 = .054$				$\rho_3 = .045$ n.s. ; $\rho_3^2 = .002$				

12-2　SEM 執行程序

一、第一個典型變項

（一）第一組變項（X 組變數）作為外因潛在變項的指標變項

第一組變項（X組變數）為預測變項（因的指標）、第二組變項（Y組

Structural Equation Modeling-Amos Operation and Application

變數）為效標變項（果的變項），在典型相關分析中，由於典型因素是觀察變項的線性組合，不含殘差項（residual term），因而內因潛在變項ETA1的殘差變異要設為0。圖12-4為採用混合模式的徑路分析圖，執行【Analyze】（分析）／【Calculate Estimates】（計算估計值）程序，模式可以收斂辨識，標準化估計值之模式圖如圖12-5，模式的自由度為6、卡方值為32.192。

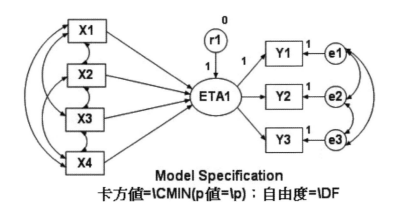

Model Specification
卡方值=\CMIN(p值=\p)；自由度=\DF

圖 12-4

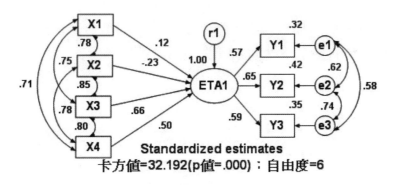

Standardized estimates
卡方值=32.192(p值=.000)；自由度=6

圖 12-5

將上述混合模式的徑路分析改為潛在變項的路徑分析（path analysis with latent variables；PA_LV），PA_LV 模式即為完整的 SEM 模式，此模式即上述之MIMIC 模式。在假設模式中，四個外因潛在變項為 KSI1、KSI2、KSI3、KSI4，第一組四個變數 X1、X2、X3、X4 分別為上述四個外因潛在變項的指標變項，四個外因潛在變項的指標變項均只有一個，表示測量指標變項可以完全由其相對應的潛在變項來預測，觀察變項的誤差變異為 0；結構模

式中作爲內因潛在變項者，其殘差項（disturbance）的變異也要設定爲 0，因爲典型變項正好是觀察變項的線性組合。內因潛在變項（ETA1）三個觀察變項爲第二組變項（Y 組變數），PA_LV 假設模式圖如下。

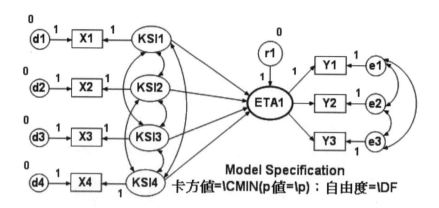

圖 12-6

圖 12-6 假設模式圖可以收斂估計，模式的自由度爲 6、模式卡方值爲 32.192，其標準化估計值模式圖的參數和採用混合模式之路徑分析假設模式圖估計結果完全相同，標準化估計值的模式圖如圖 12-7，標準化估計值中可以求得預測變項的加權係數、準則變項的跨典型負荷係數（預測變項的結構係數可由所有變項隱含的共變數矩陣中求得）。

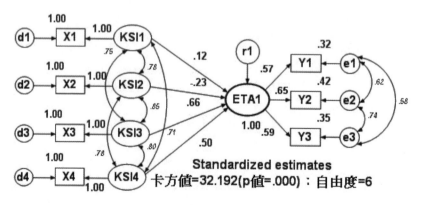

圖 12-7

非標準化估計值模式圖如下，非標準化估計值的參數數據可進一步求出第二個典型相關加權係數、結構係數、跨典型負荷係數，其作用爲假設模式圖中部分路徑的固定參數值。

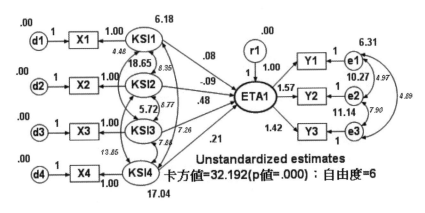

圖 12-8

要呈現標準化估計值與所有變項隱含的共變異數矩陣數據，在文字輸出格式中按【Analysis Properties】（分析屬性）圖像鈕，開啟「Analysis Properties」（分析屬性）對話視窗，切換到「Output」（結果輸出）標籤頁，勾選「☑Standardized estimates」（標準化估計值）、「☑All implied moments」（所有隱含變項的共變異數矩陣）選項，其餘選項則自由勾選。

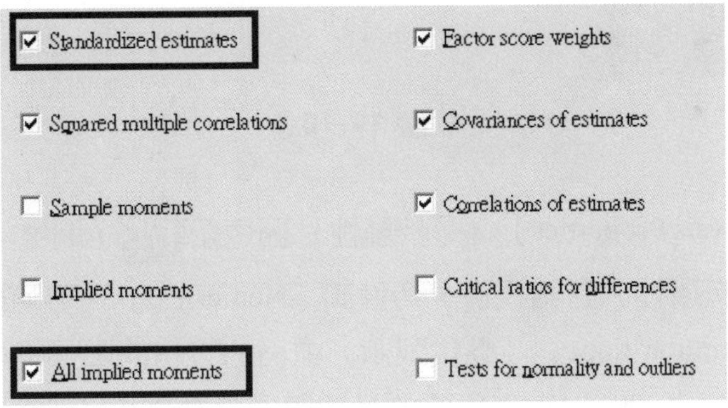

圖 12-9

在 Amos 模式估計中，有時按下【Calculate estimates】（計算估計值）圖像鈕後，在「Computation summary」（計算摘要表）中會出現卡方值，但「View the output path diagram」（檢視輸出徑路圖）圖像鈕一樣呈灰色，表示無法呈現標準化或非標準化估計值模式圖，此時在輸出文件之「Notes of Model」（模式註解）選項中會呈現下列提示文字：「參數估計時，由於已經達到疊代限制上限，因而卡方值及各參數估計結果可能不正確。」

此時的解決之道，就是調整疊代限制的數字，將疊代限制的上限次數變大。

Result (Default model)

Iteration limit reached

The results that follow are therefore incorrect.

Chi-square = 11.448

Degrees of freedom = 6

Probability level = .075

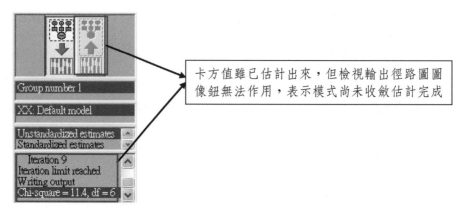

卡方值雖已估計出來，但檢視輸出徑路圖圖像鈕無法作用，表示模式尚未收斂估計完成

圖 12-10

　　按【Analysis Properties】（分析屬性）圖像鈕，開啟「Analysis Properties」（分析屬性）對話視窗，切換到「Nemerical」（數值的格式）標籤頁，更改「Iteration limit」（疊代限制）前面的方格的數字，範例中為更改疊代限制次數為 1000（Amos 內定的疊代限制次數為 50）。

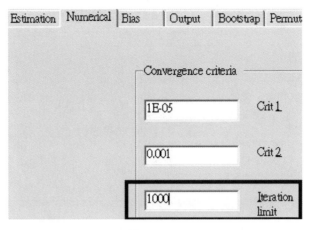

圖 12-11

表 12-3　標準化路徑係數

	Estimate
ETA ←1KSI1	.118
ETA ←1KSI2	-.230
ETA ←1KSI3	.656
ETA ←1KSI4	.503
Y1 ←ETA1	.568
Y2 ←ETA1	.646
Y3 ←ETA1	.593

　　在標準化迴歸係數中，四個外因潛在變項對內因潛在變項的徑路係數值.118、-.230、.656、.503，此數值為 X 組變項在第一個典型變項上的加權係數（絕對值數值相同，正負號相反）。最後三列的數值為第二組變項（Y 組變數）在第一個典型變項上的跨典型負荷量，其數值分別為.568、.646、.593，和 CCA 結果之數值絕對值相同，正負號相反。SEM 求出的數據與 CCA 的部分係數之正負號相反，乃是採用 SEM 方法會產生「反映」（reflecting）現象。

表 12-4　　Regression Weights

	Estimate	S.E.	C.R.	P	Label
ETA1←KSI1	.082	.057	1.446	.148	par_5
ETA1←KSI2	-.092	.043	-2.133	.033	par_6
ETA1←KSI3	.475	.077	6.164	***	par_7
ETA1←KSI4	.211	.038	5.551	***	par_8
Y1　←ETA1	1.000				
Y2　←ETA1	1.567	.078	20.006	***	par_1
Y3　←ETA1	1.421	.079	18.004	***	par_2

　　X組變項在第一個典型變項上的加權係數之顯著性檢定，臨界比值（critical ratio）是估計值除以其相對應的標準誤（standard error），C.R.欄數值的絕對值如大於 1.96，表示估計參數達到.05 顯著水準；若是顯著性機率值p＜.001，則會直接呈現「***」符號，第一組變項中四個加權係數除X1 未達顯著外，餘均達.05 顯著水準。第二組變項（Y 組變數）Y2、Y3 在第一個典型變項上的跨典型負荷量之顯著性檢定，其臨界比值絕對值均大於 1.96，表示這二個估計參數均顯著的不等於 0。

表 12-5　　Implied (for all variables) Correlations（所有變項隱含的相關矩陣）

	KSI4	KSI3	KSI2	KSI1	ETA1	X4	X3	X2	X1	Y3	Y2	Y1
KSI4	1.000											
KSI3	.799	1.000										
KSI2	.777	.849	1.000									
KSI1	.708	.754	.778	1.000								
ETA1	.932	.952	.810	.790	1.000							
X4	1.000	.799	.777	.708	.932	1.000						
X3	.799	1.000	.849	.754	.952	.799	1.000					
X2	.777	.849	1.000	.778	.810	.777	.849	1.000				
X1	.708	.754	.778	1.000	.790	.708	.754	.778	1.000			
Y3	.553	.565	.481	.469	.593	.553	.565	.481	.469	1.000		
Y2	.602	.615	.523	.510	.646	.602	.615	.523	.510	.837	1.000	
Y1	.529	.540	.460	.448	.568	.529	.540	.460	.448	.724	.755	1.000

　　在 Amos 輸出文件中所有隱含相關矩陣表中可以找出第一組變項（X組變數）在第一個典型變項之結構係數，其數值分別為.790、.810、.952、.932；及第二組變項（Y 組變數） 在第一個典型變項的跨典型負荷量，其數值分

別為.568、.646、.593，Amos 所呈現的數值絕對值與 CCA 摘要表中的數值絕對值相同，只是其正負號相反。

(二)第二組變項（Y 組變數）作為外因潛在變項的指標變項

第二組變項（Y 組變數）改為預測變項（因的指標）、第一組變項（X 組變數）變項改為效標變項（果的變項，果的變項也稱為準則變項），可以求出 Y 組變數在第一個典型變量上的加權係數、結構係數與 X 組變數在第一個典型變量上的跨典型負荷量。採用混合模式之徑路圖如下：

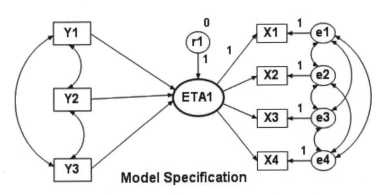

圖 12-12

假設模式圖之模式估計結果之模式的自由度等於 6、卡方值為 32.192，模式適配度顯著性機率值 p=.000。模式的卡方值、自由度與顯著性機率值均與上述以 X 組變數為因的指標、Y 組變數為果的指標所建構的 MIMIC 假設模式圖相同。

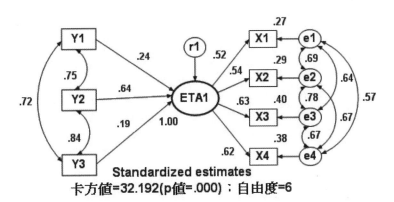

圖 12-13

　　將上述簡化的 SEM 模式圖改為完整的 PA_LV 模式圖，三個外因潛在變項的測量指標分別為 Y1、Y2、Y3，內因潛在變項的指標變項為 X 組變項（X1、X2、X3、X4）。

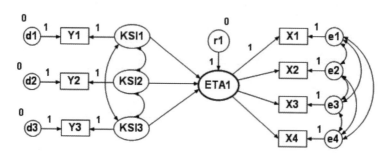

圖 12-14

　　假設模式圖之模式估計結果之模式的自由度等於 6、卡方值為 32.192，模式適配度顯著性機率值 p=.000。模式的卡方值、自由度與顯著性機率值均與上述採用混合模式之 MIMIC 模式圖相同。

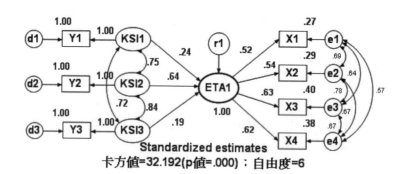

Standardized estimates
卡方值=32.192(p值=.000)；自由度=6

圖 12-15

表 12-6　標準化迴歸係數

	Estimate
ETA1←KSI1	.240
ETA1←KSI2	.637
ETA1←KSI3	.191
X1　　←ETA1	.522
X2　　←ETA1	.535
X3　　←ETA1	.629
X4　　←ETA1	.616

在標準化迴歸係數中，三個外因潛在變項對內因潛在變項的徑路係數值.240、.637、.191，此數值為 Y 組變項在第一個典型變項上的加權係數（絕對值數值相同，正負號相反）。ETA1 對四個 X 組變項的標準化迴歸係數為 X 組變數在第一個典型變量的跨典型負荷係數，其數值分別為.522、.535、.629、.616，與典型相關結果的正負號相反。

表 12-7 Regression Weights（未標準化之路徑係數）

	Estimate	S.E.	C.R.	P	Label
ETA1←KSI1	.102	.033	3.104	.002	par_4
ETA1←KSI2	.197	.032	6.212	***	par_5
ETA1←KSI3	.060	.031	1.938	.053	par_7
X1　←ETA1	1.000				
X2　←ETA1	1.782	.097	18.437	***	par_1
X3　←ETA1	1.159	.062	18.590	***	par_2
X4　←ETA1	1.960	.115	16.993	***	par_6

Y 組變項在第一個典型變項上的加權係數顯著性檢定，除 Y3 在第一個典型變量之加權係數值未達.05 顯著水準外，Y1、Y2 在第一個典型變量之加權係數值均達.05 顯著水準。X 組變數（第一組變項）在第一個典型變量的跨典型負荷係數顯著性檢定結果，變項 X2、X3、X4 在第一個典型變量的跨典型負荷係數均達.05 顯著水準，達到.05 顯著水準的參數，表示這些參數均顯著的不等於 0。

表 12-8 Implied (for all variables) Correlations（所有變項隱含的相關矩陣）

	KSI3	KSI2	KSI1	ETA1	X4	Y3	Y2	Y1	X3	X2	X1
KSI3	1.000										
KSI2	.837	1.000									
KSI1	.724	.755	1.000								
ETA1	.898	.978	.859	1.000							
X4	.553	.602	.529	.616	1.000						
Y3	1.000	.837	.724	.898	.553	1.000					
Y2	.837	1.000	.755	.978	.602	.837	1.000				
Y1	.724	.755	1.000	.859	.529	.724	.755	1.000			
X3	.565	.615	.540	.629	.799	.565	.615	.540	1.000		
X2	.481	.523	.460	.535	.777	.481	.523	.460	.849	1.000	
X1	.469	.510	.448	.522	.708	.469	.510	.448	.754	.778	1.000

所有變項隱含相關矩陣表中可以找出第二組變項（Y 組變數）在第一個典型變項之結構係數，其數值分別為.859、.978、.898；及第一組變項（X組變數）在第一個典型變項的跨典型負荷量，其數值分別為.522、.535、.629、.616，Amos 所呈現的數值絕對值與 CCA 摘要表中的數值絕對值相同，只是其正負號相反。

二、第二個典型變項

求出 X 組變數與 Y 組變數各變項在第一個典型變項的加權係數、結構係數與跨典型負荷係數值後，可以根據未標準化的徑路係數，求出 X 組變數與 Y 組變數各變項在第二個典型變項的加權係數、結構係數與跨典型負荷係數值。

◉ (一)第一組變項（X 組變數）為外因潛在變項的指標變項

在 SEM 假設模式圖中，第一組變項（X 組變數）與第二組變項（Y 組變數）在第一個典型變量的路徑係數要設定為固定參數（fixed parameter），設定固定參數的路徑及其路徑係數值如下，此表摘自第一個典型變量中的數據（未準化迴歸加權的估計值），未設定為固定參數的路徑即為待估計的自由參數（free parameter）。內因潛在變項 ETA2 的三個測量指標中要有一個測量指標的路徑係數設定為 1，範例中為 ETA2→Y1。

表 12-9　固定參數路徑與待估計的自由參數路徑

路徑	路徑係數固定值	待估計的自由參數路徑
ETA1←KSI1	.082	ETA2←KSI1
ETA1←KSI2	-.092	ETA2←KSI2
ETA1←KSI3	.475	ETA2←KSI3
ETA1←KSI4	.211	ETA2←KSI4
Y1　←ETA1	1.000	
Y2　←ETA1	1.567	Y2←ETA2
Y3　←ETA1	1.421	Y3←ETA2
Y1　←ETA2	1.000	

　　在假設模式圖中，第二個典型變量（ETA2）與第一個典型變量（ETA1）的殘差變異均為 0，二者典型變量間沒有因果關係路徑。

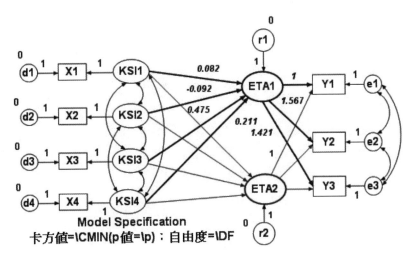

圖 12-16

　　模式估計結果假設模型可以順利收斂辨識，標準化估計值模式圖如圖 12-17 所示，模式的自由度為 6、卡方值為 1.138，卡方值顯著性機率值 p= .980。

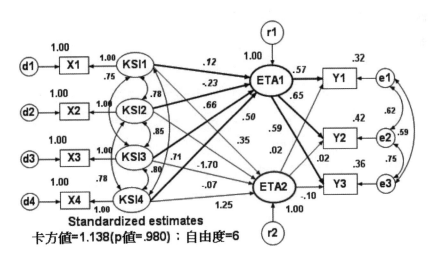

圖 12-17

表 12-10　標準化徑路係數與非標準化徑路係數一覽表

	標準化迴歸係數	Estimate	S.E.	C.R.	P
ETA1←KSI2	-.229	-.092			
ETA1←KSI3	.656	.475			
ETA1←KSI4	.503	.211			
ETA2←KSI1	.352	.009	.017	.503	.615
ETA2←KSI2	-1.703	-.024	.043	-.560	.575
ETA2←KSI3	-.069	-.002	.010	-.177	.860
ETA2←KSI4	1.252	.018	.032	.570	.569
ETA1←KSI1	.118	.082			
Y3　←ETA1	.593	1.421			
Y1　←ETA1	.568	1.000			
Y3　←ETA2	-.103	-7.004	13.847	-.506	.613
Y2　←ETA2	.023	1.605	2.312	.694	.487
Y1　←ETA2	.020	1.000			
Y2　←ETA1	.646	1.567			

　　前八列為第一組變項（X 組變數）在第一個典型變項、第二個典型變項之加權係數值，第一組變項（X 組變數）在第二個典型變量的加權係數分別為.352、-1.703、-.069、1.252，正負號和CCA結果相反。最後六列的數值為第二組變項（Y 組變數）在第一個典型變項與第二個典型變項上的跨典型負荷量，在第二個典型變項的跨典型負荷量數值分別為.020、.023、-103，和CCA結果之數值絕對值相同，正負號相反。第一組變項（X 組變數）在第二個典型變項上的加權係數之顯著性檢定，X1、X2、X3、X4四個變項在第二個典型變量之加權係數均未達.05 顯著水準。第二組變項（Y 組變數）Y2、Y3 在第二個典型變量上的跨典型負荷量之顯著性檢定，其臨界比值絕對值均小於 1.96，表示這二個估計參數均顯著的等於 0。

表 **12-11** Implied (for all variables) Correlations （所有變項隱含的相關矩陣）

	KSI4	KSI3	KSI2	KSI1	ETA2	ETA1	X4	X3	X2	X1	Y3
KSI4	1.000										
KSI3	.799	1.000									
KSI2	.777	.849	1.000								
KSI1	.708	.754	.778	1.000							
ETA2	.124	-.249	-.515	-.138	1.000						
ETA1	.932	.952	.810	.790	.001	1.000					
X4	1.000	.799	.777	.708	.124	.932	1.000				
X3	.799	1.000	.849	.754	-.249	.952	.799	1.000			
X2	.777	.849	1.000	.778	-.515	.810	.777	.849	1.000		
X1	.708	.754	.778	1.000	-.138	.790	.708	.754	.778	1.000	
Y3	.540	.590	.533	.483	-.102	.593	.540	.590	.533	.483	1.000
Y2	.605	.609	.511	.507	.024	.646	.605	.609	.511	.507	.837
Y1	.532	.535	.449	.446	.020	.568	.532	.535	.449	.446	.724

表 12-11 中數據為第一組變項（X 組變數）在第一個典型變量的結構係數與在第二個典型變量的結構係數，四個 X 變項在第二個典型變量的結構係數分別為-.138、-.515、-.249、.124（CCA 中的值為-.123），與典型相關分析結果之數值絕對值相同，正負號相反。此外，表中也呈現第二組變項（Y組變數）在第一個典型變量的跨典型負荷係數與在第二個典型變量的跨典型負荷係數，Y1、Y2、Y3 三個變項在第二個典型變量的跨典型負荷係數分別為.020、.024、-.102（CCA 中的數據為-.020、-.023、.103），數值絕對值與 CCA 結果大致相同。

⬤ ㈡第二組變項（Y 組變數）為外因潛在變項的指標變項

在 MIMIC 假設模式圖中，KSI1→ETA1、KSI2→ETA1、KSI3→ETA1 的路徑係數設定為固定參數，根據第一個典型變項分析的數據，其非標準化的路徑係數值分別為 0.102、0.197、0.060。ETA1→X1、ETA1→X2、ETA1→X3、ETA1→X4 的路徑係數也為固定參數，根據第一個典型變項分析的數據，其非標準化的路徑係數值分別為 1.000、1.782、1.159、1.960，在 Amos 的分析中，潛在變項所對應的指標變項中，要有一個指標變項的路徑係數設定為 1，範例中將 ETA2→X2 的路徑係數設定為 1。

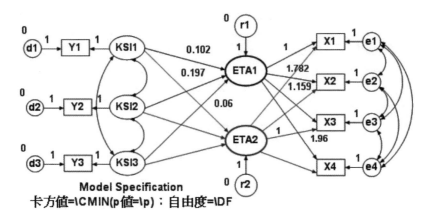

圖 12-18

　　模式估計結果可以順利收斂辨識，標準化估計值模式圖如圖 12-19 所示，模式的自由度為 6、卡方值為 1.139，卡方值顯著性機率值 p=.980，其數值與以第一組變項（X組變數）為預測變項、第二組變項（Y組變數）為準則變項的結果相同。

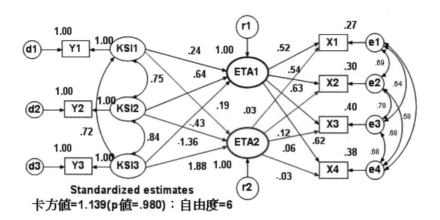

圖 12-19

表 12-12 標準化徑路係數與非標準化徑路係數一覽表

	標準化迴歸係數	Estimate	S.E.	C.R.	P
ETA1←KSI1	.239	.102			
ETA1←KSI2	.637	.197			
ETA1←KSI3	.191	.060			
ETA2←KSI1	-.425	-.072	.052	-1.384	.166
ETA2←KSI2	-1.356	-.167	.058	-2.888	.004
ETA2←KSI3	1.882	.235	.070	3.370	***
X1 ←ETA1	.523	1.000			
X2 ←ETA1	.536	1.782			
X3 ←ETA1	.630	1.159			
X2 ←ETA2	.120	1.000			
X4 ←ETA2	-.029	-.231	.318	-.726	.468
X1 ←ETA2	.032	.154	.146	1.056	.291
X3 ←ETA2	.058	.268	.103	2.594	.009
X4 ←ETA1	.617	1.960			

前半段為第二組變項（Y 組變數）在第一個典型變項、第二個典型變項之加權係數值，Y1、Y2、Y3 三個變數在第二個典型變項的加權係數分別為-.425（p=.166>.05）、-1.356（p=.004<.05）、1.882（p=.000<.05）。下半部的數值為第一組變項（X 組變數）在第一個典型變項與第二個典型變項上的跨典型負荷量，X1、X2、X3、X4 四個變項在第二個典型變量的跨典型負荷量數值分別為.032 （p=.291>.05）、.120、.058（p=.009<.05）、-.029（p=.468>.05）。

表 12-13　Implied (for all variables) Correlations（所有變項隱含的相關矩陣）

	KSI3	KSI2	KSI1	ETA2	ETA1	X4	Y3	Y2	Y1
KSI3	1.000								
KSI2	.837	1.000							
KSI1	.724	.755	1.000						
ETA2	.440	.978	.859	1.000					
ETA1	.898	.978	.859	.000	1.000				
X4	.541	.606	.532	-.029	.617	000			
Y3	1.000	.837	.724	.440	.898	.541	1.000		
Y2	.837	1.000	.755	-.100	.978	.606	.837	1.000	
Y1	.724	.755	1.000	-.086	.859	.532	.724	.755	1.000
X3	.591	.610	.535	.058	.630	.799	.591	.610	.535
X2	.534	.512	.450	.120	.536	.777	.534	.512	.450
X1	.483	.508	.446	.032	.523	.708	.483	.508	.446

　　第二組變項（Y 組變數）在第二個典型變量的結構係數，其數值分別為-.086（CCA 分析中的數值為-.085）、-.100、.440。

　　第三個典型變量的 MIMIC 假設模式圖則根據第二個典型變量求出的非標準化路徑係數為固定參數，依照上述步驟求出待估計的自由參數。以第一組變項（X組變數）為預測變項、第二組變項（Y組變數）為準則變項的假設模式圖如圖 12-20，其中的固定參數與自由參數設定如表 12-14：

表 12-14　固定參數路徑與待估計的自由參數路徑

路徑	路徑係數固定值	待估計的自由參數路徑
ETA1←KSI1	.082	ETA3←KSI1
ETA1←KSI2	-.092	ETA3←KSI2
ETA1←KSI3	.475	ETA3←KSI3
ETA1←KSI4	.211	ETA3←KSI4
ETA2←KSI1	.009	Y2←ETA3
ETA2←KSI2	-.024	Y3←ETA3
ETA2←KSI3	-.002	
ETA2←KSI4	.018	
Y1　←ETA1	1.000	
Y2　←ETA1	1.567	
Y3　←ETA1	1.421	
Y1　←ETA2	1.000	
Y2　←ETA2	1.605	
Y3　←ETA2	-7.004	
Y1　←ETA3	1.000	

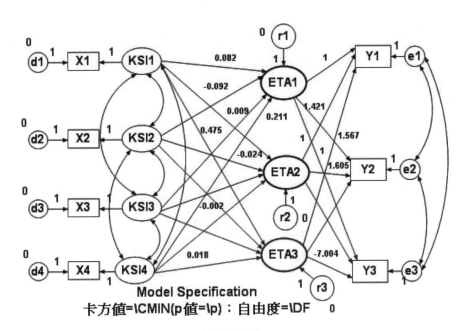

圖 12-20

　　以第二組變項（Y組變數）為預測變項、第一組變項（X組變數）為準則變項的假設模式圖如圖 12-21。在 MIMIC 假設模式圖中，KSI1→ETA1、

KSI2→ETA1、KSI3→ETA1 的路徑係數設定為固定參數，根據第一個典型變項分析的數據，其非標準化的路徑係數值分別為 0.102、0.197、0.060；KSI1→ETA2、KSI2→ETA2、KSI3→ETA2 的路徑係數設定為固定參數，根據第二個典型變量分析的數據，其非標準化的路徑係數值分別為-.072、-.167、.235。ETA1→X1、ETA1→X2、ETA1→X3、ETA1→X4 的路徑係數為固定參數，根據第一個典型變項分析的數據，其非標準化的路徑係數值分別為1.000、1.782、1.159、1.960；ETA2→X1、ETA2→X2、ETA2→X3、ETA2→X4 的路徑係數為固定參數，根據第二個典型變量分析的數據，其非標準化的路徑係數值分別為.154、1.000、.268、-.231，在 Amos 的分析中，潛在變項所對應的指標變項中，要有一個指標變項的路徑係數設定為1，範例中將ETA3→X3 的路徑係數設定為1。待估計的自由參數路徑為 KSI1→ETA3、KSI2→ETA3、KSI3→ETA3、ETA3→X1、ETA3→X2、ETA3→X4。

表 12-15　固定參數路徑與待估計的自由參數路徑

路徑		路徑係數固定值	待估計的自由參數路徑
ETA1←KSI1		0.102	ETA3←KSI1
ETA1←KSI2		0.197	ETA3←KSI2
ETA1←KSI3		0.060	ETA3←KSI3
ETA2←KSI1		-0.072	X1←ETA3
ETA2←KSI2		-0.167	X2←ETA3
ETA2←KSI3		0.235	X4←ETA3
X1	←ETA1	1.000	
X2	←ETA1	1.782	
X3	←ETA1	1.159	
X4	←ETA1	1.960	
X1	←ETA2	0.154	
X2	←ETA2	1.000	
X3	←ETA2	0.268	
X4	←ETA2	-0.231	
X3	←ETA3	1.000	

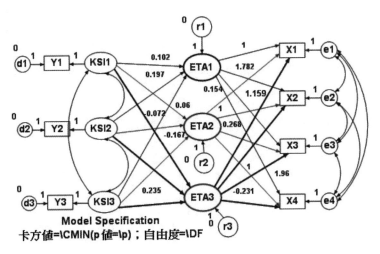

圖 12-21

三、MIMIC 分析結果

上述四個 X 組變數與三個 Y 組變數採用 Amos 分析結果，第一組變項
（X組變數）、第二組變項（Y組變數）在第一個典型變量、第二個典型變
量的加權係數、結構係數與跨典型負荷係數值整理如下：

表 12-16　MIMIC 分析結果

	第一個典型變項χ₁				第二個典型變項χ₂		
	原始典型係數	加權係數	結構係數	跨負荷係數	原始典型係數	加權係數	結構係數	跨負荷係數
X1	-----	.118	.790	.522	-----	.352	-.138	.032
X2	-----	-.230	.810	.535	-----	-1.703	-.515	.120
X3	-----	.656	.952	.629	-----	-.069	-.249	.058
X4	-----	.503	.932	.616	-----	1.252	.124	-.029
和 CCA 符號比較		相反	相反	相反		相反	相反	相同

	第一個典型變項η₁				第二個典型變項η₂		
	原始典型係數	加權係數	結構係數	跨負荷係數	原始典型係數	加權係數	結構係數	跨負荷係數
Y1	-----	.240	.859	.568	-----	-.425	-.086	.020
Y2	-----	.637	.978	.646	-----	-1.356	-.100	.024
Y3	-----	.191	.898	.593	-----	1.882	.440	-.102
和 CCA 符號比較		相反	相反	相反		相同	相同	相反

Structural Equation Modeling- Amos Operation and Application

　　根據上述之加權係數，可以求出每位受試者在二對典型變量之典型分數或線性組合分數，其求法為將每位樣本在七個變項的原始分數轉換為標準分數，再將標準分數乘上各典型變量的加權係數，假設七個指標變項的 Z 分數變項名稱分別為 ZX1、ZX2、ZX3、ZX4、ZY1、ZY2、ZY3，則每位樣本的四個典型分數的求法如下（表中為 SPSS 語法）：

```
COMPUTE KSI1 = ZX1 * (.118) + ZX2 * (-.230) + ZX3 * (.656) + ZX4 * (.503).
COMPUTE ETA1 = ZY1 * (.240) + ZY2 * (.637) + ZY3 * (.191).
COMPUTE KSI2 = ZX1 * (.352) + ZX2 * (-1.703) + ZX3 * (-.069) + ZX4 * (1.252).
COMPUTE ETA2 = ZY1 * (-.425) + ZY2 * (-1.355) + ZY3 * (1.882).
EXECUTE .
```

　　求出典型相關係數及相關係數顯著性考驗的 SEM 假設模式圖如圖 12-22：

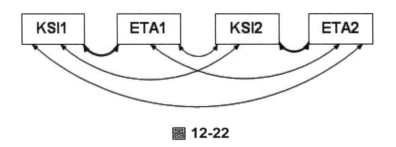

圖 12-22

　　模式估計結果可以順利收斂辨識，標準化估計值模式圖如圖 12-23 所示，由於假設模型為飽和模式，卡方值等於 0、模式的自由度也等於 0。

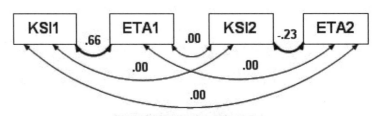

Standardized estimates
卡方值=.000(p值=\p)；自由度=0

圖 12-23

表 12-17　Covariances

	Estimate	S.E.	C.R.	P	Label
KSI1 ↔ETA1	.660	.051	12.992	***	
ETA1↔KSI2	.000	.042	-.001	.999	
KSI2 ↔ETA2	-.233	.044	-5.352	***	
KSI1 ↔KSI2	.000	.042	.004	.997	
ETA1↔ETA2	.000	.042	-.004	.997	
KSI1 ↔ETA2	.000	.042	-.005	.996	

表 12-18　Correlations

	Estimate
KSI1 ↔ETA1	.661
ETA1↔KSI2	.000
KSI2 ↔ETA2	-.233
KSI1 ↔KSI2	.000
ETA1↔ETA2	.000
KSI1 ↔ETA2	.000

在輸出結果中，KSI1&ETA1 的相關係數為.661（p=.000<.05）、KSI2&ETA2 的相關係數為-.233（p=.000<.05），第一個、第二個典型相關係數均達到.05 顯著水準，各典型變量與非相對應的典型變量間的相關係數均為.000（KSI1&ETA2、KSI2&ETA1）。

利用 SEM 的 MIMIC 模式，求出 X 組變數、Y 變數在第一個典型變量、第二個典型變量的加權係數、結構係數、跨典型負荷係數，二者求出的參數數據是相當一致的，唯採用 MIMIC 模式還可進一步求出各參數估計的標準誤與參數的顯著性考驗。

參考書目

一、中文部分

《AMOS 7.0 電子檔使用手冊》。

王保進（民 93）。《多變量分析——套裝程式與資料分析》。台北：高等教育。

余民寧（民 95）。《潛在變項模式——SIMPLIS 的應用》。台北：高等教育。

吳明隆（民 95）。《結構方程模式——SIMPLIS 的應用》。台北：五南。

吳明隆、涂金堂（民 95）。《SPSS 與統計應用分析》。台北：五南。

李茂能（民 95）。《結構方程模式軟體——Amos 之簡介及其在測驗編製上之應用》。台北：心理。

周子敬（民 95）。《結構方程模式（SEM）——精通 LISREL》。台北：全華。

林師模、陳苑欽（民 95）。《多變量分析——管理上的應用》。台北：雙葉書廊。

邱皓政（民 94）。《結構方程模式——LISREL 的理論、技術與應用》。台北：雙葉書廊。

張紹勳（民 94）。《研究方法》。台中：滄海。

陳玉樹、黃財尉、黃芳銘譯（民 95）（G. M. Maruyama 著）。《結構方程模式的基本原理》。高雄：麗文。

陳順宇（民 96）。《結構方程模式——Amos 操作與應用》。台北：心理。

傅粹馨（民 91）。〈典型相關分析與結構方程模式關係之探究〉。《屏東師院學報》，16，231-262。

程炳林（民 94）。〈結構方程模式〉。載於陳正昌、程炳林、陳新豐、劉子鍵合著：《多變量分析方法——統計軟體應用》（pp.341-469）。台北：五南。

黃芳銘（民 93）。《結構方程模式理論與應用》。台北：五南。

黃芳銘（民 94）。《社會科學統計方法學——統構方程模式》。台北：五南。

黃俊英（民 93）。《多變量分析》。台北：華泰。

二、英文部分

Arnold, M. E. (1996). *The relationship of canonical correlation analysis to other parametric methods*. Paper presented at the annual meeting of the Southwest Educational Research Association, New Oreleans. (ERIC Document Reproduction Service No. ED 395 994).

Bagozzi, R. P. (1980). Performance and satisfaction in an industrial sales force: An examination of their antecedents and simultaneity. *Journal of Marking, 44*, 65-77.

Bagozzi, R. P., & Phillips, L. W. (1982). Representing and testing organizational theories: A holistic construal. *Administrative Science Quarterly, 27*, 459-489.

Bagozzi, R. P., & Yi, Y. (1988). On the evaluation of structural equation models. *Academic of Marketing Science, 16*, 76-94.

Bagozzi, R. P., Fornell, C., & Larcker, D. F. (1981). Canonical correlation analysis as a special case of a structural relations model. *Multivariate Behavioral Research, 16*, 437-454.

Bandalos, D. L. (1993). Factors influencing the cross-validation of confirmatory factor analysis models. *Multivariate Behavioral Research, 28*, 351-374.

Bentler, P. M. (1995). EQS: *Structural equations program manual*. Encino, CA: Multivariate Software Inc.

Bentler, P. M., & Weeks, D. G. (1979). Interrelations among models for the analysis of moment structures. *Multivariate Behavioral Research, 14*, 169-185.

Bentler, P. M., Chou, C. P. (1987). Practical issues in structural modeling. *Sociological Methods and Research, 16*, 78-117.

Bentler, P. M., Yuan, K-H. (1999). Structural equation modeling with small samples: Test statistics. *Multivariate Behavioral Research, 34*, 181-197.

Biddle, B. J., & Marlin, M. M. (1987). Causality, confirmation, credulity and structural equation modeling. *Child Development, 58*, 4-17.

Blalock, H. M., Jr. (1968). *The measurement problem*. In H. M. Blalock, Jr. and A. Blalock (eds.), Methodology in social research. New York: McGraw-Hill(pp.

5-27).

Bollen, K. A. (1989). *Structural equations with latent variables*. New York: Wiley.

Bollen, K. A., & Lennox, R (1991). Conventional wisdom on measurement: A structural equation perspective. *Psychological Bulletin, 110*(2), 305-314.

Bollen, K. A., & Long, S. L. (1993). *Testing structural equation modeling*. Newbury, UK: Sage Publication.

Boomsma, A. (1987). *The robustness of maximum likelihood estimation in structural equation models*. In P. Cutance & R. Ecob(eds.), Structural modeling by example(pp. 160-188). New York: Cambridge University Press.

Breckle, S. J. (1990). Applications of covariance structure modeling in psychology: Cause of concern? *Psychological Bulletin, 107*, 260-271.

Browne, M .W., & Cudeck, R. (1993). *Alternative ways of assessing model fit*. In K. A. Bollen & J. S. Long (eds.), Testing structural equation models(pp.136-162). Newbury Park, CA: Sage.

Browne, M. W. (1984). The decomposition of multitrait-multimethod matrics. *British of Mathematical and Statistical Psychology, 37*, 1-21.

Burnham, K. P., & Anderson, D. R.(1998). *Model select and inference: A practical information-theoretic approach*. New York: Spring-Verlag.

Byrne, B. M. (1998). *Structural equation modeling with LISREL, PRELIS and SIMPLIS: Basic concepts, applications and programming*. Mahwah, NJ: Lawrence Erlbaum Associates.

Byrne, B. M. (2001). *Structural equation modeling with Amos: Basic concepts, applications and programming*. New Jersey: Lawrence Erlbaum Associates.

Campbell, K. T., & Taylor, D. L. (1996). Canonical correlation analysis as a general linear model: A Heuristic lesson for teachers and students. *The Journal of Experimental Education, 64*(2), 157-171.

Carmines, E. G., & McIver, J. P. (1981). *Analysing models with unobservable variables*. In G. W. Bohrnstedt and E. E. Borgatta (eds.), Social measurement current issues (pp. 65-115). Beverly Hills, CA: Sage.

Cheung, G. W. , & Rensvold, R. B. (2002). Evaluating goodness-of-fit indices for testing measurement invariance. *Structural Equation Modeling, 9*(2), 233-255.

Cliff, N. (1983). Some caution concerning the application of causal modeling methods. *Multivariate Behavioral Research, 18*, 115-116.

Cudeck, R., & Browne, M. W. (1983). Cross-validation of covariance structures. *Multivariate Behavioral Research, 18*, 147-167.

Cudeck, R., & Henly, S. J. (1991). Model selection in covariance structure analysis and the 'problem' of sample size: A clarification. *Psychological Bulletin, 109*, 512-519.

Darden, W. R. (1983). *Review of behavioral modeling in marking.* In W. R. Darden, K. B. Monroe & W. R. Dillon (eds.), Research methods and causal modeling in marking. Chicago: American Marketing Association.

Dawson, T. E. (1998, April). *Structural equation modeling versus ordinary least squares canonical analysis: Some heuristic comparisons.* Paper presented at the annual meeting of the American Educational Research Association, San Diego. (ERIC Document Reproduction Service No. ED 418 126).

Diamantopoulos, A., Siguaw, J. A. (2000). *Introducing LISREL: A guide for the uninitiated.* Thousand Oaks, CA: Sage.

Ding, L., Velicer, W. F., & Harlow, L. L. (1995). Effects of estimation methods, number of indicators per factor, and improper solutions on structural equation modeling fit indices. *Structural Equation Modeling, 2*, 119-143.

Everitt, B., Dunn, G. (2001). *Applied multivariate data analysis.* New York: Oxford.

Fan, X. (1997). Canonical correlation analysis and structural equation modeling: What do they have a common? *Structural Equation Modeling, 4*(1), 65-79.

Gerbing, D. W., & Anderson, J. C. (1984). On the meaning of within-factor correlated measurement errors. *Journal of Consumer Research, 11*, 572-580.

Hair, J. F. Jr., Anderson, R. E., Tatham, R. L., & Black, W. C. (1998). *Multivariate data analysis*(5th ed.). Upper Saddle River, NJ: Prentice Hall.

Hair, J. F. Jr., Anderson, R. E., Tatham, R. L., & Black, W. C. (1992). *Multivariate data analysis with reading* (3rd ed.). New York: Macmillan Publishing Company.

Hayduk, L. A. (1987). *Structural equation modeling with LISREL: Essentials and advances*. Baltimore MD: The Johns Hopkins University Press.

Hoelter, J. W. (1983). The analysis of covariance structures: Goodness-of-fit indices. *Sociological Methods and Research, 11*, 325-344.

Homburg, C. (1991). Cross-validation and information criteria in causal modeling. *Journal of Marketing Research, 28*, 137-144.

Hoyle, R. H., & Panter, A. T. (1995). *Writing about structural equation models*. In R. H. Hoyle(ed.), Structural equation modeling: Concepts, issues, and applications(pp.158-176). Thousand Oaks, CA: Sage.

Hu, L. T., & Bentler, P. M. (1995). *Evaluation model fit*. In R. H. Hoyle (ed.), Structural equation modeling: Concepts, issues, and applications(pp.76-99). Thousand Oaks, CA: Sage.

Hu, L. T., & Bentler, P. M. (1999). Cutoff criteria for fit indexes in covariance . *Structural Equation Modeling, 6*(1), 1-55.

Hu, L. T., Bentler, P. M., & Kano, Y. (1992). Can test statistics in covariance structure analysis be trusted? *Psychologically Bulletin, 112*, 351-362.

Huberty, C. J., & Morris, J. D. (1988). A single contrast test procedure. *Educational and Psychological Measurement, 48*, 567-578.

Johnson, R. A., & Wichern, D. W. (1998). *Applied multivariate statistical analysis*. London: Prentice-Hall.

Joreskog, K. G. (1993). *Testing structural equation models*. In K. A. Bollen & J. S. Long (eds.), Testing structural equation models(pp.294-316). Newbury Park, CA: Sage.

Joreskog, K. G., Sorbom, D.(1989). *LISREL 7 : A guide to the program and applications*. Chicago: SPSS Inc.

Joreskog, K. G., Sorbom, D.(1993). *LISREL 8 user's reference guide*. Mooresville, IN: Scientific Software, Inc.

Joreskog, K. G., Sorbom, D.(1996). *LISREL 8 user's reference guide*. Chicago: Scientific Software International.

Kaplan, D. (1988). The impact of specification error on the estimation, testing and improvement of structural equation models. *Multivariate Behavioral Research, 23*, 69-86.

Kaplan, D. (1989). Model modifications in covariance structure analysis: Application of the expected parameter change statistic. *Multivariate Behavioral Research, 24*, 285-305.

Kaplan, D. (1995). *Statistical power in structural equation modeling*. In R. H. Hoyle (ed.), Structural equation modeling: Concepts, issues and application(pp. 100-117). Thousand Oaks, CA: Sage.

Kelloway, E. K. (1996). *Common practice in structural equation modeling*. In C. L. Looper & I. Robertson (eds.), International review of industrial and organizational psychology(pp.141-180). Chichester, UK: John Wiley and Sons.

Kelloway, E. K. (1998). *Using LISREL for structural equation modeling-A researcher's guide*. Thousand Oaks, CA: Sage Publication.

Kline, R. B.(1998). *Principles and practice of structural equation modeling*. New York: Guilford Press.

Little, T. D. (1997). Mean and covariance structures(MACS) analysis of cross-cultural data: Practice and theoretical issues. *Multivariate Behavioral Research, 32*, 53-76.

Loehlin, J. C. (1992). *Latent variable model: An introduction to factor, path, and structural analysis* (2nd). Hillsdale, NJ: Lawrence Erlbaum.

Lomax, R. (1989). *Covariance structure analysis: Extensions and development*. In B. Thompson (ed.), Advance in social science methodology, 1, 171-204.

Long, J. S. (1983). *Confirmatory factor analysis: A preface to LISREL*. Beverly Hills, CA: Sage.

MacCallum, R. C.(1995). *Model specification: Procedures, strategies, and related issues*. In R. H. Hoyle (ed.), Structural equation modeling: Concepts, issues and application(pp.16-36). Thousand Oaks, CA: Sage.

MacCallum, R. C., Browne, M. W., & Sugawara, H. M. (1996). Power analysis and determination of sample size for covariance structure modeling. *Psychological Methods, 1*(2), 130-149.

MacCallum, R. C., Roznowski, M., & Necowitz, L. B. (1992). Model modifications in covariance structure analysis: The problem of capitalization on chance. *Psychological Bulletin, 111*, 490-504.

Marsh, H. W., & Balla, J. R. (1994). Goodness of fit in confirmatory factor analysis: The effect of sample size and model parsimony. *Quality & Quality, 28*, 185-217.

Marsh, H. W., Balla, J. R., & Grayson, D. (1998). Is more ever too much? The number of indicators per factor in confirmatory factor analysis. *Multivariate Behavioral Research, 33*(2), 181-220.

McDonald, R. P., & Ho, M. R. (2002). Principles and practice in reporting structural equation analysis. *Psychological Methods, 7*, 64-82.

McQuitty, S. (2004). Statistical power and structural equation models in business research. *Journal of Business Research, 57*, 175-183.

Moustaki, I., Joreskog, K. G., & Mavridis, D.(2004). Factor models for ordinal variables with covariance effects on the manifest and latent variables: A Comparison of LISREL and IRT Approaches. *Structural Equation modeling, 11*(4), 487-513.

Mueller, R. O. (1997). Structural equation modeling: Back to basics. *Structural Equation Modeling, 4*, 353-369.

Raftery, A. E. (1995). *Bayesian model selection in social research.* In P. V. Rigdon (Ed.), Sociological Methodology(pp.111-163). San Francisco: Jossey-Bass.

Raine-Eudy, Ruth. (2000). Using structural equation modeling to test for differential reliability and validity: An empirical demonstration. *Structural Equation Modeling, 7*(1), 124-141.

Rigdon, E. (1995). A necessary an sufficient identification rule for structural equation models estimated. *Multivariate Behavioral Research, 30*, 359-383.

Rigdon, E. (2005). *SEM FAQ.* http://www.gsu.edu/~mkteer/sem.html.

Saris, W. E., & Stronkhorst, H. (1984). *Causal modeling in non experimental research: An introduction to the LISREL approach.* Amsterdam: Sociometric Research Foundation.

AMOS & SEM

Schumacker, R. E., & Lomax, R. G. (1996). *A beginner's guide to structural equation modeling*. Mahwah, NJ: Lawrence Erlbaum Associates.

Specht, D. A. (1975). On the evaluation of causal models. *Social Science Research, 4*, 113-133.

Spicer, J. (2005). *Making sense of multivariate data analysis*. London: Sage.

Steiger, J. H. (1989). *EzPATH: A supplementary module for SYSTAT and SYS-GRAPH*[computer program]. Evanston, IL: SYSTAT.

Stevens, J. (1996). *Applied multivariate statistics for the social science*. Mahwah, NJ: Lawrence Erlbaum.

Stevens, J. (2002). *Applied multivariate statistics for the social science*(4th Ed.). Mahwah, NJ: Lawrence Erlbaum.

Sugawara, H. M., & MacCallum, R. C. (1993). Effect of estimation method on incremental fit indexes for covariance structure models. *Applied Psychological Measurement, 17*,365-377.

Sullivan, J. L., Feldman, S. (1979). *Multiple indicators: An introduction*. Beverly Hills, CA: Sage.

Tabachnick, B. G., & Fidell, L. S. (2007). *Using multivariate statistics* (5th Ed.) Needham Heights, MA: Allyn and Bacon.

Thompson, B. (2000). *Ten commandments of structural equation modeling*. In L. G. Grimm & P. R. Yarnold(eds.), Reading and understanding more multivariate statistics(pp. 261-283). Washington, DC: American Psychological Association.

Wheaton, B. (1987). Assessment of fit in overidentified models with latent variables. *Sociological Methods and Research, 16*, 118-154.

Wothke, W. (1993). *Nonpositive definite matrices in structural modeling*. In K. A. Bollen & J. S. Long(eds.), Testing structural equation models(pp.256-293). Newbury Park, CA: Sage.

Yi, Y., & Nassen, K. (1992). *Multiple comparison and cross-validation in evaluating structural equation models*. In V. L. Crittenden (ed.), Developments in marketing science XV(pp.407-411). Miami, FL: Academy of Marketing Science.

國家圖書館出版品預行編目資料

結構方程式模式：AMOS的操作與應用／吳明隆
著.－二版.－臺北市：五南圖書出版股份有限公司,
　2009.10
　　面；　公分.
ＩＳＢＮ 978-957-11-5687-3（平裝）
1.統計套裝軟體 2.統計分析
512.4　　　　　　　　　　　　　98011201

1H52

結構方程式：AMOS的操作與應用

作　　者 － 吳明隆(60.2)

發 行 人 － 楊榮川

總 經 理 － 楊士清

總 編 輯 － 楊秀麗

主　　編 － 侯家嵐

責任編輯 － 吳靜芳　鐘秀雲

封面設計 － 盧盈良

出 版 者 － 五南圖書出版股份有限公司

地　　址：106 台北市大安區和平東路二段 339 號 4 樓

電　　話：(02)2705-5066　傳　　真：(02)2706-6100

網　　址：https://www.wunan.com.tw

電子郵件：wunan@wunan.com.tw

劃撥帳號：01068953

戶　　名：五南圖書出版股份有限公司

法律顧問　林勝安律師

出版日期　2007 年 11 月初版一刷
　　　　　2008 年 9 月初版二刷
　　　　　2009 年 10 月二版一刷
　　　　　2023 年 2 月二版五刷

定　　價　新臺幣 980 元

※版權所有‧欲利用本書內容，必須徵求本公司同意※

五南
WU-NAN

全新官方臉書

五南讀書趣

WUNAN
Books

since1966

Facebook 按讚

1秒變文青

★ 專業實用有趣
★ 搶先書籍開箱
★ 獨家優惠好康

不定期舉辦抽獎
贈書活動喔！！！